Schimmel | Juristische Klausuren und Hausarbeiten richtig formulieren

Juristische Klausuren und Hausarbeiten richtig formulieren

Von
Dr. Roland Schimmel
Professor an der Fachhochschule Frankfurt am Main

9., überarbeitete Auflage

Verlag Franz Vahlen München 2011

Verlag Franz Vahlen im Internet:
vahlen.de

ISBN 978 3 8006 4154 3

© 2011 Verlag Franz Vahlen GmbH
Wilhelmstraße 9, 80801 München
Druck: Nomos Verlagsgesellschaft
In den Lissen 12, 76547 Sinzheim

Satz: John + John, Köln
Umschlagkonzeption: Martina Busch, Grafikdesign, Fürstenfeldbruck

Gedruckt auf säurefreiem, alterungsbeständigem Papier
(hergestellt aus chlorfrei gebleichtem Zellstoff)

Benutzungshinweise (zugleich: Vorwort zur 9. Auflage)

Wie der Text zu benutzen sei, dazu finden Sie Hinweise und Vorschläge jeweils am Kapitelanfang. **Wer** ihn mit Gewinn benutzen kann und **wozu**, umreißt dieses Vorwort.

1. Geschrieben ist das Buch für **Studentinnen des Rechts**, in erster Linie für Studienanfänger.

Viele Prüfungsleistungen zeigen aber, dass auch Fortgeschrittene und Examenskandidaten sich nicht zu schade sein sollten, einen Blick hineinzuwerfen. Zu Rate gezogen wird es oft von Lernenden an wirtschaftswissenschaftlichen Fachbereichen an Universitäten, Fachhochschulen und Akademien, die sich mit Recht (besonders: Privatrecht) im **Nebenfach** befassen und sich ein Grundverständnis von juristischer Gutachtentechnik aneignen müssen.

2. Es geht aus von der Annahme, dass juristischer Studien-, Prüfungs- und Berufserfolg eng verknüpft ist mit der Fähigkeit zu gelingender **juristischer Kommunikation**.

Letztere setzt wiederum Vertrautheit mit juristischen Sprech- und Denkgewohnheiten voraus. Diese sind mit allgemeinen Sprech- und Denkgewohnheiten verwandt, aber nicht identisch. Manche werden von der Sache selbst bestimmt, manche beruhen auf – austauschbarer – Konvention. Um sie zu kritisieren, zu übernehmen oder abzulehnen, muss man sie kennen.

3. Wie das Buch Lernenden dabei helfen kann, sich mit juristischen Denk- und Sprechmustern vertraut zu machen, erklärt sich aus seiner Entstehung. Diese hat drei Anlässe. Teil 3 habe ich vor Jahren halb im Scherz für einen Juristenfreund geschrieben, der gerade seine erste Staatsprüfung in Angriff nahm. Er war zwar klüger als wir alle, aber Zeit seines Studiums von den lästigen Formalien genervt. Sein *Es trägt Verstand und rechter Sinn mit wenig Kunst sich selber vor*[1]-Standpunkt ließ ihn in Prüfungen nur mäßig erfolgreich abschneiden. Teil 4 entstand aus der Aufarbeitung meiner eigenen Genervtheit als wissenschaftlicher Mitarbeiter, der immer wieder die gleichen unnötigen Fehler in Übungsarbeiten mit den immer gleichen Korrekturanmerkungen quittierte. Geplant war ursprünglich eine vollständige Aufzählung dieser Fehler. Als sich das als objektiv anfänglich unmöglich herausstellte, habe ich mich auf die wichtigsten beschränkt. Teil 2 ist eine winzige Skizze des Versuchs, einen Abriss der juristischen Methodik und Arbeitstechnik zu schreiben, der als Notgepäck für Eilige dienen soll. Wie knapp diese Skizze ist, sehen Sie an den vielen Leseempfehlungen in den Fußnoten. Alle Teile verfolgen den gleichen Zweck: der Leserin den Zugang zu juristischem Denken und Sprechen zu erleichtern.

Kurz: Das Buch brauchen – mit verschiedenen Schwerpunkten – sowohl die ganz klugen als auch die normal klugen Studierenden. Also alle.

Das ist übrigens viel bescheidener als es klingt. Natürlich geht es auch ohne. Aber zwei Nachmittage auf das Lesen zu investieren könnte sich lohnen.

4. Das Buch nimmt – besonders in Teil 4 – häufige Fehler zum Anlass für Warnungen und Mahnungen. Deren Auswahl und Systematisierung folgt meinen Prüfungserfahrungen. Diese ergeben sich in den letzten Jahren am Anfänger-Ende des Spektrums aus Klausuren der ersten drei Semester im FH-Studiengang Wirtschaftsrecht, am Fortgeschrittenen-Ende aus zivilrechtlichen Examensleistungen von Juristen in der ersten Staatsprüfung.

5. Wie bisher ist für die Neuauflage der Text durchgängig überarbeitet und wo irgend möglich gestrafft worden. Ich habe mich um Klarheit und Knappheit bemüht – und deshalb sowohl wortweise gekürzt als auch ganze Abschnitte ergänzt. Etliche Beispiele sind hinzugekommen; fast keines habe ich selbst erfinden müssen.

Um das selektive Lesen einzelner Teile zu erleichtern, finden sich in den Fußnoten und im Register mehr Verweise, die Zusammenhänge zu verwandten Fragen herstellen. Der Fußnotenapparat ist er-

---

[1] *Goethe* Faust I, Z. 550 f. – lesen Sie das mal wieder.

Benutzungshinweise/Vorwort zur 9. Auflage

weitert worden. Einige Internet-Fundstellen[2] habe ich ergänzt, hoffend, dass die meisten sich als nicht allzu flüchtig erweisen werden. Wo sie doch flüchtig sind, müssen Sie nachrecherchieren[3].

Während des gesamten Studiums und darüber hinaus hilfreich sein kann die dem dritten Teil zugrunde liegende Idee des **juristischen Vokabelhefts**. Es ist möglich (und entspricht unausgesprochen der Herangehensweise vieler Studierender), rechtliches Problemwissen an einzelne dogmatische Figuren anzuhängen und mittels Prüfungsschemata zu organisieren. Wer ohne akuten Prüfungsdruck Standardformulierungen für einzelne Rechtsfiguren sammelt, muss in Klausur und Hausarbeit nicht mehr mühsam nach den richtigen Worten suchen.

So gesehen bietet das Buch eine Hilfe zur Strukturierung der eigenen Lernanstrengungen. Ansonsten habe ich aber darauf verzichtet, einen weiteren Ratgeber des Typs *Jurastudium garantiert erfolgreich*[4] zu schreiben.

Das Konzept birgt Risiken, daher eine wichtige **Warnung**: Natürlich kann man dieses Buch durchblättern und bei Bedarf einfach stumpf das abschreiben, was gerade passend erscheint. Das verfehlt aber den Sinn einer solchen Zusammenstellung. Gedacht ist die Sammlung von Formulierungsvorschlägen für eine nachdenkliche (bestenfalls: kritische) Aneignung. Diese erfordert Zeit und Konzentration.

6. Zur **Verwendbarkeit der Vorauflagen**: Der Text ist im großen Zuschnitt der gleiche geblieben und in zahllosen Einzelheiten präziser, pointierter, operabler, klarer, widerspruchsfreier, kurz: besser geworden. Gegenüber der Vorauflage gibt es etwa 1000 Änderungen, meist kleinere – aber immer: Verbesserungen. Sie können ein Exemplar der Vorauflage für kleines Geld in einer Internet-Auktion kaufen, aber die beste und aktuellste Fassung liegt vor Ihnen.
Die Abschnitte zum **Strafrecht** und zum **Arbeitsrecht** (Rn. 248–322) sind seit der letzten Auflage **entfallen**: Allzu dick und allzu teuer soll das Buch schließlich auch nicht werden. Der Text bleibt aber als PDF verfügbar[5].

7. Ich danke allen Lesern, die Verbesserungsvorschläge geschickt haben[6], und allen Lehrenden, die das Buch empfohlen haben.

Frankfurt am Main, Oktober 2010 *Roland Schimmel*

---

2 Gesammelt sind die Links aus den Fußnoten verfügbar unter www.fb3.fh-frankfurt.de/schimmel. Bei der Auswahl der Fundstellen lag der Schwerpunkt auf stabilen, seriösen kostenlosen Angeboten. Die sehr soliden großen kommerziellen juristischen Datenbanken sind Studierenden des Rechts im Allgemeinen zumindest über Campuslizenzen zugänglich und mussten deshalb hier nicht gesondert nachgewiesen werden.

3 Manchmal hilft auch der Blick in ein Internetarchiv, z.B. die wayback machine unter http://web.archive.org/collections/web.html. Wenn Sie irgendwo eine bessere/aktuellere/nicht stillgelegte Fundstelle kennen, bitte ich um e-Mail (Fn. 6).

4 Dazu z.B. *ter Haar/Lutz/Wiedenfels* Prädikatsexamen; *Scholz/Schulte* Examen leicht gemacht; *Niederle* 500 Spezial-Tipps für Juristen – wie man geschickt durchs Studium und das Examen kommt; *Gramm/Wolff* Jura – erfolgreich studieren; *Lange* Jurastudium erfolgreich; *Herzberg/Ipsen/Schreiber* Effizient studieren – Rechtswissenschaften; *Kallert/Marschner/Schreiber/Söder* Das erfolgreiche Jurastudium; *Spreng/Dietrich* Studien- und Karriere-Ratgeber für Juristen; *Rottmann* Karriereplanung für Juristen (finden Sie die Buchtitel nicht auch ein wenig verdächtig?); außerdem die in Fn. 621 Genannten. Weniger marktschreierisch *Grosch* Studienführer Jura, und der JuS-Studienführer; *von Elsner* Studienführer Rechtswissenschaft; *Rinken* Einführung in das juristische Studium; *Köbler* Wie werde ich Jurist? Wegen der mittelfristigen Perspektiven: *Streck* Beruf AnwaltAnwältin.

5 Im Internet unter www.fb3.fh-frankfurt.de/schimmel.

6 Bitte weiterhin an schimmel@fb3.fh-frankfurt.de.

Inhaltsverzeichnis

Abkürzungsverzeichnis	XI
Schrifttumsverzeichnis	XVII

Teil 1: Vorbemerkungen 1

- A. Warum ein solches Buch? 1
- B. Vier Schritte zur Erfolg versprechenden Arbeit mit diesem Text 2
- C. Vier Warnungen 2
- D. Aufbau und Benutzung 3
- E. Was Sie erwartet 3

Teil 2: Zur Struktur des Rechtsgutachtens – Fälle 7

Kapitel 1: Theorie – Das Notwendigste 7

- A. Der Syllogismus 7
- B. Gutachtenstil 9
   - 1. Obersatz 11
   - 2. Untersatz 12
   - 3. Schlusssatz 13

Kapitel 2: Anwendung 14

- A. Zur Schematisierung 14
- B. Übungssachverhalte mit Gutachtenvorschlägen 17

Teil 3: Sprachliche Gestaltung 27

Kapitel 1: Arbeitsanleitung zum Vokabelheft 27

Kapitel 2: Formulierungen zum Gutachtenstil 29

- A. Obersatz 29
   - 1. Die erste Anspruchsgrundlage 30
   - 2. Zweite bis letzte Anspruchsgrundlage 35
      - a) Wenn der vorherige Anspruch bejaht wurde 35
      - b) Wenn der vorherige Anspruch verneint wurde 36
   - 3. Das erste Tatbestandsmerkmal 36
   - 4. Zweites bis letztes Tatbestandsmerkmal 37
      - a) Positive Voraussetzungen 38
      - b) Negative Voraussetzungen 38
      - c) Ungeschriebene Tatbestandsmerkmale 39
      - d) Überflüssige Tatbestandsmerkmale 39
      - e) Gegennormen – Einreden, Einwendungen, Anspruchsausschlüsse . . . 40
   - 5. Verknüpfung alternativer Tatbestandsmerkmale 42
- B. Untersatz 42
   - 1. Definition 43

		a) Woher nimmt man eine Definition?	43
		b) Formulierungen	45
		c) Präzisierung in Richtung auf den Sachverhalt	46
		d) Belege	47
		e) Vermutungen als Subsumtionserleichterung	48
	2.	Benennen der in Frage kommenden Sachverhaltsteile	49
	3.	Subsumtion	49
	4.	Alternative Vorgehensweise	51
C.	Schlussfolgerung		52
		a) Ergebnis zu einem Tatbestandsmerkmal, Unter- oder Teilmerkmal	52
		b) Ergebnis zu einem Anspruch	53
D.	Umformung des Gutachtenstils zum Urteilsstil		54
	1.	Verschliffene Formen des Gutachtenstils	56
		a) Zusammenfassen	56
		b) Weglassen	58
		c) Konzentrieren	58
	2.	Urteilsstil	59
	3.	Weitere Möglichkeiten der Straffung	61
E.	Standardsituationen		62
	1.	Entscheidung von Streitfragen und problematischen Fragen – Der »Meinungsstreit«	62
		a) Darstellung	63
		aa) Einleitung	64
		bb) Darstellung des Streitstands – Argumente wiedergeben	65
		b) Vorläufige Anwendung auf den Sachverhalt	70
		aa) Ergebnisrelevanz verdeutlichen	70
		bb) Sachverhaltsbezug wiederherstellen	71
		c) Eigene Stellungnahme	72
		aa) Argumente aufarbeiten	72
		(1) Ausklammern von Argumenten	72
		(2) Abwerten von Argumenten	73
		(3) Umdrehen von Argumenten	75
		(4) Zugestehen von Argumenten	75
		(5) Bewerten und Einordnen von Argumenten	76
		bb) Auf das Ergebnis zusteuern	80
		cc) Subsumtion	81
		dd) Wenn der Meinungsstreit sich auf einen nur parallelen Sachverhalt bezieht	81
		ee) Darstellungsalternative	82
		ff) Warnung	82
	2.	Einschlägigkeit einer Norm zweifelhaft	82
	3.	Auslegung von Gesetzen und Rechtsgeschäften	84
	4.	Exkurs: Vernünftige Schwerpunktbildung	89
		a) Zweifelsfrei (!) Unproblematisches	89
		b) »Auf den zweiten Blick« Unproblematisches	90
		c) Kleine Probleme mit taktisch klarer Lösung	91
		d) Kleine und mittlere Probleme	91
		e) Das große Problem	92
		f) Arbeitsanleitung	93
		g) Wie kennzeichnet man das Problematische?	93
		h) Was tun bei voraussichtlich divergierenden Schwerpunkt-Einschätzungen?	94

    5. Rechtsfolgenseite 95

Teil 4: Arbeitshinweise 97
Kapitel 1: Fehler und Fehlervermeidung 97
    A. Richtiges Deutsch 100
    B. Lesefreundliches Deutsch 108
    C. Einige juristische Besonderheiten 116
    D. Einige Besonderheiten juristischer Übungsgutachten 138
    Kapitel 2: Ratschläge zur Anfertigung von Übungsarbeiten 172

Teil 5: Anhang: Formalien und wissenschaftlicher Apparat 185
    A. Formalien bei Hausarbeiten 187
        1. Deckblatt 188
        2. Aufgabe 188
        3. Gliederung 189
        4. Schrifttumsverzeichnis 191
            a) Grundsätzliches 192
            b) Namen 193
            c) Titel und weitere bibliographische Angaben 195
            d) Besonderheiten einzelner Textgattungen 199
        5. Weitere Verzeichnisse 208
            a) Abkürzungsverzeichnis 208
            b) Abbildungsverzeichnis 209
            c) Rechtsprechungsverzeichnis 209
        6. Gutachten / Referat 209
        7. Anhang 210
    B. Formalien bei Klausuren 210
    C. Fußnoten 212
        1. Warum Fußnoten? 213
        2. Wo Fußnoten? 214
        3. Wo keine Fußnoten? 215
        4. Wo genau Fußnoten? 216
        5. Wie sehen Fußnoten aus? 217
        6. Einige beliebte Unarten in Fußnoten 223
        7. Schöne Fußnoten 228

Teil 6: Checkliste 231

Stichwortverzeichnis 237

Abkürzungsverzeichnis

A
a.A.	anderer Ansicht
Abk.	Abkürzung
Abs.	Absatz
AcP	Archiv für die civilistische Praxis (Zeitschrift)
a.E.	am Ende
AEG	Allgemeines Eisenbahngesetz
AG	Amtsgericht, Aktiengesellschaft
AGB	Allgemeine Geschäftsbedingungen
AL	Ad Legendum (Zeitschrift)
Alt.	Alternative
Anm.	Anmerkung
AnwBl.	Anwaltsblatt (Zeitschrift)
AöR	Archiv des öffentlichen Rechts (Zeitschrift)
AP	Arbeitsrechtliche Praxis (Entscheidungssammlung)
APuZ	Aus Politik und Zeitgeschichte (Zeitschrift)
ArbGG	Arbeitsgerichtsgesetz
ARSP	Archiv für Rechts- und Sozialphilosophie (Zeitschrift)
Art.	Artikel
AStA	Allgemeiner Studentenausschuss
AT	Allgemeiner Teil
Aufl.	Auflage
Az.	Aktenzeichen

B
BAG	Bundesarbeitsgericht
BAGE	Entscheidungen des Bundesarbeitsgerichts
BB	Der Betriebsberater (Zeitschrift)
Bd.	Band
BetrVG	Betriebsverfassungsgesetz
Begr.	Begründer
BGB	Bürgerliches Gesetzbuch
BGBl.	Bundesgesetzblatt
BGH	Bundesgerichtshof
BGHZ	Entscheidungen des Bundesgerichtshofs in Zivilsachen
BLJ	Bucerius Law Journal (online-Zeitschrift)
BND	Bundesnachrichtendienst
BPatG	Bundespatentgericht
BT	Besonderer Teil
BtmG	Betäubungsmittelgesetz
BUrlG	Bundesurlaubsgesetz
BVerfG	Bundesverfassungsgericht
BVerwG	Bundesverwaltungsgericht
BvR	Verfassungsbeschwerde (Registerzeichen des BVerfG)
II. BV	Verordnung über wohnungswirtschaftliche Berechnungen nach dem zweiten Wohnungsbaugesetz

C
ca.	circa
CCITT	Comité Consultatif International Téléphonique et Télégraphique

Abkürzungsverzeichnis

CIA	Central Intelligence Agency
cic	culpa in contrahendo
CIP	Catalogue Interoperability Protocol

D
DAV	Deutscher Anwaltverein
DB	Der Betrieb (Zeitschrift)
ders.	derselbe
dies.	dieselbe, dieselben
DIN	Deutsches Institut für Normung
Diss.	Dissertation
DÖV	Die Öffentliche Verwaltung (Zeitschrift)
DTP	Desktop publishing
DVBl.	Deutsches Verwaltungsblatt (Zeitschrift)

E
EBV	Eigentümer-Besitzer-Verhältnis
EG	Vertrag zur Gründung der Europäischen Gemeinschaft
EGGVG	Einführungsgesetz zum Gerichtsverfassungsgesetz
EGMR	Europäischer Gerichtshof für Menschenrechte
et al.	et alii und et aliae
etc.	et cetera
EuG	Europäisches Gericht erster Instanz
EuGH	Europäischer Gerichtshof
EWG	Europäische Wirtschaftsgemeinschaft
EWiR	Entscheidungen zum Wirtschaftsrecht (Entscheidungssammlung)

F
f., ff.	folgende
faq	frequently asked questions
FASZ	Frankfurter Allgemeine Sonntagszeitung
FAZ	Frankfurter Allgemeine Zeitung
FH	Fachhochschule
Fn.	Fußnote
FS	Festschrift

G
GA	Goltdammers Archiv für Strafrecht (Zeitschrift)
GewO	Gewerbeordnung
GG	Grundgesetz
ggf.	gegebenenfalls
GLJ	German Law Journal (online-Zeitschrift)
GmbH	Gesellschaft mit beschränkter Haftung
GmS-OGB	Gemeinsamer Senat der obersten Gerichtshöfe des Bundes
GoA	Geschäftsführung ohne Auftrag
GreifRecht	Greifswalder Halbjahresschrift für Rechtswissenschaft
GS	Gedächtnisschrift und Großer Senat
GVG	Gerichtsverfassungsgesetz

H
Habil.	Habilitationsschrift
HaftPflG	Haftpflichtgesetz
Hdb	Handbuch

HFR	Humboldt Forum Recht (online-Zeitschrift)
HG	Hochschulgesetz
HGB	Handelsgesetzbuch
HIV	Humanes[7] Immundefizienzvirus
h.M.	herrschende Meinung
Hrsg.	Herausgeber
hrsgg.	herausgegeben
HSOG	Hessisches Gesetz über die öffentliche Sicherheit und Ordnung

I

i.d.R.	in der Regel
IGH	Internationaler Gerichtshof
IPR	Internationales Privatrecht
ISBN	Internationale Standardbuchnummer
i.S.d.	im Sinne der/des
i.S.v.	im Sinne von
ius.full	Forum für juristische Bildung (Zeitschrift)
i.V.m.	in Verbindung mit

J

JA	Juristische Arbeitsblätter (Zeitschrift)
JAP	Juristische Ausbildung und Praxisvorbereitung (Zeitschrift)
jun.	junior
Jura	Jura (Zeitschrift)
JurPC	Internet-Zeitschrift für Rechtsinformatik und Informationsrecht
JuS	Juristische Schulung (Zeitschrift)
JZ	Juristenzeitung (Zeitschrift)

K

KJ	Kritische Justiz (Zeitschrift)
KO	Konkursordnung
KÖSDI	Kölner Steuerdialog (Zeitschrift)
KSchG	Kündigungsschutzgesetz

L

lat.	lateinisch
LAG	Landesarbeitsgericht
LG	Landgericht
Lit.	Literatur
lit.	Buchstabe
LL.M.	Legum Magister
LMK	Kommentierte BGH-Rechtsprechung Lindenmaier/Möhring
loc. cit.	loco citato
Ls.	Leitsatz

M

MDR	Monatsschrift für Deutsches Recht (Zeitschrift)
MIR	Medien, Internet und Recht (online-Zeitschrift)
m.w.N.	mit weiteren Nachweisen

---

7 Interessant. Ist das Virus wirklich human? Näher Rn. 333.

Abkürzungsverzeichnis

N
NdsVBl	Niedersächsische Verwaltungsblätter
NJ	Neue Justiz (Zeitschrift)
NJW	Neue Juristische Wochenschrift (Zeitschrift)
NJW-RR	NJW-Rechtsprechungs-Report (Zeitschrift)
Nr.	Nummer
NRW	Nordrhein-Westfalen
n.v.	nicht veröffentlicht
NVwZ	Neue Zeitschrift für Verwaltungsrecht
NWB	Neue Wirtschafts-Briefe
NWVBl.	Nordrhein-Westfälische Verwaltungsblätter
NZBau	Neue Zeitschrift für Baurecht
NZV	Neue Zeitschrift für Verkehrsrecht

O
o.ä.	oder ähnlich
o.J.	ohne Jahresangabe
OLG	Oberlandesgericht
o.O.	ohne Ortsangabe
OPAC	Online Public Access Catalogue
o.V.	ohne Verfasserangabe
OVG	Oberverwaltungsgericht
OWiG	Gesetz über Ordnungswidrigkeiten

P
PC	Personal Computer
PDF	Portable Document Format
pFV	positive Forderungsverletzung
ProdHaftG	Produkthaftungsgesetz
pt	Punkt

R
RA	Rechtsanwalt
RabelsZ	Rabels Zeitschrift für ausländisches und internationales Privatrecht
RG	Reichsgericht
RGBl.	Reichsgesetzblatt
RGZ	Entscheidungen des Reichsgerichts in Zivilsachen
RIW	Recht der internationalen Wirtschaft (Zeitschrift)
Rn.	Randnummer
r. Sp.	rechte Spalte
RVG	Rechtsanwaltsvergütungsgesetz

S
S.	Satz, Seite
sen.	senior
Slg.	Sammlung
sog.	so genannte/r
SozSichAbkÄnd Abk2ZAbkTURG	Gesetz zu dem Zusatzabkommen vom 2. November 1984 zum Abkommen vom 30. April 1964 zwischen der Bundesrepublik Deutschland und der Republik Türkei über Soziale Sicherheit und zu der Vereinbarung vom 2. November 1984 zur Durchführung des Abkommens vom 11. Dezember 1986
StGB	Strafgesetzbuch

StPO	Strafprozessordnung
StudZR	Studentische Zeitschrift für Rechtswissenschaft
StVG	Straßenverkehrsgesetz

T

taz	die tageszeitung
Tbm	Tatbestandsmerkmal
TVG	Tarifvertragsgesetz

U

u.a.	und andere, unter anderem
u.ä.	und ähnliches
u.ö.	und öfter
URL	Uniform Resource Locator
usw.	und so weiter
UWG	Gesetz gegen den unlauteren Wettbewerb

V

v.	von, vom
VBlBW	Verwaltungsblätter für Baden-Württemberg
VersR	Versicherungsrecht (Zeitschrift)
VGH	Verwaltungsgerichtshof
vgl.	vergleiche
VIZ	Zeitschrift für Vermögens- und Immobilienrecht
VwGO	Verwaltungsgerichtsordnung
VwVfG	Verwaltungsverfahrensgesetz

W

WaffenG	Waffengesetz
WM	Wertpapier-Mitteilungen Teil IV (Zeitschrift)
WuB	Entscheidungssammlung zum Wirtschafts- und Bankrecht

Z

Z	Zeile
z.B.	zum Beispiel
ZDF	Zweites Deutsches Fernsehen
ZGS	Zeitschrift für das gesamte Schuldrecht
ZHR	Zeitschrift für das gesamte Handels- und Wirtschaftsrecht
ZIP	Zeitschrift für Wirtschaftsrecht
ZIS	Zeitschrift für internationale Strafrechtsdogmatik
ZJS	Zeitschrift für das juristische Studium
ZPO	Zivilprozessordnung
ZR	Revision in Zivilsachen (Registerzeichen beim BGH)
ZRP	Zeitschrift für Rechtspolitik
ZStW	Zeitschrift für die gesamte Strafrechtswissenschaft
zust.	zustimmend/e/r
ZVglRW	Zeitschrift für vergleichende Rechtswissenschaft
ZZP	Zeitschrift für Zivilprozeß

Schrifttumsverzeichnis

Dieses Schrifttumsverzeichnis dient zwei Zwecken: Zum einen enthält es die bibliographischen Informationen zu den in den Fußnoten zitierten Texten. Zum anderen illustriert es beispielhaft die Arbeitshinweise in Rn. 496 ff., auf die sich auch die eingekreisten Verweise beziehen. 496

Von den unselbstständigen Texten (Zeitschriftenbeiträge, Festschriftenbeiträge etc.) ist nur eine Auswahl wiedergegeben.

Achtung: Der Bequemlichkeit des Lesers wegen enthält das Verzeichnis Hinweise auf Taschenbuchausgaben einiger zitierter Titel. Diese sollen Ihnen die Entscheidung erleichtern, mal wieder ein Buch zu kaufen. In einem wissenschaftlichen Rechtsgutachten lässt man sie aber weg, weil sie keine für den Leser wichtige Information enthalten.

A   487

Adomeit, Klaus (»Civis Romanus«):	Latein für Jurastudenten, 5. Auflage, Berlin 2009	501
ders./*Hähnchen*, Susanne:	Rechtstheorie für Studenten, 5. Auflage, Heidelberg 2008	
Adorjan, Johanna:	Der Fall Embde, in: FASZ v. 06.07.2008, S. 23	518
Ahrens, Claus:	Zivilrechtliche Zurückbehaltungsrechte, Berlin 2003	
Ahrens, Wilfried:	Der Angeklagte erschien in Bekleidung seiner Frau, 3. Auflage, München 2009	
ders.:	Der Geschädigte liegt dem Vorgang bei, 6. Auflage, München 2008	517
ders.:	Der Unfallort hat sich bereits entfernt, 4. Auflage, München 2007	
ders.:	Der Polizist rettete sich durch einen Seitensprung, München 2008	
Alpmann, Josef et al.:	Brockhaus Studienlexikon Recht, 3. Auflage, München 2010	
Althaus, Stefan:	Die Konstruktion der herrschenden Meinung in der juristischen Kommunikation, München 1994	
Anders, Monika/*Gehle*, Burkhard:	Das Assessorexamen im Zivilrecht, 9. Auflage, Köln 2008	
Augsberg, Steffen/*Büßer*, Janko:	Der Kurzvortrag im ersten Examen – Zivilrecht, München 2008	
Avenarius, Herrmann:	Kleines Rechtswörterbuch, 6. Auflage, Bonn 1991	

B

Baumert, Andreas:	Professionell texten, 2. Auflage, München 2008	512
Baumgärtel, Gottfried u.a.:	Handbuch der Beweislast, 3. Auflage, Köln 2009 ff.	509
Baur, Fritz/*Stürner*, Rolf/*Baur*, Jürgen F.:	Sachenrecht, 18. Auflage, München 2009	
Bendix, Manuela:	Wissenschaftliche Arbeiten typographisch gestalten, Berlin 2008	
Benke, Nikolaus/ *Meissel*, Franz-Stefan:	Juristenlatein, 3. Auflage, München 2009	

XVII

Schrifttumsverzeichnis

	Berg, Hans:	Übungen im Bürgerlichen Recht, 12. Auflage, Berlin 1976
	Berger, Peter:	Flotte Schreiben vom Amt – Eine Stilfibel, Köln 2004
512	*Berkemann*, Jörg:	Gesetzesbindung und Fragen einer ideologiekritischen Urteilskritik,
518		in: *Leibholz*, Gerhard u.a. (Hrsg.), Menschenwürde und freiheitliche Rechtsordnung – Festschrift für Willi Geiger zum 65. Geburtstag, Tübingen 1974, S. 299 ff.
	Bischof, Hans Helmut/ *Jungbauer*, Sabine/ *Podlech-Trappmann*, Bernd:	RVG Kompaktkommentar, 2. Auflage, Köln 2007
	Boehme-Neßler, Volker:	Cyber Law – Lehrbuch zum Internetrecht, München 2001
	Bork, Reinhard:	Allgemeiner Teil des BGB, 2. Auflage, Tübingen 2006
	Braun, Johann:	Der Zivilrechtsfall, 4. Auflage, München 2008
	Bringewat, Peter:	Methodik der juristischen Fallbearbeitung, Stuttgart 2007
	Brox, Hans/*Rüthers*, Bernd/ *Henssler*, Martin:	Arbeitsrecht, 17. Auflage, Stuttgart 2007
517 546	*Brox*, Hans/ *Walker*, Wolf-Dieter:	Allgemeiner Teil des BGB, 34. Auflage, Köln 2010, zitiert: *Brox/Walker*, BGB AT
	dies.:	Allgemeines Schuldrecht, 33. Auflage, München 2009, zitiert: *Brox/Walker*, SchuldR AT
	dies.:	Besonderes Schuldrecht, 34. Auflage, München 2009, zitiert: *Brox/Walker*, SchuldR BT
	Bruß, Jochen:	Lateinische Rechtsbegriffe, 2. Auflage, Berlin 1999
	Brüssow, Rainer:	Das Anwaltsprivileg des Syndikus im Wirtschaftsstrafverfahren – Erforderlichkeit einer Neubewertung nach der Entscheidung des EuGH vom 19.06.2008?, in: DAV (Hrsg.), Strafverteidigung im Rechtsstaat, Baden-Baden 2009, S. 91 ff.
	Bub, Wolf-Rüdiger/ *Treier*, Gerhard:	Handbuch der Geschäfts- und Wohnraummiete, 4. Auflage, München, 2010
503	*Bull*, Hans Peter:	Wie »riskant« sind Themenarbeiten? – Hilfestellungen und Tipps für Studierende, in: JuS 2000, 47 ff.
522	*Bundesministerium der Justiz* (Hrsg.):	Handbuch der Rechtsförmlichkeit, 3. Auflage, Köln 2008, www.bmj.de/rechtsfoermlichkeit/allg/inhalt.htm
522	*Bundesverwaltungsamt* (Hrsg.):	Bürgernahe Verwaltungssprache, 4. Auflage, Köln 2002, www.bva.bund.de/cln_047/nn_372236/SharedDocs/Publikationen/Verwaltungsmodernisierung/Buergernahe__Verwaltungssprache__BBB,templateId=raw,property=publicationFile.pdf/Buergernahe_Verwaltungssprache_BBB.pdf
	Busch, Jürgen/ *Konrath*, Christoph (Hrsg.):	SchreibGuide Jus – Juristisches Schreiben für Studium und Praxis, 2. Auflage, Wien 2006
	Butzer, Hermann/ *Epping*, Volker:	Arbeitstechnik im Öffentlichen Recht. Vom Sachverhalt zur Lösung – Methodik, Technik, Materialerschließung, 3. Auflage, Stuttgart 2006
	Bydlinski, Franz:	Grundzüge der juristischen Methodenlehre, Wien 2005

Byrd, Sharon B./ *Lehmann*, Matthias: Zitierfibel für Juristen, München 2007   Fn. 694

C

Canaris, Claus-Wilhelm/ *Larenz*, Karl: Methodenlehre der Rechtswissenschaft, 4. Auflage, Berlin 2009

Claßen, Veronika/*Reins*, Armin: Deutsch für Inländer, Frankfurt am Main 2007

Creifelds, Carl/*Weber*, Klaus: Rechtswörterbuch, 20. Auflage, München 2009

D

Deutsch, Erwin/ *Ahrens*, Hans-Jürgen: Deliktsrecht, 5. Auflage, Köln 2009

Dichtl, Erwin: Deutsch für Ökonomen, München 1996

Diederichsen, Uwe/ *Wagner*, Gerhard: Die BGB-Klausur, 9. Auflage, München 1998

Dornseiff, Franz: Der deutsche Wortschatz nach Sachgruppen, 8. Auflage, Berlin 2004

Drosdeck, Thomas: Die herrschende Meinung – Autorität als Rechtsquelle. Funktionen einer juristischen Argumentationsfigur, Berlin 1989

Dütz, Wilhelm/*Jung*, Heike: Arbeitsrecht, 14. Auflage, München 2009

E

Eckert, Jörg/ *Hattenhauer*, Christian: 75 Klausuren aus dem BGB mit Lösungsskizzen, 12. Auflage, Köln 2008

Eco, Umberto: Wie man eine wissenschaftliche Abschlussarbeit schreibt, 10. Auflage, Heidelberg 2005

Eidenmüller, Horst: Effizienz als Rechtsprinzip, 3. Auflage, Tübingen 2005

v. Elsner, Sigrun: Studienführer Rechtswissenschaft, 3. Auflage, München 1996   501

Engel, Stefan/ *Slapnicar*, Klaus W.:   Die Diplomarbeit, 3. Auflage, Stuttgart 2003

Engisch, Karl: Einführung in das juristische Denken, 10. Auflage, Stuttgart 2005

ders.:   Logische Studien zur Gesetzesanwendung, 3. Auflage, Heidelberg 1963

F

Fahse, Hermann/ *Hansen*, Uwe: Übungen für Anfänger im Zivil- und Strafrecht, 10. Auflage, Köln 2006

Fezer, Karl-Heinz: Klausurenkurs zum BGB Allgemeiner Teil, 7. Auflage, Köln 2008

Filip-Fröschl, Johanna/ *Mader*, Peter: Latein in der Rechtssprache, 3. Auflage, Wien 1999

Finetti, Marco/ *Himmelrath*, Martin: Der Sündenfall – Betrug und Fälschung in der deutschen Wissenschaft, Stuttgart 1999   503

Schrifttumsverzeichnis

Forstmoser, Peter/ *Ogorek*, Regina/ *Vogt*, Hans-Ueli:	Juristisches Arbeiten, 4. Auflage, Zürich 2008
Franck, Norbert:	Handbuch wissenschaftliches Arbeiten, Frankfurt am Main 2004
Frenz, Walter:	Öffentliches Recht – Eine nach Anspruchszielen geordnete Darstellung zur Examensvorbereitung, 4. Auflage, Köln etc. 2009
Fricke, Georg:	Guter Stil leicht gemacht, Berlin 2001
Friedl, Gerhard/ *Loebenstein*, Herbert:	Abkürzungs- und Zitierregeln der österreichischen Rechtssprache und europarechtlicher Rechtsquellen, 6. Auflage, Wien 2008
Frings, Heinz-Albert:	Der Sachverhalt geht aus dem Fall nicht heraus, Berlin 1996

G

Gärtner, Stefan:	Man spricht Deutsh, Reinbek 2006
Garcia Marquez, Gabriel:	Der Herbst des Patriarchen, Köln 1978
Gas, Tonio:	Die Remonstration gegen die Bewertung von Klausuren und Hausarbeiten – und wie man sie (nicht) schreiben sollte, abrufbar unter www.weber.jura.uni-osnabrueck.de
Gast, Wolfgang:	Juristische Rhetorik, 4. Auflage, Heidelberg 2006
Gernhuber, Joachim:	Die Erfüllung und ihre Surrogate sowie das Erlöschen der Schuldverhältnisse aus anderen Gründen, 2. Auflage, Tübingen 1994
Glavinic, Thomas:	Der Kameramörder, Berlin 2001 (Taschenbuch 2003)
Gleiss, Alfred:	Unwörterbuch, 3. Auflage, Frankfurt am Main 1988
Gramm, Christoph/ *Wolff*, Heinrich Amadeus:	Jura – erfolgreich studieren, 5. Auflage, München 2008
Gramm, Christoph (Hrsg.):	Kleine Fehlerlehre für Juristen nach Dr. Julius Knack, Baden-Baden 1989
Grosch, Olaf:	Studienführer Jura, 5. Auflage, Eibelstadt 2007
Grunau, Theodor:	Spiegel der Rechtssprache, Flensburg 1961
Grund, Uwe / *Heinen*, Armin:	Wie benutze ich eine Bibliothek?, 2. Auflage, München 1996
Grunewald, Barbara:	Bürgerliches Recht, 7. Auflage, München 2006

H

ter Haar, Philipp/ *Lutz*, Carsten/ *Wiedenfels*, Matthias:	Prädikatsexamen, 2. Auflage, Baden-Baden 2007
Haft, Fritjof:	Einführung in das juristische Lernen – Unternehmen Jurastudium, 6. Auflage, Bielefeld 1997
ders. / Kulow, Arndt-Christian:	Lernen mit dem Kopf – Trainieren mit dem Computer, Stuttgart 2006
Hägg, Göran:	Die Kunst, überzeugend zu reden, 2. Auflage, München 2003

Hahner, Markus/ *Scheide*, Wolfgang/ *Wilke-Thissen*, Elisabeth:	Wissenschaftliche(s) Arbeiten mit Word 2007, Unterschleißheim 2009
Hanau, Peter/*Adomeit*, Klaus:	Arbeitsrecht, 14. Auflage, Neuwied 2007
Hassemer, Winfried:	Warum Strafe sein muss – ein Plädoyer, Berlin 2009
Hattenhauer, Hans:	Die Kritik des Zivilurteils – eine Anleitung für Studenten, Neuwied 1970
Hefermehl, Wolfgang/ *Köhler*, Helmut/ *Bornkamm*, Joachim (Hrsg.):	Wettbewerbsrecht, 28. Auflage, München 2010
Henscheid, Eckhard:	Dummdeutsch, 6. Auflage, Stuttgart 2009
Herberger, Maximilian/ *Simon*, Dieter:	Wissenschaftstheorie für Juristen, Frankfurt am Main 1980
Herzberg, Rolf Dietrich/ *Ipsen*, Knut/*Schreiber*, Klaus:	Effizient studieren – Rechtswissenschaften, Wiesbaden 1999
Heuer, Walter:	Deutsch unter der Lupe, Bern 1972
ders.:	Darf man so sagen?, Zürich 1976
Himmelreich, Klaus/ *Andreae*, Martin/ *Teigelack*, Lenhard:	AutoKaufRecht für Neu- und Gebrauchtwagen, 3. Auflage, Bonn 2007
Hirsch, Burkhard:	Auf dem Weg in den Überwachungsstaat? »Es gilt dem bitteren Ende zu wehren!«, in: Stefan *Huster*/Karsten *Rudolph* (Hrsg.): Vom Rechtsstaat zum Präventionsstaat, Frankfurt am Main 2008, 164 ff.
Hirsch, Eike Christian:	Die alte Dame abkassieren, in: *ders.*, Deutsch für Besserwisser, Hamburg 1976, S. 99 f.
ders.:	Grundprinzip mit Vorbedingung, in: *ders.*, Mehr Deutsch für Besserwisser, Hamburg 1979, S. 163 f.
ders.:	Deutsch kommt gut, München 2008
Hirte, Heribert:	Der Zugang zu Rechtsquellen und Rechtsliteratur, Köln 1991
Historisch-kritischer Kommentar zum BGB	(Hrsg.: Mathias *Schmoeckel* u.a.), Tübingen 2003 ff.
Hoffmann, Monika:	Deutsch fürs Studium – Grammatik und Rechtschreibung, 2. Auflage, Paderborn 2010
Hoffmann, Uwe:	Technik der Fallbearbeitung im Wirtschaftsprivatrecht, 3. Auflage, München 2010
Holzleithner, Elisabeth:	Gerechtigkeit, Wien 2009
Hromadka, Walter/ *Maschmann*, Friedrich:	Arbeitsrecht 1: Individualarbeitsrecht, 4. Auflage, Berlin 2008
Hugenschmidt, Crispin:	Studier- und Arbeitstechniken für Juristinnen und Juristen, Basel 2005

J

Jahn, Joachim:	Anmerkung zu BGH v. 10.2.2005, III ZR 294/04 (= WM 2005, 810), in: EWiR 2005, 485 f.
Jauernig, Othmar (Hrsg.):	BGB, 13. Auflage, München 2009
Joecks, Wolfgang:	Studienkommentar StGB, 8. Auflage, München 2009

Fn. 694 | *Joerden*, Jan C.: | Logik im Recht – Grundlagen und Anwendungsbeispiele, Berlin 2005
| *Joyce*, James: | Ulysses, Frankfurt am Main 1975
| *Jurecks*, Daniel: | Party, Party und Prädikatsexamen, Norderstedt 2006
| *JuS-Redaktion* (Hrsg.): | JuS-Studienführer, 4. Auflage, München 1997

K

| *Kaehlbrandt*, Roland: | Deutsch für Eliten, Stuttgart 1999 (Taschenbuch 2001)
| *Kallert*, Rainer/ *Marschner*, Lara/ *Schreiber*, Frank/*Söder*, Stefan: | Das erfolgreiche Jurastudium, Frankfurt am Main 1998
| *Kerschner*, Ferdinand: | Wissenschaftliche Arbeitstechnik und Methodenlehre für Juristen, 5. Auflage, Wien 2006
| *Kirchner*, Hildebert/ *Pannier*, Dietrich: | Abkürzungsverzeichnis der Rechtssprache, 6. Auflage, Berlin 2008
| *Klaner*, Andreas: | Basiswissen Logik für Jurastudenten, Berlin 2005
| ders.: | Richtiges Lernen für Jurastudenten und Rechtsreferendare, 3. Auflage, Berlin 2003
| ders.: | Wie schreibe ich juristische Hausarbeiten, 3. Auflage, Berlin 2003
| *Klemperer*, Victor: | LTI, Berlin 1947 (Taschenbuch: 23. Auflage Stuttgart 2010)
| *Klünder*, Hendrik/ *Schultze*, Mirco/ *Selent*, Markus: | Das mündliche Staatsexamen in 50 Fällen – Zivilrecht, Berlin 2005
| *Knöringer*, Dieter: | Die Assessorklausur im Zivilprozess, 12. Auflage, München 2008
| *Köbler*, Gerhard: | Die Anfängerübung mit Leistungskontrolle im bürgerlichen Recht, Strafrecht und öffentlichen Recht, 7. Auflage, München 1995
| ders.: | Etymologisches Rechtswörterbuch, Tübingen 1995
| ders.: | Juristisches Wörterbuch, 15. Auflage, München 2009
| ders.: | Wie werde ich Jurist?, 5. Auflage, München 2007
| *Koch*, Hans-Joachim/ *Rüßmann*, Helmut: | Juristische Begründungslehre, 2. Auflage, München 1982
| *Kohler-Gehrig*, Eleonora: | Diplom-, Seminar-, Bachelor- und Masterarbeiten in den Rechtswissenschaften, 2. Auflage, Stuttgart 2008
| *Köhler*, Helmut: | BGB Allgemeiner Teil, 34. Auflage, München 2010
| *Koller*, Peter: | Theorie des Rechts, 2. Auflage, Wien 1997
516 | *Kopke*, Wolfgang: | Die Rechtschreibreform erneut vor Gericht. Anmerkung zu OVG Lüneburg v. 13.09.2005, 13 MC 214/05 (= NJW 2005, 3590), in: NJW 2005, 3538 ff.
| *Koppensteiner*, Hans-Georg/ *Kramer*, Ernst A.: | Ungerechtfertigte Bereicherung, 2. Auflage, Berlin 1988
| *Korn*, Karl: | Sprache in der verwalteten Welt, 2. Auflage, Olten 1959
| *Kosman*, Lisa/*Kling*, Bernd/ *Richarz*, Jürgen: | Wie schreibe ich juristische Hausarbeiten, 3. Auflage, Berlin 2004
| *Kötz*, Hein/*Schäfer*, Hans Bernd: | Judex oeconomicus, Tübingen 2003

Kötz, Hein / *Wagner,* Gerhard:	Deliktsrecht, 11. Auflage, Köln 2010	498
Kraft, Matthias:	Juristische Online-Datenbanken – eine Einkaufshilfe, Münster 2005	
Kramer, Ernst A.:	Juristische Methodenlehre, 3. Auflage, München 2010	
Krämer, Ralf/ *Rohrlich,* Michael:	Haus- und Examensarbeiten mit Word, Frankfurt am Main 2005	
Krämer, Walter/ *Trenkler,* Götz:	Modern Talking auf deutsch, München 2000 (Taschenbuch 2001)	
Krämer, Walter/ *Trenkler,* Götz:	Lexikon der populären Irrtümer, Frankfurt am Main 1996	
Krämer, Walter/ *Kaehlbrandt,* Roland:	Die Ganzjahrestomate und anderes Plastikdeutsch, München 2007 (Taschenbuch 2009)	
Kranz, Florian:	Eine Schifffahrt mit drei f – Positives zur Rechtschreibreform, Göttingen 1998	
Kröger, Detlef/ *Kuner,* Christopher:	Internet für Juristen, 3. Auflage, Neuwied 2001	
Kroiß, Ludwig/ *Schuhbeck,* Sebastian:	Jura online, Neuwied 2000	
Kropholler, Jan:	Studienkommentar zum BGB, 12. Auflage, München 2009	
Kühl, Kristian:	Strafrecht Allgemeiner Teil, 6. Auflage, München 2008	

L

Lagodny, Otto:	Gesetzestexte suchen, verstehen und in der Klausur anwenden, Berlin 2008	
Lange, Barbara:	Jura erfolgreich studieren, 5. Auflage, Köln 2009	
Lange, Hans-Jürgen:	Der Wandel des föderalen Sicherheitsverbundes, in: Stefan *Huster*/Karsten *Rudolph* (Hrsg.): Vom Rechtsstaat zum Präventionsstaat, Frankfurt am Main 2008, 64 ff.	
Langenhan, Rainer:	Internet für Juristen, 4. Auflage, München 2003	
Langer, Inghard/ *Schulz von Thun,* Friedemann/ *Tausch,* Reinhard:	Sich verständlich ausdrücken, 8. Auflage, München 2006	
Larenz, Karl:	Methodenlehre der Rechtswissenschaft, 6. Auflage, Berlin 1991	
ders.:	Schuldrecht Allgemeiner Teil, 14. Auflage, München 1987	
Leist, Wolfgang:	Der erfolgreiche juristische Vortrag, in: JuS 2003, 441 ff.	515
Lemke, Volker:	»1. Ansicht, 2. Ansicht, 3. Ansicht, Stellungnahme« – Überlegungen zur Aufarbeitung von streitigen Fragen im öffentlichen Recht, in: JA 2002, 509 ff.	515
Lieb, Manfred:	Arbeitsrecht, 9. Auflage, Heidelberg 2006	
Lieberwirth, Rolf:	Latein im Recht, 5. Auflage, Berlin 2007	
Liebs, Detlef:	Lateinische Rechtsregeln und Rechtssprichwörter, 7. Auflage, München 2007	
Löwisch, Manfred:	Arbeitsrecht, 8. Auflage, Köln 2008	
Lüdemann, Jörn:	Die verfassungskonforme Auslegung von Gesetzen, in: JuS 2004, 27 ff.	515

M

Marquard, Odo:	Abschied vom Prinzipiellen, Berlin 1981
Mathis, Klaus:	Effizienz statt Gerechtigkeit?, 3. Auflage, Berlin 2009
Meadows, Dennis L. et al.:	Die Grenzen des Wachstums – Bericht des Club of Rome zur Lage der Menschheit, Stuttgart 1972
Medicus, Dieter:	Allgemeiner Teil des BGB, 9. Auflage, Heidelberg 2006, zitiert: *Medicus,* AT
ders. / *Petersen,* Jens:	Bürgerliches Recht, 22. Auflage, Köln 2009
Meier, Bernd-Dieter:	Strafrechtliche Sanktionen, 3. Auflage, Berlin 2009
Meier, Christian X.:	Der Denkweg der Juristen, Münster 2000
Meyer, Dieter:	Juristische Fremdwörter, Fachausdrücke und Übersetzungen, 12. Auflage, Neuwied 2004
Michalski, Lutz:	Arbeitsrecht, 7. Auflage, Heidelberg 2008
Michel, Helmut/ *von der Seipen,* Christoph:	Der Schriftsatz des Anwalts im Zivilprozess, 5. Auflage, München 2000
Minas, Manfred:	Die Anspruchsgrundlagen des BGB – Präzisiert für Gutachten und Urteil, Stuttgart 1993
Möllers, Thomas M.J.:	Juristische Arbeitstechnik und wissenschaftliches Arbeiten, 5. Auflage, München 2010
Mörschner, Lukke:	Erbrecht, Frankfurt am Main 2006
Müller, Friedrich/ *Christensen,* Ralph:	Juristische Methodik, Bd. I, 9. Auflage, Berlin 2004
Müller, Norman/ *Schallbruch,* Martin:	PC-Ratgeber für Juristen, 2. Auflage, Berlin 2002
Müller, Roger:	ZitierGuide – Leitfaden zum fachgerechten Zitieren in rechtswissenschaftlichen Arbeiten, Zürich etc. 2007
Münchener Kommentar zum BGB	(Hrsg. *Rixecker,* Roland/*Säcker,* Jürgen), 5. Auflage, München 2007 ff., zitiert: MüKo/*Bearbeiter*
Musielak, Hans-Joachim:	Grundkurs BGB, 10. Auflage, München 2007

N

Naucke, Wolfgang:	Strafrecht – eine Einführung, 10. Auflage, Neuwied 2002
Nemitz, Reinhard:	Die Schemata, Bd. I: Technik der Fallbearbeitung – Bürgerliches Recht, Strafrecht, Öffentliches Recht, 5. Auflage, Wettenberg 2006
Nicol, Natascha/ *Albrecht,* Ralf:	Wissenschaftliche Arbeiten schreiben mit Word 2007, 6. Auflage, München 2007
dies.:	Wissenschaftliche Arbeiten schreiben mit Word 2010, 5. Auflage, München 2010
Niederhauser, Jürg:	Die schriftliche Arbeit, 4. Auflage, Mannheim 2006
Niederle, Jan:	500 Spezial-Tipps für Juristen – wie man geschickt durchs Studium und das Examen kommt, 8. Auflage, Altenberge 2008

O

Oberheim, Rainer:	Zivilprozessrecht für Referendare, 8. Auflage, Neuwied 2009

Ogorek, Regina:	Kleine Gebrauchsanweisung für das mündliche Staatsexamen, in: Law Zone 2/2008, 17 ff. = www.jura.uni-frankfurt.de/ifrg1/ogorek/RO-TypFehler-LawZone.pdf	
Otto, Hansjörg:	Arbeitsrecht, 4. Auflage, Berlin 2008	

P

Palandt, Otto (Begr.):	Kommentar zum Bürgerlichen Gesetzbuch, 70. Auflage, München 2011, zitiert: Palandt/*Bearbeiter*	
Pätzold, Juliane:	Die gemeinschaftliche Adoption Minderjähriger durch eingetragene Lebenspartner, Hamburg 2006	
Pawlowski, Hans-Martin:	Methodenlehre für Juristen, 3. Auflage, Heidelberg 1999	516a
ders.:	Buchbesprechung zu *Larenz/Wolf,* Allgemeiner Teil des BGB, 9. Auflage 2004, in: JZ 2005, 190	
Pense, Uwe:	Methodik der Fallbearbeitung. Juristische Klausurtechnik für Studium und Examen, 2. Auflage, Münster 2009	
Petersen, Jens:	Die mündliche Prüfung im ersten juristischen Staatsexamen, Berlin – zivilrechtliche Prüfungsgespräche, Berlin 2005	
Pfeiffer, Karl-Nikolaus:	Internet-Suchmaschinen und das Recht auf freie Meinungsäußerung, in: Ansgar *Ohly,* Theo *Bodewig,* Thomas *Dreier,* Horst-Peter *Götting* und Michael *Lehmann* (Hrsg.): Perspektiven des Geistigen Eigentums und Wettbewerbsrechts – Festschrift für Gerhard Schricker zum 70. Geburtstag, München 2005, S. 137 ff.	512
Pieroth, Bodo (Hrsg.):	Hausarbeit im Staatsrecht: Musterlösungen und Gestaltungsrichtlinien für das Grundstudium, Heidelberg 2008	
Prantl, Heribert:	Der Terrorist als Gesetzgeber – Wie man mit Angst Politik macht, München 2008	
Puppe, Ingeborg:	Kleine Schule des juristischen Denkens, Göttingen 2008	
Putzke, Holm:	Juristische Arbeiten erfolgreich schreiben – Klausuren, Hausarbeiten, Seminare, Master- und Bachelorarbeiten, 3. Auflage, München 2010	
Putzke, Holm/ *Küll,* Carolin/ *Weinzierl,* Sebastian:	Gut in Form – Formalien bei juristischen Klausuren, Hausarbeiten, Seminararbeiten und häuslichen Arbeiten, 2. Auflage, www.polizei-newsletter.de/documents/Formalia.pdf, zuletzt besucht am 30.6.2009	522

R

Radbruch, Gustav:	Rechtsphilosophie, 8. Auflage, Stuttgart 1973, hrsgg. von Erik *Wolf* und Hans-Peter *Schneider* (Studienausgabe: 2. Auflage Heidelberg 2003, hrsgg. von Ralf *Dreier* und Stanley L. *Paulson*)	
Reichold, Hermann:	Arbeitsrecht, 3. Auflage, München 2008	
Reiners, Ludwig:	Stilfibel – Der sichere Weg zum guten Deutsch, 27. Auflage München 2007	
ders./*Meyer,* Stephan:	Stilkunst – Ein Lehrbuch deutscher Prosa, 2. Auflage der überarbeiteten Ausgabe München 2004	

	Richter, Rudolf/ *Furubotn*, Eirik G.:	Neue Institutionenökonomik – eine Einführung und kritische Würdigung, 3. Auflage, Tübingen 2003
	Rinken, Alfred:	Einführung in das juristische Studium, 3. Auflage, München 1996
	Risse, Jörg:	Der verfassungsrechtliche Schutz der Homosexualität, Baden-Baden 1998
	Röhricht, Volker/ *Graf v. Westphalen*, Friedrich:	HGB Kommentar, 3. Auflage, Köln 2008
	Rolfs, Christian:	Studienkommentar Arbeitsrecht, 2. Auflage, München 2007
	Rottmann, Verena S.:	Karriereplanung für Juristen, Berlin 2005
	Rüthers, Bernd/*Birk*, Axel:	Rechtstheorie, 4. Auflage, München 2008
	Rüthers, Bernd/*Stadler*, Astrid:	BGB Allgemeiner Teil, 16. Auflage, München 2009 zitiert: *Rüthers/Stadler*, BGB AT

S

	Sattelmacher, Paul/ *Sirp*, Wilhelm/ *Schuschke*, Winfried:	Bericht, Gutachten und Urteil, 34. Auflage, München 2008
	v. Savigny, Eike:	Grundkurs im wissenschaftlichen Definieren, 5. Auflage, München 1980
	Schack, Haimo:	BGB Allgemeiner Teil, 12. Auflage, Heidelberg 2008
	Schellhammer, Kurt:	Schuldrecht nach Anspruchsgrundlagen, 7. Auflage, Heidelberg 2008
	Schimmel, Roland:	Zur Auslegung von Willenserklärungen, in: JA 1998, 979 ff.
	Schimmel, Roland/ *Weinert*, Mirko/ *Basak*, Denis:	Juristische Themenarbeiten, Heidelberg 2007
506	*Schlink*, Bernhard/*Popp*, Walter:	Selbs Justiz, Zürich 1987
	Schmalz, Dieter:	Methodenlehre für das juristische Studium, 4. Auflage, Baden-Baden 1998
	Schmidt-Wiegand, Ruth (Hrsg.):	Deutsche Rechtsregeln und Rechtssprichwörter, München 1996 (Taschenbuch 2002)
	Schmuck, Michael:	Deutsch für Juristen, 2. Auflage, Köln 2006
	ders.:	Klares Deutsch statt Schwulst, in: JA 2001, 911 f.
	Schnapp, Friedrich E.:	Friedrich Schmitthenner – Ahnherr des besonderen Gewaltverhältnisses?, in: *Krebs*, Walter (Hrsg.), Liber amicorum Hans-Uwe Erichsen, Köln 2004, 231 ff.
498	*Schneider*, Egon/ *Schnapp*, Friedrich E.:	Logik für Juristen, 6. Auflage, München 2006
498	*Schneider*, Wolf:	Deutsch! – Das Handbuch für attraktive Texte, Reinbek 2005
	ders.:	Deutsch für Kenner, Reinbek 1987 (Taschenbuch 2005)
	ders.:	Deutsch für Profis, Reinbek 1982 (Taschenbuch 2001)
	ders.:	Speak German!, Reinbek 2008 (Taschenbuch 2009)
	Scholz, Peter/ *Schulte*, Christian:	Examen leicht gemacht – 1. und 2. juristisches Examen erfolgreich bestehen, 2. Auflage, Berlin 2007

Schopenhauer, Arthur:	Eristische Dialektik, (1831 / 1864) zitiert nach der Ausgabe Stuttgart 1983	506
Schulz, Martin/ *Klugmann*, Marcel:	Wissensmanagement für Anwälte, 3. Auflage, Köln 2010	
Schulz, Martin/ *Sester*, Peter:	Projekt- und Wissensmangement für rechtswissenschaftliche Arbeiten, München 2010	
Schulze, Reiner/ *Dörner*, Heinrich/ *Ebert*, Ina et al.:	Handkommentar zum BGB, 6. Auflage, Baden-Baden 2009 zitiert: Schulze/Dörner/Ebert/Bearbeiter	512
Schütz, Carsten/ *Möllers*, Christoph:	Fundstellenverzeichnis Veröffentliche Entscheidungen deutscher Gerichte 1980-1997, 2. Auflage, Köln 1998	
Schwacke, Peter:	Juristische Methodik mit Technik der Fallbearbeitung, 4. Auflage, Stuttgart 2003	
Schwerdtfeger, Gunther:	Öffentliches Recht in der Fallbearbeitung, 13. Auflage, München 2008	
Schwintowski, Hans-Peter:	Juristische Methodenlehre, Frankfurt am Main 2005	
Sick, Bastian:	Der Dativ ist dem Genitiv sein Tod, Reinbek 2004	
ders.:	Der Dativ ist dem Genitiv sein Tod – Folge 2, Reinbek 2005	
ders.:	Der Dativ ist dem Genitiv sein Tod – Folge 3, Reinbek 2006	
Söllner, Alfred/ *Waltermann*, Raimund:	Arbeitsrecht, 15. Auflage, München 2009	
Soentgen, Jens:	Selbstdenken! – 20 Praktiken der Philosophie, Wuppertal 2003 (Taschenbuch 2007)	
Soergel, Hans Theodor:	Kommentar zum BGB, 13. Auflage, Stuttgart 1999 ff.	
Sofsky, Wolfgang:	Verteidigung des Privaten, München 2007 (Taschenbuch 2009)	
Spinnen, Burkhard/ *Posner*, Eberhard:	KlarsichtHüllen – Ein Dialog über Sprache in der modernen Wirtschaft, München 2005	
Spreng, Norman M./ *Dietrich*, Stefan:	Studien- und Karriere-Ratgeber für Juristen, Berlin 2006	
Stadt Bochum (Hrsg.):	Tipps zum einfachen Schreiben, (www.bochum.de/C12571A3001D56CE/vwContentByKey/N26R27EF053HGILDE/$FILE/einfachesschreiben.pdf)	
Standop, Ewald/ *Meyer*, Matthias L.G.:	Die Form der wissenschaftlichen Arbeit, 18. Auflage, Wiebelsheim 2008	
Stein, Ekkehart:	Die rechtswissenschaftliche Arbeit – methodische Grundlegung und praktische Tipps, Tübingen 2000	
Stender-Vorwachs, Jutta:	Prüfungstraining Staats- und Verwaltungsrecht, 4. Auflage, Köln 2003	
Sternberger, Dolf/ *Storz*, Gerhard/ *Süskind*, Wilhelm Emanuel:	Aus dem Wörterbuch des Unmenschen, 3. Auflage, Hamburg 1968	
Streck, Michael:	Beruf AnwaltAnwältin, Bonn 2001	
Streng, Franz:	Strafrechtliche Sanktionen, 2. Auflage, Stuttgart 2002	

T

	Tettinger, Peter J./ *Mann*, Thomas:	Einführung in die juristische Arbeitstechnik, 4. Auflage, München 2009
	Theisen, Manuel R.:	Wissenschaftliches Arbeiten – Technik, Methodik, Form, 15. Auflage, München 2010
	Tiedemann, Paul:	Internet für Juristen, Darmstadt 1999
	Tholl, Dirk:	Fundus – Fundstellenverzeichnis für Klausuren und Hausarbeiten, Essen 2008
	Tilch, Horst (Hrsg.):	Deutsches Rechts-Lexikon, 3. Auflage, München 2001 ff.
	Treder, Lutz:	Methoden und Technik der Rechtsanwendung, Heidelberg 1998
506	*Tröndle*, Herbert:	Strafgesetzbuch und Nebengesetze, 48. Auflage, München 1997
	Tucholsky, Kurt:	Der bewachte Kriegsschauplatz, in: *Gerold-Tucholsky*, Mary/*Raddatz*, Fritz J. (Hrsg.), Gesammelte Werke, Bd. 9: 1931, Reinbek 1960, S. 253 ff.

V

	Valerius, Brian:	Einführung in den Gutachtenstil, 3. Auflage, Berlin 2009
	Vec, Milôs u.a.:	Der Campus-Knigge, München 2006 (Taschenbuch 2008)
	Vesting, Thomas:	Rechtstheorie, München 2007
	Viehweg, Theodor:	Topik und Jurisprudenz, 5. Auflage, München 1973
	Vogel, Joachim:	Juristische Methodik, Berlin 1998

W

	Walter, Raimund-Ekkehard/ *Heidtmann*, Frank:	Wie finde ich juristische Literatur?, 2. Auflage, Berlin 1984
501	*Walter*, Tonio:	Kleine Stilkunde für Juristen, 2. Auflage, München 2009
	ders.:	Kleine Rhetorikschule für Juristen, München 2009
	Wank, Rolf:	Die Auslegung von Gesetzen, 4. Auflage, Köln 2008
	Weber, Ferdinand/ *Morell*, Renate (A.M. *Textor*):	Sag es treffender, 10. Auflage, Reinbek 2009
	Weber, Stefan:	Das Google-Copy-Paste-Syndrom – Wie Netzplagiate Ausbildung und Wissen gefährden, 2. Auflage, Hannover 2009
	Wehrle, Hugo/*Eggers*, Hans:	Deutscher Wortschatz, 17. Nachdruck, Stuttgart 1993
	Weigel, Hans:	Die Leiden der jungen Wörter, 10. Auflage, München 1986
501	*Weigel*, Wolfgang:	Rechtsökonomik, München 2003
	Werner, Olaf:	Fälle mit Lösungen für Anfänger im Bürgerlichen Recht, 12. Auflage, Köln 2008
506	*Wesel*, Uwe:	h.M., in: Kursbuch 61 (1979), 88 ff., zitiert nach dem Wiederabdruck in *ders.*; Aufklärungen über Recht, 6. Auflage, Frankfurt am Main 1992, 14 ff.
	Wessels, Johannes/ *Beulke*, Werner:	Strafrecht Allgemeiner Teil, 39. Auflage, Heidelberg 2009

Wieser, Eberhard:	Prozessrechtskommentar zum BGB, 2. Auflage, Köln 2002
Wilke, Gitta:	Informationsführer Jura – Juristische Recherche on- und offline, 4. Auflage, Hamburg 2003
Willberg, Hans Peter/ *Forssman,* Friedrich:	Erste Hilfe in Typografie, 2. Auflage Mainz 2009
Wollenschläger, Michael:	Arbeitsrecht, 3. Auflage, Köln 2009
Wörlen, Rainer:	BGB AT – Einführung in das Recht und Allgemeiner Teil, 10. Auflage, Köln 2008
Wörlen, Rainer/*Kokemoor,* Axel:	Arbeitsrecht, 9. Auflage, Köln 2009
Wörlen, Rainer/*Schindler,* Sven:	Anleitung zur Lösung von Zivilrechtsfällen, 9. Auflage, Köln 2009
Wyss, Martin P.:	Einführung in das juristische Arbeiten, 3. Auflage, Bern 2008

Z

Zimmer, Dieter E.:	Die Bibliothek der Zukunft, Hamburg 2000 (Taschenbuch 2001)
ders.:	Die Wortlupe, Hamburg 2006
ders.:	Deutsch und anders, Reinbek 1997 (Taschenbuch 1998)
Zippelius, Reinhold:	Juristische Methodenlehre, 10. Auflage, München 2006
Zöllner, Wolfgang/ *Loritz,* Karl-Georg/ *Hergenröder,* Curt Wolfgang:	Arbeitsrecht, 6. Auflage, München 2008

Teil 1: Vorbemerkungen

A. Warum ein solches Buch?

Der Text befasst sich hauptsächlich mit Gutachtentechnik und juristischer Sprache. Aus drei Gründen sollten besonders Studentinnen[8] der Anfangssemester diesen Gegenständen Aufmerksamkeit zuwenden:

1. Die juristische Gutachtentechnik gewährleistet in hohem Maß ein inhaltlich »richtiges« (das heißt: jedenfalls vertretbares) Ergebnis bei der Beurteilung rechtlich interessanter Sachverhalte.

   Zwar ist es schwer, konsequent im Gutachtenstil zu denken. Trotzdem sollte man dessen Regeln über die Darstellung einer juristischen Argumentation so gut wie möglich beherrschen – nicht zuletzt, weil gutachtenförmiges Vorgehen manchmal Arbeit und oft Fehler erspart.

2. Gutachten- und Subsumtionstechnik sind Teil der Prüfungsleistungen, die Ihnen abverlangt werden[9].

   Stellen Sie sich die Situation Ihres Prüfers vor: Für ihn ist die gestellte Aufgabe leicht, weil er fragen kann, was er weiß, und zudem genug Zeit hat, über Ihre Antwort nachzudenken. Jede fehlerhafte Antwort ist für ihn eine Enttäuschung. Mit sprachlichen und handwerklichen Fehlern steigern Sie diese noch. Umgekehrt freut sich der Leser, wenn er nach einer Reihe von Katastrophen Ihre gelungene Arbeit in die Hand bekommt.

3. Schließlich ist die Sprache das Handwerkszeug des Juristen[10]. In Gesetzen und Verträgen kommt es oft auf die genaue Bedeutung einzelner Wörter an. Deshalb müssen gerade Rechtsanwender mit der Sprache sehr bedacht umgehen.

   Wie wichtig das ist, sollten Sie nicht über-, aber auch nicht unterschätzen. Es ist zwar nicht erforderlich, die sprachliche Gestaltung Ihrer Ausführungen zu einem Fetisch zu machen – in der Tat

---

[8] Eigentlich müsste hier *StudentInnen* stehen. Auf die BinnenMajuskel wird im ganzen Text verzichtet – weniger aus frauendiskriminierender Absicht als lesbarkeitshalber. Wenn sich nicht eindeutig aus dem Zusammenhang das Gegenteil ergibt (etwa beim *Gesamtschuldnerinnenausgleich*, wo die gender political correctness zum *Gesamtschuldnerinneninnenausgleich* führen würde), ist immer das andere Geschlecht mitgemeint, so dass sich bei *Feministen* bitte auch die *Feministinnen* angesprochen fühlen sollen. Informativ zum Problem des sprachlich-geschlechterpolitischen Anstands *Scheffler* JZ 2004, 1162 f.; eine interessante neue Variante bietet der Gesetzgeber, der in § 1 S. 1 UWG die *Verbraucherinnen und Verbraucher* nennt (immerhin in klassisch-höflicher Reihenfolge), danach aber nur noch die *Verbraucher*. Hätte man das als Definition gestaltet, wäre es doch eigentlich ganz in Ordnung – oder?

[9] Die meisten im Folgenden angebotenen Hinweise und Erklärungen gelten für die juristische Gutachten- und Subsumtionstechnik. Diese Technik braucht man in der Mehrzahl aller Prüfungsarbeiten. In Themenarbeiten (dazu z.B. *Schimmel/Weinert/Basak* Themenarbeiten; *Noltensmeier/Schuhr* JA 2008, 576 ff.; *Bull* JuS 2000, 47 ff.; *Büdenbender/Bachert/Humbert* JuS 2002, 24 ff.; *Konrath* in *Busch/Konrath* (Hrsg.) SchreibGuide Jus, 115 ff.; beispielhaft *Kudlich* JuS 2002, 1071 ff.; *Putzke* Arbeiten, 118 ff.) und in Seminarreferaten kann man sie nur mittelbar zur gedanklichen Aufarbeitung des Gegenstands einsetzen; für die Darstellung der Ergebnisse gelten andere Regeln. – Juristische Gutachten werden normalerweise schriftlich erstattet; hilfreiche Hinweise zur Präsentation **mündlicher Leistungen** (also insbesondere den Vortrag eines Seminarreferats) finden Sie bei *Leist* JuS 2003, 441 ff.; zum mündlichen Teil der Staatsprüfung *Petersen*; *Klünder/Schultze/Selent*; *Augsberg/Büßer*; Beispiel für ein Prüfungsgespräch in der Ersten Staatsprüfung *Sporleder-Geb/Stüber* JA 2009, 535 ff., in der Zweiten Staatsprüfung *dies.* JA 2006, 52 ff., JA 2010, 56 ff.; Beispiel für einen Prüfungsvortrag bei *Kipp/Kummer* Jura 2007, 414 ff.; weiterführende Hinweise unter www.muendlichepruefung.de/lit.html und www.jura.uni-duesseldorf.de/lehre/studium/faq; aus Prüferinnensicht: *Ogorek* Law Zone 2/2008, 17 ff.

[10] Zum Weiterlesen: *Schnapp* JZ 2004, 473 ff.

Teil 1: Vorbemerkungen

kommt auch der inhaltlichen Qualität des Gesagten hohes Gewicht zu. Wenn Sie aber über gute Argumente in der Sache verfügen, sollten Sie diese sprachlich gelungen darstellen; wenn nicht, muss die sprachliche Form die inhaltliche Überzeugungskraft ersetzen[11].

B. Vier Schritte zur Erfolg versprechenden Arbeit mit diesem Text

3   Entgegen anders lautenden Vermutungen haben Sie mit dem bloßen **Erwerb** dieses Buchs lediglich den ersten Schritt getan. Dieser ist wichtig und richtig, genügt aber noch längst nicht. Der zweite Schritt besteht darin, den Text zu **lesen**. Das geht schnell[12]. Bedenken Sie aber: Es bleibt nur wenig hängen. Das merken Sie spätestens beim dritten Schritt: Sie müssen sich den Inhalt **erarbeiten**[13]. Wie das geht, weiß man nicht so genau; einige Vorschläge und Arbeitsanweisungen finden Sie unterwegs. Der vierte Schritt ist einfach, aber zeitaufwendig: **Üben, üben, üben**[14]. Sie haben Ihr ganzes Studium Zeit. Je früher Sie anfangen, desto besser.

Nicht zum Lieferumfang gehören ein Kugelschreiber und ein Textmarker. Trotzdem wird deren intensive Benutzung dringend empfohlen. Die verringert zwar spürbar den Erlös, wenn Sie das Buch nach dem Examen wieder verkaufen wollen. Aber sie erhöht den Ertrag vor dem und im Examen.

C. Vier Warnungen   – zu Regeln ü. Zitierfähigkeit Rn. 519

4   1. Dieser Text ist nicht **zitierfähig**[15], jedenfalls **nicht zitierbedürftig**. Er ist weder wissenschaftlich angelegt noch will er den Eindruck erwecken, schon die Beschäftigung mit den Grundzügen der Gutachtentechnik sei eine hochkomplizierte Angelegenheit.

2. Er ist **keine »Bibel«**[16]: Er enthält keine alleinverbindlichen Aussagen, an die sich der Rest der Welt halten muss. Vorrang genießt, was Ihnen der Leiter Ihrer Übung sagt.

3. Er ist **nicht vollständig** und bietet **keine Patentrezepte**: Wenn Sie alles beherzigen, was Sie hier lesen, ist es immer noch möglich, etwas falsch zu machen.

Selbst gute juristische Anleitungsbücher hinterlassen stellenweise den Eindruck, man müsse nur eine Reihe von Regeln befolgen, um mit größter Wahrscheinlichkeit die Übungs- oder Prüfungsarbeit mit einer Prädikatsnote zurückzubekommen. Anstelle einer weiteren systematischen Anleitung *Wie bestehe ich garantiert jede Klausur und Hausarbeit?* finden Sie hier nur vereinzelte Hinweise. Das ist ehrlicher.

---

11 Über diesen letzten Gedanken lässt sich zugegebenermaßen streiten. Vielleicht ändert sich Ihr Standpunkt, wenn Sie Rechtsanwältin geworden sind.
12 Bei konzentriertem Arbeiten wird dieses Buch in zwei Nachmittagen zu lesen sein. Berücksichtigen Sie dabei, dass Teil 3 (Rn. 50 ff.) wenig Ertrag bringt, wenn Sie ihn am Stück lesen. Es genügt, wenn Sie querlesend die Struktur verstehen und sich die Einzelheiten erst ansehen, wenn Sie sie brauchen. Wer das Buch als Studienanfänger liest, sollte vorn anfangen – also hier. Wer es als Fortgeschrittene oder Examenskandidatin zur Hand nimmt, beginne bei Rn. 50, je nach Stilsicherheit vielleicht auch erst bei Rn. 323.
13 Da solches Erarbeiten langwierig und manchmal langweilig ist, finden Sie hier ein Kriterium, wann Sie damit aufhören können: Der Inhalt dieses Texts ist erarbeitet, wenn des Buches Bindung aus dem Leim geht. Er gilt als erarbeitet, wenn 72 Randbemerkungen in Ihrer Handschrift, 17 Kaffee- und drei Rotweinflecken sowie zwölf Eselsohren gleichmäßig über den Text verteilt sind. (Beachten Sie aber die kumulative Erforderlichkeit der drei letztgenannten Bedingungen).
14 Zur Wiederholung lesen Sie etwa: *Nemitz* Schemata, Bd. I; *Tettinger* Einführung; *Bringewat* Methodik; *Wyss* Einführung; *Kerschner* Arbeitstechnik; *Pense* Klausur; kürzer etwa *Zuck* JuS 1990, 905 ff.
15 Zu Regeln über Zitierfähigkeit Rn. 519.
16 Eher eine Fibel, also ein kleines Arbeitsbuch mit wenig Autorität, dafür aber vielen Vorschlägen.

4. Er ist auch **kein Lehrbuch**. Lernerfolge im materiellen Recht sind zufällige – wenn auch willkommene – Nebenwirkungen der Lektüre.

Die Beispiele versuchen, Sie auf dem Wissensstand des ersten Semesters abzuholen, so dass es geschehen kann, dass Sie als Anfänger beim Durcharbeiten etwas lernen. Um aber systematisch materielles Recht zu lernen, benutzen Sie ein anständiges Lehrbuch[17]. Wenn Sie sich ausführlicher mit Rechtstheorie befassen wollen, ziehen Sie die angegebenen[18] Einführungen in Erwägung.

D. Aufbau und Benutzung

1. Der Text enthält – nach diesen Vorbemerkungen – drei Teile, die man hintereinander oder unabhängig voneinander lesen kann. Der zweite Teil umreißt so kurz es irgend geht die **Technik der Rechtsanwendung** und entwickelt diese anhand von Beispielen, wie sie dem Studienanfänger vertraut sein dürften. Der dritte Teil bringt zahlreiche **Formulierungsvorschläge**, anhand derer der Leser aus einer skelettartigen Skizze ein lesbares Rechtsgutachten entwickeln kann, wie es in Übungs- und Prüfungsarbeiten allgemeinen erwartet wird. Der vierte Teil warnt vor **Fehlern**, wie sie erfahrungsgemäß in solchen Arbeiten unnötigerweise ständig vorkommen. Wo immer möglich gibt er **Empfehlungen**, wie mit typischen Problemen umzugehen sei.   4a

2. Wie in vielen Lehrbüchern ist dabei besonders **Wichtiges** durch Fettdruck hervorgehoben.

Konkretes und weniger Wichtiges – einschließlich der Beispiele und Exkurse – ist kleiner gesetzt, um der Leserin bei wiederholtem Durcharbeiten die Konzentration auf das Wesentliche zu erleichtern.

Durch Kursivschreibweise gekennzeichnet sind *Eigennamen* und *wörtliche Zitate*, egal ob sie zur Verwendung in studentischen Übungsarbeiten einsetzbar oder gerade nicht vorbildhaft sind.

- Wegen der besseren Unterscheidbarkeit sind die Formulierungsvorschläge im 3. Teil durch Aufzählungszeichen und eine serifenlose Schrifttype abgesetzt.

E. Was Sie erwartet

Was die Lektüre dieses kleinen Buchs Ihnen bringt – Interesse, Neugier und Fleiß Ihrerseits einmal als vorhanden unterstellt –, ist im Vorwort umrissen. Zur Veranschaulichung folgt ein kleines Beispiel – *exempla docent*[19].

In einer Anfängerklausur, geschrieben am Ende des ersten Studiensemesters, fand sich folgender Satz: 4b

Vertretungsmacht heißt, dass der A weiß, was der B in seinem Namen macht.

---

17 Lehrbuchempfehlungen zum Allgemeinen Teil des BGB, dem Rechtsgebiet, dem die hier verwendeten Übungsaufgaben zugehören, unten Fn. 54. – Systematische Übersichten zum materiellen Zivilrecht, für Anfänger allerdings meist zu anspruchsvoll: *Medicus* Bürgerliches Recht; *Grunewald* Bürgerliches Recht; *Schellhammer* Schuldrecht nach Anspruchsgrundlagen. Die Bücher, die in diesem Text empfohlen werden, sollen Sie nicht alle – und auch nicht sofort – kaufen. Vielleicht ist es aber nützlich, im Juristischen Seminar die Signaturen herauszusuchen und hier an den Rand zu schreiben, damit Sie sie schnell finden, wenn Sie sie brauchen. Außerdem lernt man so, wie der Bibliothekskatalog zu benutzen ist.
18 Unten Fn. 38.
19 Zu peinlichen Angebereien mit Schullatein Rn. 368.

Das klingt auf den ersten Blick gar nicht so schlecht, jedenfalls aus studentischer Sicht. Durch die Brille der Korrektorin betrachtet verdient der Satz aber Kritik in mehrfacher Hinsicht.

4c   1. **Sprachlich** schön gelungen ist dieser Definitionsversuch[20] nicht. Etwas gefälliger wird er, wenn man zunächst die altbacken-holprig wirkenden Bezeichnungen der Beteiligten kürzt[21]:

Vertretungsmacht heißt, dass A weiß, was B in seinem Namen macht.

Als nächstes muss man das unschöne *macht* präzisieren. Es geht bei der Stellvertretung nicht um jedes Handeln (*machen*), sondern um rechtsgeschäftliches Handeln, also im Wesentlichen um Willenserklärungen[22]. Das richtige Verb wäre also am ehesten *erklären*:

Vertretungsmacht heißt, dass A weiß, was B in seinem Namen erklärt.

Außerdem würde eine gute Definition nicht A und B nennen, sondern deren rechtliche Rollen. Die Definition soll eine allgemeingültige Aussage enthalten[23]:

Vertretungsmacht heißt, dass der Vertretene weiß, was der Vertreter in seinem Namen erklärt.

Jetzt enthält der Satz zumindest der Form nach eine im juristischen Gutachten einsetzbare Definition.

Diese gewissermaßen kosmetischen Korrekturen sind Gegenstand des 4. Teils. Wie Sie sehen, wird aber der Satz durch solche Kosmetik zugleich inhaltlich genauer und sprachlich besser. Schon weil also die scheinbar nur kosmetischen Dinge mit den inhaltlichen Fragen oft eng verknüpft sind, sollte man sie ernst nehmen. In Rechtstexten gehen formale und inhaltliche Qualitäten (oder Fehler) meist ineinander über. Dazu sogleich mehr:

4d   2. Auch in der **Sache** bringt der Satz allenfalls eine laienhafte Näherung des Rechtsbegriffs *Vertretungsmacht*. Die hätte nach Lesen der einschlägigen Rechtsnorm (§ 164 I BGB) besser gelingen können. Aus der Rechtsfolge von § 164 I BGB ergibt sich schon ein erster Ansatz. Man könnte etwa formulieren:

Vertretungsmacht zu haben bedeutet, Willenserklärungen mit Wirkung für und gegen andere abgeben zu können.

Wem das zu holprig erscheint, der kann »glätten«:

Vertretungsmacht ist die Rechtsmacht zur Abgabe von Willenserklärungen, die nicht den Erklärenden, sondern den von ihm Vertretenen berechtigen und verpflichten[24].

So zeichnet sich schon ab, dass der zitierte Versuch einer Definition nicht so recht gelungen (»falsch«) ist. Na ja, man kann nicht alles wissen. Aber selbst wenn man so ansetzt wie die Verfasserin des zitierten Satzes, muss man überlegen, ob das Wissen des A allein genügt, um die Vertretungsmacht des B zu begründen. Wenn das Wissen des A eine Voraussetzung unter mehreren für das Bestehen einer Vertretungsmacht ist (zu hoffen ist, dass die Verfasserin der Definition das gemeint hat), hätte es heißen müssen:

---

20 Zu Definitionen im juristischen Gutachten näher Rn. 98 ff.
21 Dazu Rn. 404.
22 *Erklären* ist dabei im juristischen Sinne zu verstehen (*eine Willenserklärung abgeben*), nicht im allgemeinsprachlichen (*erläutern*); näher Rn. 371.
23 Allerdings ist das wohl kein schwerer Fehler. Es ist in juristischen Gutachten durchaus verbreitet (und teils geradezu sinnvoll), die Definition durch Einsetzen der konkreten Beteiligten sachverhaltsnäher zu gestalten. Logisch ist das nicht ganz überzeugend, aber es ist verzeihlich.
24 Eine passabel gelungene Definition eines anderen Übungsteilnehmers: *Vollmacht ist die Befugnis des Handelnden, mit Wirkung für und gegen den Vertretenen handeln zu dürfen.* Aber auch hier ist *handeln* zu weit gefaßt, weil es bei der Vollmacht nur um Willenserklärungen geht.

Vertretungsmacht setzt voraus, dass A weiß, was B in seinem Namen erklärt.

So wird wenigstens klar, dass die Definition nicht vollständig ist[25].

Indes ist der Ansatz inhaltlich überhaupt falsch. Die soziale und wirtschaftliche Funktion der Stellvertretung besteht doch gerade darin, dass der Vertretene nicht wissen muss, was der Vertreter tut. Das Wissen des A um den Inhalt der konkreten Erklärung des B ist keine Voraussetzung für das Bestehen einer Vertretungsmacht. B kann vielmehr innerhalb seiner Vertretungsmacht Willenserklärungen abgeben, von denen A nichts weiß (und vielleicht nie oder erst später erfährt).

Keine Panik! Sie müssen nicht aus dem Kopf eine gute Definition des Begriffs der Vertretungsmacht abliefern können, um dieses Buch lesen zu dürfen. Die letzten Überlegungen sind solche des materiellen Rechts. Um sie anstellen zu können, braucht man Rechtskenntnisse. Die zu vermitteln ist nicht Ziel dieses Buchs[26]. Soweit aber die richtige Umsetzung einer logischen Normstruktur in ein sprachliches Gebilde (»Satz«) gefragt ist, fühlt sich das Buch eben doch wieder zuständig[27].

3. Taktisch betrachtet hätte man sich als Klausurbearbeiterin den ganzen Ärger auch schenken können. An manchen Stellen definiert man nämlich im Rechtsgutachten gar nicht so richtig – obwohl es nach der Logik des Gutachtens erforderlich wäre. Das Bestehen der Vertretungsmacht ist für diese Handhabung ein typischer Kandidat. Man unterstellt dabei letztendlich, dass die Leserin eine Vorstellung vom Begriff der Vertretungsmacht habe, definiert diesen deshalb nicht und geht gleich einen gedanklichen Schritt weiter:

4e

Vertretungsmacht kann B kraft gesetzlicher Anordnung oder kraft rechtsgeschäftlicher Erteilung (Vollmacht) gehabt haben.

Das ist ziemlich üblich und wird meist nicht als Fehler betrachtet[28].

Selbst in dem Prüfungssachverhalt, bei dessen Bearbeitung der eingangs zitierte Satz entstand, wäre das durchgegangen, obwohl das Bestehen einer Vollmacht einigermaßen problematisch war.

Bei diesen taktischen Überlegungen will das Buch Ihnen helfen[29], allerdings mit dem deutlichen Vorbehalt, nicht für jedes Problem, das Ihnen jemals in einer Übung oder Prüfung über den Weg laufen kann, eine Lösung anbieten zu können.

4. Für das Beispiel lässt sich festhalten: Die auf die Definition verwendete Mühe ist ehrenvoll, war aber unnötig. Wenn man sich ihr unterzog, wäre eine inhaltlich richtige Definition wünschenswert gewesen. Wenn es zu einer inhaltlich richtigen Definition nicht reichte, wäre eine besser formulierte falsche Definition möglich gewesen[30].

4f

Alles in allem versteht sich das Buch als eine Arbeitshilfe für den Versuch zu verstehen, warum Prüferinnen den eingangs zitierten Satz viel weniger schön finden als Geprüfte.

---

25 Wer sich näher mit Aufbau und Struktur von Definitionen befassen möchte, lese z.B. *v. Savigny* Grundkurs; *Schneider/Schnapp* Logik, 45 ff.; *Gast* Juristische Rhetorik, Rn. 194 ff.
26 Siehe Rn. 4 sub 4.
27 In erster Linie in Teil 3, ab Rn. 50.
28 Das wirft die berechtigte Frage auf, wann man sich als Klausurbearbeiterin solche Oberflächlichkeit erlauben darf. Schwer zu sagen. Ein Indiz: Wenn die einschlägigen Lehrbücher auch keine rechte Definition hergeben (sehen Sie zur Vertretungsmacht mal nach bei *Brox/Walker* BGB AT, Rn. 531; *Medicus* AT, Rn. 923 ff.; *Rüthers/Stadler* BGB AT, § 30 Rn. 10; einigermaßen hilfreich immerhin das große Lehrbuch von *Bork*, Rn. 1425: *Vertretungsmacht ist die Befugnis, durch Abgabe oder Entgegennahme gerade dieser Willenserklärung Rechtsfolgen für den Vertretenen herbeizuführen*).
29 Z.B. Rn. 408 a.E.
30 Auch wenn vom Beispielsatz jetzt nach näherem Hinsehen nicht viel übrig geblieben ist: Er ist typisch. Ehrlich.

Teil 2: Zur Struktur des Rechtsgutachtens – Fälle

Dieser Teil enthält zunächst eine auf das absolute Minimum beschränkte Übersicht über die **Methode der Rechtsanwendung** (Rn. 5 ff.) und anschließend ein Dutzend recht einfacher **Übungsfälle samt Bearbeitungsvorschlägen** (Rn. 33 ff.), mit denen man sich ein erstes Verständnis dieser Methode erarbeiten kann. Wer schon mehr als ein Semester Recht studiert, wird das überblättern können. Aber für **Anfänger** dürfte dieser Teil nützlich sein.

Kapitel 1: Theorie – Das Notwendigste

Bevor man sich näher mit der Gutachtentechnik befasst, braucht man ein ungefähres Verständnis von der Funktionsweise juristischer Schlussfolgerungen. Soweit diese hier interessieren, handelt es sich um die Anwendung allgemeiner Sollenssätze (**Normen**) auf konkrete Situationen (Fälle, schöner: **Sachverhalte**). Um aus allgemeinen Sätzen für den konkreten Sachverhalt gültige Aussagen zu gewinnen, bedient man sich eines logischen Schlusses, der **Syllogismus** genannt wird.

A. Der Syllogismus

Man kann den Syllogismus als ein Verfahren begreifen, mit dem man auf überzeugende Weise Antworten zu Fragen findet. Antworten haben die Form von Aussagen. Prüfen Sie das am eigenen Sprachgebrauch. Mittels syllogistischer Schlüsse lassen sich aus bereits vorhandenen Aussagen neue gewinnen und so Fragen beantworten[31].

Zunächst das längst klassische erste Beispiel:

Die etwas akademische **Frage** möge lauten:
Ist Sokrates sterblich?
Die **Antwort** wird nun so gewonnen:
Zuerst braucht man eine allgemeine Aussage der Art: *Alle x sind a.*
Alle Menschen sind sterblich.
Dann stellt man fest: *y ist ein Fall von x.*
Sokrates ist ein Mensch.
Daraus ergibt sich: *y ist a.*
Sokrates ist sterblich.

Die im letzten Satz gewonnene Information wirkt trivial: Dass Sokrates sterblich ist – genauer gesagt: war –, wussten wir schon vorher. Das dargestellte Verfahren lässt aber auch Schlüsse zu, wenn die Antwort nicht auf der Hand liegt, weil es logisch zwingend ist.

Ein zweites Beispiel, jetzt mitten aus dem Leben:
Das fünfjährige Kind (K), das angesichts eines lärmenden Pitbulls (P) nervös geworden ist, fragt seine Mutter (M):
Beißt der?
M sagt:
Hunde, die bellen, beißen nicht.
K schließt flugs
P ist ein Hund und P bellt.
Also beißt P nicht.

---

31 Eine leicht verständliche knappe Einführung in die Aristotelische Logik bietet *Soentgen*, 125 ff.

Teil 2: Zur Struktur des Rechtsgutachtens – Fälle

und ist ungemein beruhigt.

8 In diesem Beispiel müssen schon zwei Voraussetzungen nebeneinander (kumulativ) erfüllt sein, damit sich die Antwort logisch überzeugend ableiten lässt. Zudem kann man daran sehen, dass es für das Verfahren keine Rolle spielt, ob die interessierende Folge positiv formuliert ist (*sind sterblich*) oder negativ (*beißen nicht*).

9 Solche Schlüsse funktionieren auch, wenn die Voraussetzungen negativ formuliert sind.

Ein drittes Beispiel: L fragt, warum er nicht im Lotto gewonnen habe. B erklärt dies logisch unter Verwendung des Satzes *Wer nicht wagt, der nicht gewinnt*, indem er L darauf hinweist, dass er nicht gewinnen könne, wenn er nicht zuvor einen Lotterieschein ausfülle.

10 Die in den bisherigen Beispielen verwendeten Sätze sind beschreibender (deskriptiver) Art; deswegen klingen sie wenig »juristisch«. Das ändert sich, wenn man Fragen stellt, die den Einsatz vorschreibender (präskriptiver) Sätze erfordern. Präskriptive Sätze ordnen etwas an und werden typischerweise nicht mit *ist*, sondern mit *soll* formuliert: *Wer einem anderen dessen Eigentum wegnimmt, soll als Dieb bestraft werden.* Präskriptive Sätze werden im folgenden **Normen** genannt.

Ein viertes Beispiel, diesmal aus dem Strafrecht:
Die **Frage** möge lauten:
Soll der Mörder T bestraft werden?[32]

Die Ableitung der **Antwort**:
Alle Mörder sollen bestraft werden. Lesen Sie dazu §§ 211 f. StGB.
T ist ein Mörder.
T soll (als Mörder) bestraft werden.

11 Das ging kurz und schmerzlos. Problematisch ist meist die überzeugende Gewinnung des zweiten Satzes (*T ist ein Mörder*). Auch diese kann man nach dem gleichen Ableitungsschema herstellen:

Alle Soldaten sind Mörder[33].
M ist Soldat.
M ist ein Mörder.

12 Um rechtliche Fragen zu entscheiden, muss man oft derartige Schlüsse mehrfach ineinander verschachtelt vollziehen.

Zum Beispiel:
Die **Frage** laute wiederum: *Ist T strafbar?*
Vorgegebene Information (Sachverhalt): *T ist Berufsoffizier.*

Ableitung der **Antwort**:
Alle Mörder sind strafbar.

 Alle Soldaten sind Mörder.
  Alle Berufsoffiziere sind Soldaten.
  T ist Berufsoffizier.
  T ist Soldat.

 T ist Soldat.

 T ist ein Mörder.
T ist ein Mörder.

---

32 In Übungsarbeiten wird meist unspezifischer gefragt: *Hat T sich strafbar gemacht?*
33 Hat Kurt *Tucholsky* das so geschrieben? Wenn nein, wie sonst? Lesen Sie nach in: Der bewachte Kriegsschauplatz, Gesammelte Werke, Hrsg. *Gerold-Tucholsky/Raddatz*, 1960, Bd. 9: 1931, S. 253 (auch unter www.e-text.org/text/Tucholsky%20Kurt%20-%20DER%20BEWACHTE%20 KRIEGSSCHAUPLATZ.txt). Überlegen Sie, was geschieht, wenn man wie hier eine falsche Aussage verwendet. Wird das Ergebnis zwangsläufig falsch? Bleibt der Schluss logisch richtig?

T ist (als Mörder) strafbar.

Ein fünftes Beispiel, jetzt aus dem Zivilrecht:
Die Aussage
Alle x sind a
kann man für das Verhältnis zwischen dem Eigentümer und dem Besitzer einer Sache umformulieren in:
Alle Eigentümer sind berechtigt, vom Besitzer ihrer Sache deren Herausgabe zu verlangen[34].
oder kürzer:
Jeder, der Eigentümer einer Sache ist, kann vom Besitzer deren Herausgabe verlangen.
In der Sprache des Gesetzes heißt das:
Der Eigentümer kann vom Besitzer die Herausgabe der Sache verlangen. Lesen Sie § 985 BGB.

Durch die Umformulierungen bleibt der Charakter des Satzes als allgemeine Aussage unberührt.

Den zweiten Satz bildet man dann abhängig vom konkreten Sachverhalt.
E ist Eigentümer eines Buchs, das B besitzt.

Daraus lässt sich nun schließen:
E kann von B die Rückgabe (»Herausgabe«) des Buchs verlangen.

Die Beispiele sind der Übersichtlichkeit halber recht einfach gewählt; aber nach diesem Schema und einigen wenigen verwandten läuft ein erheblicher Teil juristischer Begründungsarbeit ab, auch wenn Sie es mit viel komplizierter aufgebauten Normen und umfangreicheren Sachverhalten zu tun haben. 13

Das war ein kurzer Abriss des Wegs, auf dem eine Entscheidung im Kopf des Rechtsanwenders hergestellt wird. In nicht ganz so formalisierter Gestalt ist das allgemein bekannt. Die Darstellung dieses Verfahrens auf dem Papier für juristische Zwecke folgt nun besonderen Regeln. 14

B. Gutachtenstil

Die mit der skizzierten Methode gefundenen Ergebnisse kann man sprachlich auf unterschiedliche Arten präsentieren. Die eine wird **Urteilsstil** genannt und entspricht dem juristisch ungetrübten Sprachgebrauch. 15

Der sieht ungefähr so aus:

Frage: *Hat A einen Anspruch gegen B?*
Antwort: *Ja, denn ... (die im Gesetz genannten Voraussetzungen für einen solchen Anspruch liegen vor).*

So sollen Sie – vorläufig – aber gerade nicht vorgehen. Die andere Darstellungsart heißt **Gutachtenstil** und muss erst erlernt werden[35],[36]. Sie folgt weitgehend dem eben beschriebenen syllogistischen Weg der Herstellung der Entscheidung. Das hat den Vorteil, dass die 16

---

34 Die dritte Voraussetzung des Anspruchs aus § 985 BGB, das fehlende Besitzrecht (§ 986 I 1 BGB), ist hier der Einfachheit halber weggelassen.
35 Das braucht manchmal sehr viel Mühe. Studierende seufzen oft genervt und fragen ihre Dozenten, ob das mühselige Einarbeiten in den Gutachtenstil nicht etwas Götzendienerisches habe. Hier ist die Antwort: Nur ein kleines bisschen. Im Wesentlichen hat es einen guten Sinn – der aber oft erst Jahre später richtig deutlich wird: zu lernen, wie man aus einer enormen Menge an möglicherweise für die Konfliktentscheidung wichtigen Informationen und Normen die wirklich relevanten auswählt und einigermaßen überzeugend zueinander in Beziehung setzt. Im Studium liegt diese Einsicht nicht so klar zutage, weil man in Übungen immer nur ganz wenige tatsächliche Informationen zur Verfügung gestellt bekommt und die Zahl der potentiell einschlägigen Rechtsnormen noch gering ist. Aber das ändert sich.
36 Zum Gutachtenstil ganz knapp *Jansen* AL 2009, 223 ff.

Teil 2: Zur Struktur des Rechtsgutachtens – Fälle

Art der Darstellung es dem Leser erleichtert, die Folgerichtigkeit der Herstellung zu kontrollieren. Am Stil der Darstellung soll erkennbar werden, dass Sie <mark>unvoreingenommen</mark> an den Sachverhalt herangegangen sind und <mark>das Ergebnis selbst noch nicht kannten.</mark> Regelmäßig kennen Sie allerdings in Übungsarbeiten bei Beginn der Niederschrift das Ergebnis schon genau.

Die Begründung im Gutachtenstil sieht etwa so aus:

Frage: Hat A nun einen Anspruch gegen B?
Antwort: *A kann gegen B einen Anspruch haben, wenn die gesetzlichen Voraussetzungen dafür gegeben sind.* → Voraussetzungen
Die im Sachverhalt mitgeteilten Informationen erfüllen die gesetzlichen Voraussetzungen. → Subsumtion
3. A hat daher einen Anspruch gegen B. → Ergebnis

Allgemeiner formuliert: [Rdnr. 19]

1. Schritt: Voraussetzungen → Anspruchsgrundlage

17 Sie müssen also immer zuerst nach den Voraussetzungen für die konkret interessierende Rechtsfolge fragen. Dann suchen Sie aus dem <mark>Gesetz Rechtsnormen</mark> heraus, die diese Rechtsfolge anordnen.

2. Schritt: Zuordnung (Subsumtion)

18 <mark>Als nächstes stellen Sie fest, ob die dort abstrakt beschriebenen Voraussetzungen im konkreten Sachverhalt vorliegen.</mark> Dazu wird jede einzelne Voraussetzung benannt, definiert und dann der Sachverhalt unter diese Definition subsumiert. Das bedeutet, er wird so mit ihr verglichen, dass man entscheiden kann, ob die tatsächlichen Umstände (Sachverhalt) den gesetzlichen Voraussetzungen (Tatbestand) untergeordnet werden können oder nicht.

[V benannt ↓ definiert ↓ mit SV subsumiert]

Der zweite Schritt ist oft sehr umfangreich. Nur der Übersichtlichkeit halber ist er im Beispiel mit einem einzigen Satz wiedergegeben. Aber wie lang auch immer der dorthin gehörige Text wird, Sie sind nicht von der Pflicht entbunden, die Schritte 1 und 3 darzustellen[37]. Gerade bei unübersichtlicher Länge des Gutachtens ist der Leser zur Orientierung auf Obersätze (1. Schritt) und (Zwischen-)Ergebnisse (3. Schritt) angewiesen.

3. Schritt: Folgerung

19 <mark>Erst im letzten Schritt kommen Sie zum Ergebnis und damit zur Antwort auf die Ausgangsfrage.</mark>

20 Beim Gutachtenstil gilt also immer: Das Ergebnis kommt **nach** der Subsumtion.

Die Abfolge der Schritte kann man sich anhand des von *Larenz*[38] verwendeten Schemas verdeutlichen:

---

37 Häufiger Fehler in Übungsarbeiten.
38 *Larenz* Methodenlehre, 271 ff. Weitere Empfehlungen zur **juristischen Methodenlehre**: *Zippelius* Methodenlehre; *Schwintowski* Methodenlehre; *Bydlinski* Grundzüge; *Puppe* Schule; *Wank* Auslegung; *Schapp* Methodenlehre; *Schwacke* Methodik; *Treder* Methoden; *Koller* Theorie; *Kramer* Methodenlehre; *Rüthers/Birk* Rechtstheorie; *Vesting* Rechtstheorie; *Meier* Denkweg; *Schmalz* Methodenlehre; ausführlich: *Koch/Rüßmann* Begründungslehre; *Herberger/Simon* Wissenschaftstheorie; *Pawlowski* Methodenlehre; *ders.* Einführung; *Müller/Christensen* Methodik, Bd. I; zum Einlesen *Lege* GreifRecht 2006, 1 ff.

1. T → R   Tatbestand führt zu Rechtsfolge (Rechtsnorm) *Voraussetzungen*
2. S = T   Sachverhalt entspricht Tatbestand *Subsumtion*
3. S → R   Sachverhalt führt zu Rechtsfolge *Ergebnis (Folgerung)*

Rechtsnormen haben, soweit sie hier von Interesse sind, eine konditionale (bedingende) Struktur. Das heißt, sie sind nach dem Wenn-dann-Schema aufgebaut:

Wenn die im Tatbestand der Norm beschriebenen Voraussetzungen gegeben sind, dann tritt die Rechtsfolge ein (abgekürzt und symbolisiert: T → R).

Nicht immer steht Ihnen diese Struktur beim Lesen des Gesetzes sofort klar vor Augen. Beim Eigentumsherausgabeanspruch aus § 985 BGB ist es recht einfach. Beim Kaufpreisrückzahlungsanspruch aus Rücktritt vom Kaufvertrag nach §§ 346 I, 437 Nr. 2, 440, 323, 326 V BGB müssen Sie sich die Rechtsnorm erst aus mehreren Bestimmungen im Gesetz zusammensuchen. Man lernt das aber mit der Zeit.

1. Obersatz

Je nach verwendeter Terminologie wird der Obersatz auch als Erste Prämisse oder praemissa maior des syllogistischen Schlusses bezeichnet[39].

Inhalt und Funktion des Obersatzes: *vorschreibende Sätze* Der Obersatz besteht in der Regel aus einer Norm, also einer präskriptiven Aussage des Inhalts, dass bei Vorliegen bestimmter Voraussetzungen eine bestimmte Rechtsfolge eintreten solle, kurz: einer Rechtsfolgenanordnung.

Allgemein ausgedrückt wird die Norm für den Obersatz so umformuliert:

Die Rechtsfolge tritt ein, wenn die im Tatbestand beschriebenen Voraussetzungen vorliegen.

Wenn aus der Aufgabe nichts anderes erkennbar ist, soll der Einstieg in die zivilrechtliche Fallbearbeitung immer über **Anspruchsnormen** gewählt werden[40]. Sie vermeiden damit unerfreuliche Kommentare des Korrektors wie *Kein Anspruch unter dieser Nummer*.

Exkurs: Woran erkennt man eine Anspruchsgrundlage?[41]
Meistens gibt die Formulierung der Norm Aufschluss über ihren Anspruchsgrundlagencharakter: Auf der Rechtsfolgenseite steht *Anspruch* (Beispiel: § 1004 II BGB), *kann verlangen* (Beispiele: § 1004 I 1 BGB, § 985 BGB, § 1007 I, II BGB), *kann klagen* (Beispiel: § 1004 I 2 BGB), *kann fordern* (Beispiel: § 546 II BGB), *ist zu(r) ... verpflichtet* (Beispiel: § 812 I 1 BGB), *hat ... herauszugeben* (Beispiel: § 987 I BGB), *... ist ... für ... verantwortlich* (§ 989 BGB) usw. Leider stimmt das nicht immer: Nach dem genannten Kriterium wäre auch § 251 BGB Anspruchsgrundlage; die Norm enthält aber nur eine inhaltliche Präzisierung bereits anderweitig angeordneter Rechtsfolgen[42], [43]. Im Zweifel

---

39 Bei *Larenz* (Fn. 38): T → R.
40 Diese Standardisierung ist in den verschiedenen Rechtsgebieten als Folge akademischer Gepflogenheiten unterschiedlich ausgeprägt, aber fast überall zu erkennen: Im Arbeits-, Handels- und Gesellschaftsrecht gelten ganz ähnliche Regeln wie im allgemeinen Zivilrecht; im strafrechtlichen Gutachten steht an der Stelle der Anspruchsnorm ein Tatbestand aus dem Besonderen Teil des StGB (oder aus dem Nebenstrafrecht); allein im öffentlichen Recht ist der Kanon üblicher Fallfragen etwas größer.
41 Zur Legaldefinition des Anspruchs § 194 I BGB.
42 Nicht ganz vorbildlich ist insofern der Sprachgebrauch des BGH; in BGH MDR 2002, 631 f. etwa ist immer wieder vom *Anspruch aus § 251 I BGB* die Rede. Genauer müsste es heißen *die Schadensbemessung nach § 251 I BGB*.
43 Umstritten ist etwa auch § 830 BGB, den der BGH (BGHZ 67, 14, 17; 73, 355, 358) und Palandt-*Sprau*, § 830 Rn. 1 als Anspruchsgrundlage betrachte, *Brox/Walker*, SchuldR BT § 43 Rn. 5 dagegen gerade nicht.

Teil 2: Zur Struktur des Rechtsgutachtens – Fälle

[handschriftlich: Wann ist eine Anspruchsgrundlage vorhanden?]

empfiehlt sich also bei Hausarbeiten das Nachschlagen in Kommentaren oder Lehrbüchern. Außerdem können Sie einmal identifizierte Anspruchsgrundlagen in Ihrem Gesetzestext markieren[44].
==Der Sache nach ist eine Rechtsnorm nur eine Anspruchsgrundlage, wenn sie den Berechtigten, den Verpflichteten und den Inhalt des Anspruchs nennt==[45].
Zur Lernkontrolle: Ist nach diesen Kriterien § 276 BGB eine Anspruchsgrundlage[46]? Kann man ein ähnliches Kriterium für die Bestimmung einer Strafnorm oder einer Ermächtigungsgrundlage im öffentlichen Recht formulieren?

25 Im Obersatz ist für den Leser Ihres Gutachtens das im Folgenden zu untersuchende Problem zu kennzeichnen. Im ==Zivilrecht== heißt die

[handschriftlich am Rand: Defi Leitfrage]

Leitfrage: Wer (1) will was (3) von wem (2) woraus (4)?[47]

Im Text wird das allgemein formuliert so niedergeschrieben:

„<Anspruchsteller> (1) kann gegen <Anspruchsgegner> (2) einen Anspruch auf <Anspruchsziel> (3) aus <Anspruchsgrundlage> (4) haben."

Beispiel: V kann gegen K einen Anspruch auf Kaufpreiszahlung aus § 433 II BGB haben.

Auf die damit aufgeworfene Frage ist bei der Formulierung des Ergebnisses (Schlussfolgerung) zurückzukommen. Obersatz und Folgerung bilden also die Klammer für die Erörterung eines Problems. ==Eine Klammer, die man geöffnet hat, muss man auch wieder schließen. Schreiben Sie keinen Obersatz ohne dazugehöriges Ergebnis nieder – und umgekehrt.==

26 **Sprachliche Fassung des Obersatzes**: Bei der Formulierung muss deutlich werden, dass es um ein Erfordernis oder eine Möglichkeit geht, über dessen oder deren Eintritt noch nichts bekannt ist – sonst wäre eine Subsumtion nicht mehr nötig. Im Obersatz darf daher keinesfalls das Ergebnis vorweggenommen werden. Formulierungsvorschläge finden Sie im 3. Teil[48].

2. Untersatz → *[handschriftlich: Subsumtion (m. Auslegung)]*

27 Der Untersatz wird auch die Zweite Prämisse oder praemissa minor[49] genannt.

[handschriftlich am Rand: Defi "Untersatz"]

Inhalt des Untersatzes: Hier erfolgt die Subsumtion, das heißt die Unterordnung des konkreten Sachverhalts unter die abstrakte Norm oder das abstrakte Merkmal. Es wird festgestellt, ob der vorliegende Sachverhalt unter die ausgesuchte(n) Rechtsnorm(en) passt. Das kann im Einzelfall schwierig und langwierig sein, etwa weil die Norm zunächst ausgelegt werden muss.

In allgemeiner Form heißt es: *[handschriftlich: Bsp.:]*

==Die im Tatbestand der Norm festgelegten Voraussetzungen sind im konkreten Sachverhalt (nicht) erfüllt.==

---

44 Sinnvoll ist das aber nur, wenn die Prüfungsordnung für Ihre nächste Prüfung nicht einen unkommentierten Gesetzestext vorschreibt. Sicherheitshalber sollten Sie solche Fragen vorher klären – oder einen Text nur zum Lernen und einen nur für die Prüfung anschaffen.
45 Mit diesem Kriterium dürfte fast immer eine klare Entscheidung möglich sein. Gleichwohl fällt diese Studierenden teils schwer. So haben etwa in einer zivilrechtlichen Examensklausur ca. 5 % der Kandidaten §§ 312b und/oder 312d zu Anspruchsgrundlagen »beim Fernabsatzvertrag« erklärt, weitere ca. 5 % § 311 III. Das führt zu deutlichen Abwertungen.
46 Dazu z. B. BGHZ 11, 80, 83; Jauernig-*Vollkommer*, § 276 BGB Rn. 2.
47 Dazu auch Rn. 56.
48 Rn. 50 ff.
49 Bei *Larenz* (Fn. 38): S = T.

Beispiel: *V und K haben sich (nicht) über den Kaufgegenstand – das gebrauchte Fahrrad des V – und den Kaufpreis – € 200,- – geeinigt.*

Oft wird es erforderlich, innerhalb des Untersatzes für einzelne Merkmale des Tatbestands den Dreischritt aus Obersatz-Untersatz-Schlusssatz noch einmal oder mehrmals durchzuführen. Die Struktur des Untersatzes besteht dann gewissermaßen aus sich selbst[50].

28

Die **sprachliche Fassung des Untersatzes** zeigt, wie zweifelhaft und diskussionsbedürftig die erörterte Frage ist. In den – praktisch überwiegenden – eindeutigen Fällen der konsensfähigen Möglichkeit der Unterordnung genügt hier die sprachliche Fassung im Urteilsstil, also die weitgehend fraglose Gleichsetzung von Tatbestandsmerkmal und Sachverhaltsinformation. Je zweifelhafter diese Gleichsetzbarkeit ist, desto mehr muss die Formulierung das schrittweise Sich-Herantasten im Weg logischer Ableitung und inhaltlicher Wertung an die Antwort verdeutlichen[51].

29

3. Schlusssatz

Der Schlusssatz wird auch Folgerung oder conclusio[52] genannt.

30

Inhalt des Schlusssatzes: Hier wird festgestellt, dass die in einer Norm angeordnete Rechtsfolge auch für den vorliegenden Sachverhalt einschlägig ist – oder eben nicht, wenn nicht alle notwendigen Voraussetzungen vorliegen.
Beispiel: *V hat gegen K (k)einen Anspruch auf Kaufpreiszahlung aus § 433 II BGB.*

Sprachliche Fassung des Schlusssatzes: Da der Schlusssatz das Ergebnis einer logischen Ableitung ist, wird er im Indikativ gefasst[53].

31

Zur Verdeutlichung der **Unterschiede zwischen Gutachten- und Urteilsstil:** Während beim Urteilsstil der Weg rückwärts, vom Ziel zum Ausgangspunkt, dargestellt wird, verfährt man beim Gutachtenstil so, dass man von jedem erreichten Zwischenziel aus zunächst ein weiteres Ziel anpeilt, dann den Weg dorthin beschreitet und zuletzt feststellt, ob man dort angekommen ist.

32

Der **Urteilsstil** ist gekennzeichnet durch **kausale Nebensätze,**
Beispiel: *Der Anspruch steht G zu, weil S versprochen hat, ihm das Fahrrad zu übereignen.*

während der **Gutachtenstil** sich durch **Konsekutivsätze** auszeichnet.
Beispiel: *S hat versprochen, G das Fahrrad zu übereignen, so dass G ein Anspruch hierauf zusteht.*

---

50 Siehe das Beispiel Rn. 12.
51 Formulierungshilfen im 3. Teil, Rn. 96 ff.
52 Bei *Larenz* (Fn. 38): S → R.
53 Zur Formulierung: 3. Teil, Rn. 127 ff.

Kapitel 2: Anwendung

33 Wie man die oben beschriebenen Techniken praktisch umsetzt, zeigen die folgenden Übungsfälle.

Selbst die einfachsten denkbaren Beispiele sind nicht ganz ohne rechtliche Kenntnisse zu bearbeiten. Wenn Sie diesen Text als völliger Anfänger benutzen, müssen Sie deswegen laufend im BGB und gelegentlich in einem Lehrbuch[54] nachschlagen. Noch einmal: Lesen ist nützlich – aber Lesen allein genügt nicht. Beachten Sie die drei goldenen Regeln (*Üben, üben, üben!*)[55].

A. Zur Schematisierung

34 Um Ihnen beim Durcharbeiten der nachstehenden Übungsfälle die allgemeine und weitgehend zwingende Struktur des Rechtsgutachtens zu verdeutlichen, finden Sie am Rand der Bearbeitungsvorschläge eine Zahlenkombination. Deren Funktion als Orientierungshilfe und Gedankenstütze wird im Folgenden kurz erläutert.

Arbeitshinweise: Diese Schematisierung ist **kein Prüfungsstoff**; Sie müssen sie nicht lernen. Die Zahlen sollen Ihnen nur das Verständnis der Bearbeitungsmuster der Sachverhalte in diesem Text erleichtern. Man kann die Struktur eines Gutachtens auch ohne dieses Hilfsmittel verstehen.
Ansonsten: Es sieht mathematischer aus, als es ist.
Benutzen Sie eine solche Schematisierung beim Anfertigen von Übungsarbeiten nur im Kopf, nicht auf dem Papier.

35 Die einzelnen Arbeitsschritte werden durch den dreistelligen Zahlencode am Rand gekennzeichnet. Dadurch können Sie dem Gutachten ohne ständige Unterbrechungen durch Zwischenbemerkungen oder Erklärungen folgen und trotzdem immer feststellen, an welchem Punkt Sie sich gerade befinden.

Die letzte Ziffer sagt Ihnen, was im Gutachten gerade getan wird, die ersten beiden bezeichnen den Ort innerhalb des Gutachtens.

Für die Erklärung des Prinzips benennen wir die drei Zahlen ihrer Position nach mit Buchstaben. Die erste Ziffer nennen wir x, die zweite y und die dritte z; die allgemeine Form heißt also xyz.

Wird in der Erläuterung die jeweilige Variable verwendet, so bedeutet das, dass es nicht auf den konkreten Wert ankommt.

---

54 Für den Anfang genügt eins der kurzen Lehrbücher zum Allgemeinen Teil des BGB, etwa von *Brox/Walker* oder *Rüthers/Stadler* oder *Köhler* oder *Wörlen* oder *Schack*. Die hier gewählten Beispielsfälle enthalten kaum Probleme aus dem Schuldrecht; wer sich trotzdem mit schuldrechtlichen Einzelheiten befassen möchte, kann zunächst die kurzen Lehrbücher von *Brox/Walker* zum Allgemeinen und zum Besonderen Teil des Schuldrechts heranziehen. Will man die Arbeit mit einem Gesetzeskommentar üben, empfehlen sich *Kropholler* Studienkommentar zum BGB und *Jauernig* BGB sowie *Schulze/Dörner/Ebert* Handkommentar zum BGB (erst im nächsten Schritt greifen Sie zum *Palandt*).

55 Empfehlung zum Vor- oder Nacharbeiten: Eine gute Entwicklung der Technik der Rechtsanwendung anhand eines einfachen zivilrechtlichen Sachverhalts findet sich bei *Köbler* Anfängerübung, eine knappe Einführung bei *Musielak* Grundkurs BGB, § 1. Sachverhalte im Format von Übungsarbeiten unterschiedlicher Schwierigkeitsgrade mit Bearbeitungsvorschlägen finden Sie regelmäßig in den juristischen Ausbildungszeitschriften (JuS, JA, Jura, AL, ZJS). Außerdem gibt es reihenweise Bücher mit Musterfalllösungen, meist thematisch geordnet nach Rechtsgebieten; beispielhaft nur *Werner* Fälle mit Lösungen für Anfänger im Bürgerlichen Recht.

Die dritte Stelle (z): 36

Die Ziffern an der dritten Stelle stehen für die beim Gutachtenstil zwingenden Schritte *Voraussetzung(en), Zuordnung (Subsumtion)* und am Ende *Folgerung*.

An der dritten Stelle können damit nur die Ziffern 1 bis 3 stehen. Achten Sie beim Arbeiten darauf, dass die Reihenfolge immer 1-2-3 ist.

xy1:	Voraussetzung	– Obersatz
xy2:	Subsumtion	– Untersatz
xy3:	Folgerung	– Schlusssatz

In Worten: Ist die letzte Zahl der Dreierkombination eine 1, so ist der rechts daneben stehende Satz ein Obersatz. Ist sie eine 2, so findet eine Subsumtion statt, bei einer 3 handelt es sich um ein Ergebnis.

Die zweite Stelle (y): 37

Die zweite Stelle ist notwendig, weil im Zuge der Subsumtion (dritte Stelle = 2, also innerhalb des Schritts xy2) oft auf eine weitere, untergeordnete Ebene gewechselt werden muss: Die Subsumtion unter eine Anspruchsnorm erfordert immer das Durchlaufen des syllogistischen Dreischritts für jede einzelne Tatbestandsvoraussetzung.

Der Tatbestand einer Anspruchsnorm (x1z) setzt sich aus mindestens einem, meist mehreren Tatbestandsmerkmalen (x2z) zusammen. Jedes dieser Tatbestandsmerkmale kann wiederum durch das Zusammentreffen mehrerer Teilmerkmale (x3z) definiert sein, die ihrerseits nur zu bejahen sind, wenn alle ihre Untermerkmale (x4z) vorliegen. Und so weiter, theoretisch unbegrenzt bis in die feinsten begrifflichen Verästelungen.

x1z: Anspruchsnorm-Ebene
x2z: Tatbestandsmerkmal-Ebene
x3z: Teilmerkmal eines Tatbestandsmerkmals
x4z: Untermerkmal eines Teilmerkmals eines Tatbestandsmerkmals

An der zweiten Stelle kann also – abhängig von der Komplexität des jeweils geprüften Tatbestands – eine hohe Zahl stehen. Erst wenn alle Tatbestandsmerkmale (..., x4z, x3z, x2z) nach dem Dreischritt der dritten Stelle durchgeprüft worden sind, ist die Subsumtion (xy2) unter die Anspruchsnorm (x1z) abgeschlossen.

Die erste Stelle (x): 38

Die erste Stelle enthält eine laufende Nummerierung innerhalb der Ebene, auf der Sie gerade arbeiten.

1yz: Erstes Merkmal auf der betreffenden Ebene (z. B. erstes Tatbestandsmerkmal: 12z).
2yz: Zweites Merkmal auf der betreffenden Ebene (z. B. zweiter Anspruch: 21z)
3yz: Drittes Merkmal auf der betreffenden Ebene (z. B. drittes Teilmerkmal: 33z)

An der ersten Stelle können – abhängig von der Zahl der Tatbestandsmerkmale – hohe Zahlen stehen.

Die Normstruktur *Wenn die Tatbestandsmerkmale erfüllt sind, tritt die Rechtsfolge ein* sieht für eine einzelne Vorschrift mit drei kumulativ erforderlichen Voraussetzungen so aus:

Tbm1 + Tbm2 + Tbm3 → R

Das dritte Tatbestandsmerkmal hieße dann 32z.

Teil 2: Zur Struktur des Rechtsgutachtens – Fälle

Versuchen Sie gelegentlich, Rechtsnormen wie hier aufzugliedern, zum Beispiel §§ 823 I und 929 S. 1 BGB[56].

Also:

Anspruchsnorm	Voraussetzung(en)	=	x11
	Subsumtion	=	x12
	Folgerung	=	x13
Tatbestandsmerkmal	Voraussetzung(en)	=	x21
	Subsumtion	=	x22
	Folgerung	=	x23

usw.

Die *Wenn-dann*-Struktur von Rechtsnormen lässt sich an einem ganz simplen Beispiel verdeutlichen. In dieser Einfachheit findet sich das in Übungs- und Prüfungsarbeiten natürlich nie.

39 **Sachverhalt 0:** V und K streiten um Kaufpreiszahlung

Variante a) Alle Voraussetzungen eines Kaufpreiszahlungsanspruchs des V gegen K sind gegeben.

Variante b) Bis auf eine Voraussetzung dieses Anspruchs sind alle gegeben.

Besteht ein Zahlungsanspruch?

Gutachten zur Variante a)

111: V kann von K Zahlung verlangen, wenn die Voraussetzungen eines darauf gerichteten Anspruchs vorliegen.
112: Die Voraussetzungen des Kaufpreiszahlungsanspruchs aus § 433 II BGB liegen sämtlich vor.
113: V kann also von K Zahlung des Kaufpreises verlangen.

Gutachten zur Variante b)

111: V kann von K Zahlung verlangen, wenn die Voraussetzungen eines darauf gerichteten Anspruchs vorliegen.
112: Die Voraussetzungen des Kaufpreiszahlungsanspruchs aus § 433 II BGB liegen nicht vollständig vor.
113: V kann also von K nicht die Zahlung des Kaufpreises verlangen.

In diesem Sachverhalt gibt es nur ein Anspruchsziel (Kaufpreiszahlung) und nur eine einschlägige Norm (§ 433 I BGB). Daher steht an den ersten beiden Stellen immer eine 1.

In den Sachverhalten, mit denen Sie gerade zu arbeiten lernen, ist der Schritt 112 – also die Subsumtion unter die Anspruchsvoraussetzungen – meist problematisch. Innerhalb dieses Schritts müssen Sie oft das Dreierschema wiederholen. Sie sehen das im Gutachten daran, dass an der zweiten Stelle eine Zahl größer als 1 steht – das heißt, die Subsumtion läuft eine Ebene weiter unten weiter.

---

56 Zur Lernkontrolle: Welches ist eine Anspruchsnorm? Warum? Vergegenwärtigen Sie sich noch einmal das bei Rn. 24 Gesagte.

B. Übungssachverhalte[57] mit Gutachtenvorschlägen

Nachstehend finden Sie zehn Beispiele. Die Sachverhalte werden schrittweise komplizierter. Dieses Zwiebelschalenmodell erlaubt es Ihnen, in dem Moment einen Schritt zurückzugehen, in dem Sie etwas nicht verstehen.

Die Gutachten sind nur Muster. Sie müssen es nicht wörtlich schreiben wie hier, aber Sie können es tun. Material zur stilistischen Verfeinerung enthält Teil 3.

Sachverhalt 1: K und V schließen einen Kaufvertrag über ein Buch des V. 40

Kann K verlangen, dass V ihm das Buch nun aushändigt?

Der Sachverhalt enthält keine Probleme; in solchen Situationen ist der etwas umständliche Gutachtenstil eigentlich unangebracht. Aber hier geht es um Ihre Übung. Unterscheiden Sie Sachverhaltsschilderung und Aufgabe (Fallfrage). Letztere steht meist, aber nicht immer am Schluss des Sachverhalts.

Beginnen Sie möglichst früh damit, der Übersicht halber eine Überschrift über die Erörterung jeder einzelnen Anspruchsgrundlage zu setzen. Diese wird im Zivilrecht wenn möglich nach dem Schema *Wer will was von wem woraus?* gebildet[58]. Setzt man diese Frage für Sachverhalt 1 um, so wird aus *K verlangt von V das Buch aus Kaufvertrag nach § 433 I 1 BGB* die Überschrift

Anspruch des K gegen V auf Übergabe und Übereignung des Buchs aus § 433 I 1 BGB

111:	K kann gegen V einen vertraglichen Anspruch auf Übereignung und Übergabe des Buchs haben.
112:	Ein solcher Anspruch kann sich aus § 433 I 1 BGB ergeben.
121:	Voraussetzung hierfür ist, dass zwischen ihnen ein Kaufvertrag über das Buch geschlossen wurde.
122:	Zwischen V und K ist ein solcher Kaufvertrag geschlossen worden.
123:	Ein Kaufvertrag liegt damit vor.
113:	K hat gegen V einen Anspruch auf Übereignung und Übergabe des Buchs aus § 433 I 1 BGB.

Die Kluft zwischen dem konkreten Sachverhalt und dem abstrakten Tatbestand der Norm ist hier gering: Der Sachverhalt besteht aus normativen Begriffen, also aus solchen, die auch das Gesetz verwendet. Im Sachverhalt 2 wird der Abstand ein bisschen größer.

Sachverhalt 2: K kauft ein Buch von V. 41

Kann V von K die Zahlung des vereinbarten Preises verlangen?

Man kann mit einem Sachverhalt auch arbeiten, wenn Informationen fehlen oder nur mittelbar enthalten sind. Hier ist beispielsweise die Höhe des Kaufpreises nicht genannt; der Inhalt des Anspruchs steht also nicht genau fest.

Berücksichtigen Sie das bei der Formulierung von Überschrift und Obersatz.

Anspruch des V gegen K auf Zahlung des vereinbarten Kaufpreises

111:	V hat gegen K einen Anspruch auf Kaufpreiszahlung aus § 433 II BGB,
112:	wenn zwischen beiden ein Kaufvertrag geschlossen worden ist.
121:	Dies ist nun zu prüfen.
122:	V hat K ein bestimmtes Buch zu einem bestimmten Preis verkauft;

---

[57] Die Auswahl der Beispiele blieb mit Absicht auf übersichtliche zivilrechtliche Sachverhalte beschränkt. Ein Grund dafür besteht darin, dass das Zivilrecht für Anfänger oft am schwersten zugänglich ist. – Die Beispiele spielen im Kaufvertragsrecht und sollten schon mit dem Wissen des ersten Semesters zu bearbeiten sein. Thematisch breiter *Valerius* Einführung.

[58] Zu Ausnahmen Rn. 62.

Teil 2: Zur Struktur des Rechtsgutachtens – Fälle

123: also ist zwischen ihnen ein Kaufvertrag geschlossen worden.
113: V hat gegen K einen Anspruch auf Kaufpreiszahlung aus § 433 II BGB.

Im Untersatz findet hier eine ganz kleine Interpretation des Sachverhalts statt. Sie enthält zwei Elemente:

Aus dem gebeugten Verb *kauft* im Sachverhalt wird im Gutachten ein Substantiv *Kaufvertrag*. Das ist trivial und geschieht im Umgang mit Sprache laufend. Allenfalls in komplizierten Fällen ist das ein fehleranfälliger Prozess.

Ähnlich wie in Sachverhalt 1 geht das Gutachten davon aus, dass der Inhalt der Sachverhaltsschilderung juristisch-technisch aufzufassen ist (also *Kauf* im Rechtssinne). Grundsätzlich darf man jedoch nicht auf die Wortwahl des Sachverhalts vertrauen; insbesondere bei der Bezeichnung eines Vertrags durch die Parteien tauchen Probleme der *falsa demonstratio* auf, also der übereinstimmenden falschen Bezeichnung eines Rechtsgeschäfts. Als Bearbeiter sind Sie an Rechtsansichten der Parteien nicht gebunden. Diese bilden aber eine wichtige Argumentationsgrundlage. Sie sind meistens brauchbar und nur selten irreführend[59]. Außerdem enthalten sie oft Hinweise auf die Probleme des Sachverhalts: Der Aufgabensteller kann mit solchen Rechtsansichten die Bearbeitung schon etwas vorstrukturieren. Je nach Fallgestaltung wird Ihr Interpretationsspielraum größer – und die Bearbeitung schwieriger.

42 **Sachverhalt 3:** V bietet K ein Buch für € 20,- an. K ist einverstanden.

Hat V einen Anspruch auf Zahlung der € 20,- gegen K?

Wird eine Information (hier: Höhe des Kaufpreises) im Sachverhalt gegeben, spielt sie zumeist auch eine Rolle für die Bearbeitung. Unterschlagen Sie nichts. Manchmal dienen Einzelheiten zwar nur der Ausschmückung des Sachverhalts oder sollen die Beschreibung plausibel erscheinen lassen; sie sind dann im Gutachten entbehrlich. Hat man Zweifel, ob eine Information wirklich gebraucht wird oder nicht, sollte man sie aber lieber in der Bearbeitung aufgreifen.

Anspruch des V gegen K auf Zahlung von € 20,- aus § 433 II BGB

111: V kann gegen K einen Anspruch auf Zahlung von € 20,- aus § 433 II BGB haben.
112: Dies ist der Fall,
121: wenn zwischen ihnen ein Kaufvertrag abgeschlossen worden ist. Ein Kaufvertrag kommt nach § 433 BGB zustande, wenn die Beteiligten hinsichtlich des Gegenstands und des Preises einig geworden sind.
122: V und K haben sich über den Verkauf eines bestimmten Buchs von V an K für € 20,- geeinigt.
123: Damit ist ein Kaufvertrag zwischen ihnen zustande gekommen.
113: V hat gegen K einen Anspruch auf Zahlung des Kaufpreises in Höhe von € 20,- aus § 433 II BGB.

Im Sachverhalt ist nun von Kauf nicht mehr die Rede. Im Gutachten ist also festzustellen, ob eine Sache gekauft wurde. Dazu wird der Kaufvertrag definiert. Die verwendete Definition steht nicht im Gesetz. (Im Zivilrecht ist das oft so.) Aus der Beschreibung der Verkäufer- und Käuferpflichten in § 433 BGB ergibt sich aber, worüber sich die Vertragsparteien geeinigt haben müssen. Das Erfordernis der Einigung selbst lässt sich aus dem Begriff des Vertrags (sich vertragen = sich einigen) ableiten, ist im Gesetz aber nur ansatzweise geregelt: Lesen Sie §§ 145 ff., 154 f. BGB. Es empfiehlt sich darüber hinaus, für umfangreichere Definitionen in ein Lehrbuch oder einen Kommentar zu schauen. Selbstverständlich kann und muss in einer Klausur – anders als in einer Hausarbeit – eine solche Quelle nicht angegeben werden.

Wichtig ist es, die Definition sinngemäß zu kennen und zu entscheiden, ob man sie erwähnt. Wie ausführlich auf die verschiedenen Voraussetzungen des (Kauf-)Vertragsschlusses einzugehen ist, wie umfangreich also der Untersatz wird, hängt vom Informationsreichtum des Sachverhalts ab. Im Sachverhalt 3 gibt es dazu nur wenige Informationen – also müssen Sie an dieser Stelle nur kurz diskutieren.

---

59 Wenn die Fallstellerin Sie auf eine möglicherweise falsche Bezeichnung hinweisen möchte, geschieht dies i.d.R. dadurch, dass sie den betreffenden Terminus im Sachverhalt in Anführungsstriche setzt.

Sachverhalt 4: V und K einigen sich über den Verkauf eines Buchs des V zum Preis von € 20,-. Noch vor der Übereignung des Buchs ficht V wirksam den Vertrag an.

Kann K noch das Buch verlangen?

Hier bedarf die Fallfrage der präzisierenden Auslegung: *das Buch verlangen* ist zu lesen als *Übergabe und Übereignung des Buchs verlangen*. Man gelangt damit wieder zu § 433 I 1 BGB, der eben diese Frage regelt.

Anspruch des K gegen V auf Übergabe und Übereignung des Buchs aus § 433 I 1 BGB

111:	K kann gegen V einen Anspruch auf Übergabe und Übereignung des Buchs aus § 433 I 1 BGB haben.
112:	Dazu
121:	muss zwischen beiden ein Kaufvertrag geschlossen worden sein.
122:	Ein Kaufvertrag liegt vor, wenn zwischen den Beteiligten Einigkeit über Kaufgegenstand und Kaufpreis erzielt worden ist. Hier haben V und K Übereinstimmung darüber erzielt, dass ein bestimmtes Buch des V gegen Zahlung von € 20,- an K übereignet werden soll.
123:	Ein Kaufvertrag liegt also vor.
221:	Ein Anspruch des K besteht jedoch nicht, wenn der Vertrag nichtig ist, also überhaupt keine Rechtswirkungen hervorbringt. Die Nichtigkeit kann sich hier aus § 142 I BGB als Rechtsfolge einer wirksamen Anfechtung ergeben.
222:	Der Kaufvertrag ist wirksam angefochten[60].
223:	Damit gilt er als von Anfang an (ex tunc) nichtig, § 142 I BGB.
113:	K hat deswegen keinen Anspruch gegen V auf Übereignung und Übergabe.

Während in Sachverhalt 3 die gefragte Rechtsfolge – je nach Blickwinkel Kaufpreiszahlungsanspruch des V oder Zahlungsverpflichtung des K – von einer einzigen Voraussetzung (Kaufvertrag) abhing, bietet es sich in Sachverhalt 4 an, diese Voraussetzung als *noch bestehender Kaufvertrag* zu formulieren und dann gedanklich in möglichst kleine Stücke zu schneiden:

12x: Vorliegen eines Kaufvertrags

22x: kein Wegfall des Kaufvertrags

Bei Sachverhalten, in denen mehrere Probleme miteinander verknüpft sind, zeigt sich besonders deutlich, warum diese Methode sinnvoll ist. Sie erlaubt die Zuordnung von Problemen zu bestimmten Tatbestandsmerkmalen und ermöglicht so eine klare und verständliche Darstellung.

Sachverhalt 5: K sagt zu V: »Für deinen Duden, neueste Auflage, biete ich dir € 20,-.« V antwortet: »Für € 20,- ist der Duden dein.«

Kann nun V die € 20,- von K verlangen?

Anspruch des V gegen K auf Zahlung von € 20,- aus § 433 II BGB

111:	V kann gegen K einen Anspruch auf Zahlung von € 20,- haben.
112:	Nach § 433 II BGB muss dafür
121:	ein Kaufvertrag zwischen den beiden wirksam zustande gekommen sein.
122:	Ein solcher kommt durch zwei übereinstimmende Erklärungen der Partner zustande, die sich zumindest hinsichtlich des Kaufpreises und der Kaufsache decken müssen, § 433 BGB.
131:	Zunächst müssen die beiden Äußerungen übereingestimmt haben.

---

60 Der Grund für die Anfechtung (Irrtum, § 119 BGB, Täuschung oder Drohung, § 123 BGB) ist nicht genannt und daher nicht zu diskutieren. Wie in Sachverhalt 1 ist hier bereits ein Teil der Begründung »vorsubsumiert«, da ein juristischer Fachbegriff verwendet wurde.

132:	Sowohl in der Äußerung des V als auch in der des K waren der Kaufpreis, nämlich € 20,-, und die Kaufsache, nämlich der Duden des K in der neuesten Auflage, genannt.
133:	Damit besteht Übereinstimmung hinsichtlich der notwendigen Bestandteile (essentialia negotii) des Kaufvertrags.
231:	Diese Übereinstimmung muss durch zwei wirksame Willenserklärungen vermittelt sein; zunächst muss also ein wirksames[61] Angebot vorgelegen haben.
232:	K brachte durch seine Äußerung hinlänglich bestimmt seinen Willen zum Ausdruck, das Buch zu kaufen.
233:	Damit hat er gegenüber V ein wirksames Angebot abgegeben.
331:	Dieses muss V wirksam angenommen haben.
332:	Die Äußerung des V ließ dessen Willen erkennen, auf das Angebot des K einzugehen.
333:	V hat also das Angebot des K wirksam angenommen.
123:	Folglich ist zwischen den beiden ein wirksamer Kaufvertrag abgeschlossen worden.
113:	Mithin hat V gegen K einen Anspruch auf Zahlung von € 20,- aus § 433 II BGB.

Da der Sachverhalt nun keine juristisch-technischen Begriffe mehr enthält, erfordert er eine ausführlichere Interpretation als bisher. Der Kauf muss nicht nur als solcher definiert werden, sondern es ist auch notwendig, ihn zu Subsumtionszwecken in seine einzelnen Bestandteile zu zerlegen.

45 **Sachverhalt 6:** V fragt K, ob dieser das Fremdwörterbuch des V für € 15,- erwerben wolle. K sagt: »Ja.« Nun überlegt es sich V anders; er will das Buch wegen seines antiquarischen Werts lieber behalten.

Hat eine Klage des K Erfolgsaussichten?

Die Fallfrage wirkt auf den ersten Blick etwas ungewöhnlich und wird bei zivilrechtlichen Sachverhalten so nur gelegentlich gestellt (anders im Öffentlichen Recht und teils im Arbeitsrecht). Um den Übergang zum konventionellen Anspruchsaufbau zu ermöglichen, braucht es nur einen zusätzlichen Satz. Zur prozessualen Lage, die von solchen Fragen oft miterfasst sein soll[62], kann man hier nichts ausführen, weil es an dahingehenden Informationen fehlt.

Anspruch des K gegen V auf Übereignung und Übergabe des Fremdwörterbuchs aus § 433 I BGB

111:	Eine Klage des K hat Erfolg, wenn er gegen V einen Anspruch auf Übereignung und Übergabe des Fremdwörterbuchs hat. Ein solcher kann sich aus § 433 I BGB ergeben.
112:	Dessen Voraussetzungen sind nun zu prüfen[63].
121:	Es muss ein wirksamer Kaufvertrag vorliegen.
122:	Ein Kaufvertrag kommt durch zwei hinsichtlich Kaufgegenstand und Kaufpreis übereinstimmende Willenserklärungen, Antrag und Annahme i.S.v. §§ 145 ff. BGB, zustande.

---

61 Wenn in den Gutachtenvorschlägen von *wirksamen* Willenserklärungen die Rede ist, so bedeutet dies nicht nur, dass es sich überhaupt um Willenserklärungen handeln muss, sondern auch, dass diese im Rechtssinne vom Erklärenden abgegeben und dem Empfänger zugegangen sein müssen, § 130 I BGB. Da diese Fragen hier nicht problematisch sind, werden sie nicht erwähnt; *wirksam* steht gewissermaßen nur als Merkposten da.

62 Während in Übungsarbeiten im Öffentlichen Recht meist die Zulässigkeit einer Klage problematisiert werden soll, ist dies in privatrechtlichen Aufgaben die Ausnahme.

63 Ab hier fehlen immer wieder einmal die gesonderten Obersätze zur Subsumtion (z. B. 112, 122, 132). Da diese nur eher nichtssagend lauten könnten *Dies ist im Folgenden zu prüfen*, werden sie weggelassen. Das ist überhaupt zu empfehlen. Zu diesen und ähnlichen Möglichkeiten sprachlicher Straffung näher Rn. 139 ff.

131:	Einen Antrag kann V abgegeben haben, indem er K fragte, ob er ihm das Fremdwörterbuch für € 15,- abkaufen wolle.
141:	Diese Frage muss eine Willenserklärung sein.
142:	Eine Willenserklärung ist eine unmittelbar auf einen rechtlichen Erfolg zielende hinlänglich bestimmte Willensäußerung. Die Frage des V, ob K das Fremdwörterbuch für € 15,- erwerben wolle, lässt seinen Willen, einen Kaufvertrag abzuschließen, erkennen und zielt damit unmittelbar auf einen rechtlichen Erfolg.
143:	Eine Willenserklärung des V lag also vor.
241:	Um als Antrag gewertet werden zu können, muss diese Erklärung K den Vertragsschluss so antragen, dass dieser mit einem schlichten »Ja« den Vertrag zustande bringen kann.
242:	Aus der Erklärung des V sind das Fremdwörterbuch als Kaufgegenstand und die € 15,- als Kaufpreis zu entnehmen, so dass alle für den Kaufvertrag wesentlichen Informationen (*essentialia negotii*) enthalten waren.
243:	In der Frage des V lag damit ein Antrag.
231:	Diesen muss K angenommen haben.
232:	Die Annahme ist die vorbehaltlose Zustimmung zum vorliegenden Angebot. K hat auf die hinreichend bestimmte Frage des V mit »Ja« geantwortet.
233:	In der Antwort des K lag also eine Annahme.
123:	Dadurch ist zwischen V und K ein wirksamer Kaufvertrag über das Fremdwörterbuch zustande gekommen. Dass V nun das Buch lieber behalten möchte, ändert daran nichts. Diese Meinungsänderung berechtigt auch nicht zur Anfechtung, § 119 I BGB.
113:	K hat einen Anspruch auf Übereignung und Übergabe des Fremdwörterbuchs aus § 433 I 1 BGB. Seine Klage hat Aussicht auf Erfolg.

Die Untermerkmale der Begriffe *Antrag* (moderner: Angebot) und *Annahme* – etwa das Erklärungsbewusstsein – müssen hier nicht weiter problematisiert werden, da der Sachverhalt dazu keinen Anlass gibt. Es reicht, wenn Sie diese im Kopf durchgehen und nur das zu Papier bringen, was auch dem Leser erwähnenswert erscheinen könnte.

Die Frage nach einer möglichen Anfechtung ist im vorstehenden Gutachten recht kurz geraten, weil der Sachverhalt keinen Hinweis auf einen Anfechtungsgrund bietet und auch eine Anfechtungserklärung (§ 143 I BGB) nicht ersichtlich ist. Allein dass V es sich anders überlegt hat, genügt nach §§ 119 ff. BGB nicht. Daher sollten Sie die Anfechtung erwähnen (Problem gesehen!) und dann schnell verwerfen (Problem zutreffend als hier nicht einschlägig erkannt). Dieses Vorgehen empfiehlt sich auch, weil die Gutachten, die Sie in Übungsarbeiten zu verfassen haben, umfangreicher sind als die hier gegebenen Beispiele. Zeit, die Sie auf unnötige Ausführungen verwenden, fehlt Ihnen dann für die wirklich wichtigen Diskussionen.

Das Gutachten zeigt einige typische Probleme der Rechtsanwendung. Zum Beispiel steht die verwendete Definition für die Willenserklärung weder im Gesetz noch kann sie mittelbar diesem entnommen werden. Daher ist an dieser Stelle auch keine Rechtsnorm zitiert. Die Definition muss man in der Klausur sinngemäß kennen oder sich zusammenreimen.

Sachverhalt 7: K sieht im Schaufenster des Buchhändlers V den antiquarischen Bildband »Belgische Bahnen« für € 98,-. Er betritt das Geschäft und sagt zu V: »Ich hätte gerne den Bildband aus dem Schaufenster.« V entgegnet, das Buch sei leider bereits verkauft. K meint, darauf komme es nicht an, er habe gerade einen Kaufvertrag darüber geschlossen, so dass V zur Übereignung verpflichtet sei.

Wie ist die Rechtslage?[64]

---

[64] Die beliebte Frage *Wie ist die Rechtslage?* bedeutet, dass Sie alle möglichen Ansprüche jedes Beteiligten gegen jeden anderen Beteiligten erörtern sollen. Hier ist das noch einfach. Bei Sachverhalten, an denen mehr als zwei Personen beteiligt sind, ist es bei dieser Frage jedoch besonders wichtig, die einzelnen Ansprüche strikt innerhalb von Zweipersonenverhältnissen zu begutachten.

Anspruch des K gegen V auf Übereignung und Übergabe des Bildbands aus § 433 I 1 BGB

111: K kann gegen V einen Anspruch auf Übereignung und Übergabe des Bildbands aus § 433 I 1 BGB haben.

112: Dies setzt das Bestehen eines Kaufvertrags zwischen V und K voraus, § 433 BGB.

121: Für dessen Zustandekommen sind zwei übereinstimmende Willenserklärungen erforderlich, welche die notwendigen Merkmale eines Kaufvertrags erkennen lassen müssen.

122: Dies ist zu prüfen.

131: Es muss zunächst ein Antrag vorliegen.

132: Eine Willenserklärung ist eine unmittelbar auf einen rechtlichen Erfolg zielende private Willensäußerung. Wäre das Ausstellen des Bildbands im Schaufenster durch V bereits hierunter zu fassen, so könnte durch die Äußerung des K ein Kaufvertrag zuwege gebracht worden sein. Auf Vs Einwand, er wolle das Buch nicht an K verkaufen, käme es dann nicht mehr an. Gegen die Bewertung als Willenserklärung spricht – wegen der Möglichkeit eines Angebots an eine unbestimmte Vielzahl von Adressaten (Offerte *ad incertas personas*) – zwar nicht, dass ein Adressat nicht eindeutig bestimmbar ist. Zweifelhaft ist aber, ob V sich bereits mit dem Ausstellen des Bands im Schaufenster rechtlich binden wollte oder ob es sich dabei um eine noch unverbindliche Aufforderung an die Vorbeigehenden, Angebote abzugeben, handelte (*invitatio ad offerendum*). Wollte V sich rechtlich binden, wäre er bei Annahme einer verbindlichen Willensäußerung jedem Kunden gegenüber gezwungen, ein derartiges Buch zu übereignen. Schon angesichts seiner begrenzten Lagerbestände ist dies nicht anzunehmen. Im Fall der Lieferunfähigkeit wäre er eventuell zahlreichen Interessenten zum Schadensersatz verpflichtet. Bei einem nur einmal vorhandenen antiquarischen Einzelstück wird dies besonders deutlich. Diese – für K auch erkennbare – Interessenlage des V lässt eine Bewertung des Ausstellens als Willenserklärung nicht zu. V will mit dem Ausstellen des Buchs nur erreichen, dass Kaufinteressenten ihm gegenüber Angebote abgeben, die er dann nach Maßgabe seiner Lagerbestände annehmen oder ablehnen kann.

133: Es fehlt daher an einer Willenserklärung des V.

131: Jedoch kann K gegenüber V ein Angebot abgegeben haben, indem er ihm erklärte, er wolle das ausgestellte Buch zum angegebenen Preis kaufen.

132: In dieser Erklärung sind die essentialia eines Kaufvertrags enthalten; auch wollte K sich rechtlich binden. Dass er glaubte, bereits eine Annahme zu erklären, ändert daran nichts.

133: Ein Angebot des K lag damit vor.

231: Das Zustandekommen eines Vertrags hängt nun davon ab, ob V dieses Angebot angenommen hat.

232: Da es sich um ein antiquarisches Buch handelte, ist nicht anzunehmen, dass V ein anderes Exemplar anbieten konnte. Die Erklärung des V, das Buch sei bereits verkauft, ist deshalb als Ablehnung einzuordnen.

233: Es fehlt daher an einer Annahme durch V.

123: Ein Kaufvertrag ist also nicht geschlossen worden.

113: Der von K geltend gemachte Anspruch aus § 433 I 1 BGB besteht nicht.

Anspruch des V gegen K auf Kaufpreiszahlung aus § 433 II BGB

Am Fehlen eines Kaufvertrags scheitert auch ein Anspruch des V gegen K auf Zahlung von € 98,- aus § 433 II BGB.

Bei diesem Sachverhalt ist die zweimalige Erörterung des Merkmals *Angebot* (131–133) sinnvoll, da nicht ohne weiteres ersichtlich ist, worin ein Angebot liegt.

Unterstellungen zum tatsächlichen Vorhandensein weiterer Buchbestände im Lager des V oder zur Frage anderer Bildbände im Schaufenster sind unnötig. Spekulationen, die der Korrektor gemeinhin als »Sachverhaltsquetsche« bezeichnet, haben in Ihrer Ausarbeitung nichts verloren.

Bei der Subsumtion unter den Begriff der Willenserklärung sieht man, dass nur die problematischen Merkmale angesprochen werden müssen. Über den Handlungswillen des V etwa ist hier (wie meistens) kein Wort zu verlieren.

Sachverhalt 8: Versandbuchhändler V schickt K seinen Katalog mit Sonderangeboten. K wählt eine Kant-Werkausgabe für € 148,-, füllt die beiliegende Bestellkarte entsprechend aus und schickt diese an V. 47

a) Eine Woche später erhält er ein Schreiben von V, in dem dieser sich für die Bestellung bedankt und ankündigt, die gewünschten Bücher gingen K in den nächsten Tagen mit gesonderter Post zu.
b) V schickt anderntags die gewünschten Bücher an K ab.

Kann V von K Bezahlung der € 148,- fordern?

Gutachten zu Variante a): Anspruch des V gegen K auf Zahlung von € 148,- aus § 433 II BGB

111: K kann gegen V einen Anspruch auf Zahlung von € 148,- aus § 433 II BGB haben. Voraussetzung hierfür ist ein wirksamer Kaufvertrag.
121: Dessen Zustandekommen bedarf zweier hinsichtlich des Preises und der Kaufsache übereinstimmender Willenserklärungen.
122: Erforderlich sind danach ein Angebot und eine Annahme.
131: Ein Angebot des V kann im Zusenden des Katalogs an K liegen.
132: Sowohl der Adressatenkreis als auch die Auswahl der angebotenen Bücher sind hinlänglich bestimmt. Angesichts der V drohenden Schadensersatzansprüche im Fall der Nichtlieferung wollte dieser aber mit dem Katalog kein bindendes Angebot abgeben[65].
133: Fehlt es somit am Angebot des V,
131: kann K ein solches abgegeben haben, als er die ausgefüllte Bestellkarte zurück sandte.
132: Aus dieser sind sowohl der Kaufgegenstand (nämlich die Kant-Werkausgabe) und der Preis (nämlich € 148,-) als auch der Wille ersichtlich, sich rechtlich zu binden.
133: K hat damit ein Angebot abgegeben.
231: Dessen Annahme kann V mit seinem Schreiben erklärt haben.
232: V hat mit Bezug zum Angebot des K zu erkennen gegeben, dass er bereits eine Leistungshandlung zur Erfüllung des Vertrags vorgenommen hat. Daraus ist bei Auslegung nach §§ 133, 157 BGB zu entnehmen, dass er den von K vorgeschlagenen Vertrag billigt.
233: Er hat mithin eine Annahmeerklärung abgegeben.
123: Aus dem damit zustande gekommenen Kaufvertrag
113: ist K nach § 433 II BGB zur Zahlung von € 148,- verpflichtet.

---

65 Ein Angebot des V scheitert nicht deswegen an der fehlenden Bestimmtheit des Kaufgegenstands, weil der Katalog mehrere verschiedene Artikel aufführt; dieser enthält vielmehr zahlreiche bestimmte einzelne Angebote. Zur *invitatio ad offerendum* Rn. 46.

Teil 2: Zur Struktur des Rechtsgutachtens – Fälle

Gutachten zu Variante b):

Bis zum zweiten Schritt 133 können Sie das Gutachten zu Variante a) wörtlich übernehmen.

231: Dieses muss V angenommen haben.
141: Eine Annahmeerklärung kann im Versenden der bestellten Bücher liegen.
142: Zwar hat dadurch V nicht ausdrücklich zu verstehen gegeben, dass er einen Kaufvertrag über die von K gewünschten Bücher abschließen will, doch lassen die Umstände eine dahingehende Interpretation seines Verhaltens zu. Ein anderer Sinn als die Annahme des Angebots des K ist dem Verschicken der Bücher schwerlich zu entnehmen.
143: Damit hat V durch schlüssiges (konkludentes) Verhalten eine Annahmeerklärung abgegeben.
241: Diese bedarf zu ihrem Wirksamwerden des Zugangs bei K, § 130 I 1 BGB.
242: Zugegangen ist die Erklärung, wenn sie den Herrschaftsbereich des Empfängers erreicht und dieser die Möglichkeit hat, in zumutbarer Weise von ihr Kenntnis zu nehmen. Bei K sind die Bücher noch nicht eingegangen. Solange dies nicht der Fall ist, weiß er noch nichts von deren Versendung.
243: Es fehlt mithin am Zugang der Annahmeerklärung des V.
341: Ein Vertrag zwischen V und K ist nur zustande gekommen, wenn der Zugang der Annahmeerklärung ausnahmsweise entbehrlich ist.
342: Dies ist nach § 151 S. 1 Alt. 1 BGB der Fall, wenn nach der Verkehrssitte eine Annahmeerklärung nicht zu erwarten ist. Davon ist bei Bestellungen im Versandhandel auszugehen. Hier rechnet der Besteller gewöhnlich nicht mit einer gesonderten Bestätigung, sondern erwartet den Eingang der bestellten Ware.
343: Damit ist gemäß § 151 S. 1 Alt. 1 BGB hier der Zugang der Annahmeerklärung nicht erforderlich.
233: Die Annahme durch V ist also wirksam.
123: Aus dem damit zustande gekommenen Kaufvertrag
113: ist K nach § 433 II BGB zur Zahlung von € 148,- verpflichtet.

Wenn Sie in Übungsarbeiten zwei oder mehrere Sachverhaltsvarianten zu entscheiden haben, müssen Sie nicht den einmal geschriebenen Text wörtlich wiederholen. Es genügt, wenn Sie auf das bereits Gesagte verweisen und den Faden an der Stelle wieder aufnehmen, wo andere Umstände Anlass zu anderen rechtlichen Bewertungen geben.

48 **Sachverhalt 9:** K nimmt an Vs Kiosk Band 137 der Reihe »Schmerzen im Herzen – Ein Arztroman« aus dem Regal und legt das Heft und die € 2,-, die der Preisaufdruck ausweist, auf den Tisch. V nimmt das Geld und schiebt das Heft zu K herüber.

Hat V das Geld zu Recht vereinnahmt?[66]

111: V hat das Geld zu Recht vereinnahmt, wenn er einen Anspruch auf eine Zahlung in dieser Höhe hatte. Ein solcher kann sich aus § 433 II BGB ergeben.
121: Das setzt voraus, dass ein Kaufvertrag wirksam zustande gekommen ist.
131: Hierzu müssen die Beteiligten zwei sich deckende Willenserklärungen, Angebot und Annahme, abgegeben haben.
141: Zunächst muss ein Angebot vorgelegen haben.
142: Ein Angebot ist eine Willenserklärung, die dem Erklärungsgegner den Vertragsschluss so anträgt, dass dieser den Abschluss durch einfaches »Ja« bewirken kann. Indem K den ausgesuchten Roman mit dem Geld auf den Ladentisch legte,

---

[66] Dass die Frage nicht auf eine Anspruchsprüfung hindeutet, ist nur scheinbar ein Problem. Beachten Sie den ersten Obersatz. Das hier vorgeschlagene Gutachten kann Teil einer Anspruchsprüfung wegen Kaufpreiszahlungsanspruchs (§ 433 II BGB) oder wegen ungerechtfertigter Bereicherung (§ 812 I 1 Fall 1 BGB) sein.

kann er eine solche Erklärung abgegeben haben. Kaufgegenstand, Kaufpreis und Verbindlichkeit der Äußerung gehen daraus hervor, dass K den angestrebten Vertrag bereits erfüllte. Problematisch ist allenfalls, dass er sich nicht verbal äußerte. Jedoch kann eine Willenserklärung auch vorliegen, wenn der Geschäftspartner aus den Umständen entnehmen kann, dass sein Gegenüber eine rechtlich bedeutsame Erklärung abgeben will, deren Inhalt erkennbar ist. Die Hingabe des Gelds bei gleichzeitigem Vorlegen des Romans ließ für V den Schluss zu, dass K eben jenes Buch kaufen wollte.

143: Damit hat K konkludent ein Angebot abgegeben.
241: Dieses muss von V angenommen worden sein.
242: Unter Annahme ist die vorbehaltlose Übereinstimmung mit dem Angebot des Antragenden zu verstehen. Diese kann in der Entgegennahme des Gelds durch V zu sehen sein, zumal er K den Roman wieder zuschob. Auch hier erlauben mangels einer verbalen Erklärung die Umstände den Schluss auf den Erklärungstatbestand. K kann so davon ausgehen, dass V mit dem Kaufvertrag einverstanden ist.
243: V hat somit schlüssig die Annahme erklärt.
341: Die Erklärungen müssen übereingestimmt haben.
342: Zwischen V und K bestand Einigkeit über den Austausch von € 2,- gegen den Roman »Schmerzen im Herzen«.
343: Es lagen also zwei hinsichtlich der für einen Kaufvertrag wesentlichen Elemente (*essentialia negotii*) korrespondierende Willenserklärungen vor.
133: Die Voraussetzungen eines Kaufvertrags sind gegeben.
123: Ein Kaufvertrag ist damit abgeschlossen worden.
113: V hatte mithin Anspruch auf die € 2,-. Er hat sie zu Recht an sich genommen.

Sachverhalt 10: Versandbuchhändler V schickt an K unaufgefordert das Kochbuch »32 Variationen von Grünkernfrikadellen«. Er legt folgendes Anschreiben bei: »Herzlichen Glückwunsch! Anliegendes Kochbuch ist eine einmalige Gelegenheit: Für nur € 42,- gehört es Ihnen. Mit dem Eingang Ihrer Zahlung auf das unten angegebene Konto rechne ich in den nächsten zwei Wochen.«

a) K, der keine Grünkernfrikadellen mag, ist entsetzt. Er vergisst die Sendung in einer Ecke.
b) K, der Grünkernfrikadellen über alles liebt, ist begeistert. Schon am nächsten Tag lädt er Freunde ein, die er mit Gerichten nach den Rezepten 7, 12 und 23 bewirtet.

Kann V jeweils nach vier Wochen Zahlung der € 42,- verlangen?

Gutachten zu Variante a): **Anspruch des V gegen K auf Zahlung von € 42,- aus § 433 II BGB**

111: V kann gegen K einen Anspruch auf Zahlung von € 42,- aus § 433 II BGB haben. Voraussetzung hierfür ist, dass ein wirksamer Kaufvertrag zwischen ihnen abgeschlossen wurde.
121: Dieser erfordert das Vorliegen zweier Willenserklärungen, Angebot und Annahme i.S.v. §§ 145 ff. BGB, die auf das Zustandekommen eines Kaufvertrags gerichtet sind.
131: Ein Angebot kann in der Zusendung des Anschreibens[67] von V an K liegen[68].
132: Dazu muss V verbindlich erklärt haben, K einen bestimmten Gegenstand zu einem festgelegten Preis verkaufen zu wollen. In seinem Schreiben nennt er den

---

[67] Auf das Buch kommt es dabei nicht an. Das dem Schreiben beiliegende Buch begründet ein Angebot auf Übereignung nach § 929 S. 1 BGB, das wegen des Trennungsprinzips bei der Frage nach dem Kaufvertragsabschluß keine Rolle spielt.
[68] Entweder *Ein Angebot kann liegen in ...* oder *V hat ... Darin kann ein Angebot liegen*. Näher dazu Rn. 126.

Teil 2: Zur Struktur des Rechtsgutachtens – Fälle

Preis für das beigefügte Buch und lässt erkennen, dass der Abschluss eines verbindlichen Vertrags nur noch von der Annahme durch K abhängen soll.

133: V hat also ein Angebot an K abgegeben.
231: Dieses muss K angenommen haben.
232: Eine Annahme erfordert als Willenserklärung
141: ein Handeln des K, dem Erklärungscharakter zugemessen werden kann.
142: K reagiert auf das Angebot des V nicht. Darin liegt ein Schweigen im rechtlichen Sinne, das heißt ein bewusstes Sich-nicht-Erklären. Dem Schweigen kommt regelmäßig nicht die Bedeutung einer Willenserklärung zu. Etwas Anderes gilt unter Nichtkaufleuten nur, wenn vorher durch rechtsgeschäftliche Vereinbarung von den Beteiligten dem Schweigen ausdrücklich Erklärungsbedeutung beigelegt wurde. Weder für die Kaufmannseigenschaft beider Beteiligter noch für eine zwischen ihnen getroffene Vereinbarung hinsichtlich des Schweigens als Willenserklärung ist etwas ersichtlich.
143: Wegen des fehlenden Erklärungshandelns
233: fehlt es an einer Annahme seitens K.
123: Ein Vertrag über den Kauf des Buchs ist also nicht zustande gekommen.
113: Daher hat V gegen K keinen Zahlungsanspruch aus § 433 II BGB.

Besteht – wie hier – kein Anlass, die Kaufmannseigenschaft der Beteiligten zu diskutieren, sollten Sie es bei einem kurzen Hinweis wie unter 142 belassen. Auf die Kaufmannseigenschaft kann es in diesem Zusammenhang ankommen, weil das Schweigen auf ein Bestätigungsschreiben unter Kaufleuten die Bedeutung einer Willenserklärung erlangen kann.

Gutachten zu Variante b): **Anspruch des V gegen K auf Zahlung von € 42,- aus § 433 II BGB**

Bis zum Schritt 231 können Sie das Gutachten zu Variante a) wörtlich übernehmen.

232: Eine ausdrückliche Annahmeerklärung ist nicht ersichtlich; jedoch kann K durch schlüssiges Handeln auf Vs Angebot eingegangen sein. Schlüssiges Handeln ist ein Verhalten, das den dahinter stehenden Willen zur Abgabe einer rechtsverbindlichen Erklärung nur mittelbar aus den Umständen erkennen lässt. Es ist nicht anzunehmen, dass K das Buch nutzen wollte, ohne es zu erwerben. Nach dem Verkaufsangebot des V konnte er eine Schenkung nicht erwarten. Die Ingebrauchnahme des Kochbuchs durch K bei der Einladung[69] lässt daher auf seinen Willen zum Abschluss eines Kaufvertrags schließen. Indes ist hierin entgegen dem ersten Eindruck mit Blick auf § 241a I BGB keine schlüssige Annahme zu sehen. Anderenfalls würde der gesetzgeberische Zweck des § 241a BGB nicht erreicht, der darin besteht, den Verbraucher davor zu schützen, dass ihm unerwünschte Waren aufgedrängt werden[70].
233: Damit hat K keine schlüssige Annahmeerklärung abgegeben[71].
123: Ohne diese ist es zu keinem Vertrag über das Kochbuch gekommen.
113: V hat gegen K keinen vertraglichen[72] Anspruch auf Zahlung von € 42,-.

Vermeiden Sie Klammern[73] im Gutachtentext; sinnvoll sind diese nur bei Normzitaten (siehe 121, 242).

---

69 Es kommt bei der Ingebrauchnahme nicht auf Fettflecken auf dem Kochbuch an, sondern grundsätzlich nur auf das, was der Sachverhalt mitteilt. Achten Sie also darauf, diesen nicht zu überdehnen, nur um sich die Subsumtion zu erleichtern.
70 Die Frage ist nicht ganz unumstritten; wie hier MüKo-*Kramer* BGB, § 241a BGB Rn. 3, 11; Palandt-*Heinrichs* BGB, § 241a BGB, Rn. 3, beide mit Nachweisen zur gegenteiligen Ansicht, die für den Vertragsschluss eine Ingebrauchnahmehandlung genügen lässt.
71 Entbehrlich wird so die Erörterung der Frage, ob die Annahmeerklärung des K wirksam wurde, auch ohne dass sie bei V zuging. Mit Blick auf § 151 S. 1 BGB wäre das aber zu bejahen.
72 Auch Ansprüche aus gesetzlichen Schuldverhältnissen sind nach § 241a BGB ausgeschlossen.
73 Zur bei deren Verwendung gebotenen Zurückhaltung Rn. 344.

Teil 3: Sprachliche Gestaltung

Dieser Teil enthält Formulierungshilfen für juristische Gutachten in Ausbildung und Prüfung. Diese sind anfangs systematisch geordnet und folgen dem typischen Aufbau einer zivilrechtlichen Fallbearbeitung (Rn. 55 ff.). Weiter hinten finden sich Formulierungsvorschläge für die Besonderheiten des Arbeitsrechts (Rn. 248 ff.) und des Strafrechts (Rn. 277 ff.) sowie beispielhafte Vorschläge für allgemeine methodische Probleme (Rn. 157 ff.).

Dieser Teil dürfte **Anfängern und Fortgeschrittenen** gleichermaßen nutzen. Der Anfänger ist meist noch unsicher, wie man einen Gedanken juristisch korrekt[74] ausdrückt. Die Fortgeschrittene hat sich dagegen oft schon so sehr an die zugrunde liegenden Konventionen gewöhnt, dass ihre Texte unnötig öde werden.

Die Erfahrung zeigt, dass viele Rechtsstudenten selbst im Examen auf die Lesbarkeit ihrer Arbeiten nur wenig Mühe verwenden. Für den Leser kann das recht anstrengend sein. Den Unwillen, den Sie schon auf dieser Ebene erzeugen, können Sie ebenso gut vermeiden, indem Sie sich sprachlich um ein wenig Abwechslung bemühen.

Wenn es stimmt, dass das Lernen von Recht dem Lernen einer Fremdsprache ähnelt, liegt es nahe, nicht nur für Definitionen und dergleichen, sondern auch für die Sprache des Rechts ein Vokabelheft zu führen[75].

50

Kapitel 1: Arbeitsanleitung zum Vokabelheft

1. Nachstehend finden Sie als Anregung für ein solches Vokabelheft eine Reihe vielseitig einsetzbarer Formulierungen, an denen Sie sich orientieren können. Sie ist alles andere als vollständig. Ergänzen Sie sie! Zahlreiche Varianten können Sie den Musterfällen der Ausbildungszeitschriften[76] entnehmen. Vergessen Sie dabei aber nicht, dass die dort wiedergegebenen Gutachten oft verdeckte Aufsätze, also in Umfang, Stil und Sprache für die eigene Arbeit nur bedingt vorbildlich sind. Achten Sie deswegen auf die eher seltenen überarbeiteten oder kommentierten Originalklausuren von Übungsteilnehmern.

51

2. Die Vorschläge sollen Ihnen nicht das Nachdenken über die angemessene sprachliche Form abnehmen, sondern nur als Anregung dienen, wenn Sie in der Hausarbeit wieder einmal an der eigenen Phantasielosigkeit verzweifeln. Benutzen Sie den Text also **nicht** als **Selbstbedienungsladen**, aus dem Sie vorgefertigt alles mitnehmen können, was Sie brauchen, **sondern** eher als **Steinbruch**, aus dem Sie gelegentlich Rohmaterial für Ihre eigene Arbeit holen. Übernehmen Sie das hier Angebotene nicht ungeprüft. Ihr eigener juristischer Stil entwickelt sich – wahrscheinlich – aus zwei Tätigkeiten: dem kritischen Lesen fremder Texte und dem Verfassen eigener. Beides kann Ihnen dieses Vokabelheft nicht abnehmen.

52

3. Einige Vorschläge sind auch schon ein bisschen abgegriffen – erwarten Sie keine Sensationen. Nicht alle Formulierungen sind gleichermaßen elegant. Wählen Sie aus, was Ihnen am besten gefällt.

---

74 Das heißt meist nur: konventionskonform.
75 Nutzbringend wird der nachstehende Abschnitt in erster Linie für Menschen sein, die hauptsächlich induktiv lernen, also vom Beispiel ausgehend zur allgemeinen Form hin.
76 In Deutschland: JuS, JA, Jura, AL, ZJS (nur im Netz unter www.zjs-online.com); in Österreich: JAP; in der Schweiz: recht und ius.full. Die betreffenden Beiträge erkennt man meist schon am Titel: *Ein/e ... mit Folgen*, *Ein/e verhängnisvolle/s ...*, *Ein/e folgenreiche/r/s ...*, im Strafrecht öfter auch *Ärger beim/im/mit dem ...*, *Ein/e ... mit Hindernissen*, zum französischen Recht etwa *Les Malheurs d'Eric*, *Witz/Limbach* JuS 2002, 148 ff.; manchmal auch gewagtere Überschriften wie *Vollmantel-Rundkopfgeschoß-Durchschuss* (*Heimann/Prisille* JA 2002, 305 ff.) oder *A Life 4 Sale* (*Hamann* ZJS 2009, 267 ff.).

Teil 3: Sprachliche Gestaltung

Ergänzen Sie überall, wo Sie im Text Vorschläge für die sprachliche Gestaltung finden, weitere Möglichkeiten. Ziehen Sie Synonymwörterbücher[77] heran.

53   4. Versuchen Sie, aus den angebotenen Sprachversatzstücken und Ihren eigenen Ergänzungen eine Art abstraktes Mustergutachten zu entwerfen, anhand dessen Sie einem juristischen Laien erklären können, wie Rechtsanwendung ganz allgemein funktioniert. Wenn Sie sich so die möglichen Formulierungen und ihr Ineinandergreifen aneignen, fällt Ihnen die Verwendung in Übungsarbeiten leichter.

5. Üben Sie zuerst an ein paar der obigen Beispielsfälle, dann an einer Ihrer eigenen Arbeiten, dann an einem Mustergutachten aus einer Fallsammlung oder Ausbildungszeitschrift.

---

77 Z. B. *Dornseiff* Der deutsche Wortschatz nach Sachgruppen; *Wehrle/Eggers* Deutscher Wortschatz; Duden Bd. 8: Sinnverwandte und sachverwandte Wörter; *Weber/Morell* (/ A.M. *Textor*) Sag es treffender.

Kapitel 2: Formulierungen zum Gutachtenstil

– Schwerpunkt **Zivilrecht**[78]

Die folgenden Formulierungsbeispiele folgen in ihrer Schreibweise der Idee einer Phrasendreschmaschine. Sie funktionieren also bildlich gesprochen so:

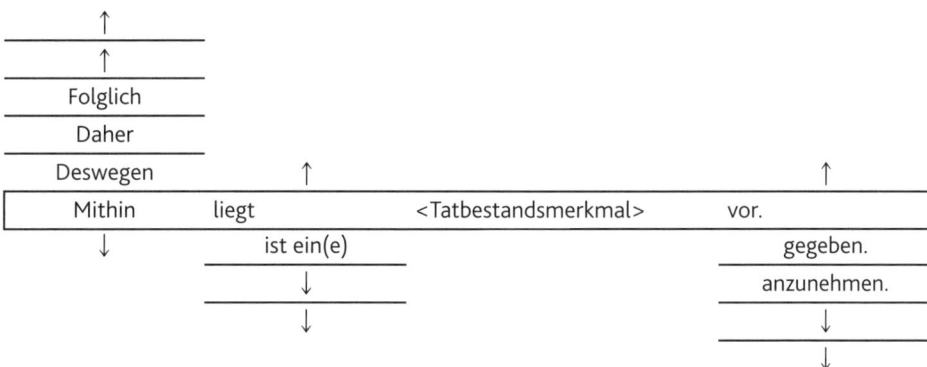

Da diese Darstellung zu viel Raum beansprucht, sind in den Formulierungsvorschlägen die verschiedenen Möglichkeiten durch Schrägstriche voneinander getrennt.

A. Obersatz

Gemeinhin wird der Obersatz im Konjunktiv gefasst, um zu verdeutlichen, dass das Ergebnis noch unsicher ist. Die übertriebene Häufung des Konjunktivs ist allerdings unschön zu lesen[79].

Beispiel: *Denkbar wäre hier möglicherweise, dass A vielleicht einen Anspruch haben könnte... Voraussetzung dafür wäre, dass A ... hätte.*

Dem liegt vermutlich ein verfehltes Verständnis von Art. 1 I 1 GG zugrunde: *Das »würde« des Menschen ist unantastbar.*

In der Regel genügt der Indikativ von *können*, um zu verdeutlichen, dass es sich noch um eine Hypothese handelt.

Beispiel: *Ein Anspruch des A kann sich aus § 985 BGB ergeben.*

---

78 Zum **öffentlichen Recht** fehlt hier eine Sammlung von Standardformulierungen wie zum Zivil- und Strafrecht. Das öffentliche Recht entzieht sich weitestgehend einer derartigen Schematisierung, schon wegen der Unterscheidung in staats- (dazu zur Übersicht *Oberrath* JA 2003, 484 ff.) und verwaltungsrechtliche Arbeiten und der regelmäßigen Einbeziehung der prozessualen Rechtslage. Immerhin spielen in Aufgaben aus dem Recht der Leistungsverwaltung Anspruchsprüfungen eine gewisse Rolle; gerade die Anfängerarbeiten thematisieren aber die Eingriffsverwaltung, also etwa das Polizeirecht. Eine gute Aufzählung typischer Situationen und Fehler finden Sie bei *Stender-Vorwachs* Prüfungstraining Staats- und Verwaltungsrecht; weiter *Pieroth* (Hrsg.) Hausarbeit im Staatsrecht; *Gramm* (Hrsg.) Fehlerlehre. Sehr empfehlenswert im Übrigen: *Schwerdtfeger* Öffentliches Recht in der Fallbearbeitung – geht aber über Anfängerniveau weit hinaus; *Butzer/Epping* Arbeitstechnik im Öffentlichen Recht; anspruchszielorientiert *Frenz* Öffentliches Recht.

79 Lesenswert zu typischen Fehlern bei der inflationären Verwendung des Konjunktivs *Wolf* JuS 1996, 30, 31 ff. m.w.N.; *Schnapp* Jura 2002, 32 ff.; *Franck* JuS 2004, 174 ff.

Teil 3: Sprachliche Gestaltung

Der Indikativ hat den Vorteil, dass man mit der ausnahmsweisen Benutzung der Konjunktivform bereits eine Wahrscheinlichkeitseinschätzung über das Ergebnis ausdrücken kann; was mit *könnte* eingeleitet wird, wird im Ergebnis vermutlich verneint.

Notwendig ist der Konjunktiv aber bei folgender Formulierung:

- <Anspruchsteller> könnte einen Anspruch aus <Anspruchsgrundlage> geltend machen.

Benutzt man hier den Indikativ *kann*, geht der hypothetische Charakter des Obersatzes verloren. Der Satz klingt dann wie ein Ergebnis.

1. Die erste[80] Anspruchsgrundlage (Rndnr. 25)

56 Im Zivilrecht müssen Sie – wenn es geht – immer nach dem Schema *Wer will was von wem aufgrund welcher Anspruchsgrundlage?* vorgehen, das heißt Anspruchsteller, Anspruchsgegner, Anspruchsziel und Anspruchsgrundlage benennen.

Anspruchsteller, Anspruchsgegner:	Hierbei muss es sich um mindestens zwei verschiedene (!) Rechtssubjekte (natürliche oder juristische Personen) handeln, die im Sachverhalt erwähnt sind. Meist werden sie schon mit Abkürzungen vorgestellt (*S, T-GmbH* usw.). Üblicherweise steht auf jeder Seite des Rechtsverhältnisses nur eine Person (anders aber z. B. bei gesamtschuldnerischer Inanspruchnahme mehrerer).
Anspruchsziel:	Nennen Sie hier deutlich, welches der verschiedenen vom Anspruchsteller verfolgten Anspruchsziele Sie untersuchen: Lieferung, Zahlung[81], Wiederherstellung, Schadensersatz, Schmerzensgeld usw. Diese Feststellung ist unbedingt nötig, um die einschlägigen Anspruchsgrundlagen überhaupt auffinden zu können.
Anspruchsgrundlage:	Nach Möglichkeit ist hier – wie in der jeweiligen Überschrift – bereits die genaue Norm(enkette) anzugeben. Der Abwechslung wegen kann man gelegentlich von den *Vorschriften über* (z.B. *die Geschäftsführung ohne Auftrag*) sprechen; dann müssen Sie aber möglichst bald die Anspruchsgrundlage präzisieren: Der Leser will wissen, welche Norm gerade angewendet wird. Zulässig ist es, eine Gruppe von Ansprüchen in Bezug zu nehmen (z.B. Ansprüche aus deliktischem Verhalten des Anspruchsgegners), dann im ersten Satz die nicht einschlägigen kurz abzuhandeln und schließlich in die Erörterung der problematischen Norm einzusteigen.

---

80 Welche Anspruchsnorm unter mehreren konkurrierenden Vorschriften als erste zu prüfen ist, wird weitgehend von materiellrechtlichen Überlegungen bestimmt. Daher bleibt das Problem hier ausgeklammert. Zu gutachtentaktischen Überlegungen bei der Prüfungsreihenfolge Rn. 416, 434.
81 Ungenau, wenn auch leicht verständlich, ist die Formulierung *A kann gegen B einen Anspruch auf € 40.000,- haben*. Da ein Anspruch definitionsgemäß auf ein Tun oder Unterlassen des Anspruchsgegners gerichtet ist (§ 194 I BGB), sollte die geforderte Handlung bezeichnet werden: *A kann gegen B einen Anspruch auf Zahlung von € 40.000,- haben*. Ebenso sollte man nicht schreiben *A kann gegen B einen Anspruch auf Kaufpreiszahlung haben*, wenn man auch schreiben kann *A kann gegen B einen Anspruch auf Kaufpreiszahlung in Höhe von € 10.000,- haben*. Das Bemühen um Genauigkeit ist kein Selbstzweck, sondern bereitet auf die prozessuale Praxis vor: § 253 II Nr. 2 ZPO verlangt nämlich einen ausreichend bestimmten Klageantrag – und den kann man gewährleisten, indem man im Gutachten so genau wie möglich sagt, was Anspruchsgegenstand ist. Ein Beispiel zum Unterlassen als Anspruchsgegenstand: Es heißt nicht *Anspruch des A gegen B auf Zwangsvollstreckung*, sondern *Anspruch des A gegen B auf Duldung der Zwangsvollstreckung*. Beim Anspruch aus § 535 I 1 BGB sollte es heißen *Anspruch des M gegen V auf Überlassung des Gebrauchs an der <Mietsache>* statt *Anspruch auf des M gegen V auf Gebrauch der <Mietsache>*.

Kapitel 2: Formulierungen zum Gutachtenstil

Mit diesem Schema bekommt man die meisten zivilrechtlichen Sachverhalte einschließlich etlicher gesellschafts-, handels- und arbeitsrechtlicher Aufgaben in den Griff[82].

Als Anspruchsziel wird gewöhnlich nicht die vom Anspruchsgegner verlangte Leistungsbewirkungshandlung, sondern der **Leistungserfolg** genannt.
Beispiel: Nicht *Anspruch des A gegen B auf Abgabe einer auf Übereignung des Fahrrads gerichtete Willenserklärung*, sondern *Anspruch des A gegen B auf Übereignung des Fahrrads*.

Wo irgend möglich nennt man im Obersatz **nur eine Rechtsfolge**, diese aber eben so genau es geht. Alles andere läßt den Obersatz unnötig ungenau werden[83].
Beispiel: Nicht *A kann gegen B Anspruch auf Rückgabe des Buchs oder Wertersatz haben*, sondern in der ersten Prüfung *A kann gegen B Anspruch auf Rückgabe des Buchs haben* und in der zweiten *A kann gegen B Anspruch auf Rückgabe des Buchs haben*.

Man kann zunächst in einem Satz das **Rechtsschutzbegehren** des Anspruchstellers wiederholen – oder überhaupt erst einmal klarstellen – und dann im nächsten Satz die Anspruchsgrundlage in den Blick nehmen: 57
- <Anspruchsteller> verlangt von <Anspruchsgegner> <Anspruchsziel>. Als (Anspruchs-)Grundlage hierfür kommt <Anspruchsgrundlage> in Betracht / in Frage.
- Zunächst / in erster Linie ... will <Anspruchsteller> <Anspruchsziel> erreichen. Ein darauf gerichteter / solcher / dahingehender Anspruch (stellt sich rechtlich als ... dar und) kann sich aus <Anspruchsgrundlage> ergeben.

Meist genügt jedoch – weniger umständlich – ein Satz:
- Ein Anspruch des <Anspruchstellers> gegen <Anspruchsgegner> auf <Anspruchsziel> / Der von <Anspruchsteller> geltend gemachte Anspruch auf <Anspruchsziel> kann sich (zunächst / nur) aus <Anspruchsgrundlage> ergeben / auf <Anspruchsgrundlage> gründen / stützen.
- Ein <Anspruchsziel->Anspruch des <Anspruchsteller> kann aus <Anspruchsgrundlage> begründet sein.
- <Anspruchsteller> kann gegen <Anspruchsgegner> ein <Anspruchsziel->Anspruch aus <Anspruchsgrundlage> zustehen.
- <Anspruchsgegner> kann <Anspruchsteller> zu/r <Anspruchsziel> verpflichtet sein.
- Angesichts des Fehlens (z. B. vertraglicher Verbindungen zwischen den Beteiligten) kommen nur (z. B. deliktische) Ansprüche in Betracht.
- Als Rechtsgrundlage für einen Anspruch des <Anspruchsteller> gegen <Anspruchsgegner> kommt zunächst <Anspruchsgrundlage> in Frage.
- <Anspruchsteller> kann gegen <Anspruchsgegner> wegen ... ein Anspruch auf <Anspruchsziel> erwachsen sein, der sich auf <Anspruchsnorm> stützen lässt.

Bei Ansprüchen auf Zahlung von **Geld**: 58
- <Anspruchsgegner> kann <Anspruchsteller> aus <Anspruchsgrundlage> zur Zahlung von <Betrag> verpflichtet sein.
- <Anspruchsgegner> kann <Anspruchsteller> wegen <Anspruchsgrundlage> <Betrag> / <Schadensersatz in Höhe von ...> schulden.

Wenn der Anspruch im Ergebnis eher zu **verneinen** sein wird: 59
- Möglicherweise kann <Anspruchsteller> von <Anspruchsgegner> <Anspruchsziel> verlangen.
- Ein Anspruch des <Anspruchstellers> gegen <Anspruchsgegner> würde voraussetzen, dass ...

Liegt die gewählte Anspruchsgrundlage nicht auf den ersten Blick nahe, kann man auch einleiten 60
- <Anspruchsteller> kann einen Anspruch aus <Anspruchsgrundlage> haben, weil ...

In solchen Fällen können Sie im Gutachten eine Überschrift *Anspruchsgrundlage*, unter der Sie die Anspruchsgrundlage bestimmen und deren Voraussetzungen nennen, und eine

---
82 Zu einigen abweichenden Aufgabenstellungen sogleich Rn. 62.
83 Zu nichtssagenden Obersätzen noch Rn. 439.

Teil 3: Sprachliche Gestaltung

weitere Überschrift *Anspruchsberechtigung* einschalten, unter der dann die Voraussetzungen nacheinander abgehandelt werden.

61 Wird ein Anspruch gegen **mehr als einen Anspruchsgegner**[84] geprüft, ist dies zu kennzeichnen:

- <Anspruchsteller> kann gegen <Anspruchsgegner 1> und <Anspruchsgegner 2> als Gesamtschuldner einen Anspruch auf <Anspruchsziel> haben.

Sinnvoll ist das aber nur ausnahmsweise, da in Übungsarbeiten mehrere Beteiligte meist auf eine getrennte Erörterung hin im Sachverhalt vorkommen[85].

Exkurs: Zum Verhältnis von Gutachtenmethode und Anspruchsmethode

62 Im Zivilrecht geht es meistens um Rechtsbeziehungen zwischen zwei oder mehr Personen, in der Regel in Form von Ansprüchen. Gelegentlich können aber auch Rechtsbeziehungen zwischen Personen und Sachen

Beispiel: Eigentumslage

oder Statusfragen

Beispiele: Erbenstellung, Arbeitnehmereigenschaft, Bestehen einer Ehe
oder Fragen der Vertragsauslegung
Beispiel: Ist der geplante Gesellschafterbeschluss einstimmigkeitsbedürftig?

Gegenstand der Frage sein. Daneben kann Ihnen die Frage nach dem Bestehen eines Gestaltungsrechts (z. B. einer Kündigungs-, Rücktritts- oder Anfechtungsmöglichkeit) vorgelegt werden. Rechtlich interessant sind solche Fragen meist als Vorfragen für eine spätere Anspruchstellung. Ein Vorgehen nach der Anspruchsmethode ist dann nicht möglich[86]; trotzdem sollen Sie auch in diesen Fällen ein Gutachten erstatten. Zum Stil gilt also das hier Gesagte, nur der erste Obersatz wird abweichend vom Anspruchsschema formuliert.

Lässt die Aufgabe eine Formulierung nach dem Muster *Wer will was von wem auf welcher Anspruchsgrundlage?* nicht zu,

Beispiele: *N möchte wissen, was er nun tun kann. Was ist ihm zu raten?* (Schuldrecht) oder *E fragt, ob er noch Eigentümer des Kraftfahrzeugs ist.* (Sachenrecht) – *Ist die Kündigung des A wirksam?* oder *Hat eine Kündigungsschutzklage des B Aussicht auf Erfolg?* (Arbeitsrecht)

so sollten Sie den Obersatz, gegebenenfalls nach Auslegung der Aufgabe, möglichst so formulieren, dass dem Leser der Zusammenhang mit der Aufgabe ohne weiteres Nachdenken erkennbar ist[87].

In den Beispielsfällen also etwa:

Schuldrecht: *N kann den Vertrag anfechten, aus wichtigem Grund kündigen oder ...* (Ergebnis:) *Anzuraten ist ihm, wegen ... zu kündigen.*

---

84 Das Gesetz spricht von *gesamtschuldnerischer* oder *solidarischer* Haftung.
85 Dazu noch Rn. 438.
86 Folglich spricht man auch nicht von einem *Anspruch auf Rückgängigmachung* oder dergleichen, sondern von einem *Rücktrittsrecht*. Einen *Anspruch auf Rücktritt* gibt es nicht, denn den Rücktritt erklärt der Rücktrittsberechtigte selbst. Allerdings gibt es infolge des Rücktritts Ansprüche auf Rückgewähr der Leistungen aus §§ 346 ff. BGB, die man als *Anspruch aus Rücktritt* bezeichnen kann.
87 Von recht seltenen Ausnahmen abgesehen soll die Bearbeiterin in Übungs- und Prüfungsarbeiten immer die Richterinnenperspektive einnehmen. Die Frage *Was ist T zu raten?* scheint zwar eine Beraterperspektive (also etwa die der Anwältin) nahe zu legen. Gleichwohl ist das Gutachten streng unparteilich zu erstatten. Der Unterschied zum Gutachten über die Rechtslage besteht nur darin, dass über die Beurteilung der Rechtslage hinaus noch eine Einschätzung der rechtlich und wirtschaftlich sinnvollsten Rechtsausübung verlangt ist. – In letzter Zeit werden allerdings mehr und mehr Aufgaben aus der Perspektive des Beraters gestellt, zuerst in der Referendarsausbildung, jetzt aber auch in universitären Prüfungen.

Sachenrecht: (Überschrift z. B. *Eigentum des E an dem Kfz*) *E ist nach wie vor Eigentümer des Kfz*, wenn nicht zugunsten eines der anderen Beteiligten ein Eigentumserwerbstatbestand eingreift (wenn dem Sachverhalt zufolge klar ist, dass E ursprünglich Eigentümer war, sonst:) *E ist Eigentümer, wenn er zunächst Eigentum erworben hat und dieses nicht an G oder H verloren hat.*

Arbeitsrecht: (Überschrift z. B. *Wirksamkeit der A gegenüber ausgesprochenen Kündigung*) *Die Kündigung des Arbeitsverhältnisses des A ist wirksam, wenn sie fristgemäß erklärt wurde und ein Kündigungsgrund vorlag* oder (Überschrift z. B. *Erfolgsaussichten einer Kündigungsschutzklage des A*) *Eine Kündigungsschutzklage des A / Die von A erhobene Kündigungsschutzklage hat Aussicht auf Erfolg, wenn sie zulässig und begründet ist.*)

Regel: Wenn die Aufgabe ein Gutachten im Anspruchsschema zulässt, sollen Sie ein solches anfertigen. Ansonsten ist ebenfalls ein Gutachten zu erstatten; der erste Obersatz greift dann die Aufgabe auf. Er wird behandelt wie ein Zwischenobersatz in einem normalen Anspruchsgutachten, innerhalb dessen Sie ebenfalls auf z. B. die Wirksamkeit einer Kündigung eingehen können.

Die Aufgabe muss manchmal erst durch mehrere Zwischenstufen so übersetzt werden, dass man mit dem vertrauten *Wer will was von wem woraus?* ansetzen kann.

Einfaches Beispiel: *Muss B das Fahrrad herausgeben?* muss man zunächst umformulieren in *Kann A von B das Fahrrad herausverlangen?* – gedanklicher Zwischenschritt in Obersatzform, der nicht niedergeschrieben wird: *B muss das Fahrrad herausgeben, wenn A es zu Recht von ihm herausverlangen kann.*

Hinter den ersten Obersatz des Gutachtens passt in aller Regel keine Fußnote, da Ihre Arbeitshypothese – schon weil sie sachverhaltsspezifisch ist – keines Belegs bedarf. Allenfalls wenn es um einen eher fern liegenden Gedanken geht, kann man in der Fußnote erklären *Einen solchen Anspruch / Eine Strafbarkeit nach ... zieht auch <Gericht / Autor, Fundstelle> in Erwägung.*

Exkurs: Wo findet man die Anspruchsgrundlage?
Im einfachsten und häufigsten Fall ist die Anspruchsgrundlage dem **Gesetz** zu entnehmen. Das Problem liegt dann höchstens darin, zwischen diskussionswürdigen und abwegigen Anspruchsnormen zu unterscheiden.

Bei **Richterrecht** ist es oft schwierig, aus den einschlägigen Entscheidungen einen hinlänglich verallgemeinerungsfähigen Obersatz für die eigene Subsumtion herauszuziehen. Diese Arbeit übernehmen aber meist andere (Lehrbücher, Kommentare usw.). Jedenfalls sollte man darauf achten, die jüngste Entscheidung zum betreffenden Problem zu verwerten. Ähnlich wie im Verhältnis konkurrierender gesetzlicher Normen verdrängt bei zwei einschlägigen Entscheidungen die jüngere die ältere. Anderenfalls wäre eine Rechtsprechungsänderung kaum möglich.

Gewohnheitsrecht spielt im Zivilrecht praktisch keine Rolle mehr[88].

Manchmal muss man die Norm, unter die subsumiert werden soll, erst selbst konstruieren, so bei der entsprechenden Anwendung tatbestandlich nicht einschlägiger, aber dem Regelungszweck nach ähnlicher Vorschriften (**Analogie**).

Eine umfängliche Begründung für die analoge Anwendung von Normen erübrigt sich, wenn sie bereits zum festen dogmatischen Bestand gehört.

Beispiele: positive Forderungsverletzung und culpa in contrahendo vor der gesetzlichen Normierung zum 01.01.2002.

---

88 Ein bisschen anders ist das mit Handelsbräuchen im kaufmännischen Verkehr. Die bleiben aber regelmäßig aus der universitären Ausbildung weitgehend ausgeklammert.

Man formuliert dann etwa:

- <Rechtsfigur> ist gewohnheitsrechtlich / in Rechtsprechung und Literatur <ggf. Fußnote mit ausgewählten Belegstellen> und vom Gesetzgeber in <Norm> anerkannt / lässt sich jedenfalls aus einer entsprechenden Anwendung der <Normen> ableiten.

und unterlässt eine Aufzählung der Normen, die zur Analogiebildung herangezogen werden können. In Klausuren kann man sich in der Regel sogar diese kurze Herleitung sparen und darauf vertrauen, dass der Leser die betreffende dogmatische Figur kennt.

68 Ebenfalls unproblematisch sind **gesetzlich angeordnete Analogien**.

Beispiel: § 644 II BGB erklärt für die Gefahrtragung beim Werkvertrag in Versendungssituationen § 447 BGB für *entsprechend* anwendbar.

Hier genügt – ähnlich wie bei Rechtsfolgenverweisungen – ein kurzer Satz:

- Für / Wegen ... verweist <Norm> auf <Norm/en> / den ...-Begriff in <Norm>.
- Bei ... ordnet <Norm> die Anwendung / Anwendbarkeit des <Norm> an.

69 Meist ist die Analogie, auf die Sie eine Anspruchsgrundlage stützen, bereits gründlich von anderen vorgedacht; es geht dann nur noch darum, sie nachvollziehbar darzustellen. An den folgenden Aufbau sollte man sich aber erst recht halten, wenn man selbst die entsprechende Anwendung einer Norm begründen will[89].

70 Zunächst empfiehlt sich eine – gegebenenfalls kurze – Bemerkung, dass die betreffenden Regelungen **nicht unmittelbar anwendbar sind**. Anderenfalls bräuchte man keine entsprechende Anwendung zu erwägen ...

- Die Vorschriften / Regeln des/r <Norm/en> ff. sind / waren zunächst für <unstreitige Anwendungsfälle> gedacht / auf ... zugeschnitten. Für die hier in Frage / Rede stehenden ... kommt eine unmittelbare Anwendung wegen <zu verneinendes Tatbestandsmerkmal> nicht in Frage. Eine <vorliegenden Sachverhalt> erfassende weite Auslegung scheitert am – gemessen am Wortlaut der Vorschrift – möglichen Sinn der Formulierung / des Wortes <Tatbestandsmerkmal>.
- <Norm> erweist sich als nicht unmittelbar anwendbar.
- Eine ausdrückliche gesetzliche Regelung des ...-Anspruchs fehlt.

71 Dann weist man auf die Möglichkeit einer entsprechenden Anwendung hin:

- Zu fragen ist, ob <Norm/en> im Weg der (Gesetzes-/Rechts-)Analogie angewendet werden kann / können.
- Ein ...-Anspruch kann sich aber aus einer (sinn-)entsprechenden / analogen Anwendung des / der <Norm(en)> ergeben.

Von einer Gesetzesanalogie spricht man dabei, wenn eine konkrete einzelne Vorschrift, von einer Rechtsanalogie hingegen, wenn der hinter mehreren Normen stehende Rechtsgedanke auf andere Sachverhalte übertragen werden soll.

72 Deren Voraussetzungen müssen Sie benennen:

- Dazu muss im Gesetz eine **Regelungslücke** bestehen. Darunter ist eine planwidrige Unvollständigkeit der gesetzlichen / positivrechtlichen Regelung zu verstehen.
- Für <vorliegenden Sachverhalt> findet sich, wie bereits festgestellt, keine gesetzliche Regelung.
- Eine Analogie / analoge / entsprechende Anwendung von <Norm> ist nicht von vornherein durch (die Existenz des) <Norm> versperrt.
- <Norm> beansprucht keine lückenlose Geltung.

Wichtig ist hierbei die Feststellung, dass es sich **nicht** um eine vom Gesetzgeber **gewollte Lücke** handelt. Über den ausdrücklichen Plan des Gesetzgebers dürfen Sie sich nur unter den engen Voraussetzungen der Zulässigkeit einer Rechtsfortbildung hinwegsetzen.

---

89 Zur dabei in Übungsarbeiten gebotenen Zurückhaltung Rn. 458.

Die **Analogiefähigkeit der Regelung**[90] braucht nur erörtert zu werden, wenn sich insoweit Bedenken ergeben, etwa weil es sich um eine Ausnahmeregelung handelt (*singularia non sunt extendenda* – Ausnahmen sind eng auszulegen).

- Eine analoge Anwendung kann ausgeschlossen sein, weil … / Einer analogen Anwendung kann entgegenstehen, dass …

Der entscheidende Gesichtspunkt ist die **wesentliche Ähnlichkeit von geregeltem und ungeregeltem Sachverhalt**. Maßstab hierfür ist wieder der Wille des Gesetzes.

- Zulässig ist eine Analogie / ein Analogieschluss / ein Analogieargument / ein argumentum a simile (ad simile[91]) / eine rechtsähnliche Anwendung der <Normen>, wenn der zu entscheidende Sachverhalt in der für die gesetzliche Regelung maßgeblichen Hinsicht gleich / ähnlich / vergleichbar ist wie die gesetzliche Regelung.
- Erforderlich ist die Ermittlung des tragenden Grundgedankens der gesetzlichen Regelung(en).
- Wie sich aus <z. B. historisches oder teleologisches Argument> ergibt, dient <Gesetzesnorm> der Regelung des Interessenkonflikts zwischen … und … / der Risikoverteilung in Fällen von … . Anknüpfungspunkt für die in <Norm> getroffene Regelung ist dabei erkennbar… Ebendies liegt auch für <ungeregelte Fälle> nahe. Das für <gesetzliche Regelung> typische / charakteristische Element findet sich ganz ähnlich / in vergleichbarem / noch ausgeprägterem Maß auch bei <ungeregelter Sachverhalt>.

Von der Qualität Ihrer Argumentation an dieser Stelle hängt die Überzeugungskraft des ganzen Analogiearguments ab. Gerade bei neuen Fallkonstellationen finden Sie nicht alle Argumente im Schrifttum. Sie dürfen und müssen selbst überlegen.

Im **Ergebnis** können Sie dann feststellen:

- <Unklarer Sachverhalt> ist damit <gesetzlich geregeltem / klarem Sachverhalt> gleichzusetzen / -achten / -bewerten.
- Da …, ist es gerechtfertigt / geboten, <Norm> auf (z. B. Sachverhalte wie den vorliegenden) analog / entsprechend anzuwenden.

Die Subsumtion des Sachverhalts unter die so abgeleitete Norm gehorcht dann den gleichen Regeln wie bei der Anwendung von Gesetzesrecht.

2. Zweite bis letzte Anspruchsgrundlage

Um ermüdende Wiederholungen zu vermeiden, kann bei Diskussion mehrerer Anspruchsgrundlagen sprachlich ein wenig variiert werden:

- Zu denken ist weiter an … / Zu erwägen ist außerdem /noch / überdies / ebenfalls, ob …
- In Frage kommt weiter / ferner / schließlich …
- Zu prüfen bleibt nur noch ein Anspruch aus …

a) Wenn der vorherige Anspruch bejaht wurde

- Darüber hinaus / Daneben / Des Weiteren / Ferner / Weiter(hin) / Im Übrigen / Außerdem / Ergänzend / Gleichfalls / Zudem …
- … käme / kommt (nur / noch / nur noch) ein Anspruch des <Anspruchstellers> gegen <Anspruchsgegner> auf <Anspruchsziel> aus <Anspruchsgrundlage> in Betracht / in Frage.
- … wäre / ist … denkbar / zu erwägen – wenn der Anspruch im Ergebnis relativ klar absehbar scheitert.
- Weiter kann / könnte <Anspruchsteller> sein Begehren (auch) auf <Anspruchsgrundlage> stützen.
- Darüber hinaus kann <Anspruchsteller> noch einen Anspruch aus / nach / gemäß <Anspruchsgrundlage> / wegen deliktischer Schädigung / Vertragsverletzung aus <Anspruchsnorm> haben.
- <Anspruchsteller> kann gegen <Anspruchsgegner> weiter ein Anspruch aus <Anspruchsgrundlage> zustehen.
- Des Weiteren beruft sich <Anspruchsteller> auf <Anspruchsgrundlage>.

---

90 Zu Besonderheiten im Strafrecht (ähnlich im Steuerrecht) Rn. 280.
91 Beachten Sie aber Rn. 365.

- Ein Anspruch auf <Anspruchsziel> kann auch aus <Anspruchsgrundlage> hergeleitet werden / begründet sein / lässt sich auch auf <Anspruchsgrundlage> stützen / gründen.
- Die von <Anspruchsteller> geltend gemachte Forderung kann sich (auch) aus <Anspruchsgrundlage> ergeben.

b) Wenn der vorherige Anspruch verneint wurde

77
- <Anspruchsteller> kann jedoch / aber … (z. B.: gegen <Anspruchsgegner> vorgehen, wenn …)
- Denkbar ist noch ein Anspruch …
- In Betracht käme allenfalls / zuletzt noch ein Anspruch des <Anspruchsteller> aus <Anspruchsgrundlage>.

Schon durch diesen ersten Obersatz können Sie signalisieren, dass ein Anspruch eher fern liegt und nur der Vollständigkeit halber geprüft wird.

3. Das erste[92] Tatbestandsmerkmal

78 Die Erörterung einzelner Anspruchsvoraussetzungen kann auf unterschiedliche Art eingeleitet werden:

- Dazu / Hierzu / Dafür / Hierfür / Dann müsste / muss zunächst ein/e <Tatbestandsmerkmal> vorliegen / gegeben sein.
- Das setzt <Tatbestandsmerkmal> voraus.
- Dazu bedarf es einer/s <Tatbestandsmerkmal> / Hierzu ist <Tatbestandsmerkmal> notwendig / erforderlich / nötig.
- (Erste / Einzige) Voraussetzung (für einen <Anspruchsziel->Anspruch des <Anspruchsteller>) ist (das Vorliegen / Bestehen eines) <Tatbestandsmerkmal>.
- <Anspruchsgrundlage> verlangt / erfordert, (dass) <Tatbestandsmerkmal>.
- <Anspruchsteller> muss / müsste dann … haben / sein.
- Ein <Tatbestandsmerkmal> kann vorliegen, wenn <Teilmerkmal>.
- Ein solcher Anspruch ist (nur) gegeben, wenn …
- Gemäß <(Anspruchs-)Norm> kommt es (hierfür) darauf an, ob <Teilmerkmal>.
- Fraglich / Problematisch ist (zunächst) / Zunächst stellt sich die Frage, ob …
- <Tatbestandsmerkmal> kann erst angenommen werden, wenn nicht nur <1. Teilmerkmal>, sondern auch <2. Teilmerkmal>.

Seien Sie vorsichtig bei der Formulierung des Obersatzes mit *müssen*. Das erste Problem ist eher ein ästhetisches,

Beispiel: *Gemäß §§ 433 I 2, 437 Nr. 1 BGB muss die an A gelieferte Kartusche einen Sachmangel i.S.v. § 434 I BGB aufweisen.* – Das ist unschön. Die Norm will doch nicht, dass die Sache einen Mangel hat. Zwar ist der Mangel Anspruchsvoraussetzung, aber das Gesetz will, dass die Sache mangelfrei sei[93].

das zweite eher ein logisches.

Beispiel: Oft werden Obersätze voreilig zu konkret gefasst nach dem Muster *Der Anspruch setzt einen wirksamen Kaufvertrag voraus; hierzu muss A ein Angebot abgegeben haben, das …* – wieso muss denn A das Angebot abgegeben haben? Es würde doch auch zu einem Kaufvertrag führen, wenn A ein Angebot des B angenommen hätte. Gemeint ist hier … *Hierzu muss ein Angebot abgegeben worden sein; dieses kann in der Erklärung des A liegen …*

79 Sie können den Obersatz **negativ** fassen, wenn das schneller zum Problem hinleitet[94]:

- Wegen <Sachverhaltsinformation> kann es hier daran / an / am erforderlichen <Merkmal> fehlen.

---

92 Mit welcher Voraussetzung die Erörterung einer Rechtsnorm zu beginnen hat, ist teils eine Frage der Logik, teils eine der Zweckmäßigkeit; näher dazu Rn. 416, 434.
93 Siehe auch Rn. 364.
94 Beachten Sie aber das bei Rn. 107 Gesagte.

Sinnvoll, aber nicht zwingend ist die **Aufzählung aller Merkmale** der Tatbestandsseite, 80
die erfüllt sein müssen, um die im Obersatz genannte Rechtsfolge herbeizuführen. Wenig
empfehlenswert ist das allerdings bei Normen mit zahlreichen Voraussetzungen oder
komplizierten Konstruktionen, weil dann die Gefahr besteht, Probleme vorwegzunehmen. Außerdem wird so der Obersatz schnell unübersichtlich[95].

Beispiel: Versuchen Sie einmal, die Voraussetzungen eines Teilkaufpreisrückzahlungsanspruchs aus Minderung (§ 441 IV BGB) vollständig in einen leicht lesbaren und verständlichen Satz zu fassen.

Man kann verdeutlichen, dass man nur eine von mehreren Voraussetzungen prüft, indem man den ersten Obersatz mit *Zunächst / Zuerst* einleitet.

Kaum jemals empfehlenswert ist die Formulierung einer **Alternative** im Obersatz, 81
Beispiel: *Fraglich ist, ob A den X als Erben oder als Vermächtnisnehmer eingesetzt hat.*

weil sich juristisches Denken zwar oft in solchen Alternativen vollzieht, im Gutachten
aber hierbei der Leser gleich mit zwei verschiedenen möglichen Ergebnissen konfrontiert
wird – und das ist zu viel. Die zu untersuchende Frage ist vorzugsweise eindeutig zu formulieren; dabei wird meistens zuerst die im Ergebnis zu verneinende Alternative erörtert.

Beispiel: *A kann X als Vermächtnisnehmer eingesetzt haben.... (Diskussion des Vermächtnisses). Ist somit ein Vermächtnis nicht anzunehmen, kommt in Frage, dass A den X zum Erben bestimmt hat.*

Das gilt – natürlich – nur, wenn beide Entscheidungsmöglichkeiten im Zusammenhang des Gutachtens sinnvoll darstellbar sind.

Beispiel: Würde im vorstehenden Beispiel nur die Erbeinsetzung zu einem Anspruch des X führen, ist nur diese zu untersuchen. Allenfalls könnte man die Diskussion über ein Vermächtnis unter dem Obersatz *Ein Anspruch des X aus seiner Erbenstellung wäre nicht gegeben, wenn er lediglich Vermächtnisnehmer wäre* führen.

4. Zweites bis letztes Tatbestandsmerkmal

Die nachstehenden Formulierungsvorschläge gehen von einer kumulativen Verknüpfung 82
des ersten Tatbestandsmerkmals mit den folgenden aus[96].

- Voraussetzung (für ...) ist weiter(hin) / schließlich / außerdem / überdies / zuletzt / noch / ferner ...
- Die zweite / letzte Voraussetzung für ... ist ... /, die gegeben sein muss, um... bejahen zu können, ist ...
- Fraglich / zu prüfen / untersuchen ist (nun / nunmehr), ob auch <2. Tatbestandsmerkmal (im Sinne des <Norm>)> vorliegt / eingetreten / gegeben / erfüllt ist.
- Weiter / des Weiteren / darüber hinaus verlangt <Norm>, dass <nächstes Tatbestandsmerkmal> eingetreten ist.
- Ob <weiteres Tatbestandsmerkmal> gegeben ist, ist jedoch / zumindest / allerdings zweifelhaft / fraglich / zu bezweifeln / problematisch/ näher zu überlegen / prüfen / untersuchen.
- Fraglich ist dagegen / hingegen, ob ...
- Für <Anspruch> fehlt es nun nur noch an <letztes Tatbestandsmerkmal>.

---

95 Zur Veranschaulichung: Noch gut zu überblicken ist z. B. *Eine Zahlungsverpflichtung der E aus einer von ihr übernommenen Bürgschaft setzt zum Einen voraus, dass die gesicherte Schuld überhaupt besteht, zum Anderen, dass E sich wirksam als Bürgin verpflichtet hat*. Schon am Rand der Unübersichtlichkeit liegt dagegen *Ein Schadensersatzanspruch des G gegen den S nach § 823 I BGB setzt voraus, dass S durch sein Verhalten – in Betracht kommt hier auch ein pflichtwidriges Unterlassen – eine Verletzung eines der von der Norm geschützten Rechtsgüter verursacht hat, diese Verletzung ihm – dem S – zuzurechnen ist, sie sich rechtswidrig und wenigstens fahrlässig darstellt, und dass infolge eben dieser Verletzung der G einen Schaden erlitten hat, der wiederum ursächlich und zurechenbar auf die Rechtsgutsverletzung zurückzuführen ist*. Wer solche Riesenobersätze in der Klausur niederschreibt, merkt bald, dass das Zeitverschwendung ist, weil man für jedes einzelne Tatbestandsmerkmal dann leicht noch mal einen eigenen Obersatz braucht. Lesen Sie im Übrigen Rn. 341.
96 Zur alternativen Verknüpfung Rn. 94.

Teil 3: Sprachliche Gestaltung

- Weitere / n-te und letzte Anspruchsvoraussetzung ist ...
- Sodann müsste <Anspruchsgegner> <Handlung> ... haben.
- Auch / Schließlich muss ...
- <Zuvor bejahtes Merkmal> muss wiederum <nächstes Merkmal> sein. (Z. B.: Der Vertrag muss ein gegenseitiger sein.)
- <Tatbestandsmerkmal> genügt für <Rechtsfolge> nur, wenn <weiteres Merkmal> hinzutritt.
- Es muss (so)dann / zudem ein/e ... vorliegen / vorgelegen haben.
- Außer von ... ist <Rechtsfolge> von ... abhängig.
- Damit steht jedoch noch nicht fest / ist jedoch nicht gesagt, dass / ob ... . Zusätzlich muss nämlich <3. Tatbestandsmerkmal> erfüllt sein.
- Ein ... (allein) begründet noch kein/e/n ... . Hinzukommen muss (vielmehr) ...
- Bedenken ergeben sich allerdings wegen des/r / hinsichtlich des/r <Tatbestandsmerkmal>.
- Wie <Norm> zeigt, ist <Rechtsfolge> aber an <Tatbestandsmerkmal> geknüpft.

83 Günstigstenfalls liest sich eine Zusammenschau derjenigen Obersätze, die die Subsumtion unter ein neues Merkmal einleiten, so, dass der Leser daraus die geprüfte Norm mit allen einschlägigen Voraussetzungen rekonstruieren kann.

84 Zitieren Sie bei **alternativen Tatbestandsmerkmalen** nur den Teil der Norm, unter den Sie auch subsumieren.

Beispiel: § 812 BGB ist kompliziert genug – wenn Sie aber schon die Leistungskondiktion als einschlägig identifiziert haben, zitieren Sie nur deren Voraussetzungen (etwas erlangt, durch Leistung, ohne rechtlichen Grund) – und geben zugleich die einschlägige Alternative genau an: § 812 I 1 Fall 1 BGB[97].

a) Positive Voraussetzungen

85
- Weiter ist (nach <Anspruchsnorm>) erforderlich, dass es sich bei <Sachverhaltsinformation> um <Tatbestandsmerkmal> handelt.
- Des Weiteren verlangt <Anspruchsnorm> ...
- Auch / Zudem / Darüber hinaus / Weiterhin / Schließlich muss / müsste <Tatbestandsmerkmal> gegeben sein / vorliegen / erfüllt sein.
- Zum Tatbestand / Zu den Voraussetzungen des <Anspruchsgrundlage> gehört / zählt außerdem / ferner das ...-erfordernis / <Tatbestandsmerkmal>.
- <Sachverhaltsinformation> muss außerdem den Anforderungen des ...-gebots genügen.

86 Will man ein Merkmal verneinen oder die Entscheidung einer ergebnisrelevanten umstrittenen Frage bewusst vorläufig offen halten, kann man die genannten Formulierungen mit *Aber / Jedoch / Indessen / Allerdings / Freilich* einleiten.

b) Negative Voraussetzungen

87 Beachten Sie, dass im Verneinungsfall die Formulierung mit *müssen* leicht missverständlich wird.

Beispiel: *Der Schuldner muss seine Leistungspflicht trotz Fälligkeit nicht erfüllt haben*[98] ist etwas Anderes als *Der Schuldner darf die Leistungspflicht nicht erfüllt haben*.

- Ein Anspruch aus <Anspruchsgrundlage> kommt nicht in Betracht / scheidet aus, wenn / falls / sobald ...
- Der Anspruch / Die Haftung des <Anspruchsgegner> ist zu verneinen / ausgeschlossen / unmöglich / kann ausgeschlossen sein, sofern / soweit ...
- Einem Anspruch aus <Anspruchsgrundlage> kann entgegenstehen, dass ...
- Es darf (allerdings / aber / jedoch) kein ... vorliegen / kein Haftungsausschlussgrund eingreifen.
- Handelte es sich hier aber um ..., so entfiele ...
- Eine andere Bewertung könnte / kann (allenfalls) unter dem Gesichtspunkt ... gerechtfertigt erscheinen / sein.

---

97 Zur Notwendigkeit genauer Normzitate Rn. 423.
98 *Brox/Walker* Schuldrecht AT, § 23 Rn. 59, zu den Voraussetzungen des Schuldnerverzugs.

- Etwas Anderes kann / könnte sich aber aus dem Umstand / der Tatsache ergeben, dass ...
- Etwas Anderes muss / kann / könnte / würde gelten / gälte / wäre der Fall, wenn ...
- Allerdings <Sachverhaltsinformation> mit der möglichen Folge, dass ...
- <Anspruchsgegner> haftet also auf <Anspruchsziel>, es sei denn, dass ...
- Ein Anspruch aus <Anspruchsgrundlage> besteht nur, wenn nicht <negatives Merkmal> / setzt allerdings voraus, dass kein/e ... vorliegt / anzunehmen ist.
- Jedoch gilt dies nur vorbehaltlich <des Nichtvorliegens des negativen Merkmals> / unter der Voraussetzung, dass nicht ...

c) Ungeschriebene Tatbestandsmerkmale

Manchmal lassen sich aus dem Normtext die Tatbestandsvoraussetzungen nicht vollständig entnehmen, weil der Gesetzgeber die Erwähnung einer Selbstverständlichkeit nicht für nötig gehalten hat

Beispiel: Bestimmtheitsgebot im Sachenrecht

oder weil Rechtsprechung und Wissenschaft die Norm im Lauf der Zeit korrigiert oder ergänzt haben.

Beispiele: Ersatz immaterieller Schäden nach § 253 II BGB (»Schmerzensgeld«) gewähren Rechtsprechung und Schrifttum auch bei Verletzung des Allgemeinen Persönlichkeitsrechts, obwohl dies vom Wortlaut der Norm nicht gedeckt ist und im Widerspruch zu § 253 I BGB steht. Eine Anfechtung wegen arglistiger Täuschung nach § 123 I BGB ist nur möglich, wenn die Täuschung rechtswidrig war (wichtig bei unzulässigen Fragen des Arbeitgebers in Einstellungsgesprächen und -fragebögen).

Teils gelten in ganzen Rechtsgebieten unangezweifelt Prinzipien, die im Gesetz nicht ausdrücklich erwähnt sind.

Beispiel: Typenzwang im Sachenrecht

Ist das Merkmal nicht umstritten, verfahren Sie wie hier gezeigt. Allerdings empfiehlt es sich in Hausarbeiten, mit einer Fußnote zu belegen, woher Sie das betreffende Erfordernis nehmen.

- Ungeschriebenes (Tatbestands-)Merkmal des <Anspruchsnorm> ist ...
- Das Erfordernis ... lässt sich zwar nicht unmittelbar <Norm> entnehmen, ergibt sich aber im Umkehrschluss aus <Norm>.
- Aus dem das gesamte Recht der ... beherrschenden Prinzip des ... ergibt sich ... als weitere Voraussetzung[99].
- <Tatbestandsmerkmal> ist gesetzlich nicht geregelt, als Voraussetzung eines/r ... aber in der richterlichen Praxis anerkannt.

d) Überflüssige Tatbestandsmerkmale

Umgekehrt gibt es teils auch Tatbestandsmerkmale, die der Normwortlaut zwar (noch) nennt, über die aber die Entwicklung der Rechtswissenschaft hinweggegangen ist.

Beispiel: Beim Anspruch aus § 812 I 1 Fall 1 BGB (Leistungskondiktion) ist man sich einig, dass das Merkmal *auf dessen Kosten* nicht erforderlich und daher nicht zu prüfen ist (gebraucht wird es aber bei der Bereicherung in sonstiger Weise, § 812 I 1 Fall 2 BGB).

Ist das unstreitig, kann man im Gutachten das Merkmal ganz unerwähnt lassen oder in einer Fußnote eine Belegstelle dafür angeben, dass es nach allgemeiner Ansicht entbehrlich ist. Besteht Streit über die Entbehrlichkeit, ist dieser Streit zu thematisieren – knapp, wenn das Merkmal erfüllt ist, aber ausführlich, wenn gerade an diesem Merkmal der Anspruch scheitern kann.

---

99 Nicht selten ist es an dieser Stelle erforderlich, das betreffende Prinzip (z.B. Verhältnismäßigkeitsprinzip, Bestimmtheitsgrundsatz etc.) gleich anschließend subsumtionstauglich zu konkretisieren.

Teil 3: Sprachliche Gestaltung

e) Gegennormen – Einreden, Einwendungen, Anspruchsausschlüsse

90 Im zivilrechtlichen Gutachten ist nach der Feststellung, dass die Voraussetzungen der Anspruchsentstehung erfüllt sind

Beispiele: Vertragsschluss, Vorliegen einer unerlaubten Handlung oder einer rechtsgrundlosen Bereicherung

zu fragen, ob der Anspruch wieder erloschen ist (**Einwendungen**) oder seiner Durchsetzung ein Recht des Anspruchsgegners entgegensteht (**Einreden**). Solche Rechte werden auch Gegenrechte oder Gegennormen genannt. Sie stehen systematisch zu den Anspruchsnormen in einem Regel-Ausnahme-Verhältnis.

Bei der Subsumtion unter eine Gegennorm wird der Obersatz der bisherigen Anspruchsprüfung in sein Gegenteil gewendet:

- <Anspruchsteller> hat keinen Anspruch ..., wenn <Anspruchsgegner> ihm ein/e <Gegenrecht> entgegenhalten kann.

Neben den soeben[100] genannten Formulierungen sind noch folgende möglich:

- Die Vereinbarung / Das (Rechts-)Geschäft / der Vertrag wäre jedoch (wegen <Norm>) unwirksam / nichtig, wenn es / sie gegen die guten Sitten / die Verbotsnorm des <Verbotsnorm> / die zwingenden (Form-)Vorschriften des <Norm> / ...-gesetzes verstieße.
- Ein/e ... darf nicht nach <Einwendungsnorm> / den Regeln über ... ausgeschlossen sein.
- Der Geltendmachung des Anspruchs kann / könnte die ...-Einrede (des <Norm>) entgegenstehen.
- <Anspruchsgegner> beruft sich (dagegen) auf <Gegennorm> / macht <Gegenrecht> geltend / wendet nun ein / behauptet, er habe <z. B. ein Zurückbehaltungsrecht>
- Der <Anspruchsziel->Anspruch des <Anspruchsteller> kann / könnte daran scheitern, dass ... / an ... scheitern.
- <Sachverhaltsinformation> darf (aber) kein <Tatbestand der Gegennorm> sein.
- Die Durchsetzung des Anspruchs kann aber vorübergehend / dauernd / dauerhaft gehemmt sein, wenn ...
- Es kann sein, dass <Anspruchsgegner Gegenrecht hat>.
- Der Anspruch kann durch ... erloschen / entfallen / weggefallen / ausgeschlossen sein.

91 Achten Sie darauf, dass Sie **zuerst die Rechtsfolge nennen**[101]. Der Leser will wissen, warum die Gegennorm geprüft wird.

Beispiel: *Der Anspruch kann aber durch Aufrechnung erloschen sein, § 389 BGB.*

Dabei wird die Vorschrift zitiert, aus der sich die Rechtsfolge ergibt.

Beispiel: Bei Anfechtung wegen Täuschung oder Drohung ergibt sich die Rechtsfolge nicht aus §§ 119, 123 BGB, sondern aus § 142 I BGB. Hier formulieren nicht nur Anfänger oft unsorgfältig: *V kann den Vertrag wegen Irrtums angefochten haben* lässt nur ahnen, dass eigentlich gemeint ist *Der Vertrag kann insgesamt weggefallen sein, wenn die Willenserklärung des V wegen Anfechtung nach § 142 I BGB von Anfang nichtig ist. Der erforderliche Anfechtungsgrund kann in einem Irrtum des V über ... bei ... liegen, § 119 I BGB.*

Die Rechtsfolge nicht zu nennen ist ein verbreiteter Fehler. Es ist unproblematisch, sie erst im nächsten Satz zu nennen oder schon im vorigen Satz. Sie wegzulassen, rächt sich.

Beispiele: *Fraglich ist, ob im vorliegenden Fall ein Angebot seitens A persönlich oder durch einen Stellvertreter gemäß § 164 BGB ausgegangen ist.* Abgesehen von den Schwächen in der Formulierung: Dieser Satz erklärt mit keinem Wort, warum es auf die Unterscheidung ankommt. Wenn man schon so ansetzen will, müsste man etwa schreiben *Wegen der sich aus § 164 I BGB ergebenden zusätzlichen Voraussetzungen für die Zurechnung einer Willenserklärung kommt es darauf an, ob A eine eigene Erklärung abgegeben hat oder durch eine fremde Erklärung verpflichtet werden soll.*
– Wenn Sie schreiben *T kann aber den Leistungsgegenstand nach § 243 II BGB konkretisiert haben*, fragt der Leser *Warum ist das wichtig?* Also müssen Sie den Satz so fassen *T kann aber den Leis-*

---

100 Oben Rn. 87.
101 *Kuhn* JuS 2008, 956 ff.

tungsgegenstand nach § 243 II BGB konkretisiert haben, so dass mit dem Untergang / Verlust / Verschwinden der Kamera Unmöglichkeit i.S.v. § 275 I BGB eingetreten (und so der Anspruch erloschen) ist.
– Selbst bei Normen, deren Rechtsfolgen der Leserin wahrscheinlich geläufig sind, sollten Sie sichergehen: *Fraglich ist jedoch, ob die sich aus dem Kaufvertrag ergebende Pflicht zur Übereignung der Kamera unmöglich geworden ist, § 275 I BGB* fassen Sie besser als *Fraglich ist jedoch, ob die sich aus dem Kaufvertrag ergebende Pflicht zur Übereignung der Kamera unmöglich geworden ist, so dass sie nicht mehr erfüllt werden muss / erloschen ist, § 275 I BGB*.

Um dem Adressaten das Verfolgen des Gedankengangs zu ermöglichen oder erleichtern, soll der Obersatz **ungenaue Rechtsfolgen präzisieren**. Nicht immer ist nämlich der angewendeten Norm die Rechtsfolge ganz klar zu entnehmen. In diesen Fällen soll der Obersatz Hilfe geben. 91a

Beispiel: In § 447 I BGB lautet die Rechtsfolge *geht die Gefahr auf den Käufer über*. Das kann man richtig nur verstehen, wenn man auch § 446 S.1 BGB gelesen hat, in dem der Begriff des Gefahrübergangs wenigstens ein bisschen erläutert wird als *Gefahr des zufälligen Untergangs oder der zufälligen Verschlechterung*. Auch das verstehen die meisten Leser erst nach gründlichem Nachdenken. Um nun diese Vorschrift in einem Rechtsgutachten an der richtigen Stelle erörtern zu können, muss man nur wissen, dass sie eine Ausnahme zu § 326 I BGB bildet. Um das aber auch dem Leser plausibel zu machen, ist es nur die zweitbeste Lösung zu schreiben *etwas anderes kann aber nach § 447 I BGB gelten, wenn ...* Besser ist es, (knapp) zu erklären *Möglicherweise kann V von K dennoch die Zahlung des Kaufpreises verlangen. Der in § 447 I BGB angeordnete Gefahrübergang auf den Käufer führt zum Fortbestehen der Kaufpreiszahlungspflicht trotz Wegfalls der Sachübereignungspflicht*. Damit wird der recht abstrakt formulierte Begriff des Gefahrübergangs in seinem wirtschaftlichen und rechtlichen Gehalt klar, ohne dass es lehrbuchartiger Ausführungen bedürfte. Durch diese Art von Präzisierung wird das schwer verständliche *Gefahrübergang* zum handhabbaren *Weiterbestehen der Kaufpreiszahlungspflicht*.

Im Obersatz soll **eine Rechtsfolge** genannt werden – **nicht mehrere**. Mehrere denkbare Rechtsfolgen sind für die Leserin zu verwirrend. Sie dürfen sie diskutieren, aber im Obersatz nennen Sie diejenige, für die Sie sich am Ende entscheiden[102]. 91b

Beispiel: *Dafür müsste es sich um eine Hol-, Bring- oder Schickschuld handeln.* So nennt der Obersatz alle denkbaren Möglichkeiten – die Leserin erfährt nicht, in welche Richtung die Prüfung läuft. Entweder schreibt man *Die Voraussetzungen der Konkretisierung hängen nach § 243 II BGB davon ab, ob vertraglich eine Hol-, eine Bring- oder eine Schickschuld vereinbart ist* oder man fokussiert gleich noch genauer *Dass T den Kühlschrank zur Abholung durch G bereitstellte, würde den Voraussetzungen der Konkretisierung nur genügen, wenn es sich bei der Pflicht zur Übereignung aus § 433 I BGB um eine Holschuld handelte.*

Wenn der Gegensatz zum bisherigen (Zwischen-)Ergebnis signalisiert werden soll, etwa weil das Vorliegen des Merkmals im Ergebnis verneint werden wird oder weil es sich um ein negativ formuliertes Merkmal handelt, setzen Sie *aber, jedoch, allerdings, dennoch, trotzdem, indessen*, u. U. *dagegen* ein. 92

Während das Gericht Einwendungen im Prozess von Amts wegen zu berücksichtigen hat, bedürfen Einreden der **Geltendmachung** durch den Berechtigten. Diese muss im Gutachten erörtert werden. Ist aus dem Sachverhalt nicht erkennbar, ob der Anspruchsgegner eine ihm möglicherweise zustehende Einrede wirklich erhebt, liegt hier kein Schwerpunkt, so dass die Erörterung meist kurz ausfallen kann[103]. Ganz weglassen sollte man sie nicht – schließlich dient das Gutachten nicht nur der Information über die materielle Rechtslage, sondern soll des Leser auch über die Durchsetzungsmöglichkeiten und -hindernisse informieren. 93

---

102 Dazu auch schon Rn. 81.
103 Zum Umgang mit dem Problem fehlender Informationen hinsichtlich der Rechtsausübung Rn. 447.

Teil 3: Sprachliche Gestaltung

5. Verknüpfung alternativer Tatbestandsmerkmale

94 Die Erörterung verschiedener in einem Alternativitätsverhältnis stehender Tatbestandsmerkmale ist zu unterscheiden von der Situation, dass eine Vorschrift mehrere Ansprüche enthält. Im einen Fall sind die Rechtsfolgen die gleichen, im anderen können sie sich unterscheiden. Deswegen sollte man im letzten Fall überlegen, ob man nicht die Vorschrift zweimal, jeweils im Blick auf die zu benennende Rechtsfolge, prüft[104].

- <Rechtsfolge> tritt auch ein, wenn <alternatives Tatbestandsmerkmal> vorliegt.
- Liegt danach kein <Tatbestandsmerkmal> vor, so ist <Rechtsfolge> nur gegeben, wenn <alternatives Tatbestandsmerkmal>.
- <Tatbestandsmerkmal> kann nicht angenommen werden; es kommt aber / allenfalls noch <alternatives Tatbestandsmerkmal> in Betracht.
- Statt <Tatbestandsmerkmal> kann auch <alternatives Tatbestandsmerkmal> zu <Rechtsfolge> führen.
- <Sachverhaltsinformation> stellt zwar noch kein/e/n <Tatbestandsmerkmal>, wohl aber ein/e/n <alternatives Tatbestandsmerkmal> dar; dies ist für ein/e/n <Anspruch> ausreichend / reicht für <Delikt> aus / genügt für ...
- Hiervon zu unterscheiden ist die Frage, ob <alternatives Tatbestandsmerkmal> verwirklicht ist.
- Daneben kann auch <alternatives Tatbestandsmerkmal> gegeben sein.
- Der/Die/Das fehlende <Merkmal> kann durch <alternatives Merkmal> ersetzt werden.

95 Gibt es mehrere Tatbestandsmerkmale, von denen nur eines erfüllt sein muss, so ist nur unter diejenigen zu subsumieren, die ernsthaft in Betracht kommen. Es ist empfehlenswert, selbst dann das zweite Merkmal zu diskutieren, wenn man das erste bereits bejaht hat[105]. Der Leser mag hinsichtlich des ersten Merkmals anderer Meinung sein, so dass dieses Vorgehen ihn von der Richtigkeit des Ergebnisses überzeugen kann. Vorsicht ist allerdings geboten, wenn das Vorliegen des einen Merkmals das des anderen ausschließt.

Beispiel: § 812 I 1 BGB ordnet die Herausgabeverpflichtung des entweder *durch Leistung* oder *auf sonstige Weise* Bereicherten an; § 823 I BGB setzt *vorsätzliches* oder *fahrlässiges* Verhalten voraus.

Nicht immer schließen sich verschiedene »Alternativen« gegenseitig aus.

Beispiel: Mehrere Mordmerkmale (§ 211 StGB) können ohne weiteres aufeinander treffen; da dies für den Unrechtsvorwurf und damit das Strafmaß von Bedeutung ist, müssen dann alle einschlägigen »Alternativen« oder Begehungsweisen geprüft werden.

Im Verneinungsfall stellt man knapp fest:

- Ebenso wenig <liegt alternatives Merkmal vor>.

Ähnlich kurz, wenn beide Merkmale zu bejahen sind:

In <Sachverhaltsinformation> liegt zugleich ein/e <alternatives Merkmal>.

Den Obersatz sollte man nicht mit *müssen*, sondern mit *können* formulieren. Bei alternativen Merkmalen muss das einzelne Merkmal gerade nicht vorliegen – und trotzdem kann der Normtatbestand erfüllt sein.

Beispiel: *Als Grund für die Anfechtung müsste ein Irrtum nach § 119 BGB vorliegen* ist ungeschickt; besser: *Anfechtungsgrund kann ein Irrtum im Sinne des § 119 I BGB sein*. ähnlich unglücklich bei der Erörterung des Vertragsschlusses *Dazu muss ein Angebot des A vorliegen*. – Nein – es kann doch auch ein Angebot des B vorliegen, so dass A später die Annahme erklärt hat.

B. Untersatz

96 Diesen Schritt kann man einleiten mit:

---

104 Nicht nötig ist das, wenn auf der Rechtsfolgenseite ein Wahlrecht zwischen verschiedenen Folgen besteht, etwa Erfüllung und Schadensersatz in § 179 I BGB.
105 Näher Rn. 418.

- Fraglich / Zu untersuchen / prüfen ist / bleibt, ob ...[106]
- Dies ist (im Folgenden / nun) zu prüfen. / Es ist (nun) zu prüfen, ob...
- Dies / Das ist der Fall / anzunehmen / zu bejahen / trifft zu, wenn...
- Der Tatbestand des/r <Anspruchsgrundlage / Merkmal> ist gegeben / erfüllt, wenn ...

Bei einfachen Sachverhalten reicht oft eine schlichte Gleichsetzung des fraglichen Tatbestandsmerkmals mit dem betreffenden Sachverhaltsteil[107]. Liegen die Dinge komplizierter und ist die Norm abstrakter formuliert, muss man in mehreren Schritten Sachverhalt und Tatbestand der Norm aufeinanderzuentwickeln, um erst am Ende feststellen zu können, ob der konkrete Sachverhalt der Norm unterfällt oder nicht. 97

1. Definition

Zuerst ist der Begriff, unter den man subsumieren will, zu bestimmen. Dies geschieht, indem man ihn gegen andere Begriffe abgrenzt, also definiert. 98

a) Woher nimmt man eine Definition?

aa) Im günstigsten Fall findet sich die Definition im Gesetz. Man nennt das eine **Legaldefinition**. 99

Beispiel: *Ein Volksfest ist eine im Allgemeinen regelmäßig wiederkehrende, zeitlich begrenzte Veranstaltung, auf der eine Vielzahl von Anbietern unterhaltende Tätigkeiten im Sinne des § 55 1 Nr. 2 ausübt und Waren feilbietet, die üblicherweise auf Veranstaltungen dieser Art feilgeboten werden,* (§ 60b I GewO)[108].

Problematisch kann sein, ob eine Definition einschlägig ist. Wenn sie nicht offensichtlich genau in dem gesetzessystematischen Zusammenhang steht, in dem sie zu erwarten wäre, muss man als Rechtsanwender diese Frage stellen.

bb) Ähnlich wie eine Legaldefinition können **Fiktionen** funktionieren. Durch eine Fiktion wird eine Rechtsfolge angeordnet oder ausgeschlossen, obwohl die definitionsgemäß hierfür erforderlichen Voraussetzungen gerade nicht vorliegen. Allerdings müssen eben die Voraussetzungen der Fiktion gegeben sein. 100

Beispiele: *Die Fahrscheine sind bis zum Verlassen des abgegrenzten Bahngebiets aufzubewahren. Als abgegrenzte Bahngebiete gelten alle S-, R- und U-Bahn-Stationen.* Das ist eine Fiktion, weil letztere Aussage offensichtlich der Wirklichkeit nicht entspricht: Die Stationen sind oft gerade nicht abgegrenzt.
Ähnlich liegt es bei § 119 II BGB: Die Fehlvorstellung über eine verkehrswesentliche Eigenschaft des Vertragsgegenstands ist gerade kein Auseinanderfallen von Wille und Erklärung, so dass es einer ausdrücklichen Anordnung des Gesetzes bedarf, um auch beim Eigenschaftsirrtum eine Anfechtungsmöglichkeit zu gewähren. Die ausnahmsweise Beachtlichkeit dieser andernfalls als Motivirrtümer einzuordnenden Situationen erreicht das Gesetz mittels einer Fiktion.
Lesen Sie auch §§ 150 I, II, 950 I 2 BGB oder § 4 I 2 ProdHaftG: *Als Hersteller gilt auch jeder, der sich durch das Anbringen seines Namens, seiner Marke oder eines anderen unterscheidungsfähigen Kennzeichens als Hersteller ausgibt.*
Schon mehr eine gesetzlich angeordnete Analogie als eine Fiktion ist § 90a 2 BGB[109].

cc) Das Gesetz definiert so zentrale Begriffe wie den Schatz (§ 984 BGB), die Quittung (§ 368 S. 1 BGB), den Erbschein (§ 2353 BGB), den effektiven Jahreszins (§ 492 II BGB) 101

---

106 Das ist sehr abgenutzt (aber nicht falsch); Näheres Rn. 110, 388.
107 Dazu Rn. 117.
108 Gegen Ende wirkt die Definition ein wenig zirkulär – finden Sie nicht auch?
109 MüKo-*Holch* § 90a BGB Rn. 11: *verdeckte Fiktion*; Staudinger-H. *Dilcher* § 90a Rn. 5: *Verweisungsanalogie*, m. w. N.; *Graul* JuS 2000, 215 ff. m.w.N.

und den Mietspiegel (§ 558c I BGB), leider aber nicht Nebensächlichkeiten wie den Vertrag, die Willenserklärung und die Gefahr.

Hier bleibt nur der Blick in Lehrbücher und Kommentare, über welche Sie die **Definitionen von Rechtsprechung und Rechtswissenschaft** erschließen.

Ein Beispiel aus der Rechtsprechungspraxis: Versuchen Sie einmal, den Begriff *Eisenbahn* zu definieren. Vergleichen Sie Ihre Definition mit der des Reichsgerichts[110]: ... *ein Unternehmen, gerichtet auf wiederholte Fortbewegung von Personen oder Sachen über nicht ganz unbedeutende Raumstrecken auf metallener Grundlage, welche durch ihre Konsistenz, Konstruktion und Glätte den Transport großer Gewichtmassen, beziehungsweise die Erzielung einer verhältnismäßig bedeutenden Schnelligkeit der Transportbewegung zu ermöglichen bestimmt ist, und durch diese Eigenart in Verbindung mit den außerdem zur Erzeugung der Transportbewegung benutzten Naturkräften (Dampf, Electrizität, thierischer oder menschlicher Muskelthätigkeit, bei geneigter Ebene der Bahn auch schon der eigenen Schwere der Transportgefäße und deren Ladung, u.s.w.) bei dem Betriebe des Unternehmens auf derselben eine verhältnismäßig gewaltige (je nach den Umständen nur in bezweckter Weise nützliche, oder auch Menschenleben vernichtende und die menschliche Gesundheit verletzende) Wirkung zu erzeugen fähig ist.* – Geht es treffender?[111]

Da Ihnen in Klausuren die von Rechtsprechung und Schrifttum herausgearbeiteten Definitionen nicht verfügbar sind, kann es nützlich sein, das Definieren ein wenig zu üben. Dazu können Sie – wie eben im Beispiel – Ihre Begriffsbestimmungen mit gesetzlichen[112], richterrechtlichen[113] oder von der Rechtswissenschaft entwickelten Definitionen vergleichen[114].

Vor der Subsumtion braucht es Definitionen, die bei den Voraussetzungen eines Rechtsbegriffs ansetzen anstatt bei den Rechtsfolgen.

Beispiel: Wer also definiert *Eine Stückschuld ist eine Vereinbarung über den Leistungsgegenstand, bei der die Unmöglichkeit sofort mit dem Untergang des geschuldeten Gegenstands eintritt*, trifft zwar eine Aussage über die Stückschuld, hat aber noch keine Definition des Begriffs geleistet. Auch wer (noch allgemeiner) erklärt *Bei der Gattungsschuld trifft den Verkäufer das Risiko, aus der Gattung nachleisten zu müssen, wenn ein Stück aus der Gattung zerstört wird*, sagt nichts Falsches. Aber eine Definition ist das nicht.

Eine Definition haben Sie nur erarbeitet, wenn der Satz alle Bedingungen angibt, unter denen ein Rechtsbegriff auf einen Sachverhalt zutrifft.

Bei der Suche nach einer Definition stößt man teils auf lehrbuchartige Begriffsbestimmungen. Diese sind zwar wissenschaftlich korrekt, man kann aber mit ihnen im Gutachten wenig oder nichts anfangen, weil eine Subsumtion unter ihre Voraussetzungen sehr breit wird oder gar nicht zu leisten ist.

Beispiel: *Eine Willenserklärung ist eine private Willensäußerung, die auf einen vom Gesetz anerkannten Erfolg gerichtet ist.* Das ist schon richtig – aber fangen Sie einmal an, auch nur unter *private* zu subsumieren ...

---

110 RGZ 1, 247, 252 – Orthographie und Interpunktion folgen der Schreibweise in der amtlichen Sammlung. Eine lesenswerte stilistische Analyse dieser berüchtigten Definition bei *Walter* Stilkunde, 77 ff. und passim, auch *Reiners* Stilkunst, 85, *Gast* Rhetorik, Rn. 199.
111 Eine sehr viel prosaischere Begriffsbestimmung findet sich in § 2 I des Allgemeinen Eisenbahngesetzes (AEG) von 1993.
112 Z.B. die der Schusswaffe in § 1 WaffenG, die der allgemeinen Geschäftsbedingung in § 305 I BGB, die des Produkts in § 2 ProdHaftG, die des Verbrauchers in § 13 BGB usw.
113 Z.B. die des Grenzbaums (§ 923 BGB) bei BGH NJW 2004, 3328, 3329.
114 Zu den Schwierigkeiten des Definierens auch schon Rn. 4b ff.; zu Definitionen im Verfassungsrecht *Frenzel* ZJS 2009, 487 ff.

Wenn Sie also konkurrierende Definitionen zur Verfügung haben, achten Sie darauf, eine praktisch handhabbare auszuwählen. Praktisch handhabbar ist eine Definition, wenn eine Subsumtion unter ihre Tatbestandsmerkmale mit den Informationen aus dem Sachverhalt möglich ist.

b) Formulierungen

Definitionen sind ihrer Struktur nach Rechtsnormen im oben beschriebenen Sinne: Wenn alle notwendigen Voraussetzungen vorliegen, ist der definierte Begriff gegeben. Auf der Rechtsfolgenseite steht zwar keine Sollensanordnung, aber die konditionale Struktur einer Definition erlaubt es, neben den nachstehenden Formulierungen auch viele der oben[115] vorgeschlagenen zu verwenden.

- Unter <Tatbestandsmerkmal> ist <Definition> zu verstehen.
- Unter <Tatbestandsmerkmal> im engeren / eigentlichen / weiteren Sinn versteht man ...
- Unter den Begriff des / der <Tatbestandsmerkmal> wird / werden <Anwendungsfälle der Definition> gefasst.
- Ein/e <Tatbestandsmerkmal> liegt vor / ist gegeben / anzunehmen, wenn / falls / sobald <Definition>.
- <Tatbestandsmerkmal> ist / bedeutet <Definition> (, mit anderen Worten / mit den Worten des Gesetzes: ...).
- <Sachverhaltsinformation> ist <Tatbestandsmerkmal>, wenn <Voraussetzungen gemäß Definition>.
- Diese/r ist gekennzeichnet / charakterisiert / definiert durch ... / zeichnet sich durch ... aus.
- (Ob) ... beurteilt sich nach (z. B. Legaldefinition) / bemisst sich daran, ob ...
- <Norm> bezeichnet alle <Anwendungsfälle> als <Tatbestandsmerkmal>, die <Definition>.
- Es genügt (nicht) / reicht (nicht) aus, wenn / dass ... . Vielmehr muss ...
- Ob ..., richtet / entscheidet / bestimmt sich nach <Norm>.
- Maßgeblich für die ...-eigenschaft des/r ... ist ...
- So verhält es sich, wenn ...
- Ein/e ... soll immer (dann) vorliegen, wenn ...[116]

102

Manchmal kann man sich nur über Fälle oder **Fallgruppen** einer Definition nähern. Das gilt besonders bei **unbestimmten Rechtsbegriffen** und **Generalklauseln**.
Beispiele: §§ 138, 242, 315, 826 BGB
- Als ... kommen alle ... in Betracht.
- <Norm / Begriff> erfasst / bezieht sich (nur) auf <Fälle>.
- Zu <Tatbestandsmerkmal> zählen / gehören (insbesondere / namentlich / vor allem / im Wesentlichen / beispielsweise / regelmäßig / typischerweise / auch) <Fälle der Definition>.
- Als <Tatbestandsmerkmal> wird / werden <Fälle der Definition> angesehen.

103

Ist die vorgefundene **Definition nicht** so **eindeutig**, wie man sie für die Subsumtion des gegebenen Sachverhalts braucht, so wird hier oft die Auslegung des Gesetzes erforderlich werden. Die Aufbereitung des Gesetzes zu einer für den Einzelfall subsumtionstauglichen Form kann problematisch, umstritten und langwierig sein[117].

- Mit diesem ...-begriff lässt sich auch die Situation des <Anspruchstellers> beschreiben / kennzeichnen / erfassen. Fraglich ist aber, ob der Begriff sachgerecht ist.

104

Man kann auch »im Vorübergehen« definieren:
Beispiele: *B muss das Bild durch Leistung des L, das heißt durch bewusste und zweckgerichtete Vermögensmehrung seitens L, erlangt haben. – Eine Leistung des L im Sinne einer bewussten und gewollten Vermögensmehrung liegt in der Übertragung des Eigentums an dem Bild auf B. – Ob hier eine Leistung, also eine bewusste und gewollte Vermögensmehrung, seitens des B anzunehmen ist, erscheint*

105

---

115 Rn. 78 ff.
116 Die Formulierung mit *soll* verwendet man vorzugsweise bei Definitionen, von denen man sich etwas distanzieren will oder zu denen man sich einer näheren Stellungnahme enthält.
117 Nicht selten besteht über die richtige Anwendung der betreffenden Rechtsnorm Streit; zur Darstellung solcher Kontroversen Rn. 158 ff.

zunächst zweifelhaft. – Eine Mahnung des <Anspruchstellers>, also eine bestimmte Aufforderung zur Leistung, kann nach § 286 II Nr. 1 BGB entbehrlich gewesen sein.

Das spart Platz, ist aber nur bei halbwegs übersichtlichen und unstreitigen Definitionen sinnvoll, schon damit der Satz nicht zu lang wird. Zudem kann es taktisch klug sein, Definitionen so zu präsentieren, weil das dem Korrektor erlaubt, die betreffende Definition abzuhaken.

Beispiel: Wer etwa bei der Erörterung des Verzugs nur schreibt *A muss B auch gemahnt haben*, vergibt sich die Chance, Punkte auf die Definition zu bekommen. Für *A muss B gemahnt, also bestimmt zur Leistung aufgefordert haben* braucht man nur unwesentlich mehr Zeit. Das kann sogar noch sinnvoll sein, wenn man fortfährt *Eine Mahnung kann hier aber nach § 286 II Nr.1 BGB entbehrlich gewesen sein, wenn / weil …*

106 Ungeschickt ist es, zuerst zwei oder **mehrere Definitionen** zu verschiedenen Tatbestandsmerkmalen zu geben und erst danach unter die einzelnen Begriffe zu subsumieren[118].

Beispiel: Der Erklärung, dass ein Vertrag aus Angebot und Annahme bestehe, sollten nicht Definitionen von Angebot und Annahme folgen und erst anschließend die Subsumtion unter beide Begriffe.

Das führt schnell zu einem unübersichtlichen und schwer nachvollziehbaren Aufbau. Definitionen sollten Sie also erst wiedergeben, wenn Sie auch gleich anschließend darunter subsumieren können.

107 Üblicherweise schwenkt man bei der Subsumtion nicht einfach auf die Verneinung des betreffenden Merkmals um, indem man eine **Definition des Gegenteils** gibt:

- Ein/e <Merkmal> ist zu verneinen / liegt jedenfalls nicht vor, wenn …

Beispiel: Wo zu untersuchen ist, ob ein Vertrag geschlossen wurde, subsumiert man nicht unter die Voraussetzungen des Dissenses (§§ 154 f. BGB), sondern untersucht, ob es eine Willensübereinstimmung (also einen Konsens) gegeben hat.

Den Leser interessiert wegen der im Obersatz genannten Rechtsfolge, ob und wann dieses Merkmal erfüllt ist, nur in zweiter Linie, wann es nicht erfüllt ist. Manchmal ist es aber einfacher, das Nichtvorliegen eines Merkmals festzustellen. Fehlt es beispielsweise an einer klaren oder allgemein akzeptierten Definition, während über einige wenige Fälle des Nichtvorliegens allgemein Einigkeit besteht, bietet sich dieser Weg an. Das gilt aber nur, wenn man das Vorliegen des Merkmals wirklich verneint, denn sonst ist für die Subsumtion nichts gewonnen.

c) Präzisierung in Richtung auf den Sachverhalt

108 Oft ist es nötig, die noch recht weit gefasste Definition auf den Sachverhalt hin zu fokussieren.

- Hierzu ist … nicht erforderlich / Das … ist nicht allein entscheidend; es kommt vielmehr (wesentlich / in erster Linie / entscheidend / vordringlich) darauf an, dass / ob …
- <Tatbestandsmerkmal> ist nicht im Sinne von / wie <ähnlicher Begriff / gleicher Begriff in anderem Rechtsgebiet / Begriff im ….-rechtlichen Sinne> zu verstehen.
- Auf … kommt es nicht an / (Ob …,) ist dabei unerheblich / nicht von Bedeutung / ohne Bedeutung / bedeutungslos / irrelevant / unbeachtlich / spielt keine Rolle. Ausschlaggebend / Maßgeblich / Entscheidend ist, ob …
- Der Begriff der/s <Tatbestandsmerkmal> umfasst nicht nur <Hauptanwendungsfall>, sondern auch <weniger naheliegenden Fall>.
- Da <Umstand>, dürfen an … keine allzu hohen Anforderungen gestellt werden. Für … wird daher … genügen müssen / <Sachverhaltsinformation> ist daher als ausreichend anzusehen.

---

[118] Charakteristische Formulierung: *Zunächst sind hier einige Begriffsbestimmungen vorzunehmen.*

- Zu <Anwendungsfälle des Tatbestandsmerkmals> gehört / gehören auch <Fälle der Sachverhaltsinformation>.

Achten Sie darauf, dass Sie nicht seitenlang den Obersatz immer weiter präzisieren, um dann mit einem lapidaren Satz zu subsumieren[119]. Das birgt die Gefahr lehrbuchartiger Ausführungen, die zumal bei eher unproblematischen Merkmalen oder bei zu verneinenden Merkmalen leicht detaillierter werden als notwendig[120]. Vielmehr sollten das Tatbestandsmerkmal und die betreffende Sachverhaltsinformation begrifflich aufeinanderzuentwickelt, schrittweise einander angenähert werden.

Die Obersätze zu diesen normkonkretisierenden Überlegungen sollten Sie nicht ausnahmslos mit

- Fraglich ist nunmehr, ob …

einleiten, sondern zur Abwechslung gelegentlich einmal mit

- Hierfür ist von Bedeutung, ob … unter … zu subsumieren ist.
- Damit stellt / ergibt sich die Frage / das Problem / ist die Frage / das Problem aufgeworfen / angeschnitten, ob …
- … verlagert sich damit auf die Frage, … / In Frage steht, ob …
- Klärungsbedürftig / Erörterungsbedürftig / Zu untersuchen / prüfen / diskutieren ist daher, …

d) Belege

aa) Bei **Legaldefinitionen**

Ist das Merkmal im Gesetz definiert, so ist zunächst von dieser Definition auszugehen. Eine Fundstellenangabe in einer Fußnote braucht es nicht. Im Einzelfall kann man problematisieren, ob der Begriff weit oder eng auszulegen oder ganz abweichend vom Gesetzeswortlaut zu verstehen ist.

- Nach / Gemäß / Entsprechend / *nicht ganz so schön:* laut <Definitionsnorm> / <Definitionsnorm> zufolge ist <Begriff> <Definition>.
- <Definitionsnorm> definiert <Begriff> als <Definition>.
- <Begriff> ist / bedeutet / ist zu verstehen / aufzufassen als <Definition> (Norm).
- Das Gesetz definiert … an anderer Stelle (in <Norm>) als …

bb) Bei **Quellen außerhalb des Gesetzes**

Grundsätzlich bedarf eine Aussage, die für die Entscheidung des Sachverhalts von Bedeutung ist und sich nicht aus dem Gesetz ergibt, eines Belegs.

- Nach der / einer … / Der … zufolge / nach …
- … zutreffenden / herrschenden / überwiegenden / allgemeinen / allgemein anerkannten / üblichen / einer (im Vordringen begriffenen / jüngeren / neueren / (nur noch / bislang noch nur) vereinzelt vertretenen / gebliebenen …) / hauptsächlich / vornehmlich / meist / im Wesentlichen im Schrifttum / in der Rechtsprechung vertretenen
- … Meinung / Ansicht / Auffassung / Theorie / These …
- … in Literatur (weniger gelungen: eine literarische Meinung) / Lehre / Schrifttum / Wissenschaft und Judikatur / Rechtsprechung …
- … ist / bedeutet <Begriff> <Definition>.

Da Lehrbücher und Kommentare, in denen Sie im Allgemeinen die Definitionen finden, auf die das Gesetz verzichtet hat, keine Rechtsquellen sind, kann zu problematisieren sein,

---

119 Harmloses Beispiel: *Ein Angebot ist eine empfangsbedürftige Willenserklärung, durch die ein Vertragsschluss einem anderen so angetragen wird, dass nur von dessen Einverständnis das Zustandekommen des Vertrags abhängt. Dies ist hier der Fall.* Schon hier stolpert der Leser über das Ungleichgewicht zwischen breiter Definition und kurzer Subsumtion.
120 Zur Schwerpunktsetzung auch Rn. 227, 436.

Teil 3: Sprachliche Gestaltung

ob die wiedergegebene Definition richtig oder angemessen ist. Finden sich überall verschiedene Definitionen, sollte man nicht kommentarlos eine davon auswählen, sondern diskutieren, warum die verwendete vorzugswürdig ist[121].

Vorsicht: Die Berufung auf Autoritäten ersetzt nicht die inhaltliche Begründung. Es ist verdienstvoll, wenn Sie die Auffassung des *BGH* kennen; Sie sollten sich ihr aber nicht ohne Angabe von Gründen anschließen. Das klingt nicht nur autoritätshörig – das ist autoritätshörig[122].

e) Vermutungen als Subsumtionserleichterung

Den Beweislastfragen[123] verwandt ist der Umgang mit **gesetzlichen Vermutungen**.

113   Wenig erörterungsbedürftig sind **unwiderlegliche Vermutungen**.

Beispiele: §§ 288, 892 BGB

Zur Ausfüllung des betreffenden Tatbestandsmerkmals braucht man nur darauf hinzuweisen, dass dessen Vorliegen qua gesetzlicher Anordnung unwiderleglich vermutet wird. Das Gleiche gilt für **Fiktionen**.

Beispiel: § 1923 II BGB

114   Bei **widerleglichen Vermutungen**

Beispiele: Verschuldens- und Kausalitätsvermutungen in §§ 280 I 2, 286 IV, 831 I 1 BGB

kann es geschehen, dass einerseits mit Informationen aus dem Sachverhalt das betreffende Merkmal – etwa ein Verschuldenserfordernis – inhaltlich im Subsumtionsweg ausgefüllt werden könnte, andererseits eben die Vermutung eingriffe, selbst wenn solche Informationen nicht zur Verfügung stünden. Dann sollte man subsumieren und den einfacheren Weg über die Vermutung ignorieren, weil sich der Fallsteller wahrscheinlich etwas dabei gedacht haben wird, wenn er die betreffenden Informationen im Sachverhalt untergebracht hat[124].

Fehlen derlei Informationen, kann man sich kurz fassen und lediglich das Eingreifen der Vermutung feststellen, so dass das betreffende Merkmal zu bejahen ist[125].

Beispiel: *Voraussetzung für den Schadensersatzanspruch wegen Schuldnerverzugs ist weiter nach § 286 IV BGB das Vertretenmüssen des Schuldners. Ein zumindest fahrlässiges Verhalten des S, für das dieser nach § 276 I BGB einzustehen hat, wird nach § 286 IV BGB vermutet. Solange also S nicht erklärt, warum er ausnahmsweise nichts dafür kann, dass er zu spät leistete, wird er behandelt, als habe er sich schuldhaft verhalten.*

115   Wenig zweckmäßig ist es, beim Fehlen einschlägiger Informationen mit leicht spekulativem Unterton aufzuzählen, welche Tatsachen der Vermutungsbelastete zur Entkräftung der Vermutung vorzutragen und zu beweisen hat, um anschließend ohne eigentlichen Anhaltspunkt davon auszugehen, dieses werde ihm – mangels entgegenstehender Informationen im Sachverhalt – gelingen. Ein solches Vorgehen verkennt den Zweck einer Vermutung.

---

121 Ausführlicher hierzu bei »Streitfragen«, Rn. 158 ff.
122 Deshalb darf in Ihrem Gutachten nie stehen *Gemäß Palandt …* oder *Laut BGH …*
123 Zu deren Behandlung im Gutachten Rn. 445.
124 Beispiel aus einer Musterfallbearbeitung Lamprecht JA 2006, 503, 506.
125 Ähnlich wie Vermutungen funktionieren die Indikationswirkungen, z.B. im Verhältnis von Tatbestandserfüllung und Rechtswidrigkeit im Strafrecht (dazu noch Rn. 294) und bei § 823 I BGB.

2. Benennen der in Frage kommenden Sachverhaltsteile

Die hier gewählte Reihenfolge – erst die Anforderungen des geprüften Rechtssatzes, dann die möglicherweise darunter passenden Informationen aus dem Sachverhalt nennen – ist nicht zwingend[126]. Um den Fallbezug zu verdeutlichen, ist es am besten, beides in engem Zusammenhang zu präsentieren, wenn es geht, in einem Satz.

116

- Ein/e/n <Tatbestandsmerkmal> kann / könnte im vorliegenden / gegebenen Fall / hier der / die / das <Sachverhaltsinformation> sein / darstellen[127].
- Als <Tatbestandsmerkmal> kommt (nur / allenfalls / höchstens) <Sachverhaltsinformation> in Betracht / Frage.
- Dies kann hier in Gestalt / Form des/r <Sachverhaltsinformation> geschehen sein.

Bei problematischen Merkmalen geht es weiter mit

- Dies ist zweifelhaft / unklar / nicht eindeutig / nicht unzweifelhaft mit Rücksicht auf <Umstand> und den / die daraus folgende / daran geknüpfte <rechtliches Problem>.

3. Subsumtion

Die Subsumtion kann in einer kommentarlos-kurzen Gleichsetzung von Tatbestandsmerkmal und Sachverhaltsinformation bestehen, wenn begründet zu erwarten ist, der Leser werde das fragliche Merkmal als unproblematisch betrachten. In der täglichen Praxis der Rechtsanwendung ist das die Regel. Im juristischen Übungsgutachten kommt es gleichfalls häufig vor, dass einzelne Tatbestandsmerkmale eine eindeutige Entsprechung in einer bestimmten Sachverhaltsinformation finden. Dann muss die Bearbeiterin nur durch Gleichsetzen subsumieren, also den Anschein einer logischen Unterordnung des Sachverhalts unter die Norm erwecken.

117

- <Sachverhaltsinformation> ist <Tatbestandsmerkmal> (in diesem / im obigen / soeben beschriebenen Sinne).
- Indem / Als / Dadurch, dass <z. B. Anspruchsteller> <handelte>, hat er / sie <Tatbestandsmerkmal> erfüllt.
- In <Sachverhaltsinformation> liegt <Tatbestandsmerkmal> / <Tatbestandsmerkmal> besteht in <Sachverhaltsinformation>

Etwas kurz angebunden klingen *So / Nicht anders liegen die Dinge hier. / Nichts anderes ist ... / in ... zu sehen. / So verhält es sich hier / vorliegend: <Feststellung>*. Man sollte diese Wendungen nur zurückhaltend einsetzen. Dabei tritt immer die Begründung gegenüber der Behauptung in den Hintergrund – und das muss man sich erst einmal leisten können.

Diese knappe Gleichsetzung verbietet sich aber von selbst, wenn der Begriff, unter den zu subsumieren ist, inhaltliche Wertungen verlangt[128].

Vermeiden sollte man auch informationslose Subsumtionen.

Beispiel: *Der Anspruch kann durch Erfüllung (§ 362 I BGB) erloschen sein. Dafür müsste die geschuldete Leistung – nämlich die Übergabe der Kaufsache – an den S bewirkt sein. Dies ist hier nicht der Fall.* Das ist nicht gut. Entweder wird inhaltlich begründet, warum das nicht der Fall ist

---

126 Zu einer anderen Darstellungsmöglichkeit Rn. 126.
127 *Darstellen* ist üblich, aber unschön (ein Rechtsgutachten ist keine Schauspielbühne); näher noch Rn. 382.
128 Dazu sogleich Rn. 119. Aber schon bei einigermaßen harmlosen Tatbestandsmerkmalen ist gründlich zu überlegen, ob nicht eine wenigstens ansatzweise Subsumtion vorzuziehen ist. Statt *Aus den Umständen ergibt sich, dass B im fremden Namen handelte, § 164 I 2 BGB* kann man aussagereicher schreiben *Die Verwendung des Geschäftsstempels des A zeigt, dass B im fremden Namen handelte, § 164 I 2 BGB*. Wenn nämlich die (angeblichen) Umstände nicht genannt werden, ist zwar die richtige Vorschrift und das richtige Tatbestandsmerkmal ersichtlich – aber die Subsumtionsleistung bleibt der Interpretation des Lesers überlassen. Das ist nicht gut.

Teil 3: Sprachliche Gestaltung

Zur Übergabe und Übereignung an S kam es nicht, weil die verkaufte Kamera auf dem Transport unterschlagen wurde. Also ist die Pflicht des R aus § 433 I 1 BGB nicht erfüllt worden oder das Ganze muss kürzer werden: *Eine Erfüllung i.S.v. § 362 I BGB hat nicht stattgefunden, so dass der Anspruch nicht deshalb erloschen ist.*

118 Bei weniger eindeutigen Sachverhalten – deren methodengerechte Bearbeitung in Übungsarbeiten wesentlicher Teil der Aufgabe ist – muss aufwendiger argumentiert werden. Hier sind die Wertungen, die der Zuordnung einer tatsächlichen Information zu einem Tatbestandsmerkmal zugrunde liegen, darzustellen und in einen argumentativen Zusammenhang zu bringen.

- Nach diesen Kriterien / diesem Kriterium liegt mit <Sachverhaltsinformation> ein/e <Tatbestandsmerkmal> vor.
- Darin / Hierin / In <Sachverhaltsinformation> ist ein/e <Tatbestandsmerkmal> zu sehen / zu erblicken.
- Aus ... ist auf ... zu schließen / kann auf ... geschlossen werden / ist / wird ersichtlich / erkennbar / deutlich / klar, dass ...
- Aus <Umstand> geht hervor, dass ...
- <Tatbestandsmerkmal> besteht (hier) in <Sachverhaltsinformation>.
- Mit <Sachverhaltsinformation> ist <Tatbestandsmerkmal> gegeben.
- <Sachverhaltsinformation> stellt eine/n <Tatbestandsmerkmal> dar / erfüllt diese(s) <Tatbestandsmerkmal(e)>.
- <Sachverhaltsinformation> unterfällt dem Begriff des <Tatbestandsmerkmal> (in <Norm>).
- Daraus lässt sich entnehmen, dass ...
- Tatsächlich war / ist ...
- Angewendet auf den Sachverhalt / auf <z. B. Anspruchsteller> bedeutet dies / führt dies zu ...
- Bei <Sachverhaltsinformation> handelt es sich um ein/e <Tatbestandsmerkmal> (im Sinne des / von <Norm>).
- <Sachverhaltsinformation> ist / bedeutet / enthält / bringt <Tatbestandsmerkmal> mit sich.
- <Sachverhaltsinformation> begründet <Tatbestandsmerkmal>.
- Dass <Tatbestandsmerkmal> vorliegt, ergibt sich aus <Sachverhaltsinformation>.
- Dass <...>, ändert hieran nichts: <Grund für Unmaßgeblichkeit> *Vorsicht: Urteilsstil!*
- <Sachverhaltsinformation> ist ein Fall von <Tatbestandsmerkmal>.
- Der/Die/Das <Tatbestandsmerkmal> zeigt sich in <Sachverhaltsinformation>.
- Dazu gehören / zählen / auch / insbesondere / gerade / namentlich / vor allem <Fälle von ...>.

Bei letzterer Formulierung sollten Sie möglichst nicht schreiben *... ist ein eindeutiger / offensichtlicher Fall / die klassische / typische Situation von ...*, wenn Sie nicht sicher wissen und belegen können, dass es sich um den klassischen Fall handelt. Die Gefahr ist groß, auf diesem Weg sich die Subsumtion ganz zu ersparen. Außerdem weiß man nie so genau, was eigentlich die typische Situation ist. Man verwende diese Begriffe deshalb nur, wenn man sich zuvor überzeugt hat, dass es sich wirklich um einen Anwendungsfall handelt, der in allen Lehrbüchern und Kommentaren als Beispiel genannt wird.

119 Bei der Subsumtion unter **unbestimmte Rechtsbegriffe** und **Generalklauseln**, die oft nur über Fallgruppen anwendbar werden, wird besonders deutlich, dass sich der Sachverhalt unter die Norm nur mittels eines wertenden Akts subsumieren lässt.

- <Sachverhalt> entspricht / ist <den zu Fallgruppe x gehörenden Situationen> in der maßgeblichen Hinsicht / hinsichtlich aller rechtlich wichtigen Gesichtspunkte ähnlich / vergleichbar.

Je klarer die Norm eine Wertung erfordert, desto mehr Sorgfalt braucht die Begründung. Gerade in den gesetzlich nicht determinierten Wertungsfragen ist die Adressatin des Gutachtens potenziell anderer Meinung und will argumentativ überzeugt werden. Dafür braucht es einen Vergleich zwischen den Wertungen des Gesetzgebers (sofern erkennbar) und den Besonderheiten des Sachverhalts.

120 Gibt der Sachverhalt Umstände vor, die erkennbar eine nähere Diskussion erfordern, im Ergebnis aber keine andere Bewertung rechtfertigen:

- Dagegen / Gegen dieses / das bisherige Ergebnis könnte sprechen, dass <Umstand>.

- Der vorliegende Sachverhalt weist allerdings die Besonderheit / Eigenheit auf, dass ...

Im Ergebnis können Sie diese Umstände noch einmal aufgreifen mit:
- Auch <Umstand> hindert also nicht die Annahme eines/r ... / steht einem/r ... nicht entgegen / beseitigt nicht ... / lässt ... nicht entfallen / schließt ... nicht aus.
- Aus <Umstand> folgt noch kein ... / ergibt sich noch nicht, dass ...
- Obwohl <scheinbares Hindernis>, kann <Rechtsfolge> eintreten.

Wenn der Sachverhalt Informationen enthält, die auf den ersten Blick auch ein anderes Ergebnis möglich erscheinen lassen:
- <Umstand> ist (insoweit) unerheblich / Auf <Umstand> kommt es hierfür nicht an.
- <Umstand> ändert daran nichts / spielt hierfür keine Rolle.

Bei den rechtlichen Schwerpunkten des Sachverhalts findet meist in diesem Schritt die Präsentation, Aufbereitung und Entscheidung einer Streitfrage statt. Dies kann viel Raum beanspruchen[129]. Am Ende muss aber ebenfalls die Feststellung stehen, der Sachverhalt unterfalle dem Tatbestand der geprüften Norm – oder eben nicht.

Will man dabei noch einmal zeigen, dass die Entscheidung nicht ganz eindeutig ist, kann das so aussehen:
- Im (Hin-)Blick auf das soeben / zuletzt Gesagte / Gerade angesichts dessen erscheint / ist es gerechtfertigt / sinnvoll / zweckmäßig / naheliegend / sachgerecht / interessengerecht, <Sachverhaltsinformation> als einen (Anwendungs-)Fall von <Tatbestandsmerkmal> zu betrachten / dem Begriff des/r <Tatbestandsmerkmal> unterzuordnen.
- Unter dem Gesichtspunkt (z. B. des Normzwecks) ist also ... überzeugend / zwingend / sinnvoll / angemessen / notwendig / erforderlich.

Wichtig ist es, mit der Aufbereitung der Norm nicht aufzuhören, bevor sie ausreichend an den Sachverhalt angenähert ist. Andernfalls besteht die Gefahr, dass Ihre Ausführungen zum Sachverhalt in der Luft hängen, weil der Leser nicht erkennt, ob bereits eine Subsumtion des Lebenssachverhalts unter die Norm möglich ist.

Zuletzt wieder ein praktisches Beispiel: Entscheiden Sie, ob eine Schwebebahn unter die oben[130] wiedergegebene Definition der Eisenbahn zu fassen ist. Vergleichen Sie Ihr Ergebnis mit dem des *Reichsgerichts*[131]: (Es kommt hierbei darauf an, ob die Schwebebahn eine Eisenbahn im Sinne des HaftPflG ist.) ... *Auf metallener Grundlage befördert die Schwebebahn erhebliche Gewichte über nicht ganz unbedeutende Entfernungen mit beträchtlicher Geschwindigkeit, wobei sie sich zur Herbeiführung der Transportbewegung der Naturkräfte bedient. Es kommen so verhältnismäßig gewaltige Wirkungen zustande, die je nach den Umständen nützen oder auch Gefahren für Leben und Gesundheit herbeiführen können (RGZ Bd. 1, S. 252). Dass sich die bewegten Fahrzeuge nicht, wie gewöhnlich, über der metallenen Grundlage befinden, sondern unterhalb der tragenden Schiene hängen, dass diese selbst nicht in gewöhnlicher Weise dem festen Boden aufliegt, sondern durch hohe Träger gestützt wird, begründet keinen begrifflichen Unterschied.* (Die Schwebebahn erfüllt alle grundlegenden Eigenschaften des Eisenbahnbegriffs; sie ist daher eine Eisenbahn.)
Wäre auch eine Magnetschwebebahn unter den Eisenbahnbegriff des *RG* zu fassen? Wie steht es mit einem Skischlepplift[132]? Subsumieren Sie!

4. Alternative Vorgehensweise

Man kann die Subsumtion auch mit der Beschreibung oder Wiedergabe des einschlägigen Sachverhaltsteils beginnen:

---

129 Zu Aufbau und Formulierungen bei der Darstellung solcher Streitfragen Rn. 158 ff.
130 Rn. 101.
131 RGZ 86, 94, 95 – hier umformuliert in den Gutachtenstil.
132 Dazu BGH NJW 1960, 1345 f.

Teil 3: Sprachliche Gestaltung

- Bei <Sachverhaltsinformation> muss / müsste / kann / könnte es sich um ein/e <Tatbestandsmerkmal> handeln.
- Es stellt sich also die Frage, ob es sich bei <Sachverhaltsinformation> um <Tatbestandsmerkmal> handelt / handeln kann.
- Ob nun / aber <Sachverhaltsinformation> ein/e <Tatbestandsmerkmal> ist, ist (durchaus) fraglich / zweifelhaft / problematisch / unklar / uneindeutig.
- <Anspruchsteller> / <Anspruchsgegner> hat <Sachverhaltsinformation>. Darin könnte ein/e <Tatbestandsmerkmal> liegen / zu sehen sein.
- <Sachverhaltsinformation> könnte als <Tatbestandsmerkmal> anzusehen sein.

und erst danach zur Definition kommen:
- Dies ist der Fall / anzunehmen / zu bejahen, wenn <Definition>.
- Dafür / Dann muss ... / Dies erfordert ... .

Diese Form der Darstellung hat den Vorteil der größeren Lebendigkeit und Fallnähe. Sie ist aber nicht ganz regelgemäß, da Sie eigentlich immer vom Gesetz ausgehen sollen. Gleichwohl kann man so für etwas Abwechslung beim Lesen sorgen.

Beispiel: Statt *Der Anspruch kann nach § 275 I BGB erloschen sein. Unmöglichkeit der Leistung kann nämlich eingetreten sein, als das Paket mit der verkauften Kamera auf dem Postweg abhanden kam* setzt man an *Der Anspruch kann mit dem Abhandenkommen des Pakets wieder erloschen sein. Darin kann nämlich eine Unmöglichkeit der Leistung im Sinne des § 275 I BGB liegen.*

C. Schlussfolgerung

127 Der Schlusssatz muss jedenfalls in den **Indikativ** gesetzt werden, da es sich um eine Feststellung handelt.

Beliebte Einleitungen sind
- Demnach / Danach / Folglich / Somit / Damit / Mithin / Sonach / Demzufolge / Also / Daher / Infolgedessen / Deswegen / Deshalb / Dadurch / Nach dem (soeben / oben / gerade) Gesagten / Ausgeführten / Dementsprechend / Aus diesem Grund / Aus diesen Gründen usw.

Nach längeren Diskussionen:
- Schließlich / Zusammenfassend / Im Ergebnis ist / bleibt festzuhalten / lässt sich daher festhalten / kann festgestellt werden, dass ...
- Damit ist im Ergebnis...

Anders als im Obersatz darf in der Schlussfolgerung nichts Hypothetisches mehr anklingen.

Beispiel: Recht unglücklich ist etwa *Somit kann man zu dem Ergebnis gelangen, dass A gegen B einen Anspruch auf Zahlung von € 20,- aus § 433 II BGB hat.* Der Leser fragt dann automatisch *Kann man oder muss man?*

128 Das Ergebnis muss mit der im zugehörigen Obersatz aufgeworfenen Frage korrespondieren. Antworten auf nicht gestellte Fragen wirken verwirrend, ebenso wie Fragen ohne Antwort. Korrektoren mögen das nicht.

Wenn man Obersatz und Untersatz hintereinander lesen kann und noch versteht, zu welchem Ergebnis Ihre Untersuchung für die jeweilige Frage kommt, ist es gut.

a) Ergebnis zu einem Tatbestandsmerkmal, Unter- oder Teilmerkmal

129
- Demnach ist <Tatbestandsmerkmal> gegeben / erfüllt / zu bejahen / anzunehmen.
- Ein/e (Fall des / der) <Tatbestandsmerkmal> liegt folglich vor.
- Bei <Sachverhaltsinformation> handelt es sich also um ein/e <Tatbestandsmerkmal>.
- Das ...-erfordernis / -prinzip ist damit gewahrt. / Dem Erfordernis der/s ... ist also genügt (worden) / Genüge getan.

- Daraus ergibt sich (, dass ...)
- ... ist daher als ... anzusehen / zu qualifizieren / bewerten / einzustufen.
- Ein/e ... liegt in / Form / Gestalt des/r / mit ... vor.
- Der/Die ... stellt sich mithin als ... dar.

Bei **Handlungen**:

- Somit ist <Tatbestandsmerkmal Handlung> erfolgt / hat <Tatbestandsmerkmal Handlung> stattgefunden.

Wird das Merkmal **verneint**: 130

- Ein/e ... kann nicht angenommen / festgestellt werden / ist ausgeschlossen.
- Mangels / einer/s / Wegen / Angesichts des/r fehlenden ... liegt hier kein <Tatbestandsmerkmal> vor / ist <Tatbestandsmerkmal> nicht gegeben. (Anderweitige / Sonstige / Weitere Anhaltspunkte für ... sind nicht ersichtlich.)
- Für <Tatbestandsmerkmal> fehlt es an <Teilmerkmal>.
- Für ... reicht ... nicht aus / genügt ... nicht.
- Ein/e ... scheidet damit aus.
- Von einem/r <Tatbestandsmerkmal> kann nicht gesprochen werden.

Nach einer längeren Abwägung von Argumenten: 131

- Trotz / Obwohl <entgegenstehender Gesichtspunkt>, ist daher <Merkmal> zu bejahen / verneinen.
- Zwar spricht einiges für..., doch wird man ... müssen.

Ist ein bestimmtes **Tatbestandsmerkmal nicht erforderlich**: 132

- Die Einhaltung des/r ... ist also (ausnahmsweise) entbehrlich[133] / nicht erforderlich.
- Einer/s ... bedarf es mithin nicht.
- Da aber ..., ist ... allein nicht relevant / kann ... nur am Rand / keine maßgebliche / entscheidende Bedeutung zukommen.
- Ein/e <Tatbestandsmerkmal> kann entfallen / unterbleiben / ist entbehrlich / nicht erforderlich / nicht Voraussetzung für ...
- Daher erübrigt sich ... (z. B. eine Erörterung / Prüfung ...)[134]
- <Rechtsfolge> tritt auch ohne <Tatbestandsmerkmal> ein.

Bei **Gegenrechten** – Einreden, Einwendungen 133

- Demnach kann <Anspruchsgegner> dem Anspruch des <Anspruchsteller> die <Einrede, z. B. der Verjährung> (nicht) entgegenhalten / entgegensetzen.
- Wegen <Einrede> ist der <Anspruchsziel->Anspruch des <Anspruchsteller> gehemmt / nicht durchsetzbar.
- <Anspruchsgegner> kann sich danach (nicht) auf ... berufen.
- Ein Leistungsverweigerungsrecht / Zurückbehaltungsrecht (nach <Norm>) steht <Anspruchsgegner> also (nicht) zu / steht <Anspruch> nicht entgegen.

(Zwischen-)Ergebnisse sind um so eher erforderlich, je umfangreicher, ergebnisoffener 134 und kontroverser vorher diskutiert wurde. Ist dagegen die Erörterung knapp ausgefallen, kann man das eindeutige Ergebnis weglassen. Im Zweifel entscheiden Sie sich in der Hausarbeit lieber für ein Zwischenergebnis, in der Klausur eher dagegen.

b) Ergebnis zu einem Anspruch

Bei längeren Diskussionen kann das Ergebnis eingeleitet werden mit: 135

- Die Voraussetzungen des <Anspruchsgrundlage> sind (alle / sämtlich / vollständig) erfüllt / gegeben / zu bejahen.

---

133 Nicht: *verzichtbar*. Dazu *Sick* Im Bann des Silbenbarbaren, in: ders. Dativ, 83 ff.
134 Danach darf dann aber auch nicht mehr viel Text kommen; zu den Schwierigkeiten bei hilfsweisen Erörterungen Rn. 418.

Teil 3: Sprachliche Gestaltung

Das eigentliche Ergebnis:
- <Anspruchsteller> hat daher (k)einen Anspruch auf <Anspruchsziel> aus / nach / gemäß <Anspruchsgrundlage> gegen <Anspruchsgegner>.
- <Anspruchsteller> kann also (nicht) von <Anspruchsgegner> <Anspruchsziel> aus <Anspruchsgrundlage> verlangen.
- <Anspruchsgegner> ist <Anspruchsteller> mithin (nicht) nach <Anspruchsgrundlage> zu/r <Anspruchsziel> verpflichtet.
- <Anspruchsgegner> muss <Anspruchsteller> folglich (nicht) <Anspruchsgegenstand> zahlen / leisten / herausgeben / übereignen.
- <Anspruchsteller> steht deshalb ein Anspruch aus <Anspruchsgrundlage> zu.
- <Anspruchsteller> verlangt / fordert / beansprucht deswegen zu Recht / zu Unrecht <Anspruchsziel> von <Anspruchsgegner>.
- <Anspruchsgegner> haftet <Anspruchsteller> für <Anspruchsziel> / muss gegenüber <Anspruchsteller> für <Anspruchsziel> einstehen.
- <Anspruchsteller> kann also auf <begehrtes Verhalten> durch <Anspruchsgegner> / seitens des <Anspruchsgegners> bestehen.

136 Wird der Anspruch **verneint**:

Neben der verneinten Form der soeben genannten Beispiele
- Der / Ein Anspruch des <Anspruchsteller> scheitert an / am <verneintes Tatbestandsmerkmal>.
- Mangels <verneintes Tatbestandsmerkmal> entfällt der Anspruch aus <Anspruchsgrundlage>.
- Ein ...<z. B. Bereicherungs>ausgleich findet also nicht statt.
- Der von <Anspruchsteller> erhobene / geltend gemachte / behauptete Anspruch lässt sich nicht auf <Anspruchsgrundlage> stützen / ist nicht aus <Anspruchsgrundlage> gerechtfertigt.
- Für einen ...<z. B. deliktischen Anspruch> des <Anspruchsteller> fehlt es an / am / an der <verneintes Tatbestandsmerkmal> / fehlt <verneintes Tatbestandsmerkmal> / sowohl an ... als auch an/am ...
- Der Tatbestand des <Norm> / Eine Haftung des <Anspruchsgegner> nach <Anspruchsgrundlage> / den Normen über ... scheidet demnach aus.

137 Wird der Anspruch **teilweise bejaht**, kann man schreiben:
- Der von <Anspruchsteller> geltend gemachte / behauptete Anspruch ist also / usw. (in Höhe von ...) begründet / besteht nur in Höhe von. ... /, soweit ...
- Der Anspruch des <Anspruchsteller> ist (in Höhe von € ... / hinsichtlich / bezüglich des Gegenstands ...) (aus <Anspruchsgrundlage>) begründet / gerechtfertigt / gegeben.
- Im Übrigen steht ihm ... entgegen.

Im letzten Fall sollten Sie sicherheitshalber noch einmal nachdenken, ob es nicht zweckmäßiger ist, die verschiedenen Posten getrennt zu erörtern.

138 Meist ist es sinnvoll, das Ergebnis zu einer Anspruchsgrundlage durch eine **Überschrift** optisch hervorzuheben. Bei (Zwischen-)Ergebnissen zu einem Tatbestandsmerkmal genügt es insbesondere in der Klausur, diese durch eine **Leerzeile** vom vorherigen und nachfolgenden Text abzusetzen.

D. Umformung des Gutachtenstils zum Urteilsstil

139 Der zweite Schritt nach dem Erlernen des Gutachtenstils ist dessen stückweise Umformung bis zum Urteilsstil. Viele Studentinnen gehen diesen zweiten Schritt vor dem ersten. Wenn Sie also noch nicht sicher sind, den Gutachtenstil zu beherrschen, blättern Sie zurück.

In jeder Ausarbeitung gibt es Probleme, die den Einsatz des klassischen Gutachtenstils verlangen. Es ist Teil der Prüfungsleistung zu zeigen, dass man regelgemäß vorgehen kann, wo es darauf ankommt.

Oft ist der Gutachtenstil aber weder erforderlich noch verlangt. Dann kann seine Verwendung durchaus den Leser verärgern. Das liegt daran, dass der Gutachtenstil recht weitschweifig geraten kann, was den Verfasser Zeit und den Leser Geduld kostet – namentlich, wenn es sich um offensichtlich Unproblematisches handelt.

Exkurs: Was unproblematisch ist, lässt sich kaum allgemein gültig sagen[135]. 140
Faustregel: Je alberner und übertriebener der Gutachtenstil klingt, desto eher ist er zu vermeiden.
Beispiele: Gewundene und umfängliche Subsumtion unter den Begriff *Sache* i. S. d. § 90 BGB bei der Subsumtion unter § 985 BGB, *bewegliche Sache* bei § 929 BGB oder *Mensch* in §§ 211 f. StGB. Das ist nicht eigentlich falsch, aber anfängerhaft. Oder: *Das KSchG ist auf den vorliegenden Sachverhalt anwendbar, wenn im Betrieb des D mehr als zehn Arbeitnehmer beschäftigt sind, § 23 I 2 KSchG. Bei D arbeiten acht Arbeiter und fünf Angestellte. Ob acht und fünf in der Summe mehr als zehn ergibt, ist nunmehr zu prüfen. ... Im Ergebnis ist festzuhalten, dass § 23 I 2 KSchG der Anwendung des § 1 KSchG auf die gegenüber A ausgesprochene Kündigung nicht entgegen steht.*

Je mehr Informationen sich im Sachverhalt zu einem Problemkreis finden, desto eher erwartet die Fallstellerin eine strukturierte inhaltliche Auseinandersetzung, also: Gutachtenstil!

Ab und zu kann man auch Problematisches kurz fassen. Wenn nämlich klar ist, dass es auf 141
das Problem dem Ergebnis nach nicht ankommt, droht eine falsche oder wenigstens ungeschickte Schwerpunktsetzung.
Beispiel: Besteht der begründete Verdacht, dass eine Willenserklärung wegen Formmangels nichtig sein könnte (§§ 311b I 1, 518 I, 766 S. 1, jeweils i.V.m. § 125 S. 1 BGB), liegt aber ziemlich nahe, dass dieser Mangel durch den Vollzug des gewollten Vertrags geheilt ist (§§ 311b I 2, 518 II, 766 S. 3 BGB), so müssen die einschlägigen Theorien und Argumente zur Formnichtigkeit nicht oder allenfalls kurz dargestellt werden.

- Ob die Erklärung formnichtig im Sinne des <Norm> war, kann dahinstehen / offen bleiben / auf sich beruhen; jedenfalls ist ein solcher Mangel durch ... geheilt, <Norm Abs. 2 / S. 2>.
- Unter <Gesichtspunkt/en> spricht einiges für die Nichtigkeit der Erklärung; da aber durch ... eine Heilung dieses Fehlers eingetreten ist, kommt es darauf im Einzelnen nicht mehr an.
- Wegen ... kann die (umstrittene) Frage nach ... hier unbeantwortet bleiben / (vorläufig / einstweilen / zunächst / noch) offen bleiben.
- Der Frage nach ... braucht / muss hier nicht weiter nachgegangen werden / Die Frage ... kann hier auf sich beruhen, da ...
- Auf ... braucht hier nicht eingegangen zu werden, weil...

Die stilistische Form soll der Wichtigkeit entsprechen. Arbeiten Sie also möglichst schon 142
durch Umfang und Formulierung heraus, was Sie an dem Sachverhalt für diskussionsbedürftig erachten.

Während der schulmäßige Gutachtenstil den schwierigen und problematischen Fragen vorbehalten bleiben kann, lassen sich weniger oder gar nicht zweifelhafte Punkte auch äußerlich durch die Verwendung verschliffener Formen des Gutachtenstils bis hin zum glatten Urteilsstil oder schlichtes Weglassen kennzeichnen.

Wenn Sie sich die nachstehenden Formulierungen aneignen, hat das zusätzlich den Vorteil, dass es Ihnen leichter fallen wird, mit der knappen Zeit in Klausuren und den Seitenbegrenzungen in Hausarbeiten zurechtzukommen. Sie können anhand der Sachverhalte im 2. Teil, Kapitel 2[136] üben.

Eine Warnung vorab: Eine Schwierigkeit dieser Art des Kürzens liegt darin, dass dabei oft 142a
nicht nur die sprachliche Form viel knapper gerät, sondern auch der Inhalt. Man muss deshalb darauf achten, das Kind nicht mit dem Bade auszuschütten.
Beispiele: Ein Satz wie *Die Erklärung des A ist dem B auch zugegangen* ist problematisch, weil er nicht mehr die Spur einer Begründung enthält. Man kann das in einer Prüfungsarbeit schreiben, wenn

---

135 Dazu auch Rn. 227 ff., 436 f.
136 Rn. 40 ff.

man hofft, nur auf das Stichwort *zugegangen* einen Punkt zu bekommen. Besser ist es, sich ein bisschen ausführlicher zu fassen, aber so auch eine echte Subsumtionsleistung zu zeigen: *Die Erklärung des A ist B spätestens zugegangen, als B seinen Anrufbeantworter abgehört hat; mit der Kenntnisnahme von der Nachricht ist das Angebot wirksam geworden.* – Ein Angebot hat *A im Ladengeschäft des B gemacht* ist wirklich sehr, sehr kurz. Ein paar Wörter mehr dürfen es schon sein, etwa *Ein Angebot hat A im Ladengeschäft des B abgegeben, indem sie erklärte, den PC aus dem Schaufenster gegen € 700,- kaufen zu wollen.* – *C und T haben eine Einigung über die wesentlichen Bestandteile eines Kaufvertrags gemacht* ist eine reine Behauptung[137]. Fügt man die Begründung hinzu, wird der Satz zwar länger, aber es gibt auch gleich viel mehr Punkte: *C und T haben sich über die vertragswesentlichen Bestandteile eines Kaufvertrags, nämlich Kaufpreis und Kaufsache, geeinigt, indem sie über den PC und dessen Preis (€ 700,-) sprachen.*

Die Subsumtion darf gern knapp, sollte aber möglichst nicht begründungsfrei ausfallen. Eine reine Feststellung ohne jeden Bezug zum Sachverhalt irritiert den Leser immer.

Beispiel: *R und S haben über das Internet einen Kaufvertrag geschlossen.* Warum nicht ein klein bisschen länger, aber deutlich informationsreicher: *R und S haben, jeweils im Internet, einander Erklärungen abgegeben, aus denen hervorging, dass R die Kamera von S zum Preis von € 880,- erwerben wollte, und so einen Kaufvertrag geschlossen?*[138]

1. Verschliffene Formen des Gutachtenstils

Durch einige kleine Modifikationen lässt sich der langatmige Eindruck mildern, den der komplette Dreischritt des schulmäßigen Gutachtenstils leicht erweckt. Außerdem langweilen den Leser so nicht zu schnell schablonenhaft wirkende Formulierungen, Sätze und Absätze.

a) Zusammenfassen

143 Indem man Sätze zusammenzieht, kann man den Leser zügig von einem Merkmal zum anderen führen.

Beispiel: Aus *A kann gegen B einen Anspruch auf Übereignung und Übergabe des Automobils haben. Voraussetzung hierfür ist nach § 433 II BGB das Vorliegen eines wirksamen Kaufvertrags* wird *Voraussetzung für einen Anspruch des A gegen B auf Übereignung des Autos ist nach § 433 II BGB ein wirksamer Kaufvertrag*[139, 140].

Dieses Zusammenziehen birgt aber auch die Gefahr, dass sich die Gedanken im Text überschlagen.

Beispiel: *Der Kaufvertrag kommt durch zwei übereinstimmende Willenserklärungen, Angebot des Käufers und Annahme des Verkäufers, zustande.* – Die Informationen im Einschub stehen nicht im Gesetz, sind sachlich falsch und waren vermutlich einem zu eiligen Hin- und Herwandern des Blicks zwischen Norm und Sachverhalt geschuldet (denn im konkreten Sachverhalt hatte tatsächlich der

---

137 Abgesehen davon, dass man eine Einigung nicht *macht*, sondern eher *trifft*.
138 Was die Präpositionen angeht: Einen Kaufvertrag *über das Internet* zu schließen ist missverständlich; das klingt wie einen Kaufvertrag *über ein Fahrrad* zu schließen. Besser also *im Internet*.
139 Weitere Beispiele für diese ganz alltägliche Technik der Verkürzung finden Sie bei den Übungssachverhalten, Rn. 40 ff.
140 Vorsicht ist bei solchem Verkürzen einer Subsumtion geboten wegen des folgenden immer wieder geschehenden Fehlers: Wer einen Obersatz zu § 280 I BGB bilden will (der lauten müsste *Zunächst muss zwischen den Parteien ein Schuldverhältnis bestehen*), um fortgeführt zu werden *Ein solches kann in einem Werkvertrag nach §§ 631 ff. BGB liegen*), darf diesen nicht verkürzen zu *Voraussetzung für einen Schadensersatzanspruch nach § 280 I BGB ist ein Werkvertrag nach §§ 631 ff. BGB*, aber den Gedanken auch nicht weiterführen mit *Dazu muss ein Werkvertrag geschlossen sein*. Beide Sätze enthalten die falsche Aussage, dass ein Schuldverhältnis nur entstehe, wenn ein Werkvertrag geschlossen wurde. So etwas darf vielleicht ganz selten einmal in einer Klausur passieren – in einer Hausarbeit nie.

Käufer das Angebot angegeben). Als Obersatz ist der Satz also falsch, weil ein Kaufvertragsangebot ebenso gut vom Käufer wie vom Verkäufer ausgehen kann.
- Für einen Anspruch aus <Norm> bedarf es zunächst einer/s <Tatbestandsmerkmals>.
- Ein <Anspruch> setzt voraus, dass <Tatbestandsmerkmal>.

(x11-x12)

Das ist eine verbreitete Technik. Oft genügt aber schon ein Semikolon oder ein Doppelpunkt zwischen den ansonsten unveränderten Ausgangssätzen, um den Lesefluss optisch zu beschleunigen.
- Liegt also ein <Tatbestandsmerkmal> vor, kommt es nunmehr darauf an / ist zu prüfen / ist zweifelhaft, ob <nächstes Tatbestandsmerkmal> gegeben ist.
- Ist danach <Sachverhaltsinformation> ein/e <Tatbestandsmerkmal>, darf kein <negative Voraussetzung> gegeben sein.

(123-221)

- Der / Die hierfür erforderliche <Tatbestandsmerkmal> ist anzunehmen, wenn / falls / soweit / sofern <Definition>.

(x21-x22)

- Der / Die erforderliche <Tatbestandsmerkmal> liegt mit / in Gestalt / Form von <Sachverhaltsinformation> vor / ist in <Sachverhaltsinformation> zu sehen / erblicken.
- Mit / Wegen / Durch <Sachverhaltsinformation> ist die Frist des <Norm> / das ...-Erfordernis gewahrt.

(x21-x23)

- Das <Anspruchsziel->Begehren des <Anspruchsteller> ist nach <Anspruchsgrundlage> begründet, wenn <Voraussetzung(en)>.

(x12-x21)

- Ob ein <Tatbestandsmerkmal> vorliegt, hängt davon ab, dass / ob ein/e <Teilmerkmal> gegeben ist.

(x21-131)

- Ob (darüber hinaus) dem <Anspruchsteller> ein Anspruch aus <Anspruchsgrundlage> zusteht, hängt von <Voraussetzung(en)> ab.

(211-212)

- Für den von <Anspruchsteller> geltend gemachten <Anspruchsziel>Anspruch / Um einen ... bejahen zu können, / Damit <Anspruchsteller> einen <Anspruchsziel>Anspruch geltend machen kann, kommt es zunächst darauf an, ob / dass <1. Tatbestandsmerkmal>.

(111-121)

Die Feststellung eines unproblematischen Merkmals kann man in Gestalt eines Einschubs 144 in die Erörterung des nächsten Merkmals einbeziehen.
Beispiele. *Die Erfüllung des Kaufvertrags – eines gegenseitigen Vertrags im Sinne der §§ 320 ff. BGB – muss unmöglich geworden sein. – Die – durch Zerstörung des verkauften Fahrrads eingetretene – Unmöglichkeit muss eine nachträgliche sein. – <Täter> muss das Buch, eine für ihn fremde bewegliche Sache, weggenommen haben.*

(22z-321)

Bei kleineren Übungsaufgaben ist oft nur eine Normvoraussetzung problematisch; man 145 kann dann die **Ergebnisse zusammenziehen**, da der Leser bereits gemerkt hat, dass sich mit der Entscheidung über die einzige Streitfrage der ganze Sachverhalt entscheidet.
- Ein <Untermerkmal> liegt also vor, so dass <Teilmerkmal> gegeben ist; der Tatbestand des/r <Anspruchsgrundlage> ist daher erfüllt.

(x43-x33-x23)

57

b) Weglassen

146 Ein Obersatz zur Ankündigung der Subsumtion (xy2) ist entbehrlich, wenn er ganz aussagelos gerät.
Beispiel: *Dies ist zu prüfen* u. Ä.[141]

Dass Sie subsumieren, ergibt sich daraus, dass Sie das erste Merkmal definieren[142].

Bei gängigen und nicht allzu voraussetzungsreichen Normen kann auch einmal der Obersatz ganz entfallen, besonders wenn nur die Norm zu umschreiben wäre.
Beispiel: So kann man etwa bei der Subsumtion unter § 929 S. 1 BGB darauf verzichten, die Voraussetzungen *Einigung und Übergabe* zu nennen; man stellt fest, dass beide vorliegen und sagt im (Zwischen-)Ergebnis, dass § 929 S. 1 BGB erfüllt ist.

Überhaupt können Sie **Selbstverständliches** weglassen[143]. Das fällt nicht nur Anfängern erfahrungsgemäß schwer: Meist hält man nach kurzer Zeit Vollständigkeit und Gründlichkeit für juristische Tugenden. Außerdem verleiten die überall erhältlichen Prüfungs- und Aufbauschemata zur Abarbeitung »Punkt für Punkt«. Es gibt hier kaum allgemein taugliche Regeln; versuchen Sie, sich in den Leser zu versetzen.
Beispiele: Subsumtion unter das Merkmal *Mensch* oder seitenlange Ausführungen zur Zulässigkeit einer Klage (letzteres ist in zivilrechtlichen Arbeiten meist nicht gefragt oder allenfalls knapp abzuhandeln).

Letzten Endes ist es aber eine Frage der Konvention, was als selbstverständlich anzusehen ist. Man lernt, mit dem Risiko zu leben, diese Frage falsch einzuschätzen.

c) Konzentrieren

147 Teils ist es sinnvoll, eine Reihe unproblematischer Tatbestandsmerkmale in einem Satz oder einem halben abzuhaken und dann sofort auf das einzig diskussionswürdige Merkmal zu sprechen zu kommen.

- Die Voraussetzungen des/r <Anspruchsgrundlage> sind erfüllt / hat <z. B. Anspruchsgegner> erfüllt, indem er … Fraglich / Ungewiss / Zweifelhaft / Problematisch ist allenfalls / allein / lediglich / einzig / ausschließlich / nur, ob …
- Gründe / Anhaltspunkte für ein/e/n (eventuelle/s/n / mögliche/s/n) … sind nicht ersichtlich / erkennbar.
- … scheitert bereits an … Im Übrigen / Jedenfalls / Abgesehen / Unabhängig davon fehlt es an/m … / würde der Anspruch (auch) an … scheitern.
- Zwar …, aber …
- Sowohl ist … als auch hat …
- Weder wurde … noch besteht … . Ebenso / Auch ist kein …
- Für ein/e … ist nichts ersichtlich / fehlt es an Anhaltspunkten / Hinweisen.
- Fraglich ist in erster Linie, ob … . Zweifelhaft ist dies, weil …
- Da <erstes unproblematisches Merkmal> und <zweites unproblematisches Merkmal>, ist der Anspruch begründet, wenn / sofern <problematisches Merkmal>.
- Dass <unproblematisches Merkmal> vorliegt, wird man im Hinblick auf … bejahen können. Jedoch …
- Während <unproblematisches Merkmal> erfüllt ist, kann <problematisches Merkmal> nicht ohne weiteres angenommen werden.
- Möglich erscheint – da ein <alternatives Tatbestandsmerkmal> ausscheidet / nicht erkennbar ist – nur ein <alternatives Tatbestandsmerkmal>.

---

141 Zu überflüssigen Ankündigungen noch Rn. 388.
142 In den Bearbeitungsvorschlägen zu den Übungsfällen (Rn. 39 ff.) sind solche Sätze aus didaktischen Gründen enthalten. Schön sind sie nicht.
143 Also etwa die Frage, ob das Grundgesetz noch in Kraft ist. Gerichte müssen derlei manchmal – genervt – erörtern, z.B. AG Duisburg NJW 2006, 3577 f.

Beispiele: *A und B haben einen wirksamen Kaufvertrag geschlossen, indem sie sich am 29.04.2001 fernmündlich über den vorher besichtigten Gebrauchtwagen und den endgültigen Preis von € 4.200,- einigten. – Ein Vertrag ist zwischen A und B geschlossen worden, als beide erklärten, die Wohnung im 2. Obergeschoss des Hauses ... solle für € 820,- monatlich an B vermietet werden.*

Will man es etwas ausführlicher halten, kann das so aussehen: 148

- Der / Die / Das hierzu erforderliche / notwendige <erstes unproblematisches Merkmal> wäre in ... zu sehen / erblicken. Als <zweites unproblematisches Merkmal> käme ... in Frage / Betracht. Das von <Norm> verlangte <drittes unproblematisches Merkmal> läge dann in ... . Jedoch ist ... nicht ohne weiteres ein/e <problematisches Merkmal>. Im Gegenteil wird regelmäßig angenommen, ... könne wegen ... kein <problematisches Merkmal> sein. ... / Für ... ist die Eigenschaft als <problematisches Merkmal> kaum / schwerlich anzunehmen.

Wenn das logisch erste Merkmal ein bisschen zweifelhaft, das nächste oder übernächste 149 aber ziemlich klar zu verneinen ist, kann man die Prüfungsreihenfolge ändern oder so vorgehen:

- Selbst wenn man die ...-eigenschaft des/r ... annähme / annehmen wollte <*ggf. Fußnote: Dagegen mit beachtlichen Einwänden ...*>, scheitert ... an ...
- Zweifelhaft ist bereits ... . Jedenfalls kann aber <Sachverhaltsinformation> nicht unter <Tatbestandsmerkmal> gefasst werden.

2. Urteilsstil

Im Urteilsstil wird in Gerichtsentscheidungen schon gefundene rechtliche Ergebnis begründet. Am Anfang steht das Ergebnis, die es tragenden Erwägungen folgen. Die tastenden Suchbewegungen und die gedanklichen Umwege, die zu dem Ergebnis erst geführt haben, werden nicht mehr dargestellt – schon um der Überzeugungskraft des Urteils nicht zu schaden. Im akademischen Übungsgutachten setzt man den Urteilsstil ein, um zu kennzeichnen, welche Passagen der eigenen Überlegungen man für unproblematisch erachtet (das heißt, bei welchen gedanklichen Schritten man berechtigterweise auf den diskussionslosen Konsens der Fachkollegen hoffen darf). Es geht hier also nicht darum, die unterlegene Partei eines Rechtsstreits zu überzeugen, sondern darum, Schwerpunkte zu setzen und Problematisches von Unproblematischem zu trennen. 150

Als Beispiel für den reinen Urteilsstil hier ein Auszug aus einer Urteilsbegründung[144]: ... *Dass dieses Verhalten die Tatbestandsmerkmale des § 823 I BGB erfüllt, ist offensichtlich und bedarf deshalb keiner weiteren Begründung. Dieses Verhalten war auch eindeutig rechtswidrig; ein rechtfertigender Grund stand dem Beklagten nicht zur Seite. ... Es ist auch zweifelsfrei, dass der Beklagte damit vorsätzlich den Kläger in seiner Gesundheit verletzt hat. Dabei kann es ... wiederum keinem Zweifel unterliegen, dass auch die hier eingetretenen Verletzungsfolgen, nämlich zwei abgebrochene Zähne, von diesem Vorsatz umfasst waren. Denn auch für einen 13-jährigen Schüler ist es offensichtlich, dass er damit rechnen muss und zumindest billigend in Kauf nimmt, dass zumindest Teile eines oder mehrerer Zähne abbrechen können, wenn er einen anderen mit dem Gesicht in der Weise, wie er es der Beklagte getan hat, gegen eine Straßenlaterne schlägt. Schließlich bestehen an der Schuldfähigkeit des Beklagten auch unter dem Gesichtspunkt des § 828 II keine Zweifel. Es ist weder vorgetragen*[145], *noch sind irgendwelche Anhaltspunkte dafür ersichtlich, dass dem Beklagten bei der Begehung seiner unerlaubten Handlung am 25.5.1992 die zur Erkenntnis seiner Verantwortung erforderliche Einsicht gefehlt hätte.*

---

144 OLG Koblenz NJW-RR 1996, 1307, 1308 – sprachlich nicht gerade abwechslungsreich, aber stilistisch charakteristisch. Beurteilen Sie selbst, ob die wiederholte Verwendung von *offensichtlich*, *eindeutig*, *zweifelsfrei* und ähnlichen Floskeln die Argumentation überzeugender wirken lässt; dazu Rn. 359. Überhaupt bieten nicht alle Urteile guten Urteilsstil – Richter müssen eben kein Staatsexamen mehr bestehen.
145 Der Kommafehler ist nach dem Abdruck in NJW-RR 1996, 1307, 1308 zitiert.

Teil 3: Sprachliche Gestaltung

151 Wenn Sie selbst im Urteilsstil schreiben wollen, kann das so aussehen[146]:
- Ein Anspruch aus <Anspruchsgrundlage> steht <Anspruchsteller> gegen <Anspruchsgegner> nicht zu. <Anspruchsgegner> hat bei der Beschädigung des Automobils nicht schuldhaft gehandelt. Er hat die im Verkehr mit ... erforderliche Sorgfalt nicht außer Acht gelassen. ...

Knapper:
- Ein Anspruch aus <Anspruchsgrundlage> scheitert bereits am / an der fehlenden (z. B. Verschulden des B). Für ein/e/n (z. B. Fahrlässigkeitsvorwurf) fehlt es an Anhaltspunkten / Hinweisen.
- Wegen <Norm> kommt es auf <Umstand> nicht an.

152 Zumindest in Anfängerarbeiten ist dieser reine Urteilsstil riskant; es geht dort meist in erster Linie darum zu zeigen, dass man den Gutachtenstil beherrscht. Seien Sie also etwas zurückhaltend. Man kann den Urteilsstil außerdem ein wenig kaschieren, ohne dass dadurch der Text sehr viel länger wird.

Beispiele: Ein Anspruch aus § 823 I BGB ist zu verneinen, da keine Rechtsgutsverletzung ersichtlich ist wird dann zu *Ein Anspruch aus § 823 I BGB ist im/mit Blick auf die fehlende Rechtsgutsverletzung zu verneinen* oder *Angesichts / Wegen der fehlenden Rechtsgutsverletzung kommt ein Anspruch aus § 823 I BGB nicht in Betracht.* Oder *A hat eine eigene Willenserklärung abgegeben, indem er die schriftliche Bestellung selbst unterschrieb* wird zu *Indem er die schriftliche Bestellung selbst unterschrieb, hat A eine eigene Willenserklärung abgegeben.*

In diesen Beispielen kommt die Begründung immer noch vor dem Ergebnis, wenn sie auch sehr kurz ausfällt.

Allgemein formuliert sieht dieser kaschierte Urteilsstil so aus:
- Wegen <Grund> gilt <Ergebnis>.

Manchmal kann man das *da* durch ein *nachdem* ersetzen – und gleich fällt der Urteilsstil nicht mehr so ins Auge[147].

Wenn Sie absichtlich das Ergebnis vor der Begründung nennen, können Sie das ein bisschen entschärfen, indem Sie zwischen beide Satzteile einen Doppelpunkt setzen.
- <Tatbestandsmerkmal> liegt vor: <1. Teilmerkmal> ist gegeben, <2. Teilmerkmal> ebenso.

153 Leicht ist der Leser hinsichtlich der Verwendung des ungeschönten Urteilsstils anderer Meinung als der Bearbeiter; deswegen sollten Sie die Worte *da, weil, denn, nämlich* usw. am besten überhaupt nicht verwenden. Das heißt nicht, dass Sie auf **kausale Nebensätze** ganz verzichten müssten. Bei deskriptiven Sätzen sind sie unbedenklich.

Beispiel: A brach die Verhandlungen ab, weil er mit dem von B geforderten Preis nicht einverstanden war.

Im Ableitungszusammenhang des Gutachtens sind sie aber unpassend.

154 Will man – meist unnötigerweise – weiteres, für die Entscheidung nicht erforderliches Problemwissen präsentieren oder zeigen, dass man den Anspruchsaufbau im Übrigen verstanden hat, kann man fortfahren[148]:
- Auf die Frage, ob ... / nach dem/der ... kommt es daher nicht an.
- Einer Entscheidung bedarf es nicht, wenn ...

---

[146] Wer sich näher mit dem Urteilsstil befassen will, kann die Ausbildungsliteratur für Referendare heranziehen, z.B. *Knöringer* § 6 I 2.; *Anders/Gehle*, Rn. 230 ff.; *Oberheim*, § 9 Rn. 3, § 10 Rn. 38 f. m.w.N.; *Sattelmacher/Sirp/Schuschke*, Rn. 547 f.; lesenswert auch *Danger* JA 2005, 523 ff.

[147] Aber Vorsicht: *post hoc* und *propter hoc* sind nicht das gleiche. Wo zeitliche Folge und Ursachenbeziehung gleichgesetzt werden, droht ein Denkfehler (näher *Schneider/Schnapp* Logik, 259 ff.).

[148] Diese Technik des Offenlassens lässt sich an Gerichtsurteilen gut studieren.

- Eine (nähere) Prüfung des/r <problematisches Merkmal> erübrigt sich daher /, da …
- Eine Abgrenzung des/r … zum/r … / eine vertragstypologische Einordnung der Vereinbarung … erübrigt sich an dieser Stelle / hier, da <Norm> auf beide/s anwendbar ist.
- Ob …, kann daher dahingestellt / offen / unentschieden / unbeantwortet bleiben / dahinstehen / auf sich beruhen / ist somit ohne Belang / für … unschädlich. *Nicht:* Es kann dahinstehen bleiben, ob …
- Unabhängig von … / Gleichgültig / Einerlei, ob …, ist jedenfalls …
- Zum gleichen Ergebnis führt es, wenn …
- Zu einem anderen / abweichenden Ergebnis gelangt man nur, wenn … . Dies scheitert indessen an …
- Eine Untersuchung / nähere Betrachtung der …eigenschaft des … ist wegen … nicht nötig.

Dem gleichen Zweck dient es, zuerst den Streitstand kurz anzureißen und dann fortzu- 155
fahren mit
- Der Streit braucht nicht entschieden zu werden, wenn … . So liegt es hier.

Nähere Ausführungen sind dann aber unangebracht; allenfalls ist eine Fußnote zulässig, in der das angelesene und durch zwischenzeitlich erfolgte Änderung des Entscheidungswegs irrelevant gewordene Wissen nach Art eines Fußnotengrabs (*H. M.:* … *<Lit.; Rspr.>; a. A.:* … *<Lit., Rspr.>; interessante Ansätze neuerdings bei …*) präsentiert wird. Führen Sie aber keine inhaltlichen Auseinandersetzungen in Fußnoten. Wenn die Erörterung wichtig ist, gehört sie in den Haupttext[149]. Überhaupt sollte in den Fußnoten nur ganz ausnahmsweise Text stehen, nämlich wenn dieser im Gesamtgedankengang nicht fehlen darf, im Haupttext aber zu stark querstünde[150].

Konkret nicht entscheidungsbedürftige Fragen kann man auch mit *Jedenfalls*, bei zeitlichen Abfolgen mit *Spätestens mit / durch / bei* offen lassen.

Faustregel: Anlass zum Misstrauen besteht für den Korrektor immer, wenn nach der verneinenden Aussage noch eine Menge Text zur Begründung kommt.
Beispiel: (Feststellung) … *Daran ändert auch … nichts.* (ausführliche Begründung.)
Dann liegen die Dinge eben doch nicht so klar; vermeiden Sie dann lieber den ungeschminkten Urteilsstil.

3. Weitere Möglichkeiten der Straffung

Die sprachliche Straffung Ihres Texts kann schon wegen der Seitenzahlbegrenzungen in 156
Hausarbeiten und der knappen Bearbeitungszeit in Klausuren wichtig werden. Folgende Techniken bieten ein teils deutlich größeres Einsparpotential als die vorgenannten Vorschläge:

a) Unter Außerachtlassen der logisch gebotenen Reihenfolge können Sie mit dem problematischen Merkmal anfangen. Dieses Vorgehen bietet sich nur an, wenn Sie den Anspruch im Ergebnis verneinen wollen, da sonst alle anderen Voraussetzungen später doch zu verhandeln wären.

b) Verweise: Manchmal kann man auf anderswo im Gutachten (aber nur: oben) Gesagtes nicht nur direkt, sondern auch sinngemäß Bezug nehmen. Es besteht allerdings die Gefahr, dass der Leser mit der Transferleistung überfordert ist. Erklären Sie in solchen Fällen lieber einen Satz länger, warum und wie das bereits Gesagte auf das nun zu diskutierende Problem übertragbar ist[151].

---

149 Auch das kommentarlose Übergehen einer in der Fußnote nachgewiesenen *a.A.* ist wissenschaftlich nicht korrekt und nur vertretbar, wenn die *a.A.* keine (!) Argumente vorbringen kann, die der Widerlegung bedürften.
150 Näher dazu noch Rn. 563.
151 Zu Verweisen Rn. 401.

Teil 3: Sprachliche Gestaltung

E. Standardsituationen

157 Im folgenden finden sich Formulierungen, die in ausgewählten – in Übungsarbeiten regelmäßig auftauchenden – Standardsituationen von Nutzen sein können. Wiederum: Verbessern und ergänzen Sie sie!

Dies ist eine subjektive Auswahl[152] besonders wichtiger Argumentationsmodule. Am leichtesten werden Sie damit arbeiten können, wenn Sie versuchen, selbst etwas Ähnliches zusammenzustellen, beispielsweise für die Probleme des Gutglaubenserwerbs oder der Anfechtung von Rechtsgeschäften oder der geltungserhaltenden Reduktion.

1. Entscheidung von Streitfragen und problematischen Fragen – Der »Meinungsstreit«

158 Oft werden Probleme erst dadurch zu Problemen, dass sie umstritten sind. Die Punkte, an denen Sie sich in Hausarbeit oder Klausur am ehesten aufhalten (sollen), sind diejenigen, über die Streit herrscht oder wenigstens geherrscht hat.

Vorsicht: Der übliche Ablauf juristischen Lernens[153] bringt es mit sich, dass Sie beliebte umstrittene Probleme und Streitstände im Kopf haben und einigermaßen leicht reproduzieren können. Dadurch kommen Sie schnell in Versuchung, diese in Übungsarbeiten abzuspulen, auch wenn sie gerade nicht gefragt sind. Widerstehen Sie!

Vorsicht: Nicht jede Aufgabe gibt Anlass, auf Streitfragen einzugehen. Die Schwierigkeit einer Arbeit kann auch im Umfang oder in einer ungewöhnlichen Einkleidung geläufiger Probleme liegen. Oder sie besteht in einem unbekannten Rechtsproblem, zu dem es noch keine divergierenden Literaturmeinungen gibt. Es besteht also entgegen einer verbreiteten Ansicht kein Anlass zur Panik, wenn Sie in Ihrer Arbeit »den Meinungsstreit« nicht finden[154].

159 Zum **Sprachgebrauch**: Man bezeichnet den Gegenstand dieser Bemerkungen mit *Streit / Kontroverse / Auseinandersetzung / Problem(atik)*, weniger schön mit *Meinungsstreit / Theorienstreit*[155]. Bilden Sie für letztere einmal den Plural und vergessen Sie diesen sofort wieder[156].

160 Bei der Darstellung und Entscheidung von Streitfragen muss man sich nicht sklavisch an den oben skizzierten Gutachtenduktus halten. Im Gegenteil: Das wirkt oft unbeholfen bis hölzern.

- Zu prüfen ist, ob der Abgrenzungs-, der Eingrenzungs- oder der Ausgrenzungstheorie zu folgen ist. Für die Ausgrenzungstheorie könnte sprechen, dass ... . Das wäre der Fall, wenn ... . Im Ergebnis ist festzuhalten, dass die Ausgrenzungstheorie die meiste Zustimmung verdient. Ihr ist daher zu folgen.

---

152 Also gerade keine abschließende Aufzählung, sondern eine Anregung an Sie, sich den Rechtsstoff in wichtigen und prüfungsrelevanten Gebieten auf ähnliche Art zu erarbeiten. Das geht sowohl für einzelne Rechtsfiguren (etwa die Aufrechnung) als auch für argumentative Situationen (etwa den Meinungsstreit) als auch für Aufbaufragen mit inhaltlichem Bezug (etwa die Gesamtschuld).

153 Und des Arbeitens mit Büchern des Typs *20 Probleme aus dem Bereicherungsrecht*. Die sind zwar empfehlenswert, man muss aber als Leser den oben geschilderten Versuchungen gewachsen sein.

154 Trotzdem ist nicht zu übersehen, dass die meisten Übungsarbeiten um eine solche Streitfrage herumkonstruiert sind, weil sich so wissenschaftliches Arbeiten üben lässt.

155 Übrigens handelt es sich meist nicht um Theorien im wissenschaftstheoretischen Sinne, sondern um Rechtsauffassungen (was man gelegentlich durch Wendungen wie *Die als ...theorie bezeichnete Auffassung kommt zu dem Ergebnis, dass ...* andeuten kann). Weniger skeptisch etwa *Bydlinski* Grundzüge, 48 ff.

156 Sicher steht der beliebte Plural *Streits* nicht im Duden. Die dort vorgeschlagenen *Streite* sind schöner, aber wenig gebräuchlich. Am besten ist vielleicht *Streitigkeiten*.

Gelungener sind Wendungen wie

- Es ist daher zu entscheiden, welches Kriterium für die Abgrenzung von ... und ... Verwendung finden soll. Für die wohl herrschende Ansicht, die auf ... abstellt, spricht jedenfalls ... Allerdings ...

Gerade bei umfangreicheren Ausführungen zu Streitfragen empfiehlt es sich aber, den Leser an die Hand zu nehmen, indem man immer wieder einmal beiläufig erwähnt, auf welches Ziel hin eigentlich die Diskussion geführt wird.

a) Darstellung

Achten Sie von Anfang an darauf, Streitfragen nicht abstrakt zu diskutieren, nur weil sie Ihnen interessant erscheinen oder bekannt sind[157]. Sie müssen sie vielmehr immer so eindeutig wie irgend möglich als für die Entscheidung des Ihnen vorliegenden Sachverhalts erforderlich kennzeichnen. Am leichtesten gelingt das, wenn Sie als Einstieg in die Erörterung streitiger Fragen den Gesetzeswortlaut heranziehen[158]. 161

Die Präsentation einer streitigen Frage kann auf unterschiedliche Art erfolgen[159]. Überlegen Sie zunächst, wie viel Raum Sie darauf verwenden wollen und können. Wenn Sie sich kurz fassen wollen oder müssen:

- Ob ... ... ist, ist zweifelhaft / fraglich. Zwar <Argument(e) pro>, aber <Argument(e) contra>. Daher wird ... als ... zu behandeln sein.

Unabhängig vom Umfang folgt die Darstellung von Streitfragen fast immer dem Schema *Einerseits ... – Andererseits ... – Im Ergebnis ...* 162
Beispiel: Im Strafrecht etwa sieht das typischerweise so aus: *Die rein objektive Theorie (Fußnote: Vertreten in erster Linie von Schwarz, Belegstelle) stellt auf ... ab. Der rein subjektiven Theorie (Fußnote: In ihrer klassischen Entfaltung nachzulesen bei Weiß, Belegstelle) zufolge ... . Zustimmung verdient die (heute ganz herrschende) gemischt-objektiv-subjektive / modifizierte <was-auch-immer->Theorie (Fußnote: Hauptsächlich vertreten von Grau, Belegstelle), die die Vorzüge der beiden vorgenannten Ansätze vereint und ihre jeweiligen Schwächen weitgehend ausgleicht. Danach ist ...*

Zum **Aufbau**: Die hier gewählte Reihenfolge ist nicht zwingend, aber oft zweckmäßig. Am übersichtlichsten ist die Darstellung bei mäßigem Umfang, wenn Sie erst das **Problem kennzeichnen**, dann den **Streitstand umreißen** und zuletzt **mit eigenen Argumenten** eine **Entscheidung treffen**. Die nachstehende Sammlung orientiert sich an dieser Reihenfolge. Sie hat aber den Nachteil, dass man am Ende selbst Argumente aufbieten muss. Das fällt oft schwer, da die meisten Streitfragen argumentativ abgegrast und neue Argumente nicht verfügbar sind, wenn man sie gerade braucht. Es ist völlig in Ordnung, wenn Sie Ihre eigene Position bereits mit der Darstellung anderer Ansichten zusammen entwickeln. Zumindest ist es ehrlicher. Keinesfalls sollten Sie fremde Argumente als eigene ausgeben, um diesem Problem zu entgehen. 163

Dem Raster *Argumente pro – Argumente contra – begründete Entscheidung für eine der Ansichten* sollten Sie um so weniger folgen, je umfangreicher die Kontroverse ist, die Sie nachvollziehen wollen. Bei seitenlangen Ausführungen ist es überzeugender und bildet eine eigenständige Leistung, nach einzelnen argumentativen Schwerpunkten zu unterscheiden[160]. Ein solches Vorgehen erlaubt es Ihnen, auch ein mehrfaches Hin und Her von Argumenten und Gegenargumenten im Zusammenhang darzustellen.

---

157 Empfehlungen bei Pieroth-*Hartmann* Einführung Rn. 18 ff.
158 Lesenswert *Lemke* JA 2002, 509 ff.
159 Dazu z.B. *Kerbein* JuS 2002, 353, 354 f. m.w.N.; sehr lesenswert *Puppe* Schule, 157 ff., die die Schwierigkeiten einer soliden Präsentation streitiger Fragen zwischen Reklame und Plagiat zeigt, aber auch (160 ff.) zeigt, wie sie gleichwohl gelingen kann.
160 Dazu sogleich Rn. 168.

Teil 3: Sprachliche Gestaltung

Gerade wenn es sich um das Hauptproblem der Aufgabe handelt, lohnt es sich, vor der Niederschrift auf Papier oder im PC die Argumente zu sortieren: Welches Argument kann für sich allein stehen, welches ist allein schwach oder sinnlos, wirkt aber überzeugend in Gesellschaft eines anderen, welches ist nur verständlich als Gegenargument zu einem anderen? Daraus entsteht zwar bei drei Ansichten mit je zwanzig Argumenten zuerst eine ziemlich wirr wirkende Skizze; aber nach einigem Überlegen wird Ihnen klarer, womit Sie anfangen können und womit Sie nicht anfangen dürfen. Diese Mühe gehört dazu und wird honoriert. Denn ganz nebenbei wird auch Ihnen klar, welche Überlegungen wichtig genug sind, dass man eine überzeugende Entscheidung allein auf sie stützen kann[161].

aa) Einleitung

164　Zunächst ist die diskutierte **Frage** möglichst klar zu fassen. Das erleichtert es dem Leser zu verstehen, warum die folgenden Erörterungen nötig sind. Es erleichtert aber auch Ihnen, sich während der Bearbeitung auf das Problem zu konzentrieren: Je genauer die Frage gestellt ist, desto einfacher ist es, zwischen Antworten und zufälligen Wortanhäufungen zu unterscheiden. Wer sich mit dem Herauspräparieren oder Isolieren des Problems mehr Mühe gibt, wird seine Ausführungen schlanker und sachnäher halten können – meist lohnt sich das[162].

Dann sollten Sie gedanklich feststellen: Ist die Frage problematisch, umstritten oder (wie so oft) beides?

165　Gibt es noch wenige oder keine Stimmen zu einer Frage, die Ihnen aber **problematisch** erscheint, können Sie so einleiten:

- Wie die Frage nach … zu beantworten ist, ist unsicher. / Die Antwort auf die Frage nach … bedarf näherer Überlegung.
- … ist nicht gesetzlich geregelt / geht aus <Norm> nicht hervor / lässt sich dem Gesetz nicht (ohne weiteres) entnehmen …

Sie fahren dann nicht mit der Aufzählung verschiedener Stimmen aus Schrifttum und Rechtsprechung fort, sondern skizzieren mögliche Herangehensweisen an das Problem und deren Ergebnisse:

- Man könnte meinen / erwarten / davon ausgehen, dass … . Dann wäre … … Daraus ergäbe sich …
- Zum genau gegenteiligen Ergebnis gelangt man indes, wenn …
- Weiter ist zu erwägen / erscheint erwägenswert / bedenkenswert, ob …
- Man kann auch zu <Ergebnis> kommen, wenn man … als entscheidend betrachtet / in den Mittelpunkt stellt / maßgebliche / zentrale Bedeutung zuspricht.
- Mit … könnte/n … gemeint sein. Dies legt jedenfalls die allgemeinsprachliche Verwendung / Bedeutung des Begriffs nahe.
- Wegen <Gesichtspunkt> kommen nur … und … in Betracht, während … ausscheiden muss.

166　In aller Regel ist aber, was **problematisch** ist, auch **umstritten**[163]. Leiten Sie dann die Darstellung wie folgt ein:

161　Trotzdem sollte man die anderen nicht weglassen, sondern nur in die zweite Reihe stellen.
162　Nicht selten stellt sich heraus, dass an der betreffenden Stelle mehr als nur ein Problem liegt. Dann müssen Sie auch über Gliederungsfragen noch einmal nachdenken.
163　Immer wieder beeindruckt die Rechtswissenschaft durch Kreativität. Bei ca. 62,76 % aller Abgrenzungsprobleme hat sie eine *objektive*, eine *subjektive* und eine *gemischt-subjektiv-objektive Theorie* entwickelt, wobei letztere für gewöhnlich *mittlerweile herrschend* ist. Dem Anfänger verursachen derlei gemischte Theorien meist gemischte Gefühle, sie hinterlassen ihn gewissermaßen mehr geschüttelt als gerührt. Aber man gewöhnt sich daran. Für den Fortgeschrittenen bieten sie eine echte Gelegenheit: Wenn Sie irgendwo auf eine Streitfrage stoßen, zu der eine dieser Theorien bislang fehlt, haben Sie ein aussichtsreiches Thema für Ihre juristische Dissertation entdeckt. Glückwunsch! – Pointiert hierzu *Bydlinski* Grundzüge, 3: *Im wesentlichen ist in der Jurisprudenz alles streitig; häufig aber zu Unrecht.*

- Die Frage nach / Der ...-charakter des/r ... ist (heftig / seit langem / seit Neuestem) umstritten / wird unterschiedlich / verschieden / uneinheitlich beantwortet / ist (jüngst) unterschiedlich beantwortet / kontrovers beurteilt worden (bei ausgetragenen Streitfragen). Während das Schrifttum (überwiegend / mehrheitlich / größtenteils) / die Mehrzahl / Mehrheit / überwiegende Zahl der in der Literatur vertretenen Stimmen der Auffassung zuneigt, ..., steht / stellt(e) sich die (instanzgerichtliche / höchstrichterliche) Rechtsprechung / der Großteil der Rechtsprechung auf dem / den Standpunkt, ...
- Über ... herrscht Streit.
- Zur Problematik des/r ... hat sich ein ganzes Spektrum unterschiedlicher Meinungen gebildet / werden zwei konträre / zahlreiche / in den Einzelheiten (erheblich / sehr stark / deutlich / hochgradig) divergierende Ansichten / Positionen vertreten, die sich jedoch, soweit die vorliegend interessierende Abgrenzung zwischen ... und ... betroffen ist, zu drei Lagern / Gruppen zusammenfassen lassen.
- Hinsichtlich der Frage, ob ... / wie ... zu behandeln ist / sei, haben sich zwei / drei / hundert Ansichten / Meinungen gebildet / werden im Schrifttum zwei Theorien / Modelle / Ansätze angeboten / vertreten.
- Unter welchen Voraussetzungen / Bedingungen / Umständen ..., wird (in Rechtsprechung und Lehre) nicht ganz einheitlich / uneinheitlich gesehen / beurteilt / beantwortet.
- Unbestritten ist aber (nunmehr / inzwischen / mittlerweile) ...

Ist die Frage **umstritten, aber im konkreten Sachverhalt nicht problematisch**, bekommt man sie am besten durch kurzes Andeuten des Problems und anschließendes Offenlassen[164] der Entscheidung in den Griff.

- Auf die umstrittene Frage nach der ...-eigenschaft des/r ... <Fußnote mit Belegstellen> kommt es hier wegen ... nicht an.

Format können Sie beweisen, indem Sie die Diskussion dann ganz weglassen. Wenigstens andeuten sollten Sie Ihre Kenntnisse vom Streitstand, wenn der Sachverhalt auf das Problem ausdrücklich hinweist – etwa durch Rechtsansichten der Beteiligten.

bb) Darstellung des Streitstands – Argumente wiedergeben

Man kann einen Streitstand auf verschiedene Weise wiedergeben; hier die gängigsten Darstellungsarten[165]:
- Modell 1: eine Meinung – andere Meinung – eigene Meinung (**konventionelle** Darstellung)
- Modell 2: Argumente der ursprünglich herrschenden Meinung – Gegenargumente der anderen Ansicht(en) – Gegenargumente der ursprünglichen Meinung – neue Argumente – neue Gegenargumente – usw. bis zur Gegenwart – eigene Ansicht (**historische** Darstellung)
- Modell 3: Darstellung der verschiedenen Streitpunkte – Argumente zum ersten Topos pro und contra – Argumente zum zweiten Topos pro und contra – usw. – eigene Ansicht (**problemorientierte** Darstellung)

Welche Art der Darstellung man wählt[166], hängt zum Einen davon ab, welche am besten auf die zu entscheidende Frage passt – bei komplexen Problemen wird das oft das dritte Modell sein –, zum Anderen vom zur Verfügung stehenden Raum: Kurz fassen kann man sich am ehesten mit der konventionellen Methode.

---

164 Dazu Rn. 154.
165 Während für den Gutachtenstil aus Gerichtsentscheidungen kaum etwas zu lernen ist, sind Urteile teils recht gut zu gebrauchen, wenn es um die Präsentation von Streitfragen geht. Lesen Sie z.B. BGH NJW 2005, 1713 sub II.2.a) – das ist vorbildlich kurz und knackig.
166 Je umfangreicher die Erörterung zu werden droht, desto gründlicher muss die Darstellung überdacht werden, damit die Leserin nicht mehr als nötig gelangweilt wird. Es kann lohnen, auch einmal über die Reihenfolge der referierten Argumente nachzudenken; für eine überzeugende Präsentation kann man auf die Erkenntnisse der Rhetorik zurückgreifen (siehe z.B. *Hägg* Kunst, 59).

Teil 3: Sprachliche Gestaltung

Brauchen Sie für eine Theorie einen **Namen** (etwa um ihn in der Überschrift zu verwenden), sollten Sie eher *Die <Irgendwas->theorie* oder *Das <Wasweißich->Kriterium* als *Die Meinung von <Autor>* schreiben, um dem Leser eine Orientierung über die Argumente in der Sache zu ermöglichen. Nur selten unterscheidungskräftig ist *Die bejahende / zustimmende / verneinende / ablehnende Auffassung.* Wer solches verwenden will, achte darauf, dass der Standpunkt, auf den sich diese Wörter beziehen, unmittelbar vorher beschrieben werden muss. In der Gliederung wirken diese Überschriften aber immer ein bisschen irritierend.

169　Die Einleitung kann den quantitativen Gesichtspunkt in den Vordergrund stellen:
- Häufigste / Gebräuchlichste / Gängige Begründung, Herrschende/ Überwiegende Meinung usw.

oder den qualitativen:
- Wesentliches / Wichtigstes Argument / Entscheidender / Zentraler Gesichtspunkt *usw.*,

wobei die Gegenüberstellung »Masse / Klasse« schon zu Wertungszwecken eingesetzt werden kann, etwa wenn man sich der besser begründbaren Minderheitsansicht anschließen will.

170　Im einfachsten Fall gibt es **zwei Meinungen**:
- In der Frage der/s ... stehen sich zwei Ansichten gegenüber.
- Eine Ansicht / Meinung / Auffassung will ... als ... behandeln / verstehen / ... unter (den Begriff des/r) ... fassen / ziehen / subsumieren.
- <Ansicht> beschränkt ... auf ...
- Nach nahezu / beinahe / fast einhelliger / einheitlicher / unwidersprochener Meinung ...
- Vom Standpunkt der Vertreter der ...-theorie aus ...
- Im Gegensatz dazu stellt die Lehre vom/n ... auf ... ab.
- Die / Eine andere Ansicht / Die Gegenmeinung / Die gegenteilige Ansicht / geht von folgender Erwägung / Überlegung / Grundlage aus: ...
- Die Gegenmeinung beanstandet / moniert / wendet ein / entgegnet / erwidert, ...
- Dagegen / Demgegenüber wird eingewandt / behauptet / geltend gemacht, dass ... *(indirekte Rede – Konjunktiv!).*
- Rechtsprechung (und (Teile der) Literatur) stehen demgegenüber auf dem Standpunkt, ... Hiernach ist ...
- Die Gegenmeinung stellt auf ... ab / arbeitet / operiert mit dem (so genannten) ...-begriff, demzufolge ...
- Die Gegenansicht legt an ... strenge Maßstäbe an / knüpft die Annahme einer/s an enge / eng gefasste Voraussetzungen / lässt für ... ... ausreichen / genügen.
- Die Kritiker dieses Ansatzes wollen die Unterscheidung zwischen ... und ... einsetzen / verwenden / heranziehen, um ...
- Diese Auffassung ist auf Kritik / Widerspruch / (starken) Widerstand gestoßen.
- Einerseits wird / wurde hierzu die Ansicht vertreten, dass ... Andererseits ...
- Während es nach <Ansicht 1> auf <Kriterium 1> ankommen soll, ist nach <Ansicht 2> <Kriterium 2> maßgeblich.

171　Oft tritt eine dritte, meist **vermittelnde Meinung** hinzu:
- Eine vermittelnde Meinung will ...
- Dem wird von einer dritten Ansicht vorgeworfen / entgegengehalten / vorgehalten, ...
- Anknüpfend an die / Ausgehend von der ...-theorie stellt eine weitere Ansicht darauf ab, ob ...
- Eine jüngere Ansicht schlägt ... vor / legt ... zugrunde / verwendet einen streng an ... orientierten ...-begriff.
- Daneben tritt noch eine dritte Meinung, die ...
- Eine modifizierte Bestimmung des ...-begriffs schlägt <Autor> vor / hat <Autor> vorgeschlagen.
- Eine dritte Position geht davon aus, dass ...

172　Teils gibt es auch **zahlreiche Ansichten** zu einem Problem. Dann kann und sollte man sie, gerade wenn es Dutzende sind, zu Gruppen zusammenfassen.

Beispiel: Es dürfte den Rahmen praktisch jeder Übungsarbeit sprengen, alle zum Wegfall der Geschäftsgrundlage vertretenen Ansätze zu referieren[167].

- Manche (Autoren) wollen mit z. T. unterschiedlichen Argumenten den Anwendungsbereich des/r <Norm(en)> auf ... ausdehnen / erweitern / beschränken.
- Mit im Einzelnen voneinander abweichenden Begründungen wollen A, B und C ...
- Ein großer / bedeutender / gewichtiger / nennenswerter / zunehmender usw. Teil / Der überwiegende / größte Teil der Lehre / des Schrifttums nimmt an / geht davon aus, dass ...
- Zum gleichen Ergebnis kommen die / zahlreiche / etliche / die meisten Vertreter der ...-theorie, die ...
- Letztgenannter / Erstgenannter Ansatz ... lässt ... genügen / ausreichen. Dagegen verlangt ... das Vorliegen einer/s ...
- <Autor> will auf ... abstellen.
- Dies wird heute nur noch von <Autor> / nicht mehr vertreten.
- Es findet sich auch (noch vereinzelt / gelegentlich) die Ansicht, ...
- Dabei wird allerdings teilweise / stellenweise einschränkend vorgeschlagen, ...
- Zum Teil wird vertreten / vorgetragen, ...
- Vereinzelt wird die Ansicht verfochten, dass ...
- Gelegentlich heißt es (auch), ...
- <Autor> versucht, das / dieses Problem durch Abstellen auf <Kriterium> zu lösen / zu umgehen / zu vermeiden.
- <Ansicht> greift auf <Kriterium> zurück, wodurch ...
- Eine andere Wertung / Ein Ausgleich findet sich bei <Autor>, der / die auf ... abstellt.
- Einen Mittelweg zwischen ... und ... beschreiten / gehen <Autoren>, indem sie ...
- Eine Ansicht lehnt ... ganz / generell / überhaupt ab. Begründet wird dies mit ...
- <Autor> geht von einer anderen Unterscheidung / Einteilung aus: ...
- Zur / Zu dessen Begründung wird meist / oft / regelmäßig / häufig / immer wieder / üblicherweise / im Allgemeinen / gewöhnlich / gemeinhin / überwiegend / durchgängig das ...-prinzip / der Grundsatz des/r ... herangezogen / genannt.
- Die gängigen Begründungen rekurrieren / greifen zurück auf ... / ziehen ... heran.
- Hierfür beruft sich <Autor> auf ...
- Zur Begründung zieht <Autor> ... heran.
- Man kann sich auch auf den Standpunkt stellen / auf dem Standpunkt stehen, ...
- Eine Minderheitsmeinung innerhalb der ...-lehre charakterisiert / beschreibt / definiert ... als ...
- Die / Eine enge / restriktive / weite / extensive / exzessive / erweiternde / großzügigere Auslegung des ...-begriffs wird im Schrifttum unter Hinweis auf ... gefordert / abgelehnt.
- Der / Das <Gericht> ist dieser Auffassung in seinem Urteil vom <Datum> <Fundstelle in Fußnote> (nicht) gefolgt / entgegengetreten / hat sich ... (nicht) angeschlossen.
- Von einem ... Standpunkt aus ...
- Teils wird befürwortet, ... Auf der gleichen Linie liegt ...
- Im Schrifttum wird darüber hinaus erörtert / diskutiert/ erwogen, ob ... / vorgeschlagen, ... zu ...
- Ein Teil der Literatur deutet / versteht / interpretiert ... als ... / will ... als ... deuten / verstehen / interpretieren / auffassen / verstanden wissen.
- <Autor> sieht nur diejenigen Fälle als tatbestandlich im Sinne des <Norm> an, in denen ...
- Folgerichtig / Konsequent verlangt <Ansicht> für <Tatbestandsmerkmal> <Voraussetzung>.
- Die Gegner dieses Ansatzes vertreten / wenden ein, ...
- Einer weiteren Ansicht zufolge ist ... als ... einzustufen / zu beurteilen / bezeichnen / behandeln.
- <Autor> sucht die Lösung im ...
- Übereinstimmung besteht jedoch insoweit, als ... Zu entscheiden ist daher nur zwischen ... und ...
- Zum gleichen / zu einem ähnlichen Ergebnis gelangt man, wenn ...

Fremde Ansichten referiert man vorzugsweise in indirekter Rede – jedenfalls wenn man der wiedergegebenen Meinung nicht folgen will. 173

Ein immer wieder auftauchendes Problem: Soll man **Ansichten, die heute niemand mehr vertritt**, darstellen und diskutieren oder eher nicht? Darauf gibt es keine eindeutige Antwort. Tendenziell sollten Sie sich knapp fassen, vielleicht auch diese Ansicht ganz weglas- 174

---

167 Nach Palandt-*Heinrichs* BGB, 60. Auflage 2001, § 242 BGB Rn. 113 m.w.N. sind es 56 verschiedene ... Vgl. heute die Kommentierungen zu § 313 BGB.

sen; meist hat es gute Gründe, dass die betreffende Meinung von der Rechtsprechung oder im Schrifttum fallengelassen wurde[168]. Ein Kriterium mag darin liegen, seit wie vielen Jahrzehnten niemand mehr so argumentiert hat. Anderes gilt naheliegenderweise, wenn Sie sich eben dieser Meinung anschließen wollen.

Kann eine **Streitfrage** vollständig als **ausgestanden** gelten oder ist sie durch Gesetzgebung überholt[169], so wird sie am besten ganz weggelassen oder nur noch kurz angerissen[170]. Die Probleme liegen dann anderswo.

- Mit ... hat der Gesetzgeber seit ... im Wortlaut des § ... klargestellt, dass es auf ... nicht ankommen soll; damit bedarf die bis dahin streitige Frage ... keiner Entscheidung / Erörterung mehr[171].

Ist jedenfalls ein Teil ausgestanden, so können Sie die Diskussion des problematischen Rests einleiten mit

- Auszugehen ist von ... . Darüber besteht (weitgehend) Einigkeit. / Übereinstimmung besteht jedenfalls insoweit, als ...

175 **Belege** für die dargestellten Meinungen benötigen Sie nur in Hausarbeiten. Fußnoten in der Klausur führen zur Abwertung.

Setzen Sie keinesfalls eine Fußnote hinter den Satz, in dem subsumiert wird. Über den konkreten Sachverhalt sagt in Rechtsprechung und Schrifttum niemand etwas.
Beispiele: *Bei der Aussage des V, der Wagen sei unfallfrei, handelt es sich also um eine vertraglich vereinbarte Eigenschaft i. S. d. § 434 I Nr. 1 BGB <Fn.: Palandt-Bearbeiter, Rn. 3 zu § 434>.* Schon *Die überwiegende Meinung im Schrifttum steht auf dem Standpunkt ...* wirkt ohne Beleg seltsam.

Das sieht aus wie eine Nebensächlichkeit, wird aber oft als schwerer Fehler betrachtet.

176 Die Angabe des **Mehrheitsstatus** einer Ansicht hat als solche keinen argumentativen Wert[172]; sie kann allenfalls anzeigen, dass Sie es für erforderlich halten, diejenige Ansicht am ausführlichsten zu widerlegen, die von den meisten Menschen geteilt wird. Wenn Sie trotzdem[173] eine Meinung als *herrschend* o.Ä. kennzeichnen wollen, achten Sie auf folgendes:

Nach unwidersprochener Ansicht darf nicht mit einer Fußnote *a. A. allerdings ...* belegt werden.

Eine *allgemeine / allgemein anerkannte Ansicht* kennt ebenfalls keine oder maximal ein bis zwei am besten veraltete Gegenstimmen. In der Fußnote kann man schreiben *stellvertretend nur / z. B. / für viele / zuletzt ... <jüngste Stimme>, <frühester Vertreter>;* dagegen *soweit erkennbar nur <Autor>*.

---

168 So kann etwa eine gesetzgeberische Klarstellung eine Streitfrage erledigt haben. Das zu übersehen ist immer ein bisschen peinlich.
169 Dazu auch die Hinweise in Rn. 413.
170 Sehr ärgerlich kann das in Examensarbeiten werden. Da aber die Prüfungsämter nicht regelmäßig alle Prüfungsthemen auf ihre Aktualität hin durchgehen können, kann es geschehen, dass Ihre Examensaufgabe definitiv überholt ist. Dann müssen Sie um eine neue bitten. Sie dürfen keinesfalls der Versuchung nachgeben, die Aufgabe schnell abzuarbeiten und das zwischenzeitlich erlassene Gesetz zu ignorieren.
171 Oft ist selbst eine solche Formulierung noch entbehrlich. Sinnvoll kann sie aber etwa in einer Examenshausarbeit sein, von der Sie als Bearbeiterin vermuten, dass sie zu einer Zeit ersonnen und mustergelöst wurde, als die Frage noch streitig war. Leider kommt das nicht ganz selten vor.
172 Ähnlich wie die kommentarlose Bezugnahme auf die h. M. ist auch der beliebte Beleg *laut Rechtsprechung* besonders in Klausuren sinnlos, weil Sie keine Fundstellen angeben können. Er ersetzt nicht die Begründung dafür, warum die Rechtsprechung diese Sachverhalte so entscheidet.
173 Zur Bedeutung herrschender Meinungen Rn. 430.

Eine *herrschende Meinung* muss auch in der Quantität der Nachweise (üblicherweise Schrifttum und Rechtsprechung) erkennbar werden; ein einzelner Nachweis genügt nicht, besonders wenn Sie die Gegenansicht mit zehn Belegen dokumentieren.

Die *(wohl) überwiegende Ansicht* verlangt nach Aussagen zu den anderen Meinungen; diese sollten nicht nur in der Fußnote erwähnt, sondern im Text einer – wenn auch nur kurzen – Widerlegung gewürdigt werden; Gleiches gilt für die *herrschende Meinung* – sonst wäre es eine *allgemeine Meinung*.

Bei quantitativem Gleichgewicht: *Eine (verbreitete / vielfach vertretene) Meinung ... Die Gegenmeinung ...* oder *Nach der ersten hierzu vertretenen Ansicht ... Eine andere Ansicht ... Die dritte Position ...*

Manche Autoren neigen dazu, ihre eigene Ansicht recht großzügig als herrschend zu bezeichnen. Übernehmen Sie solche Behauptungen nicht ungeprüft – im Zweifel lässt man die Angabe zum Mehrheitsstatus wegen ihres begrenzten Informationswerts eben weg.

Zeitliche Entwicklungen kann man kennzeichnen mit *Nach inzwischen / derzeit / heute / gegenwärtig / bis vor kurzem / neuerdings usw. herrschender Ansicht / gefestigter / ständiger Rechtsprechung / Einer im Vordringen begriffenen Ansicht zufolge usw.* 177

Oft haben Sie zahlreiche **Belegstellen** zur Verfügung. Übertreiben Sie nicht mit deren Anzahl in den Fußnoten[174]. 178

Rechtsprechung: Zitieren Sie möglichst die früheste Entscheidung, die am besten begründete (die meist zugleich die bekannteste ist) und die neueste. Achten Sie dabei auf Zugänglichkeit der zitierten Quelle, wenn die Entscheidung mehrfach veröffentlicht ist.

Schrifttum: Beachten Sie möglichst die zeitliche Folge; in der Fußnote können Sie vielleicht nach Lehrbüchern, Kommentaren, Monographien und Aufsätzen ordnen. Unglaubhaft ist es übrigens, wenn Sie zu Nebenproblemen mehrere Monographien, vorzugsweise Habilitationsschriften, zitieren: Dass Sie diese in der Kürze der Zeit gelesen und verstanden haben, nimmt Ihnen der Korrektor nicht immer ab.

Vorsicht mit **Blindzitaten**! Öfter als man glauben sollte, zitieren die Verfasser von Lehrbüchern, Kommentaren und Aufsätzen falsch. Manchmal sind es nur Druckfehler. Jedenfalls ist es unerfreulich, wenn Sie das auch tun. Prüfen Sie also die Verweise, die Sie von anderen übernehmen. Bedenken Sie dabei: In der Regel hat der Korrektor nur Zeit und Geduld für Stichproben. Wenn bei einer Stichprobe aber drei von sieben Fußnoten falsche Belege enthalten, wird er sich wahrscheinlich etwas mehr Zeit nehmen, um Ihre Arbeit näher zu betrachten[175]. 179

Ein typischer Hinweis auf blind übernommene Zitate sind uneinheitliche Zitierweisen von Fußnote zu Fußnote (beispielsweise ständig abwechselnd *MüKo*, *MünchKomm* und *MK* für den *Münchener Kommentar zum BGB*, *Rn.*, *Rz.*, *Rdnr.*, *Rd.Nr.*, *Rdn.*, *RN.*, *Ziff.* für *Randnummer*). Vereinheitlichen Sie also mit einem internen Abkürzungsverzeichnis oder unter Angabe der Zitierweise im Schrifttumsverzeichnis Ihre Zitate[176].

---

174 Näher zu den Anforderungen an den Fußnotenapparat Rn. 531 ff.
175 Mit dieser rein taktischen Überlegung ist noch nichts darüber gesagt, wie sich (auch unaufgedeckte) Blindzitate auf Ihre wissenschaftliche Selbstachtung auswirken. Instruktiv zum Wildwuchs von Blindzitaten *Schnapp*, Friedrich Schmitthenner – Ahnherr des besonderen Gewaltverhältnisses?, in: liber amicorum Hans-Uwe Erichsen, 231, 232 ff.
176 Dabei hilft das Textverarbeitungsprogramm mit *Suchen und Ersetzen* oder *AutoKorrektur*. Auch möglich: Im Schrifttumsverzeichnis die Zitierweise als Textmarke kennzeichnen und dann in den Fußnoten auf den Inhalt dieser Textmarke verweisen.

Teil 3: Sprachliche Gestaltung

Ziemlich dilettantisch wirkt das mehrmalige Zitieren derselben Entscheidung nach verschiedenen Fundstellen (etwa wechselweise nach BGHZ, NJW und BB) innerhalb derselben Fußnote oder in aufeinander folgenden Fußnoten. Der Leser bekommt unweigerlich den Eindruck, Sie hätten sich nicht der Mühe unterzogen festzustellen, ob es sich dabei um eine Rechtsprechungskette oder nur eine einzige, aber mehrfach veröffentlichte Entscheidung handelt. Der Abgleich ist zwar auf Dauer mühsam, lässt sich aber bei Verwendung der Konkordanztabellen in den Registern etlicher Fachzeitschriften[177] beschleunigen.

180 **Dichte der Belege**: Wie viele Belege Sie brauchen, hängt vom diskutierten Problem ab. Eine ganz aktuelles und in Rechtsprechung und Schrifttum noch kaum thematisiertes Problem wirft nicht so viele Fußnoten ab wie eine klassische, aber bis in die Gegenwart umstrittene Frage.

Faustregel: Deutlich weniger als drei Fußnoten pro Seite (im Schnitt, wohlgemerkt) wirken etwas dürftig, deutlich mehr als fünf pro Seite angeberisch. Wenn sämtliche Fußnoten nur je eine Fundstelle enthalten, sieht das nicht nach gründlicher Arbeitsweise aus[178].
Zwangsläufig verteilen sich die Fußnoten nicht ganz gleichmäßig über den Text Ihrer Arbeit. In problematischen Passagen steht vielleicht hinter jedem Satz eine, bei unstreitigen Überlegungen finden sich nur wenige (meist: kurze) oder gar keine. Damit erkennt der Leser aber auch leicht, was Ihnen problematisch erscheint.

b) Vorläufige Anwendung auf den Sachverhalt

aa) Ergebnisrelevanz verdeutlichen

181 Ein Streit bedarf nur der Darstellung und Entscheidung, wenn die verschiedenen Ansichten in dem von Ihnen zu bearbeitenden Sachverhalt zu unterschiedlichen Ergebnissen führen[179],[180]. Diese vorläufige Anwendung auf den Sachverhalt wird häufig übersehen, ist aber ganz wichtig. Seitenlange Ausführungen zu Kontroversen, von denen sich am Ende herausstellt, dass hinsichtlich des zu begutachtenden Falls alle einer Meinung sind, bringen Ihnen keine Punkte. Im Gegenteil: Sie sind Anlass zur Abwertung.

- Nach dieser Ansicht / Argumentationslinie / Von diesem Standpunkt aus / Aus dem Blickwinkel der ...-theorie ... / Danach käme / kommt vorliegend <Möglichkeit 1> in Betracht.
- In Anwendung / Angewendet auf den Sachverhalt / Für <Anspruchsteller/-sgegner> bedeutet dies, dass <Möglichkeit 2>.
- Der/Die ... wäre danach (ohne weiteres) ein/e <Möglichkeit 3>.
- Folgt man der letztgenannten Ansicht / der Rechtsprechung, (so) ...
- Bei Zugrundelegung des ersten Abgrenzungskriteriums ...
- Die Anwendung der ...-hypothese / ...-theorie usw. führt zu/r/m ...
- In Fällen wie dem zu entscheidenden / vorliegenden ist danach ... anzunehmen.
- Das führt zu ...

---

177 Nützlich dafür *Schütz/Möllers* Fundstellenverzeichnis Veröffentlichte Entscheidungen deutscher Gerichte 1980–1997.
178 Umgekehrt werden in Übungsarbeiten aber nur gelegentlich Fußnoten erforderlich sein, die mehr als drei Zeilen mit Belegstellen enthalten. Näher Rn. 243a.
179 Das gilt übrigens nicht nur für die hier erörterten **Streitfragen**, sondern auch für die unter Juristen beliebten akademischen **Abgrenzungsfragen**. So ist es beispielsweise müßig, bei der Prüfung eines deliktischen Schadensersatzanspruchs aus § 823 I BGB viel Mühe auf die richtige Begründung dafür zu verwenden, ob T (noch) fahrlässig oder (schon) vorsätzlich gehandelt hat – von wenigen Ausnahmen abgesehen ist die Rechtsfolge die gleiche. Der argumentative Aufwand kann aber gleichwohl hoch (und eben: unnötig) sein, weil es sich um normative Begriffe handelt, die einer rechtlich-wertenden Ausfüllung bedürfen.
180 Entbehrlich ist die Subsumtion etwa, wenn zwei oder mehrere Definitionen, unter die subsumiert werden müsste, zueinander im Verhältnis der Inklusivität stehen; dazu *Puppe* Schule, 58.

- Das würde bedeuten / dazu führen, dass …
- Nimmt man … an, so ist diesem Ansatz zufolge …
- Hält man <Kriterium> für maßgeblich / Verlangt man dagegen mit der …-ansicht …, so …
- Zum gleichen Ergebnis kommt die …-theorie / man bei Anwendung des …-kriteriums.
- Auch die …-ansicht führt hier nicht zu anderen / abweichenden Resultaten: …
- Mit der …-formel des <Gerichts> gelangt man zum selben / gleichen Ergebnis.
- Da …, kommt die …-theorie in Fällen / Fallkonstellationen wie dem / der vorliegenden zum gleichen Resultat.
- Nichts anderes ergibt sich aus … /, legt man … zugrunde / stellt man auf … ab.

Dabei ist es sinnvoll, auch sprachlich zu verdeutlichen, dass es sich noch nicht um endgültige Ergebnisse handelt.

Anschließend sollte, schon zur Selbstkontrolle, etwas folgen wie: 182
- Da die dargestellten Meinungen für den vorliegenden Sachverhalt zu verschiedenen Ergebnissen gelangen, ist der Streit zu entscheiden / bedarf die Kontroverse einer Stellungnahme / Entscheidung.
- Für … kommt es demnach darauf an, ob der … oder der … zu folgen ist.
- Das Ergebnis zu/r … / Die Entscheidung des/r … hängt also davon ab, welcher der genannten / dargestellten / beschriebenen Ansichten zu folgen ist / man folgt / man sich anschließt.
- Bei Zugrundelegung des …-kriteriums ist also … zu verneinen, während anderenfalls …
- Da …, kommen die genannten Auffassungen zu unterschiedlichen Ergebnissen.
- Streitentscheidende / Fallentscheidende Bedeutung hat also die Frage nach …

In Fortgeschrittenenarbeiten und im Examen kann allerdings die ständige mechanische 183
Wiederholung des Satzes *Die zum Problem vertretenen Ansichten kommen zu verschiedenen Ergebnissen, so dass der Streit zu entscheiden ist* ermüdend wirken. Gerade bei kleineren Problemen sollte man daher ohne Ankündigung in die Diskussion einsteigen und dem Leser die Einsicht selbst überlassen.

Wenn Sie an diesem Punkt aber zu der überraschenden Erkenntnis gelangen, dass alle ein- 184
schlägigen Theorien für Ihren Sachverhalt zum gleichen Ergebnis kommen, können und
müssen Sie sich deren Darstellung und Diskussion weitgehend sparen. Fassen Sie sich
dann kurz[181].

Beispiel: *Folglich handelt es sich bei … nach sämtlichen dargestellten Meinungen/ Ansichten / Abgrenzungskriterien / Theorien / Standpunkten um …; eine Entscheidung des Meinungsstreits ist daher nicht geboten.*

Das ist hart, wenn Sie zwei Wochen daran gearbeitet haben, aber das Leben ist nun mal
so. Außerdem lernt man am besten aus Fehlern.

bb) Sachverhaltsbezug wiederherstellen

Nach längerer Darstellung von Streitständen kann man den erforderlichen Bezug zum 185
Sachverhalt wiederherstellen mit
- Der/Die … hängt also von … ab.
- Ob nun … (als … anzusehen) ist, bestimmt sich nach …
- Damit ist / erweist sich die Antwort auf die Frage nach … als vorgreiflich für die …-eigenschaft des …

Vorsicht: Mit Formulierungen wie
- Für den vorliegenden Sachverhalt bedeutet das, dass … / In dem hier interessierenden Zusammenhang folgt daraus, dass …[182]

weisen Sie den Leser unnötigerweise darauf hin, dass Sie sich länger vom konkreten Sachverhalt verabschiedet hatten. Nützlich sind statt dessen gelegentliche Einschübe (Klam-

---

181 Zum Offenlassen auch Rn. 233, 428.
182 BGHZ 53, 369, 379.

mern oder Gedankenstriche), die auf das für den Sachverhalt einschlägige Merkmal verweisen.

Beispiele: *Nach der Ansicht der Rechtsprechung kann der Geschädigte – hier: A – vom Schädiger – hier: B – nur unter der Voraussetzung unmittelbar Ersatz verlangen, dass ...* oder *Das Verhalten des T – das Unterlassen der Sicherung der Baustelle – müsste ihm zudem nach einer wertenden Betrachtung zurechenbar sein.*

c) Eigene Stellungnahme

186 Eine eigene Stellungnahme ist unentbehrlich. Auch wenn Sie sich dem Standpunkt der Mehrheit anschließen, müssen Sie begründen, dass und warum dieser Sie überzeugt. Sprechen Sie selbst hier[183] nicht in der ersten Person Singular. Stellen Sie Ihren Standpunkt so dar, als sei er zwingend, also nicht nur für Sie, sondern für jeden richtig und überzeugend. Im Übrigen nimmt es Ihnen niemand übel, wenn Sie irgendeiner vertretbaren (lies: vertretenen) Ansicht folgen. Da Sie wissenschaftlich arbeiten, kommt es nicht darauf an, ob Ihre Meinung herrschend ist, sondern nur darauf, ob sie überzeugend begründet ist. Sicherheitshalber: Je weniger häufig die Meinung vertreten wird, desto besser und erforderlichenfalls umfangreicher sollten Sie Ihren Standpunkt begründen – das heißt: in Zeitnot besonders in Klausuren vielleicht lieber der überwiegend vertretenen Ansicht folgen.

187 Um Missverständnissen vorzubeugen: Sie müssen keinen wirklich neuen, sondern nur einen eigenen Standpunkt entwickeln[184]. Ersteres ist im zeitlichen Rahmen einer Übungsarbeit meist gar nicht zu leisten – und es wäre ein bisschen viel verlangt, wenn Sie den Äußerungen von Professoren und Praktikerinnen, die sich teils sehr lange mit dem Problem befasst haben, spontan noch eine bislang nicht gedachte Position hinzufügen müssten. Trotzdem soll Ihr Text erkennen lassen, dass Sie sich eine eigene Meinung gebildet haben. Das heißt, Sie müssen darlegen, warum Ihnen die eine oder andere angebotene Ansicht überzeugender erscheint.

188 Ob die Überschrift, die man jedenfalls bei längerer Diskussion setzen sollte, wirklich *Eigene Meinung* heißen muss, ist zweifelhaft. Am ehesten noch schlicht und einfach *Stellungnahme*, vielleicht *(Kritische) Würdigung* oder – auch nicht richtig schön – *Fazit*.

aa) Argumente aufarbeiten

189 Nachdem nun etliche Argumente auf den Leser einwirken, muss man ihn ein wenig an die Hand nehmen, damit er nicht zu selbstständig an das Problem herangeht und möglicherweise zu einem abweichenden Ergebnis kommt. Zumindest muss ihm nachvollziehbar werden, wie Sie zu Ihrem Standpunkt gelangt sind. Dazu sind die zuvor dargestellten Argumente zu sortieren und zu gewichten.

(1) Ausklammern von Argumenten

190 Ganz typisch für juristische Argumentationen ist die Trennung zwischen Argumenten, die zur Sache gehören und deshalb erörtert werden, und solchen, die man aus irgendeinem Grund als sachfremd von vornherein ausklammern kann. In Übungsarbeiten bildet dies besonders dann einen wichtigen Teil der Leistung dar, wenn im Sachverhalt bereits Rechtsmeinungen der Beteiligten wiedergegeben werden oder einzelne Argumente sich nach der Konstruktion des Sachverhalts geradezu aufdrängen.

- Keine Rolle kann / darf es spielen, dass ...
- Unberücksichtigt / Außer Betracht / Ansatz muss der Einwand / der Hinweis auf ... bleiben, ...
- Unbeachtlich ist ...
- Das Argument der Gegenmeinung, ..., geht fehl / ist unzutreffend.

---

183 Zur ersten Person Singular im Gutachten Rn. 394.
184 Schade eigentlich!

- Kein nennenswertes Gewicht / Kein/e oder allenfalls geringes Gewicht / marginale / untergeordnete Bedeutung kann / darf dem Umstand / Einwand zukommen / wird man der Erwägung zuzumessen haben, dass ...
- <Argument> ist daher nicht in die Betrachtung / Erörterung / Abwägung / weiteren Überlegungen / Prüfung des/r ... mit einzubeziehen / einzustellen.
- Auf ... kann es nicht ankommen. Damit entfällt der gewichtigste Einwand gegen ... Letztendlich bleibt nur noch das auf ... gestützte Argument. Zur Begründung ... kann dies angesichts des erheblichen Gewichts insbesondere des dargestellten ...-arguments nicht ausreichen. Im Ergebnis wird man also ... zustimmen (müssen), zumal allein dies eine angemessene Entscheidung / Lösung von ... ermöglicht.

Leicht nachvollziehbar – und damit voraussichtlich überzeugend – ist das Herauswerfen solcher Argumente aus dem Kreis der maßgeblichen Erwägungen, die gar keine richtigen Argumente sind.

Ein **Argument** sieht ungefähr so aus:

Behauptung – Begründung – Beleg.

Die beliebte kommentarlose Bezugnahme auf die herrschende Meinung ist danach kein Argument: Zwischen Behauptung und Beleg fehlt die Begründung. Und selbst wenn nur der Beleg fehlt, schwächt schon das ein Argument – zumindest wissenschaftliche betrachtet[185].

Für die Argumentation sehr günstig ist es, wenn man den Vertretern der abgelehnten Meinung ganz offensichtliche Fehler vorwerfen kann:

- <Gegenansicht> beschränkt sich hier auf reine / schlichte / einfache Behauptungen, ohne diese (näher / auch nur ansatzweise) zu begründen. Eine Widerlegung ist daher weder möglich noch nötig.
- Für <Behauptung> fehlt es jedoch an einem / jeglichem Beleg. Der Ansatz bleibt somit (recht / etwas) spekulativ / ist nicht / nur schwer nachvollziehbar.

Bei so schwerem Geschütz ist aber Zurückhaltung geboten; unberechtigte Vorwürfe fallen leicht auf den zurück, der sie erhebt.

- Mit dem Verweis auf ... lässt sich <Ansatz> nicht belegen / begründen / Sofern sich <Autor> auf <Autor / Ansatz> beruft, liegt dem ein Missverständnis ... zugrunde: <Ansatz> war für <Fälle wie den vorliegenden> nicht gedacht; vielmehr sollte/n damit ... erklärt / bewältigt werden. Von <vorliegendem Sachverhalt> unterscheiden sich diese schon insofern erheblich / wesentlich, als ...
- Ob sich <Autor> für <Behauptung> auf <Quelle> berufen kann, muss bezweifelt werden. ...

(2) Abwerten von Argumenten
Hat man einen Teil der vorgebrachten Argumente als unmaßgeblich ausgeschieden, kann man einige der verbleibenden als zwar zur Sache gehörend, aber wenig überzeugend kennzeichnen.

- Sofern / Soweit / Wenn hiergegen ... eingewandt / geltend gemacht / vorgebracht wird, kann dies schon deswegen / insoweit nicht (recht / ganz) überzeugen, weil / als ...
- <Standpunkt> übersieht ...
- Was <Argument> betrifft / anbelangt / angeht, so verfehlt dieser Einwand (schon deswegen) das in Frage stehende Problem, weil ...
- Dieses Argument verliert indes(sen) dadurch (erheblich / deutlich / sehr stark / spürbar / merklich) an Durchschlagskraft / Überzeugungskraft, dass ...
- Weiter relativiert sich die Überzeugungskraft des ...-Arguments dadurch, dass ...
- Auch die Berufung / das Abstellen auf ... führt / hilft (hier) nicht weiter / geht ins Leere / erlangt im vorliegenden Sachverhalt keine Bedeutung: ...
- Zwar ist der ...-ansicht zuzugeben, dass ... Jedoch ist allein mit ... noch nichts gewonnen. Wirklich problematisch sind nicht <Fälle>, sondern <Fälle>.

---

185 Ein noch so flammendes und überzeugendes Plädoyer (schönes Beispiel: *Prantl* Terrorist) leidet wissenschaftlich betrachtet, wenn sich der kritische Adressat die Belege selbst zusammensuchen muß.

Teil 3: Sprachliche Gestaltung

- Nicht tragfähig ist / als wenig tragfähig erweist sich bei näherer Betrachtung ... Das erhellt bereits / ergibt sich / folgt schon aus ...
- <Kriterium> erlaubt / ermöglicht keine klare / eindeutige / sichere / definitive / nachvollziehbare Abgrenzung / Bestimmung des ...-inhalts / Beurteilung des/r ...
- Bei näherem Hinsehen / genauerer Betrachtung erweist sich <Argument> als wenig / nicht stichhaltig: ...; <Argument> sticht nicht: ...
- Die Bedeutung / das Gewicht dieses Einwands ist allerdings insofern zweifelhaft / fraglich, als ... Auch die Vertreter der ... müssen einräumen, dass ...
- ... kann ... nicht bewältigen.
- ... sieht sich dem Einwand ausgesetzt, ...
- Man wird (auch) nicht sagen können, dass ...
- Der von ... zur Begründung angeführte Schluss von ... auf ... ist nicht logisch zwingend, sondern allenfalls für den statistischen Normalfall überzeugend.

193 Vermeiden Sie bei alledem aber **herablassende, arrogante und altkluge Formen der Kritik** oder Zustimmung:
- Dieser Ansatz führt zu schier unerträglichen Ergebnissen.
- Gänzlich verfehlt / abwegig ist es, mit der h. M. auf ... abzustellen.
- Richtig ist an der Auffassung *Medicus'* nur, dass ...
- Das *BVerfG* wird sich diese Einsicht zu Herzen nehmen müssen.
- Der *BGH* geht insoweit in nicht zu beanstandender Weise vor.

So unverständlich oder falsch Ihnen manchmal höchstrichterliche Entscheidungen erscheinen mögen, so sehr verdienen sie doch eine sachliche Auseinandersetzung. Bedenken Sie: Die Richterinnen, die diese Entscheidungen treffen, tun dies hauptamtlich, sie sind juristisch sehr gut qualifiziert. Das verbürgt nicht die Richtigkeit des Ergebnisses, aber zumindest dessen professionell solide Herstellung. Bleiben Sie deswegen bei aller Kritik in der Sache korrekt im Ton[186].

Es ist nicht sinnvoll, den Stil schlechter Anwaltsschriftsätze zu kopieren[187].

- Völlig neben der Sache liegt auch <Argument>

Damit erreicht man bestenfalls gesteigerte Aufmerksamkeit des Lesers für das angeblich so abwegige Argument[188].

Mancher Satz, der aus dem Mund einer Autorität ganz stimmig klingt,

Beispiel: *Wieso ... ... sein soll, ist nicht einzusehen*[189].

wirkt zu dick aufgetragen, wenn ihn Studierende im zweiten Semester verwenden.

Die beliebten Urteile des Typs *lebensfern, realitätsferne Unterstellung* etc. über einen fremden Standpunkt sind in mehrfacher Hinsicht heikel: Aus der Feder junger Menschen klingt so etwas immer ein bisschen besserwisserisch-altklug[190]. Diese Urteile sind das Ergebnis einer ziemlich subjektiven Wertung – besser gibt man Gründe an als nur ein solches Ergebnis, das allein wenig Überzeugungserfolg verspricht (und zudem bei inflationärem Gebrauch den Leser misstrauisch werden lässt ...). Richtig viel sagt solche Etikettie-

---

186 Was Sie also selbst als Kritik an Ihren Prüfungsleistungen unangemessen fänden, dürfen Sie auch als Kritik an den Argumentationen anderer Leute nicht aussprechen.
187 Erst recht vermeiden sollte man die ganz offensiven Formen der Kritik; wenn etwa Wolfgang *Thierse* das Urteil des LAG Berlin-Brandenburg (NJ 2009, 256 – Emmely) als *barbarisches Urteil von asozialer Qualität* bezeichnet (www.berlinonline.de/berliner-zeitung/archiv/.bin/dump.fcgi/2009/0226/berlin/0091/index.html), mag das politisch opportun sein, erleichtert aber nicht die sachliche Auseinandersetzung.
188 Zu verdächtigen Pseudo-Gewissheitsvokabeln Rn. 359.
189 BGH NJW 2003, 2314, 2316.
190 Dazu noch Rn. 358.

rung überhaupt nicht aus: Rechtliche Konstruktionen sind eben manchmal lebensfern (denken Sie mal an das Abstraktionsprinzip).

Auch die Bezeichnung eines Standpunkts oder Ergebnisses als *formaljuristisch (richtig)* ist in juristischen Zusammenhängen ein wenig seltsam: Oft bezieht eine juristische Argumentation einen Teil ihrer Qualität gerade daraus, dass sie formal vorgeht[191].

Überhaupt ist es ein Gebot des fachlichen und diskursiven Anstands, die Meinungen anderer Leute so überzeugend und stimmig wie möglich darzustellen – um erst anschließend Kritik daran zu üben[192].

In einer um Objektivität und Wissenschaftlichkeit bemühten Diskussion kann man manchmal eine gewisse Vorgewichtung der Argumente dadurch erreichen, dass man darauf hinweist, sie seien interessegeleitet. Solcherlei Hinweise sind aber vorsichtig einzusetzen; sie geraten schnell in die Nähe der etwas zwielichtigen Argumente zur Person. Wer darauf zurückgreift, lässt vermuten, er habe in der Sache nicht viel zu sagen. Es ist ein Gebot der Klugheit und der Höflichkeit, die eigene Kritik auf die **Sache** zu beschränken und die **Person** des Kritisierten draußen zu lassen[193]. Schließlich erwartet man Gleiches auch bei der Korrektur der eigenen Arbeit. Kurz: Kritik gewinnt durch Sachlichkeit. 194

- Der Ansicht des *BGH* kann aus den dargestellten / genannten Gründen nicht gefolgt werden / ... ist ... nicht zu folgen / beizupflichten. Zustimmung verdient / erheischt dagegen der Ansatz des *OLG Düsseldorf* ...
- Dieser Ansatz kann jedoch nicht überzeugen / überzeugt / verfängt nicht / vermag nicht zu überzeugen.

Man kann – vielleicht – in einer Fußnote darauf hinweisen, dass an einer anderen Meinung etwas nicht in Ordnung ist:

- Bedenklich / Schwer nachvollziehbar / Fragwürdig / Ohne nähere Begründung BAGE 22, 554, 557 ...

(3) Umdrehen von Argumenten
Manchmal bietet es sich an, ein Argument der Gegenseite für den eigenen Standpunkt zu beanspruchen; das kann im Einzelfall sehr überzeugend wirken: 195

- Gerade bei / wegen ...
- Soweit ... auf ... abstellt, kann dies das Ergebnis nicht tragen. Im Gegenteil ... . Eben / Genau / Insbesondere ... ist es, der/die/das ...
- Bei näherem Hinsehen / genauerer Betrachtung / Überlegung spricht <Argument> vielmehr für ...
- Tatsächlich liegen die Dinge aber genau umgekehrt: ...

(4) Zugestehen von Argumenten
Den Eindruck von Ausgewogenheit und Objektivität kann man verstärken, indem man starke Argumente der abgelehnten Ansicht zugesteht. 196

- Der Gegenmeinung ist zuzugestehen / zuzugeben / zu konzedieren / einzuräumen, dass ...
- Nicht zu bestreiten / von der Hand zu weisen / Richtig / Zutreffend ist ...
- Zwar <ist Ausgangspunkt der abzulehnenden Ansicht richtig gewählt>, aber ...

Will man ein kleines Argument der abgelehnten Ansicht als stichhaltig einräumen, aber im gleichen Satz ein großes Argument für die eigene Ansicht auffahren, so bieten sich an: 197

---

191 Als Juristenschelte ist *formaljuristisch* natürlich ganz gut. Wer den Begriff gebraucht, muss sich aber eben immer fragen lassen, ob er einen privilegierten Zugang zur Erkenntnis des Gerechten genießt – denn auf den Gegensatz zwischen formaler Richtigkeit und inhaltlicher Gerechtigkeit zielt der Vorwurf ja gerade.
192 Knappe, aber erhellende Bemerkungen dazu bei *Puppe* JuS 1998, 287 f.
193 Man trifft sich immer zweimal. Auch wenn Sie zum Korrekturassistenten oder zur Richterin aufgestiegen sind, ist höfliche Kritik meist erfolgreicher als eine plumpe Watsche. Wer *abwegig* meint, schreibt deswegen *eher fernliegend*, und wer *unsinnig* sagen will, schreibt *bei näherem Überlegen widersprüchlich*. Der so Angesprochene ist sowieso enttäuscht, weil er Sie nicht überzeugt hat – Sie müssen ihn nicht zusätzlich abstrafen.

Teil 3: Sprachliche Gestaltung

- Wenn auch / Auch wenn / Obwohl / Obschon / Obgleich <Gegenargument> kaum zu widerlegen ist, ist doch <eigenes Argument> gewichtiger.
- <Zugestandenes Argument>. Trotzdem / Dessen ungeachtet / Gleichwohl / Nichtsdestoweniger ...
- Selbst / Sogar / Auch wenn man ..., so bleibt doch ...
- Mag bei ... noch einiges dafür sprechen, ..., so ist in den Fällen der/s kaum noch ein Grund ersichtlich, ...
- Zwar ist <Autor> zuzustimmen, wenn er ... . Aber ...
- Dieser Einwand ist zwar an sich plausibel / nachvollziehbar, betrifft jedoch Fälle der vorliegenden Art (gerade) nicht.
- <Teilaussage> ist zwar richtig / korrekt / stichhaltig. Damit ist jedoch für <Problem> noch nichts / nur wenig gewonnen. oder: Hinter ... muss <Umstand / Tatsache> in seiner / ihrer Bedeutung jedoch zurücktreten. oder: Das ändert jedoch nichts an ...
- <Umstand> allein rechtfertigt es noch nicht, von ... abzuweichen / abzugehen.

Beispiel: *Dass <Standpunkt> die Interessen des <Gläubigers> nicht im gleichen Maß berücksichtigt wie die des <Schuldners>, ist richtig. Dies findet seinen Grund darin, dass die Interessen des <Gläubigers> nicht ebenso schutzwürdig sind wie ...: <Begründung>.*

(5) Bewerten und Einordnen von Argumenten

198 Die Mehrzahl aller gegen die eigene Ansicht sprechenden Argumente ist von solcher Qualität und Sachnähe, dass man sie nicht für unmaßgeblich erklären kann; sie sind aber meist noch angreifbar genug, dass man sie auch nicht diskussionslos zugestehen müsste. Also muss man sie **kritisieren**. Dafür gibt es mehrere Ansatzpunkte: die *(unausgesprochenen) Voraussetzungen / Ausgangspunkte / Prämissen / Thesen / Unterstellungen*, die *(unmittelbaren / mittelbaren) Folgen / Konsequenzen / Ergebnisse / »Nebenwirkungen«* und – gewissermaßen die Qualität der Argumentation selbst – *der Schluss ist nicht zwingend / überzeugend / nachvollziehbar, ein Zusammenhang zwischen ... und ... ist nicht ersichtlich* usw.

199 Voraussetzungen

- Die Vertreter / Anhänger / Verfechter der ...theorie verkennen die zentrale Bedeutung, die dem ...-prinzip in unserer (Zivil-)Rechtsordnung zukommt.
- <Ansicht> beruht / basiert / fußt auf <Annahme>. <Annahme> ist mit ... nicht verträglich / zu vereinbaren / in Übereinstimmung / Einklang zu bringen / ... steht nicht in Einklang mit ...
- <Annahme> / <Ergebnis> steht im Widerspruch zu / widerspricht / verträgt sich nicht mit ...
- ... geht von einem falschen / untauglichen / unzutreffenden / nicht einschlägigen Ausgangspunkt / Ansatz aus.
- Empirisch betrachtet ist <Annahme> äußerst zweifelhaft / schlichtweg falsch / ganz unhaltbar. (Je massiver ein solcher Angriff und je schärfer dessen Ton ausfällt, desto unbezweifelbarer muss die nachfolgende Begründung – einschließlich der dafür angeführten Belege – sein.)
- Diesem Ansatz liegt (unausgesprochen / uneingestanden) die durchaus angreifbare Auffassung zugrunde, ...

200 Folgen

- Dies / Das / Ein solches Vorgehen läuft darauf hinaus, ... / führt zu ... / zieht ... nach sich / bringt ... mit sich / zwingt zu ... / hat ... zur Konsequenz / Das führt (aber) zu Schwierigkeiten / Unstimmigkeiten bei ... <z.B. der Abgrenzung von ... und ...> / bringt Schwierigkeiten bei ... mit sich.
- Folgt man dieser Auffassung, so ...
- Nur bei / durch Abstellen auf ... lässt sich ... sachgerecht / systemkonform entscheiden.
- Mit dem Ansatz der h. M. lassen sich jedoch <Probleme> nicht angemessen lösen / ist ... nicht (überzeugend) erklärbar.
- Bei wirtschaftlicher Betrachtungsweise bedarf dieses Ergebnis jedoch einer Korrektur.
- Damit ist das Folgeproblem ... aufgeworfen. Im Schrifttum wird dazu ausgeführt, ...
- ... bevorzugt einseitig / berücksichtigt nicht (hinreichend) die Interessen des/r ... / trägt den Interessen des/r nicht Rechnung *usw.*
- Dadurch wird das Risiko / die Gefahr / werden die Folgen einer/s ... dem ... auferlegt / aufgebürdet / zugewiesen / fällt / fallen ... zur Last. Die Gefahr des/r hat dann ausschließlich ... zu tragen.
- Allerdings wird <Ergebnis einer Ansicht> kaum / nicht ohne weiteres mit ... <z.B. Erfordernissen / dem Postulat der Rechtssicherheit> zu vereinbaren sein.

- Dagegen entspricht <Ergebnis> der Anforderung / dem Prinzip / dem Erfordernis[194] / ... steht ... in Übereinstimmung mit ...
- Denkt man aber diesen Ansatz (konsequent / folgerichtig) weiter / zu Ende, so <katastrophale Folge>.
- Auf <vergleichbaren Sachverhalt> angewandt, muss dieses Kriterium zu <unerwünschten Ergebnissen> führen.
- <Ergebnis> würde <Prinzip / Erfordernis / anerkannte Aussage> zuwiderlaufen / widersprechen / in Frage stellen / läuft zuwider / verletzt / ist mit ... nicht in Übereinstimmung zu bringen.
- ... bringt eine schwer erträgliche Rechtsunsicherheit mit sich. Das lässt sich vermeiden, indem man auf ... abstellt.
- ... widerspricht dem Gebot des/r ...
- ...hat den Vorteil / Vorzug, dass...
- Durch ... wird <Prinzip> (unnötig / ohne Not) ausgehöhlt.

Argumentation selbst

- Die ...-ansicht / verkennt / übersieht / berücksichtigt / beachtet nicht hinreichend / ausreichend / genügend / hinlänglich ... Darüber hinaus leidet sie daran, dass ... / unter einem (inneren) Widerspruch: ...
- Es wird jedoch nicht recht deutlich, warum / aus welchen Gründen <Annahme> Anlass geben soll, <Behauptung> anzunehmen.
- Eine solche Argumentation unterläuft / umgeht <Zweck der Regelung> / <Prinzip>.
- <Argument> verstößt gegen / verletzt das Prinzip / Gebot / Postulat des/r ... / lässt ... außer Acht / steht nicht in Übereinstimmung mit / stimmt nicht überein mit ...
- Stellenweise ist die Begründung (in sich) widersprüchlich / unstimmig: (Die Berufung auf) <Argument 1> schließt (die gleichzeitige Berufung / den Verweis auf) <Argument 2> aus.
- <Argument> / Die ...-konstruktion wirkt / ist lebensfremd / unnatürlich / gekünstelt / lebensfern / wirklichkeitsfern. *Vorsicht: Welche juristische Konstruktion ist schon lebensnah?*
- Ein solches Vorgehen ist jedoch insofern bedenklich / problematisch / muss aber insofern auf Bedenken / Einwände treffen / stoßen, als ...
- <Kriterium> erzwingt bei ... (eine) unnötig gekünstelte Konstruktion(en). Der begriffliche Aufwand zur Begründung eines ... ist überflüssig, wenn man auf ... abstellt.
- Der Vergleich mit ... / Der Verweis auf ... ist unzulässig / irreführend / vordergründig.
- Die Gegenmeinung setzt sich nicht mit <Argument> auseinander / setzt ... und ... unzulässigerweise gleich / vereinfacht / verkürzt unzulässig das Problem: ...
- Das von ... vorgeschlagene Kriterium ist unklar / unscharf / undeutlich / führt bei der praktischen Anwendung zu Unsicherheiten: Wann ein/e ... vorliegen soll, lässt sich anhand der Frage nach ... nicht mit der nötigen Eindeutigkeit / nicht eindeutig genug bestimmen.
- Die Gegenansicht muss (ohne Not) eine Ausnahme vom ...-Erfordernis/-Grundsatz/-Prinzip machen / stellt die Geltung des ...-prinzips in Frage, was bei Zugrundelegung des ...-kriteriums vermeidbar wäre.
- Die Ableitung eines ... ist indessen auch ohne Rückgriff auf ... möglich, so dass <Standpunkt> vorzuziehen ist, weil er sich den gegen ... gerichteten Angriffen / Einwänden nicht ausgesetzt sieht.

Nun noch einige Wendungen, die nicht in dieses Raster passen:

Argumente **für die eigene Meinung:**

- Dies(e Ansicht) lässt sich auch auf ... stützen / kann auch auf ... gestützt werden / findet eine zusätzliche / weitere Bestätigung / Stütze in .... / Das ...-argument lässt sich zusätzlich mit ... untermauern.
- Für ... streitet / spricht <z. B. gesetzliche Vermutung / Erfahrungstatsache usw.>.
- Mit ... wird zudem ... <z. B. Erfordernissen der Rechtssicherheit> hinlänglich Rechnung getragen / Genüge getan / genügt.
- Dies müssen auch die Vertreter der ...-ansicht zugestehen / Auch die Vertreter der ...-ansicht sehen sich veranlasst / gezwungen / genötigt, ... zuzugestehen / einzuräumen.
- Den Einwänden / Bedenken der Gegenansicht kann Rechnung getragen werden / Die Einwände können entkräftet / entschärft werden, indem / wenn ...

---

[194] Der Erfolg einer solchen Berufung auf Prinzipien steht und fällt mit der Geltung des Prinzips. Gelegentlich braucht es also zusätzlichen Aufwand, um Geltung und/oder Einschlägigkeit des Prinzips zu begründen.

Teil 3: Sprachliche Gestaltung

- Der dagegen erhobene auf ... gestützte Einwand / Vorwurf des/r ... greift nicht durch, ... / Die(se) Bedenken / Einwände lassen sich ausräumen / sind nicht überzeugend / durchgreifend: ... Letztendlich verbleibt für die / zugunsten der ...-ansicht nur noch ...
- Nur auf diesem Weg lässt sich ... erreichen / lassen sich ... berücksichtigen / kann dem Umstand Rechnung getragen werden, dass ...
- Spätestens bei ... müssen die Vertreter der ...-theorie Inkonsistenzen / Widersprüche / Unstimmigkeiten / Einschränkungen / Ausnahmen in Kauf nehmen / hinnehmen. Stellt man dagegen konsequent auf das ...-kriterium ab, lassen sich diese ohne weiteres vermeiden. Gerade hier liegt einer der hauptsächlichen dogmatischen Vorteile der ...-theorie.
- Im Mittelpunkt / Zentrum der Kritik steht dabei <Gesichtspunkt>. Gerade dieser hat für den vorliegenden Sachverhalt keine Bedeutung.
- An <Standpunkt> ist daher trotz teilweise einsichtiger Gegenargumente / Einwände (aus <Gründen>) festzuhalten.
- Wie sich aus <Norm> ergibt / ableiten / entnehmen lässt, ... / Wegen der Regelung in <Norm> muss ...
- Schon <Argument> deutet / weist darauf hin / legt nahe, dass ...
- Dies gilt um so mehr, als ...
- Das Abstellen auf ... hat zudem den Vorzug / Vorteil, dass ...
- Nicht erst <Argument>, sondern schon <Argument> zwingt zu ...
- Mit ... ist darauf hinzuweisen, dass ...
- <Favorisierter Ansatz> erweist sich damit als sachnäher / problemadäquater als <abgelehnter Ansatz>.

203 Argumente **gegen die Gegenmeinung:**
- Indessen erweckt diese Konstruktion ... Bedenken.
- Hiergegen ist einzuwenden, dass ...
- Zu bedenken ist allerdings / jedoch / aber ...
- Für ... fehlt es an einem einleuchtenden / überzeugenden / plausiblen / zwingenden Grund / Anlass.
- Schon (z. B. die Regelung in <Norm>) ... zeigt, dass es nicht maßgeblich auf ... ankommen kann.
- Den Stimmen im Schrifttum, die ... wollen / fordern, ist vorzuhalten / entgegenzuhalten / vorzuwerfen / entgegenzusetzen / zu erwidern / entgegnen, ... Sie übersehen / ignorieren / blenden ... aus / räumen ... zu geringes Gewicht ein.
- Ebenso falsch / verfehlt / unangemessen / unstimmig / unpassend ist es, wenn zur Begründung auf ... verwiesen wird.
- Genauso wenig verfängt / überzeugt <Argument> / kann ... überzeugen.
- Eine augenfällige / offensichtliche / erkennbare Schwäche / Unstimmigkeit dieser Argumentation liegt in ...
- Wenig ergiebig / ertragreich ist die Berufung auf ...
- Dem steht jedoch ... entgegen /, dass ...
- Wieso ..., ist nicht ersichtlich / erkennbar / zu rechtfertigen / plausibel zu erklären / zu begründen.
- Der von <Autor> vertretene Standpunkt leidet darunter, dass nicht deutlich zwischen ... und ... unterschieden wird.
- Die Gegenmeinung trennt nicht ... und ... . Anders als ... ist aber ...
- Das von ... vorgeschlagene Abgrenzungskriterium / Unterscheidungskriterium ist kaum / nicht / nur schwer(lich) praktikabel: Feststellungen über ... werden sich nicht oder nur mit erheblichem Aufwand treffen lassen.
- Für ... fehlt es an einem nachvollziehbaren Maßstab.
- <Umstand> / <Folge> hat das Gesetz bewusst in Kauf genommen *(Beleg!)*.
- Damit ist das Hauptargument / der Haupteinwand der Gegner einer/s ... gegenstandslos. Zugleich entfallen auf ... gestützte Bedenken.
- Es ist nicht / kaum / schwer(lich) einzusehen / einsichtig, warum ... *(Vorsicht, nicht zu dick auftragen.)*
- <Ansicht> / <Argument> überzeugt nur auf den ersten Blick / dem ersten Anschein nach; bei näherem Hinsehen / näherer Überlegung stellt sich heraus, dass ...
- In besonderem / verstärktem Maß spricht gegen diese Auffassung, dass ...
- Die Überzeugungskraft des ...-arguments wird durch die dagegen vorgebrachten Einwände nicht beeinträchtigt / geschmälert.
- Nur geringe / zweitrangige / mindere Bedeutung ist dem Einwand ... beizumessen. ...
- Auch die Gegenansicht kommt nicht umhin, ... zuzugestehen / diesem Einwand Rechnung zu tragen, indem ...
- Die Gegenmeinung stellt zu hohe Anforderungen an ...
- Daher ist diese Ansicht abzulehnen.

Kapitel 2: Formulierungen zum Gutachtenstil

- <Argument> liegt fern / ist fern liegend (abwegig *ist schon recht scharf formuliert*), liegt neben der Sache, verfehlt das eigentliche / (Haupt-)Problem.
- Mit den Argumenten / Überlegungen / Erwägungen der ... lassen sich also die (oben referierten) Bedenken nicht (ganz / völlig / abschließend / überzeugend) entkräften.
- Die an <Standpunkt> geübte Kritik geht zu weit / greift zu kurz / geht fehl / trifft nicht das eigentliche Problem: ...

In beide Richtungen einsetzbar: 204

- Zu Recht / Unrecht / Zutreffend / Überzeugend weist ... auf ... hin.
- Neben den genannten Argumenten spricht dafür / dagegen insbesondere / immerhin, ...
- Für / Gegen ... spricht auch folgende Überlegung / Erwägung: ...
- Anders als bei ... / Im Unterschied / Gegensatz zu ... / Abweichend / In Abweichung von ... / Demgegenüber ...
- Allein dieser Umstand kann / darf noch nichts an ... ändern. Tritt jedoch ... hinzu, so wird die Erforderlichkeit einer abweichenden Beurteilung deutlich.
- Es wird weitgehend / allgemein verkannt, dass ...
- Schon aus dem Begriff des/r ... geht hervor / ergibt sich / muss folgen, dass ...
- Nahe liegend ist es / Daher bietet es sich an / verbietet es sich, auf ... abzustellen.
- Von <z. B. Verfassungs> wegen ist ... geboten.
- Eine andere Bewertung kann durch das Hinzutreten von <Umstand> gerechtfertigt / geboten sein.

Will man Argumente Schlag auf Schlag darstellen, um das Ergebnis möglichst überzeu- 205 gend und unvermeidlich erscheinen zu lassen, kann man diese einleiten mit

bei zwei Argumenten *Zum Einen ...; zum Anderen ...* oder

bei vielen Argumenten *Zunächst / Zuerst ... Weiter(hin) ... Darüber hinaus ... Zuletzt ... Bestätigt wird dieses Ergebnis zudem durch ... Dazu kommt / Hinzu tritt die Überlegung, dass ... Überdies ..., zumal ... Auch ist zu bedenken ... Im Übrigen ... Selbst wenn man ... Nicht zuletzt ... Unabhängig davon ... Daneben ... Außerdem ... Um so mehr muss dies gelten, wenn / weil ... Schon / Allein / Bereits ... für sich genommen ... Jedenfalls ... Vor allem ... Ergänzend / Verstärkend ... Schließlich ... Entscheidend ... Ferner ... Nicht zuletzt ... Zuletzt ...*

Umgang mit Präjudizien

Beruft sich die Ansicht, die Sie ablehnen wollen, etwa auf die Rechtsprechung des *BGH*, 206 so können Sie versuchen, die Stichhaltigkeit des Arguments mit folgenden Fragen zu bezweifeln:

– ist das Präjudiz einschlägig?
– ist es richtig zitiert?
– ist es überzeugend begründet?[195]

- Die zur Begründung herangezogene Entscheidung <Gericht, Fundstelle, ggf. in Fußnoten> vermag diese Folgerung aber nicht zu tragen: Zum einen ist die Entscheidung seinerzeit in der Literatur heftig kritisiert worden und in der Rechtsprechung vereinzelt geblieben. Zum anderen ist in späteren Entscheidungen <Gericht> teils ausdrücklich, teils implizit von dem dort ausgesprochenen Grundsatz wieder abgerückt. Spätestens seit <Entscheidung> muss die Frage wieder als obergerichtlich noch unentschieden gelten.
- Darüber hinaus handelte es sich beim zugrunde liegenden Sachverhalt erkennbar um eine besondere Situation: ... Eben diesem Umstand wollte die Entscheidung Rechnung tragen. Ihre Übertragbarkeit auf ... allgemein / alle Situationen ... schlechthin darf / muss bezweifelt werden.
- Ein Hinweis auf ... findet sich jedenfalls in der zitierten Entscheidung nicht.
- Selbst wenn man <Urteil> nicht als eine nicht verallgemeinerbare Einzelfallentscheidung versteht, unterscheidet sich der dort zu entscheidende Sachverhalt in maßgeblicher Hinsicht vom hier erörterten: Zum

---

195 Zum Thema Urteilskritik: *Hattenhauer* Kritik; *Berkemann* FS Geiger, 299, 331 ff.; *Schneider/Schnapp* Logik, 272 ff.; *Sauthoff* GreifRecht 2007, 77 ff.

Teil 3: Sprachliche Gestaltung

Einen ..., zum Anderen... . Außerdem ... . Damit verbietet sich eine Übertragung der dortigen Argumentation auf ... außerhalb der eng umgrenzten Fälle der/s ... .
- Überdies hat <Gericht> die hier entscheidende Frage nach ... ausdrücklich offen gelassen; bei näherer Betrachtung weist zwar der Tenor in <falsche Richtung>, indes geht aus den Entscheidungsgründen hervor, dass <Gericht> zu <Problem> nicht Stellung nehmen wollte.
- Die tatsächlichen Umstände, die <Gericht> zu dieser Entscheidung bewogen haben, sind weggefallen / haben sich geändert: ... .

Ähnlich kann man bei anderen rechtswissenschaftlichen Autoritäten natürlich auch vorgehen.

bb) Auf das Ergebnis zusteuern

207 Je deskriptiver die Übersicht über die zum Problem vertretenen Ansichten bisher ausgefallen ist, desto deutlicher wertend muss jetzt die eigene Entscheidung werden.
- Maßgeblich / Ausschlaggebend / Entscheidend erscheint / ist ...
- Abzustellen ist (nicht) auf ...
- Entscheidendes Gewicht muss ... zukommen / beigemessen werden / wird man der Überlegung zumessen müssen, ...
- Zustimmung verdient ... / Zuzustimmen ist ...
- Zu folgen ist der (so genannten) ... theorie.
- Richtigerweise kommt es auf ... an.
- Im Ergebnis muss ...-kriterium / ... theorie Anwendung finden.
- Mit Recht stellt daher ... ... in den Mittelpunkt der Betrachtung.
- Den Vorzug verdient ... / <Ansicht> ist aus den genannten Gründen der Vorzug zu geben / vorzuziehen.
- Mit / Zu Recht weist <Autor> / die ...-ansicht darauf hin, dass ...
- Es ist demnach der Auffassung zu folgen, die ...
- Aus ... folgt (notwendig) / ergibt sich (zwingend), dass ...
- Die besseren / überwiegenden / schwerer wiegenden Gründe sprechen dafür / dagegen, ...
- Überzeugender ist ...[196]

Vermeiden sollte man Wendungen wie
- Eine summarische Würdigung der dargestellten Argumente ergibt ...
- Aus alledem folgt, dass ...
- Bei einer Gesamtbetrachtung der bisherigen Überlegungen erscheint ... am überzeugendsten.

Das ist zu pauschal. Sie müssen herausarbeiten, welche einzelnen Argumente inhaltlich überzeugen – und welche nicht.

208 Argumentieren Sie möglichst nicht rein quantitativ mit *Die Mehrzahl der Gründe* ... und keinesfalls mit *Danach sprechen mehr Argumente für <Ansicht>*. Das klingt, als hätten Sie nicht überlegt und gewichtet, sondern nur abgezählt. Zudem ignoriert ein solches Vorgehen die Möglichkeit, dass manche Gründe beim Abzählen nicht vorkamen, weil sie schon vorher unter den Tisch gefallen waren. Der Ansatz muss also heißen *Die besseren / stärkeren Argumente sprechen für ...* . Und auch das darf nicht ohne Begründung einfach hingeschrieben werden.

Eine echte Abwägung ist letztendlich unmöglich, weil es an einem Maß für das Gewicht eines rechtlichen Arguments fehlt. Es bleibt zwangsläufig ein rational nicht mehr begründbarer Rest an Entscheidungsfreiheit. Ob Sie diesen Rest eher betonen oder eher un-

---

[196] Achten Sie auf den gern einmal verwischten sprachlichen Unterschied zwischen Argumenten und Ansichten/Meinungen/Standpunkten: *Argumente überzeugen* (oder eben nicht), *Ansichten schließt man sich an* (oder eben nicht). Aber *Ansichten überzeugen* nicht.

ter den Teppich zu kehren versuchen, ist eine Frage der Haltung. Eine diskurstaugliche Begründung geht mit solchen Problemen ehrlich um[197].

Fast immer weckt es Widerspruch, wenn Sie sich darauf beschränken, einen Standpunkt zu referieren und abschließend nur zu sagen *Dem ist zuzustimmen*[198]. Der Leser schreibt dann *Warum?* an den Rand; häuft sich das, führt es zur Abwertung.

Die Meinung, der man sich anschließt, bezeichnet man mit

- Nach der hier bevorzugten / vertretenen / favorisierten / zugrundegelegten Ansicht / ...-theorie ... / dem daher vorzugswürdigen ...ansatz ...

cc) Subsumtion

Bei der Unterordnung der tatsächlichen Informationen unter das Tatbestandsmerkmal der Norm ist darauf zu achten, dass das Ergebnis der Subsumtion möglichst wenig vom Ergebnis der vorläufigen Anwendung der als einschlägig bezeichneten »Theorie« abweicht. Die Formulierungen entsprechen dem oben[199] Vorgeschlagenen.

dd) Wenn der Meinungsstreit sich auf einen nur parallelen Sachverhalt bezieht

Ein typisches Problem bei der Entscheidung von Streitfragen ist folgendes: Was ist zu tun, wenn der (hauptsächliche oder alleinige) Anlass zum Streit in einer Fallkonstellation liegt, die von der vorliegenden verschieden ist[200]? In diesen Fällen ist man gezwungen, Argumente zu erörtern, die mit dem Sachverhalt wenig oder nichts zu tun haben. Das kann für den Leser anstrengend sein, weil er sich dann ständig fragt, wieso in der ausufernden Debatte über das Rechtsproblem niemand den von Ihnen zu entscheidenden Fall als problematisch identifiziert hat. Ein Patentrezept hierfür gibt es wahrscheinlich nicht. Zumindest aber sollte man epische Breite bei der Diskussion von Problemen vermeiden, von denen im konkreten Sachverhalt keine Rede ist. Wer diese etwas heikle Situation dem Leser offen legen will – was zu empfehlen ist, schon um die eigene Argumentation angreifbar und kritisierbar zu halten –, kann den Bogen etwa so zu spannen versuchen:

- Die richtige Abgrenzung des ... zum ... ist bisher in Rechtsprechung und Schrifttum nur / ausschließlich / hauptsächlich für ...-Konstellationen / ...-Fälle erörtert worden. Dagegen sind durch ... gekennzeichnete / charakterisierte Fälle nicht in den Fokus des wissenschaftlichen Interesses geraten und soweit ersichtlich auch noch nicht gerichtlich entschieden worden. Das zugrunde liegende rechtliche Problem ist indes identisch / unterscheidet sich allenfalls in Nuancen. Dass ... (Unterschiede im Tatsächlichen), ändert nichts an den sich aus ... (rechtlichen Gesichtspunkten) ergebenden Bedenken hinsichtlich ... (streitentscheidende Frage). Für die Entscheidung über ... (Sachverhaltsproblem) kann und muss daher auf die zu ... (Parallelproblem) entwickelten Argumentationslinien zurückgegriffen werden.

Stehen Ihnen noch andere Argumente zur Verfügung, können Sie das Hauptargument ein wenig kaschieren:

- Außerdem erlaubt nur die ...-theorie eine angemessene / sach-/interessengerechte / gesetzeskonforme / vernünftige Entscheidung / *weniger schön:* Lösung der ...-fälle.

---

197 Spätestens als Referendarin lernen Sie, dass ein nach den Regeln der Kunst verfasstes Urteil gerade keine Zweifel mehr erkennen lassen darf. Na gut.
198 Beliebter Fehler. Der BGH (z.B. MDR 2008, 134, 135: *Die letztgenannte Ansicht ist richtig*) darf das – Sie eher nicht.
199 Rn. 127 ff.
200 Das ist keine der Situationen, in denen ein Streit nicht zu entscheiden ist, weil er keinen Einfluss auf das Ergebnis hat (dazu näher Rn. 181). Im Gegenteil ist die Streitfrage gerade ergebnisrelevant, aber die Argumente sind für andere Situationen entwickelt worden als die im zu entscheidenden Sachverhalt.

- Für das ...-kriterium spricht zudem, dass sich damit <Sachverhalte> ohne zusätzlichen Begründungsaufwand lösen / entscheiden lassen.
- Eine weitere Schwäche des ...-Kriteriums besteht in ... Exemplarisch / Beispielhaft hierfür sind Situationen / Konstellationen, in denen ...

ee) Darstellungsalternative

213 Wie bereits erwähnt, kann man ebenso gut mit der eigenen Meinung in die Diskussion einsteigen (*Nach zutreffender / richtiger / überzeugender / überzeugend begründeter Ansicht ...*), dann die Gegenargumente darstellen (*Zwar wird dagegen eingewandt, ...*) und widerlegen (*Dieses Argument kann schon im Blick auf ... nicht überzeugen / Der letztgenannte Einwand übersieht ...*) und am Ende nochmals feststellen, dass der eigene Standpunkt der einzig sinnvolle ist (*Demgegenüber hat die hier vertretene Ansicht den Vorteil, dass ...*). Zumal bei kleineren Problemen ist diese Darstellung vorteilhaft, weil sie kürzer gerät. Allerdings nähert sie sich schon dem Urteilsstil an. Achten Sie wiederum darauf, nur Entscheidungsrelevantes zu diskutieren.

ff) Warnung

213a Diese Empfehlungen sollten helfen, auch in problematischen und streitigen Fragen eine eigene Argumentation zu entwickeln und zu präsentieren. Eine gute und ausgefeilte Argumentation im Ernstfall – also etwa im gerichtlichen Rechtsstreit – erfordert gewiss mehr, nämlich die vertiefte Befassung mit Rhetorik[201] und juristischer Rhetorik[202].

Beispiel: Wie man etwa Argumente anordnet, um die größtmögliche Überzeugungswirkung beim Leser zu erzielen, muss man lernen und üben. So wird beispielsweise empfohlen, mit einem starken Argument zu beginnen und zu enden, die schwächeren Argumente dagegen zwischendurch zu präsentieren[203]. Als allgemeine Regel ist das gut – aber oft wird man anders vorgehen müssen, weil man sonst einen Sachzusammenhang unnötig zu zerreißen droht.

Wer sich mit juristischen Argumentation als Sonderfall allgemeiner Argumentationen näher befasst, wird immer wieder Sonderregeln aufstellen

Beispiel: Rechtspolitische und rechtsvergleichende Argumente werden fast immer schwächer sein als grammatische oder systematische Argumente – weil sie sich auf eine noch nicht existierende Regelung oder eine hier nicht geltende Regelung beziehen.

und darauf achten, dass eine überzeugende Rede nicht den gleichen Kriterien folgt wie eine überzeugende schriftliche Ausarbeitung.

2. Einschlägigkeit einer Norm zweifelhaft

214 Nicht selten ist schon problematisch, ob eine ins Auge gefasste Anspruchsgrundlage auf Sachverhalte wie den vorliegenden überhaupt anzuwenden ist. Meist ist es sinnvoll, diese Frage vor der Subsumtion unter die einzelnen Tatbestandsmerkmale zu diskutieren und zu entscheiden. Wird die Erörterung umfangreicher, erhält sie eine eigene Überschrift (*Anwendbarkeit des Auftragsrechts o.Ä.*).

Faustregel: Anwendbarkeitsdiskussion vor Subsumtion.
Hierher gehören nicht nur die Konkurrenzfragen innerhalb einer Rechtsordnung (*schließt das EBV die Anwendung der Bereicherungsvorschriften aus?*), sondern auch die Fragen

---

201 Dazu etwa die Empfehlungen in Fn. 166.
202 Dazu etwa *Gast* Juristische Rhetorik, *Haft* Juristische Rhetorik, *Alexy* Theorie.
203 *Möllers* Arbeitstechnik, Rn. 279 f.

des **IPR** und der Kollision zeitlich konkurrierender Normen einschließlich der **Übergangsvorschriften**[204].

Im Übrigen kann man die Frage nach der Einschlägigkeit einer Anspruchsgrundlage wie deren erstes – ungeschriebenes – Tatbestandsmerkmal behandeln. Das bietet sich an, wenn man die Frage im Ergebnis bejaht. Man kann auch – noch vor dem Beginn einer von zwei oder mehreren konkurrierenden Anspruchsprüfungen – problematisieren, ob die eine neben der anderen anwendbar ist.

- Zunächst ist fraglich, ob (neben den Regeln des ...-rechts) <Anspruchsgrundlage> Anwendung findet / anwendbar / einschlägig ist. Dies wäre / ist nicht der Fall, wenn die Regeln / Regelungen / Normen / Vorschriften des/r <Norm> insofern abschließend wären / sind.
- Wären beide anwendbar, führte dies zu dem widersprüchlichen Ergebnis, dass ...
- Gegen die Anwendbarkeit von <Norm> auf Fälle wie den vorliegenden werden verschiedentlich Bedenken erhoben.
- Bezweifelt wird allerdings bereits die Anwendbarkeit der Vorschriften über ...
- ..., falls <Norm> anwendbar und dessen Tatbestand erfüllt ist.
- Indessen erübrigt sich ein näheres Eingehen auf ..., falls <Norm> zur Anwendung kommt.
- <Norm/en> ist / sind gegenüber <Norm/en> vorrangig / spezieller. Nach dem Grundsatz lex specialis derogat legi generali / vom Vorrang der spezielleren Regelung muss also <Norm> weichen.
- <Norm> schließt die <Anwendung> / <Anwendbarkeit> von <Norm> aus.

Im Ergebnis:
- Für (die Anwendung des/r) <Norm> ist kein Raum.
- <Norm> verdrängt <Norm>.
- <Norm> tritt hinter <Norm> / <Normkomplex> zurück.
- <Norm> und <Norm> sind nebeneinander anwendbar / schließen einander nicht aus.
- <Norm> ist nachrangig (subsidiär) gegenüber <Norm>.

Fast immer ist es aber eleganter, die Vorüberlegungen erst nach der ersten Überschrift zu präsentieren. So nimmt man zwar mit der Wahl der Überschrift das Ergebnis schon vorweg, aber man vermeidet eben auch das überschriftslose Herumhängen von inhaltlich wichtigen Textabschnitten. Gerade dies finden viele Leser bei Rechtsgutachten irritierend – verständlicherweise, denn jeder Gedanke soll verbindlich einem Anspruch zuzuordnen sein.

Beispiel: Ist in einem schuldrechtlichen Sachverhalt die Wahl der richtigen Anspruchsgrundlage problematisch, weil die Zuordnung zu Schadensersatz statt der Leistung oder Schadensersatz neben der Leistung schwerfällt oder gerade darüber Streit besteht, soll das Problem dargestellt werden, aber eben nicht freischwebend vorab, sondern als Abgrenzungsfrage innerhalb des »richtigen« Anspruchs.

Ebenso kann man vorgehen, wenn nicht die Einschlägigkeit einer Anspruchsnorm, sondern etwa eines Gegenrechts fraglich ist.

Aus taktischen Gründen kann man von der soeben empfohlenen Faustregel abweichen.

Beispiel: Bei der Erörterung von § 447 I BGB als Ausnahme zu § 326 I BGB kann man von vornherein darauf abstellen, dass nach § 474 II BGB für einen Verbrauchsgüterkauf § 447 I BGB nicht anwendbar ist. Man kann aber auch erst § 447 I BGB erörtern und anschließend § 474 II BGB als Ausnahme diskutieren. Sinnvoll ist das, wenn die Zeit reicht und man hoffen darf, auch auf die saubere Subsumtion unter § 447 I BGB Punkte zu bekommen.

---

204 Allerdings werden einer ganz verbreiteten akademischen Handhabung folgend Probleme des IPR und des zeitlichen Übergangsrechts in Pflichtprüfungen nicht oder nur ganz am Rand thematisiert und statt dessen in den einschlägigen Wahlfachveranstaltungen verhandelt.

Teil 3: Sprachliche Gestaltung

3. Auslegung von Gesetzen und Rechtsgeschäften

215 Die **Auslegung von Gesetzen**[205] ist ein typischer Gegenstand rechtswissenschaftlicher Kontroversen. Verschiedene Ansichten über die richtige Entscheidung für bestimmte Sachverhaltskonstellationen knüpfen regelmäßig an die Frage der richtigen Auslegung der einschlägigen Gesetzesnormen an. Daher kann wegen der Form der Darstellung zunächst auf das oben Gesagte verwiesen werden[206].

Welches Ziel die Auslegung anzustreben hat und auf welche Weise sie zu erfolgen hat, ist Gegenstand jahrzehntelanger Auseinandersetzungen in der juristischen Methodenlehre. Gestritten wird etwa darüber, ob in erster Linie der objektive Wille des Gesetzes oder der subjektive Wille des Gesetzgebers zu ermitteln sei[207].

Die damit verbundenen Streitfragen werden aber im Allgemeinen in Übungsarbeiten nicht thematisiert, sondern vielmehr stillschweigend entschieden. Etwas Anderes gilt für Arbeiten in den Fächern Rechtstheorie und Methodenlehre: Hier ist ein rechtsdogmatisches Problem meist beispielhaft für ein methodologisches Problem zu entscheiden.

216 Zweckmäßigerweise beschreibt man zuerst das Problem, verdeutlicht also die **Bedeutung** der nachfolgenden Erörterungen zur Auslegung **für die Entscheidung** des Sachverhalts:
- <Rechtsfolge> tritt nur ein, wenn <Norm> einschlägig ist.
- Damit steht aber noch nicht fest, dass ..., da <Norm> / <Erklärung> auslegungsbedürftig ist.
- Ob <Norm> auf <vorliegenden Sachverhalt> angewandt werden kann, ist unklar / dem Gesetz nicht eindeutig zu entnehmen / erörterungsbedürftig / bedarf näherer Betrachtung.
- Ob <Sachverhaltsinformation> <Tatbestandsmerkmal> unterfällt, hängt davon ab, ob das ...-erfordernis weit ausgelegt werden kann / auf Situationen von ... zu erstrecken / auszudehnen ist.
- Danach kommt es für ... auf ... an.

217 Dann kann man kurz darauf hinweisen, dass es sich um ein **Auslegungsproblem** handelt.
- Das entscheidet sich danach, wie <Norm> auszulegen ist.
- Diese Frage ist im Weg der Auslegung (bei rechtsgeschäftlichen Erklärungen: nach §§ 133, 157 BGB) zu klären.
- Das Gesetz trifft zu dieser Frage keine / keine eindeutige Aussage, so dass <Norm> einer Präzisierung bedarf; diese erfolgt im Auslegungsweg / durch Auslegung.
- <Bestimmung> (*wo sinnvoll: im Wortlaut*) kann zunächst als ... zu verstehen sein. Daneben kommt ein/e <abweichender Begriffsinhalt> in Betracht. Zuletzt kann man auch an ... denken. Welche Bedeutung maßgeblich ist, muss durch Auslegung ermittelt werden.

218 Empfehlenswert ist es, die Darstellung der gefundenen Argumente anhand der klassischen canones der Auslegung zu strukturieren. Zwar bezeichnen und systematisieren Methodenlehrer diese teils abweichend, doch ist die Unterteilung in Argumente aus dem **Wortlaut**, dem **Regelungszusammenhang**, der **Normgeschichte** und dem **Normzweck** (also grammatikalische, systematische, historische und teleologische Argumente) nach wie vor gängig und verbürgt hohen Wiedererkennungswert auch bei Lesern, die sich mit neueren Ansätzen der Methodenlehre nicht umfänglich auseinandergesetzt haben.

Die **Reihenfolge der Darstellung** ist weitgehend beliebig; indessen ist es sachgerecht und ganz üblich, mit der Auslegung nach dem Wortlaut zu beginnen. Da gesetzliche und ver-

---

205 Die Probleme bei der Auslegung von Rechtsgeschäften (dazu z. B. *Schimmel* JA 1998, 979 ff.; *ders.* JA 2001, 339 ff. je m.w.N.) sind vergleichbar (wenn auch nicht genau gleich; näher *Schwintowski*, 100). Viele der nachstehenden Formulierungsvorschläge lassen sich daher dort gleichermaßen einsetzen. Die Methoden sind zwar nicht identisch mit denen der Gesetzesauslegung, aber doch ähnlich. Auslegungsbeispiel bei *Gergen* AL 2009, 219 ff.
206 Rn. 158 ff.
207 Die Frage kann hier nur gestellt, nicht aber diskutiert oder beantwortet werden; zur Vertiefung die in Fn. 38 genannten Lehrbücher zur Methodenlehre.

tragliche Normen sprachlich verfasst sind, liegt es nahe, bei ihrer Auslegung den Ausgangspunkt bei ebendieser Form – also dem Text – zu wählen[208].

Grammatikalische Auslegung[209]

- Ausgangspunkt (je)der Auslegung ist der Wortlaut der Bestimmung. Das Gesetz nennt einerseits ..., andererseits finden sich auch ... in die Regelung miteinbezogen.
- Einen (ersten) Anhaltspunkt gibt (bereits) die Formulierung des Gesetzes, die sich auf ... beschränkt. Hätte der Gesetzgeber auch <Sachverhalte> erfasst sehen wollen, hätte er (leicht / ohne weiteres) von <andere Formulierung> sprechen können. Dies hat er in <Norm/en> auch getan. Daher liegt der Schluss nahe, die Einbeziehung von ... in den Anwendungsbereich von <Norm> sei nicht gewollt.
- <Norm> / Das Gesetz spricht von / nennt / lautet / verlangt ...
- Der Begriff des/r ... wird / Die Begriffe ... und ... werden vom / im Gesetz nicht bestimmt / erklärt / definiert / näher präzisiert / erläutert. Im juristischen / allgemeinen Sprachgebrauch versteht man unter ... üblicherweise ... Nicht erfasst ist dagegen ...; diese wird mit ... bezeichnet.
- In <Norm/en> ist von <Begriff> nicht ausdrücklich / explizit / expressis verbis / dem Wortlaut nach nicht die Rede.
- Eine unmittelbare Aussage zu ... ist <Norm/en> nicht zu entnehmen / lässt sich aus <Norm> nicht gewinnen / kann aus <Norm> nicht gewonnen / entnommen werden.
- Der Wortlaut des/r <Norm> ist unklar / unscharf / nicht eindeutig / uneindeutig / mehrdeutig / nur scheinbar eindeutig.
- Mangels eines juristischen oder anderweitig fachsprachlichen Begriffs der/s ... ist auf den allgemeinen Sprachgebrauch abzustellen. ... bedeutet danach soviel wie ...
- Unzulässig ist es, zur Ausfüllung des Begriffs der/s ... die Bestimmung des <Norm> heranzuziehen. Zwar verwendet das Gesetz dort den gleichen / einen ähnlichen Terminus, doch ...

Häufig wird man zu einem Ergebnis wie

- Die grammatikalische Auslegung / Auslegung nach dem Wortlaut führt nicht zur Klärung des ...begriffs.

kommen. Auch wenn das Gegenteil der Fall sein sollte, darf man aber die Auslegung nicht abbrechen, da es durchaus möglich ist, dass die anderen Argumentkategorien zu entgegengesetzten Ergebnissen führen.

Systematische Auslegung[210]

- Der Regelungszusammenhang / Die Stellung der Norm im Abschnitt des <Gesetzes> über ... lässt darauf schließen, dass ... .
- Die Vorschrift des / Formulierung des <Norm> wäre kaum verständlich / sinnlos, wenn (nicht) ... .
- Aus den <Norm> umgebenden Regelungen ist zu entnehmen, dass sich der Anwendungsbereich von <Norm> nur auf ..., nicht aber auf ... erstrecken soll. Andernfalls wäre nicht erklärbar / verständlich, warum ...
- Einer Übertragung der in <Norm> getroffenen Wertung auf <vorliegenden Sachverhalt> steht entgegen, dass die Vorschrift vom Gesetzgeber in einen anderen Regelungszusammenhang gestellt worden ist. Hätten auch <Fälle von ...> nach diesem Kriterium entschieden werden sollen, hätte die Norm in <den allgemeinen Teil des Gesetzes / den Abschnitt über ...> gestellt werden müssen. Es fehlt auch an einem Verweis auf <Norm>, so dass ...
- Eine Regelung / Begriffsbestimmung kann sich aber aus <Norm> ergeben. Auf diese nimmt <auszulegende Regelung> anerkanntermaßen Bezug.
- Versteht man ... als ..., so steht dies insbesondere im Einklang mit der Regelung in ... . Umgekehrt widerspräche ... der Regelung in ...

---

[208] Auch verfassungsrechtlich betrachtet bietet es sich aus rechtsstaatlichen Erwägungen an, den Normwortlaut selbst dort zuerst zu betrachten, wo er nicht (wie etwa im Strafrecht und im Steuerrecht) zwingend die Grenze der Auslegungsmöglichkeiten markiert.

[209] Da gerade bei Auslegungsfragen die Gestalt der Argumentation in hohem Maß vom Inhalt der Argumente bestimmt ist, kennzeichnen die nachstehenden Vorschläge nur eine ungefähre Arbeitsrichtung, von der im Einzelfall erheblich abzuweichen sinnvoll und nötig sein kann.

[210] Lesenswert *Puppe* Schule, 66 ff. mit strafrechtlichen Beispielen.

Teil 3: Sprachliche Gestaltung

- Eine Harmonisierung der in ... und ... getroffenen Regelungen ist (nur) möglich, wenn man ... als ... auslegt. Auf diese Weise ist / wäre dem Postulat der Widerspruchsfreiheit der Rechtsordnung genügt, ohne dass dies zugleich zu Unzulänglichkeiten bei ... führte.
- Nur eine Lesart, der zufolge ..., vermeidet einen Widerspruch zu Wortlaut und Sinn des <Norm>.
- Will man <Norm> so umfassen verstehen, bleibt für <andere Norm> kein eigenständiger Anwendungsbereich; da davon auszugehen ist, dass der Gesetzgeber keine überflüssigen / redundanten Vorschriften erlässt, spricht dies gegen ein Verständnis als ...
- Die von .. vorgeschlagene Auslegung des <Norm> würde eine auffällige Lücke <z.B. im Rechtsgüterschutz des Deliktsrechts> übriglassen; eine solche kann angesichts ... schwerlich gewollt sein.

Die systematische Auslegung ist oft ergiebiger als man auf den ersten Blick glaubt. Wer sich angewöhnt, auf die Normüberschrift[211] zu achten, auf das Verhältnis der Begriffe innerhalb einer Norm zueinander, auf die nächste und übernächste Vorschrift ebenso wie auf die vorherige, auf die Abschnittsüberschriften und die Organisationsprinzipien des betreffenden Gesetzes (gibt es einen Allgemeinen Teil?) sowie das Verhältnis zu anderen Gesetzen mit ähnlichem Regelungsgegenstand, wird immer wieder diskutable oder überzeugende Argumente für die eine oder andere Auslegung finden.

221 Historische Auslegung[212]

- Die historische Auslegung / Das historische Argument ist / bleibt (insoweit) unergiebig: Der Gesetzgeber des <Gesetz> hat das Problem nicht gesehen / nicht sehen können.
- Aus den Materialien / Motiven / Protokollen / Beratungen des Reichstags / Bundestags zum <Gesetz> / zur Änderung des <Gesetzes> ergibt sich nur / geht hervor, dass ... / lässt sich immerhin entnehmen / schließen, dass es Intention / Absicht / Wille / Ziel / Plan des Gesetzgebers war, ...
- Bestätigt / Untermauert / Unterstützt wird dieses Ergebnis durch die Erkenntnisse der historischen Auslegung: ...
- Der Gesetzgeber hatte in erster Linie Fragen des/r ... im Blick. Mit <vorliegender Frage> hat er sich nur am Rand / beiläufig befasst. Den Protokollen der Beratungen lässt sich insofern immerhin entnehmen, dass an ... nicht gedacht war.
- Dem Erlass des <Norm> lag folgende tatsächliche Situation / Entwicklung zugrunde: ...
- Eine Präzisierung erfährt der Inhalt des <Norm>, wenn man ihn mit der Vorgängerbestimmung des ...-gesetzes vergleicht: Dort war lediglich / weitergehend / nur allgemein von ... die Rede. Aus der engeren Fassung in <Norm> kann man schließen / entnehmen, dass <Fälle> nicht mehr erfasst sein sollten. / Der enge Anwendungsbereich der Vorschrift wurde allgemein als unbefriedigend empfunden *(Belege!)*. Der Gesetzgeber hat sich jedoch mit dieser Kritik nicht auseinandergesetzt. / Der Gesetzgeber hat darauf reagiert, indem er ...
- Von der im Gesetzgebungsverfahren vorgeschlagenen Gestaltung als ... / Formulierung »...« hat der Gesetzgeber Abstand genommen. Daraus kann man schließen, dass ...
- Bezieht man indessen ... in die Betrachtung mit ein, so ergibt sich ... / erscheint das bisherige Ergebnis zunehmend zweifelhaft.
- Der Gesetzgeber ging noch von einer anderen Konzeption / einem anderen Verständnis des/r ... aus. Aus diesem Blickwinkel war eine Regelung des ... nicht erforderlich. Die Bedeutung, die mittlerweile ... zugemessen wird, war seinerzeit noch gering.
- Die Entwicklung nach Inkrafttreten des <Norm> ging zunächst dahin, dass Rechtsprechung und Rechtslehre übereinstimmend einen weiten ...-begriff zugrunde legten. Unter dem Eindruck des/r ... änderte sich dies seit ... zunehmend, so dass heute der ...-begriff ganz überwiegend eng verstanden wird. Zentrale Überlegung / Hauptsächlicher Anlass hierfür ist ...

---

[211] Sofern es sich um eine amtliche Überschrift handelt, was etwa im BGB erst seit 2002 der Fall ist. Nichtamtliche Überschriften von juristischen Fachverlagen sollte man bei der Auslegung unberücksichtigt lassen.

[212] In Klausuren lässt sich eine historische Auslegung nur höchst ausnahmsweise leisten und wird demgemäß auch nicht erwartet. Wenn es in der Hausarbeit aber entscheidend auf historische Argumente ankommt, sollte man ruhig einmal die Gesetzesmaterialien heranziehen. Ein gutes Beispiel hierzu findet sich bei *Madaus* JuS 2000, L 25 ff.; dass auch der BGH bei der Auslegung des BGB bis auf die Protokolle zurückgreift, kann man etwa in NJW 2008, 1157, 1158 Rn.13 sehen.

Bei letzterem Ansatz ist darauf zu achten, dass man nicht nur stumpf Rechtsprechungsentwicklungen nacherzählt, sondern die Argumente und Erwägungen in den Vordergrund stellt, die zu Rechtsprechungsänderungen Anlass gegeben haben.

Je mehr geschichtliche Argumente verfügbar sind, desto zweckmäßiger wird es sein, begrifflich die historische von der genetischen Auslegung zu unterscheiden. Letztere thematisiert die Entstehungsgeschichte des Gesetzes, erstere die geschichtlichen Wurzeln des Gesetzes oder der Rechtsfigur[213].

Teleologische Auslegung[214]

222

Problematisch und damit problematisierungsbedürftig ist in aller Regel die überzeugende Bestimmung des Normzwecks. Löst man sich von der historischen Perspektive (Zwecke des Gesetzgebers), bleibt hier letzten Endes nur die freie Setzung durch den Rechtsanwender selbst. Ob man diese durch eine überzeugende Begründung kaschiert oder unterstützt, ist Geschmackssache. Wer eine methodischen Anforderungen genügende Leistung erbringen will, sollte aber darauf bedacht sein, die Begründung transparent und kritisierbar zu präsentieren. Wenn der Adressat den Standpunkt des Verfassers nicht teilt, muss er dann doch wenigstens eingestehen, dass die Darstellung eine kritische Auseinandersetzung ermöglicht. Die eigenen Wertungen sollten also offen gelegt und so nachvollziehbar wie möglich hergeleitet werden.

- Eine Auslegung als / im Sinne der ...theorie ist vom Zweck der Norm / des ...rechts nicht gedeckt.
- Entscheidende Bedeutung kommt der Auslegung nach dem Normzweck zu.
- Die ratio des ... verlangt (gebieterisch) ...
- Zweck / Ziel / Sinn / Aufgabe des/r gesetzlichen / vertraglichen Regelung / des ...-rechts / des <Rechtsinstituts> ist es, ... zu gewährleisten / zu verhindern / sicherzustellen / zu verbürgen / zu ermöglichen. Deutlich / Klarer als <im vorliegenden Zusammenhang> kommt dies in <Norm/en> zum Ausdruck, die ... erkennbar / anerkanntermaßen ... bezwecken. Will man dieses Ziel nicht aus den Augen verlieren / konterkarieren, so kommt nur eine Auslegung in Frage, die ... . Umgekehrt scheiden alle Interpretationsansätze aus, denen zufolge ...
- Wie sich aus ... ergibt, hat der Gesetzgeber / haben die Vertragsparteien eine Regelung der ...-frage / des ...-problems / eine Verteilung des ...-risikos dahingehend beabsichtigt / gewollt / angestrebt, dass ...
- Die <oben gekennzeichnete Begriffsbestimmung> steht im Widerspruch zu ... / lässt sich mit ... nicht / nur schwerlich vereinbaren.
- Nur eine <Auslegung> wird der Schutzfunktion des ... gerecht.
- Die <Auslegung> bleibt insofern weit hinter dem Möglichen zurück. Schon die <Auslegung> kommt dem Ziel eines/r ... deutlich näher.
- Eine restriktive Auslegung des ...-Begriffs wird dem nicht gerecht / verfehlt ...
- <Auslegung> führt zu ... / würde / müsste zu ... führen.
- Bei <Auslegung> verbliebe für <Norm> kein / kaum je ein nennenswerter Anwendungsbereich. Es ist jedoch nicht davon auszugehen, dass der Gesetzgeber eine Vorschrift geschaffen hat, für die erkennbar keine Anwendungsmöglichkeit / kein Bedarf besteht.
- <Auslegung> stößt zudem auf erhebliche / kaum überwindbare Schwierigkeiten bei der praktischen Anwendung: Wie ... (verlässlich) zu ermitteln sein soll, ist nicht ersichtlich. Auch ist eine Grenzziehung zwischen ... und ... dann kaum in vorhersehbarer Weise möglich.
- Der Schutzzweck der Vorschriften über ... ist aber angesichts ... nur zu erreichen, wenn ...

Ist nicht ein Gesetz, sondern ein Rechtsgeschäft auszulegen, kann man außerdem etwa so ansetzen:

- Der von G mit dem Vertrag verfolgte wirtschaftliche Zweck – nämlich ... – lässt sich auf wenigstens drei Arten erreichen: Durch ..., mit Vereinbarung einer ... sowie mittels ... . Aus dem Ziel des G ist damit die rechtliche Einordnung des Geschäfts noch nicht ohne weiteres abzuleiten. Für ... kann aber ... sprechen. ...

---

213 Bei bürgerlichrechtlichen Fragen empfehlenswert der Historisch-kritische Kommentar zum BGB – soweit bereits erschienen.
214 Dazu z.B. *Leenen* Jura 2000, 248 ff.

223 Verfassungskonforme Auslegung[215]

Man kann die verfassungskonforme Auslegung als eine Form der systematischen Auslegung begreifen, weil sie hilft, den Inhalt eines Gesetzes unter Rückgriff auf ein anderes – höherrangiges – zu bestimmen. Man kann sie auch als teleologische Auslegung bezeichnen, weil alles einfache Recht auch dem Zweck dient, die Wertungen des Grundgesetzes zu verwirklichen. Jedenfalls sind die soeben vorgeschlagenen Formulierungen zum größten Teil auch bei der verfassungskonformen Auslegung verwendbar.

- Ob <Auslegungsmöglichkeit> mit <Verfassungsnorm> vereinbar ist, ist indessen zweifelhaft. Bedenken ergeben sich insbesondere daraus, dass ...
- Ein Verstoß gegen höherrangiges Recht kann sich hier aus <Wertungswiderspruch zu Verfassungsnorm> ergeben.
- Im Ergebnis ist festzuhalten, dass <Auslegungsmöglichkeit> als einziges Verständnis des <Norm> nicht gegen <höherrangige Norm, z. B. den Gleichheitssatz> verstößt.

Ähnlich kann man bei der **europarechtskonformen Auslegung**[216] vorgehen; in beiden Fällen handelt es sich um gesetzessystematische Argumente, bei denen die Rangordnung der betreffenden Vorschriften besonders wichtig ist. Häufig taucht hier das Problem der mittelbaren Drittwirkung europäischer Richtlinien auf[217].

224 Ergebnis

Oft führen die einzelnen Auslegungsargumente zu einander widersprechenden Ergebnissen. Diese Konflikte wertend zu entscheiden ist Aufgabe des Rechtsanwenders.

Ganz typisch ist etwa der **Konflikt** zwischen systematischen und teleologischen Argumenten:

- Die Einheit der Rechtsordnung[218] verlangt
- ... (nach einem einheitlichen ...-begriff)
- Der Zweck des ...-Gesetzes lässt dies nicht zu, da ...

Beinahe noch häufiger sind die Ergebnisse der Auslegung nach dem Wortlaut einerseits und dem Gesetzeszweck andererseits nicht in Einklang zu bringen. Inwieweit eine wortlautüberschreitende Auslegung zulässig ist, ist ein Problem der juristischen Methodenlehre (und der Rechtsphilosophie). Jedenfalls ist davor zu warnen, ohne weiteres den – scheinbar überzeugenden – teleologischen Überlegungen pauschal das größte Gewicht einzuräumen.

225

Vorsicht ist geboten bei der beliebten, aber nichtssagenden Berufung auf das **Wesen**, die Natur etc. etwa einer Rechtsfigur[219] – hier ist die Gefahr einer nur scheinbaren oder zirkulären Begründung groß. Die Verwendung von Wesensargumenten signalisiert also wenigstens Präzisierungs- oder Erläuterungsbedarf.

---

215 Dazu z.B. *Lüdemann* JuS 2004, 27 ff.
216 Zu Auslegungsfragen im Europarecht *Schröder* JuS 2004, 180 ff.; zur richtlinienkonformen Auslegung im Zivilrecht *Pfeiffer* StudZR 2004, 172 ff.; *Riesenhuber/Domröse* RIW 2005, 47 ff.; *v.Westphalen* AnwBl. 2008, 1, 4 ff.; *Heiderhoff* ZJS 2008, 25, 29; *Kroll-Ludwigs/Ludwigs* ZJS 2009, 7 ff., 123 ff.; Rechtsprechungsbeispiele in BGH NJW 2005, 418 ff; BGH NJW 2009, 427 ff.
217 Z.B. BGHZ 179, 27 ff. – Quelle.
218 Der Begriff ist nicht unproblematisch. In einer so ausdifferenzierten Rechtsordnung wie der unseren lässt sich schon darüber streiten, ob es überhaupt auch nur sinnvoll ist, die Einheit der Rechtsordnung anzustreben. Bei der Vielzahl der Regelungsmaterien und -zwecke wäre wohl schon mit Freiheit von offenkundigen Widersprüchen viel gewonnen.
219 Zwar hat sich auch der BGH in seiner naturrechtlichen Phase gern solcher Argumente bedient (z.B. BGHZ 7, 223, 227); heute gelten sie aber als verdächtig (gleichwohl sind sie nicht ausgestorben, z.B. LG Baden-Baden NJW 2003, 3714; BGHZ 174, 255 (Rn. 16); immerhin in skeptischen Anführungsstrichen bei BGH VIZ 2004, 492).

Je mehr zwischenzeitlich Ihr Standpunkt gewechselt zu haben scheint, desto eher sollten Sie das **Ergebnis der Auslegung** ausdrücklich festhalten:

- Nach ... kann mit <Begriff> nur ... gemeint sein.
- ... spricht viel dafür, <Begriff> als ... zu verstehen.
- Dieses Ergebnis ist gerechtfertigt im Blick auf ...
- Der Anwendungsbereich des <Norm> erstreckt sich danach auch / nicht auf <vorliegende Situation>.
- <Begriff> muss daher im zuletzt gekennzeichneten Sinne verstanden werden.

4. Exkurs: Vernünftige Schwerpunktbildung

Spätestens in der Staatsprüfung erwartet man von Ihnen, die Probleme eines Sachverhalts nicht nur zu erkennen, sondern auch sinnvoll gegeneinander zu gewichten[220]. Das ist nicht ganz einfach. Man kann es aber üben.

Sehr nützlich für Ihre Arbeit an juristischen Gutachten ist es, wenn Sie sich ein Schema zusammenstellen, das fünf Stufen[221] des Problematischen beschreibt, die Sie mit vorstrukturierten Darstellungsformen verknüpfen. Das kann etwa so aussehen:

a) Zweifelsfrei (!) Unproblematisches

Ist eine Information so evident, dass man zweifelt, ob sie überhaupt erwähnenswert ist, fasst man sie mit einer gleichartigen Information in einem feststellenden Satz zusammen. Wenn man sie nicht ganz weglässt.

Beispiel: *Das Automobil des E ist beweglich und stellt eine Sache i.S.v. § 90 BGB dar* kann man hinschreiben oder auch (als potentielle Beleidigung der intellektuellen Fähigkeiten der Leserin) weglassen.

Weiter kann man das betreffende Tatbestandsmerkmal, in einem Einleitungssatz ansprechen, an den sich die Abarbeitung des übrigen Normtatbestands anschließt, ohne zu subsumieren.

Beispiel: *Für den Übergang des Eigentums am Fahrrad sind die Vorschriften (über die Übereignung beweglicher Sachen) der §§ 929 ff. BGB anzuwenden / einschlägig.*

Muss mit Blick auf die Erwartungen des Lesers ein Tatbestand vollständig abgearbeitet werden, erhält die Information einen eigenen Satz.

Beispiel: *Die Anfechtungsfrist des § 121 BGB ist durch die umgehend erfolgte Erklärung des A gewahrt, er wolle das Geschäft rückgängig machen.*

Sie begründen dann aber nicht; in der Hausarbeit folgen keine Belege in Fußnoten. Wenn Sie einen Beleg für nötig halten, sollten es allenfalls wenige Fundstellen aus der Standardliteratur sein, z.B. kleine Lehrbücher (Typ *Brox / Walker*), am besten nur eine Fundstelle, gegebenenfalls mit einem Hinweis: *stellvertretend <Fundstelle> m.w.N.*

Sie dürfen keinen Gutachtenstil verwenden, weil dies zuviel Platz beanspruchen und zugleich signalisieren würde, dass Ihnen der Mut oder Überblick fehlt, sinnvoll Schwerpunkte zu setzen.

---

220 Diese Fähigkeit bleibt auch in Ihrer weiteren juristischen Laufbahn wichtig. Aber eine unglückliche Schwerpunktsetzung in einem anwaltlichen Schriftsatz allein führt noch nicht zur Klageabweisung.
221 In Wirklichkeit sind die Übergänge natürlich fließend. Ebenso gut können Sie also sieben oder 19 Stufen unterscheiden.

b) »Auf den zweiten Blick« Unproblematisches

231 Was sich nach ein wenig Nachdenken als unproblematisch erweist, kann so ähnlich dargestellt werden wie die soeben beschriebenen Situationen. Sie dürfen aber nicht schweigend über das Problem hinweggehen, denn fast alles, was Sie zum Nachdenken bringt, kann auch Juristenkollegen (und damit die Leserin) interessieren. Was die Leserin interessant findet, möchte sie wenigstens erwähnt sehen. Vielleicht ist Ihnen beim Nachdenken auch eine wichtige Nuance des Problems entgangen, die Sie etwas umfassender hätten erörtern müssen. Dann ist es besser, wenn Ihnen die Leserin die Bearbeitung als zu kurz kritisiert, als wenn sie das Problem als nicht erkannt rügt.

Beispiel: Für den Zugang der Erklärung kommt es nicht darauf an, ob der Adressat tatsächlich von ihr Kenntnis nimmt. Entscheidend ist die Möglichkeit, in zumutbarer Weise Kenntnis zu erlangen (Belegstelle in Fußnote). Daher ist die Erklärung nicht schon deshalb unwirksam, weil M das Kündigungsschreiben der V nicht gelesen hat.

Das Beispiel ist typisch für Streitfragen, die juristisch vollständig geklärt sind, gleichwohl aber im Prozess oder in Rechtsberatungssituationen von den Parteien angesprochen werden. Eben weil sie thematisiert werden, müssen Sie sie im Gutachten wenigstens kurz erwähnen.

Hierher gehören auch Scheinprobleme und ein bestimmter Typ akademischer Probleme.

232 **Scheinprobleme** sind solche, die beim ersten und zweiten Nachdenken einschlägig wirken, von denen sich aber später herausstellt, dass sie knapp neben dem richtigen Begründungsweg liegen[222].

Beispiel: Die von B abgegebene Bürgschaftserklärung umfasste alle Forderungen aus dem Mietvertrag des R mit S. Welche dies sein würden, war zunächst noch nicht absehbar, so dass Bedenken wegen des Bestimmtheitsgrundsatzes nahe liegen. Diese greifen indes mit Blick auf § 765 II BGB nicht durch, der auch künftige und bedingte Hauptforderungen als Bürgschaftsgegenstand zulässt.

Wenn der für die Bearbeitung zur Verfügung stehende Platz dies nicht verbietet, sollte ein Scheinproblem wenigstens kurz angesprochen werden. Wahrscheinlich hat auch der Leser kurz darüber nachgedacht oder es bei nur flüchtiger Auseinandersetzung mit der Aufgabe sogar für einschlägig gehalten.

Beispiele: Dass ..., stört wegen ... nicht / ändert im Blick auf ... nichts. oder Auf ... kommt es wegen ... nicht an. oder Man könnte meinen, dass ... Wegen ... stellt sich diese Frage allerdings hier nicht.

233 **Akademische Probleme** sind nicht nur solche, für welche die Rechtspraxis eine handhabbare Lösung bereithält, während die Gelehrten weiter streiten, sondern auch solche, bei denen das Ergebnis feststeht, wenn auch der Weg dorthin umstritten ist. Letztere darf und sollte die Verfasserin eines universitären Übungsgutachtens als letztlich unproblematisch behandeln – aber nicht ignorieren.

Beispiel: Ob man ... mit ... oder mit ... – was wegen ... vorzugswürdig erscheint – begründet, macht für ... keinen Unterschied / ist wegen/ im Blick auf ... einerlei / ohne Bedeutung. Der Streit zwischen ... und ... bedarf deshalb hier keiner Entscheidung / Die Frage nach ... kann daher hier offen bleiben.

Erstere können aus dem Blickwinkel der Ausbildung schon einmal wichtiger sein.

Beispiel: Während über ... weitgehend Einigkeit herrscht, ist streitig, woraus sich dies ergibt. Die zutreffende Begründung dürfte in ... liegen, weil ... (Fußnote zum Streitstand und zu abweichenden Ansichten).

---

222 Hierher gehören auch die heute nicht mehr umstrittenen Fragen und die im zeitlichen Verlauf des Sachverhalts erledigten Probleme (dazu Rn. 460).

c) Kleine Probleme mit taktisch klarer Lösung

Häufig finden sich kleine Probleme, die man in jede Richtung entscheiden kann, die aber für den stimmigen und einigermaßen problemfreundlichen Aufbau der Bearbeitung nur in einem Sinne entschieden werden können. Diese sollte man als Probleme identifizieren und recht zügig entscheiden.

Beispiel: Mit ... ist die (Streit-)Frage/ das Problem aufgeworfen/ angesprochen, ob/ wie/ warum, ... Zur Lösung/ Zum Umgang (damit) wird einerseits vorgeschlagen, ... <Zusammenfassung in einem Satz>. Andererseits wird die Lösung in <ebenso kurze Zusammenfassung> gesucht. / Ob <Lösungsvorschlag 1> oder <Lösungsvorschlag 2>, ist streitig/ wird uneinheitlich beantwortet./ Eine Ansicht zur angesprochenen Frage des <Schlagwort> geht dahin, <Lösungsvorschlag 1>. Die Gegenmeinung will hingen das Problem durch <Lösungsvorschlag 2> lösen/ entschärfen/ klären. <kurzes Argument für 1>. <kurzes Argument für 2>. Überzeugender erscheint im Blick auf <Argument>, ... <Entscheidung>.

Der Leser muss erkennen, dass es abweichende Ansichten gibt. Diese sind also wenigstens anzureißen. Hierfür braucht es Belege, am besten mehrere. Zu zitieren sind Rechtsprechung und spezielleres Schrifttum, wenigstens also umfänglichere Lehrbücher und Kommentare, möglichst auch Aufsätze etc.[223].

Da Übungsarbeiten im Allgemeinen daraufhin konstruiert sind, bestimmte Probleme zu erörtern, ist es die Regel, dass Probleme des hier erwähnten Typs mit der jeweils herrschenden Meinung entschieden werden können. Nur selten zwingt der Weg zu den eigentlichen Problemen dazu, sich unterwegs einer Minderheitsmeinung anzuschließen.

d) Kleine und mittlere Probleme

Oft bestehen Übungs- und Prüfungsarbeiten aus Ansammlungen kleiner und mittlerer Probleme. Solche Probleme haben Rechtsprechung und Wissenschaft im Griff, es haben sich also eine ständige Rechtsprechung und eine überwiegende (»herrschende«) Meinung im Schrifttum herausgebildet, die es erlauben, bei der Problembearbeitung mit den Wölfen zu heulen und sich dem überwiegend vertretenen Standpunkt anzuschließen. Darüber darf man aber nicht vergessen, dass das Problem ein Problem bleibt. Man sollte es also nicht schon so beschreiben, als sei alles klar, sondern zunächst ergebnisoffen die inhaltliche Schwierigkeit erläutern, so dass die Leserin sich selbst vor das Problem gestellt sieht, bevor man die längst von Anderen beschrittenen Wege nachschreitet[224].

Beispiel: Mit ... ist die (Streit-)Frage / das umstrittene / streitige / verschieden beurteilte Problem aufgeworfen / angesprochen, ob / wie / warum, ... Dazu lässt sich einerseits vertreten, <Lösungsvorschlag 1>. Dafür spricht insbesondere, dass <Argument>. Jedoch <Einwand der herrschenden Meinung = Gegenansicht>. Damit käme es zu Unstimmigkeiten im Hinblick auf <weiterer Einwand, zum Beispiel die Rechtssicherheit / die Privatautonomie / das Analogieverbot>. Darum ist nicht zuletzt wegen <Argument> mit der letztgenannten / (ganz) überwiegenden/ herrschenden Meinung/ Ansicht von <Lösungsvorschlag 2> auszugehen/ <Lösungsvorschlag 1> zu verneinen/ abzulehnen.

Nach einigem Nachdenken über die Aufgabe arbeitet man leicht das mittelmäßig Problematische zu schnell ab. Ist man sich über das richtige Ergebnis
Beispiel: T hat fahrlässig-schuldhaft gehandelt.

erst im Klaren, wendet man auf dessen überzeugende Herleitung oft zu wenig Mühe und damit zu wenig Platz auf,

---

223 Dazu ausführlich Rn. 531 ff.
224 Auch wer sich einer schon längst vertretenen oder sogar herrschenden Meinung anschließt, darf aber nicht schlicht ein Stück aus einem Lehrbuch abschreiben; vielmehr sollen Sie die Argumente so darstellen, als hätten Sie sie im konkreten Fallbearbeitungszusammenhang entwickelt.

Teil 3: Sprachliche Gestaltung

Beispiel: T hat die im Verkehr erforderliche Sorgfalt außer Acht gelassen und daher fahrlässig i.S.v. § 276 II BGB gehandelt.

anstatt den Begründungsweg für den Leser noch einmal Schritt für Schritt darzustellen.

Beispiel: T ist zwar kein Vorwurf zu machen, weil er ..... . Indessen kann in ... eine Außerachtlassung der in der konkreten Situation erforderlichen Sorgfalt liegen und damit ein Fahrlässigkeitsvorwurf gerechtfertigt sein. Wer ..., muss ... oder zumindest darauf achten, dass ..., sowie bei Anzeichen von Gefahr gewährleisten, dass nicht .... . Das hat T unterlassen, indem er ohne näheres Nachdenken .... Gerade hierin liegt der Sorgfaltsverstoß, zumal es für er die Gefährlichkeit seines Handelns ohne Fachwissen auf dem Gebiet der ... erkennen konnte. Im Gegenteil liegt das Schädigungspotential angesichts ... geradezu auf der Hand. Für einen ... – wie T es ist – musste sich dieser Gedanke beinahe aufdrängen. Wenn er diese Überlegung nicht anstellte, begründet schon dies den Vorwurf des Zurückbleibens hinter dem in der konkreten Situation geschuldeten und vom Verkehr erwartbaren Verhalten. Also handelte T fahrlässig im Sinne von § 276 II BGB.

e) Das große Problem

238 Das große Problem (auch bezeichnet als *das fette Problem* oder schlicht *das Problem*) nennen Studierende in falscher Ehrfurcht gern *den Meinungsstreit*. Es kommt nicht in jeder Prüfung vor, aber in vielen. Vom Aufgabensteller ist es in die Aufgabe eingebaut worden, damit Sie vorführen können, wie gut Sie gelernt haben, wissenschaftliche Diskurse in Beziehung zu Einzelfallstreitigkeiten zu setzen.

Das große Problem erfordert – zumal in der Hausarbeit – umfängliche Auseinandersetzung und klare quantitative wie qualitative Schwerpunktbildung. Der im Gutachten beanspruchte Raum muss ungefähr der (relativen) Bedeutung des Problems entsprechen. Die Intensität der Auseinandersetzung und das Niveau der rechtlichen Argumentation sollten es ebenfalls. Mit der Bedeutung des Problems ist in erster Linie der Einfluss auf den Gang und das Ergebnis Ihrer Erörterungen gemeint, in zweiter Linie die Bedeutung in der wissenschaftlichen Diskussion und der juristischen Praxis[225].

239 Belege können gerade bei Standardproblemen nicht flächendeckend ausfallen, weil dann der Fußnotenapparat ganz überladen würde. Sie sollten aber den aktuellen Stand wiedergeben, also die jüngere Rechtsprechung und das unlängst erschienene Schrifttum erfassen. (Das schließt es aus, den Fußnotenapparat aus einem älteren Aufsatz zum Thema schlicht zu übernehmen). Aus den älteren Entscheidungen und wissenschaftlichen Beiträgen wählt man diejenigen aus, in denen das Problem erstmals oder besonders grundlegend diskutiert wurde. Ein Anzeichen hierfür ist, welche Fundstellen besonders häufig anderwärts zitiert werden.

240 Nur selten kann man ein großes Problem ganz flüssig von einem Satz zum nächsten erörtern. Meist bedarf es einer äußeren Struktur. Deren gedanklichen Schritte schlagen sich in Absätzen und Überschriften nieder. Letztere erlauben es der Leserin, den Gedankengang in groben Umrissen vorweg zu erfassen.

241 In der Klausur kann es geschehen, dass Sie zwar das Problem als zentral identifizieren (vielleicht wissen Sie sogar, dass die betreffende Frage umstritten ist), Ihnen aber gleichwohl die Argumente fehlen. Wenn Sie also – wie meist – nicht das Problem und die einschlägigen Entscheidungsvorschläge auswendig kennen, müssen Sie den Streit simulieren. Das wird Ihnen um so leichter fallen, je mehr ähnliche Situationen Sie kennen, mit denen Sie die zu erfindende Kontroverse parallelisieren können. Noch leichter fällt es Ihnen, wenn Sie typische Anknüpfungspunkte für juristische Streitfragen kennen. Kurz: Inhaltliches Wissen hilft immer.

---

225 Über ersteres ist bei ganz aktuellen Problemen noch keine Aussage möglich, aber über letzteres immer.

Beispiele: Das kann ganz abstrakt die Frage sein, ob aus dem Zweck einer gesetzlichen Vorschrift eine gegenüber dem Wortlaut erweiternde oder einschränkende Auslegung geboten ist. Es kann auch konkreter etwa der Konflikt zwischen Gutglaubensschutz und Schutz des Eigentümers (oder Minderjährigenschutz) sein.

Gerade im öffentlichen Recht finden Sie nicht selten einen Hinweis auf die Erörterungsbedürftigkeit einer Frage, weil die Parteien sie ansprechen. 242

Beispiel: *A meint, die Verwaltung könne doch nicht einfach in seinen Anspruch auf ... eingreifen.* (Hier liegt ein Problem des Vertrauensschutzes / der Rückwirkung).

Dann bietet sich immer eine Erörterung nach dem Schema an:

Beispiel: *Für den Einwand des A streitet das Prinzip des ... . Gegen eine solche Einschätzung / Beurteilung spricht aber/ lässt sich jedoch einwenden, dass nach dem Grundsatz ... .*

Und schon haben Sie sich in eine Problemerörterung hineinimprovisiert.

f) Arbeitsanleitung

Das jeweilige Problems ist einer Stufe des Schemas zuzuordnen. Das gelingt natürlich nur ungefähr, weil ein verlässliches Maß für die Intensität eines Problems fehlt. Überhaupt ist die richtige Schwerpunktbildung schwierig. Sie braucht Glück und ein Gespür für das Problematische. Letzteres bildet sich im Lauf der Zeit heraus. Als Ersatz für diesen Riecher, der dem Anfänger noch zu fehlen pflegt, hier ein paar vorläufige Kriterien: 243

Die **erste gedankliche Annäherung** an ein Problem kann als Arbeitshypothese dafür dienen, wie viel Aufhebens im Gutachten darum zu machen ist. Wo das Ergebnis von Anfang an klar ist, liegt kaum jemals ein Schwerpunkt. Was auf Anhieb nach klassischen juristischen Streitfragen riecht, ist wahrscheinlich wichtig. Dieses Kriterium ist aber nur einigermaßen verlässlich – Ausnahmen bestätigen die Regel.

Bei der **vertieften Bearbeitung** einer Prüfungsaufgabe stellt sich meist recht schnell heraus, was im juristischen Schrifttum als streitig gilt und was als gegenwärtig streitig.

Unproblematisch ist, was sowohl Juristen als auch juristischen Laien auf Anhieb übereinstimmend als unproblematisch erscheint. Hoch problematisch sind Fragen, die für Juristen auch nach einigem Überlegen nicht eindeutig zu beantworten sind, zu denen Ihnen aber sofort mehrere Argumente für verschiedene Ergebnisse einfallen. Juristische Laien pflegen hier oft nur noch die Problembeschreibung zu verstehen, nicht mehr aber die »Lösung« des Problems und die zugehörigen Argumente.

Wenn der Sachverhalt **juristische Termini** verwendet, wird damit meist schon vorsubsumiert. An diesen Stellen ist also keine ausführliche Diskussion, sondern eher eine knappe, aber genaue Rekonstruktion gefragt. Manchmal allerdings gilt genau im Gegenteil: *falsa demonstratio non nocet*. Vertrauen Sie nicht allen juristischen Termini blind[226]!

Führt schon der Sachverhalt die **Rechtsmeinungen der Beteiligten** auf, bedarf es einer Auseinandersetzung mit diesen Ansichten, auch wenn man ihnen nicht folgen will.

g) Wie kennzeichnet man das Problematische?

Wer der Leserin schon durch die Äußerlichkeiten der Bearbeitung signalisieren will, wo die Problemschwerpunkte eines Sachverhalts liegen, kann das zum einen durch den schlichten Umfang der Diskussion bewerkstelligen: Dann sieht man bereits an der Gliederung, dass das Wichtige auch breit erörtert wird. Die zweite – oft unterschätzte – Möglichkeit liegt in der Tiefe der Schrifttumsauswertung. Einfache und ausgestandene Probleme werden in einer Fußnote mit einer oder zwei Fundstellen aus einem kleinen Lehrbuch oder einem Kurzkommentar belegt, wenn möglich auch mit einer jüngeren obergerichtlichen Entscheidung, größere Probleme je nach Meinungsvielfalt und Ergebnisrele- 243a

---

[226] Ein Indiz für die fachlich richtige Verwendung von juristischen Begriffen im Sachverhalt ist es, wenn mehrere Termini mit Bezug zueinander verwendet sind (also z.B. wenn von *Verkauf* und *Erwerb/Übereignung* die Rede ist).

vanz mit mehreren Fußnoten, in denen umfangreichere Lehrbücher, Handbücher, große Kommentare und mehrere Gerichtsentscheidungen zitiert sind, und fette Probleme mit einer Vielzahl von Fußnoten, die jeweils den einzelnen Teilaspekt umfassend belegen.

Beispiel: Zu einer Frage aus dem Allgemeinen Teil des BGB wird man aus dem Schrifttum bei einem **kleinen Problem** ein **Anfängerlehrbuch** (*Rüthers / Stadler, Brox / Walker, Köhler, Schack*) zitieren, bei einem **mittleren Problem** die **umfangreicheren Lehrbücher** (*Pawlowski, Medicus, Bork, Larenz/Wolf*) und bei einem **fetten Problem** auch die ganz **dicken Lehrbücher** (*Flume*) und die **alten** (*Enneccerus (/ Nipperdey), v. Tuhr*). Analog geht man bei den Kommentaren vor, beginnend vielleicht mit *Jauernig* und endend mit dem *Staudinger*. Nicht ganz so eindeutig ist es mit Zitaten aus der Rechtsprechung. Hier wird man auch bei kleinen Problemen nach Möglichkeit die obergerichtlichen Entscheidungen zitieren (also in Zivilsachen regelmäßig Urteile des BGH, ausnahmsweise des BVerfG, gegebenenfalls solche des EuGH); Problemvertiefung lässt sich eher über die Zahl der zitierten Entscheidungen und die kluge Auswahl untergerichtlicher Entscheidungen signalisieren.

h) Was tun bei voraussichtlich divergierenden Schwerpunkt-Einschätzungen?

243b Immer wieder geschieht es in Übungsarbeiten, dass man als Bearbeiter eine Entscheidungsmöglichkeit sieht, die in sich stimmig erscheint, aber ein Problem ausspart, das im Sachverhalt angelegt erscheint. Ein Ausweg ist: Kurz und knapp **Wissen präsentieren**. Wer so vorgehen will, darf das nicht allzu plump anstellen.

Beispiel: Der Sachverhalt gibt Anlass zu der Erörterung, ob der zunächst entstandene Anspruch wieder erloschen ist, weil die vertraglich versprochene Leistung unmöglich geworden ist (§ 275 I BGB). Sie haben im Unterricht gelernt, dass der Begriff der Unmöglichkeit die objektive und die subjektive, die anfängliche und die nachträgliche, die zu vertretende und die nicht zu vertretende Unmöglichkeit einschließt. Dieses Wissen wollen Sie gern präsentieren, weil Sie vermuten, dass die Korrektorin beim Abhaken der einzelnen Begriffe immer neue Punkte verteilen wird[227]. Sie haben ziemlich schnell festgestellt, dass es sich um eine nachträgliche subjektive nicht zu vertretende Unmöglichkeit handelt. Sie sollen, wenn Sie der Leserin alle diese Informationen präsentieren, nun aber nicht schreiben *Es kann sich um eine nachträgliche Unmöglichkeit handeln. Das ist der Fall, wenn ... Hier ist ... Daher handelt es sich um eine nachträgliche Unmöglichkeit. Weiter kann die Unmöglichkeit als subjektive zu qualifizieren sein. Dazu muss ... So liegt es hier: ... Weiter kann T die Unmöglichkeit zu vertreten haben ...* Das sieht zwar schulmäßig aus, ist es aber bei genauerem Hinsehen nicht. Auf die genannten Unterscheidungen kommt es für die Rechtsfolge des § 275 I BGB nämlich nicht an. Sie breit zu diskutieren führt fast zwangsläufig zu der bekannten Schlangenlinie am Rand mit der Anmerkung *Warum erörtern Sie das?* Wenn man es kurz machen will, darf man also nicht schulmäßig subsumieren, muss aber gleichwohl die eigenen Erkenntnisse präsentieren. Zuerst muss man zum Abhaken sauber die Unmöglichkeit als solche feststellen: *Aus dem Kaufvertrag war T verpflichtet, S das Fahrrad zu übergeben und zu übereignen (§ 433 I BGB). Die Übertragung des Besitzes (§ 854 I BGB) und damit regelmäßig auch die Übereignung (§ 929 S.1 BGB) sind T nicht mehr möglich, seitdem D ihm durch Diebstahl den Besitz entzogen hat. Damit ist die Leistung unmöglich i.S.v. § 275 I BGB.* Dann fügt man – möglichst konzentriert in kurzen Feststellungen – hinzu *Es handelt sich, da D die Leistung erbringen könnte, um eine subjektive Unmöglichkeit, die erst nach Vertragsschluss eingetreten ist, weil der Diebstahl erst am Tag nach dem Telefonat zwischen T und S stattfand. Hierdurch würde T von seiner Leistungspflicht frei, selbst wenn er den Eintritt der Unmöglichkeit zu vertreten hätte.* Eine andere Möglichkeit besteht darin, einen Schein-Einwand zu präsentieren: *Zwar kann D die von T versprochene Leistung noch erbringen* und diesen im nächsten Gedanken zu entkräften *Für das Erlöschen der Leistungspflicht nach § 275 I BGB genügt aber die subjektive Unmöglichkeit, also gerade die Situation, in der zwar nicht jedermann, aber eben der Schuldner zur Leistung außerstande ist.* Das mag zwar für Fachangehörige zum gesicherten rechtsdogmatischen Bestand gehören, aber für Nichtjuristen ist es erklärungsbedürftig. Wenn man diese Erklärung nun nicht ausfern lässt, sondern in einen Satz fassen kann, ist es gut.

---

227 Diese Vermutung kann auch falsch sein ...

5. Rechtsfolgenseite

Nicht immer ist die Subsumtionsarbeit schon erledigt, wenn man den Tatbestand der Anspruchsnorm zu Ende geprüft hat. Liegen die Probleme des Sachverhalts ganz oder teils auf der Rechtsfolgenseite[228], bietet es sich an, in der Gliederung nach Anspruchsgrund und Anspruchshöhe zu unterscheiden. Nach der Subsumtion unter den Haftungstatbestand zieht man ein Zwischenergebnis der Art

- Dem Grunde nach / Grundsätzlich besteht ein Anspruch des <Anspruchstellers> gegen <Anspruchsgegner>,

um fortzufahren

- In welchem Umfang / In welcher Höhe / Ob allerdings <Anspruchsteller> Schadensersatz in der geltend gemachten Höhe / für sämtliche eingetretenen Schäden verlangen kann, ist fraglich.

In einem Satz:

- Liegt somit der Tatbestand des ... Anspruchs vor, so ergibt sich die Rechtsfolge aus ... (z. B. §§ 249 ff. BGB).

Am Ende steht dann

- Ein Anspruch des <Anspruchstellers> besteht (nur) in Höhe von € <Betrag> / richtet sich nur auf den Ersatz von <bejahte Schadensposition(en)>. *oder* Also kann <Anspruchsteller> lediglich / ausschließlich <berechtigter Teil der Forderung> verlangen.

244

Auf der Rechtsfolgenseite muss ebenfalls Merkmal für Merkmal subsumiert werden. Gesetzlich vorstrukturiert ist die Unterscheidung in Tatbestands- und Rechtsfolgenseite beispielsweise im Recht der ungerechtfertigten Bereicherung, wo die Haftungstatbestände (§§ 812, 816 BGB) und die Bestimmungen über den Umfang der Haftung (§§ 818 ff. BGB) getrennt sind.

245

Hat man nicht schon in Überschrift und Obersatz eine der Rechtsfolgen ausgesucht, muss man nun erwähnen, welche Möglichkeiten zur Wahl stehen,

246

Beispiel: *K kann die Rechte aus § 437 BGB geltendmachen.*

und gegebenenfalls eine Empfehlung geben

Beispiel: *Für K am vorteilhaftesten ist die Berechnung des Schadens nach der Differenzmethode.*

sofern der Sachverhalt dafür Anhaltspunkte bietet, insbesondere, wenn die Fallfrage lautet *K fragt, was er tun kann.* Es ist keine Überdehnung des Sachverhalts, wenn man die wirtschaftlich attraktivere Rechtsfolge wählt.

Beispiel: Hat der Gläubiger der unmöglich gewordenen Leistung den Vertragsgegenstand über dem Marktwert gekauft: *Der Rücktritt vom Vertrag ist sinnvoll.*

Gibt die Fallfrage allerdings keine besonderen Hinweise und enthält der Sachverhalt keine Umstände, die auf die Vorzugswürdigkeit einer Rechtsfolge gegenüber der oder den anderen hindeuten, fasst man sich am besten kurz:

247

- <Anspruchsteller> kann also von <Anspruchsgegner> nach seiner Wahl / wahlweise / alternativ (entweder) Schadensersatz wegen Nichterfüllung oder Erfüllung der Verbindlichkeit verlangen, § 179 I BGB.
- <Anspruchsteller> hat gegen <Anspruchsgegner 1> und <Anspruchsgegner 2> als Gesamtschuldner einen Anspruch auf <Anspruchsziel>. Er kann daher wahlweise auch einen der beiden auf <Leistung, z.B. Zahlung des vollen Betrags> in Anspruch nehmen.

In solchen Situationen sind Spekulationen darüber, ob und wie ein Berechtigter sein Wahlrecht ausüben wird, Platz- und Zeitverschwendung.

---

228 Das kann etwa bei Arbeiten mit Schwerpunkt im Schadensersatzrecht, im Bereicherungsrecht oder beim Rücktritt vom Vertrag leicht der Fall sein.

Teil 3: Sprachliche Gestaltung

248-322 Die Textteile zum Arbeitsrecht und zum Strafrecht aus Rn. 248-322 sind unter www.fb3.fh-frankfurt.de/schimmel verfügbar.

Teil 4: Arbeitshinweise

Wenn Sie bis hierhin gründlich gelesen haben, müssten Sie über eine recht genaue Vorstellung von der Funktionsweise und der sprachlichen Gestaltung eines juristischen Gutachtens verfügen. Der folgende Abschnitt hilft bei der Umsetzung dieses Wissens in juristischen Übungsarbeiten unnötige Fehler zu vermeiden.

Er stellt zusammen, worauf achten sollte, wer eine Übungs- oder Prüfungsarbeit verfasst. Er ist auch ohne die vorherigen Teile lesbar und nützlich. Die Fehler, die er zu vermeiden hilft, unterlaufen **Anfängern und Fortgeschrittenen**. Zuerst finden Sie eine Reihe häufiger **Fehler in Rechtsgutachten** (Rn. 323 ff.), anschließend **Arbeitsempfehlungen** (Rn. 450 ff.), die zu befolgen unabhängig von konkreten einzelnen Fehlern Ihre Erfolgsaussichten erhöht.

Kapitel 1: Fehler und Fehlervermeidung

Manche der folgenden Regeln haben elementare Bedeutung[229], andere eher subtilen Charakter[230]. Kaum eine ist zwingend; der Begriff *Regel* deutet aber bereits an, dass im Zweifel lieber der **Regel** als der immer denkbaren **Ausnahme** zu folgen ist.   323

Da der Anfängerin nicht auf Anhieb Inhalt und Sinn einer jeden dieser Regeln zugänglich sein werden, finden sich überall Beispiele[231] und fast immer kurze Erklärungen. Sie greifen typische Fehler und Schwierigkeiten in universitären Gutachten auf, wie sie üblicherweise Gegenstand von Leistungskontrollen bis einschließlich zur Ersten Staatsprüfung sind.

Vieles davon ist nur Konvention; ein Verstoß ist kein echter Fehler. Trotzdem spricht kaum jemals etwas dagegen, sich einfach an die Konvention zu halten.

1. Etliche dieser Hinweise lassen sich angesichts des in **Klausuren** häufigen Zeitdrucks nur in Hausarbeiten richtig berücksichtigen. Manches kann man aber üben, um sich auch in Klausuren nicht völlig zu blamieren. Allerdings ist die inhaltlich richtige Entscheidung wichtiger als eine gediegene Sprache. Stilistische Finessen sind also erst an der Reihe, wenn Sie die rechtliche Begründung durchdacht haben.
2. In **Hausarbeiten** gelten andere Maßstäbe: Der Leser weiß, dass Sie sich die Zeit für eine auch äußerliche Überarbeitung des Texts hätten nehmen können. Er wird es Ihnen zu Recht übel nehmen, wenn Sie das nicht für nötig halten.
3. Für viele Fragen gibt es mehrere richtige Antworten. Das heißt, man kann es so oder so halten. *So oder so* bedeutet aber nicht *so und so*. Hat man sich für die eine oder andere Art entschieden, soll man das durchhalten. Es gilt das Gebot der **Einheitlichkeit**.
4. **Haftungsausschluss**: Die Zahl möglicher Fehler ist vermutlich unendlich. Hier kann aber nur eine endliche Zahl von Hinweisen zur Fehlervermeidung gegeben werden. Die Lage wird nur noch komplizierter, weil sich Regeln über juristischen Sprachgebrauch nicht aus dem Gesetz oder ähnlichen autoritativen Quellen ergeben, sondern

---

229 Beachten Sie insbesondere die Bemerkungen zum richtigen Umgang mit der deutschen Sprache, sogleich Rn. 324 ff.
230 Etwa die Hinweise zur richtigen Schreibweise des Terminus *condicio sine qua non*, Rn. 368. Zur Abgrenzung des *antezipierten* Besitzkonstituts zum *antizipierten* instruktiv *Liebs* JZ 1972, 751.
231 Diese sind durch *Kursivschreibweise* hervorgehoben und mehrheitlich authentisch. Wo sie studentischen Übungsarbeiten entnommen wurden, sind sie nicht näher gekennzeichnet. Soweit juristische Fachzeitschriftenbeiträge und gerichtliche Urteile die Beispiele lieferten, wird darauf in den Fußnoten hingewiesen.

Teil 4: Arbeitshinweise

teils von des Prüfers individuellen Vorlieben abhängen, welche letztere noch von Zeit zu Zeit wechseln können.

Kurz: Die folgenden Regeln sind wichtig, aber **nicht vollständig**. Immerhin sind die häufigsten Fehler erwähnt[232, 233].

5. Arbeitsanleitung:
   a) Lesen Sie die folgenden Hinweise einmal »trocken« durch, auch wenn Sie gerade keine Übungsarbeit schreiben. Ein bisschen bleibt immer hängen.
   b) Lesen Sie das Ganze wieder einmal, wenn es akut wird. Die Aufzählung häufiger Fehler kann man durchgehen, wenn die Hausarbeit fast fertig ist.
   c) Ergänzen Sie bei jeder Gelegenheit ähnliche Regeln und Fehler, besonders solche, die Ihnen im eigenen Sprachgebrauch auffallen. Jeder Respekt vor diesem Text ist zwecklos. Notieren Sie also Ihre Erkenntnisse an den Rand und streichen Sie Anweisungen, die Ihnen nicht zusagen. Erst durch Ihre Anmerkungen wird dieses Buch zu einem intensiv nutzbaren Arbeitsmittel.

6. Zu den **Quellen**: Es gibt – leider? – keine abschließende und verlässliche Sammlung solcher Regeln. Neben eigener Erfahrung im Schreiben und Korrigieren von Hausarbeiten und Klausuren liegt der nachstehenden Auflistung die Auswertung etlicher »Kochbücher« zugrunde[234].

Die besten solcher Tipps findet man oft dort, wo man sie nicht erwartet[235]. Diese Zusammenstellung verfolgt daher auch den Zweck, Ihnen das Blättern in zwanzig anderen Büchern zu ersparen.

Wenn Sie besser durch konkrete Beispiele als durch das Lesen von Regeln lernen, ist es sinnvoll, sich einmal ein paar **Originalarbeiten** anzusehen und sich die Fehler anderer Leute zu Herzen zu nehmen. An vielen juristischen Fachbereichen gibt es Hausarbeiten- und Klausurensammlungen, die das ermöglichen. Die Mustergutachten in den Ausbildungszeitschriften sind für diesen Zweck nicht alle gleichermaßen geeig-

---

232 Eine »Fehlerlehre« muss empirisch ansetzen, wenn sie zweckdienlich sein soll. Das heißt, sie muss nicht die theoretisch denkbaren Fehler verhandeln, sondern diejenigen, die erfahrungsgemäß häufig geschehen (dazu z.B. *Edenfeld* JA 1999, 196 ff.; *Rips* JuS 1979, 42 ff.). Das bedeutet zugleich, dass sie nicht wirklich systematisch sein kann, sondern allenfalls mühsam systematisiert. Deswegen ist es für die Leserin nicht ohne weiteres möglich, gezielt nach Hilfestellungen zu suchen – vielmehr empfiehlt sich Querlesen. Zwar ist der nachfolgende Text durchaus geordnet; wer aber Zugriff auf eine einzelne Erläuterung nehmen will, benutzt am besten das Stichwortverzeichnis am Ende. Wer den folgenden Abschnitt zu lang findet, beginne mit *Henne* http://web.uni-frankfurt.de/fb01/henne/downloads/hausarbeiten.pdf oder *Tettinger/Mann*, 169 ff.

233 Eine Schwierigkeit im Umgang mit einer solchen Fehlerlehre besteht darin, dass nicht alle Studierenden sämtliche Fehler machen, sondern jede ihre eigenen. Deswegen wird auch jede im folgenden Text viele Warnungen finden, die für sie bedeutungslos sind. Daraus kann man Selbstbestätigung oder Langeweile oder den Verdacht ableiten, es sei überflüssig gewesen, für dieses Buch Geld auszugeben. Man kann aber auch weiterlesen bis zu dem Punkt, an dem man feststellt *Das hätte ich auch falsch angepackt*.

234 Besonders empfehlenswert: *Diederichsen/Wagner* BGB-Klausur – zu Recht einer der »Klassiker«; allerdings liest es sich bei *Diederichsen* immer so, als sei jeder noch so kleine Fehler unverzeihlich; *Gramm* (Hrsg.) Fehlerlehre – Schwerpunktbildung im Öffentlichen Recht; eine sehr gelungene Klausurenlehre bietet *Braun* Zivilrechtsfall – die mehrfache Lektüre des Theoretischen Teils (S. 3-64) ist dringend zu empfehlen; etwas knapper die Einführung bei *Wörlen/Schindler* Anleitung; siehe auch *Knödler* JuS 2000, L 65 ff.; *Dühn* JA 2000, 765 ff.; *Lemke* JA 2001, 325 ff.; *Möllers* JuS 2001, L 65 ff; *Standop/Meyer* Form, Anhang II (217 ff.).

235 Beispielsweise die Stilregeln für Juristen bei *Eckert/Hattenhauer* 75 Klausuren, 205 ff. (verfügbar auch unter www.uni-potsdam.de/u/ls_rechtsgeschichte/lehre/stilregeln.php), und *Trevor-Ropers* Zehn Gebote – Anweisungen zum deutlichen Schreiben im Vorwort zu *Fezer* Klausurenkurs. Lesenswert sind auch *Müller* JuS 1996, L 49 ff.; *Gross* JA 1995, 83 f.; *Schmucke* JA 2001, 911 f.; *Hattenhauer* Kritik, 132 ff.; *Forstmoser/Ogorek* Juristisches Arbeiten, 15 ff.

net. Selbst diejenigen, die sich auf den ersten Blick an studentischen Anforderungen zu orientieren scheinen, sind oft nicht ganz astrein[236].

7. Zur Klarstellung: Sie können die nachstehende Liste benutzen, um eine in gewisser Weise **stromlinienförmige** Arbeit zu verfassen. Das hört sich im ersten Augenblick widerlich opportunistisch an – ist es aber nicht. In formaler Hinsicht ist es nicht schändlich, stromlinienförmig zu schreiben, eher im Gegenteil. Was Ihre inhaltliche Position betrifft, werden Sie keine Anleitungen finden.

8. Eine **Orientierung** für den angemessenen Sprachgebrauch kann das Gesetz geben. Allerdings ist bei manchen etwas angestaubt wirkenden Formulierungen

Beispiele: *in Gemäßheit des* statt *gemäß* in § 645 I a. E. BGB, *vermöge dessen* statt *durch das* in §§ 930, 868 BGB, *Frauensperson* statt *Frau* in § 825 BGB, *Militärperson* statt *Soldat* in § 411 BGB, *in Ansehung der* statt *betreffend* die in §§ 407 I, 504 BGB, *mittels Fernsprechers* statt *telefonisch* in § 147 I BGB, *Beschädigter* statt *Geschädigter* in § 254 BGB, *Beobachtung* statt *Beachtung* oder *Einhaltung* in § 782 BGB, *ausantworten* und *Ausantwortung* statt *übergeben* und *Übergabe* in § 1986 BGB, *wird nicht verlustig* statt *verliert nicht* in §§ 616 S. 1, 354 BGB, *dergestalt* statt *so* in § 149 S. 1 BGB, schön auch das Dative z.B. in §§ 249 S. 1, 812, 818 BGB

Zurückhaltung geboten – das BGB ist über 100 Jahre alt[237]. Schon beim nur 60 Jahre alten Grundgesetz ist Vorsicht am Platz.

Beispiel: Art. 6 II 1 GG: *Pflege und Erziehung der Kinder sind das natürliche Recht der Eltern und die zuvörderst ihnen obliegende Pflicht.*

Leider ist gelegentlich der Sprachgebrauch des Gesetzes geradezu irreführend.

Beispiel: Entgegen der Überschrift *Verbrauchsgüterkauf* über § 474 BGB regelt die Vorschrift nicht den Kauf von Verbrauchsgütern, sondern Kaufgeschäfte, an denen neben einem Unternehmer als Verkäufer ein Verbraucher als Käufer beteiligt ist.

Urteile können ebenfalls als Vorbild dienen; aber auch sie geraten gelegentlich pathetisch-altmodisch.

Beispiel: *Dies im Sinne gelebter Toleranz einzuüben und zu praktizieren, ist eine wichtige Aufgabe der öffentlichen Schule*[238].

9. Da man nicht alles wissen kann und auch die vorliegende Sammlung nur Beispiele enthält, empfiehlt sich die gelegentliche Anschaffung und häufige Nutzung der **Standardliteratur** aller schreibenden Menschen[239].

---

236 Z.B. *Habermeier* JuS 1994, L 76 ff.: zweifellos, eindeutig, selbstverständliche Pflicht, ohne weiteres erfüllt, völlig zu Recht, Beiläufig wird darauf hingewiesen, dass ... usw., näher dazu Rn. 359.
237 Manchmal ist allerdings umgekehrt der Sprachgebrauch des Gesetzes moderner als der seiner Interpreten: Das BGB spricht vom Eigentumserwerb an *beweglichen Sachen* (z.B. § 929 S. 1 BGB), das Sachenrechtslehrbuch von *Baur/Baur/Stürner* dagegen noch heute von *Fahrniserwerb*. Und das OLG Celle schreibt schon einmal *Haupt*, wenn *Kopf* gemeint ist (NJW 2005, 3647).
238 BVerfG FamRZ 2006, 1094 ff., Rn.18.
239 Das sind als Nachschlagewerke insbesondere die Duden-Bände 1 (Rechtschreibung, 25. Auflage 2009), 4 (Grammatik, 7. Auflage 2005), 5 (Fremdwörterbuch, 9. Auflage 2007) und 9 (Richtiges und gutes Deutsch, 6. Auflage 2007); zum Lesen und Lernen z.B. *Reiners* Stilkunst (oder wenigstens *ders*. Stilfibel) – dass *Reiners* der Ausbildung nach Jurist war, merkt man an etlichen seiner Beispiele (und an den Hinweisen zum Papierstil, 155 ff.). Empfehlenswert sind auch die Bücher von *Schneider*, zuletzt: Deutsch! (ebenso gut brauchbar, zumal sich bei *Schneider* vieles wiederholt: Deutsch für Profis; Deutsch für Kenner). Der Hinweis auf *Reiners* und *Schneider* mag übrigens auch einer weiteren Klarstellung dienen: Dieses Buch ist keine Stilfibel. Selbst wenn hier der juristischen Sprache mehr Aufmerksamkeit gewidmet wird als in »Kochbüchern« üblich (*Stilfehler sind Denkfehler* – Hans *Hattenhauer*), können doch nur die schlimmsten Katastrophen erwähnt werden; vertiefend *Schnapp* Stilfibel; *Schmuck* Deutsch (in erster Linie für Anwältinnen); *Walter* Stilkunde (Kurzfassungen in Jura 2006, 344 ff. = www.skriptorama.de/uber-den-juristischen-stil und *Walter* Rhetorikschule, 252 ff.); *Fricke* Stil; *Jahn* JuS-Magazin

Teil 4: Arbeitshinweise

10. Die folgenden Hinweise sind – typisch juristisch – so sortiert, dass sie vom Allgemeinen zum Besonderen fortschreiten. Zuerst (Rn. 324 ff. und Rn. 340 ff.) finden Sie also Empfehlungen, die immer (!) zu beherzigen sind, dann (Rn. 357 ff.) Regeln, die beim Sprechen und Schreiben über rechtliche Dinge Beachtung erheischen, und anschließend (Rn. 384 ff.) solche, die nur in juristischen Übungs- und Prüfungssituationen wichtig sind.

A. Richtiges Deutsch

Das Gutachten ist in gutem Deutsch zu verfassen, wenigstens aber in orthographisch und grammatikalisch richtigem Deutsch. Das sollte keiner Erwähnung bedürfen. Die Erfahrung lehrt das Gegenteil.

324 • **Rechtschreibungs-, Zeichensetzungs-, grammatikalische und Tippfehler** sind in der Klausur vielleicht noch verzeihlich, sprechen aber besonders bei gehäuftem Auftreten und jedenfalls in Hausarbeiten eine deutliche Sprache. Leider ist das Niveau mancher Arbeiten in dieser Hinsicht wirklich erbärmlich[240]. Vorwerfbar ist dabei nicht das Fehlermachen, sondern das Fehler-nicht-korrigieren(-lassen). Im Extremfall führen zu viele Fehler zur Abwertung[241].

3/2008, 6 ff.; *Dichtl* Deutsch (sehr trostreich, weil man an den dortigen Beispielen schön sehen kann, dass auch in den Nachbarwissenschaften eine Menge Unsinn verbrochen wird), vielleicht *Hoffmann* Deutsch. Stilistischen Feinschliff möge sich der Leser durch eifrige *Radbruch*-Lektüre erarbeiten. Lesenswert hinsichtlich sprachlicher Entgleisungen hauptsächlich jenseits des Juristischen ist im Übrigen das luzide kleine Wörterbuch von *Henscheid* Dummdeutsch, 3. Auflage 1995; ähnlich *Zimmer* Wortlupe; ergänzend *Gleiss* Unwörterbuch; *Weigel* Leiden; *Kaehlbrandt* Deutsch; *Krämer/Kaehlbrandt* Ganzjahrestomate; ausdrücklich an »Rechtswahrer« wendet sich *Grunau* Spiegel (gelegentlich antiquarisch kaufen!); in eine ähnliche Richtung gehen die von der *Gesellschaft für deutsche Sprache* herausgegebenen Fingerzeige für die Gesetzes- und Amtssprache, und *Berger* Schreiben; umsonst verfügbar: das Handbuch Bürgernahe Verwaltungssprache des *Bundesverwaltungsamts* (im Druck: 4. Auflage, Köln 2004) unter www.bva.bund.de/cln_047/nn_372236/SharedDocs/Publikationen/Verwaltungsmodernisierung/ Buergernahe__Verwaltungssprache__BBB,templateId=raw,property=publicationFile.pdf/Buergernahe_Verwaltungssprache_BBB.pdf und die Tipps zum einfachen Schreiben der *Stadt Bochum* (Hrsg.).

240 Ein Beispiel unter Tausenden: *... und schreibt eine Postkarte, wo er dieses Angebot annimmt.* Das darf auch in der Klausur nicht passieren. Also: Das Abitur zu haben genügt nicht; man muss es immer wieder beweisen (lesenswert *Derleder* NJW 2005, 2834, 2835, der auf die Anforderungen der Mittleren Reife hinweist). Mit anderen Worten: Ihre Erfolgsaussichten korrelieren direkt mit dem Grad Ihrer Alphabetisierung. Unter anderem. Defizite kann man – einem verbreiteten Irrtum zum Trotz – auch im Erwachsenenalter noch ausgleichen. Die betreffenden Kurse heißen, je nach Anbieter, Zielgruppe und Anforderungen, *Konstruktion und Interpretation komplexer alphanumerischer Zeichenketten* oder *Deutsch in Wort und Schrift II*, an der FH Frankfurt am Main z.B. ganz treffend *Deutsch fürs Studium*. – Hier noch ein Beispiel aus einer (materiellrechtlich ganz guten) Klausur: *Dann müsste zwischen G und A einen wirksamen Kaufvertrag gemäß § 433 BGB zustandegekommen sein und ein Anspruch entstanden sein. Dies setzt ein wirksamen Kaufvertrags gemäß § 433 BGB zwischen den Parteien G und A voraus.* In der Prüfung winke ich das vielleicht durch (*war halt nervös...*), aber ein solcher Klops in der Bewerbungsmappe – und Sie sind raus aus dem Verfahren (zur Beherrschung des Deutschen bei der Begründung und Beendigung von Arbeitsverhältnissen *Herbert/Oberrath* DB 2009, 2434 ff.; *dies.* DB 2010, 391 ff.). Glücklicherweise gibt es aber Berufsfelder, in denen es auf Rechtschreibung kaum ankommt; so hat etwa 2006 ein Bankräuber in Frankfurt am Main mit folgendem Text Erfolg gehabt: *Bank überfal, sofort geben Gelt oder schisen, kein Schpas* (taz v. 30.3.2007, 14). Na gut. Und es ist wohl auch kein Zufall, dass in einer ganz seriösen Anleitung zum juristischen Schreiben für Studium und Praxis ein ganzes von einem Deutschlehrer verfasstes Kapitel von Zeitenfolge, Konjunktiv und Satzbau handelt (*Salzer* in: *Busch/Konrath* SchreibGuide Jus, 139 ff.)

241 VGH Mannheim NJW 1988, 2633 f.

- Traditionell[242] fehleranfällig ist die **Abgrenzung** *das / dass* (kann man ersatzweise *dieses, jenes, welches* sagen, dann *das*, sonst immer *dass*). 325
  Beispiele: *... immer das Gefühl, das man stört ...* – *das* oder *dass*?; *Ein Leistungsstörungsrecht, dass ihnen im Falle der Nichterfüllung ...*[243] – *das* oder *dass*?

- Fehlende oder überflüssige **Satzzeichen** können dem Leser das Verständnis erheblich erschweren[244]. Zum Teil verändern Fehler bei der Interpunktion[245] den Sinn der Aussage. 326
  Beispiele: *Der brave Mann denkt an sich selbst zuletzt* oder *Der brave Mann denkt an sich, selbst zuletzt*[246]; *Nazis töten sofort!* oder *Nazis töten, sofort!*[247]; *Es regnet, Jungs (Halleluja!)* oder *Es regnet Jungs (Halleluja!)*[248]; plastisch auch *A meint, B habe eine strafbare Handlung begangen* oder *A, meint B, habe eine strafbare Handlung begangen*. Offenkundig ist der Unterschied zwischen *Du mich auch?* und *Du mich auch!*

  Selbst ein nur »verrutschtes« Komma kann ähnliche Wirkung haben.
  Beispiele: *Der Brief muß zugestellt werden. Heute, nicht morgen!* oder *Heute nicht, morgen!*

  Gleichermaßen beliebt wie falsch ist auch die Kennzeichnung von Vergleichen durch Kommata[249].
  Beispiele: *Für sie sollten die gleichen strengen erwachsenenpädagogischen Kriterien gelten, wie für alle modernen Seminarformen*[250]. *Nuss das Gespräch eines Sohnes mit seiner Mutter weniger geschützt werden, als das Gespräch mit dem Steuerberater?*[251]

  Selbst ein fehlender Doppelpunkt kann verwirren.
  Beispiel: *Polizeipräsidenten fordern: Heroin vom Staat*[252] oder *Polizeipräsidenten fordern Heroin vom Staat*.

  Das immer häufigere Fehlen des Bindestrichs

---

242 Und offensichtlich bis ins hohe Alter hinein: Noch im Referendar- und Assessorexamen wird das oft verwechselt.
243 *Gregor* MDR 2006, 1084, 1085.
244 Wer das nicht glaubt, versuche einmal, das letzte Kapitel bei *Joyce* Ulysses (in der Übersetzung von *Wollenschläger*) laut vorzulesen – oder das letzte Kapitel bei *Garcia Marquez* Der Herbst des Patriarchen.
245 Die aktuellen Zeichensetzungsregeln finden Sie z.B. bei Duden Bd.1, §§ 71 ff.; hier nur eine Anmerkung zu einem letzthin sehr beliebten Fehler: Das respiratorische Komma, das viele Schreibende dort setzen, wo sie beim Vorlesen eine Pause zum Atemholen oder beim Schreiben eine Pause zum Nachdenken eingelegt haben (*Mit dem Anbieten seiner Fahrräder, könnte man ein Angebot annehmen* – auch zwischen *sowohl* und *als auch* und zwischen *entweder* und *oder* steht kein Komma), sehen die amtlichen Regeln nicht vor. Wer es setzt, hat damit vielleicht *Goethe* auf seiner Seite, aber den Duden gegen sich. Dazu auch *Sick* Das gefühlte Komma, in: ders. Dativ Folge 2, 50 ff.
246 Wie hat es *Schiller* (Wilhelm Tell, 1. Aufzug, 1. Szene, Zeile 139 nach der Zählung der Säkular-Ausgabe in sechzehn Bänden, 1905, zugänglich über Reclams Universal Bibliothek, Bd. 12) geschrieben? Wie hat er es gemeint? Mehr bei *Schneider* Deutsch!, 120 f.
247 Wie hat es der anonyme Graffiti-Künstler (Hauswand Jordanstraße 8, nahe der Uni Frankfurt am Main) geschrieben? Wie hat er es gemeint? Ist es ein Imperativ? Eine Begründung zum Imperativ? Oder augenzwinkernd beides? Führt die unterschiedliche Interpunktion zu unterschiedlichen moralischen oder sogar strafrechtlichen Bewertungen dieser Äußerung?
248 Wie haben es *Shaffer* und *Jabara* im englischen Original geschrieben? Was haben sie gemeint? Einzelheiten bei www.songfacts.com/detail.php?id=2299.
249 Zahlreiche Beispiele bei OLG Stuttgart WM 1985, 349 ff.; *Becker/Schäfer* JA 2006, 597 ff.; *Hörndler* MDR 2008, 184, 188.
250 *Wellensiek/Strittmatter-Haubold* Riesenburger, in: *Vec* u.a. Campus-Knigge, 169 f.
251 *Hirsch* in: *Huster/Rudolph* Rechtsstaat, 164, 177.
252 Spiegel-Titel Nr. 5/1997, taz v. 16.6.1998, 1.

Teil 4: Arbeitshinweise

Beispiele: *BGH Thesen*[253]; *Verfahren aus US Sicht*[254]; *Harvard Professoren*[255]; *Diplom Juristin*[256]; *Das Stauffenberg Attentat*[257]; *BGH Richter*[258]

ist wohl eine Form des allgegenwärtigen Anglizismus[259] und deshalb fast schon entschuldbar – aber es nervt[260].

Zugegebenermaßen ist Zeichensetzung ein langweiliges Thema, wenn man das Abitur hinter sich hat. Sie bietet aber im Prüfungsalltag ungeahnte Distinktionsmöglichkeiten[261].

327 – Nur gelegentlich ziehen Fehler bei der **Getrenntschreibung**

Beispiele: *A begann mit B ein Gespräch, in dem er ihn fragte, ob ...* ist etwas Anderes als *A begann mit B ein Gespräch, indem er ihn fragte, ob...*; *Die Klage ist zulässig* und *Die Klage ist zu lässig* beschreiben verschiedene Situationen; *Bei den Tätern kam es auf Geld nicht an* und *Beiden Tätern kam es auf Geld nicht an* betonen verschiedene Seiten des gleichen Sachverhalts, ähnlich *ein ernst zu nehmendes Problem* und *ein ernst zunehmendes Problem*

und bei der **Groß- und Kleinschreibung**

Beispiele: *Die mitreißende Mitreisende berichtete von den tauben Tauben, die vereinsamt im Vereinsamt saßen, und kaufte eine runde Pizza für alle* oder *eine Runde Pizza für alle*.

Bedeutungsverschiebungen nach sich. Trotzdem ist es Ehrensache, die berechtigten Erwartungen des Lesers möglichst selten zu enttäuschen.

328 – Die meisten Rechtschreibfehler sind zwar Fehler, aber im Übrigen harmlos. Achten Sie beim Gegenlesen Ihres Texts auf **sinnentstellende Tippfehler**.

Beispiele: *Das Gesetz findet auch auf neue Kreditarten Anwendung* unterscheidet sich in einer wichtigen Nuance von *Das Gesetz findet auch auf neue Kreditkarten Anwendung* – ähnlich *Das Vorgehen des T ist nicht zu missbilligen* und *Das Vergehen des T ist nicht zu missbilligen*, *Verhandlungen mit dem Vermieter* sind etwas anderes als *die Verhandlungen mit dem Vormieter*. Es ist ein Unterschied, ob Sie Ihren *Enkel* oder Ihren *Onkel* als Erben einsetzen. Problematisch sind auch *Der Schutz von Diskriminierungen* anstatt *vor Diskriminierungen*, *Anne hat Markus zuerst ins Herz und dann in die Arme geschossen* statt *Anne hat Markus zuerst ins Herz und dann in die Arme geschlossen*[262], *Nachtbar* statt *Nachbar*, *Verbrecher* statt *Verbraucher*, *Reispreis* statt *Reisepreis*, *Akte* statt *Aktie*, *Anlage* statt *Anklage*, *unstrittig* statt *umstritten*, *Gehhilfen* statt *Gehilfen*, *Anwaltschaft* statt *Anwartschaft*, *bestehende Vorurteile zementieren* statt *dementieren*, *Krise nationalen Denkens* statt *Krise rationalen Denkens*. Unterscheiden Sie jedenfalls zwischen *uniformierten* und *uninformierten* Beamten, *nicht ehrlichen* und *nicht ehelichen* Kindern, zwischen *Katarern* und *Katharern*, *täglichen* und *tätlichen* Beleidigungen, zwischen *greisfreien* und *kreisfreien* Städten, *belasteten* und *belastenden* Verwaltungsakten sowie zwischen *Wiederkäufer* (§ 457 I BGB) und *Wiederkäuer*. Es ist etwas anderes, ob man *alle* oder nur *alte* Rechnungen begleicht.

---

253 Bischof/Jungbauer/Podlech-Trappmann-*Bischof* § 22 RVG Rn. 18.
254 *Bolthausen* MDR 2006, 1081, 1083.
255 *Möllers* Juristische Arbeitstechnik, Rn. 429.
256 *Millgramm/Grafmüller* MDR 2008, 1139.
257 So der Untertitel des Films Operation Walküre, 2008 (engl. Valkyrie).
258 *Puppe* Schule, 60.
259 Zu Anglizismen noch Rn. 369, zum Bindestrich Rn. 450.
260 Es gibt allerdings auch Gegentendenzen, z.B. *Access-Blocking* (*Schnabel* JZ 2009, 996 ff. zu Internetsperren gegen Kinderpornographie); das wird indes im amerikanischen Original klein und getrennt geschrieben.
261 Als Prüfer bekommt man nämlich nur ausnahmsweise eine Arbeit in die Hand, bei der keine Zeichensetzungsfehler zu beanstanden sind. Und das gilt nicht nur für Klausuren (geschenkt ...!), sondern genauso für Hausarbeiten. Schade.
262 Schön *Beck* ZRP 1999, 85, 89: *Schussbemerkung* statt *Schlussbemerkung*.

Schreiben Sie nicht *A hat also einen Anspruch gegen B aus § 823 I BGB*, wenn Sie *A hat also keinen Anspruch gegen B aus § 823 I BGB* meinen[263]. Das führt den Leser nur in die Irre. Auch ein vergessenes oder überflüssiges *nicht* kann irritieren[264].

Es heißt nicht *Rechtssprechung*[265] (was wäre das Gegenteil?), sondern *Rechtsprechung* (was ist das Gegenteil?), anders aber *Rechtsstreit, Rechtsschutz, Rechtssicherheit*, zweifelhaft *Schadenersatz* (Duden) / *Schadensersatz* (BGB)[266], wieder anders *Einkommensteuer* und *Schenkungsteuer*.

Tippfehler kann man bis zu einem halbwegs befriedigenden Grad mit der Rechtschreibprüfung des Textverarbeitungsprogramms[267] finden und korrigieren. Ein solcher Korrekturlauf entbindet Sie aber nicht von der Obliegenheit[268], selbst noch einmal das Manuskript durchzusehen. Die eben genannten Fehler kann die Rechtschreibprüfung nicht finden.

Wenn Sie Ihre Arbeiten von anderen Leuten tippen lassen, müssen Sie besonders gründlich gegenlesen, weil das Personal im Schreibbüro sich nicht immer mit juristischer Terminologie auskennt. Erst recht gilt dies für Eigennamen im Schrifttumsverzeichnis und in Fußnoten[269].

Beispiele: *Hettinger* und *Tettinger*, *Larenz* und *Lorenz*

Nur ausnahmsweise sinnverändernd wirken **Fehler bei der Silbentrennung**.

329

Beispiele: Achten Sie aber immerhin auf den Unterschied zwischen

G wurde von einem herabstürzenden Baum-

ast verletzt und

G wurde von einem herabstürzenden Bau-

mast verletzt.

Irritationen des Lesers sind auch möglich bei

Das ist nur ein Politik-

ersatz und

Das ist nur ein Politiker-

satz.

sowie beim schrecklichen *bein-halten*, bei *Drucker-zeugnissen, Ruma-roma, Vorankündigung*[270] und ähnlichem. Ob der Trennalgorithmus Ihrer Textverarbeitung mit *Arbeitsamt, Transport, Nachteile, Nachtruhe, Staubecken, Schweinelende, Eileiter* und *Baumangel* Schwierigkeiten hat, sollten Sie ausprobieren. Nötigenfalls müssen Sie bei der Endkontrolle darauf achten und von Hand trennen. Was bei *zeitweilig* noch beanstandungslos funktioniert, kann schon bei *zweiteilig* schief gehen.

---

263 Besonders deutlich wird das Problem bei *Die BRD ist ein Einwanderungsland* und *Die BRD ist kein Einwanderungsland*. Zu missverständlichen Verneinungen auch sogleich Rn. 332.
264 Z.B. LG Köln NJW 1995, 1621, 1622, Ende dritter Absatz; BGHZ 65, 325, 340, vorletzter Satz.
265 So z.B. *Horst* NJW 2003, 2720, 2721; *Wobst* GreifRecht 2009, 41, 46 und öfter.
266 Zum *Werksvertrag* Rn. 371.
267 Dazu noch Rn. 421. Vor der Rechtschreibprüfung, die gelegentlich das Programm zum Absturz bringt, sollte man den aktuellen Textstand speichern.
268 Können Sie auf Anhieb den Unterschied zwischen einer Obliegenheit und einer Pflicht erklären?
269 Hier hilft die Rechtschreibprüfung nur, wenn Sie konsequent alle als potentiell fehlerhaft eingestuften Eigennamen in Ihr Benutzerwörterbuch aufnehmen und dabei streng auf Fehlerfreiheit achten. Das führt nach einiger Zeit dazu, dass beanstandete Namen falsch geschrieben sind – oder eben zum ersten Mal auftauchen.
270 *Vorankündigung* ist Unsinn, *Ankündigung* genügt; näher dazu Rn. 347.

Teil 4: Arbeitshinweise

330 — **Tempus** (Zeitform des Verbs)

Manchmal kommt es auf die richtige Verwendung der Vergangenheitsform an.

Beispiel: *T muss Vertretungsmacht haben* bringt bei weitem nicht so deutlich zum Ausdruck, was gemeint ist, wie *T muss Vertretungsmacht gehabt haben*. Bei der letzten Formulierung wird klar, dass Voraussetzung für die Zurechnung einer Willenserklärung zum Vertretenen nicht die bis in die Gegenwart fortdauernde Vertretungsmacht ist, sondern die Vertretungsmacht des Stellvertreters bei Abgabe der Erklärung.

Der Sachverhalt beschreibt üblicherweise vergangene Geschehnisse. Werden diese im Gutachten wiederholt, sollte das im Imperfekt oder **Perfekt** geschehen. Meist passt das Perfekt am besten. Die Antwort auf die Fallfrage

Beispiele: *Was kann A tun? – Hat B einen Anspruch? – Wie ist die Rechtslage?*

steht in der Gegenwartsform (**Präsens**).

Beispiele: *A kann kündigen. – B hat keinen Ersatzanspruch. – Die Rechtslage ist kompliziert.*

Dies gilt nicht nur für die Ergebnissätze selbst, sondern auch für das Gutachten, aus dem diese abgeleitet werden. Gefragt ist eine Darstellung der gegenwärtigen Rechtslage.

In aller Kürze also: Rechtsausführungen im Präsens, Ausführungen zum Tatsächlichen im Perfekt.

331 — **Kasus** (Fall des Substantivs)

Der mit den deutschen Deklinationsregeln vertraute Leser bleibt bei bestimmten Fehlern unweigerlich hängen.

Beispiele: *Für den Student hat dies zur Folge, dass ...*[271] *– ... dem Doktorand die Möglichkeit bieten...*[272].

Eine ernstzunehmende Fehlerquelle liegt beim **Genitiv**[273].

Beispiel: *Die Kündigung des A* ist unklar: Handelt es sich dabei nun um *Die Kündigung des A gegenüber B* oder um *Die von B dem A ausgesprochene Kündigung*? Wenn Arbeitgeber und Arbeitnehmer oder Mieter und Vermieter einander kündigen, sollten Sie deswegen nicht mit dem Genitiv arbeiten oder zur Not von *Kündigungserklärung* sprechen.

Überhaupt ist die Gerichtssprache deutsch (§ 184 GVG), nicht etwa hessisch: *Anderst*, *besser als wie* und der süddeutsche Genitiv (*Wegen dem / Trotz dem besseren Argument ...*) sollten der mündlichen Rede vorbehalten bleiben.

Die richtige Verwendung des Genitivs ist verdienstvoll; man muss es aber auch nicht übertreiben.

Beispiele: *... der Wert des Gutachtens zur Frage der Möglichkeit der Fortsetzung der Tätigkeit des Klägers ist zweifelhaft ...; Die Vorstellung, dass der klinische Stab die vollständige Kontrolle über »kontingente« Interaktionsfolgen gewinnen muss, stellt eine radikale Abkehr vom ursprünglichen Ideal einer emanzipierenden Sozialtherapie dar, für die »(d)er Verzicht auf die Präskription eines inhaltlich bestimmten Therapiezieles« – unter Einschluss der Antizipation*

---

[271] *Weber* ZRP 1997, 315; das klingt ähnlich sprachkompetent wie *Dem Konfirmant herzliche Glückwünsche!* Das kann allerdings auch noch *Habilitanten* (!) passieren, vgl. *Krolop* ZRP 2008, 40 (dort auch Fn. 17: *Großbrittanien* – naja, man kann nicht alles wissen...).
[272] *Huff* JuS 1991, 214.
[273] Dazu auch schon Rn. 286.

der Möglichkeit eines Scheiterns der therapeutischen Beziehung unter den Bedingungen der Personenautonomie – charakteristisch war. [274] – Zählen Sie die Genitive!

Gleichermaßen unschön wie falsch ist *der Kaufpreiszahlungsanspruch des Buchs* statt *der Anspruch auf Kaufpreiszahlung wegen des Buchs*. Solche Ungeschicklichkeiten müssen späetestens beim Korrekturlauf rausfliegen.

– Nur selten geht beim Geschlecht (**Genus**) eines Substantivs etwas schief. Es gibt aber ein paar vereinzelte beliebte Fehler. 331a

Beispiel: Entgegen dem ersten Eindruck ist *Anerkenntnis* (z.B. § 371 BGB) nicht weiblich (wie *Kenntnis*), sondern sächlich (wie *Erfordernis*): *das (Schuld-)Anerkenntnis*.

– Achten Sie beim Schreiben und besonders beim Überarbeiten auf den **Satzbau**. Vorsicht: Unbedachtes Hin- und Herkopieren mit der Textverarbeitung kann enormes Chaos anrichten[275]. 332

Beispiele: Zwischen *Eine Anfechtungsmöglichkeit ist in der Insolvenzordnung nicht ausdrücklich vorgesehen* und *Eine Anfechtungsmöglichkeit ist in der Insolvenzordnung ausdrücklich nicht vorgesehen* besteht ein erheblicher, nämlich sinnverändernder, Unterschied. Ähnlich ist das bei *Der Beweis des Gegenteils ist nicht eindeutig erbracht* und *Der Beweis des Gegenteils ist eindeutig nicht erbracht* und bei *Vertrauen Sie nicht nur dem Staat* und *Vertrauen Sie nur nicht dem Staat*. Missverständlich ist *ein Recht zum Besitz des Käufers*; besser ist *ein Recht des Käufers zum Besitz*.

Passt das Ende des Satzes nicht zum Anfang, ärgert sich der Leser.

Beispiele: *Die Arbeit der unterschiedlichsten Behörden, seies es Polizei oder Militär oder umwelt- oder Entwicklungshilfeeinrichtungen, sie alle müssen lernen, »zusammenhängend« und »ganzheitlich« zu denken.*[276]; *Auch das Ermutigen der Mitarbeiter auf solchen Schulungen, dass zum Beispiel rechtswidrige Anweisungen des Vorgesetzten nicht ausgeführt werden dürfen oder sie sich bei moralisch bedenklichen Anweisungen an die Geschäftsführung oder die Rechtsabteilung wenden könnten, müssen den Teilnehmern vermittelt werden – In Frage käme ein Verstoß gegen Art. 3 GG, § 611a BGB, dem Diskriminierungsverbot einer Schwangeren*[277]*..*

Auch kurze und übersichtliche Sätze werden leicht durch Änderungen unverständlich, wenn man sie nicht noch einmal vollständig liest.

Beispiel: *Diese Umstände hat der Kläger selbst zu beweisen, welcher er nicht führen konnte und infolgedessen die Klage abgewiesen wurde* ist nur noch inhaltlich verständlich, aber grammatikalisch nicht mehr.

Selbst grammatikalisch richtige Sätze können noch ordentlich viel Unsinn enthalten.

Beispiel: *Seiner Meinung hat sich die Kommission mit ihrem salomonischen Schiedsspruch aus der Affäre gezogen, dies sei doch ganz offensichtlich ein Fall von jüdisch verfolgtem Raubgut*[278].

---

274 *Bung* KJ 2009, 292, 298; wenn Sie diesen Satz einmal laut vorlesen, werden Sie feststellen, dass er auch in Sachen Substantivhäufung (dazu Rn. 375 f.) und Fremdwörter (dazu Rn. 365 ff.) noch zu verbessern wäre, vom abgenutzten *darstellen* (dazu Rn. 382) ganz zu schweigen – Wissenschaftsprosa eben …

275 Allerdings passieren solche Missgeschicke sogar dem Gesetzgeber; lesen Sie mal § 623 BGB. Und im Juni 2008 scheiterte in Hessen die Abschaffung der Studiengebühren an einem Kopierfehler in der Gesetzesvorlage, http://de.wikipedia.org/w/index.php?title=Studiengeb%C3% BChren_in_Deutschland&oldid=70540838.

276 *Lange* in: *Huster/Rudolph* (Hrsg.): Rechtsstaat, 64, 70.

277 § 611a BGB enthält ein Verbot der geschlechtsbedingten Ungleichbehandlung; von Schwangerschaft ist dort nicht die Rede.

278 *Adorjan* FASZ v. 6.7.2008, 23. Kann Raubgut verfolgt werden? Und nennt man Raubgut *jüdisch verfolgt*, wenn es im Zuge der Judenverfolgung geraubt wurde? Oder verfolgen hier wirklich Juden das Raubgut?

Teil 4: Arbeitshinweise

333 – Das mit der *reitenden Artilleriekaserne* dürfte eigentlich niemandem mehr passieren – aber es schleicht sich doch immer wieder ein.

Beispiele: richtig ist *negative Zukunftsprognose*, zweifelhaft ist *weiterverarbeitende Gewerbezweige*, falsch sind *rasche Auffassungsgabe*, *fließende Englischkenntnisse*, *afrikanische Rufnummernblöcke*[279], *wissenschaftliche Assistenstelle*, *künstliche Intelligenzforschung*, *Leipziger Straßenfest*[280], *immaterieller Schadensersatz*[281], *mündlicher Prüfungsterminplan*[282]; auch die Sprache des Rechts ist voll davon: *kurzer Zeitablauf*[283], *angemessene Fristsetzung*, *auch fremde Geschäftsbesorgung* statt *Besorgung eines auch fremden Geschäfts*, *einstweiliges Verfügungsverfahren*[284], *negative Feststellungsklage*, *bewegliches Sachenrecht*[285], *außerordentliches Kündigungsrecht*[286], *arbeitsvertragliche Pflichtverletzung*[287], *mittelbares Drittwirkungstheorem*[288], *gewerblicher Rechtsschutz* und *gewerbliches Mietrecht*. Wenn sich aber eine solche Fehlbildung derart eingebürgert hat, dass sie schon amtlichen Charakter annimmt (z.B. *Bürgerliches Gesetzbuch*), darf man sie verwenden. Keine überzeugende Lösung ist übrigens der Bindesrich: *Barrierefreie Informationstechnik-Verordnung* macht den Begriff nur minimal leichter verständlich[289]. *Bonitätsprüfung des Kunden* darf man nicht sagen, wenn man *Prüfung der Bonität des Kunden* meint.

Besondere Vorsicht ist geboten, wo der falsche Zungenschlag inhaltliche Unterschiede zur Folge haben kann.

Beispiel: Ist ein *starker Raucher* jemand, der viel raucht, jemand, der starken Tabak bevorzugt – oder nur ein kräftiger Mensch, der raucht?

334 **Zur Lernkontrolle:** *Vorraussetzung für einen Anspruch aus § 325 I 1 BGB ist das ein entgeldlicher Vertrag zustande gekommen ist.* – In der Sache ist das ganz richtig[290]; in der Sprache verfehlt es nur knapp den Super-GAU. Zehlen sie die Fehler; wen sie weniger als fier vinden: Weitersuchen!

Beliebt sind auch *Interresse, pottentiell, orginal, Internas, Konsenz, Priviligierung, seperat, Dilletantismus*[291], *Subsumption*[292] / *Konsumption, subsummieren*[293], *Reperatur, Apell, Sequestor, Ergebniss, Standart, wiederrufen, widerrum, fechtet an, vorsetzlich, Maschiene, Komitee, Progrom*

---

279 OLG München NJW 2004, 78.
280 Es sei denn, man spräche über ein Straßenfest in Leipzig.
281 Das ist ganz falsch, denn es handelt sich genau im Gegenteil um materiellen Ersatz für einen immateriellen Schaden.
282 Das ist doppelt falsch: Selbst wenn man den *Plan* wegnähme, bezöge sich *mündlich* noch nicht auf den *Termin*, sondern auf die *Prüfung*.
283 Z.B. BGH NJW 2002, 669, 670; LG Gießen MDR 2003, 1041, 1042.
284 Das gehört hierher, trotz kurzen Zögerns. Es handelt sich nämlich nicht um ein einstweiliges Verfahren; das Verfahren ist endgültig, nur die Verfügung am Ende des Verfahrens ist einstweilig. Bei näherem Nachdenken stellt sich so auch *Internationales Privatrecht* als schlecht gelungen heraus.
285 Wer wollte schon bei einem Repetitor pauken, der solches auf seine Skripten schreibt?
286 So jetzt die amtliche Überschrift zu § 489 BGB.
287 BAG NJW 2004, 1547 (Ls.).
288 *Fischer-Lescano/Maurer* NJW 2006, 1393, 1394.
289 Also amtlich: Verordnung zur Schaffung barrierefreier Informationstechnik nach dem Behindertengleichstellungsgesetz (BGBl.2002 I, 2654 ff.).
290 Genauer gesagt: war richtig, als § 325 BGB noch eine Anspruchsgrundlage enthielt. Seit der Schuldrechtsreform 2002 steht dort etwas anderes.
291 *Schramm* JA 2007, 581, 582, der die falsche Schreibung noch dazu unglücklich als Zitat kennzeichnet.
292 Nicht falsch, aber inzwischen ganz ungebräuchlich.
293 Dazu *Heuer* Summieren und subsumieren, in: *ders.* Deutsch unter der Lupe, 222.

und viele andere mehr. Derlei Kleinigkeiten ziehen die Aufmerksamkeit des Lesers von Wichtigerem ab[294].

335 Dass Deutsch nicht Ihre Muttersprache ist, ist nicht immer Anlass zur Nachsicht. Bitten Sie also jemanden um Hilfe beim Korrekturlesen. Möchten Sie einen Nicht-Muttersprachler-Bonus in Anspruch nehmen, sollten Sie das bekannt geben – am besten auf dem Deckblatt der Klausur[295].

336 Um Missverständnissen vorzubeugen: Bei den vorstehenden Hinweisen geht es nicht um die Beherrschung von Feinheiten der deutschen Orthographie,

Beispiele: Mit wie vielen *f* schreibt man *Stofffrosch* und warum? Wie ist es bei *Schifffahrt*? Wie viele *e* braucht ein *Seeelefant*?

sondern nur darum, die Fehler zu vermeiden, die dem Leser ins Gesicht springen.

336a Halten Sie sich an die allgemein- und fachsprachlichen Regeln über Wortbedeutungen.

Beispiele: Unterscheiden Sie *kurzfristig* von *kurzzeitig* und *letztlich* von *letzthin*. Während in der Allgemeinsprache *streitig* und *umstritten* praktisch gleichbedeutend sind, verwenden Juristen *streitig* für Tatsachen und *umstritten* für Rechtsfragen.

Exkurs: Legasthenie als Entschuldigung?

337 Dem stillen Vorwurf dieser Seiten mag man sich leicht mit dem Hinweis *Aber ich bin Legastheniker, gestern – heute – morgen!* entziehen. Seit es beinahe mehr Legastheniker als Allergikerinnen gibt, ist man damit immerhin in großer Gesellschaft. Trotzdem geht das Argument fehl: Sie lassen schließlich auch keine Chirurgin an Ihren Blinddarm, die erkennbar an einem nervösen Zittern der Hände leidet. Also können Sie schwerlich erwarten, dass das rechtsuchende Publikum Sie als Anwalt beauftragt, wenn es nicht sicher sein kann, ob Sie *Bahnkrise* meinen, wenn Sie *Bankkrise* schreiben (oder *Parcours*, wenn Sie *Parkuhr* schreiben, *Ponton* statt *Pendant*, *Anthraxdelikt* statt *Antragsdelikt*, *tres chic* statt *trashig* oder *Shampoos*, wenn Sie *Schampus* schreiben). Legasthenie ist eine Erklärung, aber keine Entschuldigung[296].

Exkurs: Rechtschreibreform als Entschuldigung?

338 Die umstrittene Rechtschreibreform und die dadurch hervorgerufene neue orthographische Beliebigkeit (*Entweder war es bis vor kurzem richtig oder es ist jetzt richtig oder jedenfalls bald ...*) taugen mittlerweile auch nicht mehr als Ausrede. Abgesehen davon: Verbindlich mag die reformierte Rechtschreibung[297] für Schullehrer, Schüler, Verwaltungsbeamte usw. sein. Für Studentinnen, Rechtsanwälte, Verlage, die FAZ etc. ist sie es nicht[298].

---

294 Fehler wie diese finden sich auch in redaktionell betreuten Fachzeitschriften, so etwa *Rechtssprechung* und *Vorraussetzung* bei *Ladiges* GreifRecht 2006, 91 Fn. 9, 99.
295 Sehr skeptisch gegenüber diesem Vorschlag *Schnapp* Stilfibel, 31 ff. – stimmt: Wer auf der sicheren Seite sein will, muss Deutsch lernen. Das ist schwer, aber möglich. Denken Sie also daran: Vielleicht drückt man an der Universität noch ein Auge zu; in Ihrem juristischen Hauptberuf wird sich schlechtes Deutsch über kurz oder lang rächen. Lesen Sie etwa die Beispiele in Rn. 355, die bestimmt zum Teil von Nicht-Muttersprachlern stammen. Würden Sie einen Anwalt bezahlen wollen, der so schreibt? Und wenn Sie sich vorstellen, Examensleistungen bewerten zu müssen, in denen wiederholt Sätze vorkommen wie *Damit hat V ein Anspruch gegen B aus § 816 I BGB*, ist Ihnen der Gedanke doch auch unangenehm – oder?
296 Als Legastheniker genießen Sie allerdings eine Vielzahl rechtlicher und gesellschaftlicher Vorteile, z.B. die Schreibzeitverlängerung in der juristischen Staatsprüfung (dazu VGH Kassel NJW 2006, 1608 f.) und das Recht auf einen Pflichtverteidiger (LG Hildesheim NJW 2008, 454).
297 Eingeführt zum 1.8.1998, zuletzt reformiert 2004 und 2006. Nach zwei Reformen der Reform führt an einem aktuellen *Duden* oder *Wahrig* kein Weg mehr vorbei. Am Bildschirm abrufbar unter www.duden.bifab.de. Lesenswert zur Reform *Kranz* Schifffahrt. Zum Einlesen in den aktuellen Stand der juristischen Aufarbeitung der Reform OVG Lüneburg NJW 2005, 3590 ff. mit Anm. *Kopke* 3538; *Gärditz* NJW 2005, 3531 ff. je m.w.N.
298 Wer trotzdem nach den geänderten Regeln schreiben möchte (ohne sich die Mühe zu machen, sie auch zu verstehen), kann in seinem Textverarbeitungsprogramm bei den Optionen für die Rechtschreibung eine automatische Umstellung aktivieren. Übrigens ist auch dieses Buch auf

339 **Exkurs: Unvollkommenheiten des Rechtschreibkorrekturprogramms als Entschuldigung?**
Die traurigste Erklärung für eine Vielzahl formaler Schwächen ist der Verweis auf kompetente Korrektur durch dafür qualifizierte Maschinen (*Aber ich habe doch die SuperSoftware Version 7.12.b von meinem neuen Computer nach Fehlern suchen lassen!*). Die Grenzen derartiger mechanischer Hilfsmittel, die von – auch nur künstlicher – Intelligenz weit entfernt sind, sind eng gesteckt[299].

B. Lesefreundliches Deutsch

Nicht alles, was sprachlich richtig ist, ist schön[300]. Oder auch nur genießbar. Gerade wer etwas so Langweiliges zu verfassen hat wie ein juristisches Übungsgutachten, muss aber lesefreundlich schreiben.

340 • Das Schreiben in **vollständigen Sätzen** sollte als Selbstverständlichkeit nur kurzer Erwähnung bedürfen. Ein deutscher Hauptsatz enthält ein Subjekt, ein Prädikat und oft ein Objekt[301]. Die beiden erstgenannten sind unentbehrlich.

Beispiel: Was ist unter diesem Gesichtspunkt von Sätzen wie dem folgenden zu halten? *Anders derjenige, der, indem er eine damit in gewissem Zusammenhang stehende Berufstätigkeit ausübt und sich dafür dem Publikum anbietet, eine Verantwortung dafür übernimmt, dass da, wo von seinen Diensten Gebrauch gemacht wird, ein geordneter Verlauf der Dinge gewährleistet ist*[302].

Ganz selten einmal kann man eine Ausnahme riskieren. Dann sollte aber der unvollständige Satz gezielt als Stilmittel eingesetzt werden, etwa um einen Gedanken besonders prägnant zu fassen, nicht aus Unachtsamkeit.

Beispiel: In studentischen Arbeiten werden letzthin immer beliebter Sätze wie *Womit gezeigt wäre, dass der Ansatz der h.M. rechtlich und tatsächlich sehr angreifbar ist.* Das ist kein vollständiger Satz, weil das Subjekt fehlt. Es ist ein vollständiger Nebensatz, der durch Komma an den vorhergehenden Satz angehängt werden müsste (ähnlich *Denn eine Regelung, der zufolge …*). Die Pause, die im mündlichen Vortrag vor diesem Satz eingelegt wird, darf nicht dazu führen, dass er im Text durch einen Punkt abgetrennt wird.

341 • **Zu lange Sätze** erschweren das Lesen und lassen auf eine schlechte gedankliche Strukturierung schließen.

Zwischen juristischen Übungsarbeiten und der Thomas Mann-Werkausgabe bestehen mehrere wichtige Unterschiede: Bei ersteren muss man beispielsweise mit Lesern rechnen, die von ande-

---

sanftes Drängen des Verlags hin auf die neuen Regeln umgestellt worden. Es ist zum Heulen … – Da können dann schon einmal Schreibungen richtig sein wie *Nach einem wohl begründeten Urteil des BGH muss der Arzt seine Patienten gleich behandeln.*

299 Dazu Rn. 421.
300 Was schön ist, hängt zu guten Teilen vom eigenen Geschmack ab. Aber es kann sich lohnen, den eigenen Geschmack zu entwickeln. Irgendwann fällt einem dann auf, dass *Brief eingeschmissen* statt *Brief eingeworfen* zwar sachlich richtig ist, aber in der Wortwahl für ein Rechtsgutachten einfach auf der falschen Stilebene liegt (ähnlich übrigens *auf den AB quatschen* statt *auf den Anrufbeantworter sprechen*, *kaputt* statt *beschädigt* oder *schadhaft* oder *zerstört* und *hauen* statt *schlagen*, Bosch JA 2009, 392, 393; manchmal sind es Kleinigkeiten: *andersrum* statt *andersherum*). Vermeiden Sie allzu Umgangssprachliches wenn schon nicht in der gesprochenen, so doch wenigstens in der geschriebenen Sprache (allerdings spricht inzwischen auch der BGH von *Namensklau im Internet* (NJW 2008, 3714). Einige lesenswerte Beispiele und Hinweise bei *Schnapp* Jura 2006, 583, 584 f. Das beste Mittel zur Verbesserung Ihres sprachlichen Stilgefühls: Lesen. Faustregel: Im geschriebenen Deutsch eher *öffnen* als *aufmachen*. Die Verwendung des Universalverbs *machen* statt des jeweils spezielleren Ausdrucks ist oft ein Hinweis auf Denkfaulheit; statt *Aufwendungen … gemacht* hätte auch der Gesetzgeber in § 284 BGB leicht *Aufwendungen … getätigt* setzen können.
301 Lesen Sie z.B. Art. 31 GG. Kürzer als drei Worte (z.B. *Hieran fehlt es*, OLG Düsseldorf MDR 2007, 836) geht es nur selten; z.B. *Dies genügt* (BGH NJW 2000, 2894) und *Eigentum verpflichtet* (Art. 14 II 1 GG).
302 RGZ 107, 372, 375; richtig: Hier fehlt das Prädikat.

ren, vielleicht schlechten Arbeiten entnervt und daher nicht mehr fehlertolerant sind, oder die nach Mitternacht arbeiten und sich deswegen nicht mehr gut konzentrieren können.

Am besten ist es, wenn die Denkschritte sich in möglichst nur einen Haupt- und einen Nebensatz gliedern[303].

Gegenbeispiel: *Für die Auffassung der älteren Rechtsprechung würde es sprechen, wenn es eine Rechtsvorschrift gäbe, die eine ausdrückliche Regelung der Freigabe vorschreibt, da sonst die Entscheidung, ob eine Verpflichtung, die sich aus der Rechtsnatur des Vertrages ergibt, ausdrücklich geregelt wird, gemäß dem Grundsatz der Vertragsfreiheit bei den Vertragsparteien liegt.*

Es gibt zwar keine festen Grenzen, aber ab ungefähr fünf Zeilen pro Satz bei gängiger Formatierung besteht begründeter Anlass zum Misstrauen.

Einige harmlose Beispiele[304]: *Soweit sich ein Vertragspartner als Bereicherungsgläubiger die erlangte Gegenleistung als Bereicherung entgegenhalten lassen muss, hat er demnach gegenüber dem Vertragspartner den Anspruch auf die Herausgabe seiner Leistung als auf seine Kosten von dem Vertragspartner erlangte ungerechtfertigte Bereicherung nur mit der Maßgabe, dass er diesem zugleich die Bereicherung, die ihm – dem Kläger – auf Grund der erlangten Gegenleistung zuzurechnen ist, als Zug um Zug-Leistung anbietet*[305].

Im Regelfall wird die Existenz einer solchen Vorschrift und deren Anwendung durch die Prüfungsbehörde genügen, um den von manchen enttäuschten Kandidaten bei Gericht geltendgemachten Vortrag, er habe im Gegensatz zu anderen Prüflingen nicht getäuscht und daher aus einem ordnungswidrigen Verhalten keinen Vorteil ziehen können, was eine Verletzung des Grundsatzes der Chancengleichheit darstelle, der das solchen Missbrauch ermöglichende Prüfungssystem verfassungswidrig erscheinen lasse, ohne weiteres zu entkräften[306].

In diesem Rahmen kommt nicht nur der Frage Bedeutung zu, ob und gegebenenfalls mit welcher Wahrscheinlichkeit auch ohne das konkrete Schadensereignis wegen der psychischen Ausgangssituation beim Verletzten eine entsprechende neurotische Entwicklung mit vergleichbaren beeinträchtigenden Auswirkungen früher oder später zum Tragen gekommen wäre; es ist vielmehr auch das Risiko in die Betrachtung mit einzubeziehen, das durch eventuelle unbewusste Begehrensvorstellungen, wie sie – was sich in der Neurose offenbart hat – in der psychischen Struktur des Geschädigten angelegt waren, für die zukünftige berufliche Situation des Verletzten bestanden hat[307].

Fraglich ist jedoch, ob sie hierdurch das ihr entgegengebrachte Vertrauen der X-Bank in dem Maße enttäuscht haben könnte, welches ihre Kündigung rechtfertigen könnte, zumal diese Frage grundsätzlich unzulässig ist, da sie eine Benachteiligung wegen des Geschlechts i.S.d. § 611a darstellt und deshalb gegen das dort genannte Diskriminierungsverbot verstößt, gleichgültig, ob sich nur Männer oder Frauen – wie hier – um den Arbeitsplatz bewerben[308].

Unter diesen Umständen stellt es eine mit den Artt. 43 und 48 EG grundsätzlich nicht vereinbare Beschränkung der Niederlassungsfreiheit dar, wenn ein Mitgliedstaat sich unter anderem deshalb weigert, die Rechtsfähigkeit einer Gesellschaft, die nach dem Recht eines anderen Mitgliedstaats gegründet worden ist und dort ihren satzungsmäßigen Sitz hat, anzuerkennen, weil die Gesellschaft im Anschluss an den Erwerb sämtlicher Geschäftsanteile durch in seinem Hoheitsgebiet

---

303 Schreiben Sie übungshalber die folgenden Beispiele so um, dass sie dieser Regel nahe kommen.
304 Lesen Sie auch den Kürzungsvorschlag bei *Müller* NJW 2003, 638.
305 *Flume* JZ 2002, 321, 322.
306 *Jestaedt* JA 1984, 145, 146.
307 BGH VersR 1998, 201, 203.
308 Aus einer Übungsarbeit – das ist zwar enorm dicht, aber recht anstrengend zu lesen. Besser ist es, die verschiedenen gedanklichen Schritte in kurze einzelne Sätze zu fassen: *Ob dieses Verhalten eine Kündigung rechtfertigt, ist fraglich. Hierzu muss B das ihr entgegengebrachte Vertrauen in hohem Maße enttäuscht haben. Das ist zweifelhaft, schon weil die falsch beantwortete Frage unzulässig gewesen sein kann. Die Frage nach der Schwangerschaft kann nur Frauen betreffen und ist daher eine Benachteiligung wegen des Geschlechts im Sinne von § 611a BGB. Also verstößt sie gegen das dort normierte Diskriminierungsverbot. Selbst wenn sich nur Frauen um die Stelle bewerben, knüpft die Frage an eine geschlechtsspezifische Eigenschaft an. Sie benachteiligt die Adressatin geschlechtsbedingt. Deswegen ist sie unzulässig.*

Teil 4: Arbeitshinweise

wohnende eigene Staatsangehörige,[309] *ihren tatsächlichen Verwaltungssitz in sein Hoheitsgebiet verlegt haben soll, mit der Folge, dass die Gesellschaft im Aufnahmemitgliedstaat nicht zu dem Zweck parteifähig ist, ihre Ansprüche aus einem Vertrag geltend zu machen, es sei denn, dass sie sich nach dem Recht dieses Aufnahmestaats neu gründet*[310].

Ein pragmatisches Kriterium: Sätze mit mehr als 25 Wörtern sind zu lang[311]. Was man nicht mehr vorlesen kann (oder will), soll man auch nicht schreiben. Und was auch beim zweiten Anlauf nicht vorzulesen ist, geht gar nicht. Nehmen Sie sich ein Beispiel am Verfassungsgeber.

Beispiele: Schön kurz sind etwa Artt. 1 I 1, 2 II 2, 3 I, 3 II 1, 14 II 1, 22, 31, 102 GG.

In fachsprachlichen Texten – Rechtsgutachten oder gar rechtswissenschaftlichen Untersuchungen – kurze Sätze zu schreiben ist nicht ganz leicht. Geben Sie sich trotzdem Mühe[312]. Ersetzen Sie jedes zweite Semikolon durch einen Punkt. 92,3 % aller Kommata zwischen Hauptsätzen sind durch Punkte gut ersetzbar.

342 Kollidieren allerdings die Anforderungen »kurze Sätze« und »genaue Aussagen«, so ist letzterer der Vorzug zu geben: Niemand muss bis zur inhaltlichen Entstellung oder bis zur sprachlichen Primitivität vereinfachen[313].

Kurze Sätze allein verbürgen noch nicht leichte Verständlichkeit[314].

Beispiel: *Die materielle Rechtslage ist die tatsächliche. Zu prüfen ist folglich, wer tatsächlich das Recht erworben hat. Dazu kommt es maßgeblich auf die tatsächliche Rechtslage an. Inhaber des tatsächlichen Rechts könnte K sein. Tatsächlich war K eingetragen. Möglicherweise ist allerdings auf weitere materielle Gründe abzustellen.* – Das klingt beinahe schon wieder abgehackt, jedenfalls zu bemüht. Trotzdem ist es besser als die obigen Bandwurmsätze.

Manchmal sind kurze Sätze nur kurz, aber ansonsten unschön.

Beispiel: *Der Hauptteil beinhaltet die schrittweise und eingehende Erarbeitung des Themas. Seine Problematik wird entwickelt und einer Lösung zugeführt*[315].

Und manchmal sind lange Sätze unvermeidlich, etwa bei Aufzählungen.

Beispiel: Ganz gut funktioniert *Lassen sich präventive Ziele nicht erreichen oder lässt sich nicht verlässlich zeigen, dass sie erreicht werden, oder erweist sich, dass die Kollateralschäden in einem unerträglichen Missverhältnis zu den präventiven Wirkungen stehen, dann ist es mit der präven-*

---

309 Der Kommafehler ist aus der NJW zitiert.
310 EuGH NJW 2002, 3614, 3616 (Rn. 82) – fast wörtlich übernommen in BGHZ 154, 185, 188 f. (unter Bereinigung des Kommafehlers).
311 Das Handbuch der Rechtsförmlichkeit (hrsgg. vom Bundesjustizministerium = www.bmj.de/rechtsfoermlichkeit/allg/inhalt.htm), Rn. 78 ff., empfiehlt maximal 22 Wörter pro Satz, *Berger* Schreiben, 4, 31 empfiehlt 12 bis 18 Wörter, *Baumert* Professionell texten, 58, spricht von 10 bis 15 Wörtern. Letzteres ist eine echte Herausforderung. Probieren Sie's mal aus! Sie können das Vorwort zu diesem Buch aufschlagen und Satz für Satz die Wörter zählen. Jetzt gleich. Weitere Nachweise bei *Möllers* Arbeitstechnik, Rn. 363.
312 Dass es geht, zeigen die Texte von Uwe *Wesel*, dem es ohne schwere Verluste an Genauigkeit gelingt, verständlich zu bleiben – unter anderem durch kurze Sätze. Wem die manchmal schon auffällig kurzen Sätze bei *Wesel* schon zu bemüht wirken, der nehme sich ein Beispiel an *Sofsky* Verteidigung oder *Hassemer* Strafe. Gute Ratschläge zum Thema bei *Schnapp* Jura 2004, 22 ff.
313 Lesen Sie mal ein paar Texte in Leichter Sprache – um festzustellen, dass man so weit vielleicht dann doch nicht gehen muss.
314 Wer sich mit dem Thema näher befassen will, ziehe *Langer/Schulz von Thun/Tausch* heran.
315 *Kohler-Gehrig* Diplomarbeiten, 28. Das ist zwar ohne weiteres zu verstehen – aber finden Sie es nicht auch ein bisschen holprig? *Beinhalten* sollte man sowieso vermeiden, die *Problematik* kann man zum *Problem* eindampfen, das Passiv und das *zuführen* haben so etwas Behördenhaftes; und worauf sich das *seine* bezieht (grammatikalisch wäre es der *Hauptteil*, gemeint ist das *Thema*), wird erst beim zweiten Lesen klar... – kurz: Die Sätze sind kurz, aber nicht schön.

tiven Rechtfertigung des staatlichen Strafens vorbei, dann sind die präventiven Konzeptionen als Lügen oder Irrtümer entlarvt, dann darf sich niemand mehr auf sie berufen; sie sind dann zusammengebrochen.[316]

Schachtelsätze fordern selbst bei mäßiger Länge viel Aufmerksamkeit. 343

Beispiele: *Die Möglichkeit einer Rechtfindung praeter oder contra verba legis ist heute – abgesehen von den Rechtsbereichen, in denen ausnahmsweise ein Analogieverbot zu beachten ist – allgemein anerkannt, weil das Gesetz, wie heute, in einer rasant beschleunigten Gesellschaft, nicht mehr ernstlich bestritten werden kann, an allen Ecken und Enden lückenhaft ist*[317]. – *Wer auf der Autobahn im Bereich von Vorsortierräumen, die durch Aufstellen von fahrstreifengliedernden Vorfahrtweisern eingerichtet sind, auf der durch eine breite Leitlinie abgetrennten Rechtsabbiegespur an den auf den für den Geradeausverkehr bestimmten Fahrbahnen befindlichen Fahrzeugkolonnen rechts vorbeifährt, ohne nach rechts abbiegen zu wollen, und anschließend nach links in eine Fahrzeuglücke einschert, überholt verbotswidrig rechts*[318].

Ist der Satz sowohl lang als auch verschachtelt, geht das Risiko, erst nach mehrfachem Lesen verstanden zu werden, erst recht zu Lasten des Verfassers.

Beispiel: *Im Einklang mit einer ständigen Rechtsprechung, nach der sich der Gerichtshof in Anwendung des der Rechtsordnung der Gemeinschaft innewohnenden allgemeinen Grundsatzes der Rechtssicherheit mit Rücksicht auf die schwerwiegenden Störungen, zu denen sein Urteil bei gutgläubig begründeten Rechtsverhältnissen für die Vergangenheit führen könnte, ausnahmsweise dazu veranlasst sehen kann, die Möglichkeit für die Betroffenen zu beschränken, sich auf eine von ihm ausgelegte Bestimmung zu berufen, um diese Rechtsverhältnisse in Frage zu stellen, hat der Gerichtshof die Vornahme einer solchen Beschränkung von der Prüfung des Vorliegens zweier grundlegender Kriterien abhängig gemacht, nämlich des guten Glaubens der Betroffenen und des erheblichen finanziellen Risikos (in diesem Sinn Urteil vom 28. September 1994 in der Rechtssache C-128/93, Fisscher, Slg. 1994, I-4583, Randnr. 18)*[319].

Relativsätze in der Satzmitte führen zu Schachtelsätzen. Man vermeide sie. Wenn das nicht geht, halte man sie kurz[320].

- **Zu viele Einschübe** (Parenthesen) erwecken schnell den Eindruck, der Verfasser 344
schreibe wie er spricht. Manche Klammer lässt sich ganz streichen (mit oder ohne Inhalt, der nicht ohne Grund als weniger wichtig in einer Klammer steht) oder – lesefreundlicher – durch Gedankenstriche ersetzen. Bilden Sie lieber zwei kurze klare Sätze als einen langen unübersichtlichen, denn ein Einschub – egal ob durch Klammern oder Gedankenstriche vom eigentlichen Text abgetrennt – unterbricht (in den meisten Fällen) den Gedankengang.

Beispiel: *Die Schwierigkeiten potenzieren sich, wenn der »Dritte« den Leistungsgegenstand aus eigenem Vermögen in das Vermögen des Empfängers der Leistung (der gleichzeitig Gläubiger ist, aber regelmäßig nicht gegenüber dem Erbringer der Leistung) übermittelt und durch diesen Vorgang (gegenüber dem Schuldner des Leistungsempfängers) auch einen eigenen Leistungszweck*

---

316 *Hassemer* Strafe, 86.
317 *Kramer* Methodenlehre, 134 – was ist eigentlich eine *rasant beschleunigte Gesellschaft*?
318 OLG Düsseldorf NZV 1990, 281.
319 EuGH NJW 2002, 281, 283 – Heininger (sub 52.); Vereinfachungsvorschlag: *Das Gericht sieht die Schwierigkeiten, die aus einer uneingeschränkten Rückwirkung seiner Urteile erwachsen können. Einer solchen Rückwirkung kann der im Recht der Gemeinschaft angelegte Grundsatz der Rechtssicherheit entgegenstehen. Eine Ausnahme vom Grundsatz der uneingeschränkten Rückwirkung hat das Gericht in ständiger Rechtsprechung unter zwei Voraussetzungen zugelassen. Es sind dies zum einen der gute Glaube der Betroffenen und zum anderen deren erhebliches finanzielles Risiko (Belegstelle).* – aus einem Satz werden vier Sätze, aber nur 62 Wörter statt 99. Einen weiteren Schachtelsatz zum Üben finden Sie vor Fn. 832.
320 *Berger* Schreiben, 32, empfiehlt eine Länge des Relativsatzes von nicht mehr als zehn Wörtern.

Teil 4: Arbeitshinweise

verfolgt (Erfüllung einer eigenen Schuld im Deckungsverhältnis)[321]. – Das ist ein Satz von hoher gedanklicher Dichte; aber wie oft muss man ihn lesen, um ihn richtig zu verstehen?

345 • Die **Häufung von Füllwörtern** (Modalpartikeln wie *durchaus*, *ja*, teils *freilich*)[322] kann die Lesbarkeit Ihres Texts spürbar beeinträchtigen. Beliebt ist das überflüssige *dann*.

Beispiele: *Diese Verpflichtung besteht auch dann, wenn ...*[323]; ähnlich: *Das ist deswegen / deshalb nicht der Fall, weil ...* und das typisch juristische *so* bei Konditionalsätzen.

Achten Sie überhaupt auf **Klarheit und Kürze** im Ausdruck.

Beispiele: Man schreibe *Im Völkerrecht* statt *Auf dem Gebiet / Im Bereich des Völkerrechts*, *umfassen* oder *enthalten* statt des schrecklichen *beinhalten*[324], *Problem* statt *Problematik*, *programmieren* statt *vorprogrammieren*, *prüfen* statt *überprüfen*. Auch die *potentielle Möglichkeit*, die *kriminellen Delikte*, die *zeitliche Befristung* und Ähnliches können Sie kürzen[325]. Für das floskelhafte *nach Sinn und Zweck* genügt meist *nach dem Zweck* (ähnlich *Art* für *Art und Weise*), für *durch aktives Tun* regelmäßig *durch Tun*, für *zwingend erforderlich* genügt *erforderlich*. Anstelle von *Die Beantwortung der Frage, ob ..., ist umstritten* reicht *Ob ..., ist umstritten*. Nicht sinntragende Füllsel der Größenordnung *im Rahmen der ...*, *ein gewisses ...*, *ein entsprechender* u.Ä. kann man oft ersatzlos streichen. Selten wirklich unentbehrlich ist *so genannte/r*[326].

Faustregel: Wenn man ein Drittel alles als überflüssig Verdächtigen streicht, bleibt noch genug übrig. Deswegen: Kürzen! Kürzen! Kürzen![327] Und immer an den Leser denken.

346 Ersparen Sie sich und der Leserin unbedingt die Auswüchse einer unnötig aufgeblähten Politiker- und Verlautbarungssprache.

Beispiele: *Singuläres Phänomen* statt *Ausnahme* oder *Einzelfall*; *Räumlichkeiten*, *Örtlichkeiten*, *Persönlichkeiten*, *Feierlichkeiten*, *Ländereien* statt *Räume*, *Orte*, *Personen*, *Feiern*, *Land* – all das sind nicht inhaltliche Notwendigkeiten, sondern stilistische Peinlichkeiten[328]. *An und für sich* kann man kürzen zu *eigentlich* oder *an sich* und oft ganz weglassen.

Im besten Fall wirkt das nur aufgebläht, nicht selten hat es aber Vernebelungswirkung[329].

347 Erlaubt es die Zeit, sehe man den Text wortweise darauf durch, ob das einzelne Wort entbehrlich ist. Bei den genannten kleinen Füllwörtern hilft der Suchbefehl des Textverarbeitungsprogramms.

Beispiele: Für *oder aber* genügt meist *oder*, für *anders geartet* genügt *anders*, für *so dass folglich* genügt *so dass*. Das bekräftigende *ja* gehört mehr in die gesprochene als in die geschriebene Sprache (also *Eben hier liegt das Problem* statt *Hier liegt ja gerade das Problem*).

---

321 *Koppensteiner/Kramer* Bereicherung, 24; bemerkenswert auch *Vogel* Juristische Methodik, passim. Ziemlich viele Einschübe auch z.B. in BGHZ 152, 137.
322 Dazu auch *Schnapp* Jura 2003, 602, 603 f.; instruktiv die Aufzählung bei *Berger* Schreiben, 40 f.
323 Beispielsweise in §§ 305 II, 812 I 2 BGB, § 13 I StGB; BGHZ 152, 137 (Leitsätze und Gründe).
324 Leider immer wieder auch in obergerichtlichen Entscheidungen, z.B. BGH NJW 2007, 2912 Ls. und Rn. 9.; BGH NJW 2005, 56 Ls. 1; BAG NJW 2005, 3595 Ls. 2.
325 Zur *drohenden Gefahr* Rn. 364. Beispiele zum Übern bei *Sick* Zweifach doppelt gemoppelt, in *ders.* Dativ Folge 3, 29 ff.
326 Oft ist *so genannte/r/s* geradezu aussagelos. Sinnvoll ist es aber bei Formulierungen wie *Das so genannte Signaturgesetz bezweckt ...*, weil das Gesetz nicht vom Gesetzgeber, sondern von der um griffige Bezeichnungen bemühten juristischen Fachöffentlichkeit so genannt wird.
327 Nachdrückliche Leseempfehlung: Hattenhauer, 149-163. Hattenhauer zeigt dort an einem Beispiel aus BGHZ 49, 167 ff., wie man einen Text kürzer und zugleich klarer fasst.
328 Würde der frühere Jurastudent Herbert *Grönemeyer* heute Stadien füllen, wenn er 1984 auf *4630 Bochum* das siebte Stück *Entweder zum gegenwärtigen Zeitpunkt oder zu keinem Zeitpunkt* genannt hätte statt *Jetzt oder nie*? Zu *Begrifflichkeiten* statt *Begriffe* deutlich auch *Zimmer* Wortlupe, 27 f., 164 f.
329 Dazu z.B. www.zeit.de/online/2009/04/neusprech-schaeuble-lexikon.

Fortgeschrittene kürzen zuletzt silbenweise.

Beispiele: Für *keinerlei*[330] genügt meist schon *kein(e)*, für *Thematik* fast immer *Thema*, für *Anrecht* meist *Recht*, für *verbleiben* in der Regel *bleiben*, für *absichern* fast immer *sichern*, für *aufzeigen* meist *zeigen*, für *ausdrucken* im allgemeinen *drucken*, für *ausgestalten gestalten*, für *abändern ändern*[331], für *gänzlich* meist *ganz* sowie für *sicherlich sicher*, für *dadurch, dass* genügt *indem*, für *Anzahl Zahl*, für *Unkosten Kosten* und für *den Vertrag abschließen* immer *den Vertrag schließen*[332]. Und so weiter[333]. Damit beseitigt man ganz nebenbei auch Unsinn wie *Vorbedingung* statt *Bedingung* und *Vorwarnung* statt *Warnung*.

- **Aufzählungen** – wie in diesem Text mit herausgestellten Aufzählungszeichen – sind in Gutachten unüblich. Arbeiten Sie damit nur, wenn das der Übersichtlichkeit unmittelbar dient. 348

  Beispiel: Zweckmäßig kann vielleicht einmal bei schadensersatzrechtlichen Fragen die Aufzählung verschiedener Schadenspositionen im Obersatz sein, die dann später einzeln abgearbeitet werden.

  Vermeiden Sie Aufzählungen, wenn sie nur dazu dienen, Ihnen das Formulieren vollständiger Sätze zu ersparen.

- **Direkte Fragen** im Text werden besser umformuliert in Aussagesätze. 349

  Beispiel: *Ist danach nun ein Vertrag zustande gekommen?* wird zu *Zu fragen ist nun / Es kommt also darauf an / Fraglich / Zweifelhaft / Problematisch / Entscheidend ist, ob ein Vertrag zustande gekommen ist.*

  In Überschriften sollten Sie Fragen nur zurückhaltend verwenden, am besten – wenn überhaupt – nur bei den Merkmalen, die Sie im Ergebnis verneinen werden.

- **Unnötige Verallgemeinerungen oder Einschränkungen** vertragen sich nicht mit einer sachnahen Argumentation. Verallgemeinerungen bringen leicht falsche Aussagen hervor, obwohl das für den konkreten Sachverhalt gefundene Ergebnis stimmt. Umgekehrt zeigen unnötige Einschränkungen und Relativierungen 350
  Beispiel: *insoweit*[334]

  geringes Vertrauen des Verfassers in die Richtigkeit seiner Aussagen.

  Zu weite oder zu enge Aussagen, die inhaltlich von den zuvor angestellten Überlegungen nicht gedeckt sind, fallen der Leserin fast immer auf.

---

330 Etliche davon z.B. in BGHZ 131, 136.
331 Anders leider § 323 ZPO. Interessant auch § 27 StGB, der in der Überschrift von *Beihilfe* spricht, im Normtext aber von *Hilfe*.
332 Mehr Beispiele für überflüssige Vorsilben bei Hirsch Die alte Dame abkassieren, in: *ders.* Deutsch, 99 f.; *ders.* Grundprinzip mit Vorbedingung, in: *ders.* Mehr Deutsch, 163 f.; Sick Bitte verbringen Sie mich zum Flughafen!, in *ders.* Dativ Folge 3, 117 ff.; BVerfGE 115, 118, Rn. 135: *Der Gedanke, der Einzelne sei im Interesse des Staatsganzen notfalls verpflichtet, sein Leben aufzuopfern, wenn es nur auf diese Weise möglich ist, das rechtlich verfasste Gemeinwesen vor Angriffen zu bewahren, die auf dessen Zusammenbruch und Zerstörung abzielen (...), führt ebenfalls zu keinem anderen Ergebnis.* – Macht die Vorsilbenhuberei (*aufopfern, abzielen*) das Argument wirklich klarer?
333 Warum es sinnvoll ist zu lernen, wie man einen Text sinnwahrend kürzt, merken Sie spätestens am Ende Ihrer Ausbildung: In der Zweiten Staatsprüfung ist ein Aktenvortrag Pflicht, bei dem Sie eine teils umfangreiche Gerichtsakte in zwölf (höchstens: fünfzehn) Minuten nach Sachverhalt und rechtlicher Beurteilung darstellen müssen. Wer das einmal versucht hat, weiß, dass Kürzen Not tut.
334 Das wird letzthin immer beliebter als scheinbar einfach funktionierendes Hintertürchen; gerde wenn es – wie meist – pauschal und gehäuft verwendet wird, schreibt der Leser irgendwann genervt *inwieweit denn nicht?* an den Rand.

Teil 4: Arbeitshinweise

Beispiel: *Eine Bevollmächtigung wurde nach § 167 BGB nicht erklärt* geht zu weit, wenn eigentlich gemeint ist *Eine Vollmacht i.S.v. § 167 BGB hatte B für das in Frage stehende Geschäft nicht*. Letzteres lässt nämlich die Möglichkeit offen, dass B zwar bevollmächtigt ist, aber eben nicht für das zu beurteilende Rechtsgeschäft.

351
- Bemühen Sie sich um **präzisen Ausdruck**. Das ist schwer, aber nicht unmöglich. Sie erleichtern sich und dem Leser, den Punkt zu finden, an dem Ihre Gedanken in die Irre gehen. Die Verständigung über juristische Probleme ist anstrengend genug. Wenn Sie noch dazu ungenau formulieren, erschwert das die Dinge unnötig.

  Beispiele: Oft ist in Übungsarbeiten von *Verschulden* die Rede, wo es eigentlich um *Vertretenmüssen* geht. Wenn Ihnen der Unterschied nicht klar ist, lesen Sie §§ 276 ff. BGB[335]. – Sie sollten nicht von der *Firma* (definiert in § 17 I HGB) sprechen, wenn Sie das *Unternehmen* oder die *Gesellschaft* meinen; in der Alltagssprache ist das sehr verbreitet[336]. Auch *Unternehmen* und *Betrieb* muss man auseinander halten. – Nach der Konstruktion des Gesetzes (§ 142 I BGB) werden nicht *Verträge* angefochten, sondern einzelne der ihnen zugrunde liegenden *Willenserklärungen*[337]. – Zu trennen sind (nicht trotz, sondern gerade wegen der ähnlichen Begriffe) *Scheingefahr* und *Anscheinsgefahr*, *Handeln in fremdem Namen* und *Handeln unter fremdem Namen*, *Sofortvollzug* (§ 47 II HSOG), *sofortige Vollziehung* (§ 80 II Nr. 4 VwGO, die übrigens richtig *sofortige Vollziehbarkeit* heißen müsste) und *unmittelbare Ausführung* (§ 8 HSOG), *Klageerwiderung* und *Widerklage*, *Gegenbeweis* und *Beweis des Gegenteils*, *Fahrerlaubnis* und *Führerschein* usw. – Zu unterscheiden ist zwischen *Aufrechnung mit* und *Aufrechnung gegen*. Das wird an § 393 BGB deutlich: Die Aufrechnung durch den Schuldner der deliktischen Forderung (den Schädiger) heißt *Aufrechnung gegen die deliktische Forderung* und ist unzulässig, die Aufrechnung durch den Gläubiger (den Geschädigten) heißt *Aufrechnung mit der deliktischen Forderung* und ist unbedenklich. *Gegen* bezieht sich auf die Forderung desjenigen, *der die Aufrechnung erklärt*, *mit* auf die Forderung desjenigen, *dem sie erklärt wird*. Klar? – Bei *Nach § 276 BGB handelte N fahrlässig, da er seine Sorgfaltspflicht gegenüber den Kühen außer Acht ließ* verkennt der Verfasser einer Übungsklausur, dass nicht die Kühe Gläubiger der Sorgfaltspflicht sind, sondern die Nachbarn, deren Eigentum N vor den marodierenden Kühen zu schützen hatte. – Der Rechtswidrigkeitsvorwurf bezieht sich auf ein Verhalten, nicht auf den dadurch hervorgerufenen Zustand[338]. Es heißt also nicht *Der Tod des O war rechtswidrig*, sondern *Das Verhalten des T – das zu schnelle Fahren auf der Gegenfahrbahn – war rechtswidrig*. – Sprechen Sie nicht von *vier Wochen* (= 28 Tage), wenn Sie *einen Monat* (= 30 Tage, § 191 BGB, siehe aber auch § 188 II, III BGB) meinen. – Dass *Klage* und *Klageschrift* nicht das gleiche sind, ergibt sich schon aus § 253 I ZPO. Überhaupt hilft Gesetzeskenntnis bei dem Versuch, juristisch genau zu formulieren: Wer etwa den Unterschied zwischen einer *fortgeschrittenen elektronischen Signatur* und einer *qualifizierten elektronischen Signatur* nicht kennt, muss nur § 2 SigG lesen.

  Dazu kommen die Schwierigkeiten, die die deutsche Sprache auch ohne ihre juristischen Verästelungen aufwirft: *Vergrößerung um das Doppelte* ist nicht das Gleiche wie *Vergrößerung auf das Doppelte*, *dasselbe* ist nicht dasselbe wie *das Gleiche*, *scheinbar* nicht dasselbe wie *anscheinend*, *zeitgleich* nicht dasselbe wie *gleichzeitig*[339], *beerben* bedeutet nicht *jemanden als Erben bestimmen*, sondern *das Erbe eines anderen erhalten* usw.

---

335 Ebenfalls nicht ganz einfach ist die Unterscheidung von *Schuld* und *Haftung*, zumal letzterer Begriff in verschiedenen Bedeutungen gebraucht wird; dazu z.B. *Larenz* Schuldrecht Allgemeiner Teil, § 2 IV.

336 Auch die Gerichte nehmen es nicht immer ganz genau, z.B. BAG NJW 2003, 2473; BGH NJW 2004, 2301; NJW 2008, 843; wären aber die Firma und das Unternehmen/das Handelsgeschäft identisch, bräuchte es die Regeln in §§ 22 ff. HGB nicht. Von Juristen darf man begriffliche Genauigkeit erwarten. Sprechen Sie also im Fachdiskurs nicht von *Firmenhandy*, wenn sie das *arbeitgebereigene Mobiltelefon* meinen. In amerikanischen Thrillern aus dem Justizmilieu mag das in Ordnung gehen, in deutschen Rechtsgutachten eher nicht.

337 Die Wirkung ist aber ziemlich ähnlich; dazu etwa *Brox/Walker* BGB AT, Rn. 439.

338 *Deutsch* Deliktsrecht, Rn. 81 a.E.

339 BGH NJW 2008, 3710 (Ls.).

Dass man das Geschriebene selbst nicht genau verstanden hat oder den Leser für begriffsstutzig hält, zeigt die umformulierte Wiederholung eines Satzes oder Absatzes, eingeleitet durch *Mit anderen Worten: ...* [340]. Oft genug kann man aus einer Übungsarbeit genau herauslesen, wenn der Verfasser etwas einfach abgeschrieben hat, ohne es zu verstehen. Die Leserin erkennt das am unpräzisen Ausdruck. Ohne Verstand abgeschriebene Passagen bleiben unverständlich, weil der Zusammenhang mit dem umgebenden Text nicht klar ist.

352

Eindeutigkeit im sprachlichen Ausdruck wird immer wieder angemahnt. Wiederum gilt: Leichter gesagt als getan. Zumal kaum jemand erklären kann oder will, was sprachliche Klarheit bedeutet.

353

Beispiel: *2003 erwarb B das bis dahin von A gemietete Hausgrundstück.* – Hier wird nicht klar, ob B das Grundstück von A erworben hat, von dem er es vorher auch gemietet hatte, oder ob er das bislang von einem Dritten an A vermietete Grundstück erworben hat[341].

Juristen sind anfällig für die Verwechslung von Ursache und Wirkung.

Beispiele: Die Beliebtheit des Worts *bedingen* ist hierfür ein Anzeichen. *A bedingt B* kann heißen *A setzt B voraus*, aber auch *A bewirkt B*[342]. Vorzugsweise ist deshalb *bedingen* zu vermeiden. Aus studentischer Feder: *Allerdings wurde ein Spam-Mailer in den USA, bekannt als »Buffalo Spammer«, aufgrund einer Mitteilung der Frankfurter Allgemeinen zu sieben Jahren Haft verurteilt.* – hier stimmt die behauptete Kausalbeziehung nicht (statt *aufgrund* muss es heißen *zufolge* oder *laut*).

- Wenn Ihnen die letzten Hinweise trivial erscheinen, bedenken Sie: Eine einfache und zugleich genaue Ausdrucksweise ist ein **Wettbewerbsvorteil**, weil auch ein maßvoll kluger Adressat einen Text verstehen kann, wenn der Verfasser verständlich schreibt. Gerade bei juristischen Übungsarbeiten lässt sich dagegen nicht einwenden, man habe es nur mit sehr klugen Lesern zu tun, die man ruhig ein wenig herausfordern könne. Das verkennt die Arbeitsbedingungen an Massenuniversitäten. Die sämtlich sehr klugen Professorinnen lesen Ihre Arbeit mit hoher Wahrscheinlichkeit nicht oder nur flüchtig oder nur zufällig. Ihren Text lesen in erster Linie wissenschaftliche Hilfskräfte, teils die wissenschaftlichen Mitarbeiter. Die sind nicht alle Genies. Dass sich unter ihnen auch eher mäßig intelligente Karrieristen befinden, sollte man sich schon im Hinblick auf die mögliche Bewertung der eigenen Arbeit mit *ausreichend* oder *mangelhaft* immer vor Augen halten. An einem schlechten Ergebnis sind nämlich grundsätzlich die anderen schuld.

354

- **Unverständliches**
Überschätzen Sie nicht Intelligenz, Konzentrationsvermögen, Dechiffrierungskompetenz und guten Willen Ihrer Leser.

355

Beispiele[343]: Verständlicher fassen muss man *Im gegebenen Fall kann man höchstens von einer Mitquasikausalität sprechen.* – *Die Auslegung eines Begriffes dient zur Vermittlung des Sinnes eines Textes, der eine Problematik beinhaltet, die verstanden werden muss um mit diesem Text, hier ist es der Inhalt eines Gesetzes.* – *Es lassen sich auch in der objektiven Theorie, wie in der subjektiven, Anwendungsprobleme im Ergebnis finden, die hier eine Unberücksichtigung befürworten würden.* – Gemeint war wohl *Auch die objektive Theorie begegnet Bedenken.* Nur mit Wohlwollen verständlich sind *R hat also einen Gewinnverlust gemacht.* – Gemeint war entgangener Gewinn. *Das bestandene Arbeitsverhältnis ...* – Gemeint war das ehemals bestehende, inzwischen aufgelöste Arbeitsverhältnis. *Die Rechtsfolge des Verzugs ist der Verzugsschaden* – Gemeint war

---

340 Unschön und sehr floskelhaft übrigens die hierfür teils gebräuchliche Abkürzung *m.a.W.*
341 Zu den Schwierigkeiten mit *von* anschaulich *Hirsch* Deutsch kommt gut, 12 ff.
342 *Heuer* Bedingt, in: *ders.* Darf man so sagen?, 92 f.
343 Vermutlich teils von Nicht-Muttersprachlern, dazu Rn. 335.

wahrscheinlich *Die Rechtsfolge des Verzugs ist die Verpflichtung zum Ersatz des Verzugsschadens.*

Was der Verfasser nicht klar ausdrückt, wird oft als nicht vorhanden betrachtet. Das heißt: Unklarheiten gehen zu Ihren Lasten. Lassen Sie deswegen das Gutachten gegenlesen, vielleicht auch einmal von Nichtjuristen.

Beispiel: *A sagt, B sei mit seinem Pkw in einem Zug am Lkw des C vorbeigefahren* ist nicht unverständlich, aber auch nicht ganz eindeutig.

Oft hilft es, sich die Arbeit laut vorzulesen oder vorlesen zu lassen[344].

356 • **Pronomina** erlauben oft nicht die klare Zuordnung des Verbs zu einem bestimmten Subjekt.

Beispiele für missverständliche **Personalpronomina**: *Nachdem Presseberichte über solche Verschwendungen öffentliche Proteste nach sich zogen, wurden sie abgeschafft.* – Was wird hier abgeschafft: die Presseberichte (na endlich!), die Verschwendung von Steuergeld (na endlich!) oder die öffentlichen Proteste (na endlich!)? *A sagte B, er sei zur Zahlung verpflichtet.* – Es wird nicht klar, ob A sich selbst oder B für verpflichtet hält. *Denn der Zugang einer Willenserklärung erfolgt jedenfalls nicht mehr am selben Tag, wenn er nach Schluss der Geschäftszeiten in den Briefkasten eines Betriebs eingeworfen wird*[345]. Worauf bezieht sich hier das *er*?

Beispiel für ein missverständliches **Relativpronomen**[346]: *Der Sohn des S, der zwischenzeitlich € 500,- an G gezahlt hat, hat gegenüber G die Aufrechnung erklärt.* – Wer hat nun gezahlt: S oder sein Sohn?

In solchen Fällen muss sich die zweifelhafte Frage zumindest aus dem Zusammenhang eindeutig beantworten lassen; am besten ist es aber, den Satz umzustellen.

C. Einige juristische Besonderheiten

Die juristische Fachsprache stellt zusätzliche Anforderungen an die Schreibende. Sie bietet zugleich typische Fehlermöglichkeiten, die dem Leser Ihres Texts nur allzu vertraut sind. Ein großer Teil der nachstehenden Empfehlungen richtet sich nicht nur an Juristen. Aber Juristen scheinen für manche sprachliche Fehlleistungen besonders anfällig zu sein.

357 • Ein wenig Aufmerksamkeit erfordert die Vermeidung von **Trivialitäten, Banalitäten** und **Plattitüden**.

Beispiele: *Damit geht das Gesetz in seiner Intention davon aus, dass mögliche Konfliktsituationen, die aus der Abtretung von Forderungen entstehen, gelöst werden müssen.* oder *Problematisch ist in der vorliegenden Konstellation, dass eine komplizierte Rechtslage gegeben ist.* – Hier schreibt der Korrektor nur Giftiges im Stil von *Wer hätte das gedacht?* an den Rand. Überhaupt sind Banalitäten dadurch gekennzeichnet, dass sie zweifelsfrei wahr sind, aber nicht der Erwähnung bedurft hätten. In diese Richtung geht etwa der Satz *Die Lebens- und Arbeitsbedingungen waren hart* in einem Beitrag über Zwangsarbeit unter der nationalsozialistischen Herrschaft[347].

Triviale Aussagen entstehen, wenn man den Gutachtenstil geradezu sklavisch durchhält[348]

---

344 Die darauf verwendete Zeit ist nicht verschwendet: Meist kommen bei gleicher Gelegenheit auch unerträglich lange Sätze, grammatikalische Fehler, Eigenwilligkeiten bei der Interpunktion usw. zutage.
345 BGH NJW 2008, 843 (Rn. 9).
346 Richtig eingesetzte (aber absichtsvoll ins Unverständliche gesteigerte) Relativpronomina bei *Weller* JuS 2003, 515 Fn. 5.
347 *Frauendorf* ZRP 1999, 1, 2 – hier gehen Banalität und Euphemismus (dazu Rn. 362) ineinander über, da die Lebens- und Arbeitsbedingungen der Zwangsarbeiter nicht selten tödlich waren.
348 Spätestens in der Fortgeschrittenenarbeit und im Examen wird man dafür nicht mehr gelobt.

Beispiele: Die Forderung, in einem guten Gutachten müsse jeder Satz den logischen Zusammenhang zum vorherigen Satz erkennen lassen, sollte möglichst nicht zur Verlegenheitseinschüben wie *Der Anspruch besteht, wenn alle seine Voraussetzungen vorliegen* führen. Zwar ist der Satz zweifelsfrei richtig – aber sein Inhalt ist wirklich jedem Leser klar. Gleiches gilt für das neuerdings beliebte *A kann gegen B einen Anspruch auf ... haben. Dazu muss der Anspruch zunächst entstanden sein.*

und oft überhaupt ganz unfreiwillig.

Beispiel: *Die Stellvertretung wird in §§ 164 ff. BGB geregelt.* Das stimmt. Im Gutachten führt aber *Die Erklärung des B kann A nach den Regeln über die Stellvertretung (§§ 164 ff. BGB) zugerechnet werden* den Gedanken viel besser.

- **Altkluge, besserwisserische und oberlehrerhafte Bemerkungen**   358

    Beispiele: *Bekanntermaßen / Bekanntlich ...* (besser: *Wie sich aus <Norm> ergibt, ...*); *Richtig ist daran, dass ...* (besser: *Das trifft nur teilweise zu... *)

geben der Leserin leicht ein Gefühl der fachlichen Unterlegenheit gegenüber dem Verfasser. Viele Leserinnen können das aber nicht gut vertragen, zumal wenn es nicht der Wirklichkeit entspricht. Juristen gelten – neben Lehrern – sowieso als Besserwissertypen. Diesen Ruf müssen Sie nicht noch festigen.

Überhaupt ist eine Prüfungsarbeit kein guter Ort für Besserwissereien[349].

Beispiel: Ist die Aufgabe erkennbar darauf angelegt, ein bestimmtes Problem zu diskutieren und sachgerecht zu entscheiden, sollten Sie überlegen, ob Sie das Problem in vier Zeilen erschlagen, die Sie mit einem souveränen *In der Praxis ...* einleiten, nur weil Sie es dem Rechtsanwalt vorgelegt haben, bei dem Sie letzthin Ihr Praktikum abgeleistet haben und der es gar nicht so spannend fand[350].

- **Bekräftigende Formulierungen** zeigen Unsicherheiten des Verfassers[351].   359

    Beispiele: *unzweifelhaft, außer Zweifel, zweifelsfrei, zweifellos, offenkundig, offensichtlich, unproblematisch, problemlos, evident, eindeutig, unzweideutig, erkennbar, unbestreitbar, natürlich, gewiss, ohne weiteres, sicher(lich), selbstverständlich, mit Sicherheit, keinesfalls, unter allen / keinen Umständen, es versteht sich von selbst, fraglos, es bedarf keiner Frage, es steht außer Frage, es liegt auf der Hand, es ist klar, es braucht nicht näher begründet zu werden, es kann keine Rede davon sein / niemand wird bestreiten wollen, dass* sowie Wendungen der Art *Die Forderungen des K sind völlig / total / gänzlich / komplett / vollständig abwegig und absurd, Das kann dem B auf keinen Fall zugemutet werden, Dass das nicht zutrifft, liegt auf der Hand*[352]. Hierher gehört auch *unstreitig*, das ein terminus technicus ist, der sich bei richtigem Gebrauch auf Rechtsfragen bezieht, nicht auf Tatsachenfragen.

    Den Eindruck der Unsicherheit kann man ohne weiteres (!) vermeiden. Die genannten Wörter benutzt man nur, wenn der Leser gar keine andere Ansicht haben kann. Das ist ziemlich selten – etwa einmal auf 102 Textseiten. Selbst dann ist es aber geschickter, den betreffenden Satz als schlichte Aussage zu formulieren.

    Beispiele: *Es gab keine Einigung und somit keine Übergabe; Hier geht es um eine Streitigkeit zwischen P und B, folglich ist der Rechtsweg unproblematisch eröffnet.* Der mit *somit* und *folglich*

---

[349] Das bedeutet nicht, dass Sie es nicht besser wissen dürften als Ihr Prüfer – Sie sollen es ihm nur nicht allzu dick aufs Brot schmieren.
[350] Überhaupt ist bei allen *In der Praxis ...*-Argumenten zu bedenken, dass Sie beim Abfassen eines universitären Gutachtens eben nicht in der Praxis arbeiten. Mancher Leser kennt sich zudem in der Praxis auch gar nicht so gut aus.
[351] Das kann man nicht oft genug wiederholen; vertiefend z.B. *Schnapp* Jura 2006, 583, 584.
[352] OLG Düsseldorf NJW-RR 1996, 1112; die in dieser Hinsicht von wenig Selbstzweifeln angekränkelte Sprache mancher Urteile (z.B. OLG München NJW 2006, 3079 und die in Fn. 144 zitierte Entscheidung des OLG Koblenz) und etlicher (schlechter!) Anwaltsschriftsätze taugt nicht als Vorbild.

angedeutete logische Zusammenhang ist nicht erkennbar; das *unproblematisch* ändert daran nichts. So etwas fällt jedem halbwegs routinierten Korrektor sofort auf[353].

Häufig finden sich kurze Sätze mit den genannten Vokabeln nach zu umfangreich geratenen Definitionen unproblematischer Merkmale. Versuchen Sie, den *unproblematisch*-Satz an den vorstehenden Satz anzuschließen.

Nichts Unklares und nichts Klares wird dadurch eindeutig oder auch nur eindeutiger, dass man es als *eindeutig* etikettiert. Also kann man diese Etikettierung auch platzsparend weglassen.

360 Sätze mit *vermutlich* oder *wahrscheinlich* machen den logischen Zusammenhang Ihrer Ableitungen angreifbar[354].

Beispiel: *A hat das Angebot des wahrscheinlich auch angenommen* darf in einem Gutachten nicht stehen – denn egal, welches Ergebnis am Ende steht, der Leser kann sich nicht darauf verlassen.

Auch *wohl, eigentlich, relativ, verhältnismäßig, mehr oder weniger, an und für sich, ziemlich, einigermaßen, sozusagen, quasi, gewissermaßen,* zum Teil auch *insofern / insoweit* und *entsprechende/r/s* sollten Sie nur zurückhaltend einsetzen, weil sie Unsicherheit signalisieren oder zumindest als Füllwörter überflüssig sind[355]. Gleiches gilt für *wird anzunehmen sein*; hier genügt *ist anzunehmen* – oder eine schlichte Aussage ohne alle Relativierungen.

Beispiel: Besser als *Dies wäre hier wohl zu verneinen* ist *Das ist zu verneinen*.

361 • Selbst dort, wo Sie Ihrer Sache sicher sind, müssen Sie nicht in den **Brustton der Überzeugung** verfallen.

Beispiel: *Wirklich plausibel und allein dem tatsächlichen Geschehen sachadäquat ist ...*[356] – diese Sprache ist Professoren und Praktikern mit jahrelanger Erfahrung angemessen, weniger Studenten vor dem großen Schein.

Überhaupt dürfen **Evidenzbehauptungen** nicht die inhaltliche Subsumtionsleistung ersetzen. Das fällt immer auf.

Beispiele: *Dass dieser Kaufvertrag wie jeder gültige Rechtsvertrag zwei übereinstimmende Willenserklärungen voraussetzt und diese auch im vorliegenden Fall ohne größere Bedenken vorliegen, ist aus dem Sachverhalt ersichtlich* Mit solchen Sätzen delegiert der Klausurbearbeiter die Aufgabe an den Leser zurück. Das darf nicht passieren[357]. *Laut Sachverhalt ist ein Kaufvertrag geschlossen worden* ist nur zulässig, wenn der Sachverhalt ausdrücklich das Wort *Kaufvertrag* enthält und dies auch offensichtlich im juristisch-technischen Sinne verwendet wird (sozusagen

---

353 Auch die Gerichte verwenden Bekräftigungsformeln, wo eine logische Ableitung nicht zu leisten ist (z.B. BGH NJW 2005, 2852, 2853 sub II.2.c): *Es besteht kein vernünftiger Zweifel daran, dass dem Beklagten ein Zuchtfehler nicht vorzuwerfen ist. Der Beklagte betreibt die Hundezucht seit mehr als 30 Jahren, hat damit zahlreiche nationale und internationale Auszeichnungen gewonnen und verkauft jedes Jahr etwa 50 Welpen im In- und Ausland. Er ist im Deutschen Teckelclub als seriöser Züchter anerkannt und war selbst als Zuchtwart tätig. Daraus ergibt sich, dass der Beklagte die Hundezucht mit der erforderlichen Sachkunde und Professionalität betreibt).* Nötig ist das aber nicht.
354 Zu Unterstellungen und den dafür typischen Wörtern und Wendungen Rn. 425.
355 Dazu auch *Schnapp* Jura 2006, 583, 585.
356 *Gernhuber* Die Erfüllung und ihre Surrogate, 2. Auflage 1994, 209. Immer wieder gut für eine deutliche Aussage ist *Tröndle*, z.B. *realitäts- und rechtsfremd und in den Konsequenzen absurd ...* (*Tröndle* Kommentar zum StGB, 49. Auflage 1999, § 185 Rn. 19); Studenten formulieren zurückhaltender.
357 Gleichwohl ist das ein ziemlich häufiger Fehler, der in Klausuren gerade bei Zeitknappheit leicht geschieht. Hier werden viele Punkte verschenkt. Üben Sie deshalb das Formulieren faktengesättigter kurzer Subsumtionsschritte – die bringen Punkte und vermeiden unnötigen Ärger des Lesers.

als Vorwegnahme der Subsumtion). Selbst dann sollte man aber das unschöne *Laut Sachverhalt* weglassen.

- Juristische Sprache bezieht ihren Reiz aus einer gewissen Trockenheit[358] – schöner: 362 Sachlichkeit –, die sich mit **einer zu bildhaften Wortwahl**
  Beispiel: *Das ist eine himmelschreiende Ungerechtigkeit.*

nicht recht verträgt. Zu Bildern greifen zwar auch die Rechtswissenschaft

Beispiele: die *schwebende Unwirksamkeit*[359] und – beachten Sie die Steigerung! – der *fliegende Gerichtsstand*[360], das *Werkzeug* bei der strafrechtlichen Lehre von der Täterschaft, die *juristischen Sekunde* überall, wo es um das Prioritätsprinzip geht, das *Organ* in Kapitalgesellschafts- und im Staatsrecht, die *Rosinentheorie* beim öffentlichen Glauben des Handelsregisters[361], die *Rügeverkümmerung*[362] zu § 274 StPO, die *Abwälzung* von Schönheitsreparaturen im Mietrecht; die *Immunität* des Bundestagsabgeordneten (Art. 46 II GG); aus der Alltagssprache entlehnt sind die *Mondpreise*[363] und die *Schleuderpreise* im Lauterkeitsrecht (das auch so bildhafte Begriffe kennt wie die *Schwarze Liste* für den Anhang zu § 3 III UWG)

und gelegentlich sogar der Gesetzgeber.

Beispiele: die *stille Gesellschaft* (§§ 230 ff. HGB) und die *Dunkelheiten* in § 320 I ZPO, die *Erschöpfung des Rechtswegs* in § 90 II BVerfGG, etwas weniger offenkundig der *Rücktritt* im Straf- und Zivilrecht

Wenn man aber Metaphern und Ähnliches einsetzt, sollte man darauf achten, nicht aus dem Bild zu fallen.

Beispiele für schiefe Bilder[364]: *Folgende Beispiele mögen aber einen Hinweis geben, in welchen Bahnen der Anwendungsbereich dieses Rechts üblicherweise verläuft*[365]. Auch das Gesetz verwendet gelegentlich schiefe Bilder, z.B. den *Zeitraum* in §§ 188 II, 191 BGB, der eigentlich *Zeitspanne* heißen müsste, wenn man das geometrische Bild des *Zeitpunkts* auf einen *Zeitstrahl* fortdenken wollte.

Rhetorische Figuren werden am besten sorgfältig dosiert und eher beiläufig eingesetzt, sonst entsteht schnell der Eindruck, man habe an der Form mehr gefeilt als am Inhalt. Schon der **Euphemismus**

Beispiele: *Ableben* statt *Tod*, *finaler Rettungsschuss* statt *gezielter Todesschuss*, *Teilerfolg* statt *Flop*; *Information* statt *Werbung*; im Übrigen heißt es *Schwangerschaftsabbruch*, nicht *Unterbrechung der Schwangerschaft*[366] – wie hätte man sich letztere auch vorzustellen? Und das *Luftsicherheitsgesetz* hätte vielleicht treffender *Flugzeugabschußgesetz* genannt werden sollen; jedenfalls hat auch die harmlose Bezeichnung nicht verhindern können, dass irgendein Schelm das Gesetz komplett gelesen und seine Bedenken wegen § 14 III (dort war die verräterische Formulierung *unmittelbare Einwirkung mit Waffengewalt* aus Bestimmtheitsgründen wohl nicht vermeidbar) vor das *BVerfG* getragen hat – der Rest ist Rechtsgeschichte.

---

358 Kluge Bemerkungen dazu bei *Radbruch* Rechtsphilosophie, § 14 (S. 202).
359 Dazu z.B. *Medicus* AT, Rn. 490 und 569; zu beachten ist, dass das Gesetz die schwebende Unwirksamkeit von Rechtsgeschäften anordnet und nicht, wie in Übungsarbeiten immer wieder zu lesen ist, die *schwebende Wirksamkeit*.
360 Dazu Hefermehl/Köhler/Bornkamm-*Köhler* Wettbewerbsrecht, § 14 UWG Rn. 15.
361 Röhricht/Graf v. Westphalen-*Ammon*, § 15 HGB Rn. 21.
362 BVerfG JZ 2009, 675 ff.
363 BGH MDR 2004, 696 f. – Mondpreise?
364 Lehrreich dazu *Gärtner* Man spricht Deutsh, z.B. 114 ff.
365 *Ahrens* Zurückbehaltungsrechte, Rn. 175 a.E.
366 So aber z.B. BGHZ 7, 198, 199; gegen solchen Unsinn *Heuer* Schwangerschaftsabbruch, in: *ders.* Darf man so sagen?, 113 f.; etliche Beispiele bei *Hirsch* Deutsch kommt gut, 155 ff.

ist eine rhetorische Figur, die manchmal die neutrale Problembeschreibung eher erschwert denn erleichtert[367].

Ob Sie die Leserin durch Anführungsstriche auf die verwendeten Bilder hinweisen wollen,

Beispiel: *Am 21.12.2002 befuhr ein Versicherungsnehmer der Beklagten (...) als »Geisterfahrer« die Autobahn entgegen der vorgeschriebenen Fahrtrichtung*[368].

ist Geschmackssache – der Duden verlangt das nicht.

Auch ins **Poetische** sollen Sie nicht abgleiten, schon gar nicht, wenn damit unnötige Längen verbunden sind. Sie schreiben nicht Lyrik, sondern Sachprosa.

Beispiel: In der Sprache des Rechts genügt *wörtlich*; *wortwörtlich* enthält demgegenüber keinen Informationsgewinn[369].

Das ist in anderen Rechtskulturen teils anders.

Beispiel: In einem Urteil des BGH würde man einen Satz wie *The mills of justice grind slowly, but they grind exceedingly fine*[370] nicht erwarten.

363 • Die erwünschte schlichte und sachliche Diktion darf andererseits nicht so weit gehen, dass Sie vor lauter Abstraktion in eine – meist schwache – Kopie der **Kanzleisprache** vergangener Jahrhunderte verfallen.

Beispiele: *Zufolge und nach näherer Maßgabe des § 8a I 1 StVG gilt die Halterhaftung auch gegenüber dem Insassen des Fahrzeugs, wenn ...*[371]; *Auch aggressive Marketingmethoden vermögen an dieser Rechtslage nichts zu ändern*[372].

Den auffällig spröden Charme mancher Auswüchse der Gesetzes- und Verwaltungssprache

Beispiele: *Lichtzeichensignalanlage* statt *Ampel*, *Fahrtrichtungswechselanzeiger* statt *Blinker*, *einliefern* statt *bringen* (z.B. Menschen in ein Krankenhaus), *verbringen* statt *bringen* (z.B. störende Obdachlose an den Stadtrand), *Maßnahmen*, *durchführen*, *erfolgen*, *erstellen*, *wohnhaft* usw.

muss man sich nicht in vorauseilendem Gehorsam aneignen[373]. Irgendwann erwischt man sich sowieso dabei, ohne Not ins Nicht-Anschauliche, Abstrakte abzugleiten. Oft ist das dann auch noch sprachlich unschön[374].

Beispiel: Beim Subsumieren ist es unvermeidlich, immer wieder einmal Ergebnisse mit *... liegt also vor / ist daher gegeben* zu formulieren. Vermeiden Sie aber *Ein Erfüllungsgehilfe liegt also vor*.

---

367 Öfter als man denken sollte schwappen solche Euphemismen und bewussten Falschetikettierungen aus der Sprache professioneller Lügner und Schönfärber (Politikerinnen, Werbeleute, Unternehmensberater etc.) in die Sprache des Rechts. Ganz ausnahmsweise trifft aber die euphemistische Variante den Inhalt besser: Wer *Wertstoff* statt *Müll* sagt, transportiert damit eine inhaltliche Information.
368 BGH NJW 2007, 2764, 2765 f., Rn. 2 sowie 14, 16.
369 An diesen Übertreibungen, die im Kleinen anfangen und im Großen weitergehen, erkennt man übrigens auch die Schriftsätze provinzieller Rechtsanwälte.
370 U.S. Court of Appeals v. 19.11.2008, Az. 08-1136 (Vineberg v. Bissonette), KUR 2008, 158, 162; übersetzt etwa: *Die Mühlen der Justiz mahlen langsam, aber äußerst fein*.
371 BGHZ 114, 348, 350.
372 Geiger NJW 2007, 3030, 3031. Es ist überhaupt nicht peinlich, statt des altertümlichen *vermögen* einfach *können* zu schreiben.
373 Zur Verwaltungssprache – und wie man sie erträglich macht – *Gesellschaft für deutsche Sprache* (Hrsg.) Fingerzeige; *Berger* Schreiben. Weiterführend für historisch interessierte Leser *Korn* Sprache; *Sternberger/Storz/Süskind* Wörterbuch; *Klemperer* LTI.
374 Wer sich diese Sprache abgewöhnen will, greife zu *Glavinic* Kameramörder (passim); dort wird der oft unbeholfen wirkende Duktus des polizeilichen Vernehmungsprotokolls zum Stilmittel. Instruktiv auch *Claßen/Reins* Deutsch, 264 ff.

Da sieht doch die Leserin vor ihrem inneren Auge den Erfüllungsgehilfen vor dem Verfasser liegen. Schreiben Sie lieber *E ist mithin Erfüllungsgehilfe des P*. Selbst bei abstrakten Begriffen wirkt das *vorliegen* befremdlich: *Ein Schuldverhältnis liegt damit vor* und *Also liegt hinreichende Bestimmtheit vor* kann man sich nun gerade wieder nicht bildlich vorstellen – warum nicht *Ein Schuldverhältnis ist gegeben* oder *Ein Schuldverhältnis liegt im Mietvertrag*? Richtiggehend schief wirkt *Ein entgegenstehender Wille des G liegt vor*.

Eine gewisse Abstraktheit im Ausdruck fällt jedem auf, der sich zum ersten Mal mit Rechtssprache auseinandersetzen muss. Diese kann man nachahmend erlernen. Indessen ist hier übermäßiger Eifer fehl am Platz.

Beispiel: Wenn es etwa heißt *Spielplätze: Die Verkehrspflicht ist hier dem besonderen Risiko der Benutzung durch junge Personen anzupassen*[375], hätte man ohne allzu herben Verlust an Genauigkeit auch von *Kindern* sprechen können (und damit zugleich juristische Personen ausgeschlossen).

Juristische Sprache dient nicht nur der fachlichen Genauigkeit, sondern soll möglichst auch für Nichtjuristen (»Normadressaten«) verständlich sein[376]. Mit dem Bemühen darum kann man schon bei Kleinigkeiten anfangen.

Beispiel: *Eine Regelung über ... ist nicht existent* lässt sich auch bescheidener fassen als *Eine Regelung über ... gibt es nicht / fehlt*.

- **Sprachliche Nachlässigkeiten** haben nicht nur symbolische Bedeutung. Im Blick auf das oben Gesagte[377] müssen Sie daran arbeiten, dass Ihren Texten wenigstens das Bemühen um sprachliche Güte anzusehen ist. Die Ergebnisse Ihrer Mühe sollten also zumindest dem in § 243 I BGB bezeichneten Standard entsprechen[378]. 364

Beispiele: Fälle *löst* man nicht[379], man *entscheidet* sie. *Lösung* klingt, als gäbe es nur eine. Das stimmt meist nicht: Es sind eben weder Mathematikaufgaben noch Kriminalfälle. Es gibt auch keine gleich oder ähnlich *gelagerten* Fälle (schöner übrigens: *Sachverhalte*); wo sollten sie auch gelagert sein? Sie können höchstens ähnlich *liegen* oder *sein*[380]. Rechnungen und Forderungen *zahlt* man nicht, man *begleicht* sie – oder man *zahlt auf* sie.

Wenn Sie über die richtige Verwendung von **Fachausdrücken** unsicher sind, sollten Sie nicht blind schießen[381]: *Rechtsgeltung* beansprucht ein Gesetz, *gültig* dagegen verwendet die Fachsprache kaum; das *Trennungsgebot* (Verfassungsrecht) verlangt etwas Anderes als das *Trennungsprinzip* (Zivilrecht); *Verschuldensprinzip* (Schuldrecht) ist etwas Anderes als *Verschuldungsprinzip* (Haushaltsrecht), *Haftungsbedingungen* (Zivilrecht) etwas Anderes als *Haftbedingungen* (Strafvollzugsrecht), *Ermahnung* (Arbeitsrecht) etwas Anderes als *Abmahnung* (Arbeitsrecht, Zivilrecht) etwas anderes als

---

375 *Deutsch* Unerlaubte Handlungen, Rn. 269.
376 Beherzigen Sie auch das anschließend bei Rn. 365 zum Gebrauch von Fremdwörtern Gesagte.
377 Im Vorwort sowie Rn. 1 ff.
378 Ihre Prüfer achten auf sprachlich guten Stil, beziehen ihn in Ihre Noten mit ein und dürfen das auch (OVG Münster NVwZ 1995, 800; VGH Baden-Württemberg VBlBW 1988, 262 f.). Was sollen sie also anfangen mit unbeholfenen Sätzen wie *Dazu muss B eine eigene Willenserklärung gemacht haben*? – Dass auch Professoren nicht immer Vorbilder abgeben, zeigt knapp und anschaulich *Simon* myops 2 (2008), 49 ff.
379 So aber manchmal sogar der BGH, z.B. NJW 2005, 1039.
380 Z.B. *Lohr* MDR 2000, 429, 433: *in gesondert gelagerten Fällen* statt *in besonderen Fällen*; ähnlich BGH JZ 2005, 255, 259.
381 Die folgenden Beispiele illustrieren eine wichtige Einsicht: Auf Fachausdrücke kann eine Fachsprache nicht verzichten. Während Sie also gern, wie hier vorgeschlagen, Juristenlatein, Juristenpassiv und Juristensubstantivitis zurückdrängen sollen, müssen Sie sich und Ihren Lesern die Fachterminologie des Rechts zumuten. Man kann sie erforderlichenfalls erklären und übersetzen, aber man muss sie richtig benutzen. Vor den damit verbundenen Schwierigkeiten darf man sich auch als Anfänger nicht drücken. Schlimmstenfalls lernt man eben durch Fehler.

Mahnung (Zivilrecht), *Delinquent* (Strafrecht) und *Derelinquent* (Sachenrecht, Polizeirecht) müssen nicht dieselbe Person sein, genauso wenig wie *Besitzer* (Sachenrecht) und *Beisitzer* (Verfahrensrecht). Beachten Sie auch die subtilen Unterschiede zwischen *Nießbrauch* (Zivilrecht) und *Missbrauch* (fast überall), *Kollision* (Straßenverkehr, Internationales Privatrecht) und *Kollusion* (fast überall), *Schuldverhältnis* und *Schulverhältnis*. Oft werden auch Produkt (*Versicherung*) und Anbieter (*Versicherer*)[382] verwechselt. Ernste materiellrechtliche Fehler lauern, wenn Sie *Geschäftsführungsbefugnis* und *Vertretungsmacht*[383] durcheinander werfen. Eine Gefahr *droht* nicht, sie *besteht* – denn begrifflich ist die Gefahr die drohende Verletzung eines geschützten Guts.

Gerade der richtige Umgang mit Fachtermini ist unter Kollegen Teil gelingender fachlicher Kommunikation und gegenüber Nichtfachangehörigen ein Zeichen von Professionalität.

Beispiele: Wer schreibt *Ein rechtskräftiger Kaufvertrag kommt unter zwei Bedingungen zustande* statt *Ein wirksamer Kaufvertrag kommt unter zwei Voraussetzungen zustande*, wird wahrscheinlich noch verstanden. Aber er drückt sich unnötig ungenau aus. *Bedingung* ist ein terminus technicus (§ 158 BGB) und sollte deshalb im untechnischen Sinne durch *Voraussetzung* oder ähnliches ersetzt werden; *rechtskräftig* wird ein Urteil, *rechtswirksam* ein Rechtsgeschäft[384]; *glaubhaft* ist die Zeugenaussage, *glaubwürdig* der Zeuge.

Genauigkeit ist auch bei nicht rechtlichen Begriffen wichtig.

Beispiel: Wer bei einem Mangelgewährleistungsproblem *Laufleistung* und *Tachometerstand* (gemeint eigentlich: *Kilometerzählerstand*) durcheinanderwirft, macht sich selbst und dem Leser der Sache unnötig schwer. Natürlich läßt sich auch die Aussage *Der Tachometerstand ist eine wichtige Eigenschaft des Kfz* begründen. Aber wieviel leichter geht das für *Die Laufleistung ist eine wichtige Eigenschaft des Kfz*!

Für Ihr juristisches wie Ihr allgemeines Ausdrucksvermögen gilt: Man kann keinen guten Stil von Ihnen erwarten, aber doch das erkennbare Bemühen, schlechten Stil zu vermeiden. **Formulierungen** wie *Der § 817 S. 2 BGB ist ... anwendbar*[385], *... wird von keinem Paragraphen*[386] *im BGB erfasst* wirken unschön. Man spricht nicht von Paragraphen, erst recht nicht, indem man das Wort ausschreibt. Anderes gilt aber bei gebeugten Formen.

Beispiel: Im Genitiv heißt es *Der Anwendungsbereich des § 280 I BGB ist weit*.

Passend sind *Bestimmung, Norm, Vorschrift, Regelung, Regel* u. Ä. Diese *schreiben vor, normieren, bestimmen, ordnen an, bewirken, sehen vor, regeln, erlauben, gestatten, verbieten, gebieten, erfordern, verlangen, setzen voraus, legen / setzen fest, enthalten Erfordernisse, sind einschlägig / (un)anwendbar, greifen ein / Platz, finden Anwendung, knüpfen (Rechtsfolgen) an, erfassen, kommen zum Tragen / zur Anwendung, können herangezogen werden, erwähnen, passen auf / für Fälle, verweisen auf, bringen zum Ausdruck, beschränken, beziehen sich auf, stellen klar, erklären für anwendbar, heben hervor, gehen aus von ...*

---

[382] Z.B. BGH NJW 2003, 2018; BGH NZBau 2005, 287. Dass mit *Versicherung* etwas anderes gemeint ist, erkennt man auch an der *eidesstattlichen Versicherung*.

[383] Die Geschäftsführungsbefugnis bezeichnet im Gesellschaftsrecht das rechtliche Dürfen im (Innen-)Verhältnis zu den Mitgesellschaftern, die Vertretungsmacht das rechtliche Können im (Außen-)Verhältnis zu gesellschaftsfremden Dritten.

[384] Mit dem Binde-s ist das so eine Sache: *rechtswirksam* und *rechtskräftig*, aber *rechtlos* und *rechtmäßig* (dazu schon Rn. 328). Ab dem Ende des ersten Semesters muss man das können.

[385] BGHZ 39, 87.

[386] Seit Inkrafttreten der reformierten Rechtschreibungsregeln auch: *Paragrafen*.

Unschön sind *§ 823 I BGB geht / schlägt durch / trifft zu. § 812 I 1 Alt. 1 BGB zieht / greift nicht.* Nicht nur leicht makaber, sondern eher schon falsch ist *§ 211 StGB sieht einen Mord vor / verlangt einen Mord*[387]. Laienhaft klingt *In diesem Fall tritt § 14 in Kraft.* § 14 ist schon in Kraft; gemeint ist *§ 14 ist einschlägig / anzuwenden.* Unschön sind auch *Daher gilt § 2, § 221 trifft zu.* Gefälliger als *Im § 398 BGB ist geregelt...*[388] ist *In § 398 BGB ist geregelt...*

Sprachliche Nachlässigkeiten können auch darauf beruhen, dass Sie schreiben wie Sie sprechen.

Beispiele: Im schriftlichen Ausdruck sagt man nicht *extra*, wenn man *absichtlich* meint. Gesprochen ist das meist unproblematisch. Zunehmend von der gesprochenen Sprache in den schriftlichen Ausdruck einzusickern scheint *zwischen 80 bis 100 km/h* (statt *von 80 bis 100* oder *zwischen 80 und 100*)[389]. Gesprochen geht *Gegen B läuft ein Ermittlungsverfahren* durch, schreiben würde man aber doch *Gegen B ist ein Ermittlungsverfahren anhängig.*

- Übertreiben Sie den Gebrauch von **Fremdwörtern** nicht[390]. 365

    Beispiele[391]: *Einerseits ist der Geldanspruch nur als ultimum remedium anzusehen, auf das der Verletzte nur insoweit rekurrieren kann, als ...*[392]. *Als Konstrukt der zweiseitigen Direktion impliziert das Weisungsrecht nämlich unweigerlich, dass einschlägige Tarifvertrags- und Betriebsnormen als Regulativ akzeptiert werden*[393]. *Die richterliche Fallentscheidung hat primär retrospektiven Charakter: Der Richter entscheidet ex post streitige Sachverhalte*[394]. *Das Modell systematisch-deduktiver Entscheidungsbegründung i.S. des juristischen Syllogismus versagt hier weitgehend; an dessen Stelle tritt induktiv-heuristische Abwägung von Lösungsgesichtspunkten rechtlicher und außerrechtlicher Provenienz, wobei die Interessen aller involvierten Betroffenen abzuwägen sind*[395]. *In der Sprache der »Neuen Formel« bewirkt die Kongruenz von Differenzierungsgrund (die unterschiedliche ethisch moralische Evaluation zweier Persönlichkeitsmerkmale) und Differenzierungsziel (die Durchsetzung einer vorherrschenden ethisch-moralischen Bewertung eben dieser Persönlichkeitsmerkmale) die Unmöglichkeit der geforderten funktionalen Inbezugsetzung beider Punkte zueinander, was wiederum die Unzulässigkeit der Differenzierung impliziert*[396]. *Danach muss er die bereits vorliegenden Teilergebnisse möglichst gut miteinander verbinden und durch die kompensatorisch-suppletive Addition ihrer Stärken zugleich ihre gravierenden partiellen Schwächen summarisch minimieren*[397].

    In fast jedem juristischen Beruf müssen Sie über rechtliche Fragen mit Menschen sprechen, die nicht die Segnungen eines Rechtsstudiums erfahren haben (manche haben – horribile dictu – noch nicht einmal das Abitur). Versuchen Sie das mal auf deutsch[398].

---

387 Die Vorschrift *verbietet* den Mord. Die Strafbarkeit nach § 211 StGB dagegen *setzt* den Mord *voraus.*
388 So aber z.B. § 595 II ZPO.
389 Z.B. *Schwintowski* Methodenlehre, 130.
390 Der Gesetzgeber des BGB soll mit einem Fremdwortanteil von 2 % ausgekommen sein, *Mertin* ZRP 2004, 266. – Wenn Sie in Österreich studieren, können Sie die nachstehenden Hinweise natürlich ignorieren.
391 Lesenswert auch *Herdegen* JZ 2004, 873 ff. passim sowie die Fremdwortorgien bei *Fischer-Lescano/Maurer* NJW 2006, 1393 ff.
392 *Kötz/Wagner* Deliktsrecht, Rn. 642.
393 *Popp* BB 1997, 1790, 1791.
394 *Langenfeld* JuS 1998, 33.
395 *Kramer* Methodenlehre, 205.
396 *Risse* Schutz, 162.
397 *Köbler* Etymologisches Rechtswörterbuch, S. V.
398 Selbstverständlich kann man seinem nicht juristisch ausgebildeten Gegenüber auch erklären, es habe einen Anspruch auf *Naturalrestitution* statt einen auf *Wiederherstellung der beschädigten Sache* (oder schlicht *Repperatur*). Klug klingt das allemal. Man riskiert aber eben, nicht verstanden zu werden. Und wer kann schon auf Anhieb sagen, was ein *Devolutiveffekt* ist?

Für viele xenoglotte Expressionen existieren adäquate teutsche Äquivalente[399]. Welcher Nichtjurist weiß schon, was ein *synallagmatischer* Vertrag ist?
Und wenn noch nicht einmal alle Juristen das Wort verstehen, weil es nur in einer Teildisziplin gängig ist,

Beispiel: die letzthin so beliebten Finanzierungen mit *Mezzanine-Kapital*

sollte man es wenigstens erklären.

366   Die falsche oder ungeschickte Verwendung von Fremdwörtern blamiert unter uns Bildungsbürgern mehr, als die richtige beeindruckt.

Beispiele: *Der Vorsatz ist im Tatbestandsmerkmal Arglist intendiert*[400]. *Dieses Recht auf informelle Selbstbestimmung ist mit den Belangen des Vermieters abzuwägen*[401]. *300 Anwohner mussten evakuiert werden.* (Die Armen!)[402] Eine offizielle Bekanntgabe kann nur durch ein Amt oder eine Behörde, nicht aber durch ein Unternehmen oder eine Privatperson erfolgen. Es gibt keine *zweite* oder sogar *dritte Alternative* – warum nicht?[403] Unterscheiden Sie zwischen *kollaborieren* und *kollabieren*, zwischen *pauschalieren* und *pauschalisieren*, zwischen *Intension* und *Intention*. Wer nicht weiß, ob es *konkludent* oder *konkludend*[404] heißt, schreibe einfach *schlüssig* – und statt *Profilaxe*[405] geht ganz gut *Vorsorge*.

Allerdings sollte man nicht so weit gehen, in fröhlicher Deutschtümelei jedes *Problem* durch eine *Schwierigkeit*, jeden *Kommentar* durch ein *Erläuterungsbuch*[406] zu ersetzen. Auch wird sich kaum noch jemand an *relativ* anstatt *verhältnismäßig* stören[407]. Bei einigen wenigen Ausdrücken ist die deutsche Übertragung geradezu unschön.

Beispiele: Wenn nur *Förmelei* zur Auswahl steht, kann man es bei *Formalismus* belassen. Wenn Ihnen für *Präjudiz* nur *Vor-Urteil* einfällt, sagen Sie – im Blick auf *Vorurteil* – lieber *Präjudiz*. Geschmackssache ist es auch, ob Sie *alter und neuer Gläubiger Zedent und Zessionar* vorziehen[408], solange Sie *Altgläubiger* und *Neugläubiger* vermeiden, die gesellschaftsrechtlich anderweitig besetzt sind.

Für *enumerativ* darf man aber schon einmal *abschließend* sagen, für *konstituieren* vielleicht *begründen*; für *primär* kann man *in erster Linie* einsetzen, für *undolos* etwa *ohne Vorsatz*, für *peripher am Rand*, für *irrelevant belanglos*, für *valutieren* mit vielleicht *sich belaufen auf*, für *Judikatur Rechtsprechung* (sowie für *Judikat Urteil* oder *Entscheidung*), für *Historie Geschichte*, für *subsidiär nachrangig*, für *konsequent(erweise) folgerichtig*, für *Prorogation Gerichtsstandsvereinbarung*, für *sui generis eigener Art*, für *pro rata temporis zeitanteilig*, für *Suspensiveffekt aufschiebende Wirkung*, für *in casu im vorliegenden Fall* oder schlicht *hier* und für *temporale Staffelung* ebenso gut *zeitliche Staffelung*[409].

---

399 Zur Selbstkontrolle: Welches der vorstehenden Wörter findet sich nicht im Fremdwörterduden?
400 Gemeint war vermutlich *Arglist bedeutet soviel wie Vorsatz*.
401 Bub/Treier-*Bub* Hdb der Geschäfts- und Wohnraummiete II Rn. 669; gemeint ist *informationelle Selbstbestimmung*.
402 *Evakuieren* bedeutet *entleeren*. Dazu auch *Sick* Unglück mit Toten, schwere Verwüstungen, in: ders. Dativ, 135, 137.
403 Zu einer Möglichkeit gibt es eine andere Möglichkeit, die Alternative (lat. *alter* = der eine, der andere). Gibt es mehrere, spricht man nicht mehr von Alternativen, sondern von Varianten oder Fällen.
404 So AG Köln NJW 2006, 1600.
405 *Walter* Rhetorikschule, 84.
406 Z.B. BGH NJW 1992, 3237, Ls. 2.
407 In der juristischen Fachsprache hat *relativ* eine zusätzliche Bedeutung, so etwa bei der Unterscheidung zwischen relativen und absoluten Rechten.
408 Dagegen ist es ganz in Ordnung, *Zession* durch *Abtretung* oder *Anspruchsübergang* zu ersetzen.
409 BGH NJW 2006, 693, 695 (Rn. 21).

Ein Vorschlag zum Mittelweg zwischen Fremdworthuberei und zu flapsiger Wortwahl: Sagen Sie statt *Zuckerbrot und Peitsche* oder *positive und negative Sanktionierung* einfach *Belohnung und Bestrafung*.

Benutzen Sie nur Fremdwörter, deren deutsche Bedeutung Sie kennen (*Idiosynkrasie, perhorreszieren, ephemer, Prävarikation*)[410], die auszusprechen Ihnen keine Schwierigkeiten bereitet (*Makrokriminalität, Reziprozitätsprinzip, Authentizität, Plausibilitätskriterium, Praktikabilitätsprobleme, Institutionalisierungstendenzen, Rehabilitationsinteresse, Inkompetenzkompensationskompetenz*[411]) und die Sie ohne zu stocken deklinieren oder konjugieren können (wie leicht geschieht es einmal, dass man *Dilemma, Index, Bonus, Campus, Mafiosi, Prokura* oder *Graffiti* in den Singular oder Plural setzen muss …). 367

Faustregel: Die Verwendung von Fremdwörtern ist auf ein Minimum zu reduzieren[412].

Das soeben Gesagte gilt übrigens entsprechend für **lateinische Rechtssprich- und -stichwörter**[413]. 368

Beispiele: Verträge wirken nicht *inter patres*, sondern *inter partes*. Entgegen einer verbreiteten Praxis heißt es richtig *condicio sine qua non*.[414] Für *diligentia quam in suis (rebus adhibere solet)* kann man nicht schöner, aber ebenso kurz *eigenübliche Sorgfalt* sagen. *Adäquität*[415] ist eine unschöne Mischung aus *Adäquanz* und *Antiquität*. *Parantelsystem*[416] hat nichts mit falsch geschriebenen Spinnen zu tun, sondern heißt eigentlich *Parentelsystem*.

Wenn Sie unsicher sind, was *de profundis* von *pro defunctis*, *habeas corpus* von *habemus papam* und *Anatozismus* von *Anachronismus* unterscheidet, können Sie ein Wörterbuch heranziehen[417].

Zu dichtes Einstreuen lateinischer Satzsplitter in den laufenden Text

Beispiel: *sedes materiae ist <Norm>* statt *einschlägig ist <Norm>*

hinterlässt schnell einen altphilologisch-angeberischen Eindruck. Natürlich kann es nicht schaden, gelegentlich ein kämpferisches *fiat iustitia pereat mundus*[418] fallen zu lassen, immer einmal wieder *dies interpellat pro homine*[419], *iura vigilantibus*[420], solven-

---

410 Können Sie auf Anhieb den Unterschied zwischen *optisch* und *visuell* nennen? Wenn ja: Ändern Sie Ihren Sprachgebrauch. Was ist der Unterschied zwischen *empathisch* und *emphatisch*?
411 Der Begriff geht zurück auf *Marquard* Inkompetenzkompensationskompetenz, in: *ders.* Abschied vom Prinzipiellen, 23 ff.
412 Pardon: … auf das Mindestmaß zu beschränken.
413 Zurückhaltung empfiehlt auch *Maier-Reimer* JZ 2003, 944 f.
414 Dazu *Molsberger/Kettgen* JA 2/2010, VII f.
415 BGHZ 57, 25, 29 (wohl aber in Süddeutschland regional üblich).
416 *Mörschner* Erbrecht, 20 und öfter.
417 *Lieberwirth* Latein im Recht; *Liebs* Lateinische Rechtsregeln und Rechtssprichwörter; *Filip-Fröschl/Mader* Latein in der Rechtssprache; *Benke/Meissel* Juristenlatein; *Bruß* Lateinische Rechtsbegriffe; *Adomeit* ("Civis Romanus") Latein für Jurastudenten. Wenn Sie bei *Traditionsprinzip* nicht an das Übergabeerfordernis bei der Übereignung beweglicher Sachen, sondern an das Parteiprogramm der CSU denken, empfehlen sich *Meyer* Juristische Fremdwörter, Fachausdrücke und Übersetzungen, *Creifelds/Weber* Rechtswörterbuch und *Köbler* Juristisches Wörterbuch; *Alpmann* Brockhaus Studienlexikon Recht; *Avenarius* Kleines Rechtswörterbuch (nicht mehr ganz aktuell); *Tilch* (Hrsg.) Deutsches Rechts-Lexikon; nur Notlösungen: www.rechtswoerterbuch.de und www.jur-abc.de/cms/index.php?id=130. Neben lateinischen Rechtssprichwörtern gibt es übrigens auch ein paar deutsche; dazu *Schmidt-Wiegand* (Hrsg.) Deutsche Rechtsregeln und Rechtssprichwörter. Jedes einzelne der genannten Bücher enthält genug Sentenzen für die nächsten elf Semester. Also: Lesen – und sparsam einsetzen. Zum Einlesen *Schnapp* Jura 2010, 97 ff.
418 Das bedeutet ungefähr: Es geschehe Gerechtigkeit, möge auch die Welt untergehen!
419 Übersetzung in § 286 II Nr. 1 BGB.
420 Heißt: Das Recht ist für die Wachsamen da.

di causa[421] oder *fur semper in mora*[422] auszurufen und an passender Stelle *summum ius summa iniuria*[423] oder *Roma locuta causa finita*[424] zu seufzen. Auch *dolo agit qui petit quod statim redditurus est* sollte man seiner Leserin oder Zuhörerin nicht vorenthalten. Man zeigt so der Professorin, dass man zu der kleinen Gemeinschaft derer gehört, die humanistische Bildung nicht nur schweigend genossen haben, sondern diese auch mit – notabene! – offenen Händen zur Beglückung des gemeinen Mannes auszuteilen gewillt sind. Irgendwie muss man sich schließlich vom akademischen Fußvolk abheben[425]. Hat man sein Gegenüber wenn schon nicht argumentativ überzeugt, so doch wenigstens sprachlos geredet, schließt man am besten mit einem triumphalen *Quod erat demonstrandum*. Das wirkt immer – *probatum est*.

Faustregel: Es geht auch ganz ohne[426]. (Oft kann man z.B. *mutatis mutandis* einfach streichen.) Ansonsten gilt: Latein lernen oder lassen! *Diligentia non nocet*. Und gelegentlich statt vom zungenbrecherischen *venire contra factum proprium* einfach mal vom *widersprüchlichen Verhalten* sprechen. Nicht mehr als ein Sprichwort auf 20 Seiten einstreuen.

Dass Sie noch genug Kenntnisse aus dem Latein-Leistungskurs herüber gerettet haben, wissen Sie, wenn Sie auf Anhieb sagen können, ob es stimmt, dass die Frau des vollmachtlosen Vertreters (§§ 177, 179 BGB) *falsa procuratrix* heißt, dass die Mehrzahl von *notwendige Bedingung conditiones sine quibus non*[427], die Umkehrung von *in dubio pro reo* tatsächlich *in dubio contra reo*[428], der Plagiator bei *Martial* wirklich *plarigarius*[429] und die Einzahl von *notwendige Bestandteile des Rechtsgeschäfts essentiale negotii* lautet[430].

---

421 Das bedeutet etwa: zwecks Erfüllung eines Schuldverhältnisses.
422 Das heißt: Der Dieb ist mit der Rückgabe der gestohlenen Sache immer im Verzug, dazu Palandt-*Heinrichs* § 286 Rn. 25.
423 Zu übersetzen vielleicht mit: Höchstes Recht – größtes Unrecht! Geht zurück auf *Cicero* De officiis I, 33 (= http://www.thelatinlibrary.com/cicero/off1.shtml#33).
424 Heißt: Das war ein Machtwort, weiteres Diskutieren ist zwecklos.
425 Eine gleichermaßen bewährte wie unnötige Form von Bildungshuberei besteht darin, den Herausgabeanspruch aus § 985 BGB mit *rei vindicatio* oder *Vindikationsanspruch* zu bezeichnen (ähnlich im Bereicherungsrecht die Verwendung der lateinischen Begriffe; besonders eindrucksvoll ist hier erfahrungsgemäß die *condictio causa data causa non secuta*). Das ist frei von inhaltlichem Ertrag, solange man nicht argumentativ tatsächlich auf römisches Recht zurückgeht.
426 Nur selten findet sich keine griffige Übersetzung, z.B. beim *obiter dictum*, bei *tu quoque*, bei *lege artis* und beim *non liquet*. Oder fällt Ihnen eine kurze und genaue Übersetzung ein? Eine weitere Ausnahme von der hier empfohlenen Zurückhaltung: Mit sich selbst dürfen Sie gern lateinisch sprechen; so kann es beispielsweise nicht schaden, sich immer einmal wieder *cui bono?* zu fragen oder vor dem *forum internum* gelegentlich beherzt *ignorabimus!* zu sagen. (Ersteres heißt ungefähr: Wer hat eigentlich was davon? und geht auf *Cicero* zurück, zweiteres: *Da müssen wir durch!*). Wenig einzuwenden ist gegen Latein auch in der Fachterminologie etwa des internationalen Zivilprozessrechts: *forum non conveniens* ist für alle Beteiligten eine Fremdsprache.
427 So BGHZ 2, 138, 139. Zum Üben: Ist der Plural von *actio pro socio* nun *actio pro socii*, *actiones pro socio* oder eher *actiones pro socii*?
428 So *Meyer-Mews* NJW 2000, 916 ff. Zum angeblichen Grundsatz *in dubio pro consumatore Riesenhuber* JZ 2005, 829 mit Erwiderungen *Rösler* JZ 2006, 400 ff. und *Tonner* 402 ff., zu falschem Latein dann *Adomeit* JZ 2006, 557. Der Dummheiten ist kein Ende: *Flechsig/Bisle* würzen ihren Beitrag in ZRP 2008, 115 zwar mit einem coolen *Cicero*-Zitat, überschreiben ihn aber peinlicherweise mit *Unbegrenzte Auslegung pro autore*. Dass der Urheber *auctor* heißt, hätte man in jedem *Stowasser* nachlesen können, zur Not in einem Internet-Lateinwörterbuch (z.B. www.auxilium-online.net/wb/formenanalyse.php).
429 So *Möllers* Juristische Arbeitstechnik Fn. 530.
430 Wie ist es mit dem Plural von *Status* und *Modus*? Und wenn das noch keine Herausforderung ist, versuchen Sie es einmal mit dem Urteilstatbestand von BGH VersR 1998, 601 ff. (das Urteil ist auch sonst lesenswert). – Wie steht es im Übrigen mit der richtigen Mehrzahl zur *Textsamm-*

Wenn Sie aber *commodum ex negotiatione* fließend aussprechen, inhaltlich erklären und einer Vorschrift im BGB zuordnen können, dürfen Sie es auch benutzen – einmal pro Semester[431]. Gleiches gilt für alle, die nicht erst überlegen oder nachschlagen müssen, wo bei der *aberratio ictus* die Betonungen hingehören und was eine Analogie *in bonam partem*[432] ist.

Besonders unschön ist übrigens die Kombination aus Abkürzungswahn und lateinischer Angeberei.

Beispiel: *Hier kann es sich aber um eine alic gehandelt haben.* – Solches Repetitorendeutsch möchte keiner lesen; wer es lesen muss, schreibt Ihnen dann freundlich-desinteressiert *who the f*** is alic?* an den Rand. Abkürzungen wie *cic* und *CV* kennt das klassische Latein nicht. Wenn sie nicht wirklich ganz allgemein geläufig sind, müssen sie mindestens ins Abkürzungsverzeichnis – aber man kann auch ganz auf sie verzichten.

Schon die Verkürzung lateinischer Rechtsregeln führt dazu, dass der Nichteingeweihte den Gedanken nicht mehr versteht.

Beispiel: *Darin liegt ein schwerer Verstoß gegen den Nemo-tenetur-Grundsatz.* Während man mit Lateinkenntnissen die Langfassung *nemo tenetur se ipsum accusare*[433] noch verstehen kann, gelingt das in der Kurzfassung nur, wenn man den Grundsatz schon kennt.

- **Anglizismen** und coole **englische Einsprengsel** im Text wirken oft weniger weltläufig als peinlich[434].

Niemand muss beweisen, dass er ein Jahr *out of area*, vorzugsweise in den USA studiert hat. Das ist inzwischen eine Selbstverständlichkeit und wird – wenn überhaupt – durch Einfügen eines Initials auf der Visitenkarte sowie Anhängen des dort erworbenen akademischen Abschlusses signalisiert: *John R. Ewing, LL.M. (University of Texas, Dallas)*[435]. Es wirkt lächerlich, wenn man ständig mit *leading cases, dissenting opinions*[436]*, law in action, judicial self-restraint, soft law, asset deals, labeling approach* und dergleichen um sich wirft, besonders, wenn man den richtigen Terminus am falschen Ort einsetzt. Überhaupt ist falsches Englisch peinlich.

369

---

    lung Verfassungs- und Verwaltungsgesetze: Heißt die *Sartorii, Sartoria, Sartoriusse, Sartorien* – oder gibt es sie überhaupt nicht?

431 Alles hier Gesagte ist auf altgriechische Angebereien uneingeschränkt übertragbar. Allerdings sind die in der Rechtssprache selten, sie verhalten sich zu den lateinischen ungefähr wie die französischen zu den englischen (dazu gleich bei Fn. 452). Hier und da mal ein *Synallagma*, gelegentlich ein *Telos* ode *Topos* – und das war´s.

432 Gefunden bei *Puppe* Schule, 101.

433 Ungefähr: Niemand muss sich selbst belasten (im Strafprozess).

434 Schönes und überlegtes Plädoyer gegen zu viel Englisch bei *Schneider* Speak German!, dort auch kleine Vorschlagsliste zum Abgewöhnen S. 66 ff.; lesenswert auch *Krämer* Modern Talking, der das Ausmaß der Zerstörung leicht kalauernd vorführt.

435 Das ist ganz üblich, z.B. *Hartmann* NJW 2004, 1358 ff.; zu den damit verbundenen Karriereaussichten *Korte*, btA, in: *Vec* u.a. Campus-Knigge, 40 f.; echte Distinktionsgewinne sind aber wohl heute nur noch möglich, wenn Sie drei Vornamen haben – und alle abkürzen: *H.L.A. Hart*. Wenn Sie unbedingt englisch/deutsche Weltläufigkeit signalisieren wollen, versuchen Sie es doch einmal mit etwas Originellem: einem zweisprachigen Vertraulichkeitshinweis am Anfang Ihrer E-Mails; so etwas kann man sich aus jeder besseren anwaltlichen E-Mail herauskopieren. Die Empfänger werden es Ihnen danken, besonders beim Drucken einer eigentlich kurzen Korrespondenz, die durch hunderte solcher Hinweise leicht die Länge einer Toilettenpapierrolle annimmt.

436 Statt *abweichende Meinung* oder *Sondervotum*, vgl. *Steiner/Gerhardt* ZRP 2007, 245 f.

Teil 4: Arbeitshinweise

Beispiele: Immer wieder liest man *think global act local!*; *fair trail*[437] ist etwas anderes als *fair trial*. Und bei *due dilligence* müssen Sie auch noch mal überlegen, wieviele *l* die *diligence* wirklich braucht.

Auch geheimnisvolle englische Abkürzungen (*IPO, PoS, PPP, faq*[438], *B2C*[439] etc.) beeindrucken heute nur noch Landeier.

Versuchen Sie aber umgekehrt keine krampfhaften Eindeutschungen; für *Leasing-* und *Factoring*-Verträge haben sich zwischenzeitlich die Bezeichnungen *Leasing-* und *Factoring*-Verträge durchgesetzt. Und es gibt einige wenige Wörter im Englischen, die auf Deutsch nicht treffender zu fassen sind.

Beispiele: Sind *unverlangter elektronischer Werbemüll* statt *spam* und *in direkter Verbindung mit der Datenverarbeitungsanlage arbeitend* statt *online*[440] handlich genug? Noch deutlicher wird es beim *gender mainstreaming* – vielleicht allerdings nur weil sowieso niemand so genau weiß, was das bedeutet[441]. Und wie man *early adopter* oder auch nur *insider* schön übersetzt, ist auch noch offen.

Ob andererseits der *Wiederverkauf* erst verständlich ist, wenn man ihn sicherheitshalber mit *(»Resale«)*[442] ergänzt, und ob der *Personalvermittler* wirklich *headhunter*[443] und der *Endhersteller* unbedingt *assembler*[444] heißen müssen, ist zweifelhaft. *Dual use*[445] ist so militärisch konnotiert, dass man es beim harmlosen Verbraucherbegriff des § 13 BGB nur ungern liest. Ob *Hausunterricht* erst durch die Bezeichnung *Homeschooling*[446] zum doktorarbeitstauglichen Thema wird, wird sich zeigen.

Wo sich englische und lateinische Angeberei treffen,

Beispiele: *forum shopping, »Kick back« – quo vadis?*[447], *pro bono round table*[448]

ist das nicht doppelt klug, sondern meist doppelt unnötig.

Viel sagend sind auch **Pseudo-Anglizismen** wie *Handy*[449]. In englischsprachigen Ländern benutzt und versteht niemand dieses Wort, wenn *mobile phone* oder *cellular*

---

437 *Michel/von der Seipen* Der Schriftsatz des Anwalts im Zivilprozess, 5. Auflage 2000, 37.
438 Wie spricht man eigentlich *faq* aus? Letztendlich unnötig, weil man auch *oft gefragt* schreiben könnte.
439 Z.B. *Berger* ZGS 2004, 329 ff.; typisch auch der Titel von *Hansen* ZGS 2006, 14 ff.: *AGB-Inhaltskontrolle von Geschäftsbedingungen im B2C-eCommerce*.
440 *Online* verwendet auch der BGH (z.B. BGH NJW 2005, 53, 55), während *spam* in BGH JZ 2005, 94 ff. durchgängig als *unerbetene E-mail-Werbung* bezeichnet wird. Dem BAG gelingt es in NJW 2006, 540 ff. fast ausnahmslos, statt von *Surfen* von *Internetnutzung* zu sprechen – und es hört sich gar nicht provinziell an.
441 Beispielhaft die mäßig eleganten Übersetzungsvorschläge bei http://de.wikipedia.org/w/index.php?title=Gender_Mainstreaming&oldid=67425359, unter anderem *geschlechtersensible Folgenabschätzung*.
442 So BVerwG NVwZ 2004, 878 ff.
443 Z.B. *Wulf* NJW 2004, 2424 f.; *Reichold* JZ 2005, 259 f.; BGH JZ 2005, 255 ff. dagegen spricht durchgängig vom *Personalberater*. Aus dessen Angebot fallen von vornherein die *low performer* (*Hunold* BB 2003, 2345; *Friemel/Walk* NJW 2005, 3669; *Tschöpe* BB 2006, 213 ff.; zurückhaltender *Singer/Schiffer* JA 2006, 833) heraus, also leistungsschwache Arbeitnehmer (dieser Begriff scheint sich durchzusetzen, z.B. *Hunold* NJW 2008, 3022 f.). Viel lieber vermittelt er *high potentials* (die sich wiederum dadurch auszeichnen, dass sie all das auch auf Deutsch sagen können ...).
444 *Wältermann/Kluth* ZGS 2006, 296.
445 Z.B. OLG Celle ZGS 2004, 474; *Palandt-Heinrichs* § 13 Rn. 4.
446 Z.B. *Fischer-Lescano* KJ 2008, 166, 167.
447 *Rößler* NJW 2008, 554.
448 *Bälz/Moelle/Zeidler* NJW 2008, 3383.
449 Der Ausdruck ist in der Sprache der Gerichte (z.B. OLG Hamburg NJW 1997, 3452, AG Berlin-Mitte NJW 2005, 442) und der Rechtswissenschaft (z.B. *Hufnagel* NJW 2006, 3665 ff. pas-

phone gemeint ist⁴⁵⁰. Wenn Sie wollen, schreiben Sie *einmal mehr* – aber eigentlich heißt es *wiederum* oder *erneut*⁴⁵¹.

Für englische, lateinische, fachsprachliche und überhaupt alle schwer verständlichen Begriffe⁴⁵² gilt: Sehr wahrscheinlich wird die Leserin Ihres universitären Übungsgutachtens alle Ihre Angebereien verstehen (ob sie beeindruckt ist, ist eine andere Frage). Trotzdem ist es gut, sich selbst abzuverlangen, so verständlich wie irgend möglich über rechtliche Fragen zu sprechen. Wenn Sie auf einen nur englisch oder lateinisch fassbaren Begriffsinhalt Wert legen, können Sie – ganz nach Art des Gesetzes – eine Klammerdefinition einführen⁴⁵³, eine Übersetzung voran- oder hintanstellen⁴⁵⁴, 370

Beispiel: *Die Beteiligten haben einen Vertrag über verschiedene Dienstleistungen auf dem Gebiet der Telekommunikation (im Folgenden: I dunno what kinda contract) geschlossen.*

dem Begriff eine Definition nachstellen⁴⁵⁵ oder ihn in Anführungsstriche setzen. Das ist für den Leser viel komfortabler.

Beispiel: *... weil die Schuldnerin sich – schlagwortartig – als »Start-up-Unternehmen« bezeichnete ...*⁴⁵⁶ – so kann man zeigen, dass der Begriff nicht als juristischer Fachterminus verwendet wird.

---

sim; *Weber* ZJS 2009, 536 ff.) schon gängig; dagegen halten BGH NJW 2003, 2034 ff., MDR 2006, 98; OLG Brandenburg NJW 2004, 451; OLG Bamberg NJW 2006, 3732 ff.; OLG Köln NJW 2008, 3368 f.; OLG Stuttgart NJW 2008, 3369 f. sowie der Gesetzgeber in § 23 Ia StVO am *Mobiltelefon* fest (das dann aber in einer *Handyvorrichtung* im Auto abgelegt wird und mittels *Bluetooth* mit einem *Earset* oder *Headset* verbunden wird, OLG Stuttgart NJW 2008, 3369 f.). Selbst der anglizismenskeptische *Schneider* plädiert für *Handy* (Speak German!, 50) – ein Bauernopfer? Wer auf *Handy* verzichtet, vermeidet auch die Frage, ob der Plural eher wie bei *BlackBerries* zu bilden ist oder eher wie bei *Babys*. Ähnlich hübsch ist *Powerseller* (denkt man da nicht automatisch an Energieversorgungsunternehmen, bei denen man *powershoppen* kann?) statt *gewerblicher Verkäufer* (z.B. *v.Westphalen* ZGS 2004, 129, AG Bad Kissingen NJW 2005, 2463 f.; zurückhaltender AG Radolfzell NJW 2004, 3342; OLG Koblenz K&R 2006, 48; LG Mainz NJW 2006, 783). Englische Ausdrücke sickern nicht nur in die Gerichts-, sondern auch in die Amtssprache ein, z.B. OVG Münster NJW 2005, 2246 f. (*Showroom*).

450 Und bei *mobbing* und *cutter* werden Sie ähnliche Probleme haben. Gerade bei den Anglizismen gilt: Was gestern noch cool war, ist heute schon peinlich und morgen unmöglich. Das Weglassen des Bindestrichs nach amerikanischer Manier (*eBay Auktion*, ZGS 2005, 359, *EU Verordnung*, *E-Commerce Richtlinie* etc.) zeigt vielleicht, dass Sie im Herzen Amerikanerin sind – sicher zeigt es, dass Sie lange keinen Duden in der Hand hatten (zum Nachlesen: dort §§ 40 ff. der amtlichen Rechtschreib Regeln).

451 Vor *Sinn machen* (*to make sense*) und *sicherstellen* (*to make sure*) sollte man eigentlich nicht mehr warnen müssen, zumal *sicherstellen* auch eine strafprozessuale Bedeutung hat (§§ 111 b ff. StPO) und schon 1984 die *Talking Heads* forderten: *stop making sense*. Gleichwohl findet sich das schreckliche *Sinn machen* (aufgeschlossen aber *Hirsch* Deutsch kommt gut, 65 f.) selbst in Texten, denen man im Übrigen den Feinschliff anmerkt, z.B. *Hassemer*, ZRP 2007, 213, 217 f.

452 Erfahrungsgemäß sind es fast nur die englischen. Französisch ist weit abgeschlagen (hier und da mal ein *effet utile* und ein *acquis communautaire* im Europarecht, gelegentlich ein *ordre public* im IPR und der eine oder andere *agent provocateur* im Polizeirecht); schönes Beispiel zur geschickten Verwendung französischer Brocken in rechtlicher Rede aber bei *Schlink/Popp* Selbs Justiz, 40 f.; wenn man lange genug sucht, findet man aber wenigstens das eine oder andere französische Zitat, etwa den *bouche de la loi* bei *Montesquieu*.

453 So z.B. BGH JZ 2004, 1124 in Leitsatz a) beim Begriff des *dialers*; ähnlich BGH NJW 2006, 1736 beim *cash pool* und BGH NJW 2006, 2630 in Ls. 1. und Rn. 22 ff. beim *disclaimer* (wo das auch dringend nötig ist), das BVerwG (Fn. 442) beim *resale* und das BVerfG NJW 2008, 3556 (Rn. 1 u.ö.) beim *off-label-use* (müsste nicht eigentlich *off-label use* heißen?).

454 Wie hier in Rn. 73 bei *singularia non sunt extendenda*.

455 Wie hier in Rn. 567 beim *obiter dictum*.

456 BGH NJW 2006, 1594, 1595 (Rn. 14). Ist das gut gelungen beim *Flashmob* in BAG NZA 2009, 1347 ff.? Letzteren übersetzt die FAZ v. 29.12.2009 auf S.1 mit *Blitzmeute*, auf S. 9 mit *Blitzaktion* – und im Hintergrund lauert der *Blitzkrieg*.

Auf weiten Strecken hat allerdings das Deutsche gegenüber dem Englischen resigniert.
Beispiele: Die Regierungskommission *Deutscher Corporate Governance Kodex* nennt sich selbst so[457] – kein Übersetzungsversuch, kein Bindestrich, und nur eine Frage der Zeit, bis aus dem *Kodex* ein *Code* wird (veröffentlicht ist er übrigens noch im *Bundesanzeiger*, aber der heißt bestimmt auch bald *Bundes Anzeiger* oder *BundesAnzeiger*[458] und bald darauf *Federal Reporter*; jedenfalls wird schon jetzt dort das *Common Procurement Vocabulary* veröffentlicht). – Ob die Arbeitsämter mit *Job-Center*[459] treffender bezeichnet sind, mag offenbleiben, solange sie in der Krise keine Arbeitsstellen zu vermitteln haben.

Besonders schade ist das dort, wo man die richtige Bedeutung des englischen Worts erst nachlesen muss.
Beispiele: Wissen Sie auf Anhieb, was *fogging* ist[460] und was man unter *squeeze out* zu verstehen hat[461]?

Zuerst könnten Sie sich vornehmen, nicht selbst alles unnötigerweise ins Englische zu übertragen.
Beispiel: Ein Klausursachverhalt sprach davon, dass A dem B seine Zugangsdaten für eine Internetauktionsplattform überlassen habe; etliche Klausurbearbeiter schrieben, der eine *user* habe dem anderen seinen *account* bei *eBay* zur Verfügung gestellt. *Nutzer* und *Konto* hätten es doch auch getan – und von *eBay* war im Sachverhalt gar nicht die Rede gewesen[462]...

- In einem Rechtsgutachten darf man die richtige Verwendung **juristischer Fachsprache** von Ihnen erwarten[463].
  – Juristische Fachtermini

371 Etliche Begriffe kommen in der Alltagssprache ebenso vor wie in der juristischen Fachsprache. Wenn Sie einen Text für einen juristischen Adressatenkreis verfassen, gehen die Leser zunächst von einer fachsprachlich korrekten Verwendung dieser Begriffe aus. Alles andere sollten Sie kennzeichnen, etwa durch Anführungsstriche[464].

Beispiele: In der Alltagssprache bedeutet *klagen* soviel wie *jammern*, in der juristischen Fachsprache aber *Klage erheben*. Allgemein bedeutet *Damit ist bewiesen, dass ...* nur soviel wie

---

457 Vgl. www.corporate-governance-code.de. Zweifel an der Übersetzbarkeit von *corporate governance* äußert z.B. Posner in *Spinnen/Posner KlarsichtHüllen*, 19 ff. Folgerichtig heißen heute die Titel von Fachzeitschriftenbeiträgen *Whistleblowing – ein integraler Bestandteil effektiver Corporate Governance* (Berndt/Hoppler BB 2005, 2623 ff.) und die Fachzeitschriften selbst *Corporate Compliance Zeitschrift* oder *Risk Fraud & Compliance*.
458 Bücher werden jetzt schon mal *AutoKaufRecht* betitelt (Himmelreich/Andreae/Teigelack 3. Auflage 2007); nicht sehr viel schöner *CyberLaw – Lehrbuch zum Internetrecht* (Boehme-Neßler 2001).
459 Dazu BVerfGE 119, 331 ff. Rn 26 u.ö. zu SGB III § 9 Ia a.F.
460 Wer an den *Nebel des Grauens* denkt, liegt nicht ganz falsch; Einzelheiten z.B. bei BGH NJW 2006, 1061; NJW 2008, 2432 f.
461 Das Hinausdrängen (oder den zwangsweisen Ausschluß) von Minderheitsaktionären aus der Kapitalgesellschaft, vgl. §§ 327a ff. AktG; BGH NJW 2007, 300 ff.
462 Das klingt kleinkrämerisch – aber die Erfahrung zeigt, dass im nächsten Schritt die Teilnehmer die ihnen aus dem eigenen Handeln geläufigen eBay-AGBen in den Sachverhalt hineininterpretieren – mit den seltsamsten Konsequenzen für die Fallbearbeitung (zur Sachverhaltsauslegung Rn. 427 f.).
463 Diese Fehler unterlaufen nur dem, der überhaupt die Fachsprache benutzt. Das aber ist anzuraten. Es heißt nicht *Pleite*, sondern *Insolvenz*.
464 Zu viele Anführungsstriche irritieren das Auge des Lesers und hinterlassen den Eindruck, Sie seien terminologisch unsicher. Sinnvoll kann die durchgängige Verwendung von Anführungsstrichen gleichwohl sein, wenn Sie etwa die Begriffe *Ehrenmord* oder *no go area* als nichtjuristische (und auch ethisch nicht akzeptable) kennzeichnen wollen.

Damit liegt ein wichtiger Hinweis / Beleg dafür vor, dass ..., juristisch heißt es aber *Es ist zur Überzeugung des Gerichts festgestellt, dass ...* Auch *unter Beweis stellen* wird in der Alltagssprache ganz häufig falsch gebraucht, nämlich im Sinne von *beweisen*. Im fachlichen Zusammenhang bedeutet es aber *mit einem Beweisangebot versehen*. *Kontrahenten* bedeutet allgemeinsprachlich *Gegner*, fachsprachlich dagegen *Vertragspartner*. *Pflicht* und *Obliegenheit* sind in der Alltagssprache kaum unterscheidbar, in der Fachsprache dagegen unterschiedlich (wenn auch ähnlich) besetzt. Die Alltagssprache unterscheidet oft nicht zwischen *Diebstahl* und *Raub* – in einem strafrechtlichen Gutachten darf so etwas nicht passieren. Geradezu tückisch ist *grundsätzlich*, das alltagssprachlich überwiegend *ausnahmslos* bedeutet, fachsprachlich dagegen *regelmäßig*[465] (so dass es Ausnahmen gibt). Fachsprachlich ist die *Abtretung* auf Ansprüche beschränkt, alltagssprachlich wird auch schon einmal Eigentum abgetreten. *Konzern* bedeutet in der Alltagssprache oft nur *großes Unternehmen*, in der Rechtssprache aber *Unternehmensgruppe* (Einzelheiten in §§ 18 ff. AktG).

Das beginnt schon mit den Begriffen, die man ganz am Anfang erlernt.

Beispiel: *Das Angebot des V war deshalb nur eine invitatio ad offerendum* – das ist zwar im Ergebnis klar, aber doch ein bisschen widersprüchlich formuliert, denn ein Angebot ist verbindlich, eine invitatio gerade nicht. Richtig ist deshalb *Das Ausstellen der Ware im Schaufenster des V war trotz des Preisschilds nur eine invitatio ad offerendum*.

Manchmal ist die allgemeinsprachliche Bedeutung von einer anderen Wissenschaft geprägt.

Beispiel: Unter *Leistung* versteht man im allgemeinen so etwas ähnliches wie *Arbeit pro Zeit* (wie in der Physik), bereicherungsrechtlich (§ 812 I 1 Fall 1 BGB) aber eine *bewusste und gewollte Mehrung fremden Vermögens*.

Besondere Sorgfalt ist bei den Begriffen vonnöten, die man alltagssprachlich fast bedeutungsgleich verwendet, die aber in der Fachsprache unterschiedlich besetzt sind.

Beispiele: Die Allgemeinsprache hält *Eigentum* und *Besitz* oft nicht klar auseinander – juristisch ist die Verwechslung gefährlich. Von *Herausgabe* spricht man juristisch nicht, wenn ein Gegenstand[466] (etwa die Kaufsache beim Kaufvertrag, § 433 I BGB) erstmals verlangt werden kann (dann heißt es *Übereignung und Übergabe*) oder auch einmal *Lieferung*). Letzthin hat sich *diskriminieren* (kurz: *dissen*) in der Alltagssprache eingebürgert als Synonym für *ungerecht behandeln* – juristisch ist das zu ungenau.

Manche Wörter, die in der Alltagssprache negativ konnotiert sind, erweisen sich in der Rechtssprache als neutrale Fachvokabeln.

Beispiel: *Kartell* (Einzelheiten im GWB, das zwar im Grundsatz Kartelle als gefährlich ansieht, aber zum Teil eben auch erlaubt)

Gefährlich ist der dilettantische Gebrauch pseudo-juristischer Begriffe.

Beispiel: *Kausaler Schaden* ist ein typischer Fall studentischen und repetitorialen Dummgebabbels. Natürlich ist nicht der Schaden kausal (wofür denn auch?), sondern die pflichtwidrige Handlung ist kausal für den Schaden. Die Bezeichnung *kausaler Schaden* dreht das um und ist schlicht falsch.

Manchmal ist es auch nur ein kleiner Zungenschlag, der die ungenaue Alltagssprache von der Fachsprache unterscheidet.

Beispiele: Es heißt nicht *Werksvertrag*, sondern *Werkvertrag*; nicht *Gesellschaftervertrag*, sondern *Gesellschaftsvertrag*. *Die Sache wurde zurückgewiesen* ist etwas anderes als *Die Sache wurde zurückverwiesen*.

---

465 *Schnapp* Stilfibel, 103.
466 Leider scheut sich die Rechtssprache nicht, *Herausgabe* auch auf Menschen anzuwenden, insbesondere auf Kinder, z.B. in § 1632 I BGB.

Teil 4: Arbeitshinweise

– Fachterminologie anderer Wissenschaften

372 Wo ein Wort verwendet wird, das in einem fremden Fachgebiet eine andere als die juristische Bedeutung hat,

Beispiel: In den Wirtschaftswissenschaften ist der Begriff *Prozesskosten* anders besetzt als in den Rechtswissenschaften.

ist oft eine Klarstellung vonnöten.

Nicht alle Juristen sind aufgeschlossen gegenüber allen Nachbardisziplinen; es gibt sogar einige, denen Soziologen-

Beispiele: *verorten, immunisieren, aufladen* u. Ä.

und Sozialpädagogendeutsch

Beispiele: *Das müssen wir aber mal hinterfragen. – Find' ich echt gut, dass wir diese komplexe gesellschaftspolitische*[467] *Thematik jetzt kontrovers diskutiert haben. – In der Literatur angedacht wurde …* (statt *Im Schrifttum ist erwogen worden …*)

als schwammig oder peinlich-modisch gilt.

Auch die Sprache der Wirtschaftswissenschaften kann in juristischen Zusammenhängen zu Missverständnissen führen.

Beispiel: *Verträge kommen durch Angebot und Nachfrage zustande. –* Das ist zwar nicht ganz falsch, aber aus dem Blickwinkel der gesetzlichen Regeln über den Vertragsschluss (§§ 145 ff. BGB) auch nicht ganz richtig.

Begriffe aus Informatik und PC-Alltagswissen

Beispiel: *Dieser Standpunkt ist nicht kompatibel mit der Rechtsprechung des BGH zum …*

sind ebenfalls vorsichtig zu verwenden; teilweise verursachen sie Stilbrüche.

Vielleicht gar keiner Wissenschaft (mehr) zuzuordnen ist der inflationäre Gebrauch von *Prozess* (kein *Friedensprozess* ohne *Lernprozess* und *Kriegsverbrecherprozess*, keine Entscheidung ohne *Entscheidungsfindungsprozess* – und keine Spaghetti ohne *Bolognaprozess*. Im juristischen Sprachgebrauch hat der *Prozess* eine recht klar definierte Bedeutung.

– Wahl der richtigen Sprachebene

372a Schon der Verfasser einer Anfängerarbeit muss beim Bemühen um begriffliche Genauigkeit darauf achten, pseudo-juristische Redensarten zu vermeiden.

Beispiel: *Der Vertrag läuft auf B und seine Frau E* lässt zwar ungefähr erkennen, was gemeint ist. In juristischen Zusammenhängen sagt (jedenfalls: schreibt) man aber *Vertragspartner auf Mieterseite sind B und seine Frau E*. So richtig gelungen ist die Metapher sowieso nicht – oder *laufen* Verträge?

372b Fachsprache bedeutet übrigens nicht Fachjargon. Wie auch andere Berufsgruppen haben Juristen Wörter erfunden, die es sonst nicht gibt – und die nur dazu gut sind, Zugehörigkeit zur Berufsgruppe zu zeigen. Wenigstens die hässlicheren unter diesen Wörtern vermeiden Sie bitte.

Beispiele: *verfristet* statt *verspätet* (allgemeiner Juristenslang), *ausgebührt* (Anwaltsslang)

373 • Bestimmte Allgemeinplätze, **Leerformeln und Floskeln** finden sich in Lehrbüchern, Kommentaren und gerichtlichen Entscheidungen immer wieder.

---

[467] Fragen Sie mal rum, ob Ihnen jemand erklären kann, was genau *gesellschaftspolitisch* bedeutet. Sie werden sich wundern. Meist kommt so etwas heraus wie *gesellschaftlich* oder *politisch*. Das könnte man auch schreiben – wenn nicht *gesellschaftspolitisch* gleich viel eindrucksvoller daherkäme.

Beispiele: *... muss unter Abwägung aller Umstände des Einzelfalls entschieden werden. Welche Anforderungen an ... zu stellen sind, ist im Einzelfall nach Treu und Glauben unter Berücksichtigung der betrieblichen und örtlichen Verhältnisse sowie der Verkehrssitte zu bestimmen.*

Das ist angesichts zahlreicher Generalklauseln, wertausfüllungsbedürftiger Tatbestände, Ermessensnormen und normativer Merkmale im Gesetz nicht weiter verwunderlich. Trotzdem sollte man in Übungsarbeiten möglichst selten solche nichts sagenden Formulierungen einfach abschreiben. Vielmehr sollen Sie subsumieren – das bedeutet konkretisieren, kritisieren, kleinarbeiten. Der Gesetzgeber kann in die Generalklauseln flüchten, Sie nicht – Sie sollen sie doch gerade ausfüllen. Also langweilen Sie Ihre Leserin nicht durch breite, aber erkenntnisfreie Wiederholung des Altbekannten. Das kann Mühe erfordern.

- Durch die Verwendung des **Passivs** ist es möglich, dass sich seitens des Subjekts des Schreibens keine Gedanken über das Subjekt des Geschriebenen gemacht werden[468]. 374

Beispiel: *Es wird auch die Ansicht vertreten, ...*

Unter diesem Aspekt kann das Passiv sinnvoll sein; aber übertreiben Sie es nicht[469]. Ersatzweise:

Beispiel: *Ein Teil des Schrifttums steht auf dem Standpunkt, dass...*

Statt *Es kann davon ausgegangen werden, dass ...* kann man es mit *Es ist davon auszugehen, dass ...* versuchen, statt *Wenn ein Bevollmächtigter durch den Antragsteller bestellt wurde, ...* mit *Wenn der Antragsteller einen Bevollmächtigten bestellt hat, ...* Passiv klingt einfach nach Behördendeutsch.

Beispiel zum Üben: *Es muss von der Unterstellung ausgegangen werden, dass die Überweisungen, wegen denen (sic!) die Strafe gegen die Klägerin verhängt worden ist, von dem Konto der Klägerin bei der Beklagten ausgeführt worden sind*[470].

- Die **Substantivitis** (der Nominalstil) ist eine typisch juristische Krankheit[471]; früher 375
oder später ist die Infektion unvermeidlich[472].

Beispiele: *Zur Sicherung des Anspruchs auf Einräumung oder Aufhebung eines Rechtes an einem Grundstück oder an einem das Grundstück belastenden Rechte oder auf Änderung des Inhalts oder des Ranges eines solchen Rechtes kann eine Vormerkung in das Grundbuch eingetragen werden*[473]. *Die Auflassung des Kaufgrundstücks steht der Abtretung des Anspruchs des Käufers auf Eigentumsverschaffung und der diesen Anspruch sichernden Vormerkung an einen Dritten nicht entgegen*[474]. *Im Verhältnis zum Geschäftsherrn ist aber die Ausübung der Aufsicht die Ausfüh-*

---

468 Außerdem kann man mit dem Passiv absichtlich das handelnde Subjekt in die zweite Reihe stellen; als Beispiel zwei Nachrichtenmeldungen vom 18.8.2003: *Im Irak ist ein Kameramann der Nachrichtenagentur Reuters erschossen worden. Er wollte vor einem Gefängnis filmen, als die tödlichen Schüsse fielen. US-Soldaten hatten ihn offenbar für einen Attentäter gehalten.* (ZDF) und *Im Irak haben US-Soldaten einen Kameramann der britischen Nachrichtenagentur Reuters erschossen.* (Sat 1) – beides zitiert nach taz v. 21.8.2003, 13.
469 Näher *Schnapp* Jura 2004, 526 ff.
470 BGHZ 23, 222, 226.
471 Plastisch *Berg* Übungen, 198, der die Substantivsucht als *Krebsübel der Juristensprache* bezeichnet. Lesenswerte Hinweise zum Nominalstil (und den Fällen, in denen er sinnvoll ist) bei *Schnapp* Jura 2003, 173 ff.
472 Das liegt nicht zuletzt daran, dass Juristen es ständig mit Leitsätzen von Urteilen und Überschriften von Aufsätzen zu tun haben, deren Verfasser sich um Problemverschlagwortung (!) bemühen (z.B. *Henle/Bruckner* Zur Wirkung qualifizierter Rangrücktrittserklärungen auf das Innenverhältnis der Gesellschafter in der Insolvenz der Gesellschaft, ZIP 2003, 1738 ff.).
473 § 883 I 1 BGB.
474 BGH NJW 1994, 2947, 1. Leitsatz.

rung der Verrichtung, zu der der Ausführende bestellt ist[475]. Zur Abklärung dieser Risiken und zur Gewinnung einer hinreichenden Tatsachengrundlage für die Beurteilung der Chancen und Einschränkungen einer zu prognostizierenden Berufslaufbahn des Geschädigten bedarf der Tatrichter der Einholung sachverständigen Rates; ...[476]- Jeweils mehr als jedes dritte Wort ist ein Substantiv.

Auch bei kurzen Sätzen,

Beispiel: *Streit besteht über die Auslegung des Begriffs der Beschädigung einer Sache.*

einzelnen Worten,

Beispiele: *Gesellschaftergeschäftsführer, Infrastruktursicherungsauftrag, Beratungshilfeberechtigungsschein, Gerichtsvollzieherverteilerstelle, Sachmangelgewährleistungsvorschriften, Zeugengebührenverzichtserklärung, Schwangerschaftskonfliktberatungsstelle, Ermittlungsaktenversendungspauschale, Prozesskostenhilfebewilligungsentscheidung, Elektrizitätsversorgungsunternehmen, Urkundenvorbehaltsteilanerkenntnisurteil*

und Bezeichnungen

Beispiele: *Terrorismusbekämpfungsergänzungsgesetz*[477], *Rinderkennzeichnungs- und Rindfleischetikettierungsüberwachungsaufgabenübertragungsgesetz*[478], *Verkehrswegeplanungsbeschleunigungsgesetz*[479], *EWG-Richtlinie zur Verwirklichung des Grundsatzes der Gleichbehandlung von Männern und Frauen hinsichtlich des Zugangs zu Beschäftigungsverhältnissen, zur Berufsbildung und zum beruflichen Aufstieg sowie in Bezug auf die Arbeitsbedingungen*[480], *Gesetz zur Neuregelung des Verbots der Vereinbarung von Erfolgshonoraren*[481], *Gesetz zur Beschleunigung des Wirtschaftswachstums*[482]

kann Hauptworthäufung anstrengend sein.

Besonders Substantive auf -*ung*, -*kung*, -*hung*, -*heit* und -*keit* wirken schwerfällig.

Beispiele: *Soweit die Infiziertheit des Kuchens und dessen Kausalität für den geltend gemachten Schaden ... bestritten worden waren, ...*[483] – *Der Arbeitgeber hat das Recht zur Stellung solcher Fragen. – Der Arbeitnehmer hat das Recht zur wahrheitswidrigen Beantwortung der Frage. – Der Vermieter ist zur Zurverfügungstellung der Mietsache verpflichtet. – Die Respektierung der Zweckbindung des Gesellschaftsvermögens zur vorrangigen Befriedigung der Gesellschaftsgläubiger während der Lebensdauer der GmbH ist unabdingbare Voraussetzung für die Inanspruchnahme des Haftungsprivilegs des § 13 II GmbHG*[484]; *Eine mühevoll wirkende Sprachübung ist die Erlernung des Gutachtenstils*[485]. – *Verpflichtung* statt *Pflicht*, *in Ermangelung* statt *mangels*.

Manchmal geht es aber nicht anders.

---

475 BGHZ 11, 151, 153.
476 BGH MDR 1998, 157, 158.
477 BGBl. I 2007, 2 ff. – Wünscht man sich da nicht so ehrliche Bezeichnungen wie *Kontaktsperregesetz* (vgl. §§ 31 ff. EGGVG) zurück? Kluge Anmerkungen dazu bei *Prantl* Terrorist, 144 ff.
478 Dazu AnwaltsReport 11/99, 30.
479 BGBl. I 1991, 2174 ff.
480 So die vollständige Bezeichnung der Richtlinie 76/207/EWG, die im juristischen Volksmund meist als *Antidiskriminierungsrichtlinie* bezeichnet wird.
481 V. 12.6.2008, BGBl. I, 1000.
482 Schon vor Inkrafttreten (zum 01.01.2010, BGBl. I 2009, 3950) zusammengezogen zu *Wachstumsbeschleunigungsgesetz* und zärtlich abgekürzt als *WachstumsBeschlG* oder *WaBeschG*. Dass 40 Jahre nach dem Bericht des Club of Rome (*Meadows* Grenzen) noch Gesetze mit solchen Titeln verabschiedet werden, steht auf einem anderen Blatt. Immerhin hat kurz zuvor der Gesetzgeber das Risikobegrenzungsgesetz (genauer: Gesetz zur Begrenzung der mit Finanzinvestitionen verbundenen Risiken, BGBl. I 2008, 1666 ff.) erlassen.
483 OLG Frankfurt am Main NJW 1995, 2498. – Zweifelhaft ist, ob wirklich Kausalität des *Kuchens* oder eher Kausalität der *Infiziertheit* gemeint war.
484 BGH JZ 2002, 1047 – Leitsatz a) S. 1.
485 *Hoffmann* Fallbearbeitung, 9.

Beispiel: Eine *Verweisung* ist etwas anderes als ein *Verweis*. Auch wenn die Bedeutungen einander häufig überlappen, sollte man in juristischen Zusammenhängen den *Verweis* für die Sanktion und die *Verweisung* für den Befehl *Springe im Text (des Gesetzes, des Rechtsgutachtens) an eine andere Stelle* verwenden.

Wenn Sie schon Verben substantivieren müssen, bilden Sie wenigstens nicht aus *wegschaffen* eine *Wegschaffung*[486], sondern *das Wegschaffen, der Abtransport* oder zur Not *die Entfernung*; aus *zitieren* nicht *unter Zitierung von*, sondern *unter Wiedergabe von* oder *unter Berufung auf*; lieber *ersatzfähig* als *ersetzungsfähig*, lieber *das Einreichen* als *die Einreichung*[487]. Aus *niederschlagen* sollte weder *Niederschlagung* noch *Niederschlag* noch *Niederschlagen* noch *Niedergeschlagenheit* werden[488], aus *wegfallen* nur im echten Notfall *in Wegfall geraten*. Der Verzicht auf ständiges Substantivieren erspart Ihnen auch die Zweifelsfrage, ob aus *ordnungsgemäß* nun *Ordnungsgemäßheit* oder doch besser *Ordnungsmäßigkeit* zu bilden ist. Wird aus *abfallen* immer *Abfall*, aus *entziehen* immer *Entziehung* (Führerschein) oder auch einmal *Entzug* (Alkohol)? Sie vermeiden auch falsche 376

Beispiele: *Akzessorität* (statt *Akzessorietät*) bei *akzessorisch* und *Eigentumsvorbehalt* statt *Vorbehaltseigentum*

und missverständliche

Beispiel: *... ist doch der Anfangsverdacht einer Sachbeschädigung durch den Auftrag eines Graffito gegeben*[489].

Substantivierungen.

- Achten Sie auf **Fehler beim Konjunktiv**[490]. 377

Beispiel: *Der Beklagte meint, er habe die Leistung vertragsgemäß erbracht*, aber *Die Beklagten meinen, sie hätten die Leistung vertragsgemäß erbracht*, weil bei *haben* nicht erkennbar wird, ob es sich um einen Konjunktiv oder einen Indikativ handelt.

Entbehrlich ist der Konjunktiv bei Wendungen wie *Fraglich / Problematisch könnte jedoch / indessen sein, ob ...* Es genügt *Fraglich ist / kann sein, ob...*

- Bei **Steigerungsformen** ist in mehrfacher Hinsicht Achtsamkeit am Platz.

  – zu häufige Verwendung

  Nicht alles ist *sehr / extrem / äußerst / hochgradig zweifelhaft*, manches ist einfach nur *zweifelhaft*; nicht alles ist *enorm / immens aufwendig*, manches ist nur *(sehr / recht) aufwendig*. Nicht alle Kosten sind *exorbitant*, manche sind nur *hoch*. Verzug tritt auch ein, wenn eine Leistung *schon fällig* ist, sie muss nicht *längst überfällig* sein. 378

  Sie gestalten doch auch eine Zeitungsseite nicht ausschließlich mit unterstrichenen fettgesetzten Überschriften in Großbuchstaben. Ständige Übertreibungen[491] verkaufen entweder den Leser für dumm oder signalisieren ihm, dass Sie keinen

---

486 Z.B. Bub/Treier-*v.Martius*, III Rn. 874.
487 Anders aber leider § 170 I StPO.
488 Der Obersatz Ihres strafrechtlichen Gutachtens lautet am besten *Indem A den B niederschlug, kann er sich ... strafbar gemacht haben*. – Prüfen Sie die anderen Möglichkeiten!
489 Brandt/Mittag KJ 2005, 177, 181. Hier wird nur aus dem Zusammenhang verständlich, dass *der Auftrag* soviel bedeuten soll wie *das Auftragen*, nicht aber *der Auftrag zum Aufsprühen*.
490 Dazu auch schon die Hinweise bei Rn. 55 mit Fn. 79.
491 Letztgültige Ausführungen hierzu bei *Grefe* Tischvorlage, in *v. Berenberg/Kunstmann* (Hrsg.) Längst fällig, 73 ff. – Hinsichtlich des Übertreibungswerts ganz ähnlich ist *Das ist logisch*. Gemeint ist damit meist nur *Das ist plausibel*. Achten Sie einmal darauf.

Schwerpunkt setzen wollen oder können. Gute Fachprosa kommt nicht selten ganz ohne die ausschmückenden Adjektive aus[492].

Für das **Ausrufezeichen** gibt es abgesehen von der Wiedergabe einer wörtlichen Rede kaum einen sinnvollen Ort im Rechtsgutachten[493]. Es trägt nicht umsonst den Beinamen *Kraftausdruck der Zeichensetzung*.

– falsche Steigerungsformen

379   Beipiele: Gegenüber *optimalst, einzigst, in keinster Weise, sämtlichst, bestbezahltest, näherliegender* sind *optimal / bestens, einzig, in keiner Weise / nicht, sämtlich, bestbezahlt, näher liegend / naheliegender* vorzugswürdig. – Ähnlich schmerzhaft ist *Richtiger erscheint es, auf ... abzustellen*. Es gibt kein Richtigeres im Falschen[494].

– unglückliche Steigerungen

380   Bei schnellem Schreiben unterlaufen der Schreibenden immer wieder ungeschickte Größenvergleiche.

Beispiel: *Die bis jetzt aufgetretene Verzögerung ist mehr als geringfügig* ist nur aus dem Zusammenhang richtig zu verstehen. Es kann heißen *Die Verzögerung ist winzig* (das war gemeint) oder *Die Verzögerung ist mittlerweile erheblich* (das ist die nächstliegende Lesart).

381   • Man überschätzt leicht die eigene Stilsicherheit. Gerade wenn man sich beim Schreiben auf den Inhalt konzentriert, geschieht es schnell, dass sich Formulierungen oder Ausdrücke laufend wiederholen. Angesichts der subjektiven Vorlieben des einzelnen Verfassers gibt es zu **Häufungen individueller Lieblingswörter und -wendungen**[495] nur eine Empfehlung: Den Text gegenlesen (lassen) und, wenn schon ein Verdacht besteht, mit dem Textverarbeitungsprogramm nachzählen, ob das betreffende Wort mehr als einmal pro Seite auftaucht.

Wo Fachbegriffe (termini technici) verwendet werden, sind Wiederholungen unvermeidlich. Es geht dann um einen bestimmten Begriffsinhalt, von dem man nicht durch Umschreibungen ablenken darf.

382   • Vermeiden Sie wenn möglich bestimmte **sprachliche Katastrophen**, zum Beispiel
– die Komposita von *mäßig*; gerade noch erträglich ist *unmäßig*, sehr unerfreulich dagegen etwa *quellenmäßig, mengenmäßig* (wie wäre es mit *quantitativ?*), *vertragsmäßig* (ersetzen durch *vertraglich*), *haftungsmäßig* (ersetzen durch *hinsichtlich der Haftung*), *tatbildmäßig* und Ähnliches[496],
– *im Bereich von / des* (besser *bei / in*)[497],

---

492 Dazu *Schnapp* Jura 2006, 583, 584.
493 Wie anstrengend die ununterbrochene Verwendung des Ausrufezeichens geraten kann, lässt sich gut bei *Vogel*, passim, studieren. Wird das Plädoyer von *Birken* (AL 2009, 291 ff.) gegen die Erosion des Rechtsstaats überzeugender durch die vielen Ausrufezeichen?
494 In der Sache mag der missglückte Komparativ ganz angebracht sein (schließlich ist es juristisch ganz schwierig, von richtig und falsch zu sprechen) – aber sprachlich ist er doch einigermaßen unschön.
495 Zwei Beispiele: *Ahrens* Zivilrechtliche Zurückbehaltungsrechte, 2003: Der Text wäre ohne die Tausenden überflüssigen *hier, insoweit* und *sog.* um etwa ein Viertel kürzer; in der Buchbesprechung von *Pawlowski* JZ 2005, 190 kommen auf weniger als einer Seite *Darstellung* und *darstellen* mehr als 20 Mal vor.
496 Dazu *Gesellschaft für deutsche Sprache* (Hrsg.) Fingerzeige, 56; *Hirsch* Hierseitig formgerecht, in: ders. Deutsch für Besserwisser, 73 f.; *Sick* Die maßlose Verbreitung des Mäßigen, in: ders. Dativ Folge 2, 132 ff.; hübsches Beispiel: BGH NJW 2003, 3192 f. Ls a): *Die kumulative formularmäßige Überbürdung der turnusmäßigen Schönheitsreparatur- und Endrenovierungspflicht auf den Mieter ist wegen unangemessener Benachteiligung unwirksam.*
497 Beispiele bei VGH Mannheim NJW 2004, 89 f.

- Komposita von *machen* wirken oft unelegant bis unbeholfen (*vereinbaren* statt *ausmachen*, *verdeutlichen* statt *deutlich machen*),
- unnötige Wortneuschöpfungen, z. B. *zumindestens* (besser: *mindestens* oder *zumindest*), *nichtsdestotrotz*[498] (besser: *des(sen)ungeachtet*) u.Ä.
- Das ständige *darstellen*[499] ersetze man durch *sein*, also *Das ist ein Problem* statt *Das stellt eine Problematik dar*.

• Die **unfreiwillige Komik**[500] Ihrer Sprache mag den Leser amüsieren; ob sie ihn für die Qualität Ihrer Argumentation einnimmt, ist unsicher. Gehäufte Stilblüten gehen nur selten mit einer wirklich guten Note einher. 383

Beispiele: Es handelte sich zweifelsfrei um das verunfallte und geflüchtete Fahrzeug[501]. – *Zu prüfen ist noch die Verjährung, da fünf Jahre ein langer Zeitraum sind.* – *Ein Irrtum ist dann, wenn der eine nicht das bekommt, was er will und der andere ihm das aber gibt.* – *Nach Ansicht der h. M. und des BAG ist die Schwangerschaft nur ein vorübergehender Zustand.* – *Die Erklärung des T wäre rechtzeitig, wenn sie bei V am 35.1. eingegangen wäre.* – *B hat nach § 932 BGB gutgläubig ein nichtberechtigtes Bild erworben.* – *Die Willenserklärung ist nach der Empfängnis auszulegen, §§ 133, 157 BGB*[502]. – *Aus § 535 BGB ergibt sich der ungeschriebene Grundsatz, der in § 541 BGB niedergelegt ist, dass der Mieter mit der Mietsache vorsichtig umzugehen hat*[503].

Setzen Sie **freiwillige** humoristische Einlagen nur sehr überlegt und dosiert ein[504]. Der Leser erwartet sie nicht, also vermisst er sie auch nicht. Und nicht alle können über die gleichen Scherze lachen. Ähnlich und erst recht gilt das von **Ironie** als Stilmittel: Fein dosieren oder ganz verzichten. Ironische Bemerkungen enthalten implizit immer die Behauptung eigener intellektueller Überlegenheit, die in einem sachlichen Rechtsgutachten unnötig ist – und manchmal ist der Schritt zur peinlichen Besserwisserei auch nicht weit.

Selbst die eine oder andere augenzwinkernde Formulierung
Beispiel: Allerdings könnte A Glück haben. Sie könnte sich auf § 241a I BGB berufen.
wird von juristischen Lesern manchmal schon als unpassend empfunden. Im Zweifel entscheide man sich immer für die sachlich-trockene Variante[505].

---

498 Herkunft nicht ganz sicher, sowohl Kurt *Tucholsky* als auch Heinz *Erhardt* zugeschrieben, oft auch als studentsicehr Scherz bezeichnet (z.B. *Hirsch* Deutsch kommt gut, 126).
499 Z.B. BGH NJW 2006, 2918, 3494; NJW-RR 2006, 1157; OLG Frankfurt am Main NJW 2007, 2494.
500 Dazu *Weber* Jura 2004, 672 ff.; wer an Stilblüten Vergnügen hat (oder aus ihnen lernt), versuche es mit *Ahrens* Der Geschädigte, *ders.* Der Unfallort, *ders.* Der Angeklagte, *ders.* Der Polizist und *Frings* Der Sachverhalt (sowie den vor Jahren bei dtv erschienenen Bänden von *Wittich*).
501 Neben dem *verunfallten Fahrzeug* kommt letztlich auch das *verunfallte Kind* in Mode, z.B. OLG Karlsruhe NJW 2005, 3158 Ls. 1., substantiviert zu *die Verunfallte* bei OLG Jena MDR 2006, 514 – muss das wirklich sein?
502 Gemeint war *nach dem (objektivierten) Empfängerhorizont*.
503 Entweder ungeschrieben oder gesetzlich niedergelegt; gemeint dürfte übrigens nicht § 541 BGB gewesen sein, sondern § 241 II BGB.
504 Mögliches Kriterium: Würde die Partei eines Rechtsstreits Ihre augenzwinkernde Bemerkung noch hinnehmen, ohne Sie als Richter für befangen zu halten? Gut auszuhalten m.E. etwa OLG Köln NJW 2005, 1666 (die Parteien stritten um einen besonders empfindlichen Sofabezug; das Urteil ist lesenswert): *Wäre die Beklagte dieser Verpflichtung nachgekommen, spricht alles dafür, dass der Kläger dann von dem Kauf dieser Möbel Abstand genommen hätte, schon um nicht jeden Gast vor dem Angebot, doch Platz zu nehmen, nach der Beschaffenheit, der Qualität und womöglich auch noch dem Ursprung der von ihm getragenen Kleidungsstücke befragen zu müssen.*
505 Im Beispiel ließe sich mit Fug und Recht bezweifeln, ob der A nur das Glück hilft – wenn ihr nämlich § 241a I BGB zu Hilfe kommt, steht dahinter doch eine wertende gesetzgeberische Entscheidung, die mit *Glück* nicht ganz treffend beschrieben ist. Sachlicher hätte der Satz also etwa lauten können *A muss trotzdem keinen Schadensersatz für das verschwundene Buch leisten, wenn sie sich auf § 241a I BGB berufen kann.*

Teil 4: Arbeitshinweise

D. Einige Besonderheiten juristischer Übungsgutachten

Gegenüber dem Stil der juristischen Fachsprache weisen die Konventionen für Übungs- und Prüfungsgutachten weitere Eigenarten auf.

384
- Die ausdrückliche **Bezugnahme auf den Sachverhalt**

  Beispiele: *Laut Sachverhalt / Dem SV nach / zufolge ... / Wie der Sachverhalt nahe legt, handelte es sich um ... / In unserem Fall / Im vorliegenden Fall ... / Im zur Beurteilung stehenden Fall... / Aus dem Sachverhalt ergibt sich, dass ...*

  ist unnötig und zu unterlassen. Es wird eine fiktive Lebenswirklichkeit unterstellt. Eine andere Erkenntnisquelle als den Sachverhalt gibt es hinsichtlich der Informationen zum Tatsächlichen sowieso nicht[506].

  Beispiel: Besser und kürzer als *Aus dem Sachverhalt ergibt sich, dass B ... hat* ist *B hat ...*

  Wenn Sie merken, dass Sie jeden vierten Satz mit *Laut Sachverhalt* beginnen, legen Sie einfach einen AutoKorrektur-Eintrag an: *Laut Sachverhalt* ersetzen durch: nix.

385
- **Zitate aus dem Sachverhalt** sind äußerst sparsam einzusetzen. In der Regel liegt der Sachverhalt vor dem Leser auf dem Tisch; Sie können den Platz besser für inhaltliche Ausführungen verwenden.

  Ausnahmen: Bei Sachverhaltsauslegungen kann eine Inbezugnahme der maßgeblichen Passage auch im Wortlaut sinnvoll sein. – In Hausarbeiten mit kompliziertem und langem Sachverhalt ist es für den Leser, der nur ein einziges Gutachten zu dieser Frage zu bewerten hat, eine Hilfe, wenn Sie ihm das eine oder andere Detail kurz (!) und unauffällig ins Gedächtnis rufen. Das mag in der Examensarbeit sinnvoll sein, aber nicht in der Anfängerübung.

386
Wenn Sie **aus einer Norm** zitieren, müssen Sie das Tatbestandsmerkmal selbst dann nicht in Anführungsstriche setzen (*H muss »vorsätzlich« gehandelt haben*), wenn es sich um ein Wort handelt, das neben der juristischen eine alltagssprachliche Bedeutung hat. Es genügt ein *<Merkmal> im Sinne des / von <Norm>*.

- Man vermeide *Im gegebenen Fall ..., Im vorliegenden Fall ..., Hier ...*

387
Um einen anderen Sachverhalt als den gegebenen geht es nicht. Die Diskussion von nicht zur Bearbeitung gestellten Sachverhaltsvarianten ist im Gutachten unangebracht. Sie darf allenfalls ausnahmsweise am Rand stattfinden, wenn es nötig wird, eine Streitfrage darzustellen und zusätzliche Argumente zu begründen, für die im Sachverhalt nichts ersichtlich ist.

Wie viel kostbare Zeit man mit dem ständigen *Im vorliegenden Fall* verschwendet, merkt man oft erst, wenn man die Klausur später noch einmal liest.

Man kann die genannten Formulierungen aber gelegentlich einsetzen, um nach etwas abstrakteren Erörterungen den Bezug zum Sachverhalt wieder herzustellen

Beispiel: *Grundsätzlich kommen für die Nacherfüllung wegen Fehlern der Kaufsache die Lieferung einer mangelfreien Sache und die Beseitigung des Mangels (also: Reparatur) in Frage, § 439 I BGB. Hier wird aber eine Reparatur ausscheiden, weil ..., so dass ...*

oder um beiläufig Zweifel an der Wirklichkeitsnähe der Fallgestaltung auszudrücken.

Beispiel: *Im allgemeinen gelingt es zwar dem Schuldner, ... Hier fehlt aber insofern jeglicher Anhaltspunkt, so dass davon auszugehen ist, ...*

---

[506] Zu Unterstellungen und Erfahrungswissen Rn. 425.

- *Zu prüfen ist, ob ...* und Ähnliches

Es gibt mehrere gute Gründe, diese Formulierung nur zurückhaltend oder überhaupt nicht zu verwenden. Zum einen ist sie so beliebt, dass sie routinierten Lesern schon zum Hals heraushängt[507]. Zum anderen weist sie Sie als Ankündigungskünstler aus[508]. Anstatt umständlich zu benennen, was zu prüfen ist, können Sie es ebenso gut gleich erörtern. Keinesfalls sollten Sie *Zu prüfen ist* ersetzen durch *Zu hinterfragen ist*.

388

Direkte **Ankündigungen**

Beispiele: *Es wird nun ... geprüft* und *Zu zeigen ist nun, dass / warum / ob ...* und *Abzugrenzen ist zunächst der Werkvertrag vom Dienstvertrag ...*

unterlassen Sie, wenn es geht. Der Verlauf des Gutachtens soll sich aus diesem selbst ergeben und ohne Erklärungen verständlich sein. Wenn es schon sein muss, schreiben Sie lieber *Für ... kommt es also darauf an, ob ... . / Im folgenden ist daher zu untersuchen, ob ... .* Wenn Sie für den roten Faden einen gedanklichen Zwischenschritt benötigen, versuchen Sie es einmal mit *Das hängt davon ab, ob ...* Das ist nicht viel origineller, fügt sich aber deutlich besser in den Ableitungszusammenhang ein.

Keinesfalls sollte man ankündigen, was man zu unterlassen gedenkt.

Beispiel: *Nicht zu erörtern ist daher, ob ...*

Das ist eine unnötige Wissenspräsentation[509]. In einem Aufsatz und selten einmal in einer Hausarbeit kann man so ein Stichwort fallen lassen, das dem Leser hilft weiterzudenken. In Klausuren droht Zeit- und Platzverschwendung.

Ein wenig großzügiger darf man verfahren, wenn man damit rechnen muss, dass der Leser nur eine einzige (aber umfangreiche) Ausarbeitung zu dem betreffenden Sachverhalt vor sich hat. Dann kann es zweckmäßig sein, durch einen einführenden Satz an der richtigen Stelle den Gang der Darstellung vorzustrukturieren.

Beispiel: *A kann gegen B Ansprüche auf Erstattung des Kaufpreises (dazu sogleich I.) und auf Lieferung der Ware (dazu unten II.) haben.*

Solche kleinen Einführungssätze sollten kurz bleiben. Sie haben aber den zusätzlichen Vorteil, zwischen zwei Überschriften eingeschoben werden zu können, die sonst übergangslos aufeinanderprallen würden.

Man vermeide **unnötige Imperative und Aufforderungen**.

389

Beispiel: *Zu beachten ist, dass ...* Wäre das dann Gesagte nicht zu beachten, würde es gar nicht erst gesagt werden. Außerdem verwässert man auf diesem Weg die Aussage, indem man sie in den Nebensatz schiebt, während der Hauptsatz den überflüssigen Imperativ enthält.

Anstrengende Längen erzeugt das Bedürfnis, für den Leser den langweiligen oder komplizierten Stoff zu **moderieren**.

Beispiele: *Als sehr viel problematischer als diese Feststellung erweist sich indes die Antwort auf die Frage, ob es sich bei ... um ... handelt.* Das merkt die Leserin auch so, weil sich solchen Sätzen zwangsläufig eine meist längere Erörterung anschließt. Charakteristisch ist auch *Schwieriger ist die Feststellung, wer der Eigentümer ist*. Die Schwierigkeiten des Verfassers interessieren den Leser meist nicht. Vielmehr möchte dieser auch durch anspruchsvolle Subsumtionen hindurchgeführt und überzeugt werden. Zum anderen ist die Frage zu ungenau gestellt. Für das Gutachten kommt es nicht allgemein darauf an, wer Eigentümer ist, sondern darauf, ob eine bestimmte Person (etwa der Anspruchsteller) Eigentümer geworden oder geblieben ist. Besser müsste es also

---

507 Fragen Sie mal eine Korrekturassistentin, die gerade 180 Fortgeschrittenenklausuren im Bürgerlichen Recht zu bewerten hatte, nach der Ausdrucksvielfalt der deutschen Sprache ...
508 Hier gilt, was schon Eliza *Doolittle* in My fair Lady sprach: *Tu´s doch!*
509 Näher dazu noch bei den Hilfsgutachten, Rn. 418 f.

Teil 4: Arbeitshinweise

heißen: *Darüber hinaus muss E Eigentümer sein*. Das klingt zwar viel schlichter, ist aber zielführender. Bei *Da nun ... und ... geklärt sind, können wir uns der Frage zuwenden, ob ...* wabert die im mündlichen Ausdruck etwa in der Vorlesung ganz hilfreiche Moderation in die schriftliche Ausarbeitung, wo sie als aussagelose Passage störend wirkt.

Solche Moderationen sind also mit Augenmaß zu verwenden.

- Zur Verwendung von **Abkürzungen**:

390 — **Juristisch-technische** Abkürzungen

Beispiele: *WE* für *Willenserklärung*, *KV* für *Kaufvertrag*, *Dsl* für *Drittschadensliquidation*, *NKK* für *Normenkontrollklage* und Ähnliches

kommen im Unterricht an der Tafel und im Skript Ihres Lieblingsrepetitors vor, aber nicht im Text Ihrer Arbeit. Besonders irritierend sind eigene Erfindungen.

Beispiele: *TAO* für *Teilungsanordnung*, *quafaK* für *qualifizierter faktischer Konzern*, *HaeG* für *Handeln auf eigene Gefahr*, *r.i.p.* für *reformatio in peius*, *Ev.A.* für *Eventualaufrechnung*

Auch die teils recht anstrengenden Abkürzungen, die Sie im juristischen Schrifttum finden, sind nicht zur Nachahmung zu empfehlen. Nicht immer heißt von *Palandt* lernen siegen lernen.

Bei Zeitdruck in der Klausur mag man von dieser Regel abweichen (*GoA*, *TOA* und *EBV* sind eben doch schneller geschrieben als *Geschäftsführung ohne Auftrag*, *Täter-Opfer-Ausgleich* und *Eigentümer-Besitzer-Verhältnis* oder auch nur *Vindikationslage*), in der Hausarbeit[510] nicht. Zudem zeigt man mit unglücklich gebildeten Abkürzungen

Beispiele: *EBV-Verhältnis*, *ABM-Maßnahme*, *HIV-Virus*, *TOEFL-Test*, *ISBN-Nummer*, *LCD-Display*, *IT-Technologie*

ungewollt, dass man nicht ganz verstanden hat, wovon man spricht.

Achten Sie auf Eindeutigkeit, wo eine Abkürzung für verschiedene Begriffe verwendet wird

Beispiele: *EV* kann für *Eigentumsvorbehalt* oder für *Einstweilige Verfügung* oder für *Eidesstattliche Versicherung* oder für *Eingetragener Verein* stehen, *GBR* für *Gesellschaft bürgerlichen Rechts* oder für *Gesamtbetriebsrat*, *EG* für *Einführungsgesetz* und für *Europäische Gemeinschaft* und für *eingetragene Genossenschaft*[511], *VA* kontextabhängig für *Verwaltungsakt* oder *Versorgungsausgleich*.

Der richtige Sinn lässt sich zwar meist aus dem Zusammenhang erschließen – aber all das nötigt der Leserin Konzentration ab, die besser auf den Inhalt Ihres Gutachtens fokussiert bleibt.

Beispiele: Lassen Sie Ihre Leser erst gar nicht darüber nachdenken, ob *FN* für *FußNote* steht – schreiben Sie einfach *Fn* (leider aber recht verbreitet: *RL* für *Richtlinie*). Und versuchen Sie einmal herauszufinden, was ein *LL.M. corp.restruc.* ist oder was mit *HRRDN* [512] gemeint sein könnte.

391 — Abkürzungen für **Gesetze, Gerichte, Fachzeitschriften** und **Entscheidungssammlungen** sind üblich und müssen im Abkürzungsverzeichnis nicht nachgewiesen werden (anders allenfalls bei selten gebrauchten Gesetzen und Verordnungen

---

[510] Hier bietet es sich an, einen AutoKorrektur-Eintrag anzulegen, der einem das Ausschreiben künftighin erspart.
[511] Zugegeben: jeweils mit Unterschieden in der Groß- und Kleinschreibung – aber kann man die beim Vorlesen hören?
[512] *Gergen* AL 2009, 255, 257.

Beispiele: *PQsG* für *Pflegequalitätssicherungsgesetz*, *SozSichAbkÄndAbk2ZAbkTURG* für *Gesetz zu dem Zusatzabkommen vom 2. November 1984 zum Abkommen vom 30. April 1964 zwischen der Bundesrepublik Deutschland und der Republik Türkei über Soziale Sicherheit und zu der Vereinbarung vom 2. November 1984 zur Durchführung des Abkommens vom 11. Dezember 1986*

und bei solchen, für die verschiedene Abkürzungen gängig sind). Achten Sie auf das Geschlecht.

Beispiele: *das HSOG, das EGZPO* und *das AcP,* nicht *die HSOG, die EGZPO* und *die AcP*.[513]

Bei Arbeiten, die sich hauptsächlich innerhalb eines Gesetzes abspielen, kann aus Platzersparnisgründen eine Fußnote am Anfang zweckmäßig sein: *§§ / Artt.*[514] ohne Gesetzesbezeichnung sind im Folgenden solche des *StGB/BGB/GG.*

Abkürzungen wollen richtig dekliniert sein.

Beispiele: Bei *Die Rechtsprechung des BGH* ... und *Die Entstehung des BGB* ... kommt hinter die Abkürzung kein Genitiv-s (*BGHs*). *AGB* heißt im Plural nicht *AGBs,* sondern *AGB* oder *AGBen*. Und wenn man *Nichtregierungsorganisation* statt englisch *NGO* deutsch *NRO* abkürzt, sollte man auch den Plural deutsch bilden: *NROen,* nicht *NROs*.

Anders als bei der Frankfurter Rundschau ist im juristischen Sprachgebrauch die Abkürzung *BVG* unüblich, weil man daran nicht erkennen kann, ob das *BVerfG* oder das *BVerwG* gemeint ist. Nur in Ausnahmefällen steht hinter den Abkürzungen ein Punkt[515] (z. B. *DVBl.,* anders aber *DÖV, MDR, AcP* etc.).

Vermeiden Sie *S/S-* für *Schönke/Schröder* oder *Sattelmacher/Sirp* wegen der unangenehmen Assoziationen, die viele Menschen bei *SS* haben.

– **Sonstige** Abkürzungen 392

Beispiele: *d. h., z. B., vgl., i. V. m., sog., mind.* usw.

sind unproblematisch und müssen nicht im Abkürzungsverzeichnis nachgewiesen werden. Ihre Verwendung am Satzanfang ist unelegant. Die häufige Benutzung stört den Lesefluss[516].

Auch möglich: einmal ausschreiben, dann in Klammern: *(im Folgenden: Abk.).* Gängig ist die Abkürzung von Namen der im Sachverhalt handelnden Personen (*M* statt *Meier*).

Wenn man schon abkürzt, muss das auch wirklich eine Verkürzung bewirken.

Beispiele: Was helfen *Stck.* statt *Stück, Beschl.* statt *Beschluß, anal.* statt *analog* (letzteres ist zudem ein wenig irritierend)?

In Übungsarbeiten wirkt ein **Abkürzungsverzeichnis** eher etwas übertrieben. So- 393
lange Sie keine Arbeit in einem ganz entlegenen Rechtsgebiet[517] schreiben und nur

---

513 *Der AStA,* nicht *die AStA. Die* Asta hieß die Schauspielerin *Nielsen. Die* CIA, aber *der* BND. Beim Konjugieren eines Verbs muss man wissen, ob das jeweilige Substantiv eine Ein- oder eine Mehrzahl bezeichnet: *Die USA haben begonnen,* nicht *Die USA hat begonnen.*
514 *Artt.* ist der Plural von *Art.,* so wie *§§* von *§.* Ähnlich geht das bei *ff.* als Plural von *f.* – aber beides spricht man als *folgende* aus; *fortfolgende* ist Unsinn, wenn auch verbreitet.
515 Überhaupt werden in juristischen Texten oft zwecks Platzersparnis die Punkte hinter den Abkürzungen weggelassen (*dh* statt *d.h.*). Kann man machen. Das Auge gewöhnt sich dran.
516 Wer das nicht glaubt, nehme einmal einen *Palandt* zur Hand und versuche, daraus flüssig vorzulesen... Nicht selten lässt sich die Abkürzung vermeiden; so kann man statt *bspw.* auch *etwa* schreiben.

die üblichen Abkürzungen verwenden, können Sie es sich sparen (wenn es nicht der Leiter der Übung ausdrücklich verlangt). Anderenfalls verweisen Sie am besten unmittelbar nach dem Schrifttumsverzeichnis unter der Überschrift *Abkürzungen* (Wortlaut: *Wegen der verwendeten Abkürzungen wird auf ... verwiesen* oder *Soweit nicht gesondert nachgewiesen, folgen die Abkürzungen den Vorschlägen bei ...*) auf eines der gängigen Abkürzungsverzeichnisse[518].

Wenn Ihnen das Zusammenstellen eines eigenen Abkürzungsverzeichnisses Vergnügen macht, spricht nichts dagegen[519] – es sollte dann aber auch vollständig sein und keine falschen Übersetzungen enthalten.

Beispiele: Wenn Sie die Abkürzung *NJW* erklären wollen, muss es *Neue Juristische Wochenschrift* heißen, obwohl orthographisch richtig *juristisch* kleingeschrieben werden müsste. Aber es ist ein Eigenname – und so heißt es dann eben auch *Deutscher Corporate Governance Kodex*[520]. *PC* kürzt nicht *Personalcomputer* ab, sondern *Personal Computer* (englisch *personal computer*)[521].

Alles andere macht einen unnötig unprofessionellen Eindruck. Vergessen Sie das alphabetische Sortieren nicht.

Ähnlich wie einen fremdsprachigen Terminus kann man auch eine Abkürzung im Text einführen[522].

Beispiel: *2001 erschütterten die Terroranschläge des 11.September (im Folgenden 9/11) die Welt*[523].

Je länger der Text ist, desto eher sollte sie gleichwohl ins Abkürzungsverzeichnis aufgenommen werden.

394 • **Die erste Person Singular,**

Beispiele: *Ich bin jedoch der Ansicht, dass Karthago zerstört werden muss. Nach meiner Auffassung / Meines Erachtens liegen die Dinge hier aber grundlegend anders.*

im Umgehungsfall auch die dritte Person Singular

Beispiel: *Die Verfasserin kann dem so nicht zustimmen.*

und die erste Person Plural

Beispiel: *Aber wir haben es hier mit einem Sonderfall zu tun: ...*[524]

---

517 Schon das Mietrecht ist aber für manchen Leser abgelegen. Nicht von der Hand zu weisen. Könnten Sie auf Anhieb sagen, wofür *II. BV* steht? Wenn nein, ist ein Abkürzungsverzeichnis vielleicht doch keine schlechte Idee.
518 *Kirchner/Pannier* Abkürzungsverzeichnis der Rechtssprache (das umfänglichste und verbreitetste Abkürzungsverzeichnis, in der Taschenbuchausgabe 2. Auflage 1993 aber nicht mehr ganz aktuell) oder das Abkürzungsverzeichnis der NJW oder das des *Palandt* oder *Meyer* (Fn. 417); für nicht-fachspezifische Abkürzungen: *Steinhauer* Duden: Das Wörterbuch der Abkürzungen, 5. Auflage 2005. Wer im Netz juristische Abkürzungen dekodieren will, versuche es mit www.recht-in.de/abkuerzungen, http://de.wikipedia.org/wiki/Abkürzungen/Gesetze_und_Recht oder www.juristische-abkuerzungen.de. Die Registerzeichen der Gerichte lassen sich entschlüsseln mit *Meyer* (Fn. 417) und http://de.wikipedia.org/wiki/Registerzeichen.
519 Abkürzungsverzeichnisse haben nicht zuletzt den Vorteil, dass auch ein fremdsprachiger Leser die Abkürzungen entschlüsseln kann. Bei juristischen Übungsgutachten spielt dieser Gesichtspunkt im Allgemeinen keine Rolle. Aber als Höflichkeitsgeste beim wissenschaftlichen Publizieren ist es eine Überlegung wert – oder?
520 Dazu noch Rn. 370; zu falschen Abkürzungen des Typs *fortfolgende* bereits Fn. 514.
521 Zu *Rz.* für *Randziffer* Fn. 798.
522 Dazu Rn. 370.
523 *Birken* AL 2009, 291.

sind unüblich. Genauer gesagt: Ihre Verwendung in schriftlichen Texten ist konventionsgemäß namhaften juristischen Autoritäten vorbehalten[525]. Umschreiben kann man sie mit *man* und im Passiv.

Beispiele: *Man wird demnach der ...-theorie zu folgen haben, der zufolge ... / ... Folglich ist davon auszugehen, dass ... / kann ... zugrundegelegt werden.*

Diese Regel fordert zwar Kritik heraus, weil sie bewirkt, dass der Verfasser schon sprachlich seine subjektive Rechtsansicht hinter scheinbar objektiven Wahrheiten versteckt. Sie verlangt aber trotzdem vorläufig Beachtung – einerseits aus opportunistischen Überlegungen, andererseits wegen der höheren Begründungsanforderungen an objektive Wahrheiten[526].

Sie müssen Ihre Ansicht als die objektiv richtige darstellen; schließlich haben Sie überzeugende Gründe dafür, dass Sie ihr anhängen. Ihre eigene Person müssen Sie dabei heraushalten. Einschränkungen wie *Ich persönlich bin der subjektiven Meinung, dass ...* klingen zu unsicher und unentschieden.

Exkurs: Unbedingt sind **Betroffenheitsfloskeln** zu vermeiden[527]; das individuelle Rechtsgefühl[528] hat im Kanon juristischer Argumente kaum einen richtigen Platz. Wenn es doch sein muss, kann man vielleicht so arbeiten:

---

524 Das moderierende *Wir*, das Sie aus Vorlesungen und Tutorien kennen, in denen die Dozentin gemeinsam mit den Teilnehmern eine Fallbearbeitung oder Problemlösung entwickelt, ist nur in der gesprochenen Sprache am Platz. In der schriftlichen Ausarbeitung des Gutachtens sind die einzigen Subjekte *A, B, der Gesetzgeber, die Rechtsprechung* usw., nicht aber *ich* und *wir*.

525 Und selbst die anerkannt klugen Köpfe setzen die erste Person sparsam ein (z.B. *Hassemer* ZRP 2007, 213 ff.; *Zuck* NJW 2008, 479 ff.), hauptsächlich wenn es darum geht, eine Abweichung von einer ganz herrschenden Ansicht kenntlich zu machen (z.B. *Kornblum* NJW 2006, 2888, 2889).

526 Letztendlich dient das der Vorbereitung auf das Schreiben von Urteilen. Das Urteil soll nämlich auch nicht mehr die Zweifel des Richters erkennen lassen, sondern im Gegenteil so überzeugend abgefasst sein, dass die unterliegende Partei es akzeptiert.

527 In Übungsarbeiten während der juristischen Ausbildung sollte man selbst die vorsichtiger formulierten Wendungen wie .... *wie es überhaupt dem natürlichen Gerechtigkeitsgefühl widerspricht, dass ...* (BGHZ 7, 223, 228) meiden. Emotionales Engagement für die eine oder andere Seite gilt zu Recht als unpassend, denn die Partei eines Rechtsstreits erwartet eine unbefangene Richterin. Was halten Sie unter letzterem Gesichtspunkt von einer Urteilsbegründung wie der des AG Frankfurt am Main NJW 1999, 223 (*Völlig unverständlich ist dem Gericht insbesondere aber der Vortrag des Beklagten, es erscheine ihm nicht glaubhaft, dass die Mitarbeiter der Praxis und der Begleiter des Klägers nicht in der Lage gewesen sein sollten, den Kläger ohne seinen Rollstuhl in den Hausflur zu heben. Eine derartige Verhöhnung eines Rollstuhlfahrers durch einen Verkehrssünder, der sein Fahrzeug in einer Fußgängerzone derart behindernd vor einem Hauseingang abstellt, ist dem Gericht bisher noch nicht untergekommen. Der Beklagte hat offenbar jegliches Augenmaß für das damalige Geschehen verloren: Nicht der Kläger hat sich in diesem Fall etwas vorzuwerfen, vielmehr hat ganz allein der Beklagte durch sein egoistisches, rücksichtsloses und verkehrsordnungswidriges Verhalten die Ursache für die Probleme des Klägers gesetzt.*)? Weitere plastische Beispiele bei OLG Frankfurt am Main NJW 1999, 2447 f.; deutlich auch AG Berlin-Mitte NJW 2008, 529, 530: *...wird die Argumentation völlig irrational ... schlicht willkürlich ...*

528 In Prüfungen ist das Rechtsgefühl – wenn Sie nach acht Semestern juristischen Studiums überhaupt noch eins haben – mindestens ebenso oft Ihr Feind wie Ihr Freund. Kaum ein Prüfer wird Ihnen einen Sachverhalt als Aufgabe stellen, den Sie mittels Ihres Rechtsgefühls in zwei Minuten richtig entscheiden können und dann »nur noch« mit ein paar Rechtsnormen begründen müssen. Für eine Prüfung ist das nicht schwierig genug. Richtiggehend gefährlich wird das Rechtsgefühl in den nicht ganz seltenen Prüfungssituationen, in denen ein scheinbar ungerechtes Ergebnis nur darauf beruht, dass die Fallfrage schlicht nicht alle denkbaren Anspruchsbeziehungen abfragt (das kommt etwa aus Zeitgründen nicht ganz selten vor). Der gerechte Ausgleich findet dann in einer nicht zu erörternden Anspruchsbeziehung statt. Wenn man sich das als Bearbeite-

Teil 4: Arbeitshinweise

> *Diese Regel gilt jedoch nicht ausnahmslos; nach § 242 BGB ist bei eklatanten Gerechtigkeitsverstößen ... möglich.*

Aber Vorsicht: § 242 BGB ist als entscheidungstragendes Element für juristische Übungsarbeiten ziemlich ungewöhnlich[529] (anders im Arbeitsrecht). Fast immer signalisiert die scheinbare Notwendigkeit des Rückgriffs auf diese Norm, dass man bisher etwas übersehen hat. Allerdings sollten Sie sich gelegentlich einen Überblick über die feststehenden Fallgruppen des § 242 BGB verschaffen (Grundlage für Nebenpflichten im Schuldverhältnis, dolo agit-Einrede, Verwirkung usw.).

Gerade in Prüfungen wirkt die pauschale Feststellung der Ungerechtigkeit des bisher erzielten Ergebnisses oft unbeholfen bis hilflos. Statt *Das kann nicht im Interesse der Privatrechtsordnung liegen* versuche man präziser zu formulieren *Eine solche nach dem Wortlaut der Vorschriften über ... und ... naheliegende Verzahnung der Regelungsmaterien wirkt widersprüchlich und würde häufig zu Ergebnissen führen, die mit dem Sinn des ... kaum vereinbar wären.* Das liest sich weitaus technischer, entspricht aber auch viel mehr der juristischen Scheu vor den großen Gerechtigkeitskonzepten, wenn das Problem im Alltag mit kleinen Argumneten zu bearbeiten ist.

395 • Setzen Sie **Namensnennungen im laufenden Text** nicht oder nur sparsam ein. Fundstellen mit Namen gehören in die Fußnoten. Wird die referierte Ansicht nur von einer einzigen Person vertreten, darf man diese aber im Text nennen. Auch Gerichte werden mitten im Text genannt, obwohl man sie auch mit *Die Rechtsprechung* umschreiben könnte[530]. Immer ist der Eindruck zu vermeiden, man habe ein hübsches Meinungspotpourri zusammengestellt, ohne selbst über das Problem nachgedacht zu haben.

396 • **Vorbemerkungen**, **Schlussbetrachtungen** und Ähnliches sind in Gutachten fast nie gefragt. Stellen Sie das, was Sie in eine Vorbemerkung ziehen wollen, lieber dort dar, wo es zum ersten Mal darauf ankommt, und verweisen Sie später darauf. Eine **Nachbemerkung** nach dem Ende des Gutachtens (etwa in dem Sinne: *Ich habe gesehen, dass das hier erzielte Ergebnis ungerecht ist. Nach geltendem Recht kann aber nicht anders entschieden werden; alles andere ist Aufgabe des Gesetzgebers.*) ist ebenfalls unüblich. Wenn Sie etwas in dieser Art sagen wollen, lassen Sie in einer Fußnote durchblicken, dass auch Sie – neben folgenden prominenten Autoren <...> – der Ansicht sind, dass hier noch Regelungsbedarf bestehe. Oder verhandeln Sie die rechtspolitischen Argumente (*De lege ferenda*[531] *wird allenthalben gefordert, ...*) bei den teleologischen Erwägungen zur Auslegung des betreffenden Merkmals.

397 • **Ausnahmsweise** kann eine Vorbemerkung erforderlich sein, wenn es um die **Auslegung der Aufgabe** geht. Oft ist es aber sinnvoller, eine Sachverhaltsinterpretation an der Stelle zu thematisieren, an der sie für die Subsumtion wichtig wird.

Die meisten Aufgaben bedürfen zwar einer aufmerksamen Lektüre und einer wertenden Erfassung dessen, was Inhalt der Frage ist und was nicht. Sie müssen jedoch im Gutachten nicht eigens interpretiert werden. Gelegentlich wird aber genau das nötig. Ist nämlich die Frage weder besonders eng und damit eindeutig

Beispiel: *Kann A von B die Rückzahlung des Kaufpreises verlangen?*

noch besonders weit und damit (nicht immer, aber doch meist) umfassend

Beispiel: *Wie ist die Rechtslage?*

sondern »mittel präzise«,

Beispiel: *A will ... und erklärt .... Wird er mit ... Erfolg haben? / Wie ist die Rechtslage?*

---

rin nicht klarmacht, gerät man aber leicht in Versuchung, die prüfungsgegenständlichen Ansprüche zurechtzubiegen.
529 Zurückhaltung empfiehlt auch *Schneider/Schnapp* Logik, 8.
530 Näher noch Rn. 567.
531 Das bedeutet ungefähr: Nach dem noch zu erlassenden Gesetz, rechtspolitisch wünschenswert.

so kann es nötig sein, vor dem Einstieg in die eigentliche gutachtenförmige Fallbearbeitung das Interesse (*Begehr*) des Anspruchstellers herauszupräparieren. Dem Gutachten voranzustellen sind dann unter einer geeigneten Überschrift einige Sätze, die dem Leser eine Übersicht geben, was vernünftigerweise im Gutachten zu untersuchen ist und in welcher Reihenfolge dies zu geschehen hat. Deren Ausgangspunkt sind meist die wirtschaftlichen Interessen des Anspruchstellers. Diese Einleitung sollte möglichst kurz (und zugleich möglichst überzeugend) ausfallen, um nicht den Eindruck einer langen und wasserköpfigen Vorrede zu erwecken.

- Auch ein **Vorwort** ist im Gutachten nicht zu empfehlen und in Themenarbeiten besser mit *Einführung* o.Ä. zu bezeichnen. Völlig kontraindiziert – milde ausgedrückt – sind in Übungsarbeiten **Widmungen** wie *Meinen Eltern* oder *Für Elise*. Was und wie viel immer Sie Ihren Eltern oder Elise verdanken – teilen Sie es dem Leser nicht mit. Ein **Motto** (z.B. *Ich weiß, dass ich nichts weiß*) über einem juristischen Übungsgutachten ist, naja, ungewöhnlich, jedenfalls aber unnötig. 398

- Wenn nicht zwingende Erwägungen einen **Exkurs** angebracht erscheinen lassen, ist ein solcher zu vermeiden. Im Ableitungszusammenhang des Gutachtenstils weist ein Exkurs auf einen nicht hinreichend durchdachten Aufbau hin. Wenn man schon Exkurse unternimmt, sollten sie möglichst knapp gehalten und nicht gerade mit *Exkurs: Zur Geschichte des Bestimmtheitsgebots* überschrieben werden. Besonders riskant sind **verdeckte Exkurse** (Muster: *Der Elefant – Der Elefant hat an der Vorderseite eine wurmförmige Nase, den so genannten Rüssel. Der Wurm ...*); in schriftlichen Arbeiten empfiehlt sich diese Form der Wissenspräsentation nur sehr eingeschränkt. Einen Hinweis auf eine nicht ganz durchdachte Darstellung gibt auch *Zu ... ist anzumerken, dass ...* 399

- Ähnlich problematisch wie regelrechte Exkurse sind die **ergänzenden Ausführungen**, die sich in Übungsarbeiten immer wieder finden und die zur Abrundung des Entscheidungsvorschlags beitragen sollen. 400

    Beispiel: Erläuterungen zur Rücktrittsmöglichkeit und anschließenden Rückgewähr bereits ausgetauschter Leistungen sind überflüssig, wenn nur nach Schadensersatzansprüchen gefragt ist.

    Gerade für Anfänger ist die Versuchung groß, solche zusätzlichen Erläuterungen anzubringen. Leicht befürchtet man, das Gutachten könnte in seiner Unvollständigkeit den Eindruck erwecken, man habe kein angemessenes Ergebnis erzielt. Die Leserin weiß aber meist sehr genau, was gefragt war und was nicht. Den für derartige Erklärungen benötigten Platz kann man sinnvoller verwenden.

- **Verweise**

    – nach **unten**

    sind im Gutachten unbedingt zu unterlassen. Die zum Verständnis erforderliche Information darf nicht irgendwann später 401

    Beispiel: *Wie noch / im Folgenden zu zeigen / begründen / beweisen sein wird, ...*

    oder vielleicht auch gar nicht, sondern muss an Ort und Stelle wiedergegeben werden oder bereits vorher präsentiert worden sein. Ersparen Sie sich und dem Leser Ankündigungen.

    Beispiel: *Wie sich der Umstand auswirkt, dass hier der Kläger den Unfall verschuldet hat, wird unten zu 5. erörtert*[532].

---

532 BGHZ 57, 137, 143.

– nach **oben**

402 sind oft erforderlich bei Aufgaben mit Sachverhaltsvarianten und grundsätzlich zulässig, können bei zu häufiger Verwendung aber den Eindruck eines ungeschickten Aufbaus erwecken. Wird eine Definition mehrfach gebraucht, ist es nicht nötig, sie erneut und wortlautidentisch niederzuschreiben und jedes Mal mit einer umfänglichen Fußnote zu versehen. Es genügt, nach oben zu verweisen. Wenn die betreffende Definition erst wenige Absätze vorher gegeben wurde, darf man darauf vertrauen, dass der Leser sich noch erinnern kann. Bedenken Sie: Lesen geht schneller als Schreiben; was Sie vor zwei oder drei Seiten gesagt haben, ist dem aufmerksamen Leser noch gegenwärtig[533]. Wird auf mehrere in Folge geprüfte Fragen verwiesen, genügt häufig ein einziger Verweis. Um den Lesefluss nicht zu unterbrechen, ist es am besten, in einer Fußnote Gliederungspunkt oder Seite anzugeben[534].

Beispiele: *Wie bereits (oben) <Fn> festgestellt / dargestellt / dargetan / gezeigt / geprüft / ausgeführt / nachgewiesen / gesagt, ist ... / handelt es sich bei ... um ... Für ... gilt das oben <Verweis> Gesagte (entsprechend). Hinsichtlich ... wird auf ... Bezug genommen.*
Auch insoweit liegen die Voraussetzungen ... vor. Problematisch ist ... Wie sich aus den obigen Ergebnissen / Ausführungen zu ... / den bereits genannten / aufgeführten / erwähnten / wiedergegebenen / erörterten Argumenten ergibt, ... ist aus denselben Gründen / den gleichen Erwägungen wie ... abzulehnen.
Im Anschluss an unmittelbar vorangehende Ausführungen: Gleiches gilt für ...

Ein ungenauer Verweis des Typs *(s.o.)* ist dagegen einigermaßen unhöflich, weil der Leser dann erst suchen muss, wo das Gemeinte stehen könnte.

403 – Einleiten kann man Verweisungen mit *Wieder(um) / Ähnlich / Wie / Gleichermaßen / Ebenso wie oben <Verweis auf Seiten oder am besten auf Gliederungsnummer> stellt sich die Frage / kommt es (für ...) darauf an, ob ...*
– Wiederholungen können mit *ebenfalls / auch / wiederum / abermals / gleichfalls / desgleichen / erneut / neuerlich / auch hier / nochmals* usw. angedeutet werden.

404 • **Die Bezeichnung von Personen mit *der* oder *die***
Beispiel: *Der Schmidt / der A kann gegen den Schulz / den B einen Anspruch haben.*

ist ein Relikt aus Jahrhunderten, in denen die Rechtsunterworfenen noch um ihre Subjektsqualität zu kämpfen hatten. Schöner ist *Schmidt / A kann gegen Schulz / B einen Anspruch haben.* Aber *T ist Vertreter des V. Die C-GmbH klagt gegen die F-oHG.*

405 • **Wiederholungen des Gesetzes** sind fast immer überflüssig. Es gilt allgemein als unnötig und falsch, das Gesetz wörtlich abzuschreiben oder Umschreibungen des Gesetzeswortlauts

Beispiele: *Nach § 107 BGB braucht der Minderjährige für eine Willenserklärung, durch die er nicht nur einen rechtlichen Vorteil erlangt, die Zustimmung seiner Eltern*[535]. *§ 433 II BGB besagt, dass der Käufer zu Kaufpreiszahlung verpflichtet ist.*

---

533 Deshalb sollte möglichst nicht auf den vorherigen Absatz verwiesen werden, insbesondere nicht mit den Worten *Wie soeben ausgeführt ...*

534 Als sehr praktisch erweist sich hierfür die Querverweis-Funktion der Textverarbeitungsprogramme (in MS Word unter Einfügen-Referenz). Mit deren Hilfe lassen sich dynamische Verweise herstellen, die beim Drucken des fertigen Texts automatisch auf die aktuelle Gliederungsziffer oder Seitenzahl verweisen.

535 Häufiger Fehler. – An diesem Beispiel wird zugleich erkennbar, dass Umschreibungen des Gesetzes oft mit einem Verlust an Genauigkeit verbunden sind, der zu Fehlern in der Subsumtion führen kann. Im Beispiel könnte es etwa heißen: *Der beschränkt Geschäftsfähige* (wie sich aus § 106 BGB ergibt, gilt § 107 BGB nicht für alle Minderjährigen) *braucht die Einwilligung* (andern-

mit einer Fußnote (*Vgl. § 276 BGB / So auch § 904 BGB*) zu versehen. Iura novit curia: Der Korrektor kennt das Gesetz oder ist wenigstens imstande, sich Kenntnis davon zu verschaffen. Es abzuschreiben ist also nicht nur Platz- und Zeitverschwendung[536], sondern auch unhöflich, weil man dadurch der Leserin fehlende Gesetzeskenntnis unterstellt.

Ausnahmen: Bei wirklich entlegenen Normen aus anderen Rechtsordnungen oder lange vergangener Rechtsgeschichte kann es sinnvoll sein, diese in einer Fußnote oder in einem Anhang wörtlich wiederzugeben, möglichst unter Angabe der amtlichen Fundstelle. So erspart man dem Leser unnötiges Wühlen.

Wenn es auf den Wortlaut der Norm ankommt, darf diese zitiert werden; sinnvollerweise sollten Sie aber nur die erheblichen Merkmale wiedergeben, gegebenenfalls in Anführungsstrichen. Gleiches gilt, wenn jede Umschreibung mit einem Verlust an Genauigkeit einherginge.

Wer das Gesetz umschreibt, um einen subsumtionstauglichen Obersatz zu erhalten, muss darauf achten, der Vorschrift nicht einen falschen Sinn beizulegen.

Beispiel: Nicht passieren darf *Gemäß § 147 I BGB gilt der einem Anwesenden gemachte Antrag als sofort angenommen*. Hier kommt fast zwangsläufig Falsches (oder eben nur noch zufällig Richtiges) heraus. Wer unsicher ist, schaue ins Gesetz.

Fußnoten, die auf eine geltende Norm als Fundstelle verweisen, werden Ihnen immer als Fehler angestrichen werden. Nicht zu beanstanden sind dagegen Fußnoten wie *So aber noch § 28 des Gesetzes über ... vom ... (RGBl. yyyy), außer Kraft gesetzt durch Gesetz vom ... (BGBl. I, yyyy)* oder *So § 322 des Entwurfs der Kommission zur Reform des Schuldrechts (BGB-KE)*. 406

Oft ist es übrigens sinnvoll, ein wenig im Gesetz zu blättern, weil man sich dadurch die Ableitung wichtiger Argumente aus dem Zweck der Regelung sparen kann. Stichwort: Ein Blick ins Gesetz erspart Geschwätz. Der kluge Jurist liest weiter – wenigstens die Norm bis zu Ende und auch einmal die nächste(n)[537], immer aber den nächsten Absatz. Der Regel folgt im nächsten Satz oder Absatz oft die Ausnahme, deren Kenntnis für die Subsumtion hilfreich ist – und giftige Randbemerkungen im Stil von *anderer Ansicht das Gesetz* vermeiden hilft. 407

Beispiele: Manchmal hat man schon im Gespür, dass nach der Regel die Ausnahme kommen muss, z.B. bei § 518 I BGB; manchmal ist das nicht ganz so intuitiv zu erahnen, etwa bei § 179 I BGB.

- **Lehrbuchartige Ausführungen** sind bei Studenten beliebt, vor Korrektoren aber gefährlich. Prüfen Sie jeden (!) Satz auf seine Unentbehrlichkeit für die Subsumtion. 408

  Es ist zwar unerlässlich, eine Reihe von Definitionen insbesondere für Klausurzwecke zu beherrschen, das heißt sinngemäß auswendig zu wissen. Es nützt aber nichts, wenn Sie eine auswendig gelernte Definition niederschreiben, ohne darunter zu subsumieren – oder die Subsumtionsleistung sich in einem pauschal-hilflosen *Dies ist hier der Fall* erschöpft.

---

falls ist die Willenserklärung nach § 108 I BGB schwebend unwirksam) *seines gesetzlichen Vertreters* (dies sind im statistischen Regelfall die Eltern).

536 Diese Verschwendung führt in überraschend vielen Klausuren (und nicht wenigen Hausarbeiten) zu einer schwachen Schwerpunktsetzung. Das kostet unnötigerweise Punkte. Wer zu solchen Nacherzählungen neigt, muss sich das unbedingt abtrainieren. Trifft die Wiederholung des Gesetzes mit der Wiederholung des Sachverhalts (dazu Rn. 463) zusammen, wird das zu einer massiven Gefahr für Ihren Prüfungserfolg, weil die eigentliche juristische Leistung, die Subsumtion, also die wertende Inbezugsetzung des Sachverhalts zum Gesetz, dann durch die Wiederholungen ersetzt wird. Auf dieses Zurückdelegieren der Arbeit an den Aufgabensteller reagieren Leser praktisch immer gereizt.

537 Nicht zu vergessen: die vorherige Norm. Manchmal steht die Ausnahme nämlich vor der Regel, etwa in § 149 BGB, der eine Ausnahme zu § 150 BGB enthält.

Teil 4: Arbeitshinweise

Beispiel: *Nach § 243 II BGB beschränkt sich das Schuldverhältnis auf die einzelne Sache, wenn der Schuldner alles zur Leistung Erforderliche getan hat.* Bis dahin ist es unproblematisch. *Diesen Schritt der Umwandlung einer Gattungsschuld in eine Stückschuld nennt man Konkretisierung.* Das ist aber zu lehrbuchartig (wenn auch inhaltlich richtig).

Lesen Sie Ihren fertigen Text einmal mit den Augen des Korrektors. Wo er *Fallrelevanz?* oder *Warum kommt es darauf an?*[538] an den Rand schreiben könnte, müssen Sie das Gutachten besonders sorgfältig überarbeiten.

Die Versuchung ist groß, soeben erst angelesenes Wissen um jeden Preis präsentieren zu wollen. Besonders gilt das, wenn man gerade ein Erfolgserlebnis gehabt hat, weil man die kryptischen Ausführungen in Literatur und Rechtsprechung endlich verstanden zu haben glaubt. Den Leser interessiert das aber nicht – deswegen: kürzen Sie!

Unter keinen Umständen sollten Sie **Lehrbuchtexte wörtlich abschreiben**. Zeit und Platz können Sie sinnvoller verwenden[539]. Bei nicht gekennzeichneten Zitaten (Plagiaten) ziehen Sie zudem den Zorn des Korrektors auf sich[540]. Zwar dürfen und müssen Sie, wenn beispielsweise ein Streitstand darzustellen ist, mit ähnlichen, gelegentlich gleichen Worten wiedergeben, was andere zum Problem sagen. Das ist aber nur die Vorbereitung für Ihre eigene Stellungnahme.

Faustregel: Ihre Aufgabe ist nicht, die Rechtsordnung anhand des vorgegebenen Falls zu erklären, sondern, den vorgegebenen Sachverhalt anhand der Rechtsordnung nachvollziehbar zu entscheiden.

Nur ausnahmsweise erforderlich sind Ausführungen wie *In einem anderen Urteil hatte der BGH zu entscheiden, ob … . Es ging dabei um die Frage, …* Das ist die Diktion eines Lehrbuchs, dessen Verfasser sich mit neueren Rechtsprechungsentwicklungen auseinandersetzt. Im Gutachten brauchen Sie das höchstens, wenn Sie am Hauptproblem arbeiten – aber lassen Sie den Fallbezug nicht verloren gehen. Gerade die Wiedergabe umfangreicher theoretischer Kontroversen sollte wasserdicht gemacht werden, indem man mit möglichst schulmäßigen Obersätzen darlegt, warum all das diskussionsbedürftig ist.

Manchmal verfallen auch Richter in den Lehrbuchstil.

Beispiel: *… Auf der Grundlage der vorstehenden Erwägungen ist davon auszugehen, dass …*[541] – solche Formulierungen weisen darauf hin, dass das Vorstehende in einem Rechtsgutachten zu abstrakt wäre und mehr Fallbezug hergestellt werden müsste.

Ein beliebter Unterfall des Lehrbuchstils ist das **Anhäufen umfangreicher Definitionen bei unproblematischen Tatbestandsmerkmalen**. Wann soll man aber nun ein nicht weiter problematisches Merkmal definieren, wann nicht? Die Frage wird von jedem Korrektor anders beantwortet[542].

---

538 Das sind zwei der meistgebrauchten Korrekturanmerkungen überhaupt.
539 Ganz ausnahmsweise ist ein wörtliches Zitat aus Lehrbüchern, Kommentaren, Aufsätzen etc. sinnvoll: Wenn deren Verfasser das Problem so pointiert formuliert hat, dass man seine Äußerung nicht umschreiben kann, ohne dass die Originalität der Formulierung leidet, darf und sollte man wörtlich zitieren – in Anführungsstrichen und unter Nennung der Quelle.
540 Sie würden sich als Leser doch auch verschaukelt fühlen, wenn der Verfasser einer Prüfungsarbeit zwölf Zeilen lang aus einem Urteil Text übernimmt und dabei auch noch blöd genug ist, die urteilstypische Floskel *Nach ständiger Rechtsprechung des Senats* mit zu kopieren. Nicht sehr viel besser ist es, wenn ein einkopierter Abschnitt von anderthalb Seiten durchgängig den Regeln der hergebrachten Rechtschreibung folgt, der Rest des Gutachtens aber denen der neuen.
541 OLG Köln NJW 2006, 2272.
542 Das ist einigermaßen unbefriedigend. Aber neben »harten« Regeln für die fachliche Kommunikation gibt es eben manchmal auch »weiche«.

Faustregeln: In Anfängerarbeiten ist es im Zweifel (!) besser, eine Definition hinzuschreiben als wegzulassen. Der Aufgabensteller will manchmal bestimmte Definitionen von Ihnen lesen. So kann es ratsam sein, bei der Subsumtion unter § 242 StGB selbst dann *bewegliche Sache* noch einmal zu definieren, wenn es sich um eine Brieftasche handelt.
Vermeiden Sie aber Definitionen, wenn sich die Merkmale der Definition noch schwieriger anwenden lassen als der definierte Begriff selbst.

Schon kleine Satzteile können Ihre Argumentation ins Unnötig-Lehrbuchhafte kippen lassen.

Beispiel: *Grundsätzlich kommt ein Kaufvertrag – wie jeder schuldrechtliche Vertrag – durch Angebot und Annahme zustande.* Wofür ist der Einschub gut? Im Lehrvortrag für die Anknüpfung an vorhandenes Wissen der Zuhörer. In der Prüfung für nichts. Also: weglassen!

409 Anlass zur Überarbeitung Ihres Texts besteht, wenn Sie beim Lesen auf Formulierungen treffen wie *Wendet man diese Grundsätze auf den vorliegenden Sachverhalt an, so ergibt sich folgendes: ...*[543] oder *Bei Berücksichtigung dieser Grundsätze ist ...*[544]. Diese weisen darauf hin, dass im vorangehenden Abschnitt sehr wenig vom konkreten Sachverhalt, aber um so mehr abstrakt von den Prinzipien des Gutglaubenserwerbs an beweglichen Sachen die Rede ist.

Als überflüssig angreifbar sind fast immer Ausführungen, die nach *Anders lägen die Dinge, wenn ...* kommen. Sie sollen ein Gutachten zum vorgegebenen Sachverhalt verfassen, nicht eines, das etliche selbst erfundene Varianten mitdiskutiert.

410 Überschriften wie *Das Wesen der Grundschuld / Die Rechtsnatur der Bürgschaft* signalisieren Änderungsbedarf. Das gilt jedenfalls im Rechtsgutachten; in einer Themenarbeit sind sie unbedenklich.

Erörterungen zu Bedeutung und Ursprung der Sicherungsübereignung verfehlen den Schwerpunkt des Problems, wenn es um die Wirksamkeit einer konkreten Sicherungsübereignung geht[545].

411 Ähnlich unglücklich sind im Rechtsgutachten aussagearme Sätze des Typs *Dabei ist ... von Bedeutung.* In dieser Allgemeinheit ist das der Stil eines Lehrbuchs, das gerade keinen konkreten Sachverhalt diskutiert, sondern das Problem abstrakt erörtert[546]. Sie sollten im Gutachten besser die Bedeutung des jeweiligen Arguments genauer herausstellen (*Für ... ist ... wegen ... von erheblicher Bedeutung*) oder wenigstens quantifizieren (*Dabei ist von ausschlaggebender Bedeutung, ob ... oder ...*).

412 Zu theoretisch geraten gern auch die Überlegungen, die Klausurbearbeiterinnen mit *Abzugrenzen ist zunächst ... gegenüber ...* einleiten. Vorzuziehen ist eine strenger sachverhaltsorientierte Erörterung, die etwa mit *Da die Parteien den Vertrag nicht (oder nur laienhaft) bezeichnet haben, kann es sich ebenso wie um einen ... auch um einen ... handeln. Für die Einordnung kommt es auf ... (meist: den Parteiwillen) an. Das wichtigste Abgrenzungskriterium ist ...* beginnt.

413 • Ausführungen zur **früheren Rechtslage**,

Beispiele: *Vor dem Inkrafttreten des ...-gesetzes stellte sich das Problem folgendermaßen dar: ...*; *Bis 1996 ging das BAG in ständiger Rechtsprechung davon aus, dass ...*

---

543 BGHZ 11, 151, 155; ähnlich z.B. BGHZ 90, 69, 77 und 84. In Übungsarbeiten sollten Sie den Anschluss der Subsumtion an die Erörterung theoretischer Streitfragen möglichst nicht allzu mechanisch wirken lassen. Statt *Das bedeutet auf den konkreten Fall bezogen, dass ...* formuliert man eher *Für A bedeutet dies/würde das bedeuten, dass er ...*
544 BGH NJW 2002, 2232, 2233.
545 Lesen Sie noch einmal das bei Rn. 399 zum Thema »Exkurse« Gesagte.
546 Außerdem neigen Ihre Leser dazu, solche Aussagen als trivial aufzufassen; dazu auch Rn. 357.

Teil 4: Arbeitshinweise

wie sie sich in Lehrbüchern und Aufsätzen finden, sollte man auf das Notwendige beschränken und besonders gründlich auf ihre Bedeutung für die Argumentation zum geltenden Recht prüfen. Eine Rolle spielen können sie etwa bei der historischen Auslegung der anzuwendenden Norm. Informationen zur **künftigen Rechtslage** sind eher in Seminarreferaten als in Übungsarbeiten gefordert. Der Inhalt einer bevorstehenden Neuregelung kann aber etwa bei der Auslegung der noch geltenden Vorschrift nach deren Zweck erörtert werden[547]. Gleiches gilt für eine frühere Textfassung, von der der Gesetzgeber bei der Neufassung bewusst abgewichen ist.

414 • Eine häufig anzutreffende Schwachstelle studentischer Übungsarbeiten liegt im **Schema-Fetischismus**. Kaum auszurotten, vielleicht sogar eher im Vordringen begriffen, ist die sklavische Verwendung von Aufbauschemata[548], wie sie wohlfeil und in unterschiedlicher Qualität in zahlreichen Lernhilfen und Lehrbüchern zu finden sind. Wahrscheinlich liegt der Grund für ihre Popularität in der ständigen Angst, Wichtiges zu vergessen und in dem von Lehrenden und Lernenden gleichermaßen manchmal übertriebenen Bemühen, den einzig richtigen Aufbau zu finden. Die Verwendung solcher Schemata birgt Gefahren: Die Benutzerin tendiert dazu, alles abzuhaken[549] – und sei es auch nur mit einem einzigen Satz, der dann aber unbedingt (warum eigentlich?) eine eigene Überschrift erhalten muss. Nicht selten erörtert sie dabei das Problematische zu knapp, das Unproblematische zu breit.

Ebenso gefährlich wie die falsche Schwerpunktsetzung sind die zeitlichen Probleme, die das sture Abarbeiten von Schemata in Klausuren nach sich zieht.

Beispiele: Der letzthin immer beliebtere Satz *Dazu muss der Anspruch zunächst entstanden sein* in zivilrechtlichen Prüfungen ist nicht falsch. Aber er ist beinahe aussagelos und kostet auf Dauer einfach zuviel Zeit und Konzentration. *Weiterhin sind keine Gründe ersichtlich, die diesem Kaufvertrag entgegenstehen* ist sehr schematisch. Und fast aussagefrei. Anknüpfungspunkte im Sachverhalt sind dabei gar nicht mehr zu erkennen (bei verneinten Aussagen ist das allerdings auch nicht ganz einfach.)

Außerdem sind Schemata nicht immer vollständig (wie sollten sie auch?) und stellen die einzelnen Merkmale nicht notwendig in überzeugender Reihenfolge und Anordnung dar. Am besten benutzen Sie Schemata wie Krücken: mit dem Zweck, sie möglichst schnell überflüssig zu machen[550].

Führen Sie sich vor Augen, inwieweit das betreffende Schema vom Gesetz getragen ist. Das Gesetz dürfen Sie bei Ihren Gutachten nicht ignorieren. Alles, was darüber hinausgeht, sind Zweckmäßigkeitsregeln, die man bei Bedarf außer Acht lassen kann.

Wenn Sie den Sinn eines Merkmals verstanden haben, werden Sie sich ihn auch leichter merken können, so dass das Schema letztlich entbehrlich wird[551].

---

547 Allerdings ist es problematisch, das noch geltende Gesetz auslegungswegig mit dem Inhalt des noch nicht erlassenen oder noch nicht in Kraft getretenen Gesetzes zu füllen.
548 Zuerst einmal: Der Plural von *Schema* heißt nicht *Schemas*, *Schematas* oder *Schemen*, sondern *Schemata*. Ist das jetzt klar? (Der Duden hat allerdings vor den Nebenformen schon kapituliert...) – Die Warnungen vor blinder Schemagläubigkeit sind zahllos (z.B. *Bull* JuS 2000, 778 f.; schön auch *Derleder* NJW 2005, 2834, 2836: *Checklistenfetischisten*; *Oestmann* JuS 2003, 870 spricht anschaulich von der *Flucht ins Schema*), bedürfen aber wegen dauernder Missachtung einer kurzen Wiederholung.
549 Wenn Sie in Ihren eigenen Gutachten gehäuft Überschriften finden, denen ein einziger Satz rein feststellenden Inhalts folgt, haben auch Sie es vielleicht mit den Schemata übertrieben.
550 Lesenswerte Bemerkungen zu Sinn und Unsinn von Schemata und dem intelligenten Umgang mit ihnen bei *Puppe* Schule, 181 ff.
551 Eine Faustregel: Lange Schemata mit Vollständigkeitsanspruch (*Das ganze Polizeirecht auf dreieinhalb Seiten*) erstarren spätestens im Kopf des auswendiglernenden Anwenders schnell; kleine

Beispiel: Beim Erlernen der Voraussetzungen der Rechtsscheinvollmachten (Anscheins- und Duldungsvollmacht) findet man etwa bei *Brox / Walker*[552] die Voraussetzungen a) keine Vollmacht, b) Rechtsschein, c) Zurechnung, d) Vertrauen des Dritten auf Rechtsschein. Im Gutachten schreibt man aber natürlich die erste Voraussetzung nicht noch einmal stumpf hin – vielmehr erörtert man eben zuerst, ob der Stellvertreter eine ausdrückliche oder schlüssige Vollmacht erteilt bekommen hat, und wenn das nicht der Fall ist, fragt man im nächsten Schritt, ob seine Erklärung wenigstens auf Grund einer Rechtsscheinvollmacht dem Vertretenen zuzurechnen ist. Als deren Voraussetzungen erörtert man aber nur noch b)-d). Alles andere birgt das Risiko, den Leser für blöd zu verkaufen.

Es ist Teil der Aufgabe, dass Sie eine problemangemessene Gliederung entwerfen. Diese ist nur ganz selten im Maßstab 1:1 aus einem *Wie subsumiere ich richtig?*-Buch zu entnehmen. Die Mustergutachten, die Sie in den Ausbildungszeitschriften finden, sind eben nur Muster[553]. Auch die Originalarbeiten, die Sie in den Sammlungen einiger Hochschulgruppen[554] einsehen und fotokopieren können, sind nicht zum wörtlichen Abschreiben gedacht. Das geht fast immer an den Problemen Ihrer Aufgabe knapp vorbei und wird von den Korrektoren eher belächelt. 415

Bei Überlegungen, die in Ihre Aufbauvorstellungen auch nach längerem Nachdenken nicht einzuordnen sind, aber dem Sachverhalt oder Ihrer Vorstellung von der vollständigen Bearbeitung zufolge dazugehören, kann es zweckmäßig sein, nach Schema aufzubauen, dann ein Zwischenergebnis zu ziehen und fortzufahren mit *Zu überlegen ist nun, ob etwas Anderes gelten kann / sich an diesem Ergebnis / hieran / daran etwas ändert, weil <Umstand> / <unbequeme Idee>*.

Wenn Sie nicht gewiss sind, ob der Gedanke vielleicht etwas abwegig ist, können Sie Ihre Zweifel signalisieren mit *Man könnte daran denken, ..., Zu denken ist (allenfalls) / wäre an ..., ... ist zumindest in Erwägung / Betracht zu ziehen. Man könnte annehmen / vermuten, ... / Bei näherer Überlegung / Prüfung bestätigt sich diese Annahme / Vermutung / dieser Verdacht jedoch nicht: ... / Dies wird zu verneinen sein, weil ...* (- Urteilsstil!).

Meist gibt es keine zwingende Reihenfolge für die Erörterung einzelner Tatbestandsmerkmale; es ist aber immer das logisch Vorrangige zuerst zu untersuchen[555]. 416

Beispiele: Ob ein Vertrag gegenseitig ist, kann man erst feststellen, wenn man weiß, dass und mit welchem Inhalt er überhaupt geschlossen wurde. – Sinnvollerweise stellt man (im Deliktsrecht, Strafrecht) zuerst den Erfolgseintritt fest, diskutiert dann, welches Verhalten dazu geführt hat und problematisiert anschließend Fragen der Ursächlichkeit und der Zurechnung (Äquivalenz, Adäquanz, Zurechnungsprobleme).

Oft ist es zweckmäßig, sich an die von der Norm vorgegebene Reihenfolge zu halten.

Nach dem hier Gesagten werden Sie sich nicht wundern, wenn Sie in diesem Buch keine Aufbauschemata finden[556].

Schema-Atome (*Bei Anfechtung einer Willenserklärung prüft man immer: Anfechtungsgrund – Anfechtungserklärung – Anfechtungsfrist*) sind weniger gefährlich und werden erfahrungsgemäß auch flexibler und sachverhaltsbezogener angewandt.

552 *Brox/Walker* BGB AT, Rn. 563 ff.
553 Wenn Sie trotzdem gezielt nach einer Musterarbeit mit ähnlichem Thema suchen wollen, finden Sie diese meist in den Lehr- und Lernbüchern nachgewiesen, außerdem bei *Niederle* sowie jährlich neu bei *Tholl* Fundus, zuletzt Essen 2008.
554 Und zunehmend öfter im Internet, z.B. unter www.hausarbeiten.de, www.rewi.hu-berlin.de/stud/fsj/Hausarbeit/Hausarbeiten. Die mit über 3000 Arbeiten recht beachtliche Sammlung der Frankfurter Giraffen ist katalogisiert unter http://giraffen-uni-frankfurt.de.
555 Dazu auch Rn. 434.

Teil 4: Arbeitshinweise

417 • Bei **Regel-Ausnahme-Verhältnissen** ist es im Gutachten meist sinnvoll, zuerst kurz festzustellen, dass der Regelfall nicht gegeben ist, bevor man die Ausnahme diskutiert[557].

Beispiele: Zuerst stellt man fest, dass eine eigene Willenserklärung des Vertretenen fehlt, dann prüft man, ob es eine zurechenbare Willenserklärung des Vertreters gibt: *Da K selbst gegenüber V keine Erklärung abgegeben hat, kann er vertraglich nur zu ... verpflichtet sein, wenn dies durch eine Erklärung des S bewirkt worden ist. Ob das anzunehmen ist, bestimmt sich nach §§ 164 ff. BGB.* ... Zuerst erörtert man das Verschulden des Vertragspartners selbst (§ 276 BGB), dann ein zurechenbares Verschulden seines Erfüllungsgehilfen (§§ 278, 276 BGB).

Durch solches Abklappern von Regel und Ausnahme wird zwar das Gutachten hier und da einen Satz länger als unbedingt nötig. Es kommt aber zugleich den Erwartungen des Lesers entgegen, der meist über einen systematischeren Problemzugriff verfügt. Deshalb ist hier der sonst zu vermeidende Wissensexhibitionismus einmal zulässig, zumal er eher bescheiden bleibt. Das gilt nicht zuletzt aus prüfungstaktischen Gründen: Nicht selten ist mit der Regel ein Punkt zu holen – und mit der Ausnahme drei.

418 • **Hilfsgutachten** sind – gerade in zivilrechtlichen Arbeiten – selten erforderlich[558]. Häufig signalisieren sie dem Leser nur, dass Sie Ihrem Ergebnis selbst nicht recht trauen. Auch wenn die Versuchung groß ist, ein weiteres Problem hilfsweise darzustellen, das Sie sich mit Ihrem Begründungsweg abgeschnitten haben: Lassen Sie es bleiben. Wenn die Arbeit im Übrigen gut ist, brauchen Sie nicht zu beweisen, dass Sie noch eine zusätzliche Schwierigkeit gesehen und anständig entschieden haben. Umgekehrt können Sie nie wissen, ob nicht ein Fehler im Hilfsgutachten Punkte kostet. Wenn Ihnen eine Frage so sehr am Herzen liegt, dass Sie ein Hilfsgutachten (typische Einleitung: *Folgt man der oben vertretenen / hier zugrundegelegten Auffassung nicht, so ...*) erwägen, überlegen Sie, ob Sie sich nicht einfach weiter oben anders entscheiden.

Ausnahme: Etwas Anderes gilt, wenn die Aufgabe für einen bestimmten Fall ausdrücklich ein Hilfsgutachten verlangt[559].

Wenn Sie hilfsweise weiterprüfen, kommen Sie nicht selten zum gleichen Ergebnis wie bei der Hauptprüfung. Die Formulierung darf nicht widersprüchlich geraten.

Beispiel: Augenfällig ist das bei *Der Anspruch ist also erloschen. Er ist zudem nicht durchsetzbar.* Wer so argumentiert – was grundsätzlich zulässig ist – muss anders formulieren: *Der Anspruch ist also erloschen. Bestünde er noch, wäre er jedenfalls nicht durchsetzbar wegen*

Man muss aus der Frage *Hilfsgutachten ja oder nein?* keine Wissenschaft machen. Meist wird es genügen, sich zwei Überlegungen vor Augen zu halten: Der auf das Hilfsgutachten aufgewendete Platz steht für das Hauptgutachten nicht mehr zur Verfügung. Und: Zwei oder mehr Hilfsgutachten sind kommen in verwickelten Sachverhalten praktisch vor, in akademischen Übungen sind sie die ganz seltene Ausnahme.

---

556 Immerhin eine Empfehlung: *Minas* Anspruchsgrundlagen (leider keine Neuauflage seit der Schuldrechtsreform).
557 Das ist eine für juristische Gutachten ganz geläufige Vorgehensweise, die man in zahllosen Mustergutachten in den Ausbildungszeitschriften studieren kann, z.B. die Erörterung des Gläubigerverzugs bei *v.Koppenfels* JuS 2002, 569, 570.
558 Bei öffentlichrechtlichen Aufgaben wird das in der Ausbildungsliteratur teils anders gesehen, teils auch ausdrücklich von der Aufgabe anders gefordert. Näher dazu *Schnapp* JuS 1998, 420 ff.
559 In manchen Bundesländern sind allerdings Aufgaben üblich, bei denen die Fallfrage wie folgt ergänzt wird: *Soweit ein Eingehen auf alle berührten Rechtsfragen nicht erforderlich erscheint, sind diese in einem Hilfsgutachten zu erörtern.*

Ähnlich, aber nicht ganz gleich liegt das Problem bei **Hilfsargumenten**. Bei der Erörterung streitiger Fragen geschieht es oft, dass Sie mit einem starken Argument eine Entscheidung in die eine oder andere Richtung begründen können. Stehen »hinter« diesem Argument kraft sachlogischer Reihenfolge weitere Argumente, müßten diese strenggenommen nicht mehr dargestellt und erörtert werden. Gleichwohl sollten Sie anders verfahren, weil es sich um ein rechtswissenschaftliches Gutachten handelt, das den Adressaten über alle wichtigen Überlegungen informieren soll. Gerade bei größeren Problemen ist es zudem taktisch sinnvoll, mehr Argumente zu präsentieren. So hat der Prüfer Gelegenheit, Punkte zu vergeben. 418a

Es kommt vor, dass ein Sachverhalt erkennbar auf ein Kernproblem zielt, Ihre Bearbeitung aber nicht bis dahin gelangt, weil ein Tatbestandsmerkmal keine Entsprechung im Sachverhalt findet. Sie sollten dann 419
- zuerst noch einmal überlegen, ob der Sachverhalt wirklich auf das zentrale Thema zielt, das Sie zu erkennen glauben; auch eine unerwartet einfache Entscheidung kann richtig sein,
- entweder das Gutachten abbrechen und eventuell ein Hilfsgutachten beginnen
- oder sich über das Merkmal nicht weiter den Kopf zerbrechen. Wenn die Aufgabe deutlich auf ein Thema zielt, sind Nebensächlichkeiten nicht problematisch gemeint. Handeln Sie diese kurz ab, so dass Sie auf dem Weg zum eigentlichen Thema weiter kommen.

Folgender Maßstab mag helfen: Je früher ein Gutachten abbricht, desto unwahrscheinlicher ist es, dass der Aufgabensteller das wollte.

- Es ist weder erforderlich noch angebracht, in Hausarbeiten laufend die einschlägigen Arbeiten der Hochschullehrerin zu zitieren, die die Übung leitet. Das hat mehrere Gründe: 420
  - Die Betreffende kennt ihre eigene Meinung und ist nur maßvoll daran interessiert, sie auf studentischem Niveau noch einmal nacherzählt zu bekommen.
  - Sie erkennt daher auch sehr schnell Fehler und Verständnislücken der Bearbeiter.
  - Oft korrigiert nicht sie selbst, sondern ihre Mitarbeiter; die Schmeicheleien bleiben dann noch vor dem Ziel stecken. Außerdem teilen nicht alle Korrekturassistenten die Meinung der Übungsleiterin.
  - Kaum jemand ist so eitel, dass ihr nicht offener **Opportunismus** unangenehm auffiele.

  Umgekehrt lohnt sich ein Blick in den Kommentar oder das Lehrbuch der Aufgabenstellerin[560]. Es kann eben doch passieren, dass diese ein Thema zur Bearbeitung stellt, das sie selbst schon beschäftigt hat. Dann erwartet sie, dass sich die Bearbeiter mit ihrer Meinung zur betreffenden Frage wenigstens kurz **auseinandersetzen**.

  Manchmal ist opportunistisches Verhalten indessen durchaus in Ordnung: Wenn Sie erkennen, dass der Aufgabensteller den Sachverhalt auf die Erörterung bestimmter inhaltlicher Probleme hin konstruiert hat – so ist es im Allgemeinen –, vergeben Sie sich nichts, wenn Sie bei eben jenen Problemen Schwerpunkte setzen. Selbst wenn Ihnen andere Fragen viel interessanter erscheinen.

- Wenig nachahmenswert sind bestimmte Formen von **PC-Exhibitionismus**. Der Einsatz des Computers bei der Anfertigung von Übungs- und Seminararbeiten bietet eine 421

---

560 Eher als ein Kommentar oder Lehrbuch ist es übrigens oft ein jüngerer Zeitschriftenaufsatz oder dergleichen. Aber selbst entlegenere Texte findet man heute leicht, weil auf fast allen Lehrstuhlheimseiten eine Veröffentlichungsliste eingestellt ist.

Reihe von Vorteilen. Während diese schnell ins Auge fallen, geraten einige spezifische Gefahren leicht aus dem Blick[561]:

- Ausgesprochen peinlich wirkt es, wenn Sie sämtliche DTP-Funktionen Ihres Textverarbeitungs- oder Satzprogramms wirklich einsetzen. Eine gute Arbeit hat das nicht nötig; bei einer schlechten erwecken Sie unweigerlich den Eindruck, als hätten Sie sich mit Computerspielzeug anstatt mit Recht befasst. Ersparen Sie dem Leser jedenfalls mehrfarbig ausgedruckte Arbeiten. Auch Grafiken, Diagramme, Wasserzeichen und dergleichen sind – naja, unüblich, weil unnötig[562]. Sie können davon ausgehen, dass Ihre Leser an typographisch schlichte Arbeiten (»Bleiwüsten«) gewöhnt sind und allzu starke Abweichungen von dieser Erwartung nicht wertschätzen werden[563].

- Misstrauen Sie den Vorschlägen von automatischen Trennhilfen und Rechtschreibkorrekturprogrammen. Wie wenig man sich auf diese verlassen kann, sehen Sie an der Rechtschreibhilfe[564].

  Beispiel: Wenn Sie *freundlich* versehentlich ohne *r* schreiben (also *feundlich*) und das Ganze mit MS Word korrigieren, schlägt Ihnen das Programm zuerst *feindlich* (danach allerdings auch *freundlich*) vor. Also Obacht – Beginnen Sie Korrekturläufe nicht mehr nach Mitternacht. Die Rechtschreibhilfe ist besonders leicht zu irritieren, wenn der Tippfehler am Wortanfang steht, etwa bei *elastisches* statt *plastisches Beispiel*. Und ihr Wortschatz ist begrenzt: *Sandaale* kennt sie nicht – also schlägt sie *Sandale* vor.

  Etliche Fehler findet die Rechtschreibhilfe nicht, weil sie sie nicht finden kann.

  Beispiele: Schreiben Sie *wahr* ohne *h*, wird das Programm nicht misstrauisch. Ob Sie *irdischer*, *irischer* oder *frischer* Kaffee, *Beschuss* oder *Beschluss*, *Diebstahl der Kaffeekasse* oder der *Kaffeetasse*, *Ehering* oder *Hering*, *Nivellierung wichtiger* oder *Novellierung nichtiger* (oder: *richtiger*) *umweltrechtlicher Gesetze*, *stattliche* oder *staatliche Einkünfte*, *revolvierende Sicherheiten* oder *revoltierende Sicherungen*, *Vereinigung*, *Vereidigung* oder *Verteidigung*, *reklamieren*, *deklamieren* oder *deklarieren*, *Zeitschrift* oder *Zweitschrift*, *Bestätigung* oder *Betätigung*, *Gegenwert* oder *Gegenwart*, *Patient* oder *Patent*, *Rektor* oder *Reaktor*, *schön war's* oder *schön wär's*, *gescheiter* oder *gescheiterter Rechtskandidat*, *Notar* oder *Notarzt*, *Hausarzt* oder *Hautarzt*, *Gestank* oder *Gastank*, *Instanzgericht* oder *Instantgericht*, *Gedicht*, *Gesicht*, *Gewicht* oder *geeicht*, *Konsens* oder *Nonsens*, *Autorennen* oder *Autorinnen*, *Annahme* (§§ 148 ff. BGB) oder *Abnahme* (§§ 640 f. BGB), *dinglicher* oder *dringlicher Anspruch*, *Verlobung*, *Verlosung* oder *Vorlesung* gemeint haben, kann das Programm nicht wissen – es zeigt also keinen Fehler an. Hier müsste das Programm den Text auf seinen Sinn und inhaltlichen Zusammenhang analysieren, um einen einfachen Tippfehler feststellen zu können[565].

  Besonders tückisch ist das bei Worten, bei denen man etwas Anderes erwartet hätte.

---

[561] Sehr bedenkenswert *Gelernter* FASZ v. 28.2.2010, S. 23 sub 4.: *Textverarbeitungsprogramme haben unterm Strich dazu geführt, dass wir mehr, nicht dass wir besser schreiben.*

[562] Skeptisch zu Visualisierungen als Argumentersatz *Puppe* Schule, 151 f.

[563] Normalerweise kommen juristische Argumentationen mit schwarzen Buchstaben auf weißem Papier aus. Genauso sah auch lange Zeit die juristische Wissensvermittlung aus – schauen Sie sich einmal ein klassisches großes Lehrbuch an. Die visuellen Erleichterungen moderner Lehrbücher (noch ausgeprägter meist: Skripten) gehören aber nicht in die Prüfungsarbeit. Keinesfalls sollten Sie die dümmlichen Marotten fortschrittlicher Lernliteratur übernehmen, indem Sie etwa jeden Hinweis mit *Hinweis* ankündigen. Wer mit diesem Quatsch anfängt, kann auch jede Fußnote ausdrücklich als *Fußnote* bezeichnen und jede Überschrift als *Überschrift*. So blöd sind Ihre Leser dann vielleicht doch nicht.

[564] Juristisches Fachvokabular einschließlich Abkürzungen enthält der Duden Korrektor Jura, der sich in die MS Office-Produkte einbinden lässt.

[565] Lesenswert zu den Grenzen derartiger Programme *Zimmer* Grammatik, in: *ders.* Deutsch, 252 ff.

Beispiele: *zunähst* statt *zunächst*, *beeide* statt *beide*, *Zecke* statt *Zwecke*, *leiht* statt *leicht*, *unterminieren* statt *umterminieren*, *Moderduft* statt *Modeduft*, *Gewebe* statt *Gewerbe*, *verseucht* statt *versucht*, *Erfolge* statt *Erbfolge*, *strickt* statt *strikt*, *Betübung* statt *Betäubung*, *Nachteule* statt *Nachteile*, *Uroma* statt *Aroma*

Bei Eigennamen stößt das Benutzerwörterbuch zwangsläufig an seine Grenzen. Vereinzelte fremdsprachliche Zitate werden (anders als längere fremdsprachliche Abschnitte) nicht verlässlich als solche erkannt, so dass man sie über die Funktion *Sprache festlegen*[566] als solche kennzeichnen muss, um eine Rechtschreibprüfung anhand des richtigen Wörterbuchs zu erreichen.

– Eine Silbentrennung ohne Grammatikanalyse kann nicht entscheiden, ob *Mietende* vor (*Der/die Mietende*) oder nach (*Das Mietende*) dem *t* getrennt werden muss[567].

– Professoren, Assistentinnen, wissenschaftliche Mitarbeiter und Korrekturkräfte sind inzwischen ebenso gut wie Sie mit den Manipulationsmöglichkeiten vertraut, die verschiedene Schriftgrade, variable Zeilenabstände, Proportionalschrift[568] usw. hinsichtlich der Gesamtlänge eines Texts bieten. Am klügsten ist es, Sie verwenden Ihre Zeit auf vernünftiges Kürzen, anstatt durch Quetschen um jeden Preis das vorgegebene Seitenlimit einzuhalten. Es fällt nämlich auf. Bestimmt.

– Für die Umsetzung der hier gegebenen Hinweise können Sie den PC sinnvoll einsetzen. Legen Sie sich beispielsweise eine Liste der beliebtesten Unwörter einschließlich Ihrer eigenen an, mit deren Hilfe Sie die fast fertige Hausarbeit noch einmal durchsehen[569]. Sie können die *jedochs* in Ihrem Text zählen, indem Sie *jedoch* durch *jedoch* ersetzen lassen. Wenn es zu viele sind, ersetzen Sie sie durch Synonyme oder lassen gelegentlich eines weg. Für Wörter, die Sie ganz vermeiden wollen, richten Sie einen AutoKorrektur-Eintrag ein.

Beispiele: *Mobiltelefon* statt *Handy*, *Frage* statt *Fragestellung*, *hier* statt *laut Sachverhalt* und *im vorliegenden Fall*, nichts statt *entsprechend/e/r*, *nach hM*, *so genannte/r/s*, *es ist so, dass* ...

Man kann die in der Anleitungsliteratur[570] zusammengestellten Hinweise zur äußeren Gestaltung einer Hausarbeit in eine Formatvorlage umsetzen und diese dann immer wieder verwenden. Solche Formatvorlagen gibt es auch im Internet[571].

– Die Benutzung von EDV beim Hausarbeitenschreiben geht auf eigenes Risiko. Niemand, ganz gewiss aber nicht das Justizprüfungsamt, verlängert Ihnen die Be-

---

566 In MS Word unter Extras-Sprache.
567 Dazu auch schon Rn. 329. Insgesamt haben die Silbentrennalgorithmen der großen Textverarbeitungsprogramme aber mittlerweile ein beachtliches Niveau erreicht. Im Großen und Ganzen kann man sich jetzt auf sie verlassen. Allerdings kommt es bei längeren Texten immer noch gelegentlich zu Programmabstürzen – also speichern vor trennen.
568 Zu diesen raffinierten Tricks instruktiv *Krämer/Rohrlich* Haus- und Examensarbeiten mit Word, 72 ff.
569 Für den Anfang genügen die in Rn. 359 genannten Wörter, die man im Gutachten vermeiden sollte.
570 Etwa *Fahse/Hansen* Übungen, 7 ff.
571 Z.B. unter www.jura.uni-duesseldorf.de/lehre/studium/ha, www.jura.uni-bielefeld.de/Studium/Wordvorlagen.htm, www.uni-koeln.de/jur-fak/hauptsem/www_hs/ha/anleitung/anleitung.html, http://fachschaft.de/wordpress/wp-content/uploads/hausarbeitenvorlage.dot, www.wordbuch.de/s_dl.html, http://lawww.de/Library/havorlage/vorlage.doc, www.cfmueller-campus.de/pieroth/hausarbeit und http://v.hdm-stuttgart.de/~riekert/theses/thesis-arial11.doc (alle für MS Word); für Lotus Word Pro z.B. www.stud.uni-hamburg.de/users/jw/jura/vorlage/vorlage.htm, für StarOffice (und MS Word) z.B. www.fu-berlin.de/defo/fb/buecher.html#hausarbeiten; Hinweise zu WordPerfect bei www.spona.de/wordperf/wpprofis.htm und bei *Spona* JuS 1996, 367 ff.; wer sich auf LaTeX einlassen will, kann bei www.jurawiki.de/LaTeX beginnen.

arbeitungszeit, nur weil Ihr PC überraschend den Geist aufgegeben hat. Bislang werden auch Datenträger nicht anstelle eines papierenen Ausdrucks akzeptiert[572], selbst wenn Sie beweisen können, dass Ihr Drucker nicht mehr funktioniert. Sie müssen sich also gegen EDV-Ausfälle sichern, so gut es geht. Beachten Sie daher folgende unvollständige Hinweise zu **elementaren Sicherheitsmaßnahmen** gegen unerwünschten Datenverlust[573]:

– Schalten Sie *Automatisch speichern* ein und stellen Sie das Intervall auf fünf oder zehn Minuten ein; anderenfalls müssen Sie sich regelmäßiges Zwischenspeichern angewöhnen. Das Sicherungsmedium sollte man täglich wechseln.

– Schreiben Sie eine Stapeldatei, welche die wichtigen Dateien automatisch bei Beenden einer Arbeitssitzung auf einem Wechselmedium (z.B. USB-Stick) speichert.

– Für den Fall des Festplattendefekts lohnt es sich, lauffähige Kopien des Betriebssystems und des Textverarbeitungsprogramms in Griffweite aufzubewahren.

– Gelegentlich sollte man den Text drucken. Das hat zwei Vorteile: Richtig Korrektur lesen kann man sowieso nicht am Bildschirm. Und wenn alle Daten verloren gehen, kann man wenigstens durch Abtippen oder Einscannen die Textfassung des Stands »letzter Ausdruck« retten.

Insbesondere bei termingebundenen Arbeiten sollte man vorausschauend ein zusätzliches Farbband oder eine Tinten- oder Tonerkartusche und einen Stapel Papier anschaffen. In der Nacht vor dem Abgabetermin hat kein Fachhändler geöffnet. Falls die ganze EDV nicht mehr arbeitet, ist es gut zu wissen, welche Freunde man anrufen kann, um auf ihren PCs weiterzuschreiben.

Der PC ist kein Allheilmittel. Auch wenn Entscheidungssammlungen, Fachzeitschriften und Datenbanken inzwischen auf CD-ROM und online zugänglich sind, dürfen Sie gerade als Anfänger nicht darauf verzichten, den Umgang mit gedruckten Kommentaren, Entscheidungssammlungen und Zeitschriften zu erlernen. Im Übrigen ist es eine Kunst, einer Datenbank die richtigen Fragen zu stellen; üben Sie das nicht erst im Ernstfall. Sie brauchen sonst zu viel Zeit – und gerade die wollen Sie doch sparen.

422 • Erwägen Sie sorgfältig, ob der argumentative **Anschluss an große Theoriemodelle** wirklich nötig ist. Der Einbau sozial-, wirtschafts- oder staatswissenschaftlicher Theorien

Beispiele: ökonomische Analyse des Rechts, Straftheorien

in das Gutachten reizt zwar, weil er günstigstenfalls mit Erkenntnisgewinn verbunden ist[574] und man außerdem schön zeigen kann, dass man über den juristischen Tellerrand

---

572 Eher werden sie jetzt zusätzlich verlangt; dazu noch Fn. 674.
573 Näher zu Fragen der Datensicherheit *Hofer* Jura 2006, 794 ff. mit Fortsetzungen.
574 Ein gelungenes Beispiel für eine ökonomische Argumentation findet sich bei *Wehrt/Mohr* Jura 1995, 536, interessant auch *Gregor* JA 2005, 820 ff., *Schlösser*, Jura 2008, 81 ff. (überhaupt bemühen sich die Vertreter der ökonomischen Betrachtungsweise wohl am nachdrücklichsten um die Anschlussfähigkeit für juristische Argumentationen, vgl. etwa *Schäfer/Ott* Lehrbuch der ökonomischen Analyse des Zivilrechts; *Weigel* Rechtsökonomik; *Richter/Furubotn* Neue Institutionenökonomik; lesenswert auch die Urteilsanmerkungen bei *Kötz/Schäfer* Judex oeconomicus); zur Vertiefung etwa *Mathis* Effizienz statt Gerechtigkeit?; *Eidenmüller* Effizienz als Rechtsprinzip; Übersichten zur Diskurstheorie *Volkmann* JuS 1997, 976 ff.; zur Systemtheorie *Smid* JuS 1986, 513 ff.; *Vesting* Jura 2001, 299 ff.; zur ökonomischen Betrachtung des Rechts *Burow* JuS 1993, 9 ff.;

geguckt hat. Er birgt aber auch Risiken: Oft genügt es nicht, mittels eines kurzen Stichworts beim Leser vorhandenes Wissen abzurufen. Der statt dessen erforderliche Exkurs kann arg lang werden. Zum anderen besteht die Gefahr, ein eher kleines Problem, das man mit gängiger juristischer Dogmatik in den Griff bekommen kann, unnötigerweise mit Ausführungen in der schwer verständlichen Sprache einer Nachbarwissenschaft zu überfrachten. Für eine anständige Fallbearbeitung werden derartige Ausführungen gemeinhin nicht erwartet. Sie sollten sie also nur präsentieren, wo Sie Ihrer Sache sicher sind[575].

Beispiele: Wenn Sie einen Sachverhalt zu entscheiden haben, in dem es um **kollidierende Sicherungsrechte** und die mögliche Nichtigkeit der zugrunde liegenden Verträge nach § 138 BGB geht, können Sie zwar versuchen, das Problem[576] aus dem Blickwinkel von *Rawls*, *Habermas* oder *Luhmann* zu beschreiben und zu entscheiden. Das ist aber nicht nur schwierig und aufwendig (so dass der rechtsphilosophisch uninteressierte Student im achten Semester, der Ihre Arbeit korrigiert, vielleicht überfordert ist), sondern unnötig. Ebenso gut können Sie sich mit der einschlägigen Rechtsprechung des *BGH* auseinandersetzen, diese erforderlichenfalls kritisieren und dann die Frage mit konventionellen juristischen Argumenten entscheiden. Dieses Vorgehen ist im Allgemeinen anzuraten. – Bei der Begründung des **Fahrlässigkeitsvorwurfs** bietet es sich geradezu an, einen kleinen Ausflug in die ökonomische Analyse des Rechts zu unternehmen. Man kann etwa die Vokabeln *cheapest cost avoider* und *cheapest cost insurer* fallen lassen[577] und den Schadensvermeidungsaufwand mit dem Produkt aus Schadenshöhe und Schadenseintrittswahrscheinlichkeit vergleichen[578]. Um aber wirklichen Erkenntnisgewinn aus diesem Ansatz zu ziehen, braucht es dann eben konkrete Zahlen etwa zur Schadenseintrittswahrscheinlichkeit. Die haben Sie als Fallbearbeiter aber fast nie verfügbar (anders vielleicht in der Versicherungswirtschaft). Also müssen Sie über den Daumen peilen. Richtig überzeugend gelingt die Berechnung dann aber auch nur noch in Fällen, die auch mit konventionell-juristischem Denkansatz einigermaßen eindeutig zu entscheiden sind. Damit ist in solchen Situationen die ökonomische Analyse nur ein schickes Etikett, das Sie auf Ihre Überlegungen draufpappen können – oder eben nicht[579].

Jedenfalls müssen Sie auf die Schnittstelle zwischen gängigen juristischen Argumenten und ungewöhnlichem Theorieaufwand besondere Sorgfalt wenden.

- Das richtige **Zitieren einschlägiger Normen** sollte eine Selbstverständlichkeit sein. Gewöhnen Sie sich früh an, Rechtsnormen möglichst exakt zu zitieren[580]. Das zwingt Sie, sich zu entscheiden, welche Vorschrift Sie anwenden wollen. Je nach dem Grad der Untergliederung im Gesetz zitiert man nach § / Art., Abs.[581], Satz, Halbsatz, 423

Steinmetzler JA 1998, 335 ff.; *Heyers* AL 2010, 56 ff., zu *Rawls'* Theorie der Gerechtigkeit *Schwill* JA 2002, 433 ff.; zur feministischen Rechtstheorie *Lembke* Jura 2005, 236 ff., alle m.w.N.

575 Dies ist – natürlich – kein Plädoyer für eine Abschottung der Rechtswissenschaft gegenüber den Nachbarwissenschaften. Es ist nur der bescheidene Hinweis, dass Ihre fachübergreifenden Kenntnisse oft anderswo besser aufgehoben sind als in standardisierten Prüfungsleistungen des Typs Rechtsgutachten. Denken Sie an Ihre Doktorarbeit.
576 Dazu z.B. Soergel-*Hefermehl* § 138 BGB Rn. 175.
577 Eindrucksvoll immer auch der *homo oeconomicus*, vor dessen Auftritt man sich aber kurz über die korrekte Deklination vergewissern sollte, damit nicht *homo oeconomici* (wer das nicht glaubt, kann ja mal googeln; näher Rn. 368) daraus werden, wenn er sich Weib und Kind zulegt.
578 Dazu *Schäfer/Ott* Lehrbuch, 169 ff.
579 Während beim Fahrlässigkeitsbegriff also der ökonomische Blickwinkel bestätigt, was man juristisch schon zu wissen glaubte, führt er in anderen Zusammenhängen zu neuen Erkenntnissen; rein juristisch betrachtet ist die Idee des effizienten Vertragsbruchs nur schlecht darstellbar, ökonomisch gesehen hat sie dagegen einiges für sich.
580 Näher *Schmidt* JuS 2003, 649, 653 f.
581 Ob man beim Zitieren von Gesetzesnormen die Absätze mit IV (so das Gesetz) oder *Abs. 4* bezeichnet, ist Geschmackssache und hängt hauptsächlich davon ab, wie schreibfaul man ist. Aber: Einheitlich handhaben!

Teil 4: Arbeitshinweise

Nr./Ziff., 1. Alternative / Fall, am Ende, 1./2. Begehungsweise, 5. Spiegelstrich (= tir.), Buchst./lit. c).

Lassen Sie dabei zwischen den einzelnen Stellen Leerzeichen[582].
Beispiel: *§ 23 I 1 Alt. 2 Fall 3 Hs. 1 a. E.*

Hat eine Vorschrift mehr als zwei Fälle, sollte man nicht von *Alternativen*, sondern von *Varianten* oder *Fällen* sprechen.

Man kann sich die ständige Wiederholung des zitierten Gesetzes sparen, wenn man als erste Fußnote eine des Typs *§§ ohne Gesetzesbezeichnung sind solche des BGB* setzt.

424 • **Überschriften** sollten Sie möglichst nicht als Fragen formulieren (anders höchstens, wenn die Frage im Ergebnis verneint wird und das bereits durch die Überschrift deutlich werden soll), einheitlich mit Großbuchstaben beginnen lassen und am besten kurz fassen[583]. Der leichten Orientierung wegen sollten sie weniger als eine Zeile lang, jedenfalls nicht länger als zwei Zeilen und zumindest bei höherrangigen Überschriften durch erhöhten Abstand vom folgenden, unbedingt aber vom vorhergehenden Text abgesetzt sein[584]. Wichtiger als die Kürze ist die Aussagekraft der Überschrift.

Beispiel: Schreiben Sie statt *Mitverschuldenseinwand, § 254 BGB* lieber *Minderung der Anspruchshöhe wegen mitwirkender Verursachung durch O nach § 254 I 2 BGB*, weil das genauer und informativer ist.

Die Angabe der im anschließenden Abschnitt geprüften Norm hilft dem Leser bei der Orientierung.

Bilden Sie besser nicht Überschriften wie *Anwendung auf den vorliegenden Sachverhalt, Vorbemerkung, Rechtslage, Subsumtion, Fallanalyse*, lieber auch nicht *Eigene Meinung / Würdigung* u. Ä.

In Klausuren braucht man sie nur sparsam zu verwenden, aber setzen Sie möglichst über jeden Anspruch oder jeden Straftatbestand und vor jedes Ergebnis eine.

Oft werden Überschriften verständlicher, aussagekräftiger und gefälliger, wenn man sich nicht darauf beschränkt, den Wortlaut des Gesetzes wiederzugeben

Beispiel: Gelungener als *1. etwas erlangt, 2. durch Leistung, 3. ohne rechtlichen Grund* ist *1. Gegenstand der Bereicherung, 2. Leistung des <Leistenden>, 3. Fehlen eines Rechtsgrunds* – falsch sind aber auch die weniger schönen Überschriften nicht.

Kurze Überschriften sind willkommen – aber aussagelos kurz sollten sie auch nicht werden.

Beispiel: Wer nur *1.Anwendbarkeit* schreibt, muß sich darauf verlassen, dass der Leser sich den Sinn des Worts aus der nächsthöheren Überschrift erschließt; wer *1.Anwendbarkeit der AGB-Vorschriften* vorzieht, sieht sich noch nicht dem Vorwurf der Geschwätzigkeit ausgesetzt.

425 • Wenn möglich, vermeiden Sie **Unterstellungen**.

Beispiele: Beim Vertragsschluss kommt es häufig nicht darauf an, wer das Angebot und wer die Annahme erklärt. Bei gemeinsamer Unterzeichnung einer vorher ausgehandelten Vertragsurkunde ist das auch gar nicht feststellbar. Dahingehende Sachverhaltsauslegungen und Unterstellungen

---

582 Außer bei den a-Paragraphen, weil sonst so schwer zwischen *§ 312 f* und *§§ 312 f.* zu unterscheiden ist.
583 Lesenswerte Empfehlungen zur Formulierung von Überschriften bei *Slapnicar* in: Engel/*Slapnicar* Diplomarbeit, 152, 170 f.
584 Der Einheitlichkeit und Einfachheit halber stellt man das am besten in der Formatvorlage für die jeweilige Überschriftenebene ein. Je größer der Schriftgrad der Überschrift, desto mehr Platz fällt durch sie für inhaltliche Aussagen weg.

sind zu vermeiden, weil für die Subsumtion nicht erforderlich[585]. – Wenn Sie einen Eigentumsvorbehalt unterstellen, wo in der Aufgabe von einem Ratenzahlungskauf die Rede ist, mag das statistisch betrachtet stimmen; es kann aber Ihre Entscheidung auf einen ganz anderen Weg führen als vom Aufgabensteller vorgesehen – und daher falsch sein. – Leicht vermeiden lassen sich Unterstellungen auch bei Gestaltungsrechten[586].

Eine Unterstellung ist es allerdings nicht, wenn Sie **Erfahrungswissen** in die Fallbearbeitung einbringen. Ganz unbedenklich ist das immer, wenn es um die Anwendung von Naturgesetzen geht. Sie dürfen also davon ausgehen, dass die Schwerkraft wirkt, auch wenn der Sachverhalt das nicht eigens erwähnt. Problematischer wird es, wenn etwa zwischen zwei Ereignissen kein logisch zwingender Zusammenhang besteht, sondern nur ein – angeblich – statistischer oder empirisch belegbarer.

Beispiele: Die meisten Briefe kommen innerhalb Deutschlands einen Tag oder zwei Tage nach Aufgabe zur Post beim Adressaten an. – Nicht *Alle Jungs sind doof* (fragen Sie mal eine Neunjährige!), aber *Viele Jungs sind doof* (fragen Sie mal eine Sechzehnjährige!).

Hier sind Sie letztlich doch auf Unterstellung oder Spekulation angewiesen. Wenn es nicht anders geht, versuchen Sie Ihre Behauptung (*Regelmäßig führt ... zu ...*) zu belegen[587]. Manche angeblich gesicherte empirische Erkenntnis stellt sich dabei nämlich plötzlich als urban legend heraus[588].

Anderenfalls gibt es zwei Strategien:

- **Kaschieren** können Sie Unterstellungen durch Vokabeln wie *regelmäßig, typischerweise, im Allgemeinen, üblicherweise, normalerweise, gewöhnlich*, mit denen Sie aber sparsam umgehen sollten. Ebenfalls möglich ist das Aufstellen einfacher Behauptungen, die aber nicht stärker (lies: aussagereicher, inhaltsreicher und damit angreifbarer) ausfallen dürfen als im konkreten Zusammenhang benötigt. Am überzeugendsten wirken diese, wenn Sie einen Beleg dafür angeben können.

426

Formulierungen wie *... ist zu unterstellen* und deren platteste Umschreibungen sollten Sie besser vermeiden. Statt dessen schreibt man *... ist anzunehmen / kann angenommen / davon ausgegangen werden / ist der Sachverhalt dahingehend auszulegen, dass ... Von / Vom Vorliegen ... ist auszugehen / kann ausgegangen werden, Vermutlich / mutmaßlich ...* oder umgekehrt *... kann nicht ohne weiteres / ohne ausdrückliche Hinweise davon ausgegangen werden, dass ... Ob ..., ist nicht hinreichend / ausreichend / hinlänglich sicher zu klären. Für ... gibt der Sachverhalt nichts her.*

Bemühen Sie dabei möglichst nicht die **Lebenserfahrung**. Der 22-jährige Verfasser einer Übungsarbeit hat meist nicht so enorm viel Lebenserfahrung. Zudem hört sich das immer an wie der letzte Rettungsanker – und altklug klingt es noch dazu. Im Übrigen ist merkwürdigerweise die Lebenserfahrung des Korrektors oft eine andere[589].

Faustregel (leider viele Ausnahmen): Was im Sachverhalt nicht erwähnt ist, braucht man auch für die Entscheidung nicht. Je wichtiger für die Bearbeitung eine Information ist, desto weniger wird die Fallstellerin sie bewusst verschweigen.

---

585 Dazu oben Sachverhalt 2 (Rn. 41).
586 Dazu Rn. 447.
587 Für Statistiken beispielsweise ist das Statistische Bundesamt, das ein Statistisches Jahrbuch herausgibt, immer eine gute Adresse (www.destatis.de).
588 Wer das nicht glaubt, lese mal zum Vergnügen *Krämer/Trenkler* Lexikon der populären Irrtümer (zahlreiche Neuauflagen und Folgebände).
589 Deshalb sollte man die eigene Sachverhaltsauslegung auch nicht als *lebensnahe Auslegung* bezeichnen, auch wenn die Versuchung noch so groß ist. Damit verbunden ist immer der Vorwurf, alle anderen Sichtweisen seien lebensfern – und wer lässt sich das schon gern sagen?

Zum Kaschieren gehört auch das **Nicht-Thematisieren**. Das klingt gefährlicher als es ist. Teils braucht man die eigene Unterstellung überhaupt nicht zu erwähnen.

Beispiel: Enthält der Sachverhalt keine Aussage zu Alter und Geschäftsfähigkeit der Beteiligten, dürfen Sie unterstellen, dass es sich um volljährige und unbeschränkt geschäftsfähige Personen handelt. Das ist nämlich statistisch und rechtlich der Normalfall; auf Abweichungen davon würde der Sachverhalt hinweisen. Im Gutachten verliert man über die Geschäftsfähigkeit der Parteien in einer solchen Situation kein Wort.

- **Offenlegen**

427   Wenn Sie doch einmal glauben, eine Lücke im Sachverhalt gefunden zu haben, stellen Sie sie zunächst ausdrücklich fest.

Beispiel: *Ob ... (oder ...) der Fall ist, lässt sich nicht mit der nötigen Eindeutigkeit sagen / dem Sachverhalt nicht entnehmen.*

Anschließend sollten Sie in aller Klarheit die Unterstellung vornehmen.

Beispiel: *Im Folgenden ist daher mit Blick auf* (wenn es für eine bestimmte Auslegung andere als nur strategische Argumente gibt, führen Sie diese hier an, z. B. *Ein solches widersprüchliches / interessenwidriges Verhalten des H kann nicht (ohne weiteres) unterstellt werden*) *davon auszugehen, dass / wird angenommen, dass ... etc. Ein Indiz / Anhaltspunkt / Hinweis hierfür / für eine solche Annahme ist ... Es soll (hier) daher angenommen werden, dass ... Zwar ist auch ... vorstellbar. Angesichts ... ist dies jedoch wenig wahrscheinlich. Daher wird im Folgenden davon ausgegangen, ... Auch wenn / Obwohl / Wiewohl die Einzelheiten ... nicht bekannt sind, lässt sich aus dem Zusammenhang schließen, ... Zudem deutet ... darauf hin, dass ... Jedenfalls liegt ... nahe, weil ...*

Manche Unterstellungen brauchen gar nicht erst argumentativ unterfüttert zu werden.

Beispiel: *Vom ursprünglichen Eigentum des L am Fahrrad ist auszugehen.* Entweder diese Unterstellung liegt im Sinne des Prüfers oder nicht. Wenn nicht, wird wahrscheinlich auch die Fallbearbeitung einen heiklen Verlauf nehmen. Wenn ja, braucht man nicht auf den Rechtsgedanken in § 1006 I 1 BGB zurückzugreifen. Sogar die Einleitung *Mangels anderer Hinweise ...* ist oft entbehrlich.

Andere Unterstellungen hat der Aufgabensteller vielleicht schon vorausgesehen und wird sie deshalb klaglos akzeptieren.

Beispiel: (Problem: Eintritt der Unmöglichkeit i.S.v. § 275 I BGB nach Konkretisierung (§ 243 II BGB) einer Gattungsschuld zur Stückschuld im Versandhandel bei Schickschuldvereinbarung, Voraussetzung ist, dass der Schuldner die Kaufsache einer verlässlichen und geeigneten Transportperson übergeben hat[590].) Wenn der Sachverhalt nur die Information enthält, V habe den Paketdienst T mit dem Transport beauftragt, soll man als Bearbeiterin davon ausgehen, es handele sich um einen geeigneten und qualifizierten Transporteur. Alles andere würde der Aufgabensteller durch gegenteilige Informationen im Sachverhalt kenntlich machen. *Es ist anzunehmen, dass T als Transportunternehmen grundsätzlich verlässlich ist.* Wenn Sie den Gedanken noch etwas auskonturieren wollen und der Sachverhalt wenigstens einen kleinen Anhaltspunkt für Zweifel ergibt, können Sie fortfahren mit *Daran ändert sich nichts dadurch, dass der Angestellte A der T hier einen Verkehrsunfall mit verursacht / das Paket des V unterschlagen etc. hat. Zum einen war das vorher nicht absehbar, zum anderen würde ein vereinzeltes solches Geschehen auch für die Zukunft die Verlässlichkeit der T nicht in Frage stellen.*

Sehr überzeugend kann es auf den Leser wirken, wenn Sie mit einer unklaren Sachverhaltsinformation so umgehen, dass Sie zunächst mit einem guten Argument die Ihnen plausibler scheinende Lesart wählen und dem Gutachten zugrundelegen. Daran können Sie eine hilfsweise Prüfung anschließen, diese aber ausdrücklich schlank halten

---

590 Palandt-*Heinrichs*, § 243 BGB Rn. 5.

– schon um nicht den Eindruck zu erwecken, Sie trauten Ihrer eigenen Interpretation nicht.

Beispiel: *Geht man von ... aus – was mit Blick auf die Sachverhaltsschilderung vorstellbar erscheint –, gelangt man wegen <Argument> zu einem ganz ähnlichen Ergebnis.*

Am besten gelingt das, wenn die hilfsweise Argumentation in rechtlicher und / oder tatsächlicher Hinsicht keine Probleme aufwirft.

Man kann auch versuchen, die Leserin ein bisschen zur Komplizin zu machen, indem man sie gedanklich in die die Unterstellung erfordernde Situation hineinzieht.

Beispiel: *Will man nicht ... unterstellen – wofür es an allen Anhaltspunkten fehlt – ist der rechtlichen Bewertung ... zugrunde zu legen.*

Im weiteren Text betonen Sie besser nicht die Unterstellung.

Beispiel: *Wie oben unterstellt / angenommen* u. Ä.

Sie könnte ja ein Fehler gewesen sein ...

Wenn es irgendwie möglich ist, sollten Sie den auf der Unterstellung beruhenden Teil Ihrer Erörterungen knapp halten.   427a

Beispiel: Ihr Gutachten hat ergeben, dass A gegen B keinen Schadensersatzanspruch aus §§ 280, 283 BGB wegen Unmöglichkeit der Übereignung der gekauften Sache hat, weil B den kurz vor der geplanten Übereignung erfolgten Diebstahl nicht zu vertreten hat. Wenn die Aufgabe nur nach Schadensersatz fragt, ist hier Schluss. Wollen Sie zeigen, dass Sie gesehen haben, wie eine gerechte Entscheidung aussieht, schließen Sie einen (!) Satz an: *Geht man davon aus, dass B als gewerblich Handelnder gegen das Risiko solcher Diebstähle versichert ist, so hat A nach § 285 I BGB Anspruch auf Auszahlung der Versicherungssumme.* Wenn Sie das knackig kurz halten, verlieren Sie wenig Zeit und haben die Chance, einen Extrapunkt mitzunehmen.

Exkurs: Zum Umgang mit dem Sachverhalt
Im allgemeinen ist der Sachverhalt sehr vorsichtig, geradezu pfleglich zu behandeln – am besten wie ein rohes Ei. Das wird später in der juristischen Praxis anders: Als Parteivertreter (und teils auch als Richterin) kann man auf den Sachverhalt Einfluss nehmen. Für Studentinnen aber gilt *Don't mess with the Sachverhalt*. Oder vielleicht noch pointierter *don't fix it if it isn't broken*. Wenn Sie einen geringfügig oder erheblich anderen Sachverhalt bearbeiten als den zur Begutachtung gestellten, führt das günstigstenfalls zu einem moralischen Problem für die Korrektorin. Die muss dann nämlich entscheiden, ob sie die Ausarbeitung von vornherein für ganz oder teilweise untauglich erklärt (Thema verfehlt) oder ob sie sich die Mühe macht, für den von Ihnen unterstellten Sachverhalt eine Alternativlösung zu erarbeiten. Die damit verbundenen Ärgernisse und Risiken erspart man sich und anderen am einfachsten, indem man den Sachverhalt als heilig betrachtet.

Wenn man wirklich einmal nach langem Heruminterpretieren nicht weiterweiß, fragt man beim Aufgabensteller, wie der Sachverhalt zu verstehen sei. Es kommt eben manchmal vor, dass auch kluge Professoren eine mögliche Lesart ihres Sachverhalts erst auf studentische Rückfrage bemerken. Aber erst nachdenken – dann rückfragen!

Dieser mühselige Umgang mit dem Sachverhalt ist meist in der Klausur schnell erledigt: Die Zeit ist knapp. In der Hausarbeit kann er ziemlich viel Nerven kosten. Bedenken Sie: Außerhalb der Universität ist das Problem nur noch halb so schlimm, weil Sie nötigenfalls ergänzende Informationen einholen können. Im akademischen Betrieb zu üben ist trotzdem sinnvoll, denn einen kurzen Text regelgeleitet und halbwegs wirklichkeitsnah zu interpretieren ist eine Kunst.

Beispiel: Wenn bei der Sachverhaltsauslegung der eigene Wunsch der Vater des Gedankens ist, kann sich das bitter rächen. Erwähnt etwa der Sachverhalt eine *Klausel im Mietvertrag* im Wortlaut, so wird es bestimmt auf das wörtliche Zitat ankommen, so dass eine Auslegung der betreffenden Bestimmung erforderlich ist[591]. Die Bezeichnung als *Klausel* darf Sie aber nicht dazu veranlassen, ohne irgendeinen Hinweis zu unterstellen, es handle sich um eine AGB-Klausel – nur

---

591 Dazu Rn. 443.

weil Sie gerne mit einer AGB-Prüfung Punkte sammeln möchten. Die so entstehende überflüssige (und schlimmstenfalls inhaltlich fehlerbehaftete) Erörterung ist meist mehrere Seiten lang. Das rächt sich nicht erst in der B-Note.

428 • Nur ausnahmsweise empfehlenswert ist es, Fragen mangels genauer Informationen **offenzulassen**, wie man das manchmal in Musterbearbeitungen und Urteilen findet. Das ist zwar ehrlich, trifft aber oft nicht das vom Fallsteller Gewollte. Versuchen Sie zuerst, die erforderliche Information über gesetzliche Vermutungen, Beweislastregeln, Sachverhaltsauslegungen oder Unterstellungen zu beschaffen.

429 • Eine andere Form des Umgangs mit **Lücken im Sachverhalt** besteht darin, schlicht das gesetzliche Erfordernis zu benennen und dann nicht darunter zu subsumieren.
Beispiele: *Ein Anhörungsverfahren im Sinne des § 28 I VwVfG muss stattgefunden haben* oder *Erforderlich ist ein Strafantrag, <Norm>*.

Wenn man keine Unterstellung in die eine oder andere Richtung vornehmen will, ist das eine gute Möglichkeit, dem Leser zu zeigen, dass man das betreffende Erfordernis wenigstens gesehen hat.

430 • Die **Bezugnahme auf die herrschende Meinung** (*Nach h. M. / überwiegender Ansicht*) insbesondere ohne argumentative Vertiefung ist opportunistisch und unreflektiert: Der Mehrheitsstatus einer Ansicht sagt nichts über ihre Richtigkeit[592].

Weiß man nicht, was die h. M. zu einem entscheidungsrelevanten Problem sagt, ist es nicht angebracht, sich eine h. M. zu erfinden: Der Leser weiß es besser oder kann wenigstens nachschlagen.

Es ist ein verbreiteter Irrtum, dass die Kenntnis der jeweils h. M. und deren Darstellung etwas daran änderten, dass Sie selbst begründen müssen, warum Sie sich für dieses oder jenes Ergebnis entscheiden.

Übrigens: *M.M.* heißt nicht *Mindermeinung*[593] – es ist keine minder gute Meinung –, sondern *Meinung einer Minderheit*. Verdeutlichen Sie sich gelegentlich den Unterschied. *Sondermeinung* verrät allenfalls dem Leser, dass Sie die so bezeichnete Ansicht nicht recht in Beziehung zu den anderen Ansichten haben setzen können, ist aber im Übrigen aussagefrei. Unschön ist die gelegentlich anzutreffende Bezeichnung *herrschende Literatur* – gemeint ist wahrscheinlich die *im Schrifttum überwiegende Ansicht*. Vermeiden Sie möglichst *Einige Vertreter in der Literatur wollen ...*[594] zugunsten von *Einzelne Stimmen im Schrifttum wollen ...* oder zur Not von *Einer teilweise vertretenen Ansicht zufolge ...*

431 • Eine bedachtsam einzusetzende Argumentationstechnik ist das **laufende Vergleichen mit Präzedenzfällen**. Sie sollten erst subsumieren, dann Vergleiche anstellen. Das deutsche Rechtssystem ist nicht so präzedenzfallorientiert wie etwa das angloamerikanische. Wenn Sie einen Sachverhalt nur durch Vergleich mit höchstrichterlichen Entscheidungen bearbeiten, besteht außerdem die Gefahr, beim ständigen Blick auf die Ähnlichkeiten die Unterschiede zu übersehen oder zu vernachlässigen. Im Übrigen gibt es keine *gleichen* Sachverhalte, sondern nur *ähnliche* oder *vergleichbare*. Ob zwei Sachverhalte insgesamt oder in einer bestimmten Hinsicht gleich oder vergleichbar sind, ist das Ergebnis einer wertenden Betrachtung. Wenn der Vergleich für die Argu-

---

592 Lehrreich *Wesel* hM; *Pilniok* JuS 2009, 394 ff.; *Theisen* Wissenschaftliches Arbeiten, 87; *Schopenhauer* Eristische Dialektik, 57 ff.; vertiefend *Althaus* Konstruktion; *Drosdeck* herrschende Meinung.
593 Leider ganz verbreitet, z.B. *Prasse* MDR 2006, 360, 362; BGH NJW 2002, 1881, 1882; BGHZ 168,1 ff, Rn.24; dagegen schon *Horn* Jura 1984, 499, 500.
594 Denkt man da nicht gleich an den *Tod eines Handlungsreisenden*?

mentation wichtig ist, muss man dem Leser wenigstens kurz erklären, warum man die Sachverhalte für ähnlich hält.

Zurückhaltung ist auch angebracht beim Vergleich mit Beispielsfällen aus Lehrbüchern; nicht diese sollen entschieden werden, sondern der Ihnen gestellte Sachverhalt. Zudem sind Lehrbuchfälle aus didaktischen Gründen von allen störenden Einzelheiten befreit – gerade auf solche Einzelheiten kann es aber für die richtige Entscheidung ankommen.

- Das **Forderung nach Widerspruchsfreiheit** gilt nicht nur für die formale Gestaltung einer Arbeit[595], sondern erst recht für deren Inhalt. Ist eine Streitfrage an mehreren Stellen entscheidungserheblich, dürfen Sie sich nicht einmal so und ein andermal anders entscheiden. Haben Sie den Sachverhalt in eine bestimmte Richtung ausgelegt, müssen Sie an dieser Auslegung auch später festhalten. Schließen Sie sich einer juristischen Glaubenslehre 432

    Beispiel: kausaler oder finaler Aufbau im Strafrecht

    an, können Sie dieses Bekenntnis nicht bei nächster Gelegenheit über Bord werfen. Inkonsistenzen in der Argumentation gehen zu Ihren Lasten.

- **Zirkelschlüsse** 433

    Beispiel: *Ein Sachkauf setzt einen wirksamen Sachkauf voraus.* – Wenn schon Ihr Obersatz diese Form annimmt, was soll denn dann als logischer Schluss am Ende stehen?

    und überhaupt **offenkundige Fehlschlüsse**

    Beispiele: *Z verfügt über einen gedruckten Kaufvertrag, daraus folgt, dass er über mindestens drei Verträge dieser Art verfügt.* – Wieso eigentlich? *Da A für B rechtsgeschäftlich tätig wird, verfügt er auch über eine Stellvertretervollmacht im Sinne des § 167 BGB.* – Nein! Wenn das stimmte, bräuchte man keine Regeln über die Vertretung ohne Vertretungsmacht. *Da B Angestellter des A ist, tritt er auch im Namen des A auf.* – So sollte es sein, aber so ist es nicht immer (und schon gar nicht in juristischen Prüfungsarbeiten); *Laut Sachverhalt war A zum Zeitpunkt der Bestellung in Urlaub, also kann er die Willenserklärung nicht selbst abgegeben haben.* – Wieso eigentlich nicht? Gibt es nicht Telefone, Faxe, E-Mails? Und bedeutet Urlaub zwangsläufig, dass A auf Malle und damit ortsabwesend war?

    sind menschliche Fehler und können in den besten Familien vorkommen[596]. Sie sollten aber nicht schon beim ersten Lesen ins Auge springen.

    Teils fällt der Fehler erst beim zweiten Hinsehen auf.

    Beispiele: *Das Ausstellen des Geräts im Schaufenster des T war nur eine invitatio ad offerendum. Somit ging das Angebot von C aus.* – Zwar mag es stimmen, dass das Angebot von C ausgegangen ist. Das ergibt sich aber nicht logisch (*somit*) daraus, dass das Ausstellen im Schaufenster nur eine invitatio ist. Schließlich kann neben oder nach der invitatio T auch ein verbindliches Angebot erklärt haben. Eine solche Argumentation mag zwar zum richtigen Ergebnis führen – aber eben nur zufällig, wenn die Logik der Sache nicht beachtet wird. *Da C aber minderjährig ist, ist sie beschränkt geschäftsfähig* – Vielleicht drückt die eine oder andere Korrektorin bei solchen Aussagen ein Auge zu, wenn sie für den zu bearbeitenden Fall richtig sind und nicht zu weiteren Fehlern führen. Aber die Aussage bleibt falsch hinsichtlich der behaupteten Kausalbeziehung: Nicht jeder Minderjährige ist beschränkt geschäftsfähig – es gibt auch geschäftsunfähige Minderjährige (§ 104 Nr. 1 BGB).

    Dagegen hilft nur aufmerksames Gegenlesen[597].

---

595 Dazu Rn. 323 unter 3.
596 Zur Vertiefung: *Schneider/Schnapp* Logik, § 51; *Klaner* Basiswissen Logik; anspruchsvoll *Joerden* Logik im Recht.
597 Dazu noch Rn. 469 ff.

Teil 4: Arbeitshinweise

434 • **Offensichtliche Fehler bei der Prüfungsreihenfolge** führen zur Abwertung. Innerhalb einer einzelnen Norm ist die Reihenfolge der verschiedenen Tatbestandsmerkmale oft einigermaßen beliebig; Sie können also nach persönlichem Geschmack, nach der Reihenfolge des Gesetzestexts oder nach Zweckmäßigkeitserwägungen vorgehen. Die innere Logik einer Norm sollte man nicht ignorieren[598].

Beispiel: Bei Zurechnungsnormen (Stellvertretung, Verschuldenszurechnung nach § 278 BGB usw.) ist es irritierend, zuerst zu fragen, ob es sich um einen Stellvertreter oder Erfüllungsgehilfen handelt, und erst danach, ob überhaupt eine zurechenbare Willenserklärung oder ein zurechenbares schuldhaftes Verhalten vorliegt[599].

Die richtige Reihenfolge der Prüfung mehrerer konkurrierender Normen

Beispiel: Zahlungsansprüche aus Vertrag, Rückabwicklungsschuldverhältnis, Geschäftsführung ohne Auftrag, ungerechtfertigter Bereicherung, unerlaubter Handlung und Eigentümer-Besitzer-Verhältnis

ist eine eigene Wissenschaft, die ihre Argumente aus dem materiellen Recht bezieht und hier nur erwähnt, nicht aber vertieft werden kann[600].

Exkurs: Richtige Prüfungsreihenfolge[601]:
In welcher Reihenfolge die Bearbeiterin den rechtlichen Stoff präsentiert, hängt in erster Linie von Erwägungen in der Sache (also meist: des materiellen Rechts) und in zweiter Linie von Zweckmäßigkeitsüberlegungen ab (wie viel Zeit oder Platz steht zur Verfügung, wo sind Schwerpunkte zu setzen, welcher Grad an Komplexität ist für den Leser noch zumutbar?). Manchmal lassen die Zweckmäßigkeitsfragen ein Abweichen von der sachlich naheliegenden Reihenfolge geboten erscheinen. Das ist die Ausnahme, nicht die Regel[602].

435 • Dass **inhaltliche Fehler** die Qualität Ihres Gutachtens beeinträchtigen, liegt auf der Hand. Besondere Sorgfalt braucht die rechtzeitige Beseitigung eines bestimmten Typs unnötiger und beiläufiger Fehler.

Beispiel: *Da L durch den Leihvertrag Besitz an dem Fahrrad erlangt hat, ...* signalisiert die (versehentliche?) Nichtbeachtung des Trennungsprinzips. Es muss heißen *Da L aufgrund / in Erfüllung des Leihvertrags Besitz an dem Fahrrad erlangt hat, ...* Noch deutlicher wird das Problem bei *K hat durch den Kaufvertrag Eigentum an dem Automobil erlangt* und *Zunächst einmal ist durch Einigung und Übergabe (§ 929 S. 1 BGB) ein wirksamer Kaufvertrag im Sinne des § 433 BGB geschlossen worden.* Selbst Examenskandidatinnen, die das Trennungs- und Abstraktionsprinzip längst (wenn auch widerwillig) verstanden haben, geben derlei aus Gedankenlosigkeit noch von sich.

Besonders tückisch sind inhaltliche Fehler, die in Textabschnitten auftauchen, die Sie für das Gutachten nicht gebraucht hätten.

---

598 Dazu auch schon Rn. 416.
599 Abweichen kann man von der logisch sinnvollen Reihenfolge aber immer, wenn ein logisch nachgeordnetes Tatbestandsmerkmal (z.B. Erfüllungsgehilfeneigenschaft) klar zu verneinen ist, so dass das logisch vorrangige (z.B. Vertretenmüssen des Erfüllungsgehilfen) unnötigerweise breit geprüft werden müsste.
600 In Hausarbeiten sollte man darauf Sorgfalt und Zeit wenden. In Klausuren kommen die Konkurrenzen oft schon wegen des Zeitdrucks sehr kurz; manchmal entsteht der Zeitdruck aber erst gerade daraus, dass Bearbeiter über Konkurrenzfragen gar nicht dachdenken, deshalb unnötigerweise zwei zusätzliche Ansprüche prüfen – und so Zeit verlieren.
601 Kluge Bemerkungen dazu bei *Horn* Jura 1984, 499, 501.
602 Um bewusst von der Regel abweichen zu können, braucht man eine Vorstellung von ihrem Inhalt. Also muss man ein Notgepäck auswendig kennen. Im Strafrecht ergibt sich das aus dem Straftataufbau. Fast alle privatrechtlichen Gutachten im Anspruchsaufbau lassen sich sinnvoll nach dem Schema *I. Anspruchsentstehung II. Einwendungen/Ausschlusstatbestände III. Einreden IV. Anspruchsübergänge* organisieren. Wer das nicht beherzigt, wird immer schief angeguckt und schlechter bewertet.

Beispiel: Wer den Eigentumsübergang in einem Fall des Eigentumsvorbehalts (§ 449 BGB) erörtert, braucht in aller Regel auf die Wirksamkeit des zugrunde liegenden Kaufvertrags nur kurz einzugehen; wer es aber tut, darf dann nicht den Kaufvertrag als unter einer aufschiebenden Bedingung (§ 158 I BGB) abgeschlossen bezeichnen, sondern eben nur die auf Übereignung gerichteten Willenserklärungen (§ 929 BGB).

Weniger schwerwiegend, aber für die routinierte Leserin immer noch auffällig und ärgerlich sind Ungenauigkeiten im sprachlichen Ausdruck, die den Schluss auf eine oberflächliche Gedankenführung nahe legen.

Beispiel: In dieser Kürze ungenau ist *Der Vertrag müsste unmöglich geworden sein*. Besser muss es heißen *Die Übergabe und Übereignung des verkauften Pferds müssen unmöglich geworden sein*, denn unmöglich wird nicht der Vertrag, sondern die Erfüllung einer sich daraus ergebenden Pflicht.

- Wirklich brauchbare Regeln zur **Schwerpunktsetzung** gibt es nicht[603]. Trotzdem ist es nützlich, sich ein Gespür dafür anzueignen. Wahrscheinlich hilft da nur Routine[604].   436

Beispiele: Es entspricht allgemeiner Überzeugung, dass die analoge Anwendung des § 113 I 4 VwGO auf Verwaltungsakte, die sich bereits vor Klageerhebung erledigt haben, zulässig und geboten ist. In der Klausur sollte daher hier nichts mehr argumentativ unterfüttert werden. In der Hausarbeit begnügt man sich mit einer knappen Begründung und einer Fußnote oder zwei. Die Schwerpunkte liegen in aller Regel anderswo. Nach der Anfängerübung weiß man das.

Jedenfalls sollte man versuchen, nicht durch offensichtliche Fehler dem Korrektor unnötigerweise Anlass zur Kritik zu geben.

Beispiele: Diskutieren Sie nicht seitenlang, ob nun durch die Handlung des T der Körper oder die Gesundheit des O verletzt wurde – § 823 I BGB knüpft an beides die gleiche Rechtsfolge, so dass die Frage akademischen Charakter hat[605]. Auch umfängliche Ausführungen zum Vorsatz sind nicht nötig, wenn – wie häufig – fahrlässiges Handeln für die Haftungsbegründung genügt und ohne weiteres zu bejahen ist. Die Entscheidung zwischen Konsensual- und Realvertragstheorie beim Darlehen ist unnötig, wenn die Darlehenssumme ausbezahlt wurde (und auch sonst eher kurz zu diskutieren). Gleiches gilt für die Abgrenzung der condictio indebiti zur condictio ob causam finitam (§ 812 I 1 Fall 1 oder § 812 I 2 Fall 1 BGB) bei Anfechtung des der Leistung zugrunde liegenden Vertrags.

Die zugrundeliegende Regel lautet verallgemeinert: Wenn das Gesetz eine Unterscheidung einführt, die aber für die konkret interessierende Rechtsfolge keine Bedeutung hat, darf man auf die Unterscheidung nur wenige Worte verwenden. Alles andere erweckt den Eindruck, Sie hätten den Sinn der Norm nicht verstanden.

Beispiele: Die in Rn. 243b erwähnte Unmöglichkeit führt zum Ausschluß der Leistungspflicht (nach § 275 I BGB), egal ob es sich ume eine anfängliche oder nachträgliche, objektive oder subjektive, zu vertretenden oder nicht zu vertretende handelt. Wer also das Erlöschen eines Anspruch nach § 275 I BGB erörtert, braucht auf die Unterscheidungen keine oder wenig Mühe zu investieren; geht es aber um die richtige Anspruchsgrundlage für Schadensersatz (§ 311a II oder §§ 280, 283 BGB), muß nach anfänglich und nachträglich unterschieden werden; geht es um die

---

603 Ein paar Hinweise aber immerhin in Rn. 243 ff.
604 Routine eignet man sich auf zwei Wegen an: Zum einen muss man immer wieder (und das bedeutet: öfter als die Prüfungsordnung vorschreibt) Übungsaufgaben bearbeiten. Wenn man den Text schon nicht ausformuliert, sollte man wenigstens eine ernsthafte Gliederung entwerfen und diese mit einer Einschätzung des Gewichts der einzelnen Probleme verbinden. Zum anderen kann man sich auf dem Trockenen überlegen, wie die angemessene sprachliche Form aussehen könnte.
605 Ausführliche Erörterungen sind in solchen Situationen unangebracht und werden teils als falsch angesehen. Vermeiden lassen sie sich, indem man konsequent bei der Auseinandersetzung mit Streitfragen eingangs nach der Bedeutung für die Entscheidung des konkreten Sachverhalts fragt; dazu Rn. 181.

Teil 4: Arbeitshinweise

Voraussetzungen des Schadensersatz (§ 280 I 2 BGB), ist zu entscheiden, ob der Schuldner für das Ausbleiben der Leistung verantwortlich ist. – Wenn § 536 BGB beim Mietmangel zwei Möglichkeiten zulässt (nämlich den anfänglich vorliegenden und den später auftretenden Mangel), sollte man auf die Subsumtion und die Unterscheidung nicht allzu viel Mühe investieren, wenn es für die konkret in Frage stehende Rechtsfolge auf die Unterscheidung gerade nicht ankommt, etwa bei § 536a II BGB.

Für das Identifizieren der Schwerpunkte einer Aufgabe mag es vielleicht keine richtigen Regeln geben[606] – es gibt aber wenigstens ein paar Indizien.

Eines davon ist die im Sachverhalt beschriebene Interpretation, die die Konfliktparteien selbst ihrem vorherigen Verhalten beilegen.

Beispiel: Wahrscheinlich ist der wirksame Vertragsschluss kein allzu großes Problem, wenn ausweislich des Sachverhalts die Parteien den Vertrag beiderseits erfüllen und erst während der Erfüllung eine Leistung ausbleibt, über die dann gestritten wird. Das ist aber eben nur ein Indiz. Da im Streit den Parteien jedes Argument recht ist, muss man damit rechnen, dass sich die auf Leistung in Anspruch genommene Partei mit dem Einwand verteidigt, der Vertrag sei nicht wirksam geschlossen. Also muss man als Bearbeiter auch darüber nachdenken.

437 Viele Sachverhalte sind so konstruiert, dass sie wenige größere Probleme enthalten (ungefähr ein bis drei) und daneben einige kleinere bis allenfalls mittlere Nebenschauplätze (etwa drei bis sieben). Sie können sich das zunutze machen, indem Sie am Anfang der Bearbeitung und bei Bedarf immer wieder eine Liste der großen und kleinen Probleme aufstellen und schätzen, wie viel Platz Sie ihnen jeweils in der Darstellung einräumen wollen (z. B. drei Seiten oder 20 %). Das hilft zugleich bei der zeitlichen Planung: An einem Problem, das man in ein oder zwei Absätzen abhandeln will, darf man keine drei Wochen verbringen[607].

Eine Möglichkeit, an den Schwerpunkten vorbei zu denken und zu schreiben, besteht darin, das nur scheinbar Selbstverständliche nicht ausreichend unter die einschlägigen Normen zu subsumieren. Es darf eben nicht von der Behauptung des Anspruchstellers, er sei in seinem Arbeitsverhältnis *gemobbt* worden, ohne detaillierte Subsumtion darauf geschlossen werden, es bestehe ein Anspruch auf Ersatz des entstandenen immateriellen Schadens[608]. Dass ein bestimmtes tatsächliches Verhalten (z.B. Drängeln auf der Autobahn) manchmal, oft oder fast immer rechtlich auf eine bestimmte Art zu bewerten ist (z.B. Nötigung), bedeutet nicht, dass es immer rechtlich auf diese Art zu bewerten und deshalb die Subsumtion entbehrlich sei. Die Feststellung im Einzelfall obliegt dem Bearbeiter. Wer sich in der Übungsarbeit mit der pauschalen Subsumtion begnügt, bleibt argumentativ auf dem Niveau des juristischen Laien.

438 • Wenig empfehlenswert ist das großzügige Zusammenfassen verschiedener Personen, Gegenstände, Umstände, Argumente. Für den Leser erweckt solches Vorgehen leicht den Eindruck eines unsystematischen **Durcheinanderwerfens von Personen, Anspruchsgegenständen usw.** Wenn es nicht die Aufgabe ausdrücklich verlangt, ist es

---

606 Wenn man die offenkundigen Banalitäten einmal ausklammert. Denken Sie aber trotzdem daran, dass in einer sachenrechtlichen Hausarbeit der Einstieg im Vertragsrecht spielen kann oder im Erbrecht – wenn dagegen alle Probleme z.B. familienrechtlicher Art zu sein scheinen, setzen Sie vermutlich gerade falsche Schwerpunkte.
607 Einige Handreichungen zum Umgang mit unterschiedlich großen Problemen finden Sie bei Rn. 227 ff.
608 Lesenswert dazu BAG MDR 2007, 1380, 1381): *Mobbing ist kein Rechtsbegriff und erst recht keine Anspruchsgrundlage*; LAG Berlin MDR 2003, 881 f.; Definitionsansatz bei BAG NJW 1997, 2542.

klüger, verschiedene Anspruchsteller, -sgegner, Straftäter usw. getrennt zu diskutieren[609].

Beispiel: Besonders deutlich wird dies bei Schadensersatzansprüchen, bei denen eine Vielzahl von Ersatzleistungen (materieller Schadensersatz für unterschiedliche Gegenstände und Verletzungen, Schmerzensgeld aus verschiedenen Gründen usw.) verlangt wird.

Spätestens auf der Rechtsfolgenseite muss die Prüfung aufgegliedert werden. Im Gutachten heißt es dann *Hinsichtlich <des Vorbringens> <des Anspruchstellers> ist zu differenzieren: Soweit damit ... gemeint / davon ... betroffen ist, ist ... unbeachtlich / kann es darauf nicht ankommen. Etwas Anderes gilt jedoch für ...: ...*
Bei deutlicher Zeitnot in Klausuren gilt aber: Besser zu pauschal gesagt als gar nicht.

- Vermeiden Sie **nichtssagende Obersätze** wie *Zu prüfen ist, welche Auswirkungen ... auf ... hat* oder *Es fragt sich, welche rechtlichen Folgen daraus zu ziehen sind*[610] und *Fraglich ist, wie es sich auswirkt, dass ...* . Das spiegelt wider, was Sie beim Durchdenken der Aufgabe getan haben. Für die Darstellung Ihres Ergebnisses ist es zu ungenau. Zurückhaltung sollte man überhaupt mit dem beliebten *Fraglich ist, ob ...* üben. Es muss schon vorher oder spätestens im nächsten Satz deutlich werden, warum das »Fragliche« interessiert, welche Rechtsfolge also zur Diskussion steht. *Klärungsbedürftig ist zunächst die Rechtsnatur des/r ...* sollten Sie nur verwenden, wenn sofort folgt *Ordnet man ihn/es/sie nämlich als ... ein, so <entscheidungsrelevante Folge>*.

439

Wer nicht die richtigen Fragen stellt, wird nicht oder nur zufällig zur richtigen Antwort kommen. Deshalb kann man auf die klare Formulierung der Obersätze nicht genug Mühe verwenden. Wenn Sie ein Problem ausführlich diskutieren, muss der Leser, dem das zu langweilig wird, beim erneuten Lesen des Obersatzes sofort wieder einsehen, dass diese Erörterung für das Ergebnis wichtig ist.

Der Obersatz soll die Rechtsfolge so deutlich wie irgend möglich nennen.
Beispiele: Nur der zweitbeste Ansatz ist *Fraglich ist, wie es sich auswirkt, dass C bei Vertragsschluss erst 16 Jahre alt war*. Der rechtskundige Leser ahnt zwar, wohin die Reise gehen wird – aber er erfährt nicht unmittelbar, ob nun die Wirksamkeit des Vertrags zweifelhaft ist oder seine Unwirksamkeit oder was sonst diskutiert werden soll. Besser und gar nicht aufwendiger ist *Der Vertrag kann aber wegen der beschränkten Geschäftsfähigkeit der C nach § 108 I BGB unwirksam sein*. Auch nicht optimal ist *Zwar ist C bei Vertragsschluss nur beschränkt geschäftsfähig, doch führt das nicht automatisch zur Nichtigkeit des Vertrags*. Das moderiert zwar den Gedanken gar nicht schlecht, aber es führt den Leser an einer zu langen Leine. – Das Problem wird auch schon erkennbar an *Fraglich ist, welche Partei das Angebot gemacht hat*. – Da schreibt der Korrektor sofort *Warum?* an den Rand. In aller Regel kommt es gerade nicht darauf an, welche Partei das Angebot abgegeben hat. Besser heißt es also: *Ein Angebot kann von C ausgegangen sein, als diese erklärte, sie wolle den PC für € 700,- kaufen*. Besser ist es immer, die Rechtsfolge mitsamt der sie anordnenden Norm ausdrücklich zu nennen. Wer sich das bei »einfachen« Problemen angewöhnt, wird bei schwierigen Fragen Nutzen daraus ziehen.

Der Obersatz soll aber auch – sofern irgend möglich – den tatsächlichen Anknüpfungspunkt für die Rechtsfolge klar identifizieren.
Beispiel: Zu ungenau ist *Ein Angebot könnte hier durch C in der Internetauktion zu sehen sein*. Vielmehr sollte ein menschliches Handeln, genauer: ein Erklärungshandeln, also eine (wenigstens potentielle) Willenserklärung) benannt werden. Es kann also etwa heißen *Ein Angebot kann darin liegen, dass C die Beschreibung des Pkw nebst Startpreis auf der Internetauktionsplattform eingestellt hat*.

---

609 Nicht umsonst erkennt man beim fröhlichen Fakultätenraten nach Lieblingssätzen die Juristin recht schnell an *Es kommt darauf an ..., Hier ist zu differenzieren: ..., Das hängt davon ab, ob ...* und *Zu unterscheiden ist zunächst zwischen ...*
610 RGZ 97, 336, 338.

440 • Die papierne Beschaffenheit des Sachverhalts erfordert dessen **umfassende Auswertung**. Lesen Sie ihn gelegentlich noch einmal daraufhin durch, ob alle Informationen im Gutachten verwertet sind. In aller Regel steht nichts in der Aufgabe, was nicht zumindest für eine denkbare Entscheidungsmöglichkeit bedeutsam wäre. Nur Weniges ist tatsächlich ausschließlich zur Ausschmückung gedacht[611]. Will man eine solche Information dem Leser zuliebe wenigstens einmal erwähnen, so geht dies mit *ohne Belang / Bedeutung / belanglos / bedeutungslos / unmaßgeblich / unbeachtlich ist ...* oder *keine Wirkungen auf die ...eigenschaft des ... hat <Umstand>* oder *auf <Umstand> kommt es dabei nicht an* (worauf aber eine Begründung folgen sollte).

Manchmal soll mit solchen Ausschmückungen ein zu konstruiert wirkender Sachverhalt etwas lebensnäher gestaltet werden. Eher selten – besonders in Klausuren – sind regelrechte **Fallen**. Es gibt sie aber. Schon deshalb lohnt sich das sorgfältige Lesen und Durchdenken des Sachverhalts.

Was in Klammern steht, ist immer wichtig – und sei es auch nur für eine denkbare Sachverhaltsinterpretation oder eine diskutable rechtliche Einordnung.

441 **Zahlen** aller Arten stehen nicht zufällig im Sachverhalt. Meist weisen sie auf Fristlauf-, Verspätungs- (z.B. § 149 BGB) oder Verjährungsprobleme (bei Datumsangaben), erforderliche Berechnungen (Preis- und Wertangaben bei Minderungsverlangen des Käufers, Daten und Zinsangaben für die Höhe des Verzugsschadens) oder Prioritätsprobleme (im Sachenrecht: Reihenfolge von Übereignungen, Abtretungen, Pfändungen) hin.

Im einfachsten Fall dienen **Datumsangaben** nur der Umschreibung zeitlicher Abfolgen, die auch durch relative Angaben (*drei Tage darauf, zwei Wochen später, anderntags* usw.) ausgedrückt werden könnten. Das erkennt man meist daran, dass die Jahresangabe fehlt. Manchmal steckt in einem genauen Datum (*24.12., 31.12., 1.5.* usw.) der Hinweise auf einen Feiertag oder eine feiertagsähnliche Handhabung. Mit Blick auf bewegliche Feiertage wie Ostern sollte man konkrete Angaben (*2.4.2010*) mit dem Kalender abgleichen. Auch kann die Angabe eines schon etwas zurückliegenden Datums ein Indiz dafür sein, dass zur Zeit des Geschehens noch eine andere Rechtslage galt[612]. Wegen des damit verbundenen Rechercheaufwands dürfte das allerdings eher in Hausarbeiten als in Klausuren problematisch werden.

442 Komplizierte **Berechnungen** (etwa zur Unterhaltshöhe) bilden in Übungsarbeiten die absolute Ausnahme[613]. Gleiches gilt für Abwägungsentscheidungen, deren Ergebnis sich in Zahlen oder Quoten ausdrückt. Anders als die juristische Praxis verlangen Übungsaufgaben überwiegend Alles-oder-nichts-Entscheidungen.

Beispiele: Schmerzensgeldhöhe (§ 253 II BGB), Mitverursachungs- und Mitverschuldensanteile (§ 254 BGB) etc.[614]

---

611 Die Namen der Beteiligten etwa sind in der Regel bedeutungslos und legen nur Zeugnis von der oft außerjuristischen Phantasie des Aufgabenstellers ab.
612 Das ist in universitären Übungen zwar selten, aber eben nicht ausgeschlossen. Einer verbreiteten Praxis folgend werden allerdings die Probleme des intertemporalen Rechts kaum je geprüft (dazu auch schon Rn. 214).
613 Im Studium gilt also wirklich weitgehend: iudex non calculat. Das erweist sich auch daran, dass Sie an der Uni eher die Radbruch'sche Formel kennenlernen als die Baumbach'sche – und es ändert sich, sobald Sie Referendarin sind.
614 Überlegen Sie trotzdem, ob Sie eine Quote vorschlagen, damit Sie ein vollständiges Ergebnis vorbereitet haben.

Für korrekte Abwägungen kommt es auf die Kenntnis aller relevanten Umstände an, wofür meist ein Übungssachverhalt zu kurz ist. Hier liegt also nur selten ein Schwerpunkt der Aufgabe.

Enthält der Sachverhalt **Zitate aus Verträgen**, sind diese immer für die Entscheidung erforderlich. Meist wird eine Auslegung (§§ 133, 157 BGB) der betreffenden Bestimmung nötig sein, teils genügt auch eine Zuordnung zu einem bestimmten in Praxis und Schrifttum bekannten Klauseltyp, 443

Beispiel: Ausschlussklauseln und Buchwertabfindungsklauseln in Gesellschaftsverträgen

um das Rechtsproblem erschließen zu können. Die wörtliche Wiedergabe eines als *Formular* bezeichneten Vertrags weist auf die Erforderlichkeit einer AGB-Prüfung hin.

Während der Sachverhalt im Tatsächlichen so wenig wie irgend möglich gedehnt werden soll, ist ein bisschen Einfallsreichtum durchaus am Platze, wo es darum geht, den **Rechtsstandpunkt** der Beteiligten zu entfalten. In den meisten Übungssachverhalten finden sich zu den Rechtsansichten der Parteien keine oder nur vereinzelte Hinweise. Es wird vielmehr als Aufgabe der Bearbeiter angesehen, aus den Informationen zum tatsächlichen Geschehen juristische Argumente zu entwickeln. Achten Sie dabei darauf, dass Sie sich nicht ausschließlich auf die guten Argumente konzentrieren. Ein Gutachten wird dadurch gut, dass es an den entscheidenden Stellen möglichst viele Argumente auffächert – und dann trennscharf die entscheidungseinschlägigen von den übrigen unterscheidet. Im wirklichen Leben bringen die Parteien eines Rechtsstreits ja auch eine Vielzahl von Argumenten vor, so dass das Gericht die sachfernen auszusortieren und die sachnahen zu wägen hat. 444

Beispiel: *Daneben könnte sich A auf eine Verletzung des Gleichheitssatzes berufen, da ... (Erörterung). Im Ergebnis kommt der Gleichheitssatz A nicht zugute. Auch ... kann er aus dem gleichen Grund nicht mit Erfolg für sich in Anspruch nehmen.*

Wenn der Sachverhalt Rechtsmeinungen enthält (und sei es nur in Anführungsstrichen), muss der Bearbeiter auf diese wenigstens kurz eingehen, auch wenn sie sich als unzutreffend oder geradezu abwegig herausstellen sollten. Das kann dazu führen, dass ein Anspruch oder ein Gegenrecht erörtert werden, die sonst unerwähnt geblieben wären. Hier darf und sollte die Bearbeiterin von der konsequenten Linie (*nur das Notwendige darstellen!*) abweichen[615].

- Der Sachverhalt ist, so wie er mitgeteilt wird, als wahr zu unterstellen – mag er noch so konstruiert wirken. Sie sollten also weder den Geschehensablauf in Zweifel ziehen noch **Überlegungen zur Beweisbarkeit** der mitgeteilten Tatsachen anstellen. 445

Zur Geschäftsgrundlage juristischer Übungsgutachten gehört es, dass die im Sachverhalt vorgegebenen Informationen **als** wahr und **beweisbar hingenommen** werden. Wenn also die Aufgabe nicht ausdrücklich etwas Anderes verlangt[616], sind Fragen der Darlegungs- und Beweislast selbst dann nicht zu erörtern, wenn es sich um einen außergewöhnlich unwahrscheinlich oder lebensfern[617] erscheinenden Sachverhalt dreht.

---

615 Das hat seinen Grund letztendlich im Gedanken des rechtlichen Gehörs: Auch in Gerichtsurteilen werden üblicherweise die Rechtsansichten der Parteien kurz erörtert, selbst wenn das Gericht die Entscheidung auf andere Gesichtspunkte stützt. Das dient dem Rechtsfrieden.
616 Das kann in einer Übung im Zivilprozessrecht durchaus einmal geschehen.
617 Ihr gefährlichster Feind ist die ständig lauernde Überlegung *Warum hat denn S nicht einfach ...?* Es lohnt sich nicht, darüber nachzudenken. S hat eben nicht. Und wenn Sie trotzdem für ihre Bearbeitung unterstellen, S habe, wird Ihnen der Korrektor mit Sicherheit übel nehmen, dass Sie aus seinem liebevoll ausgedachten schrägen Sachverhalt einen anderen gemacht haben, ohne auch nur zu fragen. Wenn Sie das nicht glauben wollen, probieren Sie es einfach mal aus.

Teil 4: Arbeitshinweise

Das muss man wissen, weil es in den Aufgaben als selbstverständlich vorausgesetzt wird. Angedeutet findet sich diese Geschäftsgrundlage in der gelegentlich anzutreffenden Formulierung *Gehen Sie von folgendem Sachverhalt aus: ...*

Das alles ist eine Vereinfachung vom wirklichen Leben zum akademischen Unterricht hin, die es ermöglicht, die grundlegenden Techniken der Rechtsanwendung zu erlernen, ohne sich gleichzeitig mit der Mühsal der Tatsachenermittlung befassen zu müssen. Leider weiß man das erst so richtig zu schätzen, wenn man sich als Referendarin mit den Mühen der Tatsachenermittlung auseinandersetzen muss.

446 • Noch ein gutachtentaktischer Hinweis zu Beweislastargumenten: **Beweislastregeln** und Vermutungen (z.B. §§ 280 I 2, 286 IV, 831 I, 611a III, 1006 BGB) sollten im Gutachten zur materiellen Rechtslage erst herangezogen werden, wenn es an inhaltlichen Gesichtspunkten fehlt. Man schneidet sich sonst leicht interessante Diskussionen ab. Nur wenn der Sachverhalt keine Anhaltspunkte für z. B. das Vertretenmüssen bietet, sollte man auf diese Vermutungen zurückgreifen.

Gelegentlich ist aber eben doch eine Auseinandersetzung mit Beweislastregeln gefragt. In einer zivilprozessualen Aufgabe werden diese vielleicht sogar im Mittelpunkt stehen, in einer materiellrechtlich geprägten eher am Rand. Im letztgenannten Fall wird es meist genügen, zur Problembeschreibung und -lösung das allgemeine Schrifttum[618] heranzuziehen.

447 • **Ausübung von Gestaltungsrechten**[619]: Auch wenn der Sachverhalt nicht erkennen lässt, dass ein Gestaltungsrecht (Kündigung, Widerruf, Anfechtung, Rücktritt usw.) bereits ausgeübt wurde, ist es zweckmäßig, unter dessen Voraussetzungen zu subsumieren und – falls diese im Übrigen bejaht werden – am Schluss darauf hinzuweisen, dass der Berechtigte die Möglichkeit zur Ausübung hat, diese jedoch fristgemäß erfolgen muss. Ähnlich liegen die Dinge bei **Einreden**, die der Berechtigte erheben muss

Beispiele: Formulieren kann man dann etwa so: *A kann den Kaufvertrag mit B nach § 119 II BGB anfechten, wenn er die erforderliche Anfechtungserklärung gegenüber B umgehend abgibt, § 121 BGB.* oder *Die Kündigung ist nur wirksam, wenn sie innerhalb der Zweiwochenfrist des § 626 II BGB erklärt wird.* oder *Die Forderung des G ist mit der Einrede der Verjährung behaftet; wenn S diese Einrede erhebt, wird G seinen Anspruch nicht durchsetzen können.*

und bei **Wahlrechten**.

Das hat den Vorteil, dass Sie nicht darüber spekulieren müssen, ob die betreffende Erklärung abgegeben wurde oder nicht.

Recht unproblematisch liegen die Dinge, wenn die Aufgabe von vornherein nach einem Gestaltungsrecht fragt[620].

Beispiel: Lautet die Frage *Kann A vom Vertrag mit B zurücktreten?*, ist nicht nach einem Anspruch zu suchen, sondern nach einer Norm, die dem Berechtigten ein Rücktrittsrecht gewährt. Im Ergebnis ist dann festzustellen *A kann (nicht) zurücktreten* – ergänzende Ausführungen dazu, dass dieses Recht auch ausgeübt werden muss, sind knapp zu halten oder wegzulassen.

Das kommt vor, wenn auch eher ausnahmsweise.

448 • Fast immer bläht eine **Inzidentprüfung** – also die Erörterung eines Anspruchs innerhalb der Prüfung eines anderen Anspruchs – die Gliederung auf. Sie ist daher zu vermeiden, solange das die Verständlichkeit der Darstellung nicht beeinträchtigt. Gelegentlich ist das aber nicht möglich. Dann muss der Leser da eben durch.

---

618 Im Bürgerlichen Recht enthalten die meisten BGB-Kommentare jeweils am Ende der Erläuterungen zu den einzelnen Normen kurze Ausführungen zu Beweislastfragen; zur Vertiefung *Wieser* Prozessrechtskommentar zum BGB; *Baumgärtel* u.a. Handbuch der Beweislast im Privatrecht.
619 Dazu auch *Wolf* JA 2006, 476 ff.
620 Dazu schon Rn. 62.

Beispiele: Beim Erlöschen eines Anspruchs durch Aufrechnung ist unter der Überschrift *Bestehen eines Gegenanspruchs* zu erörtern, ob ein aufrechenbarer Gegenanspruch tatsächlich entstanden (und gegebenenfalls wieder weggefallen) ist. Wenn diese Frage wiederum innerhalb der Prüfung eines Anspruchs aus abgetretenem Recht beim Bestehen des abgetretenen Anspruchs zu erörtern ist, erreicht man leicht die achte Gliederungsebene. Das Problem verschärft sich, wenn die vorgenannte Verschachtelung inzident bei der Inanspruchnahme eines Bürgen unter dem Gesichtspunkt *Bestehen der Hauptverbindlichkeit* diskutiert werden muss ...

- Soll die im Obersatz gestellte Frage bejaht werden, müssen Sie auf die **Vollständigkeit** der Prüfung achten. Das bedeutet, dass alle für das Eintreten der erwünschten Rechtsfolge erforderlichen Tatbestandsmerkmale erörtert und bejaht werden müssen. Es kann also nicht schaden, immer wieder das Gesetz zu lesen, auch wenn man es schon auswendig zu kennen glaubt.

449

Beispiel: Leicht fällt einmal das Ursächlichkeitserfordernis in § 119 I BGB unter den Tisch.

Kapitel 2: Ratschläge zur Anfertigung von Übungsarbeiten

450 Im folgenden finden Sie einige Hinweise, die Ihnen beim Verfassen von Übungs- und Prüfungsgutachten helfen. Man kann diese Hinweise so verdichten, dass die zu schreibende Arbeit Gegenstand geradezu generalstabsmäßiger Planung wird[621]. Darauf wird hier bewusst verzichtet. Finden Sie lieber selbst heraus, nach welcher Methode Sie am besten arbeiten.

Informationen zu den Anforderungen an das **Äußere Ihrer Arbeiten** enthält der Anhang[622]. Deren Wichtigkeit sollte man nicht über-, aber erst recht nicht unterschätzen. Letzteres kommt häufiger vor. Es ist wenig erträgreich, die Bedeutung, die solchen Formalien beigemessen wird, als Haarspalterei zu belächeln. Halten Sie sich einfach an die Vorschläge in der Ausbildungsliteratur; Sie vergeben sich dadurch nichts.

451 • Schon **vor der Bearbeitung** ist es empfehlenswert, gelegentlich zwei Stunden in der Bibliothek zu verbringen, um sich einen Überblick über das einschlägige Schrifttum zum betreffenden Rechtsgebiet zu verschaffen. Man kann dabei bereits eine Literaturdatenbank auf Karteikarten oder im PC anlegen, welche die aktuellen Auflagen der wichtigsten Kommentare und Lehrbücher erfasst. Das hat zwei Vorteile: Zum einen erspart man sich so den Stress des Nachsehens unmittelbar vor dem Abgabetermin (*Weiß jemand, ob das hier wirklich die jüngste Auflage ist...?*[623]), zum Anderen wird diese Datenbank mit der Zeit umfangreicher und kann im Examen noch nutzbringend

---

621 Am dezidiertesten als Projekt begreifen eine Studienarbeit *Schulz/Westermann* Projekt- und Wissensmanagement, sehr systematisch auch *Theisen* Arbeiten; hilfreich bei dieser Herangehensweise z.B. *Kosman/Kling/Richarz* Hausarbeiten; des Weiteren (teils allgemeiner) *Hugenschmidt* Studier- und Arbeitstechniken; *Klaner* Lernen; *ders.* Hausarbeiten. Teils zweifelt man aber, ob die Ratschläge wirklich nötig waren: Selbst die recht pfiffige Zusammenstellung nützlicher Lernliteratur bei *Niederle* ist mit Ernährungsratschlägen für die Prüfungsvorbereitungsphase (S. 59 ff.) auf Buchlänge gebracht worden. Wer sich einmal so gründlich wie nötig mit Fragen **wissenschaftlicher Arbeitstechnik** befassen möchte, fange an mit *Eco* Abschlussarbeit (um zu verstehen, worin der Sinn der vielen merkwürdigen Regeln liegt), nehme dann *Theisen* Wissenschaftliches Arbeiten (um die technischen Einzelheiten zu erlernen) und benutze *Franck* Handbuch, zum Nachschlagen; empfehlenswert sind zudem (weil juristisch-spezifischer) *Stein* Arbeit; *Möllers* Arbeitstechnik (auszugsweise verfügbar unter www.jura.uni-augsburg.de/prof/moellers/downloads/arbeitstechnik_jur/Richtiges_Zitieren.pdf); *Haft* Einführung; *ders./Kulow* Lernen.
622 Rn. 476 ff.
623 Diese Information liefert z.B. der Bibliothekskatalog, der für die jüngere Zeit meist schon als EDV-Datenbank (OPAC) geführt wird und online zugänglich ist, meist sogar vom heimischen Arbeitsplatz. Für bibliographische Recherchen online bieten sich im Übrigen an: der Katalog der Deutschen Nationalbibliothek (www.d-nb.de, dort neben den deutschen Büchern auch etliche aus der Schweiz und Österreich recherchierbar), das Verzeichnis Lieferbarer Bücher (www.buchhandel.de) und mit Einschränkungen die Kataloge der Internet-Buchhändler (am bekanntesten: www.amazon.de, juristisch spezialisiert: www.beck-shop.de); bei Monographien vor 1913, die die Deutsche Nationalbibliothek nicht kennt, wird man mit etwas Glück unter www.zvab.com oder der Metasuchmaschine www.findmybook.de fündig. Mit der Deutschen Nationalbibliothek (für Monographien) und der CD von Kuselit (für unselbstständige Veröffentlichungen) kann man mittlerweile den größeren Teil des in Übungsarbeiten einschlägigen Schrifttums komfortabel on- und offline recherchieren und bibliographieren. In die Inhalts- und Stichwortverzeichnisse etlicher Fachbücher schauen kann man über www.buchkatalog.de (das mag den Weg in die Bibliothek ersparen, wenn es nur noch darum geht, eine einzige Fußnote zu verifizieren). Teils bieten auch die juristischen Verlage nützliche Informationen auf ihren Heimseiten; wer etwa wissen will, wann der zitierte Band des *Staudinger* erschienen ist, wird schnell bei www.degruyter.de/downloads/staudinger.xls fündig. Zu Möglichkeiten und Grenzen des Zugriffs auf Fachliteratur im Internet *Zimmer*Bibliothek.

verwendet werden. Die aufwendigeren Recherchen (*Wie heißt Erman mit Vornamen?*[624]) werden kurz vor der Abgabe einer Prüfungsarbeit leicht so nervenzehrend, dass man ganz darauf verzichtet.

- Stehen Sie bei Ihrer ersten Hausarbeit plötzlich vor der Frage *Die Bibliothek habe ich gefunden, aber wo sind die Bücher?*, empfiehlt sich ein Blick in die einschlägige Spezialliteratur[625]. Der Umgang mit und der **Zugriff auf juristische Informationsquellen** wollen gelernt sein[626].

  452

  Es erfordert zugegebenermaßen einige Disziplin (und ein bisschen Zeit), sich diese Fertigkeiten anzueignen. Viele Studierende scheuen diese Mühe, bis es nicht mehr anders geht. Aber die Mühe lohnt sich – und sie ist letztendlich unvermeidbar.

- Manche Sachverhalte sind ganz oder teilweise neueren oder jüngsten Gerichtsentscheidungen[627] nachgebildet. Bei solchen **Aufgaben am Puls der Zeit** lohnt es sich, einmal die Entscheidungsgründe des betreffenden Urteils auf gute Argumente, einschlägige Vorschriften usw. durchzusehen. Diese Entscheidungen finden Sie noch nicht in Kommentaren und Lehrbüchern und auch nicht in den Registern der gebundenen Fachzeitschriften.

  453

  Oft hilft aber ein Blick in die noch ungebundenen Hefte des laufenden Jahrgangs. Vielleicht hatte erst letzthin der *BGH* genau die gleiche Frage zu entscheiden wie jetzt die Teilnehmer an der Übung im Bürgerlichen Recht[628].

  Einen Überblick über das jüngere Schrifttum einschließlich der Zeitschriftenaufsätze kann man sich mittels der *Literaturübersicht der JZ* (auf den Umschlagseiten) verschaffen. Ist das Thema der Suche eingrenzbar, greift man zu den spezialisierten Fachzeitschriften, etwa dem *Zeitschriftenspiegel* im *DB* oder im *AG-Report*. Wer Zugang zu juristischen Datenbanken[629] hat, sollte diesen nutzen. Teils berichtet auch die seriöse Tagespresse über Entscheidungen der höheren Gerichte. Die Recherche ist hier aber

---

624 Walter. Die Information findet sich nicht im CIP-Datensatz, sondern am Ende des Vorworts zur ersten Auflage des Kommentars (oder z.B. im Katalog der Deutschen Nationalbibliothek, dazu Fn. 623). Muss man wissen ...
625 Allgemein *Grund/Heinen* Bibliothek; für juristische Zwecke *Hirte* Zugang; *Walter/Heidtmann* Literatur; sowie *Möllers* JuS 2000, 1203 ff.; *Kaufmann/Keller* DRiZ 2000, 333 ff.; (nicht nur) für Erstsemester unbedingt zu empfehlen *Preis* Der Zugang zu Rechtsquellen und Literatur, www.sozrecht.de/cms/front_content.php?idcatart=228&page=273&cont=6&no=1&output=e&s id_1_1=3c7c2c7d50fe42c75733604a036d1857; zur Frage *Ich bin im Internet – aber wo sind die Informationen?* kann man *Wilke* Informationsführer; *Kroiß/Schuhbeck* Jura online; *Langenhan* Internet, und *Tiedemann* Internet, heranziehen. Zur Einführung *Braun* JuS 2004, 359 f. und www.jurlink.net/litsuche/internetsuche.htm.
626 Eine kurze Anleitung auch bei *Schimmel/Weinert/Basak* Themenarbeiten, Rn. 56 ff.
627 Fast noch schlimmer: anhängigen Verfahren.
628 Vorsicht: Ein immer wieder anzutreffendes Missverständnis liegt darin, dass studentische Bearbeiter einer Übungsarbeit meinen, sie hätten den Erfolg schon in der Tasche, wenn sie die einschlägige Entscheidung des BGH gefunden haben, der die Aufgabe erkennbar nachkonstruiert ist. Eine gelungene Ausarbeitung muss nicht nur in der Darstellung (Gutachtenstil!) deutlich von dem gefundenen Urteil abweichen, sondern oft auch in Breite und Tiefe der Problemerörterung andere Schwerpunkte setzen. So kann es etwa leicht geschehen, dass eine Urteilsbegründung unvollständig ist, also Ansprüche oder Gegenrechte oder einzelne Tatbestandsmerkmale überhaupt nicht mehr erörtert (weil manches im Verfahrensverlauf und im Instanzenzug unstreitig oder unerweislich geworden ist), die in einem Übungsgutachten unentbehrlich sind. Selbst dort, wo Gerichte ihre Entscheidungen geradezu schulmäßig begründen (schön z.B. die Gesetzesauslegung bei BGH NJW 2003, 2739 ff.), begründen sie eben schulmäßig nach den Regeln für Urteile, nicht nach denen für Gutachten. Das einschlägige Urteil ist also erst die halbe Miete.
629 Das sind in den letzten Jahren Beck online, juris, LexisNexis und Legios. Marktübersicht bei *Kraft* Online-Datenbanken; *Noack/Kremer* NJW 2006, 3313 ff. Insbesondere juris und Beck online sind häufig an den PC-Pools der juristischen Fachbereiche verfügbar.

komplizierter, will man nicht die kostenpflichtigen Zeitungsarchive bemühen. Immerhin finden Sie meist die Tageszeitungen der letzten Wochen in etlichen Bibliotheken. Die Lücke zwischen den aktuellen Fachzeitschriften und den bereits ergangenen, aber noch nicht veröffentlichten Entscheidungen[630] lässt sich über das Internet füllen[631].

Aktuelle Fälle verlangen übrigens nach **aktuellen Gesetzestexten**. Auf Dauer dürften in dieser Hinsicht die Loseblattausgaben (Schönfelder, Sartorius usw.) den dtv- und Nomos-Textausgaben überlegen sein; letztere sind dafür nicht so teuer und viel handlicher. Maßgeblich in allen Zweifelsfällen ist die amtliche Veröffentlichung im betreffenden Gesetzblatt[632].

454 • Nützliche und unstreitig erlaubte **Hilfsmittel** in Klausur und Hausarbeit sind Schaubilder und Zeittabellen, die man sich natürlich erst während der Klausur anfertigen kann. Je mehr Personen der Sachverhalt benennt, desto unentbehrlicher wird für die meisten Menschen eine einfache **graphische Übersicht** über die Beteiligten und ihre Rechtsbeziehungen, wie sie auch im Unterricht an der Tafel ständig verwendet wird. Eine **Zeittabelle** anzufertigen empfiehlt sich spätestens, wenn der Sachverhalt zahlreiche Datumsangaben enthält und nicht beim ersten Lesen schon klar ist, in welcher Reihenfolge die einzelnen Ereignisse geschehen. Sie erweist sich als hilfreich, wenn etliche Willenserklärungen zwischen den Beteiligten hin und her gegangen sind und es nun herauszufinden gilt, ob und mit welchem Inhalt dadurch ein Vertrag geschlossen wurde. Nützlich ist sie auch bei mehreren Abtretungen, Übereignungen oder Pfändungen, wenn wegen des Prioritätsprinzips zu klären ist, welcher dieser Vorgänge der erste wirksame war. Weder Skizze noch Zeittabelle gehören aber zur Bearbeitung; sie sind daher nicht mit abzugeben.

455 • **Umgehen Sie nicht die Probleme.** Anders als im täglichen Leben gilt für Hausarbeiten und Klausuren der Grundsatz der problemfreundlichen Bearbeitung.

Das bedeutet, dass man zwar mit der Wahl eines einfachen Wegs keinen Fehler begeht; man nimmt aber mit dem weiträumigen Umfahren der Probleme dem Korrektor die Möglichkeit, Punkte auf die anständige Bewältigung umstrittener Fragen zu geben. Wer also mehr als nur ge-

---

630 Der zeitliche Nachlauf der Fachzeitschriftenveröffentlichung gegenüber der Verkündung beträgt in der Regel einige Monate (im Arbeitsrecht ein bisschen mehr); manchmal geht es deutlich schneller, z.B. ist BVerfG 1 BvR 3262/07 v. 30.07.2008 in NJW 2008, 2409 ff. (erschienen am 08.08.2008) veröffentlicht, EuGH Rs. C-555/07 v. 19.01.2010 in DB 2010, 228 (erschienen am 29.01.2010) – da hinkt der Fachzeitschriftenabdruck der online-Veröffentlichung fast nicht mehr hinterher.
631 Die Entscheidungen des BGH in Zivilsachen seit 1999 bietet aktuell und kostenlos BGHfree auf www.rws-verlag.de/0_rws_internet/index.htm; alle Entscheidungen in Straf- und Zivilsachen ab 2000 findet man unter www.bundesgerichtshof.de/index.php. Fünf Jahre lang rückwärts stellt das BAG unter www.bundesarbeitsgericht.de seine Entscheidungen zur Verfügung. Die Entscheidungen des BVerfG seit 1998 findet man unter www.bundesverfassungsgericht.de/entscheidungen.html, viele Entscheidungen aus BVerfGE unter www.servat.unibe.ch/dfr/dfr_bvbaende.html. Zentralen Zugriff auf die Entscheidungen der obersten Bundesgerichte ermöglicht www.lexetius.com. Die Entscheidungen des EuGH und des EuG sind abfragbar unter http://curia.europa.eu/jurisp/cgi-bin/form.pl?lang=de; (für die letzten zehn Jahre, für die Zeit davor unter http://eur-lex.europa.eu/JURISIndex.do?ihmlang=de=; die deutschen Übersetzungen unter http://www.recht.uni-jena.de/z02/materialien/FKVO/c1.htm; www.recht.uni-jena.de/z02/materialien/FKVO/c2.htm; www.recht.uni-jena.de/z02/materialien/FKVO/t2.htm), die des EGMR unter www.echr.coe.int/echr. Bereits ergangene, aber noch nicht veröffentlichte Entscheidungen lassen sich in Umrissen über die Pressemitteilungen der Gerichte erschließen, die meist über die Internetpräsenzen abfragbar sind.
632 Zum Umgang mit Gesetzblättern *Hirte* Zugang, 56 ff.; fast das vollständige geltende Bundesrecht ist übrigens im Internet über die Seite des Bundesjustizministeriums abrufbar: www.gesetze-im-internet.de.

- Zurückhaltung ist angebracht gegenüber einer zu **stark ergebnisorientierten Arbeitsweise**. Es ist nicht sinnvoll, auf ein bestimmtes vorgefasstes Ergebnis zuzuarbeiten, selbst wenn das eigene Rechtsgefühl sagt, dieses sei die einzig richtige Entscheidung. 456

Für die Bewertung der Arbeit kommt es weniger auf das Ergebnis als vielmehr auf die Argumentation dahinter – genauer: davor – an. Man verrennt sich schnell in abwegige Begründungen, wenn man sich des Ergebnisses zu sicher ist. Jedenfalls ist es Zeitverschwendung, darüber zu spekulieren, welches Ergebnis dem Aufgabensteller am besten gefallen würde[633]. Umgekehrt kann das »gesunde Rechtsgefühl« als Korrektiv dienen – aber eben erst, wenn Sie das Ergebnis technisch solide hergeleitet haben[634].

Ebenso wie in der Sache selbst müssen Sie sich stilistisch zurückhalten. So sehr man nach längerem oder kürzerem Nachdenken von der Richtigkeit eines bestimmten Ergebnisses überzeugt ist, so wenig sollte man im Rechtsgutachten vom gerechten Ergebnis her argumentieren.

Beispiel: Vermeiden Sie so gut es geht *Es muss ...* und *... kann nicht ...sein* .

- Unbedingt empfehlenswert ist es, während der Bearbeitung (auch in Klausuren, besonders aber bei Hausarbeiten) immer **wieder** einmal den **Sachverhalt** zu **lesen**. Etliche Informationen und Formulierungen, die beim ersten Lesen bedeutungslos, wichtig, eindeutig, vieldeutig, unvollständig oder unstimmig wirken, erscheinen in einem anderen Licht, wenn man erst einmal eine Weile versucht hat, eine rechtlich tragfähige Entscheidung zu entwerfen. Das hat mit dem vielzitierten Pendelblick zu tun, der abwechselnd Sachverhalt und Rechtsnormen in den Fokus nimmt und so schrittweise zu entscheiden hilft, welche Normen einschlägig sind und welche Informationen aus dem Tatsächlichen benötigt werden[635]. 457

- **Juristische Kreativität** ist in Übungsarbeiten eher ausnahmsweise gefragt. Wenn Sie einen Sachverhalt nur durch etliche Analogieschlüsse hintereinander entscheiden können, ist das meist ein Zeichen dafür, dass Sie den vom Aufgabensteller anvisierten Verlauf der Begründung verfehlt haben. 458

Oft ist es nicht angezeigt, Rechtsfortbildung am laufenden Meter zu betreiben. Gerade in Anfängerübungen geht es in erster Linie darum zu zeigen, dass man bereits vorhandene Normen ordentlich anwenden kann. Es gibt aber gelegentlich Aufgaben, die genau darauf zielen, dass Sie ein aktuelles Problem durch eigenes Nachdenken strukturieren und entscheiden. Von diesen (erfreulichen) Ausnahmen abgesehen geht Solidität vor Originalität. Der Grund dafür ist einfach: Prüfer denken sich meist Aufgaben aus, die nicht nur Genies lösen können sollen, sondern auch die vielen Normalbegabten. Wir.

- Bei **Sachverhaltsvarianten** muss man neu überlegen, wenn in der Variante und dem Grundfall die Ergebnisse völlig übereinstimmen. Das hat der Aufgabensteller wahrscheinlich nicht gewollt (außer bei ganz unterschiedlichen Begründungen für das gleiche Ergebnis). Auch das Zusammenfassen mehrerer Sachverhaltsvarianten ist selten zu empfehlen: Was der Sachverhalt trennt, soll der Bearbeiter nicht zusammenfügen. Aber was der Sachverhalt zusammenfügt, kann der Bearbeiter durchaus einmal trennen. 459

---

633 Dazu auch unter »Opportunismus«, Rn. 420.
634 Eine zu starke Ergebnisorientierung ist auch prüfungstaktisch gefährlich. Fast immer fällt es der Leserin auf, wenn der (Gerechtigkeits-)Wunsch Vater des (rechtsdogmatischen) Gedankens ist. Höher honoriert wird aber ganz oft eine technisch stimmige Argumentation mit merkwürdig anmutendem Ergebnis als ein sofort einleuchtendes Ergebnis, zu dessen Begründung Sie immer nur Treu und Glauben heranziehen können.
635 Zum Pendelblick *Engisch* Studien, 15.

Teil 4: Arbeitshinweise

In Gedanken **Varianten** nach dem Muster *Wie wäre es, wenn ...?* zu bilden ist eine typisch juristische Arbeitstechnik. Das hilft beim Durchdenken unklarer Fragen weiter, weil man gerade durch die Konstruktion extremer Fallvarianten besser einordnen kann, ob der zu beurteilende Sachverhalt näher am einen oder am anderen Extrem liegt[636]. Diese Überlegungen werden aber in aller Regel nicht Teil des Gutachtens. Es fällt unangenehm auf, wenn Sie nebenher noch eine Reihe von Fällen bearbeiten, nach denen nicht gefragt ist. Manchmal wirft die Variantenbildung ein schönes plastisches Erst-recht-Argument ab; dieses sollte man dem Leser nicht vorenthalten, aber eben auch nicht in epischer Breite vorführen.

460 • Wenn eine **Sachverhaltsinformation** nach bestem Wissen **nicht entscheidungsrelevant** ist, sich aber so liest, als solle sie verarbeitet werden, erwähnt man sie nur eher nebenher.

Beispiel: Die Firma des Unternehmens ist handelsrechtlich unzulässig; für die Bearbeitung der Aufgabe kommt es jedoch nur auf die Entstehung der Gesellschaft, nicht dagegen auf firmenrechtliche Feinheiten an: *Zwar ist nach § 19 I HGB die Firma unzulässig, doch beeinträchtigt dies den wirksamen Abschluss des Gesellschaftsvertrags nicht.*

Das gilt auch für Probleme, die sich schon innerhalb des im Sachverhalt beschriebenen Geschehens erledigt haben.

Beispiel: Die Bürgschaftserklärung ist nur mündlich abgegeben worden; zwischenzeitlich hat aber der Bürge auf die Hauptschuld gezahlt. *Der Formmangel ist nach § 766 S .3 BGB geheilt, so dass der zunächst nach §§ 125 S. 1, 766 S. 1 BGB nichtige Bürgschaftsvertrag durch die Zahlung des B wirksam geworden ist.*

Mit einem kurzen Satz kann man zeigen, dass man das Problem identifiziert und die einschlägigen Bestimmungen gefunden hat (*number-dropping*). Das hat zudem den Vorteil, dass man so wenigstens einen Anstandspunkt erhält, wenn man entgegen den Erwartungen des Aufgabenstellers das Problem zu kurz thematisiert. Insofern gilt: Im Zweifel lieber kurz erwähnen als nicht erwähnen.

Beispiel: Erwähnt der Sachverhalt, daß B den von A vorgelegten Vertragstext nur *widerwillig* unterzeichnet hat, so wird das regelmäßig nach kurzem Überlegen weder für einen geheimen Vorbehalt iSv. § 116 BGB ausreichen noch für einen fehlenden Rechtsbindungswillen, so dass daran der Vertragsschluß letztlich nicht scheitern kann. Wer als Bearbeiter gleichwohl nicht wortlos über das *widerwillig* hinweggehen möchte, muss also einen Satz schreiben wie *Der Widerwille des B ist für A nicht erkennbar; er gibt zumindest bei Auslegung nach §§ 133, 157 BGB dem A keinen Anlaß, an der Verbindlichkeit der gleichzeitig geleisteten Unterschrift zu zweifeln; auch ein geheimer Vorbehalt würde wegen § 116 S.1 BGB nichts an der Wirksamkeit der Erklärung ändern.*

461 • Vermeiden Sie die **Überschreitung des Seitenlimits**. Vom Aufgabensteller angegebene Seitenbegrenzungen sind verbindlich.

Es ist ein Gebot der Fairness gegenüber den Mitstudentinnen, sich daran zu halten. Auf 40 Seiten kann man leicht mehr sagen als auf 20. Gewöhnlich liegt es aber im eigenen Interesse, sich kurz zu fassen. Der Sachverhalt ist so angelegt, dass er auf ungefähr 20 Seiten angemessen zu bearbeiten ist. Außerdem hat der Korrektor nicht nur Ihre Arbeit zu lesen ...[637]

---

636 Dazu z.B. *Wank* Auslegung, § 5 IV. m.w.N.
637 Ein kleiner Trost für alle, die mit der Seitenzahlbegrenzung kämpfen: Sie dient nicht nur der Herstellung fairer Wettbewerbsbedingungen und auch nicht nur Arbeitserleichterung der Korrektoren. Hauptsächlich soll sie Ihnen ein juristisches Talent anerziehen: Sich auf das Wesentliche zu konzentrieren, das beste Argument am breitesten zu verhandeln, ohne die anderen Argumente ganz zu verdrängen, mit den Aufmerksamkeitsressourcen des Gerichts vernünftig und anständig umzugehen.

Eine substantielle **Unterschreitung** des Limits (ab etwa 20 %) weist in aller Regel darauf hin, dass ein Problem übersehen worden ist. Die unausgesprochene Erwartung der Aufgabenstellerin geht dahin, dass Sie etwa soviel Platz brauchen werden, wie es die Seitenzahlbegrenzung vorgibt.

- Vor der Abgabe klopfen Sie den Text in Hausarbeiten satzweise auf Ergebnisrelevanz ab – Faustregel: Ungefähr 5-10 % können Sie **kürzen**. Sehen Sie am Ende noch einmal nach, ob Sie die Fallfrage beantworten. Antworten auf nicht gestellte Fragen führen zu Punktabzug, zumal wenn sie falsch und umfangreich sind[638]. 462

Je mehr Korrekturerfahrung eine Leserin hat, desto mehr wird sie es zu schätzen wissen, wenn sie Ihrer Arbeit ansehen kann, dass Sie gekürzt haben. Die Mühe des Kürzens zeigt nämlich auch den Respekt vor der Leserin. Und dieser Respekt wird bei der Bewertung honoriert.

Kürzen ist auf verschiedenen Ebenen möglich und nötig. Zum einen sind überflüssige Seiten, Absätze, Sätze und Satzteile zu streichen[639]. Weiter kann man Wiederholungen weglassen, die noch nicht einmal eine Bedeutungsnuance enthalten – wenn eine Aussage so wichtig ist, dass sie wiederholt werden soll, dann jedenfalls nicht unmittelbar anschließend[640]. 463

In einem gelungenen Rechtsgutachten schließt jeder Satz entweder an den unmittelbar vorhergehenden oder einen weiter oben stehenden Satz an. Wo dies nicht der Fall ist, muss man entweder über die richtige Einordnung oder über die Entbehrlichkeit des Satzes nachdenken.

Leider gibt es für das Kürzen keine allgemeinen Regeln. Gut geeignet sind aber immer die Abschnitte, an deren Erforderlichkeit Sie selbst zweifeln. Typische Fälle von Kürzungsbedarf signalisieren *Von großer / erheblicher / einiger Bedeutung / Relevanz für ... ist auch ...* sowie *Dies ist im vorliegenden Fall weder möglich noch gefragt*. Da der Leser in solchen Aussagen nichts Konkretes oder Entscheidungserhebliches erfährt, sollte man sie entweder im nächsten Satz präzisieren oder weglassen. Einen weiteren Ansatzpunkt bietet *Etwas Anderes gilt für / bei /, wenn ...* Die sich daran anschließenden Erörterungen gehen nicht selten knapp an der Frage vorbei. Beibehalten sollte man sie nur, wenn sie eine vorher eingeführte und diskutierte Unterscheidung zu verdeutlichen helfen.

Exkurs: **Arbeitsökonomie** / Ökonomie der Darstellung
Grundsätzlich gilt: Im Gutachten darstellungsbedürftig ist nur, was zum Beantworten der gestellten Frage erforderlich ist. (Leichter gesagt als getan...) Gerade als Anfängerin stellt man bei der Fallbearbeitung meist etliche Überlegungen an, die später als nicht zielführend verworfen werden müssen – mögen sie auch für die gedankliche Klärung noch so wichtig gewesen sein. Diese gilt es aus der Ausarbeitung herauszuhalten oder herauszustreichen. Ganz typisch sind überflüssige Diskussionen um beliebte Abgrenzungs- und Streitfragen.
Es kann aber sinnvoll sein, das im Gutachten erzielte Ergebnis auf mehr als ein Argument zu stützen. Das liegt in der Funktion des Gutachtens begründet: Dieses soll (spätestens wenn der Referendar es der Richterin erstattet) eine Entscheidung vorbereiten. Dafür ist es nützlich, wenn das Gutachten die Möglichkeit berücksichtigt, dass die Adressatin anderer Meinung ist als der Verfasser.

---

638 Wie wichtig es ist, sich zunächst (und im Lauf der Bearbeitung immer wieder) Klarheit über den Inhalt der Aufgabe zu verschaffen, wird in der juristischen Ausbildungsliteratur durchgängig und zu Recht betont. Deshalb kann hier diese Fußnote genügen.
639 Zu Kürzungsmöglichkeiten bereits Rn. 139 ff.,156, 384, 413.
640 Dazu auch schon Rn. 352. Das geschieht öfter als Sie glauben, unter anderem weil Sie immer einmal wieder eine Formulierungsalternative in den Text notieren, ohne sie als solche zu kennzeichnen.

Teil 4: Arbeitshinweise

In der Ausarbeitung des Gutachtentexts ist das vorzugsweise so zu bewerkstelligen, dass man nicht ein Hilfsgutachten hinter das andere setzt, sondern das gefundene Ergebnis lieber auf die Summe mehrerer Argumente stützt als auf jedes einzelne.

Überraschend viel Platz einsparen lässt sich durch die Vermeidung unnötig weitschweifiger Ausführungen und bedeutungsloser **Floskeln**.

Beispiele: *Dabei ist allgemein anerkannt, dass eine Täuschung nicht nur durch aktives Tun, sondern auch durch Unterlassen möglich ist* kann man schöner, kürzer und genauer fassen als *Eine Täuschung kann durch Tun oder pflichtwidriges Unterlassen erfolgen*. Oder: *Die Pflicht zur Tragung eines Armbands könnte allenfalls dann der Sollbeschaffenheit der gebuchten Reise entsprechen, wenn ...*[641] wird lesbarer als *Die Pflicht, ein Armband zu tragen, entspricht der Sollbeschaffenheit der Reise, wenn ...* . Oder: *Die Tatsache, dass ...* kann man häufig ersetzen durch *Dass ...*; für *Anzumerken ist hier zudem, dass ...* genügt meist *Zudem ...* Gleiches gilt für *Es ist so, dass ...*

Nicht selten bieten die Passagen, in denen ohne echten Subsumtionsbezug der Sachverhalt wiederholt und nacherzählt wird, Kürzungspotential. Solche Abschnitte sind nicht nur fehlerhaft im Sinne einer guten juristischen Arbeitstechnik, sondern langweilen die Leserin, die mit dem Sachverhalt durch die Lektüre zahlreicher weiterer Übungsarbeiten vertraut ist. Gleiches gilt für weitschweifige Umschreibungen des Gesetzestexts.

Ein gutes Kriterium beim Zusammenstreichen ist: Nehmen Sie alles weg, was Sie selbst nicht verstanden haben.

Immerhin optisch wirksame Kürzungen[642] kann man mit dem Textverarbeitungsprogramm bewirken: Die Silbentrennung spart ungefähr 2 % des Textumfangs ein[643].

464 • Ob man eine Übungsarbeit ganz allein oder im Team verfasst, ist Geschmackssache. **Teamarbeit** ist sinnvoll, solange jeder noch versteht, was er da eigentlich schreibt. Gruppen ab vier Personen tendieren zu ineffizientem Arbeiten. Insbesondere bei der Quellenauswertung kann Arbeitsteilung wertvolle Zeit sparen. Man sollte aber darauf achten, an wessen Ratschlägen man sich orientiert. Es gibt eine ganze Reihe erfahrungsgemäß **schlechter Ratgeber**[644]:

– Studenten höherer Semester

(*Der Freund von der Ruth is´ im siebten Semester und sagt, das sei eindeutig ein Fall von unerwünschter GoA ...* – Der Freund von Ruth ist juristisch nicht sehr begabt und nur durch Zeitablauf bis ins siebte Semester gekommen. Jedenfalls kennt er das konkrete Problem trotz gegenteiliger Beteuerungen auch nicht genauer als die Leute, die sich jetzt seit zwei Wochen entnervt damit abmühen.)

– Eltern im Anwalts- oder Richterberuf

(*Dem Christoph sein Vater is´ Anwalt und sagt, die Vertragsverletzung besteht in ... Die Gabi hat ihre Mutter gefragt – die is´ Vorsitzende Richterin am OLG – und die hat gesagt, man müsste hier erst mal ...* – Anwälte und Richter arbeiten oft nach anderen Regeln als Studentinnen und sind daher nur ausnahmsweise wirkliche Helfer[645].)

---

641 AG Baden-Baden NJW 1999, 1340 f.
642 Vom Kürzen mittels typographischer Tricks ist abzuraten (Rn. 421).
643 Spürbar wird das erst bei längeren Texten. Bei kurzen Texten hilft es nur, wenn auf der letzten Seite wenige Zeilen stehen. Die Silbentrennzone sollte recht klein eingestellt werden.
644 Die Aufzählung strebt Vollständigkeit an, erreicht sie aber nicht.
645 Ein zweites Risiko neben der inhaltlich unglücklichen Schwerpunktwahl: Sprachstil und Terminologie des Anwalts haben sich meist schon weit von der studentischen Herangehensweise entfernt. Prüfer sind hierfür sensibler als man glauben sollte. Überlegen Sie also genau, ob Sie wirklich einen Anwalt als Lohnschreiber anheuern wollen.

- Die herrschende Seminarmeinung

  (Aber die letzten 19 Leute, mit denen ich darüber geredet hab´, waren alle der Ansicht, ... – Hier gilt dasselbe wie von herrschenden Meinungen allgemein: ... Millionen Fliegen können nicht irren – gerade wenn es sich um die Teilnehmer an der Anfängerübung im Bürgerlichen Recht handelt.)

- Leute, die ihre Ansicht mit auffälliger Selbstsicherheit ungefragt und kostenlos bekannt geben

  (Ich bin der Meinung, man kann dies und das nur so und so sehen. Übrigens haben sich mir die Herren Medicus und Flume da vollinhaltlich angeschlossen ... – Dummschwätzer sind gefährlich.)

- die Assistenten, Mitarbeiterinnen und Korrekturkräfte des die Übung veranstaltenden Lehrstuhls

  (Die Gabi hat letztens den ... in der Disco getroffen und bei der Gelegenheit ganz unauffällig gefragt, wie man am besten die ...-prüfung aufbaut. – Die Lehrstuhlmitarbeiter waren nicht in der Disco, um über die laufende Hausarbeit zu sprechen.)

- Informationen aus zweiter Hand

  (Angeblich kennt der Philip einen, dessen beste Freundin schreibt am selben Sachverhalt wie wir. Naja, und eine von den Leuten, mit denen sie zusammenarbeitet, hat einfach in der Vorlesung von Prof. ... gefragt, ob man eigentlich ... Also, die Ruth is´ doch bei Dick & Doof im Baby-Rep – die haben neulich einen Fall besprochen, da soll ein ganz ähnliches Problem drin vorgekommen sein. – Verlassen Sie sich auf solche Gerüchte?)

- Leute, die auf die Bitte um Hilfe nur völlig entnervt oder allzu bereitwillig antworten

  (Also, das ist ganz einfach: ... – Antworten, die nicht mit Blut, Schweiß und Tränen erkämpft sind, sind meistens falsch.)

- Freunde, die sofort die richtige Lösung kennen

  (Klarer Fall, hier geht es um ... – ein zu schneller Problemzugriff birgt mehr Risiken als Chancen: Man vergisst leicht die Hälfte der Probleme auf dem Weg, wenn man nur das Ziel im Auge hat. Manchmal löst man auch schlicht die falschen Probleme.)

- Mitstudierende, die zwölf Stunden vor Abgabe der Arbeit anrufen, weil sie die einzig richtige Lösung gefunden haben

  (Du, ich hab´s! ... – Wann haben Sie das letzte Mal in Torschlusspanik eine gute Entscheidung getroffen?)

- Das gelungene **Zusammenfassen von Gedankengängen** kann die inhaltliche Güte Ihrer Arbeit schon äußerlich zeigen. Versuchen Sie, dem Leser die Lektüre zu erleichtern, indem Sie den Text strukturieren. 465

  Was gedanklich eng zusammengehört, sollte zusammengefasst werden. Ganz eng zusammenhängende Gedanken werden in zwei Hauptsätze gefasst und nur durch Kommata getrennt; etwas mehr Abstand signalisiert das gemeinhin völlig unterschätzte Semikolon[646]. Manchmal hilft auch ein Doppelpunkt. Mehr Distanz kommt durch einen Punkt zum Ausdruck, noch mehr durch Punkt und Absatz[647], noch mehr durch Punkt, Absatz und Leerzeile, noch mehr durch eine Gliederungsnummer ohne Überschrift (nur bedingt zu empfehlen), noch mehr durch eine neue Überschrift.

---

646 Dazu z.B. *Schneider* Deutsch!, 128 f.
647 Daher darf nicht hinter jedem Satz ein Absatz stehen. Das wirkt zusammenhangslos – kommt aber immer wieder vor.

Es lohnt sich, den fertigen Text unter diesem Aspekt durchzugehen und für den Leser erneut zu gliedern: Nicht immer ist der Gedankengang auf dem Papier so klar, wie er dem Verfasser im Kopf erscheint.

466 • **Hervorhebungen** im Text kann man durch Unterstreichen, fetten Satz oder Kursivschreibweise bewerkstelligen. Letztere ist am unaufdringlichsten und daher vorzuziehen.

Teils werden alle Hervorhebungen vehement abgelehnt, weil der Leser nicht als dumm behandelt werden will; außerdem müsse aus der Formulierung hervorgehen, was wichtig sei, nicht erst aus der Formatierung. Andererseits ist aber nicht jeder Leser immer voll konzentriert und wird vielleicht eine optische Strukturierung zu schätzen wissen[648]. Man kann beispielsweise die Tatbestandsmerkmale einer Norm kursiv setzen, wenn man jeweils eigene Überschriften für überflüssig hält. Insgesamt sollten Sie Hervorhebungen ziemlich sparsam verwenden.

Betonungen kann man auch durch den Satzbau bewirken.

Beispiel: In dem Satz *Das Verhalten des B war jedoch nur rechtswidrig, wenn ...* kann das Wichtige an den Anfang gestellt werden, um den Leser sofort darauf hinzuweisen*: Rechtswidrig war das Verhalten des B jedoch nur, wenn ...*

467 • Bilden Sie **Zwischenergebnisse**. Je unübersichtlicher Sachverhalt und Gutachten sind und je länger keine neue Überschrift kommt, desto dankbarer ist der Leser für ein Zwischenergebnis, zumal

– wenn angesichts vieler theoretischer Ausführungen der Fallbezug ein bisschen verloren gegangen ist, insbesondere wenn man eine Reihe guter Argumente pro und contra erörtert hat *(Zusammenfassend ist festzustellen / lässt sich festhalten, dass ...)* oder

– wenn eine gedankliche Wende kommt *(Nach den bisherigen Feststellungen ist ein Anspruch gegeben. / Scheinbar kann danach A von B ... verlangen.* Es folgt die Subsumtion unter die Tatbestandsmerkmale einer Einwendung, z. B. Aufrechnung).

468 • Vergessen Sie nicht ein **Gesamtergebnis** am Ende der Arbeit. Das erleichtert auch die eigene Plausibilitätskontrolle. Hier nennen Sie noch einmal alle bejahten Ansprüche oder alle Gründe für die Rechtswidrigkeit eines Verwaltungsakts oder alle Strafnormverstöße, gegebenenfalls unter Einbeziehung der Konkurrenzen.

Ergebnisse sollen knapp formuliert sein und nicht noch einmal inhaltliche Diskussionen aufnehmen.

Wenn Sie gegen Ende Ihrer Arbeit ganze Ergebniskaskaden hintereinander schalten müssen, weil Sie alle geöffneten Klammern jetzt wieder schließen wollen, können Sie die irritierende Häufung von sieben *Ergebnissen* entschärfen, indem Sie sie als *Zwischenergebnis zu 4., Ergebnis zur Arbeitnehmereigenschaft, Endergebnis, Gesamtergebnis* u.ä. voneinander abheben.

469 • Vor der eigenen Endkorrektur ist es (nicht zwingend[649], aber) empfehlenswert, zwei **Korrekturleserinnen** um Hilfe zu bitten. Die juristische Korrekturleserin kann helfen, erkennbare Widersprüche[650]

Beispiel: *Ein Vertrag ist also nicht zustande gekommen; der Vertrag kann angefochten werden.*

zu erkennen und beiläufige Fehler

---

648 Näher zur typografischen Gestaltung der Arbeit bei Bedarf *Bendix* Arbeiten, oder *Willberg/Forssman* Erste Hilfe.
649 Wenn Sie zu einer der Risikogruppen (ehemalige Legastheniker, Einwanderer, Einwandererkinder) gehören, ist Korrekturlesen besonders dringend angezeigt. Die Korrekturlesen sollten möglichst keiner Risikogruppe angehören, mindestens aber einer anderen als Sie selbst.
650 Dazu schon Rn. 432.

Beispiel: *Um zu klären, wer Eigentümer ist, kommt es darauf an zu prüfen, ob zwischen A und B sowie zwischen A und C jeweils wirksame Kaufverträge geschlossen worden sind.*

richtig zu stellen. Am besten machen das übrigens die Leute, die nicht an der selben Aufgabe sitzen wie Sie. Anderenfalls ist die Gefahr der Betriebsblindheit zu groß. Der nicht-juristische Gegenleser möge auf Lesbarkeit, Verständlichkeit und den roten Faden achten. Oft ist es besser, erst fachlich zu korrigieren und dann den fachfremden Leser redigieren zu lassen. Leicht passiert es nämlich dem juristischen Leser, dass er einmal einen Fachausdruck durch einen anderen ersetzt – und vergisst, die darauf Bezug nehmenden Pronomina zu ändern. Für diese Arbeit ist der nichtfachliche Leser genau richtig.

- Für die **Endkorrektur** einer Hausarbeit sollte man wenigstens einen Tag ansetzen[651]. Verwenden Sie ein einheitliches Zeichen (### o.Ä.) für die redaktionellen Anweisungen, die Sie beim Schreiben der Arbeit in den laufenden Text notieren. So können Sie vor der Abgabe noch einmal das Textverarbeitungsprogramm nach diesem Zeichen suchen lassen; der Korrektor findet dann nicht ständig in den Fußnoten Hinweise wie *Fundstelle ergänzen!* oder *Hier noch ein paar überzeugende Argumente nachtragen!*, die nichts dokumentieren außer gutem Willen und zu oberflächlicher Schlussredaktion.

470

Immer wieder gern auf den Abgabetag verschoben werden die Herstellung des Schrifttumsverzeichnisses und der Gliederung. Einerseits ist das sinnvoll, weil man erst am Ende übersieht, was wirklich zitiert wurde. Andererseits ist es gefährlich, weil man sich leicht über den erforderlichen Zeitaufwand täuscht. Je nach Stand der Vorarbeiten dauert die Anfertigung eines präsentablen Schrifttumsverzeichnisses leicht einen Arbeitstag (vorausgesetzt, die Bibliothek ist geöffnet[652]). Auch ein anständiges Inhaltsverzeichnis braucht Zeit. Schnell geht es nur, wenn Sie bei den Überschriften konsequent mit Formatvorlagen arbeiten – und mit der Funktion »Inhaltsverzeichnis erstellen« umgehen können.

Sobald Sie sicher sind, dass Ihre Fallbearbeitung rechtlich »rund« ist, gehen Sie den Text ein letztes Mal durch. Achten Sie dabei nur noch auf drei Fragen, auf diese aber wirklich bei jedem (!) einzelnen Satz:

- Transportiert der Satz den Gedanken, den er festhalten soll, so deutlich wie möglich?

  Wenn der Gedanke unklar ist, kann der Satz kaum klarer sein. Aber es geschieht oft, dass man einen klaren Gedanken unklar in Worte fasst. Das rächt sich. Also: Was Sie klar denken können, können Sie auch klar sagen. Oft kostet das Zeit und Mühe. – Hier liegt eine der größten Chancen, aus dem Feld der Mitbewerber herauszustechen. Juristische Anfänger fassen ihre Gedanken häufig zu weit, zu pauschal, zu ungenau. Bei Fortgeschrittenen werden zu pauschale Aussagen als Anfängerfehler gewertet. Das kostet Punkte.

- Schließt der Satz an den vorherigen Satz gutachten-logisch sinnvoll an?

  Wenn nein, müssen Sie das ändern. Oder sich selbst sehr gründlich Rechenschaft darüber ablegen, warum das nicht nötig ist[653].

---

651 Wertvolle Ratschläge bei *Schnapp* Jura 2003, 602, 606 f.; siehe auch die Checkliste hinten Rn. 569 ff.
652 Mittlerweile hilft allerdings auf weiten Strecken auch das Internet; dazu Fn. 623.
653 Hier ein harmloses Beispiel: *Fraglich ist, ob ein Anspruch entstanden ist. Dazu müsste es zu einem Kaufvertrag gekommen sein.* – Nein. Das ist logisch nicht zwingend. Richtig wäre *Fraglich ist, ob ein Kaufpreiszahlungsanspruch entstanden ist. Dazu müsste es zu einem Kaufvertrag gekommen sein.* Oder man muss nach der Überschrift *Anspruch des A gegen B auf Kaufpreiszahlung in Höhe von € 2.200,-* gedanklich anschließen mit *Für einen solchen müsste es zu einem Kaufvertrag gekommen sein.*

Teil 4: Arbeitshinweise

- Kann der Satz kürzer sein?

Sehr oft schafft Kürze Klarheit[654].
Sie werden sich wundern, wie viele Änderungen nötig werden, wenn Sie diese drei Fragen (nach **Klarheit, Stimmigkeit** und **Kürze**) ernst nehmen.

471
- Es lohnt sich, beim abschließenden Polieren besondere Mühe auf **die ersten zwei Seiten** des Texts zu investieren, weil auch beim Lesen von Prüfungsarbeiten nicht selten der erste Eindruck entscheidet.

Richtig gut wird eine Übungs- oder Prüfungsarbeit aller Erfahrung nach zwar nur bewertet werden, wenn sie durchgängig gut ist. Trotzdem kann es – zumal angesichts beschränkter Kapazitäten – sinnvoll sein, besonders intensiv den Anfang zu überarbeiten. Selbst routinierte Prüfer sind nämlich manchmal schlecht gelaunt, wenn eine Arbeit schwach anfängt, und gut gelaunt, wenn sie souverän beginnt.

Eine Voraussetzung für einen gelungenen Einstieg ist es, die Fallfrage nachvollziehbar in einen Obersatz überzuleiten[655]. Fast ausnahmslos muss nach der ersten Überschrift der erste Obersatz mit einer Hypothese folgen.

Beispiel: Nicht gut ist deshalb *Es erhebt sich zunächst die Frage nach dem Rechtsweg, den S beschreiten müsste*[656], weil so nicht erklärt wird, warum sich diese Frage erhebt. (Erhebt? Na gut: erhebt.).

Noch weiter vorn steht die Pflege der Gliederung. Je näher man der vom Leser favorisierten oder in der Musterlösung niedergelegten Gliederung kommt, desto besser. Aber auch wenn man über diese Frage noch so viel nachgedacht hat, sollte man sich **Erläuterungen zum Aufbau** sparen. Eine gute Gliederung erklärt sich von selbst. Außerdem kann der Leser das Inhaltsverzeichnis lesen und sich so über den Gang des Gutachtens orientieren.

Unter dem Gesichtspunkt eines gelungenen Einstiegs sind auch **Wasserköpfe** (also Aufbauvarianten, die ab der ersten Zeile massenhaft Probleme diskutieren, auf die dann später lediglich verwiesen wird) kritisch zu betrachten. Gleiches gilt für Erörterungen definitiv unproblematischer Tatbestandsmerkmale, die den Leser von Absatz zu Absatz ungeduldiger werden lassen[657].

472
- Es empfiehlt sich, den in der Aufgabe angegebenen Abgabetermin (oder noch schlimmer: die **Abgabefrist**[658]) unter allen Umständen einzuhalten.

Hochschullehrer und ihre Assistenten sind froh um jede Bearbeitung, die sie nicht korrigieren müssen. Eine verspätet eingegangene Arbeit werden sie nicht bewerten. Nehmen Sie also die Fristen oder Termine ernst: Spätestens im Staatsexamen ist der einzige natürliche Feind des Kandidaten das Justizprüfungsamt, dessen Mitarbeiter in dieser Hinsicht überhaupt keinen Spaß verstehen[659].

---

654 Lesen Sie noch einmal Rn. 463.
655 Dazu schon Rn. 55 ff.
656 *Flaemig/Heuvels* JuS 1985, 717.
657 Neben den hier erwähnten formalen Gründen ist der Anfang eines Rechtsgutachtens natürlich auch inhaltlich besonders wichtig: Wer schon hier mit seinen Überlegungen falsch abbiegt, mutet dem Leser oft ein ganz jenseits dessen Erwartungen liegendes Lösungsmodell zu. Das muss nicht schlimm sein – es nötigt aber dem Leser mehr Konzentration und Ergebnisoffenheit ab.
658 Hier haben Sie zum vielleicht ersten Mal Gelegenheit, Ihre Kenntnisse aus dem Allgemeinen Teil des BGB auf das eigene Leben anzuwenden: Den Abgabetermin berechnet man nach §§ 187 ff. BGB, wenn nicht anders angegeben.
659 Dieses Ärgernis setzt sich übrigens in Ihrem späteren Beruf als Rechtsanwältin fort; lesen Sie z.B. §§ 296 f. ZPO, § 214 I BGB.

Regelmäßig sind die Bearbeitungszeiten so großzügig bemessen, dass die rechtzeitige Abgabe kein Problem ist[660] – entscheidend ist: Arbeiten statt Arbeitsmimikry. Manchmal wird es aber doch knapp. Fällt die persönliche Abgabe im Sekretariat des Lehrstuhls flach, bleibt nur die Post. Informieren Sie sich rechtzeitig über die Öffnungszeiten der wichtigen Postfilialen. Am längsten geöffnet sind meist die im Hauptbahnhof und im Flughafen. Da Sie nicht wissen können, was die Post und die Poststelle der Universität mit Ihrer Sendung anstellen, sollten Sie erwägen, diese per Einwurfeinschreiben[661] mit Rückschein zu senden – der Aufpreis beträgt € 3,85[662].

Versuchen Sie es nicht mit dem Freistempler in Vaters oder Mutters Büro – auf den Gedanken der Zeitreise sind schon Tausende vor Ihnen gekommen, so dass freigestempelte Sendungen meist nicht akzeptiert werden.

Für den seltenen Fall, dass eine Arbeit am Lehrstuhl verloren geht, ist es zweckmäßig, vor der Abgabe eine Kopie anzufertigen.

- Unbedingt empfehlenswert ist die **Teilnahme an der Besprechung**, die in der Regel der Rückgabe der Arbeit unmittelbar vorausgeht. Man kann sich dabei die eigenen Fehler aus erster Hand erklären lassen. Außerdem hilft das, spätere Blamagen zu vermeiden, wenn man mit einer Frage oder dem Wunsch nach Verbesserung der Note am Lehrstuhl erscheint. 473

  Oft erhalten Sie bei dieser Besprechung nicht nur eine Musterlösung, sondern auch Hinweise auf die häufigsten Fehler. Günstigstenfalls können Sie also nicht nur aus eigenen Fehlern lernen, sondern auch noch aus einer repräsentativen Auswahl fremder Fehler. Eine solche Gelegenheit darf man sich nicht entgehen lassen. Der Ertrag steigt, wenn man sich tags zuvor noch einmal für eine Dreiviertelstunde in die meist schon ein paar Wochen zurückliegende Aufgabe und den eigenen Bearbeitungsansatz hineindenkt.

- Eine realistische Einschätzung Ihrer Erfolge bedarf der Kenntnis der Besonderheiten des **Notenniveaus** an juristischen Fakultäten. Um Enttäuschungen weiträumig vorzubeugen: Die Notenskala ist zwar weiter als an der Schule; sie wird aber – anders als dort – nur nach unten ausgeschöpft. Unter Juristen ist traditionell ein *befriedigend* eine passable, ein *voll befriedigend* eine ziemlich gute Note. Das *sehr gut* ist nach dem Verständnis der meisten Notengebenden dem eigenen Leistungsniveau vorbehalten. Nervenzusammenbrüche und hysterische Anfälle (*Ich habe nur 14 Punkte!*) sind also völlig verfehlt. Die erste Regel lautet: *Vier gewinnt*. Wenn das geschafft ist, ist Zeit für Ehrgeiz. 474

- **Beschwerden über ungerechte Noten** wollen bedachtsam angegangen sein[663]. Es kommt vor, dass Sie nach der Rückgabe einer Arbeit mit Ihrer Note nicht zufrieden sind. Laufen Sie nicht sofort zum Lehrstuhl und quengeln. Warten Sie zwei Tage und denken dann erneut nach. Ein weit verbreitetes Missverständnis ist es, eine schlechte Note als Bewertung der eigenen Qualitäten als Jurist oder als Mensch überzuinterpretieren. Das ist ganz falsch – es ist nur eine Note auf eine einzelne juristische Leistung. Es gibt also kaum einen Grund, eine schlechte Note persönlich zu nehmen. Manchmal geraten die Korrekturen etwas harsch. Bedenken Sie, dass Ihre Arbeit die siebenunddreißigste gewesen sein könnte, in der die Leserin über denselben, ihr ganz überflüssig 475

---

660 Bei Klausuren kann das aber auch einmal anders sein …
661 Die Sendung mit Übergabeeinschreiben macht die Angelegenheit unnötig kompliziert, weil dann irgendjemand in der Poststelle der Universität, der dafür gar nicht zuständig ist …
662 Stand 01.01.2010; aktuelle Preise unter www.deutsche-post.de.
663 Einige nützliche Hinweise und Schrifttumsnachweise zur Prüfungsanfechtung bei *Kallert/Marschner/Schreiber/Söder*, 252 ff.; unbedingt empfehlenswert *Gas* www.weber.jura.uni-osnabrueck.de.

erscheinenden Fehler gestolpert ist. Bei aller Mühe um Gerechtigkeit in den Niederungen des Notengebungsalltags: Auch Korrektoren sind nur Menschen.

Wenn Sie aber bei dreimaligem Lesen der Korrekturbemerkungen (deren Leserlichkeit einmal unterstellt) und Ihres Texts immer noch nicht einsehen, was da falsch sein soll, schreiben Sie auf, was Ihnen nicht gefällt, und bitten um Nachkorrektur. Erhoffen Sie sich nicht zu viel; statistisch ist es unwahrscheinlich, dass Sie eine bessere Note bekommen[664]. Aber immerhin: Manchmal macht es sich der Korrektor wirklich zu leicht. Dann sollten Sie darauf bestehen, dass Ihnen entweder gründlich erklärt wird, warum die Arbeit nicht gut ist, oder Ihre Note angehoben wird.

Sie erhöhen Ihre Erfolgsaussichten, indem Sie in vollständigen deutschen Sätzen und möglichst sachlich erklären, weshalb die an Ihrer Arbeit geübte Kritik Sie nicht überzeugt. Traditionell wenig beliebt sind bei den Korrektoren Argumente der Art *Aber der Holger hat genauso viel Unsinn geschrieben wie ich und trotzdem bestanden*. Das ist nicht nur ziemlich undifferenziert, es bringt den so Angesprochenen auch in die Verlegenheit, Ihre Arbeit mit 432 anderen abgleichen zu müssen. Das ist – bei allem Bemühen – nicht zu leisten.

Sinnlos und für den Korrektor ärgerlich ist die pauschale unbegründete Bitte um Neubewertung. Sie führt zu nichts.

Für Juristen ist es Ehrensache, über den Rechtsweg nachzudenken, wenn alle Nachkorrektur nichts hilft[665]. Na klar. Wahrscheinlich ist es aber einfacher, die Übung im nächsten Semester zu wiederholen[666]. Und sich an den Gedanken zu gewöhnen, dass man nicht unfehlbar ist.

Schluss

475a Haben Sie das Buch bis hierhin durchgeblättert, überflogen, gelesen oder sogar durchgearbeitet, sollten Sie in (rechtsanwendungs- und prüfungs)technischer Hinsicht klüger geworden sein, vielleicht auch ein bisschen in materiellrechtlicher. Das kann ein Wettbewerbsvorteil sein. Wenn Sie den nicht verlieren wollen, dürfen Sie das Buch nicht weiterempfehlen.

---

664 Auch wenn Sie manchmal einen gegenteiligen Eindruck haben: Ihre Korrektoren geben sich Mühe. Ganz besonders übrigens bei der Abgrenzung zwischen 3 Punkten und 4 Punkten. Prüfer wissen recht genau, dass es einen Unterschied zwischen *bestanden* und *nicht bestanden* gibt.

665 Widerspruchsverfahren und verwaltungsgerichtliches Verfahren haben den Vorteil, dass man sich schon mal ans Prozessieren gewöhnt. Außerdem kann es geschehen, dass man in einem solchen Verfahren Recht bekommt. Der Nachteil liegt darin, dass der Rechtsweg zeitraubend, für den Unterliegenden teuer und nervenzehrend ist.

666 Am Ende noch eine kleine Idee zum Nachdenken: Es ist möglich, dass Sie eine schwache Note bekommen oder sogar bei einer Prüfung durchrasseln, weil der Dozent/Korrektor/Prüfer Sie für talentiert (aber faul oder unkonzentriert oder undiszipliniert) hält. Und vielleicht ist das auch richtig so.

Teil 5: Anhang: Formalien und wissenschaftlicher Apparat

Dieser Anhang umreißt und erklärt die oft unterschätzten Äußerlichkeiten juristischer Übungs- und Prüfungsleistungen[667, 668].

1. Die nachstehenden Hinweise gelten nur unter dem **Vorbehalt**, dass der Leiter Ihrer Übung nicht ausdrücklich etwas anderes verlangt. Im Ernstfall Staatsprüfung sollten Sie sich rechtzeitig informieren, ob das Prüfungsamt Vorgaben für die äußere Form Ihrer Arbeiten macht[669]. 476

2. Formalien sind zu einem kleinen Teil **Geschmackssache**, 477

    Beispiel: Ob eine Fußnote mit einem Punkt abgeschlossen wird, ist eine Glaubensfrage – außer die Fußbote enthält einen grammatikalisch vollständigen Satz (dann muss am Ende ein Punkt stehen).

    so dass es nötig sein kann, auf den Geschmack Ihres Prüfers Rücksicht zu nehmen. Sie können ihn fragen. Nicht selten hinterlegt er auf seiner Heimseite ein Merkblatt.

3. Zum größeren Teil sind Formalien aber geschuldet 478

    a) den **Grundstandards wissenschaftlichen Arbeitens**,

    Dass einige Minimalanforderungen wissenschaftlichen Arbeitens (und vielleicht auch mehr als nur diese) in einem rechtswissenschaftlichen Studium dazugehören, erklärt sich hoffentlich von selbst. Deren Nichterfüllung wird Ihnen jeder Korrektor mit Recht entgegenhalten.

    b) einigen **praktischen Erfordernissen** der Korrektur von Prüfungs- und Übungsarbeiten,

    c) einigen fachbereichsspezifischen **Konventionen**.

    Wenn Sie dem Leser die Korrekturarbeit unnötig erschweren oder es für nicht ansatzweise erforderlich halten, sich mit spezifisch juristischen Kommunikationsformen vertraut zu machen, wird Ihnen das schaden.

Alle drei Fragen fließen neben der inhaltlichen Qualität Ihres Gutachtens oder Ihres Referats mit in die Prüfungsnote ein. Oft weist Ihr Korrektor Defizite in dieser

---

667 Dazu z.B. etliche der in Fn. 621 Zitierten; *Wörlen/Schindler* Anleitung Rn. 57 ff.; *Dietrich* Jura 1998, 142 ff.; *Jaroschek* JA 1997, 313 ff.; *Jahn* JA 2002, 491 ff.; *Garcia-Scholz* JA 2000, 956 ff.; *Rollmann* JuS 1988, 242 ff.; *Gas* NdsVBl 2007, 255 ff., 314 ff.; *Putzke* Arbeiten, Kurzfassung: *Putzke/Küll/Weinzierl* Gut in Form, http://bonn.elsa-germany.org/downloads/Files/Aufsatz%20Hausarbeit; *Mankowski* http://www2.jura.uni-hamburg.de/sipr/dateien/dateien_mankowski/zitierempfehlung.doc; *Möllers* www.jura.uni-augsburg.de/prof/moellers/downloads/arbeitstechnik_jur/Richtiges_Zitieren.pdf; einige abweichende Regeln für den Gebrauch in der Schweiz sind nachzulesen bei *Müller* ZitierGuide.

668 Intelligente Menschen mögen es nicht sehr, ihre Zeit mit diesen Äußerlichkeiten zu verschwenden. Deshalb hier ein kleines Fußnotenplädoyer für Formalien: Es ist sinnvoll, diese langweiligen Konventionen einzuüben, weil erst Konventionen (»Protokolle«) Kommunikation erlauben. Stellen Sie sich vor, Sie seien ein Faxgerät und wollten mit einem anderen Faxgerät Daten austauschen. Zuerst müssen Sie ein bisschen pfeifen und den anderen Apparat ein bisschen pfeifen lassen (nach dem Protokoll CCITT v.4.0 oder so) – dann können Sie senden. Oder Sie sind Mensch und wollen einen kleinen Drogendeal an der Frankfurter Konstablerwache einfädeln. Dann müssen Sie zuerst ein paar protokollgemäße Äußerungen austauschen wie *EyAlderWasGeht?* und *KonkretKrassKorrektWeißTu?*, bevor Sie sich in der Sache unterhalten können. Die Funktion juristischer Konventionen – etwa über den Gutachtenstil oder über die Formatierung von Literaturverzeichnissen – ist ganz ähnlich. Sie garantieren nicht den Erfolg Ihrer kommunikativen Mühe, aber sie erhöhen die Erfolgswahrscheinlichkeit deutlich.

669 Z.B. das Merkblatt unter www.jpa-wiesbaden.justiz.hessen.de/internet/jpa.nsf.

Hinsicht nicht als notenrelevant aus (schon um Schwierigkeiten im Prüfungsanfechtungsverfahren zu vermeiden) – aber irgendwo in der Note stecken sie dann doch drin.

479 4. Die Beachtung all dessen, was hier steht, garantiert noch nicht die **Wissenschaftlichkeit** Ihrer Ausarbeitung. Immerhin lassen sich aber damit die schlimmsten Fehler vermeiden. Das Nachstehende ist also keine hinreichende, aber wohl eine notwendige Bedingung für Wissenschaftlichkeit.

480 5. Es gibt eine Reihe ähnlicher Anleitungen im **Internet**[670];

Meist sind sie von Professoren oder deren wissenschaftlichen Mitarbeitern an Universitäten und Fachhochschulen verfasst. Wer sich davon einige ansieht, wird schnell feststellen, dass sie in Details voneinander abweichen, aber im Großen und Ganzen ein recht verlässlicher Bestand an Regeln über die Formalia einer rechtswissenschaftlichen Arbeit existiert.

481 6. Diese kleine Anleitung geht spezifisch auf die Üblichkeiten **juristischer Fachtexte** ein. In anderen Disziplinen haben sich meist andere Standards herausgebildet.

Seien Sie also ein bisschen vorsichtig mit den Richtlinien zum Verfassen wissenschaftlicher Arbeiten, die Ihnen Ihre große Schwester in die Hand gedrückt hat, wenn sie Pädagogik oder Physik oder Wirtschaftswissenschaften studiert.

482 7. Soweit möglich, wird erklärt, **wie** die jeweilige Frage zu handhaben ist, und **warum** sie sinnvollerweise so zu handhaben ist.

Damit kommen zwei verschiedene Perspektiven zu ihrem Recht: Einerseits die der Studierenden, die in erster Linie auf der Suche nach Anleitung sind, weil sie erstmals eine Übungsarbeit schreiben und nichts falsch machen möchten, andererseits die der Studierenden, die sich über jede unnötige einengende Regel ärgern und deshalb wenigstens wissen möchten, warum sie sich solchen Regeln unterwerfen sollen.

Wie viel Mühe Sie auf alle diese Äußerlichkeiten verwenden, ist Ihre Sache. Seit einigen Jahren ist eine Tendenz der Landes-Juristenausbildungsgesetze zu beobachten, wonach in den Staatsprüfungen kürzere Hausarbeiten geschrieben werden oder gar keine mehr. Oft können Sie Scheine während des Studiums bestehen, indem Sie nur Klausuren schreiben. Im Ergebnis kann es geschehen, dass Sie insgesamt nur eine kleine Handvoll Hausarbeiten zu schreiben haben. Bei ertragsoptimierendem Herangehen an Ihre Prüfungsleistungen ist gewiss die Versuchung groß, sich nicht allzu viele Gedanken um die Hausarbeiten zu machen. Ich halte das für riskant. Und was das für den Wissenschaftlichkeitsanspruch Ihres Studiums bedeutet, steht sowieso auf einem anderen Blatt.

Gehen Sie davon aus, dass Ihre Korrektoren etwa 3 von 18 zu vergebenden Punkten auf die Äußerlichkeiten vergeben werden – ausgesprochen oder, wie meist, unausgesprochen. Diese Faustregel gilt sowohl für Anfängerarbeiten (weil es dabei wichtig ist, dass Anfänger die Standards erlernen) als auch für Fortgeschrittenen- und Prüfungsarbeiten (weil die Kandidatinnen spätestens jetzt die Standards beherrschen müssen)[671].

---

670 www.jura.uni-bielefeld.de/Lehrstuehle/Rolfs/Begleitmaterial/ha.doc enthält auch eine kleine Musterhausarbeit. Gute Idee. Exempla docent. Empfehlenswert ist die Anleitung von *Bürge* unter http://gaius.jura.uni-sb.de/Klausuren/Merkblatt, die man am besten online liest, aber auch drucken kann. Außerdem www.intrecht.euv-frankfurt-o.de/hinweise.htm; *Dreier* www.jura.uni-wuerzburg.de/lehrstuehle/dreier/lehrveranstaltungen/konversatorien/. Die Aufzählung hier ist zwangsläufig unvollständig.

671 Dabei sollten Sie damit rechnen, dass Korrektorinnen ungefähr so vorgehen: Von den ca. drei Notenpunkten, die Sie mit einem anständigen Äußeren Ihrer Arbeit gewinnen können, wird einer abgezogen, wenn z.B. das Schrifttumsverzeichnis unvollständig oder schlampig erstellt ist, ein weiterer, wenn die Gliederung widersprüchlich oder zu oberflächlich ist, ein weiterer, wenn der Fußnotenapparat Schwächen zeigt etc. Weist die Arbeit in jeder äußeren Hinsicht Defizite auf, werden Sie zudem kaum einen Prüfer finden, der die Punkte auf den Inhalt voll vergibt. Die Indizwirkung einer schwachen Form für einen schwachen Inhalt ist einfach zu stark.

Wer das Folgende nicht vollständig lesen will, kann im Stichwortregister nach einzelnen Informationen suchen[672].

A. Formalien bei Hausarbeiten

Im 21. Jahrhundert werden Hausarbeiten auf dem **PC** geschrieben[673]; **Schreibmaschinen** sind auf dem Rückzug, aber nichts spricht dagegen, sie zu benutzen[674].

483

Beides ist in der Lesbarkeit der handschriftlichen Fassung deutlich überlegen und deshalb meist in den Ausbildungs- und Prüfungsordnungen vorgeschrieben.

Der **Schriftgrad** ist üblicherweise 12 pt (also wie eine normale Schreibmaschinentype), für die Fußnoten 10 pt oder 9 pt, aber nicht kleiner.

Zu kleine Schriftgrößen sind auf Dauer anstrengend für den Leser. Der Versuch, damit Platz zu sparen, ist durchsichtig und nervt den Korrektor unnötig.

Als **Schrifttype** wähle man Arial (serifenlos und betont sachlich) oder Times (angeblich die am leichtesten lesbare überhaupt). Man kann ohne weiteres eine ganze Arbeit mit nur einer Schrifttype bestreiten – und allenfalls die Überschriften etwas größer oder fett setzen. Das passt gut zu unprätentiöser Sachprosa.

Der Text und die Fußnoten werden teils linksbündig, meist aber im **Blocksatz** geschrieben.

Im letzteren Fall sollte mindestens die automatische Silbentrennung eingeschaltet werden, besser aber am Ende von Hand getrennt werden. Die ansonsten enstehenden Lücken im Text erschweren das Lesen.

Verwenden Sie **DIN A4-Papier**[675], das Sie **einseitig** beschreiben.

484

Das ist zwar Papierverschwendung, aber ganz üblich und erlaubt dem Korrektor, längere Anmerkungen auf der Rückseite fortzusetzen (leider in der Praxis selten). **Umweltpapier** ist Geschmackssache, aber in aller Regel unbedenklich.

Sie müssen Ihre Arbeit nicht einbinden lassen (anders im Examen), aber ein **Schnellhefter** ist hilfreich und ganz üblich – wer arbeitet schon gerne mit fliegenden Blättern? Ein schöner Hefter der etwas stabileren Sorte hinterlässt einen besseren Eindruck als die häufig anzutreffenden ganz labberigen. Mindestens aber ein Heftstreifen muss sein – das ist wirklich keine große Investition. Im Fotokopierladen gibt es für wenig Geld eine **Spiralbindung**; die ist mechanisch verlässlicher als eine schlechte Klebebindung.

485

---

672 Schnelle elektronische Recherche über diesen Teil erlaubt die überarbeitete Textfassung unter www.fh-frankfurt.de/de/.media/fb3/PDFs/pruefungsamt/merkblaetter/formalien_und_wissenschaftlicher_apparatendfassung.pdf.
673 Wer das zum ersten Mal macht und nicht auf eine aus dem Internet heruntergeladene Formatvorlage zurückgreift (dazu Fn. 571), lese *Nicol/Albrecht* Wissenschaftliche Arbeiten, *Hahner/Schreiber/Wilke-Thissen* Wissenschaftliche(s) Arbeiten, oder *Krämer/Rohrlich* Haus- und Examensarbeiten (gekürzte Fassung im JuS-Magazin 2006-2008) oder *Müller/Schallbruch* PC-Ratgeber; gut auch *Theisen* Wissenschaftliches Arbeiten, Anhang III. Wer nicht gleich ein ganzes Buch kaufen und lesen will, versuche es mit *Schallbruch* Jura 1996, 498 f.; *Müller* Jura 1996, 52 f.; *Knoop* JurPC 1995, 3417 ff.; www.kortstock.de/word.
674 Das könnte sich ändern mit der Pflicht zur doppelten Abgabe von Hausarbeiten in gedruckter und elektronischer Fassung, die an etlichen Fachbereichen zur Erleichterung der Kontrolle auf Urheberrechtsverstöße eingeführt worden ist. Eine mit der Schreibmaschine geschriebene Arbeit müsste dann wohl wenigstens als nach pdf gescanntes Dokument abgegeben werden. Wenn ausnahmsweise die Abgabe einer nur elektronischen Fassung gestattet ist (etwa weil die Leiterin Ihres Seminars auf diesem Weg die eingereichten Referate leichter an die Teilnehmer verschicken kann), empfiehlt sich die Verwendung eines prozessorunabhängigen Formats, also ebenfalls pdf.
675 Endlospapier muss etwa 1 cm in der Länge gekürzt werden, um in DIN-A4-Hefter zu passen.

Teil 5: Anhang: Formalien und wissenschaftlicher Apparat

Bitte legen Sie **nicht** jedes einzelne Blatt in eine gesonderte **Klarsichthülle**. Das schützt zwar gegen Kaffeeflecken beim Korrigieren – aber für jede kleine Korrekturbemerkung muss man das Blatt raus- und wieder reinfummeln.

Wo die Studienordnung vorsieht, dass das Prüfungsamt die Arbeiten scannt, geben Sie zweckmäßigerweise eine ungeheftete ungebundene Arbeit in einem verschlossenen Umschlag ab.

1. Deckblatt

486 Jede schriftliche Arbeit beginnt mit einem **Deckblatt**. Darauf gibt man – meist oben links – Namen, Adresse, Fachsemester des Verfassers und – meist oben rechts – das Abgabedatum an. In der Mitte der Seite stehen das Thema der Arbeit, der Titel der Veranstaltung, der Name des Dozenten und das laufende Semester.

Es ist ein immer wieder missachtetes Gebot der Höflichkeit, sich nötigenfalls über die richtige Schreibweise von Eigennamen zu informieren[676]. Fast jeder Leser ärgert sich nämlich, wenn er seinen Namen falsch geschrieben liest. In der Regel nennt man die Dozentin mit ihren akademischen Graden (also meist *Prof. Dr.*), lässt aber dafür *Frau* weg.

Am besten fertigt man das Deckblatt, solange man Zeit hat – und nicht erst zwei Minuten vor der Abgabe.

2. Aufgabe

487 Danach folgt auf einem gesonderten Blatt die **Aufgabe** oder der **Sachverhalt**, entweder sauber fotokopiert oder – schöner und im Examen meist zwingend – abgeschrieben[677].

Tippfehler im Sachverhalt können Sie beim Abschreiben korrigieren. Auch eine Umsetzung in neue Rechtschreibung ist unproblematisch. Im übrigen ist jede noch so kleine Änderung des Sachverhalts zu unterlassen, solange Sie nicht am Lehrstuhl oder beim Prüfungsamt rückgefragt haben. Das gilt ganz besonders für Namen, Daten und überhaupt Zahlen.

Wenn Sie ein Referat schreiben, steht das Thema auf dem Deckblatt. Es braucht dann nicht noch einmal auf einem gesonderten Aufgabenblatt wiederholt zu werden.

Mit dem Sachverhalt beginnend werden die Seiten **römisch nummeriert**.

Wo Sie die Seitenzahlen unterbringen und wie Sie sie formatieren (Kopf- oder Fußzeile, mittig oder rechts, mit oder ohne Spiegelstriche) ist Geschmackssache. Manche Leser finden es albern, wenn Sie vor die Seitenzahl jedes Mal *Seite* schreiben (tatsächlich enthält das Wort keine wirklich neue Information für den Leser) – also eher weglassen.

Bei der **Formatierung** von Sachverhalt, Gliederung und Schrifttumsverzeichnis sind die für den Haupttext geltenden Normen über Ränder und Zeilenabstand[678] nicht verbindlich. Der Übersichtlichkeit halber darf der linke Rand kleiner sein als 7 cm und der Zeilenabstand kleiner als 1,5. Vorschlag: Rand links 3,5 cm, Zeilenabstand 1,2zeilig. Damit bleiben Gliederung und Schrifttumsverzeichnis lesbar. Das Schrifttumsverzeichnis legt man am besten in einer zweispaltigen Tabelle[679] an, das erleichtert die einheitliche und übersichtliche Formatierung der Einträge.

---

676 Fragen Sie das Vorlesungsverzeichnis, das Skript zur Veranstaltung, das Internet etc. Auf die Rechtschreibkorrekturfunktion der Textverarbeitung kann man sich bei Eigennamen nicht verlassen. Immerhin kann man die Eigennamen in das Benutzerwörterbuch aufnehmen – wenn man sie bei dieser Gelegenheit zugleich sorgfältig auf richtige Schreibung kontrolliert.

677 Das Abschreiben in einer frühen Phase der Bearbeitung spart Stress am Schluss und hilft dabei, den Sachverhalt in den Kopf zu bekommen.

678 Dazu Rn. 526.

679 In die linke Spalte schreibt man den Namens des Verfassers, in die rechte alle anderen bibliographischen Angaben (zu den Einzelheiten Rn. 498 ff.). Dann geht das alphabetische Sortieren nach der linken Spalte ganz einfach.

3. Gliederung

Als nächstes[680] ist eine **Gliederung** erforderlich. 488

Sie erhält die mäßig originelle **Überschrift** *Gliederung*; bei einem mehrhundertseitigen Text darf man sie auch *Inhaltsverzeichnis* nennen.

Auf die Gliederung kann man nicht genug Sorgfalt verwenden. Als »Schaufenster« der Arbeit zeigt sie, ob diese sinnvoll oder wenigstens nachvollziehbar aufgebaut ist. Sie dürfen davon ausgehen, dass die Leserin sich die Gliederung aufmerksam ansehen wird, bevor sie mit der eigentlichen Lektüre beginnt. Zwar wird eine gelungene Gliederung nur selten Zusatzpunkte bei der Benotung abwerfen – aber Defizite ziehen die Note unweigerlich nach unten. So lässt eine Gliederung mit nur einer Ebene auf Anhieb erkennen, dass Sie zu wenig Mühe darauf verwendet haben, das logische Verhältnis der einzelnen Abschnitte Ihrer Ausarbeitung zueinander zu erfassen.

Die einzelnen Gliederungspunkte müssen **hierarchisch** angeordnet werden. 489

Dabei geschehen oft Fehler – und Korrektoren achten sehr genau darauf. Wer alle einschlägigen Gesichtspunkte thematisiert, diese aber nicht systematisiert, muss immer mit Punktabzug rechnen. Das gilt erst recht, wenn die Reihenfolge der einzelnen Gesichtspunkte nicht nachvollziehbar ist oder sogar beliebig wirkt.

Es muss erkennbar sein, dass Sie eine Vorstellung dazu entwickelt haben, in welchem logischen Verhältnis die einzelnen Abschnitte Ihrer Erörterung zu einander stehen.

Beispiel: Wenn der Schadensersatzanspruch des A gegen B aus § 280 I BGB die Überschriftenebene *1.* zugewiesen bekommt, dürfen dessen Voraussetzungen (Schuldverhältnis, Pflicht, Pflichtverletzung, Vertretenmüssen etc.) nicht die gleiche Ebene (*2., 3., 4.* usw.) erhalten, sondern müssen auf einer logisch untergeordneten Ebene stehen (*a), b), c)* usw.).

Auf jeder Ebene der Hierarchie gibt es immer **mindestens zwei Gliederungspunkte** (*Wer a) sagt, muss auch b) sagen*)[681].

Problematisch ist das etwa, wenn schon das erste Merkmal einer Norm verneint wird; Problemvermeidung: auf der betreffenden Ebene nach dem verneinten Tatbestandsmerkmal ein Zwischenergebnis einfügen.

Die Überschriften sollen **einheitlich gestaltet** sein. Man benutze entweder vollständige 490 Sätze (fast nie erforderlich oder auch nur sinnvoll) oder **Stichwörter**[682].

Beispiele: Natürlich kann man im Gutachten eine Überschrift so fassen wie einen Obersatz zur Anspruchsprüfung: *A kann gegen B einen Anspruch auf .. aus ... haben*. Richtig schön ist das nicht. Besser ist *Anspruch des A gegen B auf ... aus ...* Lieber *Erfüllungseinwand, § 362 I BGB* als *Der Anspruch des A kann aber durch Erfüllung erloschen sein*.

In der Gliederung stehen die Überschriften aus dem Haupttext nicht sinngemäß, sondern **wörtlich**. Sie enthält alle Überschriften, nicht etwa nur die der ersten drei Ebenen[683].

Verwenden Sie nur eine Art von Gliederungspunkten. 491

Es gibt zwei gängige Arten der Überschriftennummerierung:

---

680 Manchmal wird vorgeschlagen, das Schrifttumsverzeichnis vor die Gliederung zu setzen. Auch gut. Aber doch eher unüblich, wenn Sie sich mal ein Fachbuch zum Vergleich ansehen.
681 Gegen diese Regel wird häufig verstoßen.
682 Dazu schon Rn. 424.
683 Wer die Gliederungsfunktion der Textverarbeitung benutzt, muss also darauf achten einzustellen, dass wenigstens so viele Ebenen in der Gliederung angezeigt werden wie tatsächlich verwendet wurden.

Teil 5: Anhang: Formalien und wissenschaftlicher Apparat

```
dezimal                  und alphanumerisch
1.                       A.
1.1.                        I.
1.1.1.                         1.
1.1.2.                         2.
1.1.2.1.                          a)
1.1.2.1.1.                           aa)
1.1.2.1.1.1.                            (1)
1.1.2.1.1.2.                            (2)
1.1.2.1.2.                           bb)
1.1.2.2.                          b)
1.2.                        II.
2.                       B.
```

Letztere ist in juristischen Texten traditionell weiter verbreitet. Erstere ist moderner und hat den Vorteil, dass immer unmissverständlich klar ist, an welchem Punkt sich der Leser gerade befindet. Allerdings kann das bei einer Gliederung mit sieben und mehr Ebenen auch in eine Zumutung des Typs *2.3.17.4.3.1.7.* umschlagen.

Kombinationen der beiden Gliederungstypen und eigene Erfindungen stiften nur unnötige Verwirrung. Bitte verkneifen Sie sie sich.

Beim Gliedern achte man darauf, immer nur einen Schritt zu gehen, solange man die Treppe hinabsteigt; beim Hinaufsteigen kann das anders sein[684].

Beispiel: In der eben gezeigten alphanumerischen Gliederung muss auf *1.* ein *a)* folgen – erst auf der nächsten Ebene ist ein *aa)* zulässig und erforderlich; das Überspringen einer Gliederungsebene ist falsch und verwirrend. Nach dem *b)* kann man aber auf *II.* zurückspringen, wenn auf der 3. Gliederungsebene keine Überschrift mehr erforderlich ist. Allerdings wird es sich gerade bei Rechtsgutachten oft empfehlen, an solchen Stellen ein Zwischenergebnis einzuschalten.

492 Hinter jede Gliederungsüberschrift gehört – vorzugsweise rechtsbündig – die zugehörige Seitenzahl aus dem Textteil, damit ein schnelles Auffinden möglich ist. Am besten weisen Sie jeder Gliederungsebene links einen gegenüber der jeweils höheren um 0,5 cm größeren Einzug zu – so wird es übersichtlicher.

Das geht übrigens fast mühelos, wenn man Formatvorlagen für die Überschriften und die Gliederungseinträge verwendet. Wer sich mit der Gliederungsfunktion des verwendeten Textverarbeitungsprogramms vertraut macht, braucht zwar eine Viertelstunde für die Einarbeitung, spart aber Zeit und Nerven vor der Abgabe, weil die Erstellung einer Gliederung dann automatisch läuft und nur noch ein paar Sekunden beansprucht.

Achten Sie darauf, nicht alle Formatierungen der Überschriften in die Gliederung zu übernehmen. Es entsteht sonst schnell eine unübersichtliche Orgie von fett, unterstrichen, kursiv und in viel zu großen Schriftgraden gesetzten Einträgen. Schöner ist eine einheitliche Formatierung, bei der die unterschiedlichen Gliederungsebenen nur durch Einrücken (und natürlich die Gliederungsziffern) gekennzeichnet sind.

493 **Nicht** in die Gliederung **aufzunehmen** sind die Angaben für das Deckblatt, den Sachverhalt und die Gliederung selbst. Das Schrifttumsverzeichnis und die Überschrift *Gutachten* für den Textteil können ausgewiesen werden, müssen es aber nicht.

494 Als Richtwert für den **Umfang** der Gliederung empfehlen sich höchstens 10-15 % des Textumfangs (gemessen in Seiten), bei längeren Texten eher weniger, insgesamt maximal drei oder vier Seiten.

---

684 Wer den Sprung von der fünften auf die zweite Ebene zurück unschön findet, kann dieser vermeiden durch Einfügen von (Zwischen-)Ergebnissen auf den dazwischen liegenden Ebenen.

Der Umfang lässt sich in einem ersten Schritt dadurch reduzieren, dass man die Formatierungsmerkmale der Überschriften im Text (Schriftgröße 20 Punkt, fett, anderthalbzeilig, Abstand vorher und nachher anderthalb Zeilen usw.) nicht in die Gliederung übernimmt.

Bei einer Ausarbeitung von zwanzig Seiten Länge sollten Sie ab der fünften **Gliederungsebene** misstrauisch werden, ab der sechsten umstrukturieren; bei einem fünfzigseitigen Gutachten sind vielleicht auch sieben Gliederungsebenen noch tolerabel[685]. Übertriebene Detailverliebtheit in der Gliederung ist ein Anfängerfehler. Andererseits umfasst die Gliederung einer dogmatischen Arbeit erfahrungsgemäß mindestens drei Ebenen[686].

Während der Bearbeitung kann es sinnvoll sein, den Text gründlicher zu untergliedern. Das erleichtert die Suche nach bereits Gesagtem und ermöglicht eine schnelle Orientierung über die Vollständigkeit. Auch mancher gedankliche Fehler fällt erst auf, wenn man versucht, eine eigene Überschrift dafür zu finden. Die so entstehenden Arbeits-Überschriften entfernt man aber vor der Abgabe.

Wenn Sie **Anschauungsmaterial** für Gliederung und Schrifttumsverzeichnis brauchen, nehmen Sie sich doch einmal eine gute juristische Doktorarbeit oder Habilitationsschrift zur Hand. 495

Lehrbücher und Kommentare gehen auch; die verfügen aber nicht immer über vorbildliche Schrifttumsverzeichnisse. Das Schrifttumsverzeichnis vorn in diesem Buch ist mit Absicht so angelegt, dass Sie sich daran orientieren können.

4. Schrifttumsverzeichnis

An die Gliederung schließt sich ein Literaturverzeichnis an. Überschrieben wird es mit *Schrifttumsverzeichnis*[687] (neuerdings auch mit *Quellenverzeichnis*, wenn Sie denn unbedingt etwa Quellen aus dem Internet[688] zitieren müssen). 496

Aufgenommen wird **nur**, was wirklich in den Fußnoten zitiert ist. 497

Um das zu gewährleisten (und alles andere nimmt der Korrektor als peinliche und leicht zu durchschauende Angeberei wahr), müssen Sie das Schrifttumsverzeichnis noch einmal mit der Harke durchgehen, wenn das fertige Gutachten gedruckt vor Ihnen liegt. Was nicht zitiert ist, fliegt raus.

Von einigen Ausnahmen[689] abgesehen gehört **alles** ins Schrifttumsverzeichnis, was in den Fußnoten zitiert ist[690].

Um das zu gewährleisten (und alles andere hinterlässt bei der Korrektorin den vermeidbaren Eindruck schlampiger Arbeit), müssen Sie das Schrifttumsverzeichnis auch in diese Richtung auf Vollständigkeit durchsehen, wenn der Text gedruckt vor Ihnen liegt. Was nicht im Verzeichnis steht, wird ergänzt. Das Abgleichen geht mit dem Suchbefehl der Textverarbeitung leicht. Noch einfacher können Sie es sich machen, wenn Sie das ausgewertete Schrifttum in einer Datenbank erfassen, deren Feldinhalte Sie beim Anlegen von Fußnoten nach Bedarf in die Textverarbeitung hinüberkopieren. Mit ein bisschen Geschick kann man das von einem Makro erledigen lassen.

---

685 Dieses Buch beispielsweise kommt mit sechs Gliederungsebenen aus, um 250 Seiten Text zu strukturieren. Schauen Sie mal ins Inhaltsverzeichnis.
686 In dieser Hinsicht unterscheiden sich wissenschaftliche Texte – und zumal Rechtsgutachten – von Texten des Alltagsgebrauchs. Die Empfehlung, sich auf drei Gliederungsebenen zu beschränken (*Baumert*, 85), wird man deshalb ignorieren dürfen.
687 Juristische Fachtexte lösen nur selten den Anspruch ein, der bei *Literatur* immer mitschwingt. Aber es kommt vor.
688 Dazu Rn. 522.
689 Dazu Rn. 518 f.
690 Von dieser Handhabung weichen (nicht nur juristische) Monographien und Kommentare teils ab, indem nur die mehrfach zitierten und als wichtig erachteten Quellen in das Verzeichnis aufgenommen werden, die nur einmal zitierten dagegen mit allen erforderlichen Informationen an Ort und Stelle zitiert werden. In Übungsarbeiten ist hiervon dringend abzuraten, auch wenn die nötige Selektionsleistung noch so anerkennenswert ist.

Teil 5: Anhang: Formalien und wissenschaftlicher Apparat

Übersichtlich gestaltet man ein Schrifttumsverzeichnis, indem man zum einen zwischen den Einträgen oder wenigstens zwischen den Buchstaben des Alphabets eine Leerzeile freilässt. Zum anderen hilft es dem Auge bei der Orientierung, wenn das Verzeichnis in eine Tabelle gegossen wird, so dass in jeder Spalte immer die gleiche Information steht. Dafür genügt eine zweispaltige Tabelle, in deren erster Spalte der Name des Autors und in deren zweiter Spalte alle übrigen Informationen untergebracht sind[691].

a) Grundsätzliches[692]

Welche Informationen müssen ins Schrifttumsverzeichnis aufgenommen werden – und wie sieht der einzelne Eintrag aus?
Faustregel: Der Leser muss alle Informationen erhalten, die er braucht, um den zitierten Text eindeutig zu identifizieren und in der Bibliothek zu finden[693].
Der allgemeine Aufbau eines Eintrags sieht so aus:
Verfasser (Name und Vornamen); Titel; Auflage; Erscheinungsort; Erscheinungsjahr.
Was Sie darüber hinaus wissen müssen, finden Sie anschließend.

498 Die zitierten Texte ordnet man **alphabetisch** nach den **Nachnamen** der Verfasser[694], bei Nachnamensgleichheit nach den Vornamen, mehrere Texte des gleichen Verfassers nach den Titeln[695].

---

691 Wer sich nicht ausschließlich wegen des Schrifttumsverzeichnisses in die Tabellenfunktion der Textverarbeitung einarbeiten will, kann den gleichen Effekt auch mit der Tabulatortaste erreichen, wenn die Tabstopps im Zeilenlineal richtig gesetzt sind.

692 Auch wenn das Nachstehende langweilige Lektüre ist: Lesen Sie mal quer drüber. Die wichtigsten Informationen für eilige Leser sind so hervorgehoben, dass man sie schnell findet. Den Sinn hinter all diesen merkwürdig anmutenden Regeln erfasst man aber leichter, wenn man den Abschnitt vollständig liest. – Beispiele für die Regeln zur Erstellung von Einträgen ins Schrifttumsverzeichnis finden Sie ab S. XIII. Welche Informationen aus dem Schrifttumsverzeichnis in die Fußnoten übernommen werden, ist in Rn. 545 ff. erklärt.

693 Dieses Kriterium sollte über die schlimmsten Unsicherheiten hinweghelfen; detaillierte Informationen zu Schrifttumsverzeichnis, Zitiertechnik etc. bei *Byrd/Lehmann* Zitierfibel (kritisch rezensiert von *Bergmann/Sturm* NJW 2008, 742); knapper *Gruber* AL 2010, 65 ff.; für Österreich *Friedl/Loebenstein* Abkürzungs- und Zitierregeln, auszugsweise wiedergegeben bei *Busch/Konrath* (Hrsg.) SchreibGuide Jus, 183 ff.

694 Die **Vornamen** sind ebenfalls anzugeben – nicht nur aus Höflichkeit: Suchen Sie mal im Bibliothekskatalog unter *Meier* oder *Schmidt*, wenn Sie den Vornamen nicht kennen. Es gibt mehr Namensgleichheiten (und mehr Gelehrtendynastien) als man denkt. Wissen Sie auf Anhieb, welche Texte Jörn *Ipsen* geschrieben hat und welche Hans Peter *Ipsen*, welche Hans und welche Christian *Hattenhauer*, welche Ludwig und welche Thomas *Raiser*, welche Manfred und welche Eckard *Rehbinder*? Lässt man die Vornamen trotzdem weg, soll man sie einheitlich weglassen. Ob Sie **zweite und dritte Vornamen** sowie **middle initials** (dazu auch Rn. 369) angeben wollen, steht Ihnen frei (ganz selten haben sie wirklich Unterscheidungsfunktion, etwa bei *Dieter Zimmer* und *Dieter E. Zimmer* – und wer *Meyer* mit Nach- und *Matthias* mit Vornamen heißt wie der Autor von *Standop/Meyer* Form, darf unterscheidungshalber auch einmal ein *L.G.* einfügen). Wenn Sie sie für affektiert halten, lassen Sie es bleiben. Identifikationserleichternd wirken sie nur bei Namensgleichheiten. Letztendlich wird die Mode über sie hinweggehen. Bis dahin können Sie sich der middle-initial-Welle auf zwei Arten entgegenstemmen: Den Kindern mehrere Vornamen geben (*Carl Philipp Emanuel Bach*, *Georg Wilhelm Friedrich Hegel*), so dass doppelte middle initials möglich werden (*Thomas M. J. Möllers*) und/oder die zweiten Vornamen mit mehr als einem Buchstaben abkürzen (*Jochen Abr. Frowein*), vorzugsweise bei Namen mit einem ursprünglich griechischen Buchstaben am Anfang (*Ch* oder *Chr.* für *Christiane* oder *Christoph* – Hauptsache: unaussprechlich).

695 Die Sortierung nach Titeln kann streng alphabetisch erfolgen. Zweckmäßiger und übersichtlicher ist es besonders bei zahlreichen zu sortierenden Titeln, auf das erste sinntragende Wort oder das erste Substantiv im Titel abzustellen (also bei *Der erste Mensch* nicht auf *Der*, sondern auf *erste* oder *Mensch*). Die in vielen Sozialwissenschaften verbreitete Sortierung nach Erscheinungsjahr (so dass es dann in der Fußnote heißt *Schulz 2009c, 153 ff.*) ist unter Juristen ganz unüblich.

Auf die richtige Schreibweise der Namen[696] ist nicht nur aus Höflichkeit zu achten, sondern auch, damit für den Leser die Identifizierung des zitierten Texts nicht zum Ratespiel wird.
Im Schrifttumsverzeichnis wird üblicherweise der Nachname vorangestellt, weil das Auge des Lesers so am leichtesten den gesuchten Eintrag findet.
Beispiel: *Medicus*, Dieter statt Dieter *Medicus*
So gelingt auch das Sortieren von Hand am leichtesten. Wer die Sortierfunktion einer Datenbank benutzt, kann natürlich auch die zweitgenannte Namensschreibweise verwenden. Dann sollte man aber den Nachnamen fetten, um schnelle Orientierung zu ermöglichen.
Beispiel: Dieter **Medicus**, Allgemeiner Teil ...

Ob das Schrifttumsverzeichnis in einzelne Abschnitte für Lehrbücher und Monographien, Kommentare, Aufsätze und Beiträge aus Sammelwerken unterteilt wird, hängt vom persönlichen Geschmack und dem Umfang des Verzeichnisses ab. Je umfangreicher das Schrifttumsverzeichnis ist, desto eher sollte auf eine **Unterteilung** verzichtet werden (und ein bisschen albern wirkt sie auch bei ganz schmalen Verzeichnissen)[697]. 499

Wenn man nicht weiß, wie man einen Titel einordnen soll, orientiert man sich an der Handhabung juristischer Fachliteratur oder am CIP-Datensatz der **Deutschen Nationalbibliothek**[698]. Manche Bücher enthalten vorn einen **Vorschlag zur Zitierweise**. Wenn dieser nicht ganz quer zur sonstigen eigenen Handhabung steht, sollte man ihm folgen. 500

b) Namen

Namen **natürlicher Personen**: Weggelassen werden – im Schrifttumsverzeichnis und in den Fußnoten – **akademische Titel**. 501
Beispiel: Nicht *Prof. Dr. Wilhelm Schulz, LL.M. corp. restruc. (Univ. Heidelberg, Germany)*, sondern *Schulz, Wilhelm*
Das ist allgemein üblich und signalisiert, dass Sie sich vom Titel weniger beeindrucken lassen als von der inhaltlichen Überzeugungskraft der vom Autor vertretenen Ansicht – also Argumente statt Autoritäten[699]. Außerdem helfen akademische Titel nicht beim Suchen nach einem Buch – probieren Sie es ruhig mal aus...[700]

---

696 Dazu schon Rn. 486. Manchmal hilft bei der Schreibweise von Namen geographisches Minimalwissen weiter: *Paland* hat keinen Sitz bei den Vereinten Nationen (wie etwa *Poland*), sondern schreibt sich *Palandt* und hieß mit Vornamen Otto. Die *Münchner Kommentare* dagegen haben keinen Vornamen; sie sind nach der bayerischen Landeshauptstadt *Münchn* benannt und heißt deswegen korrekt *Münchener Kommentar* (anders die *Dresdner Bank*). Beliebt, aber falsch sind auch *Englisch* statt *Engisch*, *Lorenz* statt *Larenz*, *Jauering* statt *Jauernig*, *Jeschek* statt *Jescheck* etc., zumindest missverständlich *Hanau, Adelmaid* statt *Hanau, Peter/Adomeit, Klaus*. Vermeiden Sie alles, was den Eindruck erweckt, Sie hätten Ihre Arbeit »hingerotzt«! Und lachen Sie nicht über solche Ermahnungen – die Schrifttumsverzeichnisse nicht nur von Anfängerarbeiten sehen bedauerlich oft aus wie Kraut und Rüben. Das führt zu Punktabzug – schon um diejenigen Kandidatinnen zu belohnen, die sich Mühe gegeben haben.
697 Vorteile rein alphabetischer Anordnung: Man kann leichter darüber hinwegtäuschen, dass die Verarbeitung problemspezifischen monographischen Schrifttums etwas dünn geraten ist; zudem findet der Leser den einzelnen Titel schneller, weil er sich keine Gedanken machen muss, welcher Literaturgattung der zitierte Text angehört (und nicht über die leidige Frage nachdenken muss, ob ein Handbuch nun eher bei *Lehrbücher*, bei *Monographien* oder vielleicht bei *Kommentare* aufzunehmen ist); Vorteil der Unterteilung nach Textgattungen: einfache Orientierung des Lesers über den Umfang der Schrifttumsauswertung. Insgesamt gerät die Unterteilung nach Literaturgattungen in den letzten Jahren aus der Mode.
698 Der ist vorn im Buch wiedergegeben oder über den OPAC der Deutschen Nationalbibliothek (https://portal.d-nb.de) abfragbar.
699 Aus dem gleichen Grund lässt man die akademischen Titel auch im laufenden Text regelmäßig weg.
700 Anders als Adelstitel sind akademische Titel zwar (meist) durch eigene Leistung verdient, bilden aber keinen Namensbestandteil.

Hinter den Namen kommt als Trennzeichen gegenüber dem Buchtitel üblicherweise ein Doppelpunkt.

Adelstitel und ähnliches sind Namensbestandteil und werden daher nicht weggelassen; meist werden sie aber bei der alphabetischen Sortierung ignoriert[701].
Beispiel: *Friedrich Graf von Westphalen* wird so unter *Westphalen, Friedrich Graf von* eingeordnet. Gleiches gilt für Prinzen, Ritter, Freifrauen *von* und *zu, de, ter, ten, van*, usw.

Bei **Namensgleichheiten** hilft manchmal ein klarstellender Hinweis auf die Verwandtschaftsverhältnisse.
Beispiel: *Dahs, Hans jun.* und *Dahs, Hans sen.*

Das immer wieder anzutreffende Weglassen der Vornamen ist unhöflich, führt zu Verwechslungen und ist nicht zu empfehlen.

Dass der Autor nicht mehr lebt, wird meist nicht gesondert kenntlich gemacht. Teils ist es aber üblich, darauf durch den Klammerzusatz Begründer oder Begr. hinzuweisen.
Beispiel: *Palandt*, Otto (Begr.), Kommentar zum BGB, …

Man kann der Übersichtlichkeit halber die **Nachnamen** durch Großbuchstaben (Versalien, Kapitälchen[702]), fetten Satz oder ähnliches **hervorheben**.
Das erleichtert es dem Leser, dessen Blick gerade von einer Fußnote ins Schrifttumsverzeichnis hinüberwandert, schnell den gesuchten Titel zu identifizieren.

Mehrere Namen werden durch Semikolon oder Schrägstrich voneinander getrennt[703]. Je nach Formatierung des Schrifttumsverzeichnisses kann man sie auch einfach untereinander schreiben. Es sind **alle** Verfassernamen anzugeben[704]; meist sind es nicht mehr als zwei, etwa bei Aufsätzen. Es können aber bei Monographien auch einmal ziemlich viele sein.

Pseudonyme sind bei juristischen Fachtexten ziemlich selten; am ehesten findet man sie einmal bei Streitschriften. Wenn sie mittels einer einfachen Recherche im Bibliothekskatalog zu decodieren[705] oder historisch aufgedeckt sind,
Beispiele: Hermann *Kantorowicz* veröffentlichte seinen Text *Der Kampf um die Rechtswissenschaft* (Heidelberg 1906, Nachdruck Baden-Baden 2002) unter dem Pseudonym *Gnaeus Flavius*, Theo *Rasehorn Im Paragraphenturm – Eine Streitschrift zur Entideologisierung der Justiz* (Neuwied 1966) als *Xaver Berra*.
sollte man den wahren Namen zitieren, anderenfalls das Pseudonym, wo bekannt unter Hinzufügung eines Hinweises auf den Pseudonymcharakter.

502 Namen **juristischer Personen**: Ist der Text (ohne Nennung des Namens des Verfassers) namens einer juristischen Person veröffentlicht, benennt man diese anstatt des Verfassers,
Beispiele: VDI, SPD-Bundestagsfraktion etc.[706]

---

701 Natürlich dürfen Sie das anders halten, wenn Sie Könige, Kaiser, Prinzen und Herzöge toll finden und sowieso zweifeln, ob die Demokratie eigentlich die beste Staatsform ist.
702 Die Großbuchstaben haben nur einen kleinen ästhetischen Nachteil: Namen mit einem ß müssen entweder falschgeändert werden zu *ss* oder eben in der Wortmitte mit einem Kleinbuchstaben geschrieben werden.
703 Das erlaubt es, den Bindestrich dort zu verwenden, wo er hingehört: *Leutheusser-Schnarrenberger* bezeichnet eine Person, *Leutheusser/Schnarrenberger* ein Autorenteam. Wer zwischen die einzelnen Personen Bindestriche setzt, muss Doppelnamen mit einem =-Zeichen kennzeichnen (z.B. MüKo-BGB-*Mayer=Maly*). Geht auch.
704 Zu Ausnahmen Rn. 514.
705 So etwa beim scherzhaften Gebrauch des Pseudonyms *Civis Romanus* bei Klaus *Adomeit* (wie im Schrifttumsverzeichnis). Wer wissen will, wie der wahre Name des Autors (Pseudonym Daniel *Jurecks*) von Party, Party, Prädikatsexamen ist, muss allerdings Google bemühen.

gegebenenfalls ergänzt um den Zusatz *(Hrsg.)*.

Fehlt eine Verfasserangabe ganz, ist der Text meist nicht zitierbedürftig oder zitierfähig. Ist er es doch, setzt man statt des Verfassernamens entweder *N.N.*[707] oder *ohne Verfasserangabe* ein[708] und ordnet die Quelle alphabetisch unter N oder O ein. 502a

c) Titel und weitere bibliographische Angaben

Der Titel wird vollständig angegeben; die **Untertitel** könnte man zwar weglassen[709], weil sie zur Identifikation des Texts nichts beitragen und nur das Schrifttumsverzeichnis aufblähen. Oft bieten sie indes dem Leser eine nützliche Zusatzinformation als Entscheidungshilfe, ob er den betreffenden Text nachlesen möchte. Die Angabe ist also Geschmackssache, sollte aber einheitlich gehandhabt werden. Meist wird der Untertitel mit einem Bindestrich oder Punkt vom Haupttitel getrennt. 503

Den Titel in Anführungsstriche zu setzen ist weder nötig noch üblich.

Es ist die **Auflage** des Texts anzugeben, wenn es sich nicht um die erste Auflage handelt. 504

Die erste Auflage eines Buchs wird nicht als solche angesprochen, weil das Weglassen dieser Information den eindeutigen Schluss ermöglicht, dass es sich um die erste und bisher einzige Auflage handelt. Auch wenn der Nomos-Verlag hartnäckig in seine Bücher *1. Auflage* reinschreibt, ignorieren Sie das, solange keine zweite auf dem Markt ist. Meist kommt übrigens keine.

Wenn Sie es schön finden, können Sie *4. Auflage* abkürzen zu *4. Aufl.* oder *4. A.* Naja ...

Weglassen sollten Sie die Information *unveränderter Nachdruck / reprint der x. Auflage*. Für den Leser macht es keinen Unterschied, ob Sie aus dem Original oder dem Jahre oder Jahrzehnte später erschienenen Nachdruck zitiert haben[710]. Im Gegenteil möchte er wissen, wann die von Ihnen in Bezug genommene Ansicht ursprünglich oder letztmalig vertreten wurde.

Wenn ein Text nicht auflagenweise aktualisiert wird, sondern durch **Ergänzungslieferungen** (nämlich bei Loseblattkommentierungen u.ä.), gibt man anstatt der Auflage (oder zusätzlich, wenn innerhalb einer Auflage Ergänzungslieferungen stattfinden) die Ergänzungslieferung und den Stand an. 505

Beispiel: *Westphalen*, Friedrich Graf v. (Hrsg.), Vertragsrecht und AGB-Klauselwerke, München, Stand April 2008 (23. Ergänzungslieferung)

Verwenden und zitieren Sie die **aktuellen Auflagen**: Das Gutachten soll auf möglichst aktuellem Stand sein und nicht die Rechtslage der späten achtziger Jahre wiedergeben. Wenn Sie eine ältere Auflage zitieren, etwa weil darin eine abweichende Meinung vertreten wird[711], müssen Sie das durch die Angabe der Auflage (beispielsweise durch eine hochge- 506

---

706 Die Abkürzungen sollten aber – anders als hier im Beispiel – besser aufgelöst werden. Nicht jeder Leser ist mit jeder Abkürzung eines Interessenverbands vertraut.
707 Abkürzung für lateinisch *nomen nescio*, also *den Namen weiß ich nicht*.
708 Nicht: *Ohne Verfasser*, dazu *Theisen* Arbeiten, 114.
709 Das bietet sich an, wenn sie das Schrifttumsverzeichnis aufzublähen drohen, z.B. Frank *Schirrmacher*: Payback –Warum wir im Informationszeitalter gezwungen sind, zu tun, was wir nicht tun wollen, und wie wir die Kontrolle über unser Denken zurückgewinnen, München 2009.
710 Ähnliches gilt bei **Sonderdrucken** (Separata, etwa aus Festschriften, Tagungsbänden etc.): Der Leser braucht die Informationen, die ihn zur Originalfundstelle führen; welche Ihnen individuell zugängliche Fundstelle Sie benutzt haben, ist für ihn nicht wichtig. Schließlich weisen Sie ja auch niemanden darauf hin, dass Sie aus einer Fotokopie zitiert haben und nicht aus dem Original.
711 Das ist immer auch ein Hinweis darauf, dass dieser Standpunkt heute vielleicht gar nicht mehr vertreten wird und daher auch in Ihrem Gutachten nicht allzu breit erörtert (zumindest aber als mittlerweile aufgegebene Meinung gekennzeichnet) werden sollte. Anders liegen die Dinge aber, wenn etwa in einem Kommentar der Bearbeiter der betreffenden Norm gewechselt hat: Dann dürfen Sie eine vom Vorbearbeiter nicht aufgegebene Ansicht als weiterhin vertretene behandeln.

stellte Zahl hinter dem Titel) in der Fußnote kenntlich machen. Im Schrifttumsverzeichnis muss das Buch dann in der alten und der neuen Auflage nachgewiesen werden.

Bei der Angabe der Auflage eines Kommentars, Lehrbuchs etc. ist auf die Zusätze *verbesserte, ergänzte, erweiterte, a jour gebrachte, aktualisierte, überarbeitete* usw. zu verzichten; das ist Verlagswerbung, die den Leser des Schrifttumsverzeichnisses nicht interessiert.

Da viele Professorinnen und Mitarbeiter überraschend gut über das aktuelle Schrifttum informiert sind[712], kann es sinnvoll sein, gegen Ende einer Hausarbeit hin das Verzeichnis einmal zu drucken und anhand der Bibliothekskataloge auf Aktualität zu prüfen. Das kostet eine Stunde Zeit und lohnt sich. Stellt man dabei fest, dass man nur steinalte Auflagen verwendet hat, sollte man wenigstens (!) stichprobenartig prüfen, ob nicht die Bearbeiter gewechselt oder die gleich gebliebenen Bearbeiter über die Jahre ihre Meinung geändert haben – beides kommt vor.

Wegen schwindender Bibliothekssätze und / oder starker Nachfrage nach einzelnen Titeln während der Hausarbeitszeiten kommen Sie manchmal überhaupt nicht an die aktuellen Auflagen heran[713]. Wenn Sie mit einer alten Auflage gearbeitet haben, gibt es zwei Möglichkeiten: Im Schrifttumsverzeichnis lügen und die aktuelle Auflage nennen (empfohlen) oder ehrlich die alte Auflage zitieren und damit den Vorwurf, der Staat habe keine aktuelle Auflage ins Regal gestellt, an die Leserin weiterreichen (nicht so dringend empfohlen)[714].

Müssen Sie Aussagen über eine **frühere Rechtslage** treffen – das kommt gelegentlich in rechtsdogmatischen Übungsarbeiten und regelmäßig in rechtshistorischen Seminararbeiten vor – ist es zwingend erforderlich, älteres Schrifttum heranzuziehen. Manchmal brauchen Sie eine alte Auflage auch nur, um eine besonders schön pointierte Aussage zu belegen, die sich in späteren Textfassungen wegen zwischenzeitlicher Rechtsänderungen nicht mehr findet[715].

Im allgemeinen wird die jüngste Auflage als maßgeblich betrachtet, weil sie den Textstand wiedergibt, der der Autor zuletzt als gültig gewollt hat. Ausnahmsweise zitiert man aber im Gegenteil die **erste Auflage**, wenn es sich um einen historischen Text handelt (der meist unverändert neu aufgelegt wird und bei dem die Bezugnahme auf eine junge Auflage Missverständnisse hinsichtlich des Entstehungszeitpunkts begünstigen würde)[716].

Beispiel: Das beliebte Zitat Julius v.Kirchmanns (*Drei berichtigende Worte des Gesetzgebers, und ganze Bibliotheken werden Makulatur*) könnte man natürlich nach der derzeit jüngsten Ausgabe (Dornbirn 1999) zitieren; aber historisch aussagekräftiger ist es, die erste Auflage (Berlin 1848) zu zitieren. So hat der Leser einen Eindruck davon, in welchen geschichtlichen Zusammenhang die Äußerung einzuordnen ist. Wer höflicherweise dem Leser leichten Zugriff ermöglichen will, nennt im Schrifttumsverzeichnis die jüngste Ausgabe neben der historischen[717] (oder den in der Bibliothek

---

– Ebenso ist es zulässig, eine nicht mehr aktuelle Auflage zu zitieren, wenn sich dort eine besonders griffige Formulierung findet, die der Bearbeiter später fallengelassen hat (z.B. hier das Zitat aus *Tröndle* in Fn. 356).

712 Das ist nicht so schwer, wie es vielleicht aussieht: Jeden Dezember erscheint der *Palandt* für das Folgejahr, zum Anfang jeden Wintersemesters erscheinen die Bände von *Brox/Walker* zum BGB AT sowie Schuldrecht AT und BT usw. – irgendwann weiß man das auswendig. Wenn also ein Korrektor die alten Auflagen in Ihrem Schrifttumsverzeichnis moniert, deutet das nicht auf Verfolgungseifer, sondern auf Routine hin.

713 Überraschend gut geht das aber oft, wenn man frühmorgens das Juristische Seminar besucht. Nicht schön für studentische Aufstehgewohnheiten – aber es muss ja nicht öfter als zwei- oder dreimal sein.

714 Natürlich ist es ärgerlich, wenn Sie wochenlang nicht an die aktuelle Auflage eines Buchs herankommen, das Sie zitieren wollen. Aber das fällt in Ihre Verantwortung, nicht in die des Hochschullehrers, der die Übung leitet.

715 So z.B. hier in Fn. 167.

716 Noch seltener dürfte der Fall sein, dass man weder die aktuelle noch die erste Auflage zitiert – sondern eine zwischendrin, etwa die letzte noch vom Verfasser selbst besorgte Auflage. Die Mühe des Textvergleichs nimmt man aber meist nur auf sich, wenn zu erwarten steht, dass gerade der zitierte Gedanke überarbeitet wurde oder sogar weggefallen ist. Immerhin kann das vorkommen: Wer etwa eine Formulierung oder einen Gedanken ausdrücklich *Larenz* zuschreiben will, sollte nicht die von *Canaris* überarbeitete Fassung der Methodenlehre zitieren.

717 Ähnlich sollte man bei einem Zitat aus der nichtjuristischen Literatur verfahren; wer sich etwa für das oben erwähnte Zitat von Tucholsky interessiert, wird in erster Linie wissen wollen, dass

vorhandenen Sammelband statt der nicht vorhandenen Fachzeitschrift mit der Erstveröffentlichung[718]). Da meist die Seitenzahlen nicht identisch sind, empfiehlt sich im Schrifttumsverzeichnis ein Zusatz wie *zitiert nach der Ausgabe Zürich 1983*.

In juristischen Schrifttumsverzeichnissen wird konventionsgemäß der **Name des Verlags** nicht angegeben. 507

Wenn Sie das trotzdem tun wollen, sollten Sie den Namen wenigstens nicht falsch schreiben[719],
Beispiele: Falsch sind *Giese King* statt *Gieseking*, *Dunker und Humboldt* statt *Duncker & Humblot*, *Heymann* statt *Heymanns* etc.
jedenfalls aber die Angabe über die Gesellschaftsform des Verlags weglassen.

Den **Erscheinungsort** zu nennen wird mittlerweile nicht mehr immer für erforderlich gehalten; mit Blick auf die Gewohnheiten der voraussichtlichen Leser sollte man ihn aber aufnehmen[720]. 508

Hat ein Verlag in verschiedenen Städten deutschland- oder weltweit **Niederlassungen**, so genügt die **Angabe der ersten Stadt** mit einem *usw.* oder *etc.* Dass etwa der *Heymanns Verlag* in Köln, Bonn, Berlin und Gott weiß noch wo ein Büro unterhält, interessiert den Leser des Verzeichnisses nur am Rand. Um den zitierten Titel mit Hilfe des Bibliothekskatalogs zu identifizieren, reicht der erstgenannte Erscheinungsort. Natürlich dürfen Sie auch alle Städte hinschreiben, wenn es Sie nicht zu sehr ermüdet.

An den Erscheinungsort schließt sich (ohne Komma) das **Erscheinungsjahr** an. Dessen Angabe erlaubt es der Leserin nicht nur festzustellen, ob Sie aktuelle Texte zitiert haben, sondern auch neugierig nachzusehen, wie alt die im Gutachten diskutierten Probleme sind. 509

Wer dafür einen Blick hat, kann leicht erkennen, ob eine Bearbeitung längst ausdiskutierte Streitfragen ausbreitet.
Schöner und verwechslungssicherer als *91* und *05* sind *1991* und *2005*.
Zitieren Sie ein mehrbändiges Werk, dessen einzelne Teile über Jahre verstreut erscheinen, können Sie entweder jeden zitierten Band mit seinem konkreten Erscheinungsjahr nennen oder die Erscheinungszeitspanne für das Gesamtwerk angeben. Ersteres ist vorzuziehen, weil der Leser sich so genauer über den Stand der zitierten Kommentierungen informieren kann.
Beispiel: Münchener Kommentar zum BGB (Hrsg.: …), 4. Auflage, München 2001-2006; 5. Auflage, München 2007 ff.
Letzteres genügt zur Identifikation und wird allgemein für ausreichend gehalten, ersteres braucht ein bisschen mehr Arbeit und Platz, hat aber den Vorteil, dass der Leser sich genau über den Aktualitätsstand des zitierten Materials informieren kann[721].

---

    der Text ursprünglich 1931 veröffentlicht wurde, und nur in zweiter Linie, dass die heute maßgebliche Werkausgabe erstmals 1960 erschienen ist und seither immer wieder neu aufgelegt wird.
718 So z.B. beim hier zitierten *Wesel* hM (Fn. 592), der im Kursbuch erstveröffentlicht ist, aber über *Wesels* Sammelband Aufklärungen über Recht viel leichter zu finden ist.
719 Verlagsnamen kann man über das Verzeichnis lieferbarer Bücher (www.buchhandel.de) in der Profisuche recherchieren.
720 Das hat auch einen praktischen Vorteil: Wer lauter Texte mit Erscheinungsort Wien oder Zürich zitiert, hat möglicherweise versehentlich Informationen zum österreichischen oder schweizerischen Recht verarbeitet. Das kommt immer mal wieder vor. In gleicher Weise erlaubt die Verlagsortsangabe bei englischsprachigen Texte dem Leser eine leichte Orientierung darüber, ob es sich um Bücher zum englischen, schottischen, irischen, amerikanischen, australischen usw. Recht handelt.
721 Das ist gar nicht so abwegig: Wenn Sie sich etwa die überlappenden Erscheinungszeitspannen der Auflagen von Großkommentaren des Typs *Staudinger* vor Augen rufen, ist eine eindeutige Angabe durchaus ein Vorteil.

510 **Fehlen Informationen** wie der Name der Verfasserin, der Erscheinungsort oder das Jahr der Drucklegung, wird das durch die Angaben *o.V., o.O.* und *o.J.* kenntlich gemacht.

Ohne Verfasserangabe erschienene Texte müssen Sie alphabetisch unter O einordnen. Bei juristischer Standardliteratur kommt das ziemlich selten vor. Wenn es vorkommt, sollten Sie immer erst überlegen, ob es sich überhaupt um einen zitierfähigen Text handelt[722].

Fehlende Vornamen – bis in die erste Hälfte des 20. Jahrhunderts wurden die Vornamen insbesondere bei Zeitschriftenbeiträgen oft weggelassen – muss man entweder anderweitig recherchieren oder weglassen[723]. Hat man den Vornamen herausgefunden, sollte man auf die von eigener Hand erfolgte Ergänzung der Daten durch eine eckige Klammer hinweisen.

Beispiel: *Staudinger*, J[ulius] v. (Hrsg.), BGB, ...

510a Nicht angegeben wird regelmäßig die **Textgattung** (Aufsatz, Monographie etc.), da sich diese aus den übrigen bibliographischen Angaben erschließen lässt, wenn man nicht sowieso das Schrifttumsverzeichnis nach Textgattungen sortiert. Eine Ausnahme kann bei manchen kleinen Texten angebracht sein; so kann etwa ein Leserbrief in Klammern als solcher gekennzeichnet werden.

510b **Fremdsprachige Quellen** kann man entweder nach den Zitiergepflogenheiten der ausländischen Rechtsordnung oder nach den hiesigen Regeln aufnehmen. Letzteres ist zu empfehlen. Warum sollten Sie Seiten auch *pages* oder ein Herausgeberteam *eds.* nennen? Wenn Sie sich an die Zitierregeln fremder Rechtsordnungen halten wollen, müssen Sie sich darüber informieren[724].

Ist ein Text in deutscher **Übersetzung** verfügbar[725], sollte diese zitiert werden.

Beispiel: *Maine*, Henry Sumner: Das alte Recht, Baden-Baden 1997 (Übersetzung von: Ancient Law, London 1861)[726]

Das wird für juristische Fachliteratur nur selten zutreffen, um so eher aber für belletristische und populärwissenschaftliche Texte. Bei diesen sollte im Schrifttumsverzeichnis neben den bibliographischen Informationen für die deutsche Ausgabe wenigstens ein Hinweis auf Erscheinungsort und -jahr der Originalausgabe aufgenommen werden. Das erleichtert dem Leser die Orientierung.

Gibt es keine Übersetzung, zitiert man das Original im Text, in der Fußnote und im Schrifttumsverzeichnis.

Beispiel: *Bentham*, Jeremy: The Panopticon Writings, London 1995 (www.cartome.org/panopticon2.htm)

Bezieht sich das Zitat nicht nur auf ein einziges Wort, sollte es übersetzt werden.

---

722 Dazu Rn. 519.

723 Anstelle des Vornamens die Angabe *(ohne Vornamen)* zu setzen (so die Empfehlung von *Putzke* Arbeiten, 42; *Gruber* AL 2010, 65, 66), ist nicht erforderlich und bei genauerem Hinsehen falsch, denn die Betreffenden hatten Vornamen, auch wenn man diese nicht kennt. – Der Aufwand bei der Recherche kann bei *E. Müller* erheblich sein; aber herauszufinden, dass der notorisch *J.v.Staudinger* abgekürzte Herausgeber eines Großkommentars zum BGB *Julius* hieß, ist wirklich kein Ding der Unmöglichkeit (und vielleicht sogar eine Frage der juristischen Allgemeinbildung).

724 Für den angloamerikanischen Rechtskreis etwa bei *The Harvard Law Review Association* (Hrsg.) The Bluebook, A Uniform System of Citation, 18. Auflage, Cambridge/Massachusetts, 2005.

725 Das betrifft nur ganz selten einmal fremdsprachige Lehrbücher zum geltenden Recht, sehr viel häufiger Texte in den Grundlagenwissenschaften Rechtstheorie, -geschichte und -soziologie. Das Problem wird sich also in rechtsdogmatischen Gutachten nur ganz gelegentlich stellen (dazu schon Rn. 422). Während man bei Übersetzungen aus dem Englischen (das sind wohl die meisten) vielleicht noch davon ausgehen kann, dass der Leser auch das Original wird lesen können (und deshalb zur Not auch das Original zitieren könnte), gilt das bei Russisch, Französisch und Spanisch schon nicht mehr.

726 Zur besseren Information des Lesers könnte man hier auch noch den Übersetzer nennen (Heiko *Dahle*), sowie die Neuauflagen (hier: zahlreiche) oder die Internetfundstelle des Volltexts (http://en.wikisource.org/wiki/Ancient_Law). Da Sie aber in aller Regel keine literaturhistorische Arbeit schreiben, sind diese Angaben entbehrlich. Wenn Sie den Gedanken *from status to contract* belegen wollen, genügt es für den Leser zu wissen, wann dieser erstmals publiziert wurde – und wo er die deutsche Übersetzung findet.

d) Besonderheiten einzelner Textgattungen

Erfahrungsgemäß reicht das bis hier Erklärte für 75 % der Einträge im Schrifttumsverzeichnis aus; die nachstehenden Einzelheiten sollten weitere 23 % aller aufkommenden Fragen erfassen[727].

Monographien: 511

Die Monographie ist der Normalfall des Buchs, nämlich eines, das sich mit einem Thema befasst (daher der Name) und meist von nur einem Verfasser geschrieben ist.

Name, Vorname, Titel, Auflage, Erscheinungsort, Jahr

Beispiele:
Lehrbuch: *Flume*, Werner: Allgemeiner Teil des Bürgerlichen Rechts, Bd. II: Das Rechtsgeschäft, 4. Auflage Berlin 1992;
Doktorarbeit: *Sartowski*, Rafael: Pflichtenkollision bei der Effektenberatung, Norderstedt 2005
Habilitationsschrift: *Thüsing*, Gregor: Wertende Schadensberechnung, München 2001

Nicht genannt wird üblicherweise die **Schriftenreihe**, in der ein Buch erschienen ist. Zur Identifizierung ist sie nicht erforderlich – und meist auch nicht hilfreich.
Oft werden Monographien, die als **Doktorarbeit** oder als **Habilitationsschrift** verfasst wurden, als solche (nämlich mit den Zusätzen *Diss. jur.* oder *Habil.*) gekennzeichnet. Ein Erkenntnisgewinn ist damit für den Leser aber nicht verbunden (denn ein Buch wird nicht dadurch ergiebiger oder klüger, dass es als Doktorarbeit oder Habilitationsschrift geschrieben worden ist), so dass man diese Bezeichnungen auch weglassen kann. Sie helfen nur beim Suchen nach dem betreffenden Buch, wenn es nicht in einem Verlag erschienen ist, sondern im Privatdruck. Dann kann sich der Leser zumindest am Hochschulort der Doktorarbeit ein Exemplar beschaffen[728].

Sammelwerke werden entweder nach ihrem Titel oder nach dem Namen des Herausgebers eingeordnet. 512

Bei mehreren Herausgebern genügt es, die ersten drei zu nennen. Um zu zeigen, dass es mehr gibt als die genannten, fügt man *u.a.* oder *et al.* hinzu.

Festschriften,

Natürliche Personen (Wissenschaftler, Richter, Politikerinnen), Institutionen (Gerichte, Verbände, Verlage) und Gesetze (KO, GmbHG, BGB jeweils zum 100.) bekommen Festschriften[729] oder **libri amicorum**,
Beispiel: Perspektiven des Geistigen Eigentums und Wettbewerbsrechts – Festschrift für Gerhard *Schricker* zum 70. Geburtstag, hrsgg. von Ansgar *Ohly*, Theo *Bodewig*, Thomas *Dreier*, Horst-Peter *Götting* und Michael *Lehmann*, München 2005, zit.: FS Schricker[730]

wenn sie alt genug werden. Manche werden mehrerer Festschriften gewürdigt (z.B. zum 65., 70., 75. Geburtstag, zum 25jährigen, 50jährigen usw. Bestehen). Dann muss die zitierte Festschrift durch Angabe des Anlasses identifiziert werden[731].
Beispiel: Festschrift für Karl *Larenz* zum 80. Geburtstag.

---

[727] Die verbleibenden 2 % entscheiden Sie entweder nach eigenem Geschmack oder ziehen einen der in Fn. 667, 693 genannten Texte zur Ergänzung heran.
[728] Deshalb ist es am besten, die Bezeichnung *Diss.* (bei einer *Habil.* kommt es nur sehr selten vor, dass sich kein Verlag dafür findet) nur auf selbstverlegte (also im Kopierladen gefertigte) Doktorarbeiten anzuwenden. Dann weiß der Leser, dass er erst gar nicht anderweitig suchen muss.
[729] Zur Geschichte der juristischen Festschrift als literarische Gattung *Lahusen* myops 4 (2008), 64 ff.
[730] Die gelegentlich anzutreffende Schreibweise mit Bindestrich (*FS-Schricker*, z.B. durchgehend bei *Puppe* Schule) ist unlogisch und nicht zu empfehlen.
[731] Anderenfalls reicht auch *Festschrift für <Jubilar>*. Aber man weiß nie, was als nächstes kommt: Vor dem zweiten Weltkrieg nannte man den ersten Weltkrieg einfach den *Weltkrieg*...

Gedächtnisschriften,

Beispiel: Gedächtnisschrift für Meinhard *Heinze*, hrsgg. von Alfred *Söllner*, München 2005

Aufsatzsammlungen, egal ob sie die Aufsätze eines Autors

Beispiel: *Kötz*, Hein: Undogmatisches, hrsgg. von Jürgen *Basedow*, Klaus *Hopt* und Reinhard *Zimmermann*, Tübingen 2005

oder – ähnlich wie eine Festschrift, aber ohne Anlass – Aufsätze verschiedener Verfasser zu einem Großthema sammeln,

Beispiele: Festgabe Zivilrechtslehrer 1934/35, hrsgg. von Walther *Hadding*, Berlin 1999; besonders raffiniert, weil im Gewand der Festschrift auftretend: Das wahre Verfassungsrecht – Zwischen Lust und Leistung – Gedächtnisschrift für Friedrich Gottlob *Nagelmann*, hrsgg. von Dieter *Umbach*, Richard *Urban* und Roland *Fritz*, Baden-Baden 1984

Tagungs- und **Symposiumssammelbände** etc.

Beispiel: Stalking – Rechtliche Perspektiven, Internationales Kasseler Stalking-Symposium am 11.11.2005, hrsgg. von Volkmar *von Pechstaedt*, Kassel 2005

werden nicht eigenständig aufgenommen, sondern nur beim jeweils daraus zitierten Beitrag aufgeführt[732].

Beispiel: Karl-Nikolaus *Pfeiffer*: Internet-Suchmaschinen und das Recht auf freie Meinungsäußerung, in: Perspektiven des Geistigen Eigentums und Wettbewerbsrechts – Festschrift für Gerhard Schricker zum 70. Geburtstag, hrsgg. von Ansgar *Ohly*, Theo *Bodewig*, Thomas *Dreier*, Horst-Peter *Götting* und Michael *Lehmann*, München 2005, S, 137 ff., zit.: *Pfeiffer*, in: FS Schricker[733]

Enthält ein Sammelband nicht (wie meist) Erstveröffentlichungen, etwa die Beiträge zu einer Festschrift oder zu einer Ringvorlesung,

Beispiel: *Dreier*, Ralf / *Sellert*, Wolfgang (Hrsg.), Recht und Justiz im Dritten Reich, Frankfurt am Main 1989

sondern die bereits zuvor publizierten, aber schlecht zugänglichen und verstreuten Texte eines Autors oder einer Gruppe

Beispiel: *Böckenförde*, Ernst-Wolfgang / *Lewald*, Walter, Adolf Arndt – Gesammelte juristische Schriften, München 1976

nimmt man als Fundstelle für den zitierten Beitrag in erster Linie die ursprüngliche Veröffentlichung auf, ergänzt nur aus Höflichkeit um die bequemere Fundstelle im Sammelband. Für den Leser ist nämlich wichtiger, wann und wo der Gedanke zum ersten Mal publiziert wurde[734].

513 Texte mit einem **Eigennamen**[735]

Beispiele: *Karlsruher Kommentar zum OWiG*, *Münchener Kommentar zum BGB*, *Alternativkommentar zur ZPO* etc.

werden vorzugsweise nach dem Eigennamen eingeordnet. Das erleichtert dem Leser das Auffinden[736].

---

732 Manche Autoren halten das anders und nehmen auch den Sammelband als solchen ins Schrifttumsverzeichnis auf. Geht auch. Bläht aber das Verzeichnis unnötigerweise auf.
733 Abkürzungen wie *FS* für *Festschrift* und *GS* für *Gedächtnisschrift* sind juristisch üblich. Wenn Sie aber sowieso ein Abkürzungsverzeichnis herstellen, sollten Sie sie aufnehmen.
734 Dazu schon Rn. 506.
735 Nach juristischer Gepflogenheit oft – aber nicht zwangsläufig – ein Städtename.
736 Es mag zwar sein, dass man dem Leser nichts erleichtern muss, weil er alle zitierten Titel kennt oder kennen müsste – aber das weiß man ja nie so genau …

Da diese Texte meist etliche Herausgeber und noch mehr Bearbeiter haben, wäre die Aufzählung der Verfasser zwar zulässig, aber ziemlich unpraktisch. Das Einordnen unter dem Eigennamen hat den Vorteil, dass der Text für den Leser leicht zu finden ist, der ihn in der Fußnote in abgekürzter Form zitiert findet.

Ähnliches gilt für Bücher, die immer noch nach ihren längst verstorbenen ursprünglichen Autoren oder Herausgebern benannt werden.

Beispiel: *Palandt, Kommentar zum BGB* rubriziert man bei *Palandt* und nicht bei den heutigen Autoren (obwohl die es längst verdient hätten).

In diesen Fällen weicht man von der reinen Lehre ab, weil alle Fachangehörigen aus Höflichkeit oder Gedankenlosigkeit so verfahren.

Kommentare 514

bei Herausgebern: Name, Vorname (Hrsg.), Titel, Auflage, Ort, Jahr
Beispiele: *Palandt*, Otto, BGB Kommentar, 69. Auflage, München 2010; *Jauernig*, Othmar, BGB, 12. Auflage, München 2007

bei Eigennamen: Werktitel, hrsgg. von: Name, Vorname, weiter wie oben
Beispiel: *Erfurter Kommentar zum Arbeitsrecht*, hrsgg. von *Dieterich*, Thomas et al., 8. Auflage, München 2008

Bei **mehrbändigen Kommentaren** müssen nicht unbedingt die konkret zitierten Bände angegeben werden: Wenn der Leser in der Bibliothek erst einmal vor dem Gesamtwerk steht, ist es ihm zumutbar, den richtigen Band allein aus dem Regal zu nehmen.

Manchmal wird das anders gehandhabt und anders verlangt. Wer im Schrifttumsverzeichnis die einzelnen Bände etwa eines über mehrere Jahre hinweg erscheinenden Kommentars aufführt, kann damit für den Leser leicht den jeweiligen Bearbeitungsstand kennzeichnen.

Wer die einzelnen Bände nennt, darf aber dann nur die wirklich verwendeten nennen. Das Aufblähen des Schrifttumsverzeichnisses durch Aufführen aller Bände des *Staudinger* ist vergebliche Liebesmüh.

Es ist weder erforderlich noch sinnvoll, sämtliche **Bearbeiter** eines Kommentars zu nennen.

Das füllt nur unnötig Platz. Aber Sie können es ruhig mal versuchen, am besten bei *Staudinger, BGB*. Außerdem: Den jeweiligen Kommentator der betreffenden Vorschrift nennen Sie in der Fußnote.

Wo aber ein Bearbeiter neben einer herausgebenden Körperschaft genannt wird,
Beispiel: *Deutscher Richterbund* (Hrsg.) / *Fölster*, Uta (Bearb.): Handbuch der Justiz, 29. Auflage, Heidelberg 2008
ist es eine schöne Höflichkeitsgeste, ihn mitaufzuführen. Die Arbeit am Text hat nämlich der Bearbeiter gehabt, nicht der Herausgeber...

Gehört der Kommentar einer vom Verlag konzipierten **Reihe** an,

Beispiel: *Beck´sche Kurzkommentare*

läßt man deren Bezeichnung weg.

Im Titel dürfen Sie (übliche) **Abkürzungen** verwenden. Sie müssen nicht jedes Mal *Handelsgesetzbuch* ausschreiben, aber Sie dürfen natürlich. Wenn Sie unsicher sind, wählen Sie die Schreibweise im Buch selbst oder im Katalog der Deutschen Nationalbibliothek.

Aufsätze 515

Name, Vorname, Titel, Zeitschrift, Jahr, Seite

Beispiel: *Reifner*, Udo: Die Anpassung variabler Zinssätze im Kreditverhältnis, in: JZ 1995, 866 ff.[737]

---

[737] Statt *866* kann man natürlich auch schreiben S. *866*. Ob man den Umfang des Texts durch Hinzufügen von *f.* oder *ff.* oder Verwendung des Formats *866-871* kennzeichnen möchte, ist eine Geschmacksfrage. Zur Identifikation der Fundstelle ist nur die Angabe der Anfangsseite erfor-

in Sammelwerken:Name, Vorname, Aufsatztitel, in: Name, Vorname (Hrsg.), Buchtitel, Auflage, Ort, Jahr, Seite

Der **Name der Zeitschrift** wird sowohl im Schrifttumsverzeichnis als auch in den Fußnoten nur abgekürzt angegeben[738].
Beispiele: *NJW, MDR, DB* etc.

Die Nummer des Hefts ist überflüssig, da die Seiten der Hefte bei Fachzeitschriften jahrgangsweise durchnummeriert sind[739].

Zusätzlich zum Erscheinungsjahr wird bei den nach Bänden nummerierten Archivzeitschriften (AcP, ARSP, AöR, GA, RabelsZ, ZHR, ZStW, ZVglRW, ZZP) meist noch der **Jahrgang** angegeben.
Beispiel: *Hilger*, Norbert: Die verspätete Annahme, in: AcP 185 (1985), 559 ff.

Bei den wenigen Zeitschriften, die thematisch sortiert abgelegt werden, zitiert man nach Fach und Seite.
Beispiele: *Horst*, ZAP Fach 12, 23 ff.; *Haack*, NWB Fach 18, 4665, 4667

Bei nur im Internet erscheinenden Zeitschriften sollte entweder der deep link zur konkreten Fundstelle angegeben werden oder wenigstens die Hauptseite der Zeitschrift.
Beispiel: *Basak / Schimmel*, ..., in: ZJS 2008, 435 ff. (www.zjs-online.com/dat/artikel/2008_4_94.pdf) oder *Basak / Schimmel*, ..., in: ZJS 2008, 435 ff. (abrufbar über www.zjs-online.com)

516 **Entscheidungsanmerkungen** werden in das Schrifttumsverzeichnis aufgenommen, selbst wenn sie keinen eigenen Titel haben.
Beispiel: *Jahn*, Joachim: Anmerkung zu BGH v. 10.2.2005, III ZR 294/04 (= WM 2005, 810), in: EWiR 2005, 485 f.[740]

Das kommt häufig vor bei Ausbildungszeitschriften (Jus, Jura, JA, AL), die in standardisiertem Format zu didaktischen Zwecken Entscheidungen rezensieren, sowie bei Zeitschriftenpublikationen, die ausschließlich Anmerkungen enthalten (z.B. LMK, EWiR, WuB).

516a **Buchbesprechungen** werden ähnlich zitiert wie Entscheidungsanmerkungen[741].
Beispiel: *Merkt*, Hanno: Besprechung zu Patrick *Leyens*, Information des Aufsichtsrats, Tübingen 2006, in: NJW 2007, 1862

---

derlich. In der Anleitungsliteratur wird teils darauf hingewiesen, durch Angabe der Endseite könne man zeigen, dass man die zitierten Texte wirklich in der Hand gehabt habe. Na gut. Zumindest kann der Leser mittels *f.* und *ff.* oder sogar der vollständigen Umfangsangabe erkennen, ob es sich um einen ganz kurzen oder einen umfänglicheren Text handelt und so entscheiden, wie tief er zur Vertiefung in die zitierte Literatur einsteigen will.

738 Dekodieren kann man diese Abkürzungen mit den in Fn. 518 angegebenen Verzeichnissen.
739 Eine der wenigen Ausnahmen ist *myops*, daher hier die Angabe der Heftnummer in Fn. 378 und 729. Auch wer einen Text aus den römisch nummerierten Umschlagseiten einer Zeitschrift zitiert (wie hier in Fn. 414), muss die Heftnummer angeben.
740 Empfehlenswert ist es, wie hier im Beispiel die Entscheidung durch Aktenzeichen und Datum kenntlich zu machen (und nicht nur durch Angabe der Fundstelle), weil so der Leser sie auch dann identifizieren kann, wenn er eine Parallelfundstelle vorliegen hat.
741 Allzu häufig wird das nicht erforderlich werden, weil hierzulande nur noch selten umfassende Rezensionen erscheinen, in denen inhaltlich argumentiert wird. Die praxisorientierten Fachzeitschriften halten die Buchbesprechungen meist recht knapp, während die wissenschaftlich orientierten (insbesondere: Archiv-) Zeitschriften eher Platz für längere Rezensionen bieten.

Zur Identifizierung des besprochenen Buchs braucht es aber nicht alle bibliographischen Angaben, weil die Rezension über die Fundstellenangabe zu finden ist.

Je mehr aktuelle Bezüge eine Aufgabe aufweist, desto eher werden Texte außerhalb des eigentlichen juristischen Schrifttums zitiert werden.   516b

Reportagen aus der seriösen Presse (etwa dem Spiegel oder der Zeit) erfasst man mit dem Namens des Verfassers, dem Namen des Periodikums, der Heftnummer und der Seitenangabe. **Interviews** sollten nach dem Namen des Interviewten einsortiert werden.

Finden sich von einem Autor mehrere Publikationen im Verzeichnis, die nicht schon durch die Fundstelle (etwa in einer Zeitschrift oder einer Festschrift) eindeutig identifizierbar sind, sind den Eintragungen die **Zitierweisen** hinzuzufügen. Dies geschieht, indem man entweder hinter oder unter den Eintrag (vielleicht kursiv, gern in Klammern und/oder in einer kleineren Schrifttype) ein *zitiert: <Name>, <Kurztitel>* (bei Kommentaren z.B. *zitiert: Palandt-Bearbeiter*) stellt oder den Namen des Verfassers und den Kurztitel (zweckmäßigerweise das erste Substantiv des Titels) optisch hervorhebt (fett, kursiv, unterstrichen) oder in der linken Spalte Name und Kurztitel angibt und in der rechten die komplette Fundstelle nachweist.   517

Bei der Angabe der Zitierweise ist darauf zu achten, dass der Leser in der Fußnote die Informationen finden muss, mit denen er im Schrifttumsverzeichnis sofort und eindeutig den zitierten Titel identifizieren kann. Das Wort am Anfang des Kurzzitats muss also bei alphabetischer Sortierung zum richtigen Eintrag im Schrifttumsverzeichnis führen. Die Mühe erscheint bei einer Anfängerarbeit mit zwanzig Titeln im Schrifttumsverzeichnis noch ein bisschen albern. Bedenken Sie, dass Ihre Abschlussarbeit eine dreistellige Zahl von Quellen verzeichnen wird.

In studentischen Arbeiten beliebt, aber unnötig und eigentlich auch unsinnig ist es, bei der Angabe der Zitierweise gleich noch zu erwähnen, dass man nach Seiten oder Randnummern zitiere. Das merkt der Leser doch wirklich auch selbst.

Beim *Münchener Kommentar* beachte man, dass es unter diesem Namen inzwischen Kommentierungen nicht nur zum BGB, sondern auch zum HGB, zur ZPO usw. gibt, ähnlich wie bei der Reihe *Alternativkommentare*.

Der Name des Verfassers kann jedes Mal neu aufgeführt werden. Gängiger und übersichtlicher ist es aber zu schreiben *derselbe* oder *dieselbe* oder *dieselben*, [742] was meist mit *ders.* oder *dies.* abgekürzt wird[743].

Sortiert werden mehrere Texte derselben Verfasserin entweder alphabetisch (nach dem ersten Buchstaben des Titels oder dem ersten Buchstaben des ersten Substantivs im Titel) oder nach dem Erscheinungsjahr (und innerhalb des Erscheinungsjahrs dann alphabetisch).

Nicht in das Schrifttumsverzeichnis gehören   518

Gerichtsentscheidungen (Urteile, Beschlüsse)[744],

Beispiel: *Urteil des BGH v. 3.11.2004, Az. XIII ZR 375/03*

Entscheidungssammlungen als solche,

Beispiel: *Amtliche Sammlung der Entscheidungen des Bundesgerichtshofs in Zivilsachen – BGHZ*

Fachzeitschriften als solche,

Beispiele: *Betriebs-Berater* oder *NJW Jahrgang 1993* – allenfalls muss die verwendete Abkürzung im Abkürzungsverzeichnis erklärt werden (aber nur, wenn sie nicht gängig ist).

---

742 Das gilt aber natürlich nur bei Identität, nicht bei zufälligen Namensgleichheiten.
743 Um entscheiden zu können, ob man *ders.* oder *dies.* setzt, muss man eine Meinung über das Geschlecht des Verfassers haben. Bei ungewöhnlichen Vornamen kann das schwierig werden. Fast immer hilft es, in der ersten Fußnote des Aufsatzes (oder im Klappentext der Monographie) nachzusehen, wo sich meist eine kurze Vorstellung findet.
744 Für diese wird vereinzelt ein Entscheidungsregister verlangt; dazu Rn. 552.

Teil 5: Anhang: Formalien und wissenschaftlicher Apparat

Gesetze sowie europäische Richtlinien und Normen aller Art (DIN-Normen, aber auch ausländische Rechtsvorschriften[745])
Beispiel: Zweites Gesetz zur Änderung schadensersatzrechtlicher Vorschriften vom 19.7.2002, BGBl. I, 2674

Gesetzessammlungen
Beispiele: dtv-Ausgabe BGB, 66. Auflage; Schönfelder, Deutsche Gesetze, Stand Januar 2011

und sonstige Quellen wie etwa **Zeitungsartikel**
Beispiel: *Pressemeldung der dpa, in: FAZ v. 30.2.2009, S. 109*; anderes gilt allenfalls bei längeren namentlich gekennzeichneten Beiträgen, die auch eine »richtige« Überschrift haben[746].

Diese werden als bekannt vorausgesetzt. Sind sie es nicht, sollte die jeweils verwendete Abkürzung im Abkürzungsverzeichnis nachgewiesen werden.

Festschriften, Gedächtnisschriften und ähnliche **Sammelwerke** werden ebenfalls nicht als solche aufgenommen, sondern nur im Zusammenhang mit den Verfassern der einzelnen Beiträge zitiert.

519 Zur **Zitierfähigkeit**[747] eines Werks gibt es keine festen geschriebenen Regeln, aber einige recht verlässliche praktische Handhabungen. Üblicherweise werden **Fallösungsbücher**
Beispiel: Olaf *Werner*, Fälle mit Lösungen für Anfänger im Bürgerlichen Recht, 12. Auflage, München 2008

und **Anleitungsbücher**
Beispiel: dieses Buch

nicht zitiert (sondern gelesen, ausgewertet und verschwiegen).

Das gleiche gilt von wissenschaftlichen Leichtgewichten,
Beispiele: Die Buchreihen ... – *leicht gemacht*; *... schnell erfasst*; *Die Schemata*; die Bücher aus den Verlagen *AchSo!*, *Der Fall-Fallag*, *Richter*, *Rolf Schmidt*, *Jan Niederle* – Faustregel: Je quietschbunter der Umschlag, desto weniger zitierfähig der Inhalt. Zweite Faustregel: Bücher, deren Verfasser Ihre Leserinnen duzen und immer wieder mit Einwürfen wie *Alles klar?* beglücken, sind nicht zitierfähig[748].

den **Skripten** der juristischen Repetitoren
Beispiele: Am bekanntesten und verbreitetsten sind *Alpmann & Schmidt*, *Hemmer & Wüst*, *Abels & Langels* und *Jura Intensiv* – es gibt aber noch einige mehr.

und dem **Vorlesungsskript** Ihrer Dozentin.
Letzteres ist ein Arbeitsmittel für Sie, aber keine zitierfähige Quelle. Wenn Ihr Dozent die darin enthaltenen Aussagen in den wissenschaftlichen Diskurs einbringen will, wird er sie als Aufsatz, Mono-

---

745 Wenn Sie zweifeln, ob der Leser diese wird finden können, sollten Sie sie in einem Anhang wiedergeben (oder ausnahmsweise im Volltext an der richtigen Stelle im Gutachten, wo es um deren Wortlautauslegung geht).
746 Z.B. hier in Fn. 278.
747 *Zitierfähigkeit* ist schlechtes Deutsch.(Warum?) Es hat sich aber so durchgesetzt, dass es auch hier gebraucht wird, zumal es an schönen Alternativen fehlt.
748 Dritte Faustregel: Wenn die Verfasserin nur einen einzigen Text geschrieben hat (nämlich das Ihnen vorliegende Skript), gehört sie (noch) nicht zum Wissenschaftsbetrieb, sondern eher zum Repetitorenbetrieb. Vierte Faustregel: Wenn der Verleger das Buch so wichtig nimmt, daß er es noch nicht einmal bei der Deutschen Bibliothek katalogisieren lässt, ist es Wegwerfliteratur und wird nicht zitiert. Fünfte Faustregel: Wenn das Buch einen Neupreis unter € 10,- hat, liegt der Schwerpunkt im Allgemeinen nicht auf Wissenschaft.

graphie oder Lehrbuch veröffentlichen. Bis dahin müssen Sie sich eine andere Belegstelle für Ihre Zitate suchen. Seien Sie sorglos: Ihre Dozentin erwartet nicht aus Eitelkeit, dass ihr Skript zitiert wird.

Sie alle gelten als nicht zitierfähig, weil nicht wissenschaftlich[749].

Neben den gerade genannten Titeln, die gewissermaßen absolut nicht zitierfähig sind, gibt es Texte, die man als **relativ nicht zitierfähig** anzusehen haben wird. Das sind Bücher, deren Verfasser wissenschaftlich ausgewiesen sind und deren Inhalt fachlich kompetent dargestellt ist, die aber deutlich unter dem Schwierigkeitsniveau der jeweiligen Übung liegen.

Beispiele: Juristische Einführungsliteratur (etwa Hans-Joachim *Musielak*, Grundkurs BGB; Gert *Brüggemeier*, Zivilrechtlicher Grundkurs; Harm-Peter *Westermann*, Grundbegriffe des BGB) ist unübertroffen, wenn man sich einlesen will; weil sie aber ihrem Zweck gemäß nicht ins Detail geht, verwendet man in der Übung die spezielleren Lehrbücher. Wer im dritten Semester noch solche »Anfängerlehrbücher« zitiert, hinkt der Konkurrenz hinterher.

Trotz ihrer Bezeichnung als **graue Literatur** werden die nicht zur Veröffentlichung bestimmten Typoskripte von Verbänden und staatlichen Institutionen üblicherweise im Schrifttumsverzeichnis erwähnt. Solche Texte

Beispiele: Tagungsprotokolle, interne Papiere aus staatlichen und nichtstaatlichen Institutionen

werden eher in Referaten als in rechtsdogmatischen Gutachten zitiert werden und eher als Informationsquelle etwa für Statistisches dienen denn als Belegstelle für in der Rechtswissenschaft diskutierte Problemlösungsansätze.

Wenn sie aber zitiert werden, gehören sie auch ins Schrifttumsverzeichnis. Da sie im allgemeinen nicht über den Buchhandel und nicht über Bibliotheken erhältlich sind, kann ein Hinweis auf Bezugsmöglichkeiten sinnvoll sein (sofern sie nicht auszugsweise im Anhang wiedergegeben oder wörtlich im Text zitiert werden).

Wo immer möglich zitiert man **Primärquellen**, also Monographien, Lehrbücher, Kommentare etc., und nicht Musterfälle in Ausbildungszeitschriften und Fallsammlungen. 520

Anderes gilt, wenn in einer solchen Fallbearbeitung eigene Argumente des Verfassers auftauchen, die nicht schon anderweitig vertreten werden. Das ist aber statistisch die Ausnahme.

Gewöhnen Sie sich ab dem ersten Semester an, **Fachliteratur** zu verwenden. 521

Natürlich bietet auch das elterliche Taschenlexikon in Farbe nützliche (und vielleicht aktuelle) Informationen. Fachbücher sind aber ergiebiger[750]. Es mag sein, dass man als Studienanfängerin von Fachliteratur inhaltlich überfordert ist und sie auch noch gar nicht richtig zu finden gelernt hat (die Bibliothek ist eben doch beeindruckend groß …). Darauf nimmt die Korrektur aber keine Rücksicht. Selbst die großen seriösen Lexika[751] erreichen nicht die Informationstiefe einschlägiger Fachliteratur. Sich deren Vorsprung an Verständlichkeit für den Einstieg in ein Problem zunutze zu machen, kann sinnvoll sein. Der Leser darf das aber nicht mehr merken. Legitim ist dagegen der Zugriff auf Lexika, wo

---

749 Über die didaktischen Qualitäten dieser Texte ist damit übrigens kein Urteil gefallen, ebenso wenig wie über die Frage, ob nicht gelegentlich ein gutes Skript klügere Argumente enthält als ein schlechtes Lehrbuch.
750 Grinsen Sie nicht so doof! Das ist leider keine Selbstverständlichkeit.
751 *Brockhaus*, *Meyers*, *Encyclopaedia Britannica*, alle mittlerweile auch auf CD-ROM; kostenlos und oft überraschend gut, teils auch beeindruckend aktuell die Wikipedia (bedenken Sie aber die fehlende redaktionelle Betreuung und die damit verbundenen Einbußen an Verlässlichkeit). Teils werden Lexika für grundsätzlich nicht zitierfähig erklärt, weil regelmäßig der Verfasser des einzelnen Artikels nicht ausgewiesen wird und daher – anders als im juristischen und sonstigen wissenschaftlichen Schrifttum – niemand die inhaltliche Verantwortung übernehme. Da ist was dran. Wer aus der Wikipedia zitieren will, verwende Permanentlinks (Beispiel hier in Fn. 441); Einzelheiten zum sinnvollen Zitatformat bei *Zosel* jurPC WebDok 140/2009, Abs. 73.

bei der Auslegung eines Begriffs neben dem fachsprachlichen Inhalt auch der allgemeinsprachliche eine Rolle spielt[752].

Einen ersten Anhaltspunkt für die Literaturauswahl gibt bereits der Titel der Vorlesung. Eine Aufgabe im Fach Rechtstheorie lässt sich ohne rechtstheoretische Standardwerke ebenso wenig bearbeiten wie eine Arbeit im Staatsrecht ausschließlich auf die *Informationen zur politischen Bildung* gestützt werden darf[753].

Das bei Anfängern beliebte Rechtswörterbuch von *Creifelds/Weber* ist ein Grenzfall; seine Verwendung signalisiert nicht gerade Professionalität, weil es immer speziellere Literatur gibt. Aber wenn es Sie glücklich macht, zitieren Sie´s. Das Buch selbst ist schon gut[754].

Will man der Korrektorin unbedingt zeigen, dass man weniger die Vorlesung als die Veranstaltungen eines bekannten Repetitoriums besucht hat, so zitiert man Wolfgang *Kallwass*, Privatrecht, 18. Auflage, München 2006. Sonst eher nicht. Das gilt wohl überhaupt von **Fachliteratur für Nebenfachstudenten**. Als juristischer Anfänger greift man gern einmal zu Lehrbüchern des Typs Privatrecht für Wirtschaftswissenschaftler, weil deren Verfasser den Mut haben, Kompliziertes einfach zu erklären. Zum Lernen ist das schon in Ordnung (Notwehr halt), aber als Belegstelle verwendet man sie nicht.

Ebenfalls grenzwertig sind die Texte, die sich (zwar spezifisch juristisch, aber an die »falsche« Zielgruppe, nämlich) an **Referendare** und **Anwälte** wenden[755]. Ganz überwiegend enthalten diese keine wissenschaftlichen Auseinandersetzungen mit den referierten Ansichten, sondern im wesentlichen Arbeitsanleitungen.

Uneingeschränkt gilt die Forderung, Fachliteratur zu verwenden, zunächst nur für rechtliche Probleme, Informationen und Aussagen.

Wenn Ihr Gutachten Informationen aus Astrophysik oder Baustatik braucht, ist es grundsätzlich sinnvoll, auch aus diesen Wissenschaften Fachbücher heranzuziehen. Aber es gibt – zumindest in Übungsarbeiten – Grenzen des Zumutbaren. Wenn man die Fachterminologie anderer Wissenschaften nur mit einem Zweitstudium verstehen kann, ist es sinnvoll und zulässig, auf allgemeine Informationsquellen auszuweichen. Achten Sie aber möglichst immer auf Seriosität der Quelle. Wenn Sie keine wissenschaftlichen Texte zur Verfügung haben, zitieren Sie wenigstens populärwissenschaftliche.

521a Zum **Umfang**: Das Verzeichnis ist kein Belesenheitsnachweis – 95 Titel in einer Anfängerarbeit wirken übertrieben. Umgekehrt sind fünf Titel einfach zu wenig, zumal, wenn es sich um das *Creifelds* Rechtswörterbuch, einen kleinen Standardkommentar und drei veraltete Kurzlehrbücher handelt. Ein bisschen Speziallliteratur darf schon sein. Wenigstens die Standardtitel sollten Sie auf jeden Fall verwerten.
Beispiel: In einer Zivilrechtsarbeit sind das etwa die BGB-Kommentare von *Jauernig*, *Palandt*, *Prütting/Wegen/Weinreich*, *Erman*, *Bamberger/Roth*, *Soergel* und *Staudinger*, der *Münchener*, der *Reichsgerichtsräte*-, der *Historisch-Kritische* und der *Alternativkommentar* zum BGB – das sind schon mal elf (hinzukommen der alte und der neue *Studienkommentar*, der *Prozessrechtskommentar*, der *Handkommentar*, der *Anwaltskommentar* und vielleicht auch der *juris-Kommentar* zum BGB); wenn es sich um eine Arbeit mit Schwerpunkt im Sachenrecht handelt, nahmen Sie ein gängiges großes Lehrbuch zum Sachenrecht und sehen im Einleitungskapitel unter der Überschrift *Literatur* nach, welche Lehrbücher es sonst noch gibt. Damit sind Sie bei dreißig Titeln, ohne einen einzigen Aufsatz oder eine Urteilsanmerkung zu den spezielleren Problemen gefunden und zitiert zu haben.

521b Beliebt, aber wissenschaftlich unseriös (und als Trick eher durchsichtig) ist das **Aufpumpen** des Schrifttumsverzeichnisses. Im simpelsten Fall bedeutet das: Wer die gesamte Hausarbeit mit drei Kommentaren, zwei Lehrbüchern und einem Repetitorenskript bestritten hat, investiert noch schnell einen Abend darauf, alle anderen potentiell zitierbedürftigen Kommentare und Lehrbücher genau einmal zu zitieren, um sie zulässigerweise im Verzeichnis nennen zu dürfen und so den Eindruck umfassender Materialauswertung zu erwecken. Das geht schief. Ihre Leserin braucht zum Überfliegen

---

752 Exemplarisch der vielzitierte Glasbausteinfall BGH LM Nr. 17 (C) zu § 133 BGB; dazu *Koch/Schimmel* JA 2000, 287 ff.
753 Die sind nach dem Abitur zwar noch immer lesenswert, aber als taugliche Quellen regelmäßig ausgeschlossen.
754 Es gibt auch umfangreichere Rechtslexika; dazu Fn. 417.
755 Also Bücher des Typs Handbuch des Fachanwalts Familienrecht, Formularsammlungen usw.

Ihres Fußnotenapparats nur ein paar Sekunden. Und schon hat sie Sie bei plumpen Tricks erwischt – und ist für den Rest der Korrektur schlecht gelaunt und misstrauisch.

Internetfundstellen sind vorsichtig und zurückhaltend zu zitieren. Sie sind in – mindestens – zweierlei Hinsicht wissenschaftlich problematisch. Zunächst sind sie nicht selten **flüchtig** (weil Internet-Adressen sich ändern oder Seiten ganz vom Netz gehen und weil Inhalte im Internet leicht zu ändern sind, während sie in gedruckter Form eben gleich bleiben[756]) und daher nur eingeschränkt nachprüfbar. Deshalb sind bei gleichem Inhalt **gedruckte Fundstellen vorzugswürdig**.

Faustregel: Wenn möglich, ist aus gedruckten Quellen zu zitieren; anderenfalls sind auch Internetzitate zulässig.

Wenn es die betreffende Information oder Aussage (noch) nur im Internet gibt, muss sie in der Fußnote mit einer nachvollziehbaren Fundstellenangabe nachgewiesen werden.

Zweifelt der Verfasser selbst, ob der Leser die betreffende Seite noch finden wird, muss er einen Ausdruck fertigen und der Arbeit im Anhang beifügen (mit Datum des letzten Besuchs und Angabe der Adresse). Bei URL-Angaben ist, wo immer möglich, ein deep link zu verwenden, weil sich der Leser auf der Suche verirrt, wenn er nur die Angabe der Startseite erhält. Anderenfalls sollte dem URL die Angabe des Menüpunkts hinzugefügt werden, unter man die betreffende Information findet. Eine Netzfundstelle muss mindestens ebenso eindeutig identifiziert werden wie eine Fundstelle in einem gedruckten Text[757], so dass der Leser mit der Information auszustatten ist, wann sich die gesuchte Information noch an der betreffenden Stelle befand[758]. Nur so kann er mit einem Internet-Archiv im nachhinein versuchen, Ihre Fundstelle zu verifizieren.

Das zweite Problem ist die **Seriosität**. Im Internet gibt es unglaublich viel bullshit (das heißt: falsche, schlechte, minderwertige, unvollständige Information und Werbung, die sich nur als Information tarnt, aber keine Information enthält[759]). Kein Wunder, wenn die Redaktion fehlt. Oft ist das Netz also schlicht eine **Quelle minderer Güte**[760]. Manchmal führt es schnurstracks in die Irre[761].

Die leichte Verfügbarkeit von Informationen im Internet verführt Studierende schnell dazu, die elektronische Quelle der gedruckten vorzuziehen, weil man letztere mühsam in der Bibliothek suchen muss. Hiervor ist zu warnen. Der mühevolle Weg ist der richtige.

Besondere Vorsicht ist geboten, wo eine aus dem Netz gefischte Information **keinem Verfasser zuzuordnen** ist[762]. Wenn – anders als in einem wissenschaftlichen Text – niemand die Verantwortung als Autor zu übernehmen bereit ist, ist die Quelle eher nicht zitierfä-

---

756 Mit ein wenig Glück helfen hier Internet-Archive wie die wayback machine unter http://web.archive.org/collections/web.htm.l
757 Empfehlungen zu Internetzitaten bei *Byrd/Lehmann* Zitierfibel, 70; *Putzke* Arbeiten, 54 f.; *Müller* ZitierGuide, 16 f.; *Möllers* Arbeitstechnik, Rn. 476 ff.; ergänzend zur richtigen Zitierweise elektronischer Dokumente *Walther* NJW-CoR 2000, 298, 302; *Willamowski* JurPC Web-Dok 78/2000 (www.jurpc.de/aufsatz/20000078.htm) sowie *Niederhauser* Die schriftliche Arbeit; *Bleuel* www.bleuel.com/ip-zit.pdf; www.jurawiki.de/RichtigZitieren.
758 Bestenfalls als permanenter Link, wie das etwa Wikipedia erlaubt.
759 Und damit sind die vielen im Netz kursierenden Verschwörungstheorien noch nicht einmal erwähnt.
760 Näher z.B. *Zimmer* Bibliothek, 72 ff.
761 Etwa wenn ein real nicht existierendes Urteil als täuschend echtes Imitat im Netz auftaucht, z.B. EuGH v. 19.6.2008, Az. C-550/07; das Urteil wird besprochen von *Brüssow* in *DAV* (Hrsg.) Strafverteidigung, S. 91 ff.; dazu *Huff* FAZ v. 10.8.2009, S. 28.
762 *Schulz/Klugmann*, Rn. 220, schlagen als Kriterien für die Verläßlichkeit von Internetseiten vier Fragen vor: 1. Wer ist Autor (Privatperson oder Unternehmen oder Institution)? 2. Wie aktuell ist der Inhalt – ist das dokumentiert? 3. legt die Seite Wert auf Benutzerfreundlichkeit? 4. Gibt es Hinweise auf Quellen und weiterführende Informationen?

hig. Manchmal ist allerdings der Verfasser an anderer Stelle namhaft gemacht, etwa im Impressum.

Da das Internet allgemeinen und für wissenschaftliche Zwecke aber mehr und mehr als schnelles Medium genutzt wird, ist es in **Aktualität** den gedruckten Quellen oft überlegen. Hier liegt ein legitimer Grund für Zitate aus dem Netz.

Faustregel: Sie können davon ausgehen, dass eine juristische Hausarbeit, die ein Rechtsgutachten zum Gegenstand hat, ganz ohne Internet-Fundstellen bearbeitet werden kann. In Referaten mit aktuellem Thema mag das gelegentlich anders sein.

Eine **Internet-Parallelfundstelle**[763] können Sie angeben, müssen es aber nicht.

523 Texte aus der **Tagespresse** (Zeitungen, Zeitschriften usw.) sind zitierfähig.

Wenn sie als Pressemeldungen keinen Verfasser haben, werden sie nicht ins Schrifttumsverzeichnis aufgenommen, sondern nur in der Fußnote zitiert.

Beispiel: Pressemeldung dpa, FAZ v. 13.10.2005, S. 6

Handelt es sich um längere Texte etwa aus dem Feuilleton, gehören sie unter Nennung des Verfassers und der Überschrift auch ins Schrifttumsverzeichnis[764].

Beispiel: *Kammerer*, Dietmar: Zeit der Zäune, taz v. 24.11.2005, S. 15 f.

Für das typische Rechtsgutachten wird man sie aber so gut wie nie brauchen. Etwas anders gilt nur, wenn das Thema ungewöhnlich aktuell ist, so dass es noch keinen Eingang in den etwas langsamer reagierenden juristischen Fachdiskurs gefunden hat. In einer Seminararbeit kann das schon wieder anders aussehen.

5. Weitere Verzeichnisse

Nach dem Schrifttumsverzeichnis können weitere Verzeichnisse erforderlich sein. Überwiegend sind sie entbehrlich.

a) Abkürzungsverzeichnis

524 Im allgemeinen können Sie auf ein Abkürzungsverzeichnis verzichten[765]. Wenn die Aufgabe oder die Umstände eins erfordern, setzen Sie es hinter die Gliederung, so dass es – mit römischer Seitennummerierung – am Anfang der Gliederung aufgeführt wird.

Zwar gibt es Abkürzungen, die sich der Leserin nicht auf den ersten Blick erschließen,

Beispiel: Dass *ZIP* die *Zeitschrift für Wirtschaftsrecht* abkürzt, ahnt man nur, wenn man weiß, dass sie zuerst *Zeitschrift für Insolvenzpraxis* hieß

aber Sie schreiben für Fachangehörige, von denen man erwarten darf, dass sie die Abkürzung kennen oder nachschlagen.

Faustregel: Wenn mehr als ein Fünftel der verwendeten Abkürzungen aus dem ausländischen Recht, aus anderen Wissenschaften oder dem fernerliegenden Teil der deutschen Rechtswissenschaften stammen, lohnt die Mühe (oder kennen Sie auf Anhieb *APuZ* und *KÖSDI*?).

---

763 Beispiel in Fn. 239.

764 Die ebenfalls namentlich gekennzeichneten längeren Reportagen werden meist eher als Informationsquellen für Fakten genutzt und erscheinen nur in der Fußnote, während ein Beitrag ins Schrifttumsverzeichnis gehört, wenn er eine Meinung hat, mit der man sich im Text auseinandersetzt. Das gilt auch für Leserbriefe, Interviews (die auch in der juristischen Fachpresse gelegentlich vorkommen, etwa in der ZRP) etc.

765 Näher dazu Rn. 393.

b) Abbildungsverzeichnis

Ein Abbildungsverzeichnis braucht man, wenn in einer längeren Arbeit selbst erstellte Grafiken vorkommen. Das ist in juristischen Texten eher unüblich.

525

c) Rechtsprechungsverzeichnis

Ein Rechtsprechungsverzeichnis anzufertigen kostet Mühe. Diese sollte man sich nur zumuten, wenn die Aufgabe es verlangt oder wenn man üben will. Ähnlich wie im Schrifttumsverzeichnis verwendet man übersichtlichkeitshalber eine (hier: dreispaltige) Tabelle[766]. In der ersten Spalte steht das Gericht, geordnet nach Instanzen, beginnend mit den Obergerichten, innerhalb einer Instanz alphabetisch nach Gerichtsort sortiert, erforderlichenfalls nach Gerichtsbarkeiten getrennt. In der zweiten Spalte stehen die zur Identifikation der Entscheidung erforderlichen Angaben: Art der Entscheidung (Urteil, Beschluss), Datum und Aktenzeichen. In der dritten Spalte steht die Fundstelle[767].

525a

6. Gutachten / Referat

Für den **Textteil** der Arbeit (den Sie mit *Gutachten* überschreiben können, aber nicht müssen) gibt es weniger Regeln. Auf dem Papier ist **links ein Rand von einem Drittel** der Breite – das sind sieben Zentimeter – freizulassen. Erst dieser Rand bietet den Platz für Korrekturbemerkungen[768]. Rechts kann der Rand ganz schmal ausfallen. Auch oben und unten auf der Seite genügt ein kleiner Rand[769]. Der Text muss mit anderthalbzeiligem Zeilenabstand in einer 12 pt großen Schrift geschrieben werden.

526

Meist sind Proportionalschriften (Arial, Times etc.) erlaubt. Anderenfalls verwendet man Courier – das erleichtert den Vergleich mit Schreibmaschinenseiten.

Die **Seitennummerierung** erfolgt ab hier **arabisch** (wiederum in der Kopf- oder in der Fußzeile).

Der Text wird der Gliederung folgend aufgebaut. Bei den einzelnen Gliederungspunkten finden sich die Gliederungsüberschriften wörtlich (nicht nur sinngemäß) wieder.

Verwendet man in der Textverarbeitung die Funktion »Inhaltsverzeichnis erstellen«, ergibt sich das von selbst.

Die Arbeit endet mit der eigenhändigen **Unterschrift** auf der letzten Seite.

527

Wenn Ihnen die einschlägige Prüfungsordnung eine Versicherung des Inhalts abverlangt, dass Sie die Arbeit eigenhändig ohne fremde Hilfe usw. abgefasst haben[770], sollte diese (unterschrieben!) am Schluss stehen, üblicherweise auf einer gesonderten Seite.
Examensarbeiten werden anonym korrigiert und deshalb nicht unterschrieben. Sie können aber einen Vermerk *Ende der Bearbeitung* anbringen, wenn Sie den Schluss kennzeichnen wollen.

---

766 Beispiel bei *Putzke* Arbeiten, 71 f.
767 Zur Auswahl unter mehreren Parallelfundstellen gilt das Rn. 549 f. Gesagte.
768 Dass der Korrektor diese Möglichkeit nicht immer so ausgiebig nutzt, wie Sie sich das vielleicht wünschen, steht auf einem anderen Blatt. Fragen Sie ihn doch einfach, was er mit der Korrektur einer einzelnen Arbeit verdient …
769 Aber ein klein wenig Abstand der Kopfzeile zum Text darf schon sein.
770 Dringende Empfehlung: Diese Versicherung sollte der Wahrheit entsprechen. Zu Risiken und Nebenwirkungen des Tätigwerdens professioneller Ghostwriter lesen Sie VG Köln NWVBl. 2006, 196 ff.

Teil 5: Anhang: Formalien und wissenschaftlicher Apparat

7. Anhang

528 Einen Anhang braucht Ihre Arbeit nur, wenn Sie Material zitiert haben, von dem zu vermuten steht, dass die Leserin es nicht oder nur unter ganz erheblichen Schwierigkeiten finden wird.

Das betrifft nicht Bücher, die Sie erst per Fernleihe bestellen mussten. Was in einer Bibliothek zugänglich ist, dürfen Sie als auch der Leserin zugänglich behandeln.

Wenn Sie aber etwa ein **unveröffentlichtes Urteil** bei einem Gericht angefordert haben, sollten Sie es in Kopie im Anhang der Arbeit beifügen[771]. Vielleicht gilt das auch noch von Entscheidungen, die nur über **juris** verfügbar sind. Als unveröffentlicht wird man auch Urteile betrachten müssen, die Sie in einem Internet-Forum gefunden haben[772].

Jedenfalls sind Texte, die Sie im **Internet** gefunden haben und von denen zu befürchten steht, dass sie nicht oder nur noch in geänderter Form verfügbar sein werden, wenn die Korrektorin Ihre Arbeit liest, zu drucken und in den Anhang aufzunehmen[773].

»Graue« Literatur, die in keiner Bibliothek verfügbar ist, gehört ebenfalls in den Anhang.

Achten Sie aber darauf, den Anhang nicht zu überfrachten. Der Leser geht davon aus, dass alles, was er im Anhang findet, zu lesen ist. Seine Laune wird nicht besser, wenn er zusätzlich zu einer zwanzigseitigen Ausarbeitung 50 Seiten Anhang lesen muss. Bei längeren Texten können Auszüge genügen. Mehrere Anhänge nummeriert man zweckmäßigerweise, um im laufenden Text präzise auf sie verweisen zu können. Je nach ihrem Umfang muss man sie mit Seitenzahlen versehen; die Bezeichnung

Beispiel: *Anhang 4: Tagungsprotokoll der Gesellschaft für ... vom ...*

sollte oben auf der Seite oder einem Vorblatt angebracht werden, damit die Leserin nicht zu lange suchen muss.

B. Formalien bei Klausuren

529 In der Klausur sollten Sie folgenden äußeren Minimalstandard auch im eigenen Interesse einhalten:

1. Das **Deckblatt** versehen Sie mit Ihrem deutlich lesbaren Namen.

   Es kann so aussehen wie das Deckblatt einer Hausarbeit. Stellen Sie es einfach vorher daheim mit dem PC her – dann ist es lesbar (und Sie sparen Zeit).

2. Jedes Blatt muss **ein Drittel Rand links** haben. Die Blätter sollten Sie lochen, nummerieren und jedes namentlich kennzeichnen, wenn Sie sie nicht heften.

   Wer keinen Korrekturrand lässt, darf sich nicht wundern, wenn sie nur eine Note bekommt, aber eben keine Korrekturbemerkungen. Die kleine Mühe der Kennzeichnung aller Blätter spart eine Menge Arbeit, wenn wirklich mal was beim Transport durcheinander gerät.

3. Beschreiben Sie die Blätter nur **einseitig**, so **leserlich** wie irgend möglich und am besten **anderthalbzeilig** (vielleicht müssen Sie zwischendrin mal einen Satz ergänzen ...)

4. **Streichungen** sollten so **eindeutig** sein, dass der Leser sofort erkennen kann, ob ein Satz oder Absatz nun noch zur Bearbeitung gehört oder nicht mehr.

---

771 Nicht zuletzt aus Höflichkeit gegenüber der Leserin und der Geschäftsstelle des Gerichts, die sonst die Arbeit ein zweites Mal auf sich nehmen müssen. Außerdem kostet dieser Urteilsversand Geld.

772 Dort werden (überwiegend untergerichtliche) Urteile nämlich meist von den Beteiligten oder ihren Rechtsanwälten eingestellt; da die Quelle nicht selten flüchtig ist, empfiehlt sich die Aufnahme in den Anhang.

773 Zu Bedenken wegen deren Tauglichkeit als zitierfähige Quelle Rn. 522.

Ihre Prüferin wird vor schwere Gewissenskonflikte gestellt, wenn Sie nicht klar kennzeichnen, was gelten soll und was nicht. Wenn Sie Falsches nicht eindeutig streichen, riskieren Sie Punktabzug.

5. Die **Unterschrift** unter dem Gutachten nicht vergessen. Teils wird ein Vermerk *Ende der Bearbeitung* verlangt.
6. Den Sachverhalt müssen Sie nur abgeben, wenn das verlangt ist.
   Der Korrektor hat einen Sachverhalt – er braucht nicht Hunderte.
7. Die fertige Klausur **heften** Sie in Schnellhefter oder mit Heftstreifen, wenigstens aber mit einer Heftklammer oder Büroklammer zusammen. Ihr Korrektor dankt es Ihnen.

In Klausuren sind Gliederungen nicht erforderlich. Die Mühe durchgehender Überschriften- oder Absatznummerierung sollten Sie sich sparen: Sie kostet zuviel Zeit, wird nicht erwartet und daher auch meist nicht wertgeschätzt.

Trotzdem müssen Sie ebenso wie in einer Hausarbeit auf einen logisch stimmigen Aufbau achten. **Verweise nach unten** sind unzulässig.

Exkurs: Klausurpraktisches

Man kann aus dem Thema »Klausurtaktik« leicht eine ganze Wissenschaft machen[774]. Muss man aber nicht. Hier also als Notgepäck:

530

1. Man trete **vorbereitet** an und nicht planlos.

   Das tun die Mitbewerber nämlich auch – entgegen anders lautenden Beteuerungen. Und Sie können sich kaum vorstellen, wie wirksam eine gute Vorbereitung gegen Nervenflattern ist. Wenn Sie trotzdem wiederholt Probleme mit echtem Nervenflattern haben, fragen Sie Ihre Studienberatung – und im schlimmsten Fall einen Arzt. Jedenfalls werden Klausuren in erster Linie mit inhaltlichem Wissen bestanden, erst danach kommen Kaltblütigkeit und taktisch cleveres Verhalten.

2. Man verwende ein **Drittel** der Zeit aufs **Denken** (vorzugsweise, aber nicht zwingend genau das erste Drittel; manchmal auch mehr als ein Drittel), den Rest aufs Schreiben.

   Wer weniger denkt, unterschätzt meist die Schwierigkeiten, die in dem harmlos aussehenden Sachverhalt stecken. Wer mehr denkt, hat nicht genug Zeit zum Schreiben. Beides kommt vor, letzteres ist für den Korrektor fast noch schmerzhafter: Eine Bearbeitung, die fast alle Probleme sieht, aber alle zu knapp behandelt.
   Im Denk-Drittel darf man gern auch schreiben, aber nicht viel. Am besten nur die Notizen für die Lösungsskizze.

3. Eine **Lösungsskizze** hilft den meisten Menschen beim Schreiben.

   Wenn sie gut ist (wenn also ihre Anfertigung das erwähnte Drittel der Bearbeitungszeit für konzentriertes Nachdenken gebraucht hat), kann man sich schreibend an ihr entlangarbeiten, ohne noch inhaltlich viel zu überlegen. Die Konzentration beim Schreiben richtet sich dann ganz auf saubere Formulierungen und solide Schwerpunktsetzung.

4. Man werfe nicht zehn Minuten vor Abgabe das eigene Konzept um.

   Das lohnt sich praktisch nie. Die meisten Korrektoren geben lieber »Anstandspunkte« auf eine konsequente »falsche« Bearbeitung als auf eine chaotische nur im Ergebnis richtige.

5. **Spicken** ist die drittschlechteste Strategie zum Klausurenbestehen.

   Auf Dauer hilft Spicken sowieso nicht. Und selbst wenn es im Einzelfall hilft, muss man doch genau überlegen, bei wem man spickt. Ärgerlicherweise sitzt die klügste Kandidatin immer drei Reihen weiter vorn.

---

774 Lesenswert etwa *Körber* JuS 2008, 289 ff. m.w.N.; *Weller* JuS 2003, 515 ff.

Teil 5: Anhang: Formalien und wissenschaftlicher Apparat

Wer diese Hinweise ernstnimmt, spart Speicherplatz für Inhaltliches, anstatt sich mit angeblich verallgemeinerbaren klausurtaktischen Empfehlungen das Hirn zuzustopfen. Versuchen Sie's mal!

Und zum Schluss: Klausuren können schief gehen. Je seltener, desto besser. Aber es kann halt mal passieren. Wenn es passiert oder zu passieren droht, behalten Sie die Nerven und machen Sie das Beste aus der Situation.

Also nicht rausgehen und ein Eis essen und den lieben Gott einen guten Mann sein lassen, sondern zu Ende schreiben und sehen, was an Punkten noch zu holen ist.

Eine einzelne schlecht bewertete Arbeit sagt – selbst im Examen – nichts aus über Ihre Fähigkeiten. Der Durchschnitt muss stimmen.

C. Fußnoten

Übersicht: warum? 532; wo? 534 ff.; wo nicht? 539 ff.; nicht hinter Untersätzen 540; nicht hinter Überschriften 544; wo im Satz? 544; was steht drin? 545 ff.; Gerichtsentscheidungen 548 ff.; amtliche Sammlungen 550; Aufsätze, Monographien etc. 545; Kurztitel 546; Zitierweisen 547; Vornamen 545; Formatierung 554; Zahl und Umfang 570, 180, 243a; *passim* 555; Sekundärzitate 555; *a.a.O.* 555b; Plagiate 562; Text in Fußnoten? 563; Fußnotengräber 564; Ordnung der Belege 566 ff.; Punkt am Ende 569; *Vgl.* etc. 557;

531 Dieser Abschnitt umreißt, wofür Fußnoten gut sind und wie sie aussehen sollen[775].

Die Möglichkeiten, durch professionellen Umgang mit Fußnoten das Niveau der eigenen Leistung zu dokumentieren, sind zahlreich; leider werden sie in beide Richtungen genutzt. Geübte Leser erkennen schon mit einem schnellen Blick über die Fußnoten einer Hausarbeit, wie diese ungefähr zu bewerten sein wird. Wer die folgenden Hinweise beachtet, wird die meisten Fehler vermeiden[776]. Die Prüfungserfahrung lehrt, dass Studierende die Mühen der Fußnote meist unterschätzen. Manchmal kommt das Gegenteil vor[777].

---

775 Dazu auch z.B. *Möllers* JuS 2002, 828 ff.; schöne knappe Zusammenfassung zu Zitierregeln und -technik bei *Noltensmeier/Schuhr* JA 2008, 576, 581 f.; wem der folgende Abschnitt zu langweilig ist, kann stattdessen einfach auch ein paar Aufsätze in einer juristischen Fachzeitschrift lesen. Aus deren Anschauung erschließt sich recht gut, wo Fußnoten erforderlich sind und wie sie auszusehen haben. In letzterer Hinsicht sind aber eben Zeitschriftenaufsätze nicht ganz vorbildlich, weil die dort gehandhabte Zitierweise Rücksicht darauf nehmen muss, dass – anders als im akademischen Gutachten – kein Schrifttumsverzeichnis vorangestellt wird.

776 Anfänger empfinden den Wust an Regeln über wissenschaftliches Zitieren oft als Zumutung. Meist sind sie schon stolz, wenn sie überhaupt die Fußnotenfunktion ihrer Textverarbeitungen gefunden und bedienen gelernt haben. Aber das genügt noch nicht. Wirklich nicht.

777 Auch die **überschätzte Fußnote** ist gefährlich. Das betrifft die inflationär gesetzte und die inhaltlich überfrachtete Fußnote. Zum einen gewinnt der Leser leicht den Eindruck, es fehle Ihnen die Fähigkeit zur Konzentration auf das Wesentliche (was durchaus stimmen kann...). Zum anderen möchte er in Sachen Wissenschaftlichkeit nicht von Ihnen in den Schatten gestellt werden. Wenn Sie nicht gerade Ihre Doktorarbeit schreiben, ist es kaum je nötig, in einem einzigen Satz drei Fußnoten zu setzen. Auch gibt es Selbstverständlichkeiten, die man konventionsgemäß nicht mehr belegen muss. Dass das BGB als solches anwendbar ist, thematisiert und belegt man nur in Aufgaben mit internationalprivatrechtlichem Schwerpunkt. Wissenschaftlichkeit als Anforderung an den Bearbeiter einer Hausarbeit kann sich in zwei Richtungen als Falle erweisen. Zum einen geschieht es ab und an, dass die Bearbeiter übertreiben. Dann gerät die Übungsarbeit unversehens nicht nur zur Seminararbeit, sondern geradezu zur Doktorarbeit. Das wäre vielleicht nicht schlimm, wenn es nicht oft den Leser überforderte und zugleich Zeit und Platz für andere wichtige Erörterungen raubte. Faustregel: Je weiter man vom Examen noch entfernt ist, desto weniger (kreative) Wissenschaft wird verlangt. Im Vordergrund steht – zumal zu Beginn – die schulmäßige Rechtsanwendung. Hier liegt die andere Falle. Selbst in der mehrwöchigen Hausarbeit zur Staatsprüfung bleiben immer wieder Kandidatinnen deutlich hinter den

1. Warum Fußnoten?

Fußnoten enthalten **Belege** für im Text in Bezug genommene fremde Ansichten oder behauptete Tatsachen. 532

Damit unterscheiden sich wissenschaftliche Texte von journalistischen. Letztere sind zwar vielleicht ebenso gründlich recherchiert, verzichten aber um der Lesbarkeit willen auf die Angabe der Belegstellen. Im wissenschaftlichen Text ist diese Angabe unentbehrlich. Dessen Leser muss, wo immer er zweifeln könnte, für die betreffende Aussage einen Beleg finden. Als Verfasser eines wissenschaftlichen Texts – also auch: eines Rechtsgutachtens – steht man wie ein Zwerg auf den Schultern von Riesen. Der Leser will wissen, auf welcher Schulter welcher Riesen .

Zusammen mit dem Schrifttumsverzeichnis bildet der Fußnotenapparat das **wissenschaftliche Rückgrat** Ihrer Arbeit. 533

Hier ist nicht der Ort um zu erklären, was Wissenschaftlichkeit bedeutet[778]. Das ist schon deshalb schwierig, weil man sich durchaus darüber streiten kann, ob Rechtswissenschaft überhaupt eine Wissenschaft ist. (Mit dieser Debatte lassen sich Bände füllen. Einigermaßen gewiss ist aber, dass man Recht auf wissenschaftliche Art betrachten und regelgeleitet anwenden kann. So erhöht man wenigstens die Chance eines rationalen Diskurses über die Richtigkeit des Ergebnisses. Das ist nicht viel, aber auch nicht wenig.) Immerhin kann man versuchen festzuhalten, hinter welche Regeln eine rechtswissenschaftliche Untersuchung nicht zurückfallen darf.

In der Sache verlangt Wissenschaftlichkeit wenigstens **Objektivität** und **Ehrlichkeit**[779]. In formaler Hinsicht erkennt man die wissenschaftliche Herangehensweise des Bearbeiters an das zur Erörterung gestellte Problem am nachvollziehbaren Nachweis der Standpunkte, Quellen und Autoritäten, mit denen er sich auseinandergesetzt hat. Diesem Nachweis dienen der Fußnotenapparat und das Schrifttumsverzeichnis.

Außerdem dienen Fußnoten zwei weiteren Zwecken. Einerseits entlasten sie den Text von Nebengedanken; in juristischen Gutachten ist diese Funktion aber selten[780]. Andererseits enthalten sie die Verweise, die im Haupttext stören würden. 533a

---

    Mindestanforderungen an die wissenschaftliche Herangehensweise zurück. Man darf nicht eine Ansicht zu einem erörterungsbedürftigen Problem verschweigen, nur weil man selbst Verständnisschwierigkeiten hat. Oder weil man nicht so recht Argumente findet, um sie zu verwerfen (obwohl man sie verwerfen muss, um zum angestrebten Ergebnis zu kommen.) Oder weil man zwei Absätze darauf verwenden müsste, sie zu diskutieren und zu verwerfen, während gerade der Platz knapp wird. Grobe Leitlinie: Da die Adressaten des Gutachtens für die erste Staatsprüfung Wissenschaftler und daher das Lesen wissenschaftlicher Texte gewohnt sind, stören sie sich eher an zu wenig Wissenschaft als an zu viel Wissenschaft.

778 Sehen Sie sich einmal das Schrifttum zum wissenschaftlichen Arbeiten an (Fn. 621). Und überhaupt sollte man ein oder zwei Mal im Lauf des Studiums darüber nachdenken, was Wissenschaft eigentlich ist.

779 Das zu erwähnen ist nicht überflüssig. Wie Sie aus der Tagespresse entnehmen können, kommt es immer wieder vor, dass auch namhafte Wissenschaftler Forschungsergebnisse fälschen oder ganz erfinden (z.B. 2004/2005 der Frankfurter Anthropologe Reiner *Protsch (von Zieten)* und 2005/2006 der zuerst noch nobelpreisverdächtige südkoreanische Klonforscher *Hwang* Woo-Suk). Mehr bei *Finetti/Himmelrath* Sündenfall. Sehr anschaulich zum großzügigen Umgang mit fremdem geistigem Eigentum *Lahusen* KJ 2006, 398 ff.; *Frankenberg* KJ 2007, 258 ff. (beide zu: *Schwintowski* Methodenlehre); zu den Folgen und Nicht-Folgen von Plagiaten und Nicht-Plagiaten http://de.wikipedia.org/wiki/Hans-Peter_Schwintowski# und *Schwintowski*, www.rewi.hu-berlin.de/jura/ls/swt/_pdf/oeffentlicheErklaerung.pdf.; interessant auch das schnelle Verschwinden der ersten Auflage (2006) von *Prütting/Wegen/Weinreich* BGB vom Buchmarkt, das auf ungekennzeichnete Textübernahmen aus der Kommentierung bei Palandt-*Sprau* BGB zurückgehen soll; Einzelheiten dazu im Wikipedia-Artikel über *Wirth*.

780 Dazu noch Rn. 563.

Teil 5: Anhang: Formalien und wissenschaftlicher Apparat

Beispiel: Wenn im Haupttext steht *Wie bereits erörtert ...* fügt man hinter *erörtert* eine Fußnote ein, in der der Leser erfährt, wo genau diese Erörterung stattgefunden hat, also etwa *Oben S. 17 ff.* oder *Unter A.II.1.a)* oder *Rn. 23 ff.*

In dieser Funktion sind Fußnoten die Vorläufer des Hyperlinks. Nicht vergessen: Im Rechtsgutachten führen diese Verweise immer nach oben, nur ganz ausnahmsweise einmal nach unten im Text[781].

2. Wo Fußnoten?

534 Belegt werden muss alles, woran Ihre Leserin vernünftigerweise zweifeln kann.

Faustregel: Was nicht im Gesetz steht (dafür reicht ein Normzitat) und für Ihre Argumentation wichtig ist, sollte mit einer Fußnote versehen werden.

Das sind im Einzelnen:

a) Aussagen zum Tatsächlichen

535 Einen Beleg brauchen – potentiell – alle Informationen, die nicht im Sachverhalt stehen. (Was der Sachverhalt mitteilt, darf und muss als wahr unterstellt werden). Ganz besonders gilt das für Erfahrungstatsachen, die Sie zur Begründung eines Arguments heranziehen wollen[782].

Selbstverständlichkeiten werden nicht belegt.

Beispiel: Die Aussage *Wir Menschen teilen eine Welt (O'Neill 1997, 515)*[783] hätte wohl keinen Beleg gebraucht – oder haben Sie eine zweite Welt in Reserve? Wenn man ihn aber belegt, sollte der Eindruck vermieden werden, diese Einsicht sei erst seit 1997 dukumentiert.

Gleiches gilt für Allgemeinwissen.

Beispiel: Eine Aussage des Typs *Etwa 50 % der deutschen Wohnbevölkerung sind Frauen* wird nur mit einer Fußnote versehen, wenn Sie eine auf die zweite Nachkommastelle genaue Angabe brauchen, die Sie etwa aus dem Statistischen Jahrbuch entnommen haben.

b) Aussagen zum Rechtlichen

536 Der Inhalt des Gesetzes selbst wird nie mit einer Fußnote belegt[784], sondern nur mit einem möglichst präzisen Gesetzeszitat im Text. Sobald es aber um Meinungen dazu geht, was der richtig verstandene Inhalt des Gesetzes sei, brauchen Sie Belege.

537 Was belegt werden muss, kann ein wenig variieren, je nachdem, für wen man schreibt: In einem fachlichen Diskurs unter Experten über sehr spezielle Fragen bedürfen Trivialitäten nicht oder allenfalls ganz ausnahmsweise eines Belegs. In einem akademischen Übungsgutachten dagegen verlangt teils auch das Einfache (nicht selten also: das bereits Verstandene) noch einen Beleg. Ein gutes Gutachten soll auch für den interessierten Laien noch verständlich sein. Wo der Laie fragen würde *Woraus ergibt sich das?* oder *Wer sagt das?*, passt und gehört eine Fußnote hin (oder eine zitierte Rechtsnorm).

Sie gehört auch dorthin, wo der Gedankengang beim Abbiegen in eine andere Richtung als die gewählte zu einem anderen Ergebnis geführt hätte. Gerade an diesen kritischen Stellen verlangt der Leser nämlich nicht nur Aussagen, sondern auch Belege.

---

781 Anders hier z.B. Fn. 780. Dazu oben Rn. 401 f.
782 Dazu auch Rn. 425.
783 *Holzleithner* Gerechtigkeit, 99.
784 Dazu schon Rn. 405.

Wo der Leser eine Fußnote erwartet, variiert auch danach, ob man ein Rechtsgutachten zu einem Konflikt (typischerweise in Übungs- und Prüfungssituationen) oder ein Referat über ein Rechtsproblem (typischerweise als Seminarleistung, aber eben nicht nur dort) verfasst. In einem **Rechtsgutachten** geht es darum, den Leser zu **überzeugen**. Man muss sich also als Leser den Richter vorstellen, der nicht von vornherein auf der eigenen Seite steht, oder den gegnerischen Rechtsanwalt, den man dazu bringen will, sich dem eigenen Standpunkt kampflos anzuschließen. Deshalb müssen alle Aussagen, die die eigene Argumentation tragen und die sich nicht unmittelbar aus dem Gesetz ergeben, mit einer Fußnote versehen werden. Nur so vermeidet man die Rückfrage des Lesers *Warum? Das sehe ich aber anders...* . Das können ziemlich viele Aussagen sein. In universitären Übungsarbeiten werden es in erster Linie Aussagen über Rechtsmeinungen sein (*Die hM steht auf dem Standpunkt, ...*), es können aber auch Aussagen über Tatsächliches sein (*Die gefährlichen Wirkungen von ... sind allgemein bekannt*).

538

In einem **Referat** will man zwar auch **überzeugen** – aber die vorgestellte Adressatin ist eine andere. Hier schreibt man nicht zwangsläufig für eine fachlich geschulte Kollegin, sondern versucht, Verständnis für das Rechtsproblem und Zustimmung für die favorisierte Lösung bei jemandem zu finden, der vielleicht gar nicht juristisch ausgebildet ist, vielleicht auch nur das konkrete Problem nicht genau kennt. Daher muss überall eine Fußnote stehen, wo man mögliche Betrachtungsweisen des Problems beschreibt – wenn schon jemand das Problem aus ebendiesem Blickwinkel betrachtet hat. Die Leserin muss also in den Stand versetzt werden, sich mit jedem wichtigen Aspekt vertieft zu befassen, auch auf die Gefahr hin, dass sie dabei zu anderen Ergebnissen gelangt als der Verfasser.

Beispiel: Eine Fußnote muss daher immer stehen bei *Nach der ...theorie* und bei *Die ... theorie dagegen will ...*

3. Wo keine Fußnoten?

Umgekehrt gibt es einige Stellen, an denen logisch oder konventionsgemäß kein Fußnotenbeleg stehen darf.

539

Ein ständig wiederkehrendes Ärgernis beim Korrigieren von Prüfungsarbeiten sind Fußnoten **hinter Sätzen, in denen subsumiert wird**.

540

Beispiel: *Da für S erkennbar ist, dass E den Gefahren bei der Vertragsdurchführung ebenso ausgesetzt ist wie G, handelt es sich hier um einen Vertrag mit Schutzwirkung für Dritte (Fußnote mit Belegstelle).*

Man sollte das eigentlich mit keinem Wort mehr erwähnen müssen – aber die Erfahrung lehrt das Gegenteil. Solche Fußnoten sind unprofessionell und falsch: Die Belegstelle kann keine Aussage über den im Gutachten geprüften (fiktiven!) Sachverhalt treffen. Während manche Prüfer – wenigstens in dieser Hinsicht – vor der Unbelehrbarkeit der Studierenden resigniert haben, reagieren die meisten ungebrochen allergisch. Vorsicht ist also dringend geboten.

Wer sich selbst bei solchen Fußnoten ertappt, kann wie folgt vorgehen: Entweder der Text in der Fußnote wird so geändert, dass der Beleg sich nicht mehr unmittelbar auf den Inhalt des Satzes bezieht, an dessen Ende die Fußnote steht

Beispiel: *... Schutzwirkung für Dritte (Fußnote: Zur aktuellen Entwicklung der Rechtsprechung zum Erkennbarkeitserfordernis <Belegstelle>).*

oder die Fußnote wird an die Stelle verschoben, an die sie gehört,

Beispiel: *Zudem muss für den Schuldner erkennbar sein, dass neben seinem Vertragspartner auch Dritte gleichermaßen den Gefahren der Vertragsdurchführung ausgesetzt sind (Fußnote mit Belegstelle). Da für S leicht zu erkennen ist, dass neben G auch dessen Ehefrau und Kinder die Wohnung und die dazugehörenden Verkehrsflächen benutzen sollen, sind alle Voraussetzungen der Einbeziehung der E in den Schutzbereich des Mietvertrags erfüllt.*

Teil 5: Anhang: Formalien und wissenschaftlicher Apparat

oder die Fußnote entfällt.

541 Das gleiche Problem ergibt sich, wenn der **Obersatz** schon erkennbar **mit Fallbezug** formuliert wird (was im Allgemeinen zu empfehlen ist).

Beispiel: *Weiter muss E als Nicht-Vertragspartei in ähnlichem Maß wie G den Gefahren der Vertragsdurchführung ausgesetzt sein (Fußnote mit Belegstelle).*

Wiederum gilt: Wer auch immer in der Fußnote zitiert wird, sagt nichts über E, G und S. Die Abhilfemöglichkeiten sind die eben beschriebenen. Natürlich kann man ebenso gut den Obersatz abstrakt fassen.

Beispiel: *Weiter muss der Geschädigte als Nicht-Vertragspartei in ähnlichem Maß wie der Vertragspartner den Gefahren der Vertragsdurchführung ausgesetzt sein (Fußnote mit Belegstelle). Für G bedeutet das, dass ...*

542 Nicht ganz so häufig ist der umgekehrte Fehler. Aber manchmal geschieht es doch, dass die **Subsumtion in die Fußnote verlegt** wird. Mag die Versuchung noch so groß sein –

Beispiel: etwa weil der Obersatz so kompliziert ist und die einfache Subsumtion unter eine seiner Voraussetzungen in einer Fußnote (die dann meist mit *hier* oder *vorliegend* beginnt) die Darstellung zu entzerren geeignet scheint

das ist ein Fehler. Die Fußnote ist der Ort für den Beleg, nicht für den Gedanken, der belegt werden soll.

543 **Wiederholungen**: Wenn Sie dieselbe Definition im Verlauf eines Gutachtens oder Referats mehrmals brauchen (etwa die des Vorsatzes im Strafrecht), müssen Sie sie nicht jedes Mal mit einer dicken Fußnote belegen, sondern dürfen auf das Gedächtnis des Lesers vertrauen.

Allein das spart schon Platz für Wichtigeres. Wenn Sie darüber hinaus im Wiederholungsfall noch die Definition selbst weglassen oder ganz kurz fassen und sofort mit der Subsumtion beginnen, wird der Text noch schlanker. Das tut ihm gut.
Aber wenn Ihr Herz daran hängt, dürfen Sie auch jedes Mal die gleiche Fußnote setzen. Es sieht halt nicht ganz so professionell aus. Um anzudeuten, dass man sich der langweiligen Wiederholung bewusst ist, kann man auch in der Fußnote schreiben *Nachweise wie oben Fn.x*. Den Verweis kann man mit der Referenz-Funktion der Textverarbeitung dynamisch gestalten, so dass man am Ende nicht mehr mühselig prüfen muss, ob er auch stimmt[785].

4. Wo genau Fußnoten?

544 Das Fußnotenzeichen steht im Text hinter der Aussage, die belegt werden soll.

Es steht gemeinhin **nicht hinter einer Überschrift**, weil diese noch keine Aussage enthält.

Wenig informativ ist es für den Leser, wenn Sie Fußnoten jeweils nur am Absatz- oder Abschnittsende setzen.

Allerdings ist eine einzelne Fußnote am Absatzende besser als fünf identische Fußnoten am Ende jedes Satzes in diesem Absatz. Erforderlichenfalls können Sie kenntlich machen, dass die Fußnote dem Beleg des vollständigen im betreffenden Absatz referierten Gedankens dient (*Zum Ganzen: ... / Zum Vorstehenden: ...*).
Wenn die Fußnote in einem längeren Satz nicht die gesamte Aussage belegen, sondern nur einen Begriff erklären soll, wird sie hinter das betreffende Wort gesetzt. Der Leser soll aus der Position der Fußnote so klar wie möglich entnehmen können, was belegt wird. Besonders wichtig ist das, wenn in einem Satz mehrere Fußnoten stehen.

---

[785] Der pseudo-dynamische Verweis *wie vorige Fn.* dagegen erweist sich nicht selten als unglücklich, wenn und weil im Lauf der Bearbeitung eben doch noch eine Fußnote dazwischenrutscht oder ein ganzes Stück Text an eine andere Stelle im Gutachten verschoben wird.

Ob man das Fußnotenzeichen hinter oder vor den Punkt am Satzende setzt, halte man einheitlich – es sei denn, damit soll eine Unterscheidung angedeutet werden: Manche Autoren setzen das Fußnotenzeichen hinter das Satzzeichen, wenn sie den ganzen Satz oder jeweiligen Satzteil belegen wollen, und vor das Satzzeichen, wenn nur das letzte Wort belegt werden soll[786].

Die Fußnote selbst steht immer **unten auf der Seite** und nicht am Ende der Arbeit

Das erleichtert das Lesen, auch wenn die Textseite dadurch auf den ersten Blick unruhiger aussieht. Endnoten dagegen sind in juristischen Texten unüblich[787] (anders in populärwissenschaftlichen Texten und vielen Geistes- und Naturwissenschaften).
Richten Sie Ihr Textverarbeitungsprogramm so ein, dass die Fußnoten nicht nach Belieben des Programms auf die Folgeseiten gezogen werden[788].

5. Wie sehen Fußnoten aus?

In der Fußnote steht mindestens eine Belegstelle für die jeweilige Aussage im Text. Nötigenfalls muss man diese moderieren[789]. 545

Die Angaben in Fußnoten können als juristisch einigermaßen standardisiert gelten. Trotz einiger unterschiedlicher Handhabungen in den Einzelheiten gilt immer: Pro Belegstelle braucht es zwei Informationen:

Wer hat sich geäußert

Beispiele: Flume; Scholz; BGH; BVerfG; VII. Zivilsenat des BGH

und **wo** ist das nachzulesen?

Beispiele: JZ 1987, 224, 227; NJW 1995, 34; BGHZ 34, 212, 215?[790]

Sie sehen so aus:

Bei selbstständigen Veröffentlichungen (**Monographien**, also Lehrbüchern, Handbüchern, Dissertationen, Habilitationsschriften etc.):

Verfassername, (Kurztitel), Randnummer oder Gliederungsziffer, hilfsweise: Seite

Beispiele: *Brox / Walker*, Schuldrecht AT, § 12 Rn. 34; *Sartowski*, Pflichtenkollision, 106 f.; *Scholz*, S. 34.

Bei **Kommentaren**:   Name oder Abkürzung des Kommentars/*Bearbeiter*, § ... Rn. ...
oder   *Bearbeiter* in: Abkürzung des Kommentars, Rn. ... zu § ...,

Beispiele: Münchener Kommentar zum BGB-*Schmidt*, § 104 Rn. 3 oder MünchKommBGB-*Schmidt*, § 104 Rn. 3 oder *Schmidt* in MüKoBGB, Rn. 3 zu § 104.[791]

Bei unselbstständigen Veröffentlichungen, also

---

786 In diesem Buch stehen die Fußnoten einheitlich vor dem Satzzeichen.
787 Eine der seltenen Ausnahmen: *Engisch* Einführung.
788 In MS Word muss man dazu in der Formatierung des Texts den Zeilenabstand auf einen genauen Wert in pt (z.B. 18) einstellen anstatt auf 1,5zeilig; näher *Krämer/Rohrlich*, 85 ff.
789 Dazu Rn. 555b.
790 Schon damit müsste also klar sein: Fußnoten wie *JuS, S. 178* oder *NJW 2007, 2421* lassen den Leser mit seiner Wissbegier allein. Im ersten Fall hat er über vierzig Zeitschriftenbände zu durchsuchen, im zweiten findet er zwar leicht den zitierten Band, aber er muss in die Bibliothek oder an den Rechner gehen, selbst wenn er nur wissen will, wer zitiert ist.
791 Das immer wieder zu beobachtende Weglassen des Bearbeiternamens (*Palandt*, Rn. 4 zu § 2303) ist nicht nur unsorgfältig und unhöflich, sondern falsch: Die Kommentierung hat eben nicht *Palandt*, sondern *Edenhofer* verfasst. *Palandt* selbst hat überhaupt nur ganz wenig vom *Palandt* verfasst – und das Wenige ist seit Jahrzehnten von anderen komplett neu geschrieben; näher *Wrobel*, KJ 1982, 1 ff.; *Slapnicar* NJW 2000, 1692 ff.

Aufsätzen in Fachzeitschriften:

Verfassername, Zeitschrift, Jahr, Anfangsseite des Aufsatzes, erforderlichenfalls Zitatseite
Beispiel: *Tiedtke / Schmitt*, JZ 2004, 1092, 1093.

Erscheint die Zeitschrift **nur im Internet**, sollte man Schrifttumsverzeichnis oder im Abkürzungsverzeichnis oder in der ersten Fußnote, in der sie zitiert wird, einen Hinweis auf die Netzadresse aufnehmen[792]
Beispiel: *Basak / Schimmel*, ZJS 2008, 435, 437 (erreichbar über www.zjs-online.com)

Nicht ganz so schön, aber gleichfalls möglich ist die Angabe des deep links.
Beispiel: *Basak / Schimmel*, ZJS 2008, 435, 437 (www.zjs-online.com/dat/artikel/2008_4_94.pdf)

in **Sammelwerken**:

Verfassername, Kurzbezeichnung des Sammelwerks, Anfangsseite, erforderlichenfalls Zitatseite
Beispiel: *Pfeiffer*, in: FS Schricker, 137, 140.

An den Beispielen kann man sehen, dass in der Fußnote gerade nicht alle bibliographischen Informationen aus dem Schrifttumsverzeichnis wiederholt werden, sondern nur so viele, dass der Text anhand des Schrifttumsverzeichnisses identifiziert werden kann. So werden etwa **Vornamen**[793] und Auflagenangaben[794] weggelassen.

Dafür treten die Informationen hinzu, die der Identifikation der konkret zitierten Textstelle dienen, also etwa die Seitenangabe.

Eigentlich ist das ein simples Prinzip – oder?

546 Die Angabe eines **Kurztitels** (üblicherweise das erste Substantiv des Titels[795]) ist nur erforderlich, wenn verschiedene Arbeiten desselben Autors zitiert werden und daher Verwechslungsgefahr besteht.

Diese Angabe muss dann im Schrifttumsverzeichnis als Zitierweise (*zitiert als: ...*) nachgewiesen sein, um eine eindeutige Zuordnung zu erlauben[796].

547 Lehrbücher, Kommentare, Handbücher usw. haben **Randnummern**, damit Sie nicht nach Seiten zitieren müssen. Hat nämlich der Leser zufällig nur die Vorauflage zur Hand, kann er mit einer Seitenangabe wahrscheinlich nichts anfangen, während die Randnummer immerhin auf die richtige – wenn auch vielleicht inhaltlich veraltete – Fundstelle verweist. Zitieren Sie also nach Randnummern[797].
Beispiele: Palandt-*Heinrichs*, Rn. 4 zu § 254 oder AK-BGB-*Dubischar*, vor § 275, Rn. 12

---

792 Das betrifft BLJ, GLJ, HFR, JurPC, MIR, ZIS, ZJS (ohne Vollständigkeitsanspruch).
793 Ausnahmsweise ist es allerdings sinnvoll, bei verwechslungsintensiven Namen den Vornamen wenigstens abgekürzt anzugeben.
794 Auch hier gibt es eine Ausnahme: Wenn eine alte Auflage zitiert wird (wie hier in Fn. 356), wird diese (am besten nebst Erscheinungsjahr) in der Fußnote genannt – die aktuellen Auflagen dagegen ergeben sich aus dem Schrifttumsverzeichnis.
795 In diesem Buch z.B. in Fn. 632.
796 Dazu schon Rn. 517.
797 Leider sind auch Randnummern nicht immer verlässlich: Viele Verfasser und Bearbeiter von Lehrbüchern etc. fühlen sich an ihre auflagenübergreifende Randnummerierung nur solange gebunden, wie ihnen nichts wirklich Neues einfällt. Wird der Text aber substanziell ergänzt, ändert sich oft auch die Randnummerierung. Ausnahmen erkennt man an den eingeschobenen Rn. 538a-h, etwa in diesem Text.

Für das Wort *Randnummer* benutzen Sie eine einheitliche Abkürzung: üblich sind *Rdnr., Rn., Rz.*[798]. Ob Sie zitieren *Rn. x zu § y* oder *§ y Rn. x*, entscheiden Sie.

In einigen Lehr- und Handbüchern beginnt die Randnummernzählung kapitelweise neu. Dann müssen Sie Kapitel und Randnummer angeben.
Beispiel: *Brox / Walker*, SchuldR BT § 43 Rn. 5

Wenn es keine Randnummern gibt, zitiert man nach **Gliederungsebenen**, am besten mit nachfolgender Seitenangabe in Klammern
Beispiel: *Flume*, Allgemeiner Teil II, § 16 1.d) (S. 300).

Monographien, Aufsätze und alle Texte, die nicht oder nur mit unveränderter Seitenzählung ein zweites Mal aufgelegt werden (z.B. in aller Regel Doktorarbeiten[799]), kann man ohne weiteres nach **Seiten** zitieren.

Faustregel: Wo es Randnummern gibt, verwende man sie, hilfsweise zitiere man nach Gliederung, wenn beides nicht zu haben ist, nach Seitenzahl.

Ändert sich die Seitenzählung, sollte man im Schrifttumsverzeichnis darauf hinweisen, welche Ausgabe man zitiert hat.
Beispiel: *Rüthers*, Bernd: Die unbegrenzte Auslegung, Tübingen 1968, zitiert nach der 6. Auflage Tübingen 2005

Oft wird die Abkürzung *S.* für *Seite* weggelassen. Das spart Platz für Wichtigeres.

Werden **mehrere Texte desselben Verfassers** hintereinander zitiert, setzt man zur Kennzeichnung ein *ders* oder *dies*.[800].
Beispiele: *Schultz*, JZ 1982, 544, 545; *ders.*, MDR 1984, 212, 217; *Meyer*, BB 2004, 2717 f.; *dies.*, DB 2008, 12, 14; *Klein / Groß*, NZM 1999, 177, 178; *dies.*, NJW 2001, 1444, 1449.

Zitate aus der schöngeistigen (**belletristischen**) **Literatur** werden zwar im Rechtsgutachten nur selten erforderlich sein[801]. Sie folgen aber den gleichen Regeln wie Zitate aus der Fachliteratur. Manchmal müssen Sie noch nicht einmal richtig zitieren. 547a

Beispiel: Wer die Ringparabel in *Lessings* Nathan der Weise als Bild in einem juristischen Text erwähnt, muss regelmäßig keine Fundstelle angeben.

---

798 *Rz.* ist eigentlich Unsinn: Es sind keine *Randziffern*, sondern *Randnummern*. Wenn Sie also *Rz.* im Abkürzungsverzeichnis erklären, sollten Sie es als *Randzahl* auflösen.

799 Es gibt aber Ausnahmen: Die Doktorarbeit von Leo *Rosenberg* Die Beweislast auf der Grundlage des Bürgerlichen Gesetzbuchs und der Zivilprozessordnung, Breslau 1900) hat es über die Jahrzehnte auf beeindruckende fünf Auflagen gebracht; Robert *Alexy* Theorie der juristischen Argumentation, Frankfurt am Main 1978, und Klaus *Mathis*, Effizienz statt Gerechtigkeit?, Berlin 2004 sind in dritter Auflage erschienen. Solche Texte werden oft von den Verfassern über die Jahrzehnte weiterentwickelt – und im wissenschaftlichen Zitieralltag meist gar nicht mehr als Doktorarbeiten identifiziert, sondern als Standardwerke, so z.B. die Habilitationsschriften von Claus *Roxin* Täterschaft und Tatherrschaft, Hamburg 1962, jetzt in 8. Auflage, Berlin 2006 und Theodor *Viehweg* Topik und Jurisprudenz, 5. Auflage, München 1973.

800 Routinierten Korrektoren fällt es übrigens auf, wenn Sie *ders.* schreiben, wo bei einer Verfasserin *dies.* stehen müsste. So etwas wird gern als Indiz für ein Blindzitat verstanden. Doppelnamen können (*Knobbe-Keuk*), müssen aber nicht (*Schmitt Glaeser*) auf das Geschlecht des Namensträgers hinweisen.

801 So lange sich am rechtswissenschaftlichen Diskurs fast nur Angehörige der bildungsbürgerlichen Schicht beteiligten, konnte die Quelle etlicher Zitate, Anspielungen und Bilder als selbstverständlich bekannt vorausgesetzt bleiben; ein Beleg war nicht nötig. Je multiethnischer, heterogener und überhaupt vielfältiger der Verfasser- und Adressatenkreis heutiger juristischer Texte ist, desto eher sollte man einen Beleg setzen. Wer also das biblische Bild vom Splitter im fremden und vom Balken im eigenen Auge verwendet, könnte es mit *Matthäus 7, 3* belegen. Denn wer kennt heute noch die Bibel? Oder den Koran?

Teil 5: Anhang: Formalien und wissenschaftlicher Apparat

Ist der Text geradezu klassisch, kann ein »oberflächliches« Zitat genügen

Beispiel: Das *Goethe*-Zitat in Fn.1 ist genau genug, als dass der Leser in jeder der dutzenden Faust-Angaben immer die betreffende Stelle findet. Hier ist es nicht nötig, im Schrifttumsverzeichnis die nach dem Stand der Literaturwissenschaft maßgebliche Goethe-Werkausgabe aufzunehmen.

Ist der Text nicht ganz so bekannt, zitiert man ihn wenn möglich nach der ersten Ausgabe.
Beispiel: das Buch von *Schlink / Popp* hier in Fn.452.

Bei **Gerichtsentscheidungen** (Urteilen, Beschlüssen etc.):

548 Gericht, Sammlung oder Zeitschrift mit Jahr, Anfangsseite, erforderlichenfalls Zitatseite(n);
Beispiele: BAGE 28, 255, 257 ff.; BGH NJW 2000, 144, 148; BGH LM § 133 BGB Nr. 17; BAG EzA § 1 KSchG Nr. 24.

ggf. inoffizieller Name der Entscheidung (z.B. *Höllenfeuer, Lüth, Holzmüller,* u. ä., aber keine eigenen Namen erfinden – wie etwa *Schweinepanik* für BGHZ 115, 84)[802]
Beispiel: RGZ 78, 239, 241 – Linoleumrolle.
Man kann das entscheidende Gericht hervorheben, indem man es kursiv setzt oder eine Schrifttype mit Versalien wählt. Das sollte man dann aber einheitlich handhaben (also auch auf die Autorennamen anwenden), damit dem Leser auch wirklich eine schnellere Orientierung ermöglicht wird.
Beispiel: *BGH* NJW 2000, 144, 148 f.
Bei längeren Fußnoten hilft das dem Auge. Achten Sie mal in anständig gesetzten Lehrbüchern darauf. Am einfachsten geht das, wenn man sich eine Formatvorlage dafür definiert.
Oft wird der Name des entscheidenden Gerichts durch ein Komma von der Fundstelle abgesetzt. Das ist nicht nötig, aber zulässig. Teils findet sich die Seite mit dem konkreten Zitat in (normale oder eckige) Klammern gesetzt. Geht auch. Bitte einheitlich handhaben.
Beispiel: BGH, NJW 2000, 144 (148).
Im allgemeinen gibt man nur das Gericht an, nicht den Spruchkörper (das ist der Senat oder die Kammer, die die betreffende Entscheidung gefällt haben), also *BGH* statt *III. Zivilsenat des BGH*. Die Angabe des Spruchkörpers ist für den Leser nur informativ, wenn die Rechtsprechung des BGH nicht mit der des III. Zivilsenats[803] gleichgesetzt werden darf, weil es divergierende Entscheidungen verschiedener Senate gibt. Solche Abweichungen müssen aber meist auch im Haupttext thematisiert werden; sie werden dann in den Fußnotenangaben nur noch weiter präzisiert[804].
Bei der **Bezeichnung der Gerichte** haben sich in der Praxis einige Ungenauigkeiten eingeschlichen.
Beispiele: Das *LAG Frankfurt am Main* heißt eigentlich *Hessisches LAG*, der *VGH Kassel* eigentlich *Hessischer VGH*
Die kann man übernehmen, weil keine Verwechslungsgefahr besteht. Gleichwohl ist auf einheitliche BEzeichnugn zu achten – sonst entsteht der Eindruck, die Fußnoten seien aus verschiedenen Quellen zusammenkopiert worden.
Überwiegend wird nicht angegeben, um welche Art von Entscheidung (**Urteil, Beschluss**) es sich handelt. Teils wird das aber anders gehandhabt, etwa oft im Arbeitsrecht. Sinnvollerweise schließt man sich als Bearbeiter den Konventionen des Rechtsgebiets an, in dem man arbeitet.

---

802 Gängig sind solche Stichworte für die Urteile im Wettbewerbsrecht und im gewerblichen Rechtsschutz (also beim BGH für die Urteile des I. Zivilsenats), gern auch einmal bei Persönlichkeitsrechtverletzungsstreitigkeiten Prominenter (*Caroline 1* bis *Caroline 38*) und weniger Prominenter (*Esra*), manchmal auch dort, wo jeder den Namen kennt (z.B. BGHZ 179, 27 ff. – *Quelle*), den das Gericht anonymisierend verschweigt (BGH a.a.O. Rn. 1: *Die Beklagte betreibt ein Versandhandelsunternehmen*). Urteile des EuGH werden oft nach den Klägern benannt, z.B. hier in Fn. 319). Solchen Gepflogenheiten sollte man sich als Bearbeiter von Übungs- und Prüfungsarbeiten ruhig anschließen.
803 Die Zivilsenate des BGH sind römisch nummeriert, so dass es sich durchgesetzt hat, sie *VI. Zivilsenat* statt *6. Zivilsenat* zu nennen.
804 Teils wird empfohlen, Entscheidungen des Großen Senats (und dann wohl konsequent auch den Gemeinsamen Senats der Obersten Gerichtshöfe des Bundes) als solche durch die Angabe *GS* bzw. *GmS-OGB* zu kennzeichnen (z.B. *Noltensmeier/Schuhr* JA 2008, 576, 582 mit Fn. 82).

Es ist zur Erleichterung der sicheren Identifikation üblich, zuerst die Seite anzugeben, auf der der Abdruck beginnt, und dann die Seite(n) mit dem konkret in Bezug genommenen Zitat. Ist der zitierte Abschnitt so wichtig, dass er in den Rang eines dem Urteil vorangestellten Leitsatzes erhoben worden ist, zitiert man trotzdem nicht nur die Anfangsseite mit dem Leitsatz, sondern immer auch die Passage aus den Urteilsgründen, weil dort in aller Regel präziser argumentiert wird und der Zusammenhang deutlicher wird als im Leitsatz. Steht die zitierte Stelle schon auf der ersten Seite, zitiert man nur diese[805].

Hat man für die gleiche Entscheidung mehrere Fundstellen zur Verfügung, kann man sie alle angeben – das ist bequem für den Leser. 549
Beispiel: BGHZ 159, 30 = NJW 2004, 1860 = NZG 2004, 571.
Es ist aber mühselig, weil man sich damit selbst unter Druck setzt, es immer so zu halten[806]. Außerdem braucht das unnötig viel Platz und bläht so den Text auf, ohne ihn inhaltlich klüger zu machen. Und manchmal gibt es Dutzende Fundstellen, die man nicht wirklich alle angeben will. Also genügt eine Fundstelle. Bei deren Auswahl gibt es mehrere Kriterien.

Im allgemeinen zitiert man bevorzugt[807] den Abdruck in der **amtlichen Sammlung**[808]. 550
Beispiel: Besser BGHZ 111, 23, 25 als *BGH* NJW 1992, 313, 314.

Etwas anderes gilt, wenn die Wiedergabe in der amtlichen Sammlung gekürzt erfolgt, während der Text anderswo vollständig abgedruckt ist. Vorrang haben die am **leichtesten zugängliche** Fundstelle und diejenige, an der die Entscheidung **vollständig abgedruckt** ist.

Auf die Fachzeitschriften- oder notfalls Internetveröffentlichungen muss man ausweichen, wenn die Entscheidung zwar für die amtliche Sammlung bestimmt[809], aber der einschlägige Band noch nicht erschienen ist. Für die Gerichte der unteren Instanzen gibt es keine amtlichen Sammlungen; oft stellt sich das Problem aber nicht, weil die Entscheidung sowieso nur an einem Ort veröffentlicht ist.

Geht aus der Angabe der amtlichen Sammlung hervor, welches Gericht zitiert wird, lässt man die zusätzliche Angabe des Gerichts weg. 551
Beispiel: Statt *BGH* BGHZ 34, 244, 247 schreibt man nur BGHZ 34, 244, 247.

Weggelassen wird die Gerichtsbezeichnung auch der Kürze halber, wenn mehrere Entscheidungen des gleichen Gerichts hintereinander zitiert werden.
Beispiel: *BGH* NJW 1992, 324, 325; NJW 2004, 1415, 1417; BB 2007, 88, 89.

---

805 Beachten Sie dabei, dass in den amtlichen Entscheidungssammlungen meist Leitsatz und Sachverhalt soviel Platz einnehmen, dass die Gründe fast immer erst auf einer weiter hinten liegenden Seite beginnen. Aufmerksame Leser wissen das und gehen dann davon aus, dass Sie das Urteil nicht gelesen haben.
806 Mit einer Datenbank wie beck online oder juris online kann man heute leicht die Parallelfundstellen herausfinden. (Sie dürfen aber davon ausgehen, dass nicht nur Sie Zugang zu einer solchen Datenbank haben, sondern auch Ihre Leser.) Bei älteren Urteilsveröffentlichungen bleibt nur der anstrengende Weg: Nachsehen im Register der betreffenden Fachzeitschrift; bestenfalls ist das retrodigitalisiert im Netz zu haben.
807 Im Arbeitsrecht aber eher das Nachschlagewerk des BAG – Arbeitsrechtliche Praxis (AP) als die BAGE.
808 Ob ein Urteil in der amtlichen Sammlung wiedergegeben ist, kann man für den BGH, das BVerwG und das BPatG schnell feststellen unter www.recht.com (leider nicht immer aktuell). Dabei stellt sich aber oft heraus, dass leicht einmal ein Jahr vergeht zwischen der Internet-Veröffentlichung und dem Abdruck in der amtlichen Sammlung.
809 Das wird in der Internet-Veröffentlichung seitens des Gerichts durch einen ausdrücklichen Hinweis vor dem Rubrum, in den Fachzeitschriften durch ein Zeichen wie * oder † in der Überschrift zur Entscheidung kenntlich gemacht.

Teil 5: Anhang: Formalien und wissenschaftlicher Apparat

551a Nach Möglichkeit wählt man eine deutschsprachige Fassung des Urteils. Praktisch wird das insbesondere bei Entscheidungen des **EuGH**[810]. In erster Linie werden diese nach der deutschen Sammlung zitiert (*Slg.*), in zweiter Linie nach dem Text in der deutschen Ausgabe des EG-Amtsblatts.

552 Um eine Gerichtsentscheidung eindeutig und zugleich leserfreundlich zu zitieren, müsste man eigentlich Datum, Aktenzeichen und eine Fundstelle des Abdrucks angeben[811].
Beispiel: BGH v. 22.6.2005, Az. VIII ZR 281/04 = NJW 2005, 2852
In manchen wissenschaftlichen Arbeiten (insbesondere Doktorarbeiten), in einigen Fachzeitschriften und im arbeitsrechtlichen Schrifttum wird so zitiert. Da sich das nicht allgemein durchgesetzt hat, wird es in studentischen Arbeiten nicht gefordert, zumal es mehr Platz braucht. Wenn Sie so zitieren wollen, halten Sie sich durchgängig daran! Die Mühe, die Sie darauf investieren, lohnt in wenigstens einer Hinsicht: Der Leser sieht, dass Sie die zitierten Entscheidungen auch wirklich in der Hand hatten.
Durch ein **Entscheidungsregister** können Sie dem Leser die Suche erleichtern. Gefordert wird das bislang kaum. Wer sich aber beim Schreiben die Arbeit gemacht hat, eine Konkordanztabelle anzulegen, kann diese aus Höflichkeit auch der fertigen Ausarbeitung beifügen.

553 Ist die Entscheidung ganz neu und daher noch nirgends abgedruckt, wird sie nach dem **Umdruck** zitiert, also nach der Form, in der das Gericht sie erlassen hat (identisch mit der möglicherweise im Internet verfügbaren pdf-Fassung).
Nicht zwingend, aber doch hilfreich ist die Kennzeichnung einer unveröffentlichten Entscheidung durch einen Vermerk wie *(unveröffentlicht)* oder *n.v.* hinter der Angabe des Gerichts, des Entscheidungsdatums und des Aktenzeichens. Der Leser fängt dann gar nicht erst an, mühsam zu suchen. Wenn Ihnen die Entscheidung aber wichtig erscheint, fügen Sie sie im Anhang an[812].
Beispiel: BGH v. 22.6.2005, Az. VIII ZR 281/04 (unveröffentlicht), S. 12 oder (besser): Rn. 23

553a Ist eine Entscheidung nur in der Datenbank von **juris** veröffentlicht, zitiert man sie mit Datum und Aktenzeichen unter Angabe der juris-Dokumentennummer. Üblicherweise fügt man die Entscheidung als Ausdruck dem Gutachten als Anhang bei.
Beides gilt auch und erst recht für ganz **unveröffentlichten Entscheidungen**, die man in anonymisierter Form vom entscheidenden Gericht bezogen hat.
Meist sind die Entscheidungsgründe so lang, dass die genaue Fundstelle angegeben werden muss (sonst muss die Leserin immer die ganze Entscheidung lesen, auch wenn sie nur nach einem einzigen Satz sucht).
Beim Zitieren aus einer Entscheidungssammlung genügt die **Seite** mit der Fundstelle, beim Zitieren aus einer Fachzeitschrift wird manchmal zusätzlich die **Spalte** angegeben.
Beispiel: BGH NJW 2006, 296, 297 r.Sp.
Das ist nicht zwingend, aber höflich[813]. Praktischer für die Leserin, die an einer anderen als der angegebenen Fundstelle nachlesen will, ist die Angabe der **Gliederungsziffer**.
Beispiel: BGH NJW 2006, 296, 297 unter II.2.a)aa)
Beim Zitieren nach dem Umdruck oder der pdf-Fassung gibt man die **Randnummern** an (sofern vorhanden[814]), sonst Gliederungsziffern oder Seiten. In letzterem Fall empfiehlt sich der Zusatz *S. x des Umdrucks*.

---

810 Die Entscheidungen des EGMR werden in den Gerichtssprachen Englisch und Französisch abgesetzt, häufig ist aber eine deutsche Übersetzung verfügbar.
811 Sowie regelmäßig die Art der Entscheidung (Urteil oder Beschluss), weil gelegentlich unter demselben Aktenzeichen und demselben Datum sowohl ein Urteil als auch ein Beschluss ergehen, z.B. BGH v. 6.12.2006 Az. XII ZR 97/04 (NJW 2007, 909 ff. und 912 f.).
812 Dazu Rn. 528.
813 Im Allgemeinen darf man aber der Leserin zutrauen, die zitierte Aussage auf der Seite selbst zu finden.
814 Der EuGH und das BVerfG verwenden sie schon lange; 2005 hat auch der BGH damit begonnen, die Instanzgerichte ziehen teils nach (leider übernehmen sie nicht alle Fachzeitschriften beim Abdruck der Urteile). Das wird in Zukunft die genaue Angabe der zitierten Textstelle sehr erleichtern. Zwar könnte man sich damit auf die Angabe der Randnummer beschränken und die Fundstelle ganz weglassen; für den Leser praktischer und höflicher ist es aber, wenigstens eine leicht erreichbare Fundstelle anzugeben. Ein Beispiel finden Sie hier in Fn. 456.

Haben Sie ausländische oder fremdsprachige Quellen zitiert, sollten Sie die Zitierweise den hiesigen Gepflogenheiten anpassen[815]. Das erspart es dem Leser, sich mit einer für ihn vielleicht exotischen Zitierweise vertraut machen zu müssen.

553b

Mit diesen Regeln sollten Sie 98 % der im Alltag vorkommenden Fragen bei der Fußnotenerstellung beantworten können. Der Rest lässt sich eigentlich immer in den Griff bekommen, indem man sich an den Zitiervorschlägen im zitierten Medium selbst orientiert oder an den Zitierhandhabungen anderer Leute.

553c

Die **Formatierung** der Fußnoten ist nicht besonders kompliziert. Vorzugsweise verwendet man auch hierfür eine Formatvorlage. Als Schriftgröße werden 10 pt oder 9 pt eingestellt (nicht kleiner!), die Schriftart ist am besten dieselbe wie im Text, die Ränder ebenfalls. Über einen geringeren Zeilenabstand lässt sich ein bisschen Platz sparen, wenn man viele mehrzeilige Fußnoten gesetzt hat. Ist der Zeilenabstand zwischen den Fußnoten ein wenig größer als innerhalb der Fußnoten, dient das der Übersicht.

554

Im Text wird das Fußnotenzeichen im allgemeinen kleiner gesetzt und hochgestellt. Die Klammer hinter dem Fußnotenzeichen kommt letzthin außer Mode[816]. Am Fuß der Seite kann man dieselbe Formatierung verwenden. Am besten richtet man dort einen hängenden Einzug ein, damit die Fußnotenzahlen links herausgestellt erscheinen und das Auge sich leichter orientieren kann. Wer im Text Blocksatz verwendet, sollte das auch in den Fußnoten tun (Silbentrennung vor dem Drucken nicht vergessen).

6. Einige beliebte Unarten in Fußnoten

Fehlende Routine und unsorgfältige Vorgehensweise lassen sich an einer Reihe von typischen Defiziten leicht ablesen. Diese Defizite zu vermeiden ist einer der einfachsten Wege, beim Leser einen guten Eindruck zu hinterlassen.

Die Fußnote soll ein **leichtes Auffinden** der Belegstelle ermöglichen. Deswegen sind Verweise auf ganze Kapitel (S. ... ff) oder gleich die ganze Publikation (*passim*) fast immer untunlich. Der Leser will nicht den ganzen Text lesen müssen, um vielleicht irgendwo eine Aussage zu finden, die Ihr Argument stützt.

555

Zudem wirken gehäufte Zitate dieses Typs leicht (unfreiwillig?) angeberisch, weil sie immer ein wenig den Eindruck hervorrufen, der Verfasser jongliere mit hunderten von bereits gelesenen und voll verstandenen grundlegenden Monographien.

Dient ausnahmsweise wirklich einmal ein ganzer Text als Beleg für Ihre Aussage[817], ist *passim* natürlich in Ordnung.

Wenig hilfreich sind **Sekundärzitate**

Beispiel: Wenn Sie die Aussage *It´s better to burn out than to fade away* belegen wollen, schreiben Sie nicht *Young*, Hey hey my my, zitiert nach *Cobain*, Brief an die Nachwelt, sondern zitieren direkt bei *Young*[818].

---

815 Beispiel für ein Urteil in Fn. 370. Diese Regel ist nicht zwingend. Häufig findet sich auch die gegenteilige Handhabung, also die konsequente Orientierung an den jeweiligen nationalen Zitierregeln.
816 Sie geht auf die Zeiten der Schreibmaschine zurück, als schon das Hochstellen schwierig war – und erst recht die Wahl einer kleineren Schrifttype. Heute lässt man sie Platz sparend weg.
817 So z.B. hier in Fn. 493.
818 Das ist schon eine Fortgeschrittenenübung: Wer einen Rock'n'Roll-Song zitieren will, muss zuerst überlegen, ob der eigentlich zitierfähig ist (dazu Rn. 519) und dann entscheiden, welche Angaben zur Identifizierung erforderlich sind (vielleicht wie hier in Fn. 328, zur Not auch wie in Fn. 248). Bei einem Graffito fehlt es dann wohl wirklich regelmäßig an der erforderlichen Dauerhaftigkeit (das in Fn. 247 zitierte hat immerhin sechs Auflagen dieses Buchs überlebt), so dass man das nur mit einem ironischen Zwinkern zitiert.

Teil 5: Anhang: Formalien und wissenschaftlicher Apparat

Um die wirkliche Fundstelle zu erfahren, muss der Leser unnötigerweise erst noch zu einem weiteren Buch greifen.

Ausnahmsweise zulässig ist ein solches Sekundärzitat, wenn die Primärquelle nur ungewöhnlich schwer oder gar nicht mehr zugänglich ist[819]. Dann sollten Sie aber darauf achten, die Fundstelle in der Primärquelle so genau wie möglich zu kennzeichnen – und sei es auch nur durch vollständiges Abschreiben aus der Sekundärquelle.

Beispiel: *Kant*, Zum ewigen Frieden, S. 33 ff., zitiert nach *Wilhelm*, S. 225.

In solchen Fällen sollten Sie überlegen, ob Sie die Quelle in einem Anhang wiedergeben.

Das sind aber Ausnahmen. Regelmäßig sind Zitate des Typs *A unter Verweis auf B* verdeckte Sekundärzitate, die der Leserin signalisieren, dass Sie keine Lust hatten, dem Verweis bei A nachzugehen.

555a Die nicht kenntlich gemachte Form des Sekundärzitats heißt **Blindzitat**[820]. Auch wenn es viel Zeit sparen mag, sich auf die saubere Arbeitsweise desjenigen zu verlassen, von dem man das Zitat ungeprüft übernimmt, ist das natürlich wissenschaftlich indiskutabel. Außerdem ist Blindzitieren eine Kunst, die beherrscht werden will. Wenn Ihr Korrektor Sie ertappt, bekommen Sie keine Bonuspunkte für Blindzitate.

Beispiel: Die Übernahme von Fundstellen aus dem beliebten Kommentar von *Palandt* ist nicht ganz einfach: Die Bearbeiter des *Palandt* zitieren nämlich immer nur die Textseite, auf der die belegte Stelle steht, nicht aber die Anfangsseite des Urteils. Aus dem *Palandt* abgeschriebene Zitate sind deshalb leicht zu erkennen.

555b Weder schön noch praktisch sind die Verweise *a.a.O.* und *ebd.* (*am angegebenen Ort* und *ebenda*) in Fußnoten, in denen zum zweiten oder häufigeren Mal dieselbe Quelle zitiert wird. Auch wenn sie – und das ist das Mindeste! – mit einer abweichenden Seitenzahl oder Randnummer versehen sind,

Beispiel: BGH a.a.O, Rn. 27

zwingen sie den Leser, an anderer Stelle nachzusehen. Das mag zwar ohne weiteres zumutbar scheinen, wenn es um die unmittelbar vorstehende Fußnote geht oder um einen Verweis innerhalb einer Fußnote[821]. Ärgerlicherweise rutscht ständig im Lauf der Ausarbeitung eine weitere Fußnote dazwischen. Weil der Leser das aber nicht weiß, wird das Ganze für ihn zum Ratespiel. Schlimmstenfalls löschen Sie die in Bezug genommene Fußnote, ohne zu bemerken, dass dadurch etliche Verweise ins Leere gehen. Um das zu vermeiden, wiederholt man einfach die vollständige Fundstelle[822].

556 Ihre **eigene Meinung** versehen Sie nicht mit einer Fußnote – es sei denn, Sie hätten sie im juristischen oder sonstigen Schrifttum[823] schon einmal vertreten. Dann können Sie sich selbst zitieren, wenn es Ihnen nicht zu peinlich ist.

Fußnoten im Stil *So auch Flume, Medicus und Larenz; des weiteren BVerfG und BGH (jeweils mit Fundstellen)* hinter den eigenen Argumenten sind zwar grundsätzlich in Ordnung, klingen aber aus der Feder eines Viertsemesters leicht anmaßend.

Im allgemeinen schließt sich die Studentin im vierten Semester der Ansicht von *Medicus* an – und nicht umgekehrt[824].

---

819 Ein Beispiel finden Sie in Fn. 468.
820 Dazu schon Rn. 179.
821 Z.B. hier in Fn. 802.
822 Wenn Sie unbedingt *a.a.O.* und *ebd.* (oder geheimnisvoll lateinisch *loc. cit.*) verwenden wollen, müssen Sie die Checkliste in Rn. 569 um einen Punkt erweitern: Prüfen aller dieser Verweise auf Stimmigkeit. Meinetwegen.
823 Damit ist nicht Ihre Hausarbeit für die Anfängerübung im Bürgerlichen Recht gemeint, sondern ein gedruckt erschienener Text, den man in einer Bibliothek finden kann.

Wenn Sie sich aber – wie so häufig – einem bereits anderweitig vertretenen Standpunkt anschließen, müssen Sie natürlich Belege für diesen Standpunkt bringen. Wer also nach einigem Lesen von Quellen feststellt, dass vorher schon andere auf den gleichen Gedanken gekommen sind, darf den Gedanken nicht mehr als eigenen beanspruchen, obwohl er im besten Sinne selbst entwickelt ist[825].

Es wirkt wenig durchdacht, sämtliche Fußnoten pauschal mit einem *Vgl.*, *Ähnlich auch*, *Dazu siehe* oder dergleichen einzuleiten. Der Informationswert dieser Füllsel ist sehr gering. Kurz: Das ist Platz- und Zeitverschwendung. 557

Vgl. (also: *vergleiche!*) setzt man, wenn man eine Belegstelle nicht für unmittelbar, sondern nur für sinngemäß einschlägig hält (so dass man der Leserin die Arbeit der Übertragung des Gedankens vom einen Problem auf das andere zumutet – und das auch schon in der Fußnote andeuten will). *Vgl.* bedeutet nicht *Lies nach bei ...*, auch wenn es in Anfängerarbeiten oft in diesem Sinne gebraucht wird.

Das einleitende *stellvertretend* ist fast immer Blödsinn. Kaum je kann man nämlich alle einschlägigen Belegstellen wirklich aufzählen (oder auch nur wissen, ob man alle gefunden hat), so dass praktisch immer die Nachweise *stellvertretend* sind. Gleiches gilt für *z.B.*, das teils ebenso formelhaft eingesetzt wird. Sinnvoll ist ein *stellvertretend* allenfalls, wenn Sie im Text auf eine *überwiegende* oder *einhellige* Meinung hinweisen und die dafür eigentlich erforderlichen zahlreichen Nachweise dem Leser ersparen möchten.

Sensiblen Lesern gehen irgendwann auch die hirnlosen **Partizipien** auf die Nerven.

Beispiel: *zustimmend Schulz MMR 2010, 434 ff.* geht noch gut – aber muss es wirklich heißen *Zweifel äußernd Haase, NJW 2007, 662, 663* statt *Zweifel äußert* oder wenigstens *zweifelnd*? Angesichts der vielen Partizipien (*einführend, vertiefend, klarstellend, differenzierend* usw.) fragt man sich, ob da nicht auch ein Verb in die Fußnote gehört – und wenn ja, welches.

Fußnoten mit einer **repräsentativen Literaturauswahl** zu einem Problem[826] sind ehrenvoll, aber unnötig – es sei denn, Sie hätten die zitierten Titel (wenigstens in den einschlägigen Auszügen) wirklich gelesen. Solche Fußnoten finden Sie in Lehrbüchern, Kommentaren und Doktorarbeiten; genau dort gehören sie auch hin. 558

Einleitungen wie *Instruktiv hierzu* oder *lesenswert* verwende man mit äußerster Zurückhaltung, am besten gar nicht. In einem Übungs- oder Prüfungsgutachten haben solche **Leseempfehlungen** keinen Platz, weil sie leicht als Bevormundung des Lesers missverstanden werden. 559

In einer Doktorarbeit, einer Seminararbeit oder einem Fachzeitschriftenbeitrag ist das anders, weil der Leser den Text mit einem anderen Erkenntnisinteresse liest.

Der beliebte Hinweis *m.w.N.* bedeutet *mit weiteren Nachweisen* und ist grundsätzlich sinnvoll. Man nutze ihn aber nicht inflationär. Er darf nicht verwendet werden, um dem Leser eines Gutachtens die Mühe aufzubürden, die sich eigentlich die Verfasserin hätte machen sollen. Die größte Berechtigung hat *m.w.N.* dort, wo ein »ausgekautes« Problem durch Fußnoten dokumentiert werden soll, aber allen Beteiligten klar ist, dass die Schwerpunkte des Gutachtens anderswo liegen. Dann kann man mit *m.w.N.* zeigen, dass man auch die kleinen Probleme bedacht hat, aber dem Leser die Angabe vieler langweiligen Fundstellen zugunsten einer oder weniger ausgesuchter (!) ersparen möchte. 560

Die Variante *mit zahlreichen weiteren Nachweisen* wird gern benutzt, um Fußnoten, die sowieso schon etliche Nachweise enthalten, am vollständigen Ausufern zu hindern, etwa ab drei oder vier Zeilen aufwärts.

---

824 Das kann aber natürlich auch andersherum passieren. Wunder gibt es immer wieder. Wenn Ihnen so etwas gelingt, schreiben Sie mir eine E-Mail? Die Anschrift steht in Fn. 6.
825 So ähnlich ging es schließlich auch den vielen Helden, die nach Kolumbus tapfer von Europa nach Amerika gesegelt sind.
826 Gern eingeleitet mit *Vertiefend...*

Eigentlich sollte zitiertes Schrifttum überwiegend, wenn nicht sogar ausnahmslos *weitere Nachweise* enthalten. Texte, von denen man das nicht sagen kann, sind oft nicht wissenschaftlich angelegt, so dass noch einmal zu überlegen ist, ob sie überhaupt zitiert werden sollen[827].

561 Man zitiert **wörtlich** nur dort, wo es auf den genauen Wortlaut ankommt. Das ist der Fall, wenn man eine Textstelle auslegen will, wie man auch das Gesetz auslegen würde.

Das ist selten[828]. Viele Rechtsgutachten und Referate kommen ganz ohne wörtliche Zitate aus. Insbesondere sollten Sie überlegen, welcher Text eine solche Autorität hat, dass Sie ihn auslegen wollen oder müssen. Bei einer unklaren Passage aus einem BGH-Urteil kann das aber durchaus geschehen. Zitieren Sie nicht nur aus Unsicherheit andere, weil Sie gerade nicht wissen, was Sie selbst sagen wollen oder sollen. (Das passiert nicht nur Anfängern überraschend häufig.) Wenn Sie wörtlich zitieren, steht das Zitat regelmäßig im Haupttext, nicht in der Fußnote.

Ansonsten sind **wörtliche Zitate** zu **vermeiden**. Eine Arbeit, die sich hauptsächlich oder ausschließlich aus wörtlichen Zitaten zusammensetzt, kann Ihr Prüfer nicht bewerten, weil er nicht feststellen kann, ob Sie den Sinn der zitierten Texte verstanden haben.

Gekennzeichnet werden wörtliche Zitate durch Anführungsstriche (teils durch Kursivschreibweise, aber Anführungsstriche sind eindeutiger). Längere Zitate werden üblicherweise eingerückt, meist rechts und links, damit sie sofort erkennbar sind. Dem wörtlichen Zitat muss[829] in einer Fußnote ein Beleg über Urheber und Fundstelle folgen. Auslassungen in wörtlichen Zitaten sind durch drei Punkte (…) kenntlich zu machen[830]; teils wird diese Regel so gehandhabt, dass ein einzelnes weggelassenes Wort durch zwei Punkte (..) symbolisiert wird. Fehler im Zitat kann mit einem in Klammern hinter dem Fehler eingeschobenen *(sic!)* kennzeichnen[831].

Beispiel: *Aus dem Wortlaut des Art. 38 I lit. b IGH-Statut, dessen Wortlaut in der Literatur als wenig geglückt bezeichnet wird, da das Völkergewohnheitsrecht nicht als »Ausdruck« einer von einer Rechtsüberzeugen (sic!) getragenen allgemeinen Praxis betrachtet werden könne, sondern vielmehr eine solche Völkergewohnheitsrecht begründe, ergeben sich zwei Voraussetzungen, die erfüllt sein müssen, soll eine Regel völkergewohnheitsrechtlich gelten*[832].

Fehler in ein Zitat einzubauen gilt zu recht als peinlich[833].

Wird das Zitat als Nebensatz an einen eigenen Satz angeschlossen, müssen dadurch erforderlich werdende grammatikalische Änderungen (Flektion) gekennzeichnet werden. Meist werden hierzu eckige Klammern verwendet.

Bei **fremdsprachigen Zitaten**[834] ist es zweckmäßig, im Text eine deutsche Übersetzung zu bringen, während der fremdsprachige Text zusammen mit der Fundstelle in die Fußnote aufgenommen wird. Dadurch bleibt der Text durchgängig auf deutsch lesbar – und der Leser kann sich die Mühe der Übersetzung aus einer ihm vielleicht nicht geläufigen Sprache sparen. Wer zweifelt, ob die eigene Übersetzung wirklich alle Nuancen des Originals wiedergibt, verfährt umgekehrt und verlegt die Übersetzung in die Fußnote[835].

---

827 Zur Zitierfähigkeit in Grenzfällen näher Rn. 526.
828 In Klausuren kommt es gar nicht vor, weil Sie keinen Text haben, aus dem Sie wörtlich zitieren könnten. Selbst wenn Sie also eine auswendiggelernte Definition verwenden, brauchen Sie diese nicht durch Anführungsstriche zu kennzeichnen.
829 Und das heißt nicht *kann* oder *soll* oder *darf*, sondern *muss*. Nur bei Rechtsnormen genügt es, wenn aus dem Textzusammenhang klar wird, was Sie zitiert haben. Normen in Fußnoten zu zitieren gilt in juristischen Texten als anfängerhaft.
830 Hier z.B. in Rn. 150.
831 Das heißt auf lateinisch *so* und bedeutet *so falsch im Original*. Ein Beispiel finden Sie in Rn. 374 a.E.
832 *Birkner* JA 2007, 525.
833 Z.B. *Pätzold* Adoption, 111 bei Fn. 498, die dem BVerfG ein *dass* statt eines *das* unterschiebt.
834 Erforderlich werden diese am ehesten in Gutachten mit rechtsvergleichendem oder internationalprivatrechtlichem Einschlag sein. Im Alltagsgeschäft universitärer Prüfungsgutachten werden Sie nur selten einmal fremdsprachige Zitate brauchen, etwa wenn Sie ein ausländisches Urteil oder Lehrbuch zu einem Problem zitieren, das hier noch kaum bekannt ist.
835 Ein Beispiel hier in Fn. 370.

Ein nicht ausgewiesenes Zitat nennt man übrigens ein **Plagiat**. Aufgedeckte Plagiate führen zu sehr schlechter Laune Ihres Prüfers. Wirklich sehr sehr schlechter Laune[836]. Diese zu vermeiden ist also nicht nur eine Frage wissenschaftlichen Anstands, sondern auch eine der taktischen Klugheit[837]. 562

Dass ein Text seinen Urheber nicht oder nicht sofort erkennen lässt, bedeutet übrigens nicht, dass es keinen Urheber gibt. Auch namentlich nicht gekennzeichnete Texte, die Sie aus dem Internet gefischt haben, dürfen also nicht einfach in Ihre Arbeit hineinkopiert werden[838].

Am besten steht **kein Text in den Fußnoten**. Regelmäßig soll dort nicht der Haupttext mit Nebengedanken fortgesetzt werden, 563
Beispiel: *Anders läge es, wenn ...*
sondern ausschließlich der Beleg für das im Text Gesagte stehen[839].

Ausnahmen: Natürlich darf die Mitteilung einer Belegstelle moderiert werden. Es kann sinnvoll und nötig sein, der Leserin nicht nur kommentarlos eine Fundstelle hinzuwerfen, sondern dazu kurz zu erklären, wie damit umzugehen sei oder in welchem Zusammenhang die Fundstelle eine Rolle spiele.
Beispiel: So zum parallel liegenden Problem des ... ausdrücklich *BGH* NJW 2003, 2112 f. mit zust. Anm. *Schulz*, 2206 f.

Anders als im Rechtsgutachten darf man in einer Seminararbeit aber auch einmal eine Fußnote nutzen, um einen interessanten Nebengedanken anzureißen, der im Text den Gedankenfluss stören würde. Natürlich nicht in jeder Fußnote, aber doch gelegentlich[840].

Die in manchen wissenschaftlichen Texten anzutreffende Gewohnheit, in jeder einzelnen Fußnote einen neuen Gedanken zu präsentieren, ist für Studierende nicht vorbildlich. So sollte man erst arbei-

---

836 Der Urheberrechtsverstoß wird zunehmend nicht nur ordnungswidrigkeitenrechtlich sanktioniert, sondern auch hochschulrechtlich, schlimmstenfalls mit Exmatrikulation (z.B. § 65 V HG NRW). Einige interessante Hinweise auch auf strafrechtliche Folgen bei *Weber* Google-Copy-Paste-Syndrom, 66 ff.
837 Natürlich ist das nicht ausgewiesene Übernehmen fremder intellektueller Leistungen in Zeiten des Internet noch einfacher als vorher schon. Aber unterschätzen Sie Ihre Leser nicht. Manchmal kennen die sich verblüffend gut aus. Und Sie glauben nicht, aufgrund welcher kleiner Anhaltspunkte und Zufallsfunde sich ein Anfangsverdacht entwickeln kann. Außerdem leben Ihre Prüfer technisch auch nicht alle auf dem Mond (auch wenn sie vielleicht schon ein bißchen älter sind): Sehen Sie sich einfach mal www.plagiarism-finder.de und www.turnitin.com als Beispiele für die kommerzielle Software sowie http://plagiat.htw-berlin.de/html/links/aufdeckung.html zur Frage an, wie aufmerksam Ihre Leser – vielleicht – sind. Wenn Ihre Textübernahme durch eine einfache Google-Recherche zu entdecken ist, wird der Leser das nicht gerade als Kompliment an seine intellektuellen Fähigkeiten empfinden. Zu den Folgen wissenschaftlich unsauberer Arbeitsweise (1. Nichtbestehen der Prüfung, 2. spätere Aberkennung des erworbenen Abschlusses, 3. ehrenvolle Aufnahme in zahlreiche schwarze Listen und 4. ewige Verdammnis) lesenswert *Slapnicar* in: *Engel/Slapnicar* Diplomarbeit, 252 ff. Gehen Sie davon aus, dass selbst sympathische und harmlos wirkende Professoren in dieser Hinsicht Intoleranz, Ungeduld und Verfolgungseifer an den Tag legen werden. Näher zu Technik und möglichen Folgen des Plagiats z.B. *Finetti/Himmelrath* Sündenfall, insbesondere 90 ff.; zu den letzthin beliebter werdenden Methoden der Übernahme fremder Leistungen in juristischen Texten *Derleder* NJW 2007, 1112 ff.; praktische Anleitung bei *Schimmel* GreifRecht 2009, 98 ff. (erweiterte Fassung unter www.-fb3.fh-frankfurt.de/schimmel); aus der Rspr. zuletzt VG Münster MMR 2009, 508.
838 Überwiegend sind allerdings anonym verfasste Texte keine tauglichen Quellen für eine wissenschaftliche Arbeit.
839 Dazu schon Rn. 155.
840 Ein Beispiel finden Sie hier in Fn. 777. Der dortige Exkurs zum Thema »Wissenschaftlichkeit als Falle« hätte den Haupttext zu sehr belastet; weil er aber eine Warnung enthält, die etwa 10 % der Studierenden dringend brauchen, konnte er nicht entfallen, sondern musste in die Fußnote verlegt werden.

ten, wenn man die W 3-Professur sicher hat. Natürlich kann man damit seinen eigenen Ideereichtum vorführen – aber vorläufig sollen Sie in erster Linie zeigen, dass Sie sich auf einen Gedankengang konzentrieren können.

564 Die Fußnote muss inhaltlich auf den Text abgestimmt sein, den sie belegt.

Beispiel: Wenn im Text steht ... *lässt die Rechtsprechung mittlerweile auch ... genügen* und dieser Satz mit einer Fußnote belegt wird (so gehört sich das), muss in der Fußnote eben auch mindestens ein Rechtsprechungsnachweis zu finden sein, am besten am Anfang. Wird dort »nur« Schrifttum zitiert, hat die Leserin zu Recht den Eindruck, die Verfasserin habe eben keine Rechtsprechung gesichtet, sondern nur Lehrbücher in der Hand gehabt. Sie glauben nicht, wie oft solche Fußnoten vorkommen. Zu oft.

565 Fußnoten sind kein Friedhof für rechtshistorisch Erledigtes, Überholtes oder auch nur Veraltetes. Aktuelle Nachweise sind alten Nachweisen vorzuziehen. Natürlich dürfen ältere Entscheidungen und Aufsätze zitiert werden; sie sollen es sogar, wenn sie besser begründet und informativer sind als die jüngeren. Wer aber nur ältere Fundstellen aufbietet, setzt sich dem Verdacht aus, diese nicht selbst recherchiert, sondern aus einem älteren Text übernommen zu haben. Wenn der Leser diesen Verdacht erst einmal gefasst hat, schaut er überall genauer hin.

7. Schöne Fußnoten

Wer die genannten typischen Fehler in Fußnoten vermeidet, hat schon viel für den Erfolg seines Texts getan. Weiter punkten wird, wer die folgenden Empfehlungen zum Fußnotenputzen beherzigt.

566 Professionalität kann man signalisieren, indem man sich eine Ordnung der Belege in Fundstellen angewöhnt[841]. Man kann etwa zuerst die Rechtsprechung, dann die Literatur auführen, wobei die höchstrichterliche Rechtsprechung zuerst und davon die jüngere am Anfang der Fußnote genannt wird. Das erleichtert die Orientierung in längeren Fußnoten – und entspricht einer verbreiteten Handhabung.

567 Dass die Fundstellen aus der **Rechtsprechung zuerst** zu stehen pflegen, liegt daran, dass einem Gericht als staatlichem Organ eine andere Legitimation zur Gesetzesauslegung zukommt als dem Verfasser eines juristischen Lehrbuchs.

Gleichwohl kann es leicht geschehen, dass eine Quelle aus dem Schrifttum mehr und Klügeres zum jeweiligen Problem zu sagen hat als ein Gerichtsurteil: Das Gericht kann nicht beliebig weit ausholen, schon weil es an den Streitgegenstand und die Anträge der Parteien gebunden ist (obwohl sich gerade in obergerichtlichen Urteilen oft obiter dicta finden, also Aussagen, die zur Begründung des Urteilstenors eigentlich nicht erforderlich gewesen wären[842]). Zudem haben die Gerichte in den unteren Instanzen nur beschränkt Zeit für Recherche und Urteilsbegründung.

Die **obersten Bundesgerichte** werden **zuerst** zitiert, weil deren Entscheidungen faktisch die stärkste Bindungswirkung entfalten. Außerdem sind die Urteile in der Regel länger und – kein Wunder nach Durchlaufen des Instanzenzugs – problemfokussierter. In der letzten Instanz stehen meist die Rechtsfragen im Vordergrund, während die Eingangsinstanzen mehr mit der Feststellung der streitentscheidenden Tatsachen zu kämpfen haben.

568 Innerhalb des **juristischen Schrifttums** laufen die Linien ein bisschen anders. Ein wichtiger Unterschied liegt in der **Kompetenz** des Verfassers[843].

---

841 Die Frage stellt sich natürlich nur, wenn mehr als eine Belegstelle pro Fußnote zu finden ist. Sollte das nie der Fall sein, haben Sie sich zu wenig Mühe gegeben. Zum Umfang der erforderlichen Belege Rn. 180.

842 Anständigerweise sollte man übrigens darauf hinweisen, dass man ein obiter dictum zitiert hat (weil das nebenbei Gesagte weniger Autorität genießt als das zur Urteilsbegründung Erforderliche). Das gerät aber langsam aus der Mode.

843 Zugespitzt *Möllers* Arbeitstechnik, Rn. 162.

Dabei spielt nur am Rand eine Rolle, ob es sich um eine bekannte und anerkannte Kapazität handelt, deren Wort quasi immer Gewicht beanspruchen kann. Wichtiger ist die Frage, wie intensiv das Problem in dem jeweiligen Text erörtert wird. Eine Habilitationsschrift ist detaillierter als eine Doktorarbeit als ein Zeitschriftenbeitrag als eine Urteilsanmerkung als eine kurze Urteilsanmerkung mit didaktischem Hintergrund. Meistens jedenfalls. Und der Fokus eines Praxishandbuchs liegt auf anderen Gesichtspunkten als der einer Monographie eines Hochschullehrers. In erster Linie achte man also auf die **Sachnähe** der Ausführungen im zitierten Text mit Blick auf das zu bearbeitende Problem. Der Umfang und der wissenschaftliche Apparat des betreffenden Textteils sind hierfür immerhin Indizien.

Zu bedenken ist in diesem Zusammenhang auch die **Neutralität** des Schreibenden.

Jenseits der Beachtung wissenschaftlicher Standards gibt es durchaus unterschiedliche Ausprägungen von Eigeninteresse. Ob ein unbeteiligter Wissenschaftler schreibt oder ein Rechtsanwalt, der beruflich nur die Interessen einer bestimmten Gruppe vertritt, kann einen Unterschied machen[844]. (Allerdings haben auch Hochschullehrer Meinungen und Vorlieben und Industriekontakte und Gutachtenaufträge.) Besonders deutlich wird das, wenn der Ausgang eines Rechtsstreits von einem am Verfahren Beteiligten kommentiert wird[845].

Von einem Studenten des dritten Fachsemesters kann man vielleicht nicht erwarten, dass er die zitierten wissenschaftlichen Texte nach Kriterien wie Kompetenz und Neutralität des Verfassers sortiert und auswählt. Ohne weiteres zu leisten ist aber eine Reihenfolge, die etwa mit den Kommentaren beginnt, dann die Lehrbücher und Monographien nennt und mit Zeitschriftenbeiträgen, Entscheidungsanmerkungen etc. schließt. Wer das durchgehend so hält, kann dann im Einzelfall durch Abweichung leicht auf die besondere Bedeutung einer Fundstelle hinweisen.

Je länger die Fußnote wird, desto dankbarer ist das Auge des Lesers für die oben empfohlene Hervorhebung der Gerichte und Autoren etwa durch kursiven Satz.

569

Ob **am Ende** der Fußnote ein **Punkt** zu stehen hat oder nicht, sollten Sie halten, wie Sie wollen – aber einheitlich.

Am schönsten und am weitesten verbreitet ist es, Fußnoten immer mit einem Großbuchstaben beginnen[846] und mit einem Punkt enden zu lassen[847]. Das hat den Vorteil, dass Sie nicht jedes Mal neu überlegen müssen, ob es sich beim Text in der Fußnote nun um einen vollständigen Satz handelt (denn dann muss das erste Wort großgeschrieben werden und ein Punkt am Ende ist Pflicht) oder nicht. Man behandelt sie einfach konventionsgemäß als ganze Sätze.

Noch einmal: **Zahl und Umfang** der Fußnoten. Weil sich Belegbedürftigkeit und sinnvoller Umfang der Belege aus der Sache selbst ergeben, muss hier Faustregelartiges genügen. Eine ordentliche juristische Übungsarbeit hat im Schnitt vier oder fünf Fußnoten pro Seite. Die Verteilung über den Text kann aber ganz ungleichmäßig sein. Manche Fußnoten brauchen nur einen (oft: stellvertretenden) Beleg, viele werden mehrere Belege erfordern[848]. Wenn Ihr Text zu etwa einem Fünftel[849] aus Fußnoten besteht – das sieht man

570

---

844 Es ist vielleicht nicht genau das Gleiche, ob ein Doktorand produkthaftungsrechtliche Fragen untersucht oder der Justitiar eines Herstellers von Babytees. Der Gedanke lässt sich leicht auf das atomrechtliche Genehmigungsverfahren übertragen – und auf eine Menge anderer Rechtsprobleme.
845 Meist – aber nicht immer – legen die Betreffenden diese Situation offen, etwa in der ersten Fußnote ihres Fachzeitschriftenbeitrags oder ihrer Urteilsanmerkung. Es sind im Allgemeinen nicht die Parteien selbst, sondern ihre Prozessvertreter, die sich im juristischen Schrifttum äußern. Zu bedenken dagegen *Redeker* NJW 1983, 1034 f. mit Erwiderung *Thieme* NJW 1983, 2015; *Ulmer* NJW 1983, 2923; *Habscheid* NJW 1999, 2230 ff.; *Hübner* ZRP 2008, 221; *Duhme* ZRP 2010, 28.
846 Ausnahmen: Wenn der Fußnotentext mit einem Eigennamen mit *von* o.ä. oder einer konventionsgemäß kleingeschriebenen Internetadresse beginnt.
847 Aber auch nur mit einem. Endet die Fußnote etwa mit *335 ff.*, kommt hinter den Abkürzungspunkt nicht noch ein Satzendepunkt. Das sähe nicht schön aus.
848 Empfehlungen zur Auswahl und Zusammenstellung der Belegstellen in Rn. 243a.

beim Drüberblättern recht schnell –, erwecken Sie wenigstens nicht schon auf den ersten Blick den Eindruck oberflächlichen Arbeitens.

Eine falsche Information transportiert die Zusammenstellung Ihrer Fußnote, wenn Sie lediglich einen Nachweis aus dem Schrifttum zu einem Problem zitieren. Dann denkt der Leser, es gebe keine Rechtsprechung zu der Frage. Um diesen Eindruck zu vermeiden, müssen Sie entweder an die Belegstelle anfügen *m.w.N. zur jüngeren Rechtsprechung* oder sich die Mühe machen, die Rechtsprechung wirklich zu zitieren.

---

849 Mehr muss aber auch selten sein. So wie dieses Buch bei Rn. 323 soll Ihre Arbeit eher nicht aussehen.

Teil 6: Checkliste[850]

Benutzungshinweise: 571
- Diese Liste sollte – wenn möglich – **mehr als eine Person** abarbeiten. Nicht damit alles schneller geht, sondern damit es gründlicher geht.
- Die **Reihenfolge** der Arbeitsschritte ist im Großen und Ganzen zwingend, in Einzelheiten gefahrlos änderbar.
- Die gründliche Endredaktion einer zwanzigseitigen Arbeit braucht zwei Tage, vielleicht mehr[851]. Bei einer gut geplanten und mit ein wenig Einsatz geschriebenen Arbeit ist soviel Zeit am Ende immer übrig. Wenn Sie aber nur **wenige Stunden Zeit** haben, sollten Sie sich auf die mit einer <1> am Rand gekennzeichneten Punkte konzentrieren. Bleibt Ihnen etwa ein Tag, sollte das für die Arbeiten auf Stufe 1 und 2 reichen[852]. Wie lange die Arbeiten auf Stufe 3 dauern, hängt vom Zustand Ihrer Arbeit und von Ihrem Ehrgeiz beim »Feinschliff« ab.
- Dies ist ein Hilfsmittel für die **Endredaktion** – die Liste geht also davon aus, dass die eigentliche Arbeit getan ist.
- Die Liste müssen Sie durcharbeiten, indem Sie Ihren Text lesen (lassen). Nur echte Gewinner können gleichzeitig auf alles achten. Sie müssen deshalb wahrscheinlich **mehrfach lesen** (lassen), zur Not mehrere Leser gleichzeitig. Das ist halt Arbeit…
- Bei den angegebenen Randnummern können Sie **nachlesen**, was zu den hier nur stichwortartig genannten Fragen zu beachten ist.

1. Örtliche Besonderheiten

| 1 | Entspricht die Arbeit formal und inhaltlich den spezifisch am jeweiligen Lehrstuhl oder Fachbereich oder der Hochschule geltenden Anforderungen[853]? Rn. 4

2. Textredaktion

| 2 | **Gesamtumfang** eingehalten? Rn. 139, 413 f., 461 ff.

| 2 | **Exkurse** entfernt? Rn. 399

---

850 Diese Liste ist eine Anregung. Sie muss bei Bedarf ergänzt werden. Kein Mensch will für Vollständigkeit und Richtigkeit solcher Arbeitshilfen haften. Ich auch nicht. Überhaupt mag ich keine Checklisten (näher dazu Rn. 414). Sie gaukeln Ihnen Vollständigkeit und potentielle Perfektion nur vor. Aber wenn Sie unbedingt eine haben wollen – hier ist sie. Eine ähnliche Liste (mit einigen wenigen Besonderheiten wirtschaftswissenschaftlicher Arbeiten) findet sich bei *Theisen* Wissenschaftliches Arbeiten, Anhang II.
851 Dazu schon Rn. 470. Das hängt unter anderem davon ab, wie viele Leute parallel daran arbeiten können, wie konzentriert der Verfasser noch ist und wie gut Sie die erforderlichen Hilfsmittel erreichen (Internetressourcen etwa sind ohne Internet eben nicht zugänglich) und beherrschen (einen schlecht gesetzten Text vollständig neu zu formatieren erfordert Kenntnisse der Textverarbeitung und Zeit). Vielleicht am wichtigsten: Wenn Ihre Arbeit sorgfältig geschrieben ist, geht es schnell, wenn Sie viel Kraut und Rüben produziert haben, dauert es länger.
852 Die hier vorgeschlagene Prioritätenreihenfolge ist subjektiv und angreifbar. Von den wissenschaftlichen Anforderungen an eine Prüfungsarbeit her betrachtet ist sie eher unseriös: Auf Prioritätsebene 1 steht nicht das wissenschaftlich Unabdingbare, sondern alles, was mit geringem Zeitaufwand den größten optischen Erfolg verspricht. Ob Ihnen solcherart Kosmetik zusagt, können Sie selbst entscheiden. Vom Standpunkt des Lesers Ihrer Arbeit aus ist selbstverständlich nicht nur die ganze Liste gründlichst abzuarbeiten, sondern eigentlich schon beim Abfassen des Gutachtens jeder einzelne Hinweis peinlich genau zu beachten – so dass letztendlich jede solche Checkliste überflüssig wird.
853 Solche Sonderanforderungen ergeben sich manchmal schon aus dem Bearbeitervermerk am Ende der Aufgabe, manchmal aus einem Aushang im Institut, teils aus einer Bekanntmachung auf der Lehrstuhlheimseite, teils auch aus der Prüfungsordnung. Wer unsicher ist, kann am Lehrstuhl fragen. Teils finden sich die Vorgaben auch zentral auf der Internetpräsenz des Fachbereichs.

Teil 6: Checkliste

| 2 | Aufgabe **vollständig** abgearbeitet? Rn. 449
| 3 | Schwerpunkte plausibel gesetzt? Rn. 436
| 1 | **Gesamtergebnis** am Schluss? Rn. 468
| 2 | **Zwischenergebnisse,** wo sinnvoll, üblich oder erforderlich? Rn. 467
| 2 | **Gegenlesen,** erforderlichenfalls mehrfach und durch mehrere Leser (z.B. auf Substantivhäufungen, Rn. 375, und zu viele Passivformen, Rn. 374): Rn. 328, 332, 355, 381, 469
| 1 | Ist jede zitierte Norm so **genau** wie möglich (und richtig) zitiert? Rn. 423
| 2 | Unnötige **Wiederholungen, unvollständige Sätze** (fehlende Verben), **grammatikalische Fehler** (falscher Plural, falscher Satzbau etc.) bereinigen[854] Rn. 352, 381
| 3 | Sätze **kurz** genug? Rn. 341, 345
| 2 | **Roter Faden** durchgängig? Rn. 469
| 1 | **Rechtschreibprüfung** (einheitlich: neue oder alte Rechtschreibung) – einmal maschinell, einmal von Hand Rn. 328
| 1 | Sind alle **redaktionellen Anweisungen** abgearbeitet (vorzugswürdig) oder aus dem Text entfernt (Notlösung)? Rn. 470
| 3 | Stilistischer **Feinschliff**: Wortwiederholungen beseitigen etc. Rn. 421
| 3 | Floskeln umformulieren (Rn. 387 f.), Ankündigungen streichen (Rn. 146)

3. Wissenschaftlicher Apparat

a) Fußnoten

| 3 | Stimmt die **Fußnotendichte**? Rn. 180
| 3 | Sind alle belegbedürftigen Aussagen belegt? Rn. 534
| 2 | Enthält jeder Beleg **Quelle und genaue**[855] **Fundstelle**? Rn. 545

---

854 Ob man hierfür die Grammatikprüfung des Textverarbeitungsprogramms verwenden kann, ist zweifelhaft. Diese Funktion kommt in ihrer Erkennungsgenauigkeit nicht an die Leistung der Rechtschreibprüfung heran. Jedenfalls muss man sich mit den Voreinstellungen ein wenig mühen. Allerdings wird die Grammatikprüfung über die Jahre besser. Vielleicht am besten beim Schreiben deaktivieren und im abschließenden Korrekturlauf einschalten. Leistungsfähiger als das mit der Textverarbeitung gelieferte Korrekturmodul sind externe Programme, etwa aus dem Duden-Verlag.

855 Mit ein wenig Geduld kann man dem Internet mittlerweile auch Informationen entlocken, derentwegen man vor ein paar Jahren noch mal eben schnell ins Juristische Seminar fahren musste. Wer etwa feststellt, dass beim Fotokopieren die Seitenzahl nicht mehr auf das Blatt gepasst hat, darf nicht einfach eine Seitenzahl erfinden und in die Fußnote schreiben. Man kann aber versuchen, online in das Inhaltsverzeichnis oder Stichwortregister des zitierten **Buchs** zu schauen. Für viele Bücher digitalisiert die Deutsche Nationalbibliothek (Fn. 698) die Inhaltsverzeichnisse. Da etliche Fachverlage die Funktion search inside bei amazon nicht unterstützen, müssen Sie auch unter www.buchhandel.de nachsehen. Findet sich dort kein Inhaltsverzeichnis als pdf-Dokument, haben Sie bei aktuellen Titeln oft auf den Heimseiten der Verlage Glück, z.B. beim Verlag C.H. Beck unter www.beck-shop.de; beim Verlag Mohr Siebeck www.mohr.de/rechtswissenschaft.html; beim Verlag Erich Schmidt unter http://esv.info/homepage.html; bei den Verlagen Luchterhand und Carl Heymanns unter https://shop.wolters-kluwer.de; beim Verlag C.F.Müller

[3] Sind **genug Belege** pro Fußnote vorhanden, eventuell auch für Gegenansichten etc.? Rn. 239

[3] Entfernen aller Fußnoten, die **Selbstverständliches** belegen Rn. 535

[3] Entfernen allen **überflüssigen Texts** aus Fußnoten Rn. 557, 563

[1] Sind die Fußnoten einheitlich **formatiert**? Rn. 554

[1] Sind alle **redaktionellen Anweisungen** aus den Fußnoten abgearbeitet oder **entfernt**? Rn. 470

[2] Stimmt die **Schreibweise** der Eigennamen? Rn. 328, 486

[3] Ist alles im Schrifttumsverzeichnis aufgenommene Material auch **wirklich zitiert**? Rn. 497

[1] **Keine Normzitate** in Fußnoten Rn. 406

[1] Sind die Zitierweisen und Abkürzungen einheitlich und stimmen sie mit den Angaben im Schrifttumsverzeichnis überein? Rn. 179

[2] Stehen die Fußnoten an den richtigen Stellen im Text? Rn. 544

b) Schrifttumsverzeichnis

[3] Ist jeder in den Fußnoten zitierte und nachweisbedürftige Text aufgenommen? Rn. 518

[3] Ist alles Überflüssige aus dem Schrifttumsverzeichnis entfernt? Rn. 497

[2] Sind alle zitierten Texte **auf aktuellem Stand** zitiert? Rn. 506

[3] Sind die **bibliographischen Angaben** zu jedem einzelnen Titel **vollständig**? Rn. 501 ff.[856]

[3] Ist – wo nötig – eine **Zitierweise** angegeben? Rn. 517

[3] Stimmt die **Schreibweise** der Eigennamen? Rn. 486

[1] Ist die alphabetische **Sortierung** eingehalten? Rn. 498

c) Gliederung

[1] Gliederung erst erzeugen, wenn der Haupttext endgültig »steht« – mit allen Seitenumbrüchen und Zeilenumbrüchen (noch besser: erst wenn der Text gedruckt ist und zur Kontrolle herangezogen werden kann)

[1] Finden sich alle Überschriften aus dem Text mit identischen Nummern wortlautgleich in der Gliederung? Rn. 490

---

unter www.cfmueller-verlag.de. Sammlungen von Links zu den Verlagen unter www.juristische-linksammlung.de/verlage.htm, www.juristische-verlage.de/, www.kuselit.de/4 und www.jura-cafe.de/ressourcen/verlage/verlage.htm. Die Inhaltsverzeichnisse juristischer **Fachzeitschriften** kann man einerseits über www.digizeitschriften.de/home/zeitschriften (ältere Jahrgänge) andererseits über die jeweiligen Heimseiten der Verlage (jüngere Jahrgänge) recherchieren; erste Übersicht bei http://de.wikipedia.org/wiki/Kategorie:Juristische_Fachzeitschrift.

856 Wer hier kurz vor der Fertigstellung noch nachrecherchieren muss, versuche es mit den in Fn. 623 genannten Internetkatalogen – in der dort vorgegebenen Reihenfolge.

Teil 6: Checkliste

| 1 | Ist die Gliederung inhaltlich stimmig (insbesondere: kein a) ohne b))? Rn. 489
| 2 | Hat jede Überschrift eine Nummer? Stimmen die Nummern systematisch? Rn. 490
| 2 | Stimmen die Seitenzahlen?[857] Rn. 492
| 1 | Ist die (römische) Seitennummerierung der Gliederung korrekt? Rn. 487
| 1 | Ist die Gliederung lesbar formatiert (Einzug niedrigerer Ebenen, Seitenzahlen rechtsbündig usw.)? Rn. 492

4. Äußerlichkeiten

a) Formatierungen

aa) Haupttext

| 1 | **Ränder** Rn. 526
| 1 | **Zeilenabstand** im laufenden Text Rn. 526
| 2 | **Zeilenabstand** vor und nach den Überschriften Rn. 424
| 1 | **Seitenzahlen** Rn. 526
| 3 | **Typographische Pflege**[858]: Leerzeichen nach § und € durch geschützte Leerzeichen[859] ersetzen, Leerzeichen nach öffnenden und vor schließenden Klammern entfernen, doppelte Leerzeichen durch einfache Leerzeichen ersetzen, vor und nach Schrägstriche sowie vor *f.* und *ff.* ein Leerzeichen setzen, Währungsangaben (€, $, DM etc.) einheitlich vor oder hinter die Summe, Datumsangaben einheitlich mit oder ohne Nullen[860], Abkürzungen vereinheitlichen (Rn. 179) oder auflösen, Leerzeichen vor Punkten, Kommata und Semikola entfernen, doppelte Satzzeichen bereinigen, überflüssige Leerzeilen entfernen[861], versehentlich gesetzte »harte« Trennstriche entfernen[862], Zitierweise von Normen vereinheitlichen (Fn.581), bei Blocksatz URL-Angaben sinnvoll (etwa nach Schrägstrichen) trennen etc.
| 2 | **Silbentrennung** (nach der Rechtschreibprüfung) Rn. 329, 421, 463
| 3 | Kontrolle der Seitenumbrüche auf **Schusterjungen** und **Hurenkinder**[863], nötigenfalls neuer Umbruch von Hand, also mit »harten« Seitenumbrüchen – dabei immer von vorne nach hinten arbeiten.

---

857 Das muss zu Fuß geprüft werden, weil die Programme hier manchmal Fehler machen. Korrekturen von Hand sind nicht immer ganz einfach.
858 Die ist erst dran, wenn Sie mit dem Text zufrieden sind. Es ist schwer zu sagen, ob sie die Note beeinflusst. Aber Sie hinterlassen immer einen guten Eindruck, wenn Sie sich nicht zu schade sind, auch im Kleinen sorgfältig zu arbeiten. Es ist nämlich ganz einfach, sich so aus der Masse herauszuheben.
859 Meist auf Strg+Shift+Leerzeichen.
860 Wenn Sie auf Automatenlesbarkeit Wert legen, muss es *04.01.2011* heißen, sonst genügt *4.1.2011*. Achten Sie auch auf Einheitlichkeit beim Ausschreiben oder Abkürzen der Monatsnamen.
861 All das geht mit der Suchen-und-Ersetzen-Funktion der Textverarbeitung recht schnell; man kann sich auch ein Makro dafür schreiben oder Autokorrektureinträge anlegen.
862 Sinnvollerweise lässt man die Trennroutine trennen und bessert nötigenfalls von Hand nach; auch dabei verwende man aber nur »weiche« Trennstriche (meist: Strg+-).
863 Das Problem lässt sich vermeiden mit Einschalten der Absatzkontrolle in der Textverarbeitung.

bb) Gliederung

- [1] Ränder Rn. 487
- [1] Seitenzahlen Rn. 487

cc) Schrifttumsverzeichnis

- [1] Ränder Rn. 487
- [1] Seitenzahlen Rn. 487

5. Vor der Abgabe

- [1] **Deckblatt** vollständig? Stimmen Namen usw.? Rn. 486
- [1] Bindung / **Hefter** oder Heftstreifen vorhanden? Rn. 485
- [1] Ausdruck leserlich, richtig sortiert, richtig gebunden oder geheftet?
- [1] **Unterschrift** auf der letzten Seite? Eigenhändigkeitsvermerk oder ähnliche von der Prüfungsordnung geforderte Versicherungen? Rn. 527
- [1] **elektronische Fassung**, falls gefordert? Fn. 674
  - [2] Zweitausdruck oder **Kopie** gefertigt? Rn. 472

Stichwortverzeichnis

Die Angaben verweisen auf die **Randnummern**, wo angegeben auf Fußnoten.
Kursiv gesetzte Stichwörter kennzeichnen wörtliche Zitate. Meist verweisen diese auf Ausdrücke, die im Rechtsgutachten vorsichtig zu gebrauchen oder ganz zu vermeiden sind.
Was sich hier nicht findet, steht vielleicht im Inhaltsverzeichnis.
Verweise auf Rn. 248–322 können und müssen Sie online nachschlagen.[864]

§§ *ohne Gesetzesbezeichnung* ... 423
§§-Formulierungen 364

A

a.a.O. 555b
Abbildungsverzeichnis 525
Abgabefristen 472
Abgrenzungsfragen 181
Abkürzungen 390 ff.
– Abkürzungsverzeichnis 393, 524
– deklinieren/konjugieren Fn. 514
– englische 369
– entschlüsseln Fn. 545
– im Schrifttumsverzeichnis 514
– lateinische 368
Abrufdatum 522
Absatzkontrolle Fn. 863
Abschreiben 530
Abstraktionsprinzip 435
Abwägung 208, 442
Adelstitel 501
akademische Fragen Fn. 179, 233, 436
akademische Titel
– auf dem Deckblatt 486
– im laufenden Text Fn. 699
– in Schrifttumsverzeichnis und Fußnoten 501
Aktenzeichen 551
aktuelle Auflagen 506
aktuelle Belege 565
aktuelle Gesetzestexte 453
aktuelle Sachverhalte 453
Allgemeinplätze 373
alte Auflagen 506
alternative Tatbestandsmerkmale 84, 94 f.
Alternativen 366
Altertümlichkeiten, sprachliche 363
Altgriechisch Fn. 431
altkluge Bemerkungen 193, 358 f.
amtliche Entscheidungssammlung 550 f.

amtliche Überschriften 220
Analogie 67 ff., 458
– Begrifflichkeiten 71
Anfechtungsmöglichkeit 447
Anführungsstriche 386
– für scheinbare Fachtermini 371
– zur Kennzeichnung von Rechtsmeinungen 444
– zur Kennzeichnung von Zitaten 561
Angebersprache 346 f.
Anglizismen 369
Ankündigungen 146, 388, 401
Anmerkungen 516
anonyme Quellen 510, 522
Ansprüche trennen 438
Anspruchsgrundlage 24, 56, 66
Anspruchsmethode 62 f.
Anspruchsnormen 23 f.
Anspruchsziel
– präzise bezeichnen Fn. 81
Antworten auf nicht gestellte Fragen 128, 387, 400
Anwaltsschriftsätze, schlechte 193, Fn. 352
Anwendbarkeitsdiskussionen 214
Apparat, wissenschaftlicher 496 ff., 533 ff.
Arbeitsgruppen 464
Archivzeitschriften 515
Argumente
– ad rem/ad personam 193
– aufarbeiten 189 ff.
– de lege ferenda 396, 413
– der Auslegung 219 ff.
– Erst-recht-Argument 459
– Struktur 191
– wiedergeben 168 ff.
Art der Gerichtsentscheidung 548
Artilleriekaserne, reitende 333
Aufbau
– Erläuterungen zum 471
– -schemata 414 ff.
Aufforderungen 389

---

864 Unter www.fb3.fh-frankfurt.de/schimmel.

Auflagen
- ältere 506
Aufpumpen des Schrifttumsverzeichnisses 521b
Aufsätze 515
Aufzählungen 348
Ausdrucksweise
- blumige 362
- präzise 351
- unverständliche 355
ausländische Quellen 510b
ausländische Rechtsordnungen 405
Auslassungen in Zitaten 561
Auslegung 215 ff.
- der Fallfrage 397
- des Sachverhalts 427 ff.
- europarechtskonforme 223
- historische 221
- nach dem Wortlaut 219
- nach dem Zweck der Norm 222
- systematische 220
- verfassungskonforme 223
- widerspruchsfreie 432
Ausrufezeichen 378
aussagelose Sätze 411
äußere Form des Gutachtens 476 ff.
Ausübung von Gestaltungsrechten 447
Auszeichnungen im Schriftbild 466
AutoKorrektur-Funktion 384, 390, 421
Autorennamen 501 f.
Autoritätsargumente 191, siehe auch: h.M., 112

B
BAG Fn. 631
Banalitäten 357
Bandangabe 514
Banküberfall Fn. 240
Bearbeiter
- im Schrifttumsverzeichnis 514
- in Fußnoten 545
Bearbeitungszeit 472
Begehren 57, 397
Begriffe, normative 40
Behördensprache 363
beinhalten 345
Beispielfälle 40 ff.
Bekanntlich 358
bekräftigende Formulierungen 359
Belege
- bei Legaldefinitionen 111
- bei Quellen außerhalb des Gesetzes 112
- bei Selbstverständlichkeiten 535

- Dichte 180, 243a
- i.d.R. nicht hinter Obersatz 65
- wiederholte 543
Belegstellen
- Auswahl der 239, 178
belletristische Literatur 547a
Berechnungen 442
Beschwerden 475
Besprechung 473 ff.
Besprechungen
- zu Büchern 516a
- zu Urteilen 516
Besserwissereien 193, 358 f.,
Betroffenheitsfloskeln 394
Beweisbarkeit 445 f.
Beweislastregeln 446
Bezeichnung von Personen 404
BGH Fn. 631
bibliographische Informationen
- fehlende 510
- im Internet recherchieren Fn. 623, Fn. 855
- im Schrifttumsverzeichnis 497 ff.
- in Fußnoten 545
Bibliothek 451 f.
bildhafte Sprache 362
Bildungshuberei Fn. 425
Bindestrich 326, Fn. 450
Bindung oder Heftung 485
BinnenMajuskeln Fn. 8
Blähvokabeln 346 f.
Bleiwüsten 421
Blindzitate 179, 555a,
- Indizien Fn. 800, Fn. 805
Blocksatz 483
Brustton der Überzeugung 361
Buchbesprechungen 516a
bullshit 522
BVerfG Fn. 631

C
Checkliste 571
Checklistenfetischisten 414
Computer 421
conclusio 30 ff., 127 ff.

D
darstellen 382, Fn. 495
Daten im Sachverhalt 441
Datenbanken 421, 453
Datensicherung Fn. 267, Fn. 567, 421
Deckblatt 486, 529
deep links 515, 522

Definition 98 ff.
– in Rechtsprechung und Wissenschaft 101
– Legaldefinition 101
Definition des Gegenteils 107
der/die 404
deskriptive Aussagen 10
Deutsch als Fremdsprache 335
Dissertationen 511
Doktorarbeiten 511
Dokumentvorlagen Fn. 571
Doppelbegründungen 418
Doppelbegründungen 463
Doppelnamen Fn. 703
dynamische Verweise 543

E
ebd. 555b
EDV 421
EGMR Fn. 631, Fn. 810
Ehrlichkeit 533
eigene Stellungnahme 163, 186 ff., 408
Eigenhändigkeitsvermerk 527
Eigennamen 328
Einheitlichkeit 323
– der Zitierweise 179
Einreden 90, 133 f., 447
Einschränkungen 350
Einschübe 344
Einwendungen 90, 133 f.
Elefanten 399
elektronisches Manuskript Fn. 674
emotionales Engagement Fn. 527
Endergebnis 468
Endkorrektur 470 f.
Endlospapier Fn. 675
Endnoten 544
Englisch 369 f.
Entscheidungen siehe: Urteile
Entscheidungen, unveröffentlichte 553a
Entscheidungsanmerkungen 516
Entscheidungsregister 552
Entscheidungsrelevanz 181 ff., 408, 460
Entscheidungssammlungen 518
Enzyklopädien 521
Erfahrungswissen 425
ergänzende Ausführungen 400
Ergänzungslieferungen 505
Ergebnis 128, 135 ff., 138
ergebnisoffene Obersätze 439
Ergebnisorientierung 456
Ergebnisrelevanz 181 ff., 408, 462
Ergebnisse zusammenziehen 145

Erläuterungen zum Aufbau 471
Erscheinungsjahr 509
Erscheinungsort 508
erste Person Singular 186 ff., 394
Erst-recht-Argument 459
Erstveröffentlichung 506, 512
Erwähnen des Sachverhalts 384
et al. 512
EuGH 551a
Euphemismus 362
europäisches Recht 223
Evidenzbehauptungen 361
ewige Verdammnis Fn. 837
Exkurse 399 f.

F
Fachausdrücke 364
Fachbegriffe 243, 371 f., 381
Fachjargon 372b
Fachliteratur 521 ff.
Fachsprache 371 f.
Fachzeitschriften 518
– Internet- 515
Fall des Substantivs 331
Fallbezug
– in Überschriften 424
Fallbezug – Hier 388
Fälle lösen und lagern 364
Fallen 440
Fallgruppen 103
Fallösungsbücher 519
Fallrelevanz 460
Fallvarianten siehe: Sachverhaltsvarianten
falsa demonstratio non nocet 243, Fn. 59
fehlende Informationen 429
fehlende Verfasserangabe 502a
Fehler 323 ff.
– bei den Grundlagen 435
Fehlschlüsse 433
Fehlzitate 179
Feinschliff bei der Endkorrektur 470 f.
Festschriften 512
Fiktionen 113, 100
Floskeln 463
– nichtssagende 373
Folgerung 30 ff., 127 ff.
Formalien
– bei Hausarbeiten 483 ff.
– bei Klausuren 529
formaljuristisch 193
Formatvorlagen Fn. 571, 470
fortfolgende, ff. Fn. 514
Fragen, direkte 349

Französisch Fn. 452
Freistempler 472
fremdsprachige Quellen 510b
Fremdsprachler 335
Fremdwörter 365 ff.
Fristen
- Abgabefristen 472
- Fristberechnung 441 f.
frühere Rechtslage 413, 506
Füllwörter 345, 360
Fußnoten 65, 155, 194, 391, 406, 423, 531 ff.
- Dichte 180, Fn. 777
- Formatierung 554
- in der Klausur 175
- Zahl und Umfang 570
Fußnotengräber 155, 558, 565

G
Gedächtnisschriften 512
gefühltes Komma Fn. 245
Gegenlesen 328, 355, 381, 469 ff.
Gegennormen 90
Gegenrechte 133
Gegenteil 107
Genauigkeit 353
Generalklauseln 103, 119, 373
Genitiv 331
Genus 331a
Gerechtigkeitsgefühl 394
Gesamtergebnis 468
Geschlecht 331a
geschütztes Leerzeichen Fn. 859
gesellschaftspolitisch 371
Gesetzblatt 453
Gesetzesanalogie 71 ff.
Gesetzesauslegung 215 ff.
Gesetzesumschreibungen 405
Gesetzeszitate 423
Gestaltungsrechte 62, 447
Getrenntschreibung 327
Gewißheitsmimikry Fn. 144, 359
Gewohnheitsrecht 66
Ghostwriter Fn. 770
gleiche Sachverhalte 431
Gliederung 415, 488 ff.
Gliederungsebenen
- Zahl der 494
Gliederungsfunktion in Textverarbeitung 492
Grafiken 421
Grammatikprüfung Fn. 854
graphische Übersicht 454

graue Literatur 519, 528
Griechisch Fn. 431
Groß- und Kleinschreibung 327
Gruppenarbeit 464
Gutachtenmethode 62 f.
Gutachtenstil 15 ff.
- Unterschied zum Urteilsstil 32

H
Habilitationsschriften 511
Hausarbeit 52, 323, 421, 457, 462 ff., 470 ff.
- Checkliste 571
Hausarbeiten 482
Heftung 485
Herausgeber 512 f.
herrschende Meinung 176, 191, 235, 430
herrschende Seminarmeinung 464
Hervorhebungen 466
Hier 388
Hilfsargumente 418a
Hilfsgutachten 95, 418 f., 463
Hilfsmittel 454
historische Auslegung 221
historische Quellen 506
Höflichkeit 194
Humor 383
Hurenkinder 569

I
Ich 186 ff., 394
im vorliegenden Fall 384
Imperative 389
In der Praxis ... 358
Indikativ 31, 55, 127
indirekte Rede 173
Informationsmüll 522
Informationsquellen
- Fachliteratur 521 ff.
- Internet 522
- populärwissenschaftliche Literatur 521
- Presse 523
Instruktiv hierzu 559
Internet siehe: Online-Ressourcen
Internetarchive Fn. 756
Internetfundstellen
- Zitierweise 522
Interpunktion 326, 569
intertemporales Recht 441
Interviews 516b
Inzidentprüfung 448
IPR 214
Ironie 383

J
Jahrgangsangaben 515
Jargon
– juristischer 372b
Judiz 394, 456
juris 553a

K
Kaffeeflecken Fn. 13, 485
Kalenderdaten im Sachverhalt 441
Kanzleisprache 363
Kaschieren von Unterstellungen 426
Kasus 331
kausaler Schaden 371
Klammern 344
Klausur 241, 323, 390, 454
Klausurtaktik 530
Komik 383
Kommata 326
Kommentare 514
Konjunktiv 55, 377
Konkordanztabellen 179
Konkretbelege 175, 540
Konkurrenzen
– Zivilrecht 214, 434
Korrekturbesprechung 473
Korrekturlauf
– letzter 470 f.
– nach Mitternacht 421
Korrekturlesen 421, 469 ff.
Kraftausdrücke, juristische 359
Kreativität 458
Kritik
– ad rem/ad personam 193
– an Präjudizien/Autoritäten 206
kumulative Tatbestandsmerkmale 82 ff.
Kündigungsrecht 447
künftige Rechtslage 413
kurze Sätze 341 ff.
Kürzen 139, 156, 384, 413, 462 f., 557
– mit Formatierungen 421
Kurztitel 517, 546

L
lange Sätze 341 ff.
Latein 368
laut Rechtsprechung Fn. 172
laut Sachverhalt 384
Lebenserfahrung 426
lebensferne Konstruktion 193
lebensnahe Auslegung Fn. 589
Leerformeln 373
Leerzeichen, geschütztes Fn. 859

Legaldefinitionen 99, 111
Legasthenie 337
Lehrbuchfloskeln 463
Lehrbuchstil 408 ff.
Leistungsverwaltung Fn. 78
Leitsätze Fn. 472, 548
Leserbriefe 510a, Fn. 764
Lexika 521
libri amicorum 512
Lieblingswörter 381
Links 522, 545,
Literatur, weiterführende siehe:
   Schrifttum
Literaturverzeichnis 179
loc. cit. Fn. 822
Logik der Norm 416, 434
logisch Fn. 491
Loseblattsammlungen 505
Lösungsrelevanz 181 ff.
Lösungsskizze 530
Lücken im Sachverhalt 429

M
machen Fn. 300
Makros 497
mehrbändige Werke 509, 514
mehrfache Begründung 418, 463
Mehrheitsstatus 176
Mehrpersonenverhältnisse 46 mit Fn. 64
Meinungsstreit 158 ff.
Metaphern 362
middle initials Fn. 694
Minderheitsmeinungen 430
mit anderen Worten 352
mit weiteren Nachweisen 560
Modalpartikeln 345
Moderationen 389
Monographien 511
Motto 398
mündliche Prüfungen Fn. 9
Musterlösung 473

N
N.N. 502a
Nachbarwissenschaften
– Schrifttum 521
– Terminologie 422
Nachbemerkungen 396
Nachdruck 504
Nachlässigkeiten, sprachliche 364
Namen
– im Schrifttumsverzeichnis 501 f.
– im Text 395

– in Fußnoten 545
Namensgleichheiten
– Fußnoten 545
– Schrifttumsverzeichnis 501
Natur der Sache 225
Nebenfachstudenten 521
Negative Voraussetzungen 87
Netzadresse 522, 545
nicht tragende Gründe siehe: obiter dictum
Nicht-Muttersprachler 335
nichtssagende Obersätze 439
Nominalstil 375 f.
normative Begriffe 40, 373
Normen 5 ff., 10, 21, 38
– Anwendbarkeit 214
Normenkollisionen 223 f.
Normzitate 386, 423
– in Fußnoten 406
Noten
– -niveau 474
– ungerechte 475
number-dropping 460

O

Obersatz
– Formulierungen 55 ff.
– Inhalt und Funktion 22
– nichtssagend 439
– nur eine Rechtsfolge 56
– sprachliche Fassung 26
– Vollständigkeitsanspruch 80
obiter dicta 567
Offenlassen 141, 154, 233, 428
offensichtlich 359
öffentliches Recht Fn. 78
Ökonomie der Darstellung 463
ökonomische Analyse des Rechts 422
Online-Ressourcen
– Abkürzungen Fn. 518
– Anleitungen Hausarbeiten Fn. 670
– bibliographische Informationen Fn. 623
– Fachzeitschriften Fn. 855
– Formatvorlagen Fn. 573
– Gerichtsentscheidungen Fn. 631
– Gesetze Fn. 632
– Hausarbeitensammlungen Fn. 554
– Verlage Fn. 855
Opportunismus 420
Originalität 458
orthographische Fehler 324, 334
Ortsnamenkommentare 513 f.

P

Paginierung 487, 526
Paragraphenformulierungen 364
Parallelfundstellen 549
– im Internet 522
Parenthesen 344
Partizipien, hirnlose 557
Passim 555
Passiv 374
PC-Exhibitionismus 421
PDF-Fassung
– Hausarbeit Fn. 674
– Urteile 553
permanente Links Fn. 758
Personalpronomina 356
Plagiate 562, 408
Platitüden 357
Plural 367
Poesie 362
Politikersprache 362, 346 f.
populärwissenschaftliches Schrifttum 521
Post 472
praemissa maior 22 ff.
praemissa minor 27 ff.
Präjudizien 206
Präpositionen Fn. 138
präskriptive Aussagen 10
Praxis 358
Präzedenzentscheidungen 431
Presseartikel 523
Primärquellen 520 f.
Prinzipien Fn. 194
Privatrecht
– Formulierungsvorschläge 54 ff.
Probleme
– auf den zweiten Blick Unproblematisches 231 ff.
– erledigte 174
– große 238 ff.
– kleine 234 f.
– mittlere 236 f.
– Schein- 232 f.
– Unproblematisches 228 ff.
problemfreundliche Bearbeitung 418 f., 455
Problemvermeidungsstrategien 455
Pronomina 356
Prüfung des Gegenteils 107
Prüfungsanfechtung 475 mit Fn. 663
Prüfungsreihenfolge 416 f., 434
Prüfungsschemata 146, 414 ff.
Pseudonyme 501

Q

Quellen
- fremdsprachige 510b, 553b
- historische 506
- taugliche 519 ff.

Quellenverzeichnis 496 ff.
Querverweise 402 mit Fn. 534

R

Rand 487, 526
Randnummern 547
Ratgeber, schlechte 464
Ratlosigkeitsindikatoren 439
rechtliches Gehör im Gutachten 444
Rechtsanalogie 71 ff.
Rechtsansichten der Parteien 41, 167, 242 f., 444
Rechtschreibhilfe 421
Rechtschreibkorrektur
- bei Eigennamen Fn. 676
- im PC 328, 339

Rechtschreibreform 338
Rechtschreibung
- alte und neue Fn. 298, Fn. 540

Rechtschreibungsfehler 324, 334
Rechtsfolgenseite der Norm 244 ff.
rechtsgebietsspezifische Zitierkonventionen 548
Rechtsgefühl 394, 456
Rechtslexika Fn. 417
rechtspolitische Argumente 396, 413
Rechtsprechungsverzeichnis 525a
Rechtsschutzbegehren 57
Rechtssprichwörter 368
redaktionelle Anweisungen 470
Referate 538, Fn. 9
Regel und Ausnahme 407
Regel-Ausnahme-Verhältnis 417
Regelungslücke 72
Registerzeichen der Gerichte Fn. 518
Reihenfolge der Prüfung 416 f., 434
reitende Artilleriekaserne 333
Relativierungen 350, 360
Relativpronomina 356
Remonstration 475
Repetitorenskripten 519
Repetitorensprache 368, 371
Reprint 504
respiratorischer Punkt 340
respiratorisches Komma Fn. 245
Rezensionen
- zu Büchern 516a
- zu Urteilen 516

rhetorische Figuren 362
Richterperspektive Fn. 87
Richterrecht 66
richtlinienkonforme Auslegung 223
roter Faden 469
Rückdelegation der Subsumtionsarbeit 361
Rückgabe der Übungsarbeit 473 ff.
Rücktritt
- vom Vertrag 246, 447

Rücktrittsrecht 447

S

Sachlichkeit 193
Sachverhalt
- ausschöpfen 440 f.
- Erwähnung 384
- in der Hausarbeit 487
- Interpretation 427 ff.

Sachverhaltsauswertung 440 f.
Sachverhaltsbezug 408 ff.
Sachverhaltslektüre 457
Sachverhaltsquetsche 46
Sachverhaltsvarianten 387, 402, 409, 459
Sachverhaltszitate 385
Sammelwerke 512
Satzbau 332
Satzlänge 341 ff.
Satzstellung 332
Satzzeichen 326
Schadensersatz als Rechtsfolge 244
Schaubilder 454
Scheinprobleme 232 f., 436
Schema-Fetischismus 414
Schemata 414 ff., 146
schiefe Bilder 362
schlechte Ratgeber 464
Schleimereien 420
Schlussbetrachtungen 396
Schlussfolgerung 30 ff., 127 ff.
Schlusssatz 30 ff.
- Formulierungen 127 ff.
- Inhalt und Funktion 30
- sprachliche Fassung 31

Schmeicheleien 420, 519
Schriftenreihe 511
Schriftgrad/Schriftgröße 483
Schrifttum
- Abkürzungen Fn. 518
- Bibliotheken und Internet Fn. 625
- Fallbearbeitung im öffentlichen Recht Fn. 78
- Fundstellenregister Fn. 177

- für Referendare Fn. 146
- juristische Arbeitstechnik Fn. 14
- juristische Logik Fn. 596
- juristische Methodenlehre Fn. 38
- Karriere-Ratgeber Fn. 4
- lateinische Rechtswörterbücher Fn. 417
- Lernen und Prüfungen Fn. 621
- mündliche Prüfungen Fn. 9
- Nebenfachstudenten 521
- Rechtswörterbücher/Rechtslexika Fn. 417
- Stilblüten Fn. 500
- Stilfragen Fn. 235, Fn. 239
- Studienführer Fn. 4
- Synonymwörterbücher Fn. 77
- Technik der Fallbearbeitung Fn. 55
- Themenarbeiten Fn. 9
- Urteilskritik Fn. 195
- Zitierregeln Fn. 693, Fn. 757
- Zivilrecht systematisch Fn. 17
- Zivilrecht, BGB AT und Schuldrecht Fn. 54

Schrifttumsverzeichnis 179, 496 ff.
- aufpumpen 521b
- Internetfundstellen 522
- Muster 572

Schrifttype 483
Schusterjungen 569
Schwerkraft 425
Schwerpunktsetzung 140, 227 ff., 436 f.
Seeelefant 336
Seitennummerierung 526
Seitenrand 487, 526
Seitenzahlbegrenzung 156, 461 ff.
Seitenzählung 487
Sekundärzitate 555
Selbstverständlichkeiten
- bei Argumenten 146
- Fußnoten 535

Seminararbeiten Fn. 9, 563
Separata Fn. 710
Seriositätsbedenken 519
Sicherung gegen Datenverlust 421
Silbengeklapper 346 f.
Silbentrennung 329, 421, 463
Sinn machen Fn. 478
Skizzen 454
Skripten 519
so genannte 345
Sonderdrucke Fn. 710
Sozialpädagogendeutsch 372

Spicken 530
sprachliche Katastrophen 382
sprachliche Nachlässigkeiten 364
Spruchkörper 548
Staatsrecht Fn. 78
Standardsituationen 157 ff.
Statistik Fn. 587
Steigerungsformen 378 ff.
Stellungnahme, eigene 186 ff., 408
Stellvertretend 557
Stilblüten 383
Stilebenen Fn. 300, Fn. 463
Stilfragen Fn. 235
Straffung 156
Streitfragen 158 ff.
- aufgegebene Ansichten 174
- ausgestandene 174
Struktur des Gutachtens 438
Subjektivität 394
Substantive 375 f.
Subsumtion 117 ff.
- in der Fußnote 541
Syllogismus 6 ff.

T

Tagespresse 453, 523
taktisches Verhalten 326, 420
Tatbestandsmerkmale 78 ff.
- alternativ verknüpfte 84, 94 f.
- kumulativ verknüpfte 82 ff.
- überflüssige 89
- ungeschriebene 88
taugliche Quellen 519 ff.
Täuschungsversuch 527, 562
Teamarbeit 464
Tempus 330
Termine im Sachverhalt 441
termini technici 243, 371 f., 381
Textausgaben (Gesetze) 453
Textverarbeitung 421
Themenarbeiten Fn. 9
Theorien des Rechts 422
Theorienstreit 158 ff.
Tippfehler 324, 328
Titel
- akademische 501
- Buch- 503
tragende Gründe Fn. 842
Trennstriche
- hart und weich Fn. 862
Trennungsprinzip 435
Treu und Glauben 394

Tricksen
- mit Formatierungen 421
Trivialitäten 357
Typographische Auszeichnungen 466
Typographischer Feinschliff 569

U
überflüssige Information 460
überflüssige Tatbestandsmerkmale 88
Übergangsrecht 214
Überschreiten der Seitenzahlbegrenzung 461 ff.
Überschriften 424
- amtliche 220
Überschriftennummerierung 491
Übersetzungen 510b
Umfang des Gutachtens 461 ff.
Umgangssprache Fn. 300
Umschreibungen des Gesetzes 405, 463
Umweltpapier 484
unbestimmte Rechtsbegriffe 103, 119
ungerechte Noten 475
ungeschriebene Tatbestandsmerkmale 88
Unproblematisches 436 f., 139 f.
Unsicherheit 360
unstreitig 359
Untersatz
- Formulierungen 96 ff.
- Inhalt und Funktion 27
Unterschrift 527
Unterstellungen 425 ff.
Untertitel 503
unveröffentlichte Urteile 528, 553
Unwörter, juristische 359 f.
URL 522
Urteile
- richtig zitieren 548 ff.
- unveröffentlichte 528, 553
Urteile recherchieren 453
Urteilsanmerkungen 516
Urteilskritik Fn. 195
Urteilsregister 552
Urteilsstil 15, 139, 150, 213
- kaschierter 152
Urteilsversand 528

V
Variantenbildung als Argumentationsfigur 459
Verallgemeinerungen 350
Verbindlichkeit formaler Regeln 323
Verdammnis, ewige Fn. 837

verdeckte Exkurse 399
Verfasserangabe
- fehlende 502a
Verfassernamen 501 f.
Vergleiche
- mit Präzedenzentscheidungen 431
Verlagsname 507
Vermögen Fn. 372
Vermutungen 113, 446
- unwiderlegliche 113
- widerlegliche 114
Verstärkungswörter 359
Vertiefend Fn. 826
Verwaltungsrecht Fn. 78
Verwaltungssprache 363
Verweisungen 156, 401 f.
- dynamische Fn. 534, 543
- pseudo-dynamische Fn. 785
Vgl. 557
vollständige Sätze 340, 348
Vollständigkeit 449
Vorauflagen 506
Vorbemerkungen 396
Vorlesen 355
vorliegen 363
Vornamen Fn. 694
- Erman Fn. 624
- fehlende 510
- im Schrifttumsverzeichnis 501
- in Fußnoten 545
Vorworte 398

W
Wahlrechte 447, 246 f.
Wahrheit von Sachverhaltsangaben 445
Warnungen 4
Wasserköpfe 471
Wasserzeichen 421
Wesensargumente 225
Wettbewerbsvorteil 475a
Widerspruchsfreiheit
- der Rechtsordnung 224
- formal 323
- inhaltlich 432
Widerspruchsverfahren 475
Widmungen 398
Wiederholungen
- des Gesetzes 405 f.
- von Aussagen 381, 463
Wikipedia Fn. 751
Wissen präsentieren
- clever 243b
- dümmlich 399

wissenschaftliche Arbeitstechnik Fn. 621
wissenschaftlicher Apparat 496 ff., 533 ff.
Wissenschaftlichkeit als Falle Fn. 777
Wissensexhibitionismus 399 f.
Wölfe, heulende 236
Wortgeklingel 346 f., 463
wörtliche Zitate 408, 561
Wunder Fn. 824

Z

Zahlen 441 f.
Zeichensetzung 325, 326, 569
Zeilenabstand 487, 526
Zeitangaben
– bei Internetquellen 522
– im Sachverhalt 441 f.
Zeiteinteilung in der Klausur 530
Zeitform des Verbs 330
Zeitschriften siehe: Fachzeitschriften
Zeittabellen 454
Zeitungen 453
Zeitungsartikel 518
Zirkelschlüsse 225, 433

Zitate
– aus dem Gesetz 386, 405 f., 423
– aus dem Internet 522
– aus dem Sachverhalt 385
– aus Verträgen 443
– Blindzitate 179
– fremde Rechtsordnungen 405
– fremdsprachige 561
– nicht ausgewiesene siehe: Plagiate
– rechtsgebietsspezifische Konventionen 548
– wörtliche 408, 561
Zitierfähigkeit 519 ff.
Zitiervorschlag 500
Zitierweisen 545
Zivilrecht
– Formulierungsvorschläge 54 ff.
Zu prüfen ist ... 439
Zugriffsdatum 522
zukünftige Rechtslage 413
Zusammenfassen 465
Zweipersonenverhältnisse 46 mit Fn. 64
Zwerge/Riesen 532
Zwischenergebnisse 134, 415, 467